dtv

W0270938

In dieser vergleichenden Darstellung schildert Harold James den Niedergang der europäischen Staaten in der ersten Hälfte des 20. Jahrhunderts und den Wiederaufstieg nach dem Ende des Zweiten Weltkrieges 1945. Die Idee der Demokratie und der Marktwirtschaft wurden neu definiert und der Weg zur europäischen Verständigung und schließlich Vereinigung geebnet. Vom Kalten Krieg und seinen Konflikten über die tiefgreifenden Veränderungen durch die immer stärker global ausgerichtete Weltwirtschaft und den Zusammenbruch des sowjetischen Imperiums führt die Darstellung bis in die Gegenwart. Heute steht Europa vor der Aufgabe, die Herausforderungen der globalen Integration zu meistern und das eigene Gewicht in der Weltpolitik angemessen zur Geltung zu bringen.

Harold James, geboren 1956 in Bedford/England, ist Professor für Geschichte an der Princeton University. Seine Arbeitsschwerpunkte sind neuere deutsche Geschichte und internationale Wirtschaftsgeschichte. Zahlreiche Veröffentlichungen, u. a.: ‹Die Deutsche Bank und die Arisierung›; ‹Der Rückfall. Die neue Weltwirtschaftskrise› und ‹Wirtschaft im Zeitalter der Extreme›.

Harold James

Geschichte Europas im 20. Jahrhundert

Fall und Aufstieg 1914–2001

Aus dem Englischen von Udo Rennert,
Martin Richter und Thorsten Schmidt

Deutscher Taschenbuch Verlag

Ausführliche Informationen über unsere Autoren und Bücher finden Sie auf unserer Website
www.dtv.de

2010
Deutscher Taschenbuch Verlag GmbH & Co.KG, München
© Pearson Education Limited (Longman) 2003
Titel der Originalausgabe: *Europe reborn. A history. 1914–2000*
© der deutschen Ausgabe: Verlag C.H.Beck oHG, München 2004
Das Werk ist urheberrechtlich geschützt. Sämtliche, auch auszugsweise Verwertungen bleiben vorbehalten.
Umschlagkonzept: Balk & Brumshagen
Satz: Fotosatz Reinhard Amann, Aichstetten
Druck und Bindung: Druckerei C.H.Beck, Nördlingen
Gedruckt auf säurefreiem, chlorfrei gebleichtem Papier
Printed in Germany · ISBN 978-3-423-34605-4

Danksagung

Mein Dank dafür, dass sie Teile des Manuskripts lasen und mir Informationen und hilfreiche Anregungen gaben, gebührt Michael Bordo, Cynthia Hooper, Molly Greene, Stephen Kotkin und Arno Mayer. David Childs, Marzenna James, Philip Nord, Hamish Scott und Richard Vinen gaben scharfsinnige Kommentare zum ganzen Manuskript ab. Heather McCallum von Longman war eine anregende und hilfreiche Lektorin. Judy Hanson vom Princeton History Department half mir ungemein, indem sie Zeit und Unterstützung organisierte, und Alicia Pittard recherchierte auf hervorragende Weise einzelne Fragen und beschaffte bibliographische und chronologische Informationen. Wie immer gilt auch hier der Vorbehalt: Niemand von meinen Freunden ist für Tatsachenfehler oder problematische Argumente in diesem Buch verantwortlich.

Der Vorgang des Nachdenkens über Geschichte ist stets von zahlreichen, tendenziell unendlichen Diskussionen begleitet. Ich möchte meine Dankbarkeit gegenüber einer herausragenden und inspirierenden Gruppe von Lehrern im Cambridge der siebziger Jahre ausdrücken, die mir dabei halfen, mein Bild Europas zu entwickeln: John Tanfield von der Perse School sowie Christopher Andrew, Rev. Owen Chadwick, Rev. Dermot Fenlon, Neil McKendrick, Edward Shils, Jonathan Steinberg und Norman Stone von der Universität Cambridge. Als ich in den achtziger Jahren nach Princeton kam, gaben Cyril Black und Arno Mayer dort luzide und innovative Darstellungen Europas im 20. Jahrhundert.

Dieses Buch ist Marzenna James gewidmet,
mit der ich das Glück habe, verheiratet zu sein,
und Maximilian, Marie Louise
und Montagu James.

Harold James,
Princeton University, März 2003.

Einleitung

Die Anregung, dieses Buch ursprünglich für die Geschichte Europas im Longman-Verlag zu schreiben, hat mich auch deshalb besonders erfreut, weil das erste Buch eines Historikers, das ich mir vor fast vier Jahrzehnten gekauft hatte, John Roberts' *Europe 1880–1945* (1967) gewesen war, das Longmans Geschichte Europas abschloss. Roberts begann sein Buch mit dem Satz: «Ein großer Unterschied zwischen uns und unseren Vorfahren vor Hunderten von Jahren ist unsere Bejahung des historischen Wandels.» Einer der Gründe aber, warum ich die Niederschrift dieses Buches als besondere Herausforderung empfand, liegt darin, dass dieser Satz heute nicht mehr selbstverständlich ist. Wir nehmen den Wandel sicher ebenso wahr wie die Menschen, die 1967 schrieben, aber er erfüllt uns mit großer Besorgnis. Denn dieser Wandel hat einen hohen Preis, wiesen wir ihn aber von uns, wäre der Preis noch höher. Wir sind skeptisch geworden gegenüber simplen Fortschrittsideologien, die heute oft als veraltet abgelehnt oder sogar als «Leiterzählung der Aufklärung» dämonisiert werden. Antimoderne Ideologien sind noch stärker diskreditiert worden. Die Enttäuschung über lineare Geschichtsbilder – sei es Fortschritt und Verbesserung oder Niedergang – hat viele Intellektuelle und Forscher dazu verleitet, auf ein Potpourri von Schnipseln zurückzugreifen, die kein zusammenhängendes Bild ergeben, und es Postmoderne zu nennen. Einige aktuelle Versuche, eine Gesamtgeschichte Europas in den Blick zu bekommen – wie Richard Vinens erhellendes Buch *A History in Fragments* – wollen zeigen, dass Modernität Spaltung und Fragmentarisierung erzeugt, eine kohärente Leiterzählung also nicht existiert. Mark Mazowers brillantes Werk *Der dunkle Kontinent: Europa im 20. Jahrhundert* richtet den Blick auf die Schattenseiten Europas.

Das hier vorliegende Buch unterscheidet sich auch von Roberts' Werk, dem wohl bewusst war, dass seine Eckdaten ungefähr die letzten gewesen sind, innerhalb derer man noch von «europäischer Geschichte» sprechen konnte. Er hat darauf hingewiesen, dass nach 1945 (also während des Hauptzeitraums, der im vorliegenden Buch behandelt wird) «die in Washington und Tokyo getroffenen Entscheidungen ebenso wichtig waren wie die in London, Berlin oder Moskau (bald sollten auch die Entscheidungen in Peking wichtig werden)». Roberts' Datum stimmte vielleicht nicht ganz –

1941 scheint für diese Verschiebung wichtiger zu sein als 1945 –, aber er hatte natürlich Recht mit seiner Vermutung, dass es unmöglich sein werde, eine rein europäische Geschichte der letzten drei Fünftel des 20. Jahrhunderts zu schreiben, denn man kann hier nur von einer europäischen Geschichte im globalen Kontext sprechen, in dem die Vorgänge in Europa stark von großen Entwicklungen geprägt sind, die vor allem außerhalb des Kontinents wirksam werden, besonders vom «amerikanischen Jahrhundert», von Entkolonisierung und Globalisierung.

Diese Kräfte bilden das Zentrum meines Buches, das mit dem Trauma des Ersten Weltkriegs beginnt, der die Politik verrohte, die Gesellschaft transformierte und die Vereinigten Staaten in die europäische Politik hineinzog. Zu den Nachwirkungen des Krieges gehörte eine doppelte Krise: die der Demokratie und die des globalen Kapitalismus. Das 20. Jahrhundert und mithin auch dieses Buch enden nicht nur mit dem fast vollständigen Sieg von Demokratie und Kapitalismus (sicherlich in Europa), sondern zugleich auch mit einer Enttäuschung über diesen Sieg, der bei nicht wenigen Menschen geradezu eine Sehnsucht nach einer Krise des globalen Kapitalismus erweckt. Das Buch beginnt mit dem Krieg und einem großen und lang andauernden Börsenzusammenbruch sowie einer allgemeinen Wirtschaftskrise, die ihm folgten. Es endet in einer Zeit, die mit einem neuen Sturz der Aktienkurse (dem größten seit der Weltwirtschaftskrise) die Stabilität der populistischen Aktienbesitzerdemokratie in Frage stellte – dem Ergebnis einer langen Periode globaler kultureller, politischer und ökonomischer Integration. Auch militärische Macht wurde nun wieder ein Mittel globaler Politik.

In der Weltwirtschaftskrise wirkten Parlamentarismus, demokratische Politik und Marktwirtschaft altmodisch und erschienen diskreditiert. Die modernen Ideen waren zum einen der Kommunismus – denn in der Sowjetunion waren die Jahre der Wirtschaftskrise genau der Moment des industriellen Durchbruchs und eines scheinbar beispiellosen Sieges der Theorie über die Realität –, zum anderen der Faschismus und seine deutsche Variante, der Nationalsozialismus, die auf einer umfassenden kollektivistischen Organisation der Gesellschaft beruhten.

1945 war die faschistische Alternative zu Marktwirtschaft und Demokratie endgültig zerschlagen. Sie hatte sich auf die historische Notwendigkeit und das Recht des Stärkeren berufen, daher genügte eine unzweideutige und überwältigende militärische Niederlage, um die Ideologie in ihrem Zentrum zu zerstören. Die Versprechen des Kommunismus behielten viel länger ihren Reiz. In den siebziger und achtziger Jahren wurde aber deutlich, dass der kommunistische Anspruch, eine nicht nur modernere und effizientere, sondern auch gerechtere Gesellschaft durch wissenschaftliche

Planung zu schaffen, nicht einzulösen war. In den kommunistischen Gesellschaften waren Opportunisten an die Stelle der wahren Gläubigen getreten. Der Zusammenbruch des Systems in Mitteleuropa 1989 und die Auflösung der UdSSR 1991, die stets zugleich Bannerträger und Vollstrecker der internationalen Bewegung gewesen war, kam für viele überraschend. Sie hatten vielleicht in der Theorie Recht, dass auf Opportunismus und Pragmatismus gründende Regime lange überleben können, aber sie täuschten sich offensichtlich in Bezug auf die Praxis des Kommunismus und seine Abhängigkeit von einer bestimmten Ideologie.

Seit 1991 wird das 20. Jahrhundert häufig als das «kurze 20. Jahrhundert» bezeichnet (zumindest von denen, die dem Topos der Einheitlichkeit eines Jahrhunderts zuneigen). Es reichte von 1914, als ein Weltkrieg zur Russischen Revolution und zum italienischen Faschismus führte, bis 1991, als der Kommunismus seine letzte Ruhestätte neben dem Faschismus auf dem Friedhof der Ideologien fand. Damit steht es in Kontrast zu «langen Jahrhunderten» wie dem 16., das von der Entdeckung Amerikas 1492 bis zum Westfälischen Frieden 1648 reichte, der ein langes Zeitalter der Religionskriege abschloss, oder dem 19., das im Juli 1789 mit der Französischen Revolution begann und im August 1914 mit dem Ersten Weltkrieg endete. Das «kurze Jahrhundert» der jüngsten Vergangenheit begann mit einem langen europäischen Bürgerkrieg – oder einem neuen «Dreißigjährigen Krieg» –, der noch brutaler und verwirrender war als der des 17. Jahrhunderts. Schon damals sahen manche Beobachter die Parallelen zu Religionskriegen. Winston Churchill äußerte 1937: «Es ist seltsam, dass bestimmte Teile der Welt die alten Religionskriege von neuem beginnen. Ihre gottlosen Religionen sind heute Nazismus und Kommunismus.»[1] Eric Hobsbawm schrieb einen lebhaften und anregenden historischen Überblick, der das Konzept des kurzen 20. Jahrhunderts befestigt hat.[2]

Im neuen Jahrhundert ist es möglich, einen anderen Blickwinkel zu gewinnen. Dieses Buch entwirft eine Sicht des 21. Jahrhunderts auf das gerade vergangene. Die grundlegende Entwicklung, die das Ende des Jahrhunderts prägte, hatte sich in Wirklichkeit schon lange angebahnt: eine internationale Gesellschaft, in der das Völkerrecht die Beziehungen der Staaten zu bestimmen begann und in der individuelle Menschenrechte eine immer wichtigere Rolle spielten. Eine solche Vision war Teil des Friedensschlusses nach dem Zweiten Weltkrieg. Die Betonung der Menschenrechte (besonders in der Menschenrechtskonvention der Vereinten Nationen) stand in dramatischem Kontrast zur Welt nach dem Ersten Weltkrieg, in der sich der Völkerbund als Beschützer der kollektiven Rechte von Staaten und genau umrissenen Minderheiten verstand.

Gegen Ende des Jahrhunderts geschah etwas, das diese neue Agenda relevanter machte. Insbesondere vier völlig voneinander unabhängige Ereignisse in dem kurzen Zeitraum 1978–79 veränderten die Weltpolitik grundlegend. Im Oktober 1978 wurde Karol Wojtyła, der Erzbischof von Krakau, zum Papst Johannes Paul II. gewählt. Am 16. Januar 1979 floh der Schah von Persien angesichts der Opposition radikaler Islamisten aus dem Land. Am 3. Mai 1979 brachte die Wahl in England einen Sieg der Konservativen unter Margaret Thatcher, für die der Wahlsieg das Mandat für eine Umkehrung der traditionellen Konsenspolitik auf der Basis keynesianischer Wirtschaftslenkung war. Am 6. Oktober 1979 verkündete Paul Volcker, der neue Chef der amerikanischen Zentralbank, eine Politik des knappen Geldes, die der Inflation in den USA rasch entgegenwirken sollte.

Keine historische Interpretation kann diese Ereignisse – oder die meisten anderen – auf eine eindimensionale «Bedeutung» reduzieren. In der Summe veränderten sie aber die Fragestellungen, die zuvor im Zentrum der Politik gestanden hatten. In der vorhergehenden Periode hatten sich die meisten Konflikte um die staatliche Umverteilung gedreht. Wie waren größerer Wohlstand und Gerechtigkeit durch staatliches Handeln zu erzielen? Die Linke wollte Wohlstand und Einkommen umverteilen, die Rechte leistete Widerstand dagegen. Diese Konflikte wurden durch die Anwendung von Steuer- und Geldpolitik entsprechend der scheinbar magischen Formel des Keynesianismus gelöst (es gibt im 20. Jahrhundert viele «Ismen», sie werden in Exkursen kurz erklärt). In der globalisierten Welt funktionierten seit den siebziger Jahren diese innerstaatlichen Lösungen nicht mehr. Infolgedessen verschob sich die Debatte entweder auf eine grundsätzlichere oder eine trivialere Ebene. Die neuen Konflikte waren viel schwerer in ein simples Links-Rechts-Spektrum einzuordnen. Es waren Konflikte über die moralische und religiöse Bedeutung politischen Handelns.

Im Gegensatz dazu hatte sich die bisherige Geschichte Europas spätestens seit der Französischen Revolution um Staaten und ihr Handeln gedreht, und zwar in einem Bereich jenseits moralischer Wertungen. Staaten funktionierten zu dem Zweck, die Interessen ihrer Bürger oder von mächtigen Klassen oder Gruppen zu befördern. Sie verfolgten eine Realpolitik auf der Basis des jeweiligen nationalen Interesses. Diese Form staatlichen Handelns und staatlicher Existenz erreichte ihren Höhepunkt mit dem Triumph Bismarcks und seiner Verteidigung der Realpolitik. Etatismus und staatszentriertes Denken wurden durch die großen europäischen Kriege des 20. Jahrhunderts aber zunächst verstärkt, bevor die Reflexion über Erfahrungen und Erbe dieser Kriege sie allmählich hinter sich ließ.

Als John Roberts in den sechziger Jahren schrieb, hatten viele Historiker wenig Interesse an Moral oder moralischen Urteilen über die Geschichte gezeigt. Sie sahen sich nicht selten als technische Analytiker wichtiger oder komplexer «Probleme». Verleger veröffentlichten Buchreihen über «Themen» und «Fragen» wie den Lebensstandard während der Industriellen Revolution, die Motivation des Imperialismus oder das Verhältnis von Kapitalismus und Faschismus. Die Historiker wandten die Sozialwissenschaft auf eine Weise an, die sie für objektiv und neutral erklärten. Vor allem lehnten sie die Ansicht ab, Geschichte sei ein passendes Thema für moralische Urteile; diese Ansicht galt als hoffnungslos veraltete Überzeugung, die von Leuten wie Lord Acton oder G. M. Trevelyan gepredigt wurde. Als politische Konflikte aber mehr und mehr mit moralischen Entscheidungen konvergierten und immer weniger mit der technischen Anwendung von Einkommens- und Wohlstandsumverteilung zu schaffen hatten, erlebte die ältere Auffassung eine Renaissance. In den neunziger Jahren war es nicht länger unmodern, einen Ausspruch wie den folgenden zu unterschreiben: «Es ist die Pflicht eines Historikers, auf Seiten der Moral zu stehen, und sie stets allseits unvoreingenommen anzuwenden.»[3]

Ein Zeichen dieser Veränderung war der Ausbruch neuer «Debatten», die sich nicht länger um Themen, sondern um moralische Verantwortlichkeit drehten, wie die deutsche Debatte über die Verantwortlichkeit für den Holocaust, der sogenannte Historikerstreit von 1986, die Rolle des Vatikans im Zweiten Weltkrieg oder später die Verbrechen des Kommunismus, die Stéphane Courteois im *Schwarzbuch des Kommunismus* darstellte.[4] Viele professionelle Historiker fühlten sich angesichts solcher Fragen unbehaglich, denn sie erschien ihnen im Bereich der akademischen Geschichtsforschung unpassend. Andere erkannten dagegen eine Verschiebung in dem, was in der Geschichte als wichtig galt.

In analoger Weise war ein großer Teil der Diskussionen über internationale Beziehungen im 20. Jahrhundert vom «Realismus» geprägt, nach dem zwischenstaatliche Beziehungen der Physik ähnelten und vom Zusammenwirken von «Kraft-» oder «Machtzentren» in Form von Staaten bestimmt waren. Der von Hans Morgenthau und E. H. Carr gelehrte Realismus war auch eine Methode, um unter der moralistischen Rhetorik der beiden Seiten im Kalten Krieg Strukturen aufzuzeigen und eine andere, ewige Wirklichkeit aufzudecken, die der wissenschaftlichen Analyse zugänglich war. Doch diese Lehre konnte kaum das Ende des Kalten Krieges erklären, da Machtzentren sich nicht einfach aufgeben, und die neuen Formen der Politik nach dem Kalten Krieg waren den Realisten weitgehend fremd.

Die Veränderung der Welt in den frühen achtziger Jahren fiel also mit Veränderungen des Weltverständnisses zusammen. Vorher ging es in der Innenpolitik um Verteilung und Verwaltung von Ressourcen im Rahmen einer klar definierten geographischen Einheit, des Nationalstaats, und in der internationalen Politik um die Interaktion und die Konflikte von Mächten. Danach war die Möglichkeit für interne Umverteilung geringer, und Innenpolitik schien durch die Manipulation von Bedeutung klarer zu werden. Die Moral und die zu ihrer Durchsetzung geschaffenen Werkzeuge kehrten auf die internationale Bühne zurück.

Demzufolge handelt die Geschichte der letzten 50 Jahre nicht nur vom Wiederaufstieg einer internationalen Gesellschaft, Kultur und Wirtschaft («Globalisierung»), sondern auch vom Aufstieg und Fall der Betrachtungsweisen historischer Vorgänge. Die klassenorientierte soziologische Analyse erlebte einen Niedergang, der Realismus verblasste.

Ich habe versucht, Europa gleichmäßig zu behandeln und zwar im traditionellen Sinne von Irland bis zum Ural einschließlich der Türkei, aber ohne Nordafrika und den Nahen Osten, obwohl einiges für eine Darstellung sprechen würde, die das Mittelmeer als ein Zentrum des europäischen Lebens und der politischen und sozialen Innovation betrachtet. Einigen Ländern wird zu einem bestimmten Zeitpunkt eine Aufmerksamkeit zugewandt, die manchen Lesern vielleicht übertrieben vorkommt, aber bestimmte Situationen verkörpern sehr viel umfassendere Fragestellungen und werden auch so wahrgenommen. Hegel gefiel die Idee eines Weltgeists, der sich eine gewisse Zeit an einem bestimmten Ort aufhielt und dann weiterflog. In dieser Hinsicht war Spanien in den dreißiger Jahren ein Brennpunkt der europäischen Debatte, gleiches gilt für Berlin zwischen 1945 und 1968, Polen in den achtziger und Bosnien in den neunziger Jahren. Auschwitz war von 1940 bis Januar 1945 ein Zentrum von Tod und Zerstörung, der Mittelpunkt des Projekts der Nationalsozialisten, alle Juden Europas zu ermorden. Die Überlebenden in den Lagern bauten einen besonderen, vielsprachigen Turm von Babel, eine düstere und deformierte Version der europäischen Integration. Später wurde Auschwitz ein umstrittener Ort des Gedächtnisses, wo jüdische und polnische Ansprüche aufeinanderprallten. Was die anderen Orte der europäischen Erfahrung betraf, so kehrten sie nach ihrem Augenblick des Ruhms – Leszek Balcerowicz, der polnische Reformer von 1989, sprach von der halben Stunde der Geschichte – wieder zur Normalität, wenn auch nicht immer zur Stabilität zurück. Die Aufgabe eines Buches wie des vorliegenden besteht sicherlich darin, dem Weltgeist zu folgen und seine Schwingen für einen Moment der Analyse festzuhalten.

1 Das 20. Jahrhundert im «stahlharten Gehäuse»: Modernisierung und Rationalisierung

Die Geschichte Europas im 20. Jahrhundert lässt sich auf eine Weise erzählen, die ein besonderes und vielleicht irritierendes Licht auf die Politik und ihre Wirkungsmöglichkeiten wirft. Am einfachsten lässt sich dieser Blick auf die Entwicklung unter dem Begriff «Modernisierung» zusammenfassen, denn er schließt den Wandel der Gesellschaft, die zunehmende Verstädterung und die Arbeit in den Bereichen der Industrie und dem Dienstleistungsgewerbe, die Emanzipation der Frau, die Individualisierung der Existenz, die Infragestellung traditioneller Werte und häufig auch den Niedergang der Religion ein. So wandelt sich auch die Vorstellung von Mann und Frau.

Modernisierung

Diese Formen der Modernisierung bringen meist auch neue Anforderungen an politische Institutionen mit sich, um die Verwirklichung der neuen Vision des Menschen zu fördern. Soll und kann die Politik an der Zerstörung von Traditionen mitwirken? Manchmal wird die langfristige Entwicklung als Folge des politischen Handelns dargestellt, und Historiker weisen auf die modernen Aspekte brutaler und repressiver Diktaturen hin. Diesen Weg haben im Blick auf Mussolinis Italien nur wenige Forscher, etwa James Gregor und im Fall Hitler-Deutschlands ein paar mehr (David Schoenbaum und am provokativsten Rainer Zitelmann) beschritten, aber dieser Gedanke wird zur Grundlage zahlreicher Analysen der UdSSR unter Stalin (angefangen mit den Studien Isaac Deutschers und Alec Noves, die diese Brutalität zum Preis des Fortschritts erklärten).[1] Ihr Ansatz gründet auf der Theorie, dass die neue Welt nicht ohne eine gewaltsame Zerstörung der alten entstehen konnte und dass die alten Verkrustungen im Süden und Osten des europäischen Kontinents stärker und widerstandsfähiger waren als anderswo.

Bei der Prüfung anhand empirischer Daten erweisen sich diese Theorien der notwendig gewaltsamen Modernisierung als überraschend unzureichend. Die Epoche von Mussolinis Regime war bei weitem keine «Entwicklungsdiktatur», ihr Resultat war vielmehr die schwächste Wirtschaftsleistung Italiens im 20. Jahrhundert. Im Dritten Reich wurden einige beeindruckende Statistiken über das Wirtschaftswachstum veröffentlicht, aber neue Untersuchungen über Kindersterblichkeit und Ernährung (die verlässlichsten Gradmesser des allgemeinen Wohlergehens) zeigen, dass die Rhetorik über die Schaffung eines neuen breiten Wohlstands im Wesentlichen der Grundlage entbehrte.[2] Stalins Sowjetunion erzielte eine rasche Industrialisierung, indem sie dem Agrarbereich seine Ressourcen entzog und ihn verarmen ließ. Deshalb kann von einem steigenden Lebensstandard nicht die Rede sein. Das Ergebnis waren Jahrzehnte schwacher wirtschaftlicher Leistungen. Umgekehrt war es Großbritannien – das Land, welches meist als Pionier der Modernisierung gilt –, das sein Bestes tat, seltsame Traditionen zu bewahren oder sogar zu erfinden, und den Feudalismus am längsten beibehielt (in Schottland bis 2004).

Die Politik bremste die Modernisierung eher statt sie zu fördern, gerade dann, wenn sie zu «modernisieren» versprach. Möglicherweise konnten politische Entwicklungen die Entstehung von «Modernität» aufhalten und vielleicht manchmal beschleunigen, aber zur Modernisierung Europas trugen so viele verschiedene Faktoren bei, dass die Aussage, die Politik habe in irgendeinem Land Modernität geradezu erzeugt, stark übertrieben wäre. Die Kausalverbindung zwischen Politik und Modernität ist keinesfalls klar. In Italien, Deutschland und Russland, um diese drei Beispiele wieder aufzunehmen, gab es während des Ersten Weltkriegs und direkt danach eine starke, aber chaotische Modernisierung. Die These, diese Modernisierung habe einen weiten Raum für eine neue Politik geschaffen, erscheint mithin sehr viel plausibler als der umgekehrte Fall.

Im Gefolge dieser anfänglichen Forderung nach einer neuen Form politischer Existenz, die vom wirtschaftlichen Wandel angetrieben war und die Ansprüche neuer sozialer Gruppen spiegelte (vor allem einer neuen und unzufriedenen Arbeiterklasse), entstand ein anderes Verhältnis zwischen dem Modernisierungsdrang und seinem politischen Ausdruck (davon handeln Kapitel 3 und 4). Wenn die Modernisierung kontrovers und die Politik gewaltsamer wurde, entwickelte sich ein Teufelskreis, in dem niedriges Wachstum und schlechte Politik einander verstärkten. Dieser Kreislauf ließ sich im Allgemeinen nur von außen durchbrechen: durch eine militärische Niederlage und politische Demütigung.

Größerer Wohlstand

In den meisten Fällen scheint die Modernisierung aber weitgehend unabhängig von der Politik abzulaufen. Da die politische und soziale Reaktion auf das moderne Leben fast überall in diesem Buch zur Sprache kommt, stellt dieses Einleitungskapitel die Modernität in ihrer einfachsten Form dar, ohne die Politik. Die grundlegende Entwicklung zeigt eine relativ konstante Zunahme von Wohlstand und die daraus erwachsenden Folgen.[3] Anders gesagt, Modernisierung bedeutet einfach die größere Kontrolle der einzelnen Menschen über Ressourcen. Das von vielen im 20. Jahrhundert geteilte Missverständnis (das in Kapitel 5, 7, 8 und 9 detaillierter analysiert wird) besteht darin, in der Modernisierung eine Falle zu sehen, eine prinzipiell unmenschliche Dynamik der größeren Kontrolle der Ressourcen über die Einzelnen, die sie wollten.

Die Abbildung auf Seite 20 zeigt eine Möglichkeit, diesen Prozess zu betrachten, nämlich die Entwicklung des Bruttosozialprodukts (die Summe aller von der Wirtschaft eines Landes produzierten Güter und Dienstleistungen) pro Kopf der Bevölkerung. In dieser Abbildung wird die Kurve als logarithmische Achse dargestellt, damit eine konstante Wachstumsrate als gerade Linie erscheint (in einer konventionellen Abbildung würde die Linie eine scheinbare Aufwärtskurve bilden). Im Unterschied zu BSP-Diagrammen, die einen Niedergang der europäischen Wirtschaftsleistung am Ende des Jahrhunderts zeigen, geht aus diesem Diagramm ein erstaunlich konstantes Wachstum in den meisten europäischen Gesellschaften hervor, ausgenommen die Aufholperioden schnelleren Wachstums nach den Unterbrechungen durch die Weltkriege. Während des Ersten, aber noch stärker während des Zweiten Weltkriegs wuchs die amerikanische Wirtschaft weiter, während die europäische schrumpfte, womit sich ein großes Potential für die Europäer eröffnete, durch die Übernahme amerikanischer Innovationen in Technologie und Management aufzuholen.

Es herrscht breite Übereinstimmung über die Ursache dieser erstaunlichen Leistung, für die es in früheren Jahrhunderten kein Gegenstück gibt. Sogar im England des 18. Jahrhunderts und im 19. Jahrhundert auf dem Kontinent, dem Zeitalter der klassischen industriellen Revolution, waren die Wachstumsraten niedriger. Die großen Reichtümer der modernen Welt entstammen der Nutzung der modernen Technologie. Dieses Konzept umfasst im weitesten Sinn nicht nur die praktische Nutzung wissenschaftlicher Entdeckungen, sondern auch Fortschritte in Organisation und Management. Beide sind miteinander verbunden, am offensichtlichsten beim Fortschritt der Informationstechnik von Schreibmaschine, Telefon und Telegraf vor dem Ersten Weltkrieg zur Computerrevolution (vgl. Kapitel 9) und dann den neuen Verbindungen durch das Internet in den neunziger Jahren (Kapitel 13).

Die Wirkung der Technologie ist so tiefgreifend, dass ein Vergleich des Lebensstandards der Europäer am Ende des 20. Jahrhunderts mit dem des

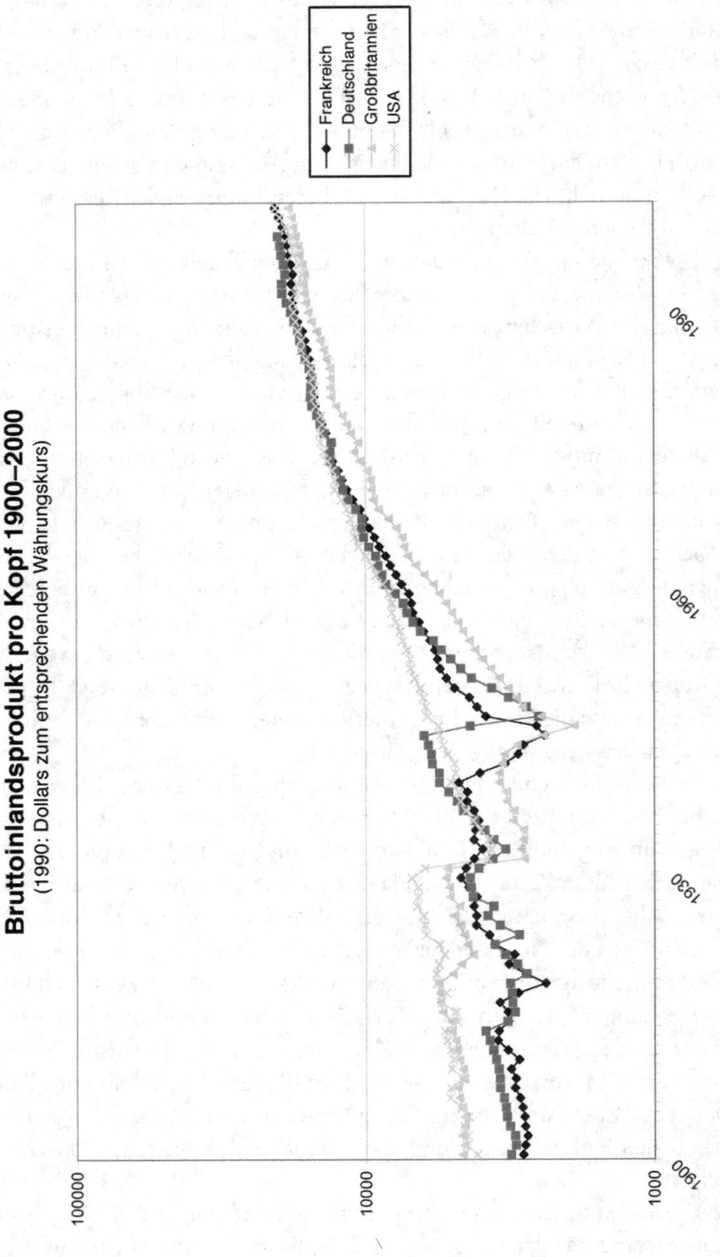
Bruttoinlandsprodukt pro Kopf 1900–2000
(1990: Dollars zum entsprechenden Währungskurs)
Frankreich
Deutschland
Großbritannien
USA
100000
10000
1000
1900
1930
1960
1990

Jahrhundertbeginns kaum möglich ist. Gewiss lässt sich der starke Rückgang in der Arbeitszeit berechnen, die man aufwenden musste, um einen Laib Brot oder einen Liter Bier zu verdienen, aber solche Zahlen können die Veränderung im Leben der Menschen nicht wirklich wiedergeben. Niemand würde heute sein ganzes Einkommen für Brot oder Bier ausgeben – es sind ja die neuen Möglichkeiten, sein Geld auszugeben, die das Leben am stärksten verändert haben. Am Ende des Jahrhunderts war es möglich, eine Oper, ein Symphonie- oder Popkonzert für wenig Geld (durch den Kauf eines Videos oder einer DVD) oder sogar kostenlos zu sehen und zu hören (über das Internet). Zu Beginn des Jahrhunderts hätte ein solcher Genuss neben dem Preis der Eintrittskarten eine lange und teure Reise sowie Hotelkosten erfordert. Manche Produkte, die heute erhältlich sind und für selbstverständlich gelten, sind für das tägliche Leben große Erleichterungen. Was die Teilnehmer an Experimenten, so zu leben wie vor 100 Jahren, am meisten vermissen, ist Haarshampoo, das es damals noch nicht gab. Bedeutender ist, dass es zu Beginn des Jahrhunderts keine wirksame Behandlung von Infektionen gab; am Ende des 20. Jahrhunderts waren Antibiotika dagegen recht billig geworden (obwohl sich bereits resistente Virenstämme entwickelt haben).

Man sollte aber anmerken, dass der wachsende Wohlstand nicht notwendigerweise größeres Glück bedeutet. Die Zunahme an Glück ist viel schwieriger zu bewerten; so ist, um eines der erwähnten Beispiele fortzuführen, ein großer Teil der Welt der Hausmusik unter dem Druck ästhetisch überlegener und reproduzierbarer Musikaufnahmen verschwunden. Wenn die Freude an der aktiven Ausübung dem Genuss des passiven Zuhörens gegenübergestellt wird, werden manche Menschen das Gefühl haben, dass «die Welt von gestern» ihre eigenen Reize besaß.

Demographische Veränderungen

Der gewachsene Wohlstand – die wichtigste gesamteuropäische Tatsache des 20. Jahrhunderts – veränderte entscheidend die Lebensformen der Menschen. Er veränderte zuallererst die Art, wie sie geboren wurden, lebten und starben.

Demographisch ausgedrückt, sanken Fruchtbarkeit wie Sterblichkeit im Lauf des Jahrhunderts mehr oder weniger kontinuierlich. Bereits nach 1890 hatte in fast allen nord- und westeuropäischen Ländern ein «demographischer Wandel» mit geringeren Geburtenzahlen eingesetzt. Dieser Langzeittrend setzte sich während der großen politischen Umwälzungen des 20. Jahrhunderts fort, die einen gewissen, aber nur vorübergehenden Einfluss hatten: in den meisten Ländern fiel die Geburtenrate während des Krieges noch weiter und erholte sich danach in der Phase des «Babybooms».

Die niedrigeren Geburtenraten spiegelten immer mehr die zunehmende Geburtenkontrolle wider, die oft mit dem Vokabular der Modernisierung und Rationalisierung beschrieben wurde. 1928 beschrieb der preußische Wohlfahrtsminister die neue Situation: «Ohne Zweifel ist die Geburtenbegrenzung gewollt. Der Verkehr wird rationalisiert, wenigstens durch den größten Teil der Bevölkerung. Die Menschen wollen einfach nicht mehr als ein oder zwei Kinder haben.»[4]

Wo Verhütung versagte oder nicht praktiziert wurde, gab es häufige Abtreibungen. In Russland hatten Ärzte von einer Epidemie der Abtreibungen vor dem Ersten Weltkrieg gesprochen. Im revolutionären Russland wurde sie zum Standardmittel der Geburtenkontrolle, und ab 1920 durften Ärzte in Krankenhäusern Abtreibungen vornehmen (nicht aber die traditionellen Hebammen auf dem Land). In Leningrad stieg die Zahl der Abtreibungen pro 1000 Einwohner zwischen 1924 und 1928 von 5,5 auf 31,5. Der Sowjetstaat revidierte 1936 schließlich seine Abtreibungspolitik, da er wegen der demographischen Folgen zu vieler Abtreibungen besorgt war. In anderen Ländern setzte in den zwanziger Jahren eine breit angelegte Kampagne für die Liberalisierung der Abtreibungsgesetze ein. In Deutschland schätzte man, dass 1931 eine Million Frauen Abtreibungen vornehmen ließen. Nach dem Zweiten Weltkrieg kam eine weitere Abtreibungswelle, die teilweise als pragmatische Reaktion auf Massenvergewaltigungen gerechtfertigt wurde. Im kommunistischen Europa wurde Abtreibung als weitverbreitete Methode der Familienplanung weiter praktiziert, da kaum Verhütungsmittel erhältlich waren, in einigen Fällen (wie in Rumänien) auch als heimlicher Widerstand gegen Maßnahmen zur Geburtensteigerung, die Bevölkerungszahl und damit nationale Macht erhöhen sollten.

Vor allem, wenn Abtreibungen illegal vorgenommen oder selbst verursacht wurden, führten sie häufig zu Infektionen und Todesfällen. Ihre Legalisierung und bessere Verhütungsmethoden waren ein Schlüssel zur Senkung der weiblichen Sterblichkeit.

Auch eine verbesserte Hygiene senkte die Sterblichkeitsrate. Die großen Innovationen des 19. Jahrhunderts betrafen die öffentliche Hygiene: sauberes Trinkwasser und getrennte Abwassersysteme. Im 20. Jahrhundert dauerte es lange, bis sich grundlegende Elemente der persönlichen Hygiene durchsetzten. In den meisten Colleges von Oxford und Cambridge wurden Badezimmer mit Wannen und Duschen erst zwischen den Kriegen eingebaut und trugen oft skurrile Namen («das Tor der Notwendigkeit»). Die französische Zeitschrift *Elle* berichtete 1951, ein Viertel der befragten

Frauen putze sich nie die Zähne. Zahnseide wurde in Europa vor den achtziger und neunziger Jahren kaum benutzt.

Medizinische Fortschritte gewannen erst relativ spät Einfluss auf die Sterblichkeitsrate, und zwar meist auf dem Gebiet der Medikamente. Im 19. Jahrhundert dämmten Impfungen einige Seuchen ein (vor allem die Pocken). Erst in der Mitte des 20. Jahrhunderts veränderten aber verbesserte Medikamente, vor allem Penicillin und später weitere Antibiotika, die Reaktion des menschlichen Körpers auf Infektionen entscheidend.

Damit lebten die Einzelnen länger. Die Lebenserwartung hatte im 19. Jahrhundert zugenommen, aber im 20. weitaus rascher. Ein 1820 geborener Franzose besaß eine durchschnittliche Lebenserwartung von 40 Jahren, 1900 waren es 47 und 1992 77 Jahre. Im 19. Jahrhundert war die weibliche Lebenserwartung wegen der Risiken bei der Geburt niedriger, im 20. Jahrhundert überholte sie die männliche.

Vor und nach dem Arbeitsleben

Die Menschen hatten nun auch eine dauerhaftere Erwartung im Blick auf ihre Lebenszeit und neigten weniger dazu, über die Ungewissheit ihres Daseins zu sinnieren. Das Leben im 19. Jahrhundert war häufig unsicher und kurz gewesen, ein «Ruhestand» selten. 1881 arbeiteten in Großbritannien noch drei Viertel aller Männer über 65 Jahren. Erst 1898 begann der britische Staatsdienst ein Ruhestandsalter durchzusetzen. 1931 arbeitete die Hälfte aller Männer über 65, 1981 war es noch ein Zehntel. Das Ruhestandsalter sank in gleichem Maße wie die Lebenserwartung stieg. Am unteren Ende der Skala lag das Rentenalter gegen Ende des 20. Jahrhunderts in Italien bei 55 Jahren für Männer und 50 für Frauen. In der gesamten Europäischen Gemeinschaft waren im Jahr 2000 nur noch 31 Prozent der Männer und 15 Prozent der Frauen zwischen 60 und 65 Jahren berufstätig.

Außerdem verbrachten mehr Menschen mehr Zeit im Bildungssystem. Die Hochschulen wuchsen gewaltig. Zu Beginn des 20. Jahrhunderts gab es an den deutschen Universitäten 35 000 Studenten und weitere 17 000 an den Technischen Hochschulen. In Frankreich und England waren es jeweils etwa 20 000, bis 1939 stiegen diese Zahlen auf 80 000 bzw. 50 000. Der rasante Zuwachs setzte sich nach dem Zweiten Weltkrieg fort. Am Ende des Jahrhunderts gab es über 2 Millionen Studenten in Frankreich (2 012 000), Deutschland (2 087 000) und Großbritannien (2 081 000) und fast ebenso viele in Italien (1 797 000).[5]

Die Schulzeit verlängerte sich. Vor dem Ersten Weltkrieg wurde der erste Schulabschluss in den meisten Ländern Europas im Alter von 12 bis 14 Jahren abgelegt, am Ende des Jahrhunderts lag er in Belgien und Deutschland bei 18 Jahren, in den Niederlanden bei 17, und in Dänemark, Frankreich und Großbritannien bei 16. Vor dem Ersten Weltkrieg verbrachte ein Deutscher durchschnittlich über 8 Jahre in der Schule, 1992 über 12. Das Ergebnis der längeren Schulzeit, der Expansion der Hochschulen und der wachsenden Lebenserwartung war eine drastische Verringerung der Arbeitsjahre und parallel dazu ein Anstieg der Freizeit und der mit ihr verbundenen Ausgaben. Hierdurch wurde das 20. Jahrhundert zum Jahrhundert des Konsumenten, auch dies eine Folge der gestiegenen Einkommen.

Durch die Aussicht auf einen längeren Lebensabschnitt im Ruhestand wurde Renten und Ersparnissen mehr Aufmerksamkeit geschenkt. Die Mehrheit der europäischen Bevölkerung hatte im 19. Jahrhundert nicht gespart, höchstens kleine Summen für das eigene Begräbnis. Deutschland unter Bismarck und danach einige skandinavische Länder hatten im späten 19. Jahrhundert eingeschränkte Versionen der Altersrente eingeführt. Großbritannien folgte 1908 mit einem sehr begrenzten Plan, aber 1911 wurde ein staatliches Versicherungssystem auf Beitragsbasis eingeführt. 1911 verstaatlichte der reformorientierte italienische Ministerpräsident Giolitti die Lebensversicherungen und hoffte damit die zunehmende Nachfrage nach Versicherungen zu befriedigen. Solche Pläne galten zunächst nur für relativ wenige Menschen, stattdessen verließ man sich mehr auf private Ersparnisse und privat finanzierte Pensionen und Renten. Viele schlossen Lebensversicherungen ab, die in einer Zeit, in der es zunächst noch keine automatischen staatlichen Renten gab, zur populärsten Form der Vorsorge wurden.

Zwischen den Kriegen führten die Arbeitgeber nach und nach ihre eigenen Rentensysteme ein, so gab es etwa 1936 in Großbritannien 200000 Menschen mit Betriebsrenten, aber 2,5 Millionen mit staatlichen Renten. 1979 waren es schon 3,7 Millionen Betriebsrenten und 8,9 Millionen staatliche Renten.

Die Regierungen unternahmen große Anstrengungen, um ihre Bevölkerungen zum Sparen anzuhalten. Mittels großer Propagandakampagnen wurde zu Besonnenheit und Mäßigung aufgerufen. Diese Kampagnen erreichten während der beiden Weltkriege ihren Höhepunkt, als privater Konsum die Kriegsanstrengung geschwächt hätte und Spareinlagen zur Bezahlung von Kriegsgütern und Armee dienen konnten. Ihre Verfechter müssen gemerkt haben, dass diese Kampagnen eine Täuschung waren. Während der Hang zum Sparen durch höhere Einkommen und längere Lebensdauer zunahm und die staatliche Nachfrage nach Spareinlagen wegen höherer Ausgaben (zum größten Teil militärischer Art) wuchs, entwerteten die Währungsschwankungen des 20. Jahrhunderts diese Ersparnisse häufig schnell und spektakulär. So wurden die Sparer enttäuscht; oft nahmen sie ihr Missgeschick hin, aber in einigen Gesellschaften, wie dem inflationsgeschüttelten Deutschland der zwanziger Jahre, verwandelte sich ihre Enttäuschung in einen verbitterten und militanten Radikalismus.

Größere Gleichheit

Die gewachsenen Ersparnisse spiegelten den steigenden Lebensstandard wider, der das Jahrhundert als Ganzes charakterisierte, mit Unterbrechungen während der Kriege. Dazu kam, dass die soziale Ungleichheit zunehmend zurückging. In den Weltkriegen und den Nachkriegszeiten sank auch die Ungleichheit bei Einkommen und Wohlstand, teilweise als Folge steigender Steuern, die die Reichen trafen, teilweise wegen der wachsenden Nachfrage nach ungelernten Arbeitskräften auf dem Arbeitsmarkt. Vor dem Ersten Weltkrieg verfügten die Spitzenverdiener in Frankreich und Deutschland über 19 und in England über 20 Prozent des Gesamteinkommens. Die Einkommensverteilung war in ganz Europa überraschend ähnlich und zeigt damit sowohl die Mobilität von Produktionsfaktoren als auch die grundlegende Ähnlichkeit der europäischen Gesellschaften, die von den Historikern der Nationalkulturen (und in den populären Bildern nationaler Stereotypen) weitgehend vernachlässigt werden. Bevorzugte Klischees waren das plutokratische Großbritannien, das Deutschland des wohlhabenden Bürgertums, das politische Rechte für wachsenden Wohlstand eingetauscht hatte, und das Frankreich der kleinen Unternehmer und der Bauernhöfe. In Wirklichkeit hatten alle drei eine erstaunlich reiche Oberschicht von fast identischer Größe.

Zwischen den Kriegen und nach 1945 schrumpften die Einkommensunterschiede, vor allem aufgrund neuer Besteuerungssysteme. Der Anteil des obersten Prozents der Einkommensbezieher in England fiel 1929 auf 18 und 1940 auf 10 Prozent am Gesamteinkommen. In Deutschland und Frankreich lag er 1945 bei 8 Prozent.[6]

Die Tendenz zu größerer Gleichheit fiel mit dem Aufstieg des professionellen Managements und der Abnahme von vererbtem Reichtum zusammen. Die neuen Eliten in Politik, Medien und Wirtschaft verdankten ihre Position eher der Ausbildung als der Geburt.

Der langfristige Trend des 20. Jahrhunderts zu einer ausgeglicheneren Einkommensverteilung kehrte sich gegen Ende des Jahrhunderts um, wenn auch nicht sehr stark: seit den späten siebziger Jahren in England, ab Mitte der achtziger Jahre in Frankreich, der Bundesrepublik, Holland und Schweden und ab den frühen neunziger Jahren in Finnland und Italien. Es gab jedoch keine dramatische Verschiebung zugunsten der sehr Reichen. Der niedrigste Einkommensanteil des obersten Prozents der Einkommensbezieher wurde in Frankreich 1982 mit 7 Prozent erreicht, danach stieg der Anteil in den neunziger Jahren langsam auf 8 Prozent. Auch in zuvor kommunistischen Gesellschaften wurden Einkommen und Wohlstand ungleicher – und zwar viel abrupter –, als in den neunziger Jahren die Marktwirtschaft eingeführt wurde. Hingegen verschwand das System politischer Privilegien.

Mobilität

Solange die Löhne für ungelernte Arbeit sehr niedrig waren, war der Anreiz groß, sich anderswo eine besser bezahlte Arbeit zu suchen. Vor dem Ersten Weltkrieg hatte es eine hohe Mobilität der Arbeitskräfte gegeben, darunter eine starke Auswanderung nach Amerika. Durch diese Migration nahm der Bevölkerungsdruck erheblich ab, brachte aber auch einen Lohnanstieg in den armen Regionen Europas wie Irland und Skandinavien mit sich. Auch einige wohlhabende europäische Länder zogen zahlreiche Einwanderer an. In Deutschland wurden im Süden italienische und im Osten polnische Saisonarbeiter – nicht zuletzt für die Landwirtschaft – angeworben, dazu kam eine langfristige polnische Einwanderung in die Industriegebiete an Rhein und Ruhr. In den zwanziger Jahren warb Frankreich noch viele Arbeiter an, da seine Politiker glaubten, ein Bevölkerungsdefizit gegenüber Deutschland ausgleichen zu müssen. Aber nach der Weltwirtschaftskrise kam die freiwillige Migration fast ganz zum Erliegen. Die Länder betrachteten sich nun als übervölkert und wiesen die unfreiwilligen Ströme von rassisch und politisch Verfolgten ab, die von den rassistischen und fremdenfeindlichen Regimen in Deutschland und anderswo verursacht wurden.

Nach 1945 fanden einige Wanderungsbewegungen unter besonderen Umständen statt. Aus Osteuropa vertriebene Deutsche und Flüchtlinge aus Ostdeutschland kamen in die Bundesrepublik. Franzosen aus den nordafrikanischen Kolonien kehrten nach Frankreich zurück, England warb billige Textilarbeiter auf dem indischen Subkontinent an, und Süditaliener, die früher ausgewandert wären, gingen nun in die expandierenden Städte Norditaliens. Seit den sechziger Jahren kamen Gastarbeiter aus den Mittelmeerländern Portugal, Griechenland, Jugoslawien und Türkei nach Nordeuropa. Sie hatten einen besonderen Status, aufgrund dessen sie zurückgeschickt werden konnten, wenn der Arbeitsmarkt sich veränderte, wie in der Phase stagnierenden Wachstums in den siebziger Jahren. Von den achtziger Jahren an nahm die allgemeine Mobilität zu und stieg nach dem Zusammenbruch des Kommunismus 1989–91 noch weiter an. Migranten übernahmen häufig niedrig bezahlte, ungelernte Tätigkeiten, die die Einheimischen nicht mehr ausüben wollten. Im Jahr 1999 stammten 3,4 Prozent der EU-Bevölkerung aus Drittländern, doppelt so viele wie 1985.

Die internationale Migration war damit zu Beginn und am Ende des Jahrhunderts höher, den Perioden, die international offener, aber auf die Einkommen bezogen auch ungleicher waren. Zum Teil reagierte die Einwanderung auf Einkommensunterschiede, sie trug aber auch zum Anstieg der Ungleichheit bei, der die stärker «globalisierten» Perioden der europäischen Geschichte kennzeichnet.

Freizeit

Die kürzere Arbeitszeit erzeugte eine neue Nachfrage nach Freizeitaktivitäten. Das Kino entwickelte sich rasch, bis Ende der zwanziger Jahre noch mit Stummfilmen. 1914 gab es in Deutschland etwa 2500 Kinos, im Jahr 2000 waren es 3750. Auch die Presse expandierte, wobei die Zahl der Zeitungen während der Kriege in die Höhe schoss, als das Informationsbedürfnis wuchs. In den zwanziger Jahren entwickelte sich das Radio. Die British Broadcasting Corporation (BBC) wurde 1927 gegründet. Nach dem Zweiten Weltkrieg kam das Fernsehen, die BBC nahm 1946 den Sendebetrieb auf. Der Kinobesuch erreichte in den späten vierziger und frühen fünfziger Jahren seinen Höhepunkt, sank danach aber durch die Konkurrenz des Fernsehens rasch ab. Die Printmedien behaupteten sich besser.

Frauen, Arbeit und Familien

Große Erschütterungen wie die beiden Weltkriege beschleunigten bestimmte Entwicklungen. Zu Beginn des 20. Jahrhunderts war die größte Gruppe berufstätiger Frauen als Hauspersonal angestellt. Der Erste Weltkrieg schuf eine starke, aber zeitlich begrenzte Zahl von Arbeitsplätzen für Frauen in der Industrie, aber nach dem Krieg schieden viele wieder aus dem Arbeitsmarkt aus. Der bleibende Zuwachs lag bei der Beschäftigung von Frauen im Bürosektor. Ein großer Teil des 20. Jahrhunderts wurde zum Zeitalter der Sekretärin, die den männlichen Büroschreiber des späten 19. Jahrhunderts ablöste.

Beide Weltkriege schufen selbstbewusste und emanzipierte «neue Frauen», deren Bedürfnis nach sanfteren und sensibleren «neuen Männern» zu starken Konflikten zwischen den Geschlechtern führte, nachdem viele Männer gemeint hatten, im Krieg ihre Männlichkeit bewiesen zu haben. Einer anfänglichen Phase der Liberalisierung in beiden Nachkriegszeiten folgten restaurative Gegenbewegungen in den dreißiger und fünfziger Jahren. Politiker und Medien, einschließlich der immer populäreren Frauenzeitschriften, propagierten ein Ideal, das die traditionelle Frauenrolle der Ehefrau und Mutter betonte. Sie beharrten auf der Unvereinbarkeit von Beruf und Familie, und die Medien gaben Ratschläge, wie ein guter Ehemann zu finden sei (was wegen der vielen in beiden Kriegen gefallenen Männer ein Problem war). Die restaurative Gegenbewegung der dreißiger Jahre endete mit dem neuen Krieg und der Dienstverpflichtung von mehr Frauen zur Arbeit, die der fünfziger Jahre mit der Kulturrevolution der Sechziger (vgl. Kapitel 9). Frauenzeitschriften erhielten ein neues Gesicht und orientierten sich an journalistischen Erfolgen wie *Cosmopolitan* (1972), die eine neue Art einführten, über freiere Sexualität und beruflichen Erfolg für Frauen zu reden.

Während beider Weltkriege hatte es eine Heiratswelle und danach eine Scheidungswelle gegeben. Manche Ehen waren vielleicht zu rasch geschlossen worden, weil die Soldaten eine prekäre Stabilität zementieren wollten, bevor sie an die Front fuhren. Manche Soldaten waren womöglich vom Krieg so traumatisiert, dass sie sich bei ihrer Rückkkehr nicht wieder binden wollten; manche Frauen hatten andere Männer kennengelernt, während ihre Ehemänner an der Front waren, oder Männer hatten sich im Armeehospital in attraktive Krankenschwestern verliebt (eine ständige Furcht an der Heimatfront). Vielleicht bedeutete die gesunkene Scheidungsrate während der Kriege auch nur einen erzwungenen Aufschub der Trennung, der mit dem Ende der militärischen und dem Neubeginn ehelicher Feindseligkeiten endete. Im Allgemeinen führte der Krieg aber zu einer Haltung, bei der die Unbeständigkeit dominierte und traditionelle Gewissheiten abgelegt wurden. «Modern» hatte eine spezifische Bedeutung, wenn es sich auf Werte bezog. 1913 gab es in Deutschland 16 657 Scheidungen, 1919 aber 36 107; während der Wirtschaftskrise und der NS-Diktatur stieg die Zahl weiter an (1930: 40 722, 1938: 49 497, 1939: 61 789, darunter viele Menschen, die sich von jüdischen Ehepartnern scheiden ließen). Nach dem Zweiten Weltkrieg, der bei Frauen das Männerbild und die Haltung zur Familie ähnlich beeinflusste, kam die Nachkriegsspitze 1948 mit 88 374 Scheidungen in den deutschen Westzonen. In den fünfziger Jahren ging die Zahl durch eine kurzlebige Restauration der Familienidylle wieder zurück, erreichte in den sechziger und siebziger Jahren aber neue Höchststände.

Das revolutionäre Russland galt als das Land mit der «modernsten» Haltung gegenüber der Scheidung. Manche Revolutionäre wie Aleksandra Kollontai propagierten die Idee der freien Liebe, die sie in den Arbeitergemeinschaften gefunden zu haben glaubten, aber Lenin lehnte dies als Wunschbild bürgerlicher Intellektueller ab. Die Scheidung wurde 1918 legal, danach überlegte die bolschewistische Führung, auf welche Art die bäuerliche Familie, die sie als Zentrum der politischen Reaktion ansah, am besten zu zerstören sei. 1926 wurden «freie Lebensgemeinschaften» als Alternative zur Ehe anerkannt und die Scheidung stark erleichtert: ab 1927 konnte sie auf alleinigen Wunsch eines Partners stattfinden, was dazu führte, dass die Scheidung per Postkarte möglich wurde. Auf dem Land blieb sie eher selten, aber in den Städten wurde sie ganz normal. In Leningrad gab es 1927 9,8 Scheidungen pro 1000 Ehen, Mitte der dreißiger Jahre wurden dann 37 Prozent aller Ehen geschieden. Von Zeit zu Zeit wandte sich die Partei gegen die Freizügigkeit und forderte die Rückkehr zu einer konventionelleren Moral, so wie 1926–27 und 1934, aber ohne viel Erfolg. 1936 stellte ein Gesetz, das die «frivole Haltung gegenüber der Familie» beenden sollte, die Abtreibung unter Strafe und bot den Familien größere Unterstützung. Einer der Gründe für den Rückschritt zu einer konservativeren Haltung war die Flut obdachloser Kinder (*besprisorniki*), die als Waisen oder von ihren Eltern verlassen auf der Straße lebten und stark zu Prostitution und Kriminalität beitrugen. Anfang der zwanziger Jahre gab es bis zu 7,5 Millionen dieser heimatlosen Kinder.

In John Galsworthys Roman *The Silver Spoon* (1925) wurde der Konflikt zwischen «moderner» und viktorianischer Moral dargestellt. Die Beschreibung einer Dame der Gesellschaft mit dem Ausdruck «sie ist kein bisschen moralisch» war für den «fortschrittlichen» Teil der Gesellschaft kein Tadel, sondern ein Kompliment. Selbst Geistliche mussten anerkennen, dass der Ton des Zeitalters sich geändert hatte. Der Bischof von Durham sagte 1922 vor dem britischen Oberhaus, das Eherecht müsse im Licht «moderner sozialer und geistiger Bedingungen» geändert werden. «Wir leben in einer Zeit revolutionären Wandels, der nirgends weiter reicht als im Bereich der sozialen Moral.»[7]

Die Reform des Scheidungsrechts folgte der vorherrschenden gesellschaftlichen Praxis. In England erleichterten 1923 und 1937 neue Gesetze die Scheidung, aber sie konnte noch immer durch einen Partner blockiert werden, und erst 1967 wurde die Scheidung automatisch als Konsequenz der Trennung anerkannt. In Frankreich machte eine Gesetzesreform 1972 und 1975 die einvernehmliche Scheidung möglich, in Deutschland 1977. Eine neue Scheidungswelle ging in diesen Ländern in den sechziger und siebziger Jahren der Reform des Scheidungrechts voraus und folgte ihr. Auch im kommunistischen Teil Europas stieg in dieser Zeit die Scheidungsrate an, obwohl die Wohnungsknappheit oft dazu führte, dass geschiedene Paare ungewollt weiter zusammenleben mussten.

Während des ganzen Zeitraums sank das durchschnittliche Heiratsalter, und zwar in Osteuropa schneller als im Westen. Seit den sechziger Jahren ging der Ehe oft eine Zeit des Zusammenlebens voraus, manchmal führte diese auch gar nicht zur Ehe. In Frankreich lebten 1968 17 Prozent der heiratenden Paare bereits zusammen, zehn Jahre später waren es 44 Prozent.

Die Kombination aus niedrigerem Alter bei der ersten Ehe, nichtehelichem Zusammenleben und leichterer und stärker tolerierter Scheidung bedeutete, dass die Ehe zunehmend als Experiment gesehen wurde, das sich leicht beenden ließ, wenn es sich als unbefriedigend erwies. Prominente in Kultur und Politik überstanden Scheidungen, die vor den sechziger Jahren einen Rückschlag für ihre Karriere bedeutet hätten. Als 1983 Cecil Parkinson, der Vorsitzende der britischen Konservativen, eine schwangere Geliebte hatte, musste er zurücktreten, weil er seine Frau *nicht* verließ, um seine Geliebte zu heiraten.

Individualismus

Die Gesellschaft wurde individualistischer. Auch das lässt sich auf den allgemeinen Einkommenszuwachs zurückführen. Armut schafft Abhängigkeit und erfordert gegenseitige Hilfe, um die Not zu lindern. Größerer Wohlstand und die durch ihn erleichterte größere Mobilität erlauben es Menschen, sich von dem zu befreien, was sie als restriktive soziale Bindungen empfinden. Sie können es sich nun leisten, sich von ihrer Verwandtschaft, ihren Ehepartnern, ihren Kindern, ihren Kirchen, ihren Klassen, sogar ihren Heimatländern zu lösen. Eine größere Zahl von Menschen lebte jetzt allein. Romantische Mythen in Büchern und Filmen ermutigten Vorstellungen von persönlicher und körperlicher Vollkommenheit bei der Partnersuche, die unerfüllbar waren. Eine «Single»-Gesellschaft kultivierte die Suche nach dem «perfekten Partner», der wegen der Tücken der menschlichen Natur nie zu finden war.

Während die Familien schrumpften, wurden die einzelnen Kinder wichtiger. Damit wuchsen aus der Sicht der Familie auch die Kosten und Schrecken des Krieges. Für die meisten Eltern und Geschwister waren die Verluste des Ersten Weltkriegs ein unvermeidliches Schicksal, das den Triumph der patriotischen Pflichterfüllung widerspiegelte. Der Brief des späteren britischen Außen- und Premierministers Anthony Eden als Schuljunge an seine Mutter, als sein Bruder gefallen war, ist typisch für sein Zeitalter: «Arme kleine Mama. Du hast jetzt eine schrecklich schwere Zeit, aber wir müssen alle unseren Teil tragen, und je größer der Teil, desto größer die Ehre, wenn er edel getragen wird. Und der arme kleine Nicholas [der jüngere Bruder]! Ich fürchte, es wird ein schwerer Schlag für ihn sein, aber wir müssen alle unseren Teil tragen.»[8] Im Zweiten Weltkrieg war das Gefühl persönlichen Verlustes gewachsen, und am Ende des Jahrhunderts wurden militärische Verluste weithin als absolut unerträglich für moderne Gesellschaften angesehen. Eine (zumindest im historischen Vergleich) relativ niedrige Zahl von Gefallenen im Afghanistan-Krieg reichte aus, um die Legitimität der Sowjetunion für die Eltern gefallener Rotarmisten zu untergraben.

Glaube

Die Ausübung der Religion ging viel dramatischer zurück als in ebenso modernen oder sogar moderneren Gesellschaften wie den Vereinigten Staaten. Auch hier beschleunigten die beiden Weltkriege die Entwicklung, da viele Männer von der scheinheiligen patriotisch orientierten Glaubensvermittlung der Militärgeistlichen abgestoßen waren und sich auf dem Schlachtfeld von Gott verlassen fühlten. Der englische Lyriker Robert Graves, ein Teilnehmer des Ersten Weltkriegs, fand es ganz natürlich, seine Kinder nicht taufen zu lassen. Seine Ehefrau Nancy Nicholson kam zu dem Schluss: «Gott ist ein Mensch, deshalb ist das alles Quatsch».[9] Ende der vierziger und Anfang der fünfziger Jahre gab es in den meisten Ländern Europas eine gewisse Zunahme der Gottesdienstbesucher und der Kirchenmitgliedschaft, und es bildete sich ein neues politisches Christentum (Christdemokraten). Der amerikanische Prediger Billy Graham veranstaltete Massenbekehrungen auf weltweiten «Kreuzzügen», seine Londoner Veranstaltungen wurden 1954 von fast zwei Millionen Menschen besucht.

Die religiöse Renaissance war jedoch ebenso kurzlebig wie die des traditionellen Familienlebens. Selbst wer Katholik blieb, löste sich weitgehend von traditionellen Praktiken, vor allem dem Sakrament der regelmäßigen Beichte. Protestantische Kirchen verloren ihre praktizierenden Mitglieder noch schneller als katholische, und in den achtziger Jahren besuchten im traditionell protestantischen England mehr Menschen katholische Gottesdienste als die der anglikanischen Staatskirche. Am Ende des Jahrhunderts war das Christentum in Europa (aber nicht in Amerika) die Religion einer Minderheit. Sogar die religiöse Bewegung mit dem universalsten Anspruch, die katholische Kirche, begann ihre Lehren für ein Zeitalter neu zu formulieren, in dem die Gläubigen nur noch einen kleinen Teil der Bevölkerung ausmachten. Als Leiter der Glaubenskongregation erklärte Kardinal Joseph Ratzinger, die moderne Kirche «wird weniger mit den Großgesellschaften identisch sein, mehr Minderheitenkirche sein, in kleinen lebendigen Kreisen von wirklich Überzeugten und Glaubenden und daraus Handelnden leben.»[10] Er gab zu, dass es «den Verfall des Christentums mitten in der Kirche (gibt)» und sah die Möglichkeit, «daß es als Form noch da ist, als Realität aber kaum noch gelebt wird».[11]

Der Niedergang des Landlebens

Diese Veränderungen sind charakteristisch für eine Gesellschaft, die immer urbaner wurde. Der Tendenz zu mehr Wohlstand, Freizeit und Individualisierung entsprach ein Wandel in der beruflichen Tätigkeit des Großteils der Bevölkerung. Zu Beginn des 20. Jahrhunderts lebte die Mehrheit der Europäer noch auf dem Land und pflegte eine traditionelle Lebensweise. 1907 arbeiteten 37,8 Prozent der deutschen Arbeitnehmer in der Landwirtschaft, in Frankreich waren es 42,7 Prozent (1906), in Österreich 53,1 und in Ungarn 62,5 Prozent (beide 1910).

Dieser Übergang zur Modernität dauerte lange. In weiten Teilen Europas bestand die Parzellenwirtschaft noch lange Zeit. Trotz jahrzehntelanger Versuche der Flächenzusammenlegung waren viele süddeutsche Agrargebiete am Ende des Jahrhunderts noch immer in ähnliche Parzellen zerstückelt wie in der vormodernen Landwirtschaft. Auch alte nichtmarktwirtschaftliche Formen des Grundbesitzes bestanden weiter. In Preußen gab es 1912 noch 1277 unveräußerliche Güter, die 7 Prozent des Bodens umfassten. Ein ähnlicher Bodenanteil war vor dem Ersten Weltkrieg in Ungarn unveräußerlich. Der Feudalismus endete in Europa nicht 1789 oder 1848, sondern 2000 mit dem britischen Gesetz zur Abschaffung des Lehnswesens, durch das immer noch existierende feudale Verpflichtungen im schottischen Hochland abgeschafft wurden, und das 2004 in Kraft treten wird. Andere Länder hatten schon früher eine radikale Landreform erlebt. Nach dem Ersten Weltkrieg gab es in den meisten Ländern Ostmitteleuropas Landreformen, die den Bodenbesitz einschränkten: in Rumänien lag das Maximum je nach Standort bei 100–500 Hektar, in der Tschechoslowakei bei 150–250 Hektar und in Bulgarien bei 30–50 Hektar. Im neuen Jugoslawien sollte jede Bauernfamilie ihr eigenes Land besitzen, daher litt die Landwirtschaft zwischen den Kriegen an einer Zersplitterung, die der «Modernität», in diesem Fall der rationellen wirtschaftlichen Nutzung des Bodens, im Wege stand. Nach dem Zweiten Weltkrieg erzwang der Kommunismus in Osteuropa eine viel weiter reichende, aber nur vorübergehende Landreform. Statt den Besitz weiter zu zersplittern, verfügten die kommunistischen Regierungen bald die Kollektivierung, und nur in Polen gab es in den fünfziger Jahren bereits eine Wende zur Entkollektivierung.

Auf dem Land umfasste die Modernität auch die finanzielle und militärische Mobilisierung. Die Beleihung einzelner Rinder mit einem Pfandrecht auf jedes geborene Kalb starb im späten 19. Jahrhundert aus, als sich neue Krediteinrichtungen ausbreiteten. 1910 gab es in Deutschland 23751 Kreditgenossenschaften. Die Weltwirtschaftskrise erschütterte jedoch die Kreditbeziehungen und trieb viele Bauern in den Ruin.

Trotz einer starken Ideologie, die das Landleben als heilsame Medizin für die Übel der modernen Stadt pries, wurde es durch die Krise der Landwirtschaft immer seltener. 1931 arbeiteten noch 35,8 Prozent der Berufstätigen in Frankreich und 46,8 Prozent in Italien in Land-, Forst- und Fischereiwirtschaft, in Deutschland waren es 1933 28 Prozent. Nur England hatte schon eine stark geschrumpfte Landwirtschaft (5,9 Prozent) und eine Bevölkerung, deren Tätigkeit sich sehr stark auf Bergbau und Industrie konzentrierte. Im Jahr 2000 arbeiteten nur noch 1,3 Prozent der englischen, 2,5 Prozent der deutschen, 4,1 Prozent der französischen und 5,3 Prozent der italienischen Erwerbsbevölkerung in Land-, Forst- und Fischereiwirtschaft, während der Dienstleistungssektor in diesen großen Volkswirtschaften den überwiegenden Teil ausmachte (die entsprechenden Anteile sind 77,8 Prozent, 69,1 Prozent, 69,5 Prozent und 62,6 Prozent). Modernität bedeutete also Dienstleistungen, fast immer mit bunterer Arbeitsbiographie als in Industrie oder Landwirtschaft, wo die Arbeitnehmer oft ein Leben lang an einem Ort und für einen Arbeitgeber gearbeitet hatten.

Die geplante Stadt

Modernität bedeutete eine städtische Existenz und die neuen Freiheiten, die sie bot. Die Städte des späten 19. Jahrhunderts konnten sich durch die Einführung der elektrischen Straßenbahn, des Vorortzugs und in einigen Großstädten auch der Untergrundbahn sehr viel stärker ausdehnen. Die tiefe Piccadilly-Line in London war ein Triumph des Chicagoer Finanziers Charles Tyson Yerkes und nahm 1907 den Betrieb auf. Zwischen den Kriegen wurde die Metropolitan-Line bis nach Uxbridge verlängert (1925). Ein Großteil des Verkehrs in den Städten wurde aber noch mit Pferdebahnen oder -droschken abgewickelt, was zu großen Verkehrsproblemen führte.

Die erste U-Bahn auf dem Kontinent wurde 1896 durch eine vergleichsweise flache Ausschachtung in Budapest gebaut. Die Pariser Metro begann mit dem neuen Jahrhundert (1900). 1931 beschloss das Zentralkomitee der KPdSU den Bau einer Metro in Moskau, die bei ihrer Eröffnung 1935 zum allgemein bewunderten Prestigeobjekt wurde. Einige der robusten Waggons waren noch in den neunziger Jahren eingesetzt.

Am Ende des Ersten Weltkriegs sah Premierminister David Lloyd George seine Aufgabe darin, England zu einem Land zu machen, das für Helden bewohnbar sei. Die Bauwirtschaft reagierte auf diese Forderung mit der Einrichtung von Bausparkassen, die zum Sparen für Hausbau und Hauskauf aufriefen. 1939 bestand ein Drittel des Wohnraums in England aus Häusern, die nach 1918 gebaut waren. Die meisten Einkommen reichten aber nicht aus, um die Schaffung neuen Wohnraums allein der Privatwirtschaft zu überlassen.

Die größte und drängendste Aufgabe in ganz Europa war die Schaffung öffentlichen Wohnraums. In Ländern mit hoher oder Hyper-Inflation schränkten der Zusammenbruch des privaten Kapitalmarkts und die Mietbegrenzungen den privaten Hausbau drastisch ein. So wurden im Deutschland der zwanziger Jahre über zwei Drittel des neuen Wohnraums öffentlich errichtet. Hieraus entstanden einige der großen architektonischen Leistungen der Zwischenkriegszeit: Bruno Tauts Hufeisensiedlung in Berlin (1924–27), Ernst Machs Siedlung Sinnheimer Hang in Frankfurt am Main (1926) oder Karl Ehns festungsartiger Karl-Marx-Hof in Wien (1930), der im österreichischen Bürgerkrieg 1934 tatsächlich belagert wurde.

Die Ergebnisse des Baubooms der Zwischenkriegszeit waren umstritten. Viele Menschen lebten nun komfortabler als früher. Der schweizer Architekt Le Corbusier (Charles-Edouard Jeanneret) nannte das Haus eine «Wohnmaschine» und vertrat die Ansicht, Architekturreform und großangelegte Stadtplanung könnten den sozialen und politischen Zusammenbruch verhindern («Baukunst oder Revolution. Die Revolution läßt sich vermeiden»).[12] Ästheten war die Ausbreitung der Vororte jedoch zuwider, und manchmal formulierten sie ihre Ablehnung sehr provozierend. Der demonstrativ antimoderne John Betjeman forderte in seinem Gedicht *Slough* eine umfassende Zerstörung:

> Come friendly bombs and fall on Slough.
> It isn't fit for humans now.
> There isn't grass to graze a cow.
> Swarm over, death.

Auf ähnliche, aber deutlich radikalere Weise erklärte NS-Propagandaminister Joseph Goebbels, er begrüße die Bombardierungen des totalen Kriegs, weil sie eine allgemeine Gleichheit herstellten und einen ästhetisch ansprechenderen Wiederaufbau erlaubten.

Modernismus

Modernismus ist ein eklektischer Begriff, der in unterschiedlichen Zusammenhängen verschiedenes bedeutet, dessen Bedeutungen sich aber auch – wie so oft bei solcher Pluralität – zwischen mehreren Bereichen bewegen. So bedeutet er die Bejahung des modernen Lebens und moderner Ideen, der Urbanisierung, Industrialisierung, Industriegesellschaft und Technologie, aber auch die Verwirklichung von Ideen der Aufklärung in Bezug auf die menschliche Fortschrittsfähigkeit.

Als kulturelle Bewegung wird der Begriff häufig spezifischer als Ablehnung des Erbes einer Romantik gefasst, die der Modernismus als sentimental, unauthentisch und ästhetisch erschöpft verworfen hat. Die soziale und politische Krise des Ersten Weltkriegs führte zu einer Explosion der künstlerischen Kreativität. Einige Moderne wie Pablo Picasso (1881–1973) verstanden sich als Linke und ihre Kunst als Teil der politischen Reformen. Viele Modernisten waren jedoch politisch konservativ und sahen sich als Retter der Tradition vor den Verfechtern der Aufklärung und Postaufklärung. So unterschiedliche Künstler wie Igor Strawinski (1882–1971) und Arnold Schönberg (1874–1951), der die musikalische Kompositionstechnik revolutionierte, der Lyriker T. S. Eliot (1888–1965) oder der Maler Henri Matisse (1869–1954), der zu einer Symbolfigur der Modernität wurde, bedienten sich demonstrativ der Tradition, um ihre Kunst vor dem zu schützen, was sie als die Oberflächlichkeit des 20. Jahrhunderts ansahen. Strawinski verarbeitete russische Volkstraditionen, und Schönberg war immer stärker überzeugt, große Musik könne nur aus tiefem Glauben erwachsen, und schrieb das philosophische Drama *Der biblische Weg*. Die antisemitische Verfolgung stärkte Schönbergs Überzeugung nur. Mit dieser Auffassung verband sich die der künstlerischen Elite, die sich durch die Reinheit ihrer Ziele definierte und der demokratischen und kommerzialisierten Vulgarität entgegentrat. Eliots Antisemitismus war für ihn ein Mittel, seine Opposition gegen die Massenkultur zu signalisieren, sei sie kommerzialisiert oder bolschewistisch. Somit brauchte der Modernismus nicht modern zu sein und wurde oft zu einem «reaktionären Modernismus» (Jeffrey Herf). Die Zeit nach dem Zweiten Weltkrieg und die darauf folgende Stabilisierung der europäischen Politik hatte den entgegengesetzten Effekt des vorigen Weltkriegs: die künstlerische Innovation vereinzelte sich und die kreative Gärung schwächte sich ab.

Die Architektur entwickelte eine moderne Ästhetik, die den Großteil des Jahrhunderts überdauerte. Ein von den führenden modernen Architekten in Deutschland verfasstes Manifest vertrat 1919 die These, die Architektur sei «Führer und Meister» der Bildenden Kunst, da die von ihr geschaffenen Formen das menschliche Handeln bestimmten. Im selben Jahr formulierte Walter Gropius das Programm der Bauhaus-Hochschule in Weimar.

Das Bauhaus entwickelte ganz bewusst moderne, funktionelle Gebäude für eine neue Art von Mensch, der das Überladene und Ornamentale der Vergangenheit abstreifen würde. Bauwerke sollten ihren Zweck deutlich zeigen, nicht mehr und nicht weniger, gemäß der Parole: die Form folgt der Funktion. Damit ließen sich die neuen industriellen Baustoffe offen verwenden. Stahl und Beton brauchten nicht mehr verborgen zu werden, Glas und Licht wurden zu zentralen Elementen des neuen Designs. Kurz nach dem Ersten Weltkrieg entwarf Gropius riesige utopische und unrealisierbare Projekte für Glaspyramiden («Wohngebirge»).

Im weiteren Verlauf der zwanziger und dreißiger Jahre wurde der Trend zum Modernismus teilweise durch eine neue Monumentalität ausgeglichen. Ihre am stärksten politisch geprägten Beispiele entstanden in den totalitären Staaten: die Zuckerbäcker-Architektur der stalinistischen Bauten im Moskau der dreißiger Jahre und Albert Speers neoklassizistische Entwürfe für Hitler. Die nationalsozialistische Landesregierung von Anhalt schloss 1932 das Bauhaus in Dessau. Der neue klassizistisch angehauchte Monumentalismus war aber auch im Frankreich der Volksfront und ebenso in Großbritannien (etwa in Gilbert Scotts Entwurf für die Universitätsbibliothek in Cambridge) zu finden. Während sich parlamentarische und demokratische Staaten dem Klassizismus annäherten (einige der extremsten Beispiele waren Teil der amerikanischen Arbeitsbeschaffungsprojekte des New Deal, so die 30th Street Station in Philadelphia), übernahmen totalitäre Regime teilweise die modernistische Ästhetik. Zudem gab es keinen notwendigen Gegensatz zwischen Modernismus und Totalitarismus. 1933 und 1934 versuchte Mies van der Rohe, NS-Ideologen wie Alfred Rosenberg davon zu überzeugen, dass der Modernismus mit einem neuen, wissenschaftlich ausgerichteten und wirtschaftlich starken Deutschland vereinbar sei, und reichte Entwürfe für staatliche Architekturwettbewerbe ein, etwa für die neue Berliner Reichsbank. Tatsächlich bauten die totalitären Regime modern, wenn es ihnen passend erschien, so bei Ernst Sagebiels massigem Luftfahrtministerium (1935) oder dem Olympischen Dorf, in dem die Athleten der Olympiade 1936 untergebracht wurden (Sagebiel war ein Schüler des brillanten modernistischen Architekten Erich Mendelsohn).

Nach dem Krieg war der Klassizismus aber für viele Architekten mit dem Faschismus verbunden, und der Modernismus setzte sich als «International Style» durch. Am wirkungsvollsten war er bei Gebäuden wie der Berliner Kongresshalle (1957), die als Symbol der deutsch-amerikanischen Freundschaft konzipiert war.

Schließlich erschöpfte der internationale Modernismus seine Ausdruckskraft und forderte eine Gegenbewegung heraus. Sie entzündete sich vor allem an den neuen Städten, die sich in Europa von Cumbernauld und Glenrothes in Schottland über Harlow New Town und Milton Keynes in England, Poissy und Mantes-la-Jolie bei Paris bis Eisenhüttenstadt (DDR), Nowa Huta (Polen) und Magnitogorsk in der UdSSR (dem Prototyp) zogen. In schon existierenden Städten wurden komplette neue Viertel mit Hochhausarchitektur, in der DDR «Plattenbauten» genannt, und mit Hochhaustürmen in England bebaut. Zwischen 1964 und 1974 entstanden 384 Wohnblocks in London, die oft durch erhöhte (und dem Vandalismus ausgesetzte) Fußwege verbunden waren.

In den letzten beiden Jahrzehnten des 20. Jahrhunderts zog man sich allmählich von den extremen Aspekten der modernistischen Ästhetik zurück. Es gab ironische Anspielungen auf ein breites Spektrum von Stilen, aber nicht in der historistischen Weise des Jahrhundertbeginns. Die postmodernistische Architektur versuchte das Offensichtliche wie rechte Winkel und gerade Fassaden zu vermeiden. Sie lebte davon, den Betrachter zu faszinieren, statt ihn gewaltsam zu organisieren. Gelungene Beispiele wie James Stirlings Neue Staatsgalerie in Stuttgart prägten eine neue Ästhetik.

Die Architektur folgte einem Trend, der in den anderen Künsten schon seit langem erkennbar war, nämlich in Richtung einer Avantgarde, deren Vertreter bewusst Visionen entwarfen, die verblüffen und bestehende Überzeugungen erschüttern sollten. Ein großer Teil der modernen Kunst war mit der Revolte der Künstler gegen die Gesellschaft verbunden. Während des Ersten Weltkriegs hatte Tristan Tzara den Dadaismus in Zürich als Protest gegen die Irrationalität des Krieges erfunden, doch in den zwanziger Jahren führte ihn André Breton als Surrealismus in eine stärker politisch orientierte Richtung. Die Logik des Traums sollte die Wirklichkeit verändern. Der Surrealismus war als eine Art Revolution intendiert, und einige seiner Vertreter wurden orthodoxe Kommunisten.

Schließlich wurde der Modernismus in der Kunst, der aus einer Revolte gegen die bürgerlichen Konventionen hervorgegangen war, zu einem zentralen Teil der neuen Ordnung. Firmen schätzten seine Abstraktionen, denn die traditionellen Themen der klassischen Kunst waren meist religiös oder erotisch und passten nicht in Konferenzräume, wohingegen ungegenständliche Muster und Formen, auch wenn sie irritieren und provozieren sollten, sogar beruhigten. Der Kunstkauf durch Unternehmen trieb die Preise für moderne Kunst in die Höhe und machte sie zu einem weiteren Spekulationsobjekt. Gegen Ende des Jahrhunderts wiesen viele Kommentatoren auf die Analogien zwischen der modernistischen Bewegung in der Bildenden Kunst und der neuen wissensorientierten Wirtschaft hin. Die moderne Kunst sollte Konventionen angreifen, und moderne Unternehmer entwickelten ständig neue Ideen, Produkte und Märkte. Radikaler noch, sowohl der moderne Künstler als auch der moderne Geschäftsmann konnten ihre Konsumenten als Traditionalisten und Reaktionäre darstellen, deren Ansichten sich mit unverhüllter Verachtung behandeln ließen. Wie zwei Autoren es formuliert haben: «Picasso hat den Kubismus nicht auf Wunsch von Galeriebesuchern erfunden, Kunden haben die Funktion von Rückspiegeln. Sie sind extrem konservativ, langweilig, haben keine Fantasie und wissen nicht, was sie wollen.»[13]

Der Soziologe Max Weber beschrieb die moderne Rationalität, die aus dem Wohlstand des 20. Jahrhunderts erwuchs, als ein «stahlhartes Gehäuse». In seiner Studie «Die protestantische Ethik und der Geist des Kapitalismus» schrieb er 1906: «die äußeren Güter dieser Welt [gewannen] zunehmende und schließlich unentrinnbare Macht über den Menschen, wie niemals zuvor in der Geschichte.»[14] Güter waren zugleich befreiend und versklavend. Dies war die Welt, gegen die der Modernismus in der Kunst rebellierte; die Welt, gegen die sich der zunehmend narzistische Individualismus des persönlichen Stils richtete. Wie Weber vorausgesehen hatte, war es letztlich aber schwierig, der Falle zu entgehen. Die vom Kult um den Konsumenten stimulierte Revolte des Individualismus gegen die Massengesellschaft war in der Praxis selbst eine Rationalisierung der Massengesellschaft. Es war eine Modernisierung, die gegen sich selbst protestierte. Diesen oft gewaltsamen und destruktiven Protesten, die neue soziale und politische Realitäten schufen, ist der größte Teil dieses Buchs gewidmet.

2 Krieg und Frieden: Lenin und Wilson

Die erste Hälfte des 20. Jahrhunderts, insbesondere die 30 Jahre von 1914 bis 1945, war eine Epoche militärischer, politischer, wirtschaftlicher, sozialer und kultureller Konflikte – ein Zeitalter der Enttäuschung, der Desillusionierung, der Zwietracht und der Hoffnungslosigkeit und des Zerfalls aller menschlichen Verhältnisse.

Einen Beobachter des Jahres 1900 hätte diese Entwicklung überrascht, denn es gab vieles, was zu Beginn des neuen Jahrhunderts zuversichtlich stimmen konnte. Innenpolitisch wurden die europäischen Staaten überwiegend repräsentativ und verantwortungsbewusst regiert. Auf der internationalen Ebene löste man Konflikte durchweg durch Übereinkünfte zwischen den Großmächten. Und in der Wirtschaft nahm die Integration von Warenbewegungen, Kapital und Arbeitskräften zu – weitgehend unabhängig von nationalen Kontrollen und Regelungen, so dass man heute sogar vom Beginn oder der ersten Welle der «Globalisierung» spricht. Das Privateigentum war gesichert und galt allgemein als eine Grundlage der Zivilisation. Man kann mit guten Gründen annehmen, dass die Phänomene des besseren internen Regierens, der internationalen Stabilität und wirtschaftlichen Integration in einem Kausalzusammenhang miteinander stehen. So war der Fortschrittsglaube damals plausibel und verbreitet. Einige Beobachter, besonders der englische Publizist Norman Angell (in seinem Buch *The Great Illusion*), vertraten sogar die Auffassung, der erreichte Grad an Integration und wechselseitiger Abhängigkeit mache einen Krieg unmöglich. Dieser Optimismus zerbrach 1914.

Was war geschehen? Mag der eine oder andere auch sagen, der Zufall des Ersten Weltkriegs habe den Fortschrittsglauben zerstört, so sehen Historiker, die den Ursachen der Katastrophe nachgegangen sind, schon vor 1914 die Keime der Zerstörung im Moment des größten Optimismus. Die Menschen verstanden ihre Probleme zunehmend als Sache großer kollektiver Bewegungen – Nation oder Arbeiterklasse. Die Rechtsansprüche dieser Kollektive wurden zum Zentrum weitreichender politischer Konflikte. Der Krieg erzeugte den ersten Modernisierungsschock Europas.

Krieg und Mobilisierung

Der Erste Weltkrieg begann, nachdem ein terroristischer Anschlag zu einem Konflikt der europäischen Großmächte wurde. Sie alle hatten sich in einem System von Allianzen verstrickt, deren Folge nun Sicherheitsgarantien und Präventivschläge waren. Am 28. Juni 1914 erschoss der bosnisch-serbische Nationalist Gavril Princip den österreichischen Thronfolger Erzherzog Franz Ferdinand und seine Ehefrau, die Gräfin Chotek, als sie in einem offenen Wagen durch die Straßen der bosnischen Hauptstadt Sarajevo fuhren. Österreich forderte eine Untersuchung der Terrororganisation «Schwarze Hand» (Crna Ruka), die angeblich hinter dem Attentat stand und bis ins benachbarte Königreich Serbien reichte. In Wien war man der Ansicht, Teile der serbischen Regierung seien in die Verschwörung verwickelt, insbesondere der Geheimdienst von Oberst Apis, daher könne Serbien keine glaubwürdige polizeiliche Untersuchung führen. Am 23. Juli 1914 stellte Österreich nach Beratung mit seinem deutschen Verbündeten ein Ultimatum an Serbien, das mit dessen Souveränität unvereinbar war. Am 28. Juli erklärte Österreich Serbien den Krieg und begann mit dem Beschuss Belgrads (obwohl Kaiser Wilhelm II. versucht hatte, die Militäraktion in letzter Minute aufzuhalten). Serbien bat Russland um Hilfe, das sieben Jahre zuvor auf dem Balkan gedemütigt worden war, als Österreich Bosnien-Herzegovina annektierte. Zunächst appellierte der russische Außenminister an die deutsche Regierung, einer Europäisierung der Diplomatie zuzustimmen und eine europäische Lösung zu suchen, da nicht allein Serbiens und Österreichs Interessen berührt seien. «Europa»: Das war damals die organisierte Diplomatie der Großmächte, mithin war «die Frage eine europäische …, da Serbien nach der bosnischen Krisis Europa gegenüber Verpflichtungen übernommen habe, und … Europa Serbien nicht der Vergewaltigung durch seinen mächtigen Nachbarn preisgeben dürfe.»[1] Russland befahl am 29. Juli eine Teilmobilisierung seiner Armeen und am nächsten Tag die allgemeine Mobilmachung. Am 1. August erklärte das Deutsche Reich Russland und am 3. August dem russischen Verbündeten Frankreich den Krieg. Um Frankreich rasch zu besiegen, stießen deutsche Truppen am 4. August durch Belgien vor. Das war eine Verletzung des internationalen Vertrags, der die belgische Neutralität garantierte, und zog England auf der Seite Frankreichs und Russlands in den Krieg.

Gavril Princip, der irrationalistischen Denkern wie Nietzsche und Kropotkin anhing, wurde von den Österreichern im Gefängnis in Theresienstadt in Böhmen gefangen gesetzt und starb dort im April 1918. In Gesprächen mit dem österreichischen Psychologen Dr. Martin Pappenheim beharrte er darauf, er könne nicht glauben, dass so ein Weltkrieg ausbrechen werde, wegen einer solchen Sache.[2]

Zu Beginn des Krieges glaubten beide Seiten, den Sieg durch rasche Offensiven erzwingen zu können. Die Deutschen maßen der Verletzung der belgischen Neutralität kein großes Gewicht bei, da sie meinten, in einem kurzen Krieg könne England (mit seiner relativ kleinen Armee) nicht viel ausrichten. Zwei russische Armeen versuchten, dem deutschen Aufmarsch in Ostpreußen zu begegnen. Sie wurden Ende August bei Tannenberg und Anfang September an den Masurischen Seen geschlagen. Deutsche Soldaten marschierten durch Belgien nach Frankreich und folgten damit dem Plan, den Graf von Schlieffen als Chef des Generalstabs (1891–1905) entwickelt hatte. Nach ihm war ein Zweifrontenkrieg gegen Frankreich und Russland möglich, wenn Frankreich zuerst geschlagen würde, da die russische Mobilmachung vermutlich nur schwerfällig vorankäme. Und sei die dann abgeschlossen, hätte Russland schon keinen Verbündeten mehr und Deutschland könnte seine Kräfte an der Ostfront konzentrieren. Doch in der Wirklichkeit des Jahres 1914 scheiterte die russische ebenso wie die deutsche Offensive. Die russische Armee, die von Süden in Ostpreußen eingedrungen war, wurde in der Schlacht von Tannenberg selbst Opfer einer Zangenbewegung durch General von François.

Der deutsche Angriff auf Frankreich wurde an der Marne so kurz vor Paris zum Stehen gebracht, dass die Artillerie bis dort zu hören war. Generalstabschef Helmuth von Moltke, einer der führenden Architekten der deutschen Kriegspolitik, erlitt einen Nervenzusammenbruch und wurde durch den preußischen Kriegsminister von Falkenhayn abgelöst. Neue deutsche Offensiven, vor allem in der Nähe der Kanalküste bei Ypern in Flandern, brachten keinen Durchbruch, und beide Seiten richteten sich im Westen auf einen Stellungskrieg ein, in dem sich die Fronten vier Jahre lang kaum bewegten. Noch im Spätsommer 1918 gab es heftige Kämpfe bei Ypern. Nach dem Krieg wurde ein gigantisches bogenförmiges Denkmal errichtet, das die Namen von 54900 «Vermissten» trug, die man nie aufgefunden hatte, weil sie tief in den Morast der Schlachtfelder getrampelt worden waren.

Von den beiden ursprünglichen Fronten breitete der Krieg sich weiter aus. Im November 1914 schloss sich die Türkei Deutschland an. Sie war ein wichtiger Partner für die Mittelmächte, da die türkische Kontrolle der Dardanellen den alliierten Nachschub nach Russland behindern konnte. Die Teilnahme der Türkei trug den Krieg bis nach Persien. Im Oktober 1915 zogen die Mittelmächte Bulgarien auf ihre Seite, indem sie dem Land Gebietsgewinne auf Kosten Serbiens versprachen. Währenddessen sagten Frankreich und England im geheimen Londoner Abkommen (April 1915) Italien österreichische Gebiete in Südtirol, bei Triest und in Dalmatien zu.

Vor allem im Westen wurde der Krieg sehr viel mehr zu einem Krieg zwischen Soldaten als frühere Konflikte, vor allem, weil Zivilisten von der klar definierten Front ferngehalten wurden (zumindest nach dem chaotischen Beginn). In jener Anfangsphase gab es aber erhebliche Grausamkeiten gegen Zivilisten, vor allem in Belgien und Nordfrankreich. Als die Deutschen Liège besetzten, benutzten sie Zivilisten als menschliche Schutzschilde. Im August 1914 töteten deutsche Truppen etwa 5500 belgische Zivilisten.[3] Sie zerstörten den größten Teil von Leuwen (Louvain), darunter die berühmte Universitätsbibliothek. 2000 Gebäude wurden bei dieser deutschen Offensive zerstört. An der Ostfront führten nationale und ethnische Unterschiede dazu, dass die Kombattanten einige Völker als fünfte Kolonnen der Gegenseite ansahen, und es wurden sehr viel größere Grausamkeiten begangen. Die Russen verdächtigten die Juden der Parteinahme für Deutsche und Österreicher. Seit der türkischen Niederlage von 1877 hatten wiederum türkische Nationalisten die christlichen Armenier als Sympathisanten und Verbündete Russlands im Verdacht. Ab April 1915 deportierten türkische Behörden zunächst die Führer der Armenier und dann die Männer im wehrfähigen Alter. Den systematischen Massakern und Todesmärschen fiel über die Hälfte der zwei Millionen Armenier im Osmanischen Reich zum Opfer. Im August 1915 äußerte der türkische Innenminister «Es gibt keine armenische Frage mehr».

Die meisten Opfer in diesem Krieg waren jedoch Soldaten. Bis November 1918 fielen 2 Millionen Deutsche, 1,8 Millionen Russen, 1,4 Millionen Franzosen, 1,1 Millionen aus Österreich-Ungarn, 1 Million Briten und Commonwealth-Bürger, 800 000 Türken, 600 000 Italiener, 300 000 Serben und 100 000 Amerikaner.

Im Stellungskrieg lag die einzige Aussicht auf Bewegung im Einsatz von Artillerie und Minen. Niemand hatte die gigantische Menge an Munition, vor allem Granaten, vorhergesehen, die diese neue Form der Kriegsführung verlangte. Nach einer russischen Schätzung waren 400 schwere oder 25 000 leichte Granaten erforderlich, um ein 50 Meter breites Grabenstück mit drei Reihen Stacheldraht zu zerstören.[4] 1914 hatte England 5000 Tonnen Sprengstoff produziert, 1917 waren es 186 000 Tonnen. Deutschland hatte 1914 eine größeres Arsenal mit 14 000 Tonnen und steigerte die Produktion bis 1917 auf 144 000 Tonnen. Für Sprengstoff benötigte man Nitrat. Bis zum Ersten Weltkrieg war es vor allem für Kunstdünger verwendet worden, und die Hauptquelle war importierter Guano aus Südamerika. Diese Quelle ließ sich offensichtlich leicht blockieren, aber die Deutschen entwickelten rasch das Haber-Bosch-Verfahren als synthetische Alternative, um Nitrogen aus der Luft zu gewinnen.

Als klar wurde, dass der Krieg von keiner Seite schnell zu gewinnen sei, wurde eine Umstellung von Gesellschaft und Wirtschaft auf die Kriegsproduktion unumgänglich. Die Produktion in so gewaltigen Größenordnungen erforderte ein Überdenken wirtschaftlicher Organisationsmethoden. Ökonomischer Liberalismus erschien nicht länger angemessen, man brauchte einen koordinierten und zentralisierten Planungsprozess. Damit führte der Erste Weltkrieg zur Wirtschaftsplanung.

Deutschland gelang diese Anpassung am schnellsten. Bereits im August 1914 wurde ein Kriegsrohstoffamt gegründet. Führend in der neuen Organisation waren Wichard von Moellendorff und Walther Rathenau, Unternehmer mit weitreichenden Beziehungen. Für sie bot der Krieg die Chance, eine bessere Gesellschaft aufzubauen, in der die Planung als kontinuierliches Element der sozialen Organisierung eine größere Rolle spielen würde.

Was von Moellendorff und Rathenau «Kriegssozialismus» nannten, erreichte 1916 seinen Höhepunkt, nachdem eine Serie von Offensiven gescheitert war. An der Westfront hatte die deutsche Führung den kaltblütigen und brutalen Versuch gemacht, Frankreich zu schlagen, indem sie an einer Stelle angriff, die symbolisch wie strategisch so wichtig war, dass Frankreich sie bis zum letzten Mann verteidigen würde. Da Frankreich eine kleinere Bevölkerung hatte als Deutschland und damit auch nur eine kleinere Armee, würde es, wie der deutsche Generalstabschef von Falkenhayn zynisch formulierte, hier im wörtlichen Sinne «ausbluten». Der deutsche Angriff auf die Festung Verdun begann am 21. Februar 1916. Um den Druck auf Verdun zu verringern, willigten die Briten ein, eine große Offensive an der Somme zu starten (1. Juli). Im Osten zerschlug die russische Armee unter General Brussilow durch eine Offensive in Galizien (1. Juni) nahezu die gesamte österreichische Armee und machte 200 000 Gefangene, blieb dann aber stecken.

Im Hinblick auf die großen Offensiven waren weitere Produktionserhöhungen notwendig, und diese erforderten einen größeren sozialen Zusammenhalt in der Heimat. Die Kriegsführung wurde nun als Bestandteil einer Reihe von Maßnahmen für eine Sozialreform dargestellt. Vor dem Krieg hatte das kaiserliche Deutschland die Sozialdemokraten als «vaterlandslose Gesellen» bezeichnet. Doch 1914 argumentierte die Regierung gegenüber der SPD, sie führe einen Krieg gegen den russischen Absolutismus. So wurden 1916 SPD- und Gewerkschaftsführer in den politischen und wirtschaftlichen Entscheidungsprozess einbezogen.

Der im sog. Hindenburg-Programm vorgesehene große Anstieg der Rüstungsproduktion war von der staatlichen Mobilisierung der Arbeitskräfte durch das Vaterländische Hilfsdienstgesetz begleitet. Arbeiter wurden für die Kriegsindustrie zwangsverpflichtet und durften ihre Stellen nicht ohne eine Freistellung wechseln, im Gegenzug konnten die Vertreter von Arbeitern, Arbeitgebern und Militär über Löhne und Arbeitsbedingungen verhandeln. Die Mitgliedschaft in den Gewerkschaften, die 1914 bis 1916 von 2,5 auf unter eine Million gefallen war, stieg jetzt wieder an und lag 1919 bei 5,5 Millionen. Der neue Grad an zentraler Kontrolle und das (zugegebenermaßen kleine) Element der Arbeitermitbestimmung wirkten auf Sozialisten in allen Ländern (auch auf Lenin im Schweizer Exil) als Beweis für die praktische Durchführbarkeit des Sozialismus.

Andere Länder waren vom Beispiel der deutschen Mobilisierung ebenfalls beeindruckt. 1916 stürzte die liberale Regierung in England und wurde im Dezember durch den sehr viel stärker dirigistisch eingestellten David Lloyd George abgelöst. Der neue Premierminister wollte Unternehmer einbeziehen, um die Kriegswirtschaft effizienter zu organisieren. E. H. Carson sprach von einem «neuen Kollektivismus».

In Frankreich hatte Etienne Clémentel, ab 1915 Minister für Handel und Industrie, seit langem vor «Deutschlands kompakter wirtschaftlicher Macht» gewarnt. Er ermutigte nun die Arbeitgeber, sich zu organisieren, um effizienter zu produzieren, und schuf «Konsortien» zur Vermarktung aller Produkte. Im November 1917 wurde Georges Clemenceau Premierminister. Er übte harte Kritik an der Kriegsführung und warf seinen Vorgängern Defätismus und Kompromisse mit dem Feind vor. Seine politischen Prinzipien waren streng antisozialistisch, aber er versuchte Gewerkschaftsführer in die Regierung zu holen und bei den wirtschaftlichen und sozialen Forderungen der Sozialisten Zugeständnisse zu machen.

Die neue Politik führte auch zu einer nachhaltigen parlamentarischen und demokratischen Politisierung, oft jedoch mit plebiszitären und demagogischen Zügen. Die deutschen Generäle Hindenburg und Ludendorff erfanden ihre Rollen weitgehend beim Anfangserfolg 1914 an der Ostfront. Sie waren zwar bei den wichtigsten Entscheidungen nicht zugegen gewesen, benutzten ihren Sieg aber sehr geschickt als Grundlage für einen politischen Mythos und eine nationale Bewegung. Der Name Tannenberg war geographisch nicht ganz präzise für das weite Gebiet an den Masurischen Seen, in dem die Gefechte stattfanden, knüpfte aber bewusst an die Schlacht von 1410 an, in der die Ritter des Deutschen Ordens besiegt worden waren. Das neue Tannenberg sollte die deutschen Interessen im Osten bekräftigen, Hindenburg wurde als neuer Siegfried idolisiert, und Ludendorff äußerte: «Worte sind heute Schlachten: Richtige Worte gewonnene Schlachten, falsche Worte verlorene Schlachten.»[5]

Nach und nach untergrub die deutsche Armeeführung die Stellung des Reichskanzlers Theobald von Bethmann-Hollweg, indem sie die Opposition im Reichstag mobilisierte, mit Informationen versorgte und den Eindruck erweckte, Bethmanns Konservatismus stünde einem schnellen Kriegsende im Wege. Sie präsentierten eine neue Version der Strategie des kurzen Krieges. Auf der Basis von Kalkulationen über die Wirkungen einer Blockade glaubten sie, ein U-Boot-Krieg im Atlantik werde England und Frankreich den Nachschub abschneiden und zum deutschen Sieg führen. Ein solcher Schritt könnte den Kriegseintritt der Vereinigten Staaten bedeuten, aber der Krieg wäre gewonnen, bevor eine amerikanische Intervention etwas ausrichten könne (eine Wiederauflage des Arguments von 1914, es sei unwichtig, ob England in den Krieg eintrete oder nicht, weil Frankreich schnell geschlagen sein würde). Nachdem Deutschland den unbeschränkten U-Boot-Krieg begonnen hatte, traten die USA im April 1917 tatsächlich in den Krieg ein.

Als der Krieg sich hinzog und seine Kosten stiegen, wurde in allen beteiligten Staaten der Ruf lauter, man brauche große Gebietsgewinne und Zahlungen; die Kosten des Krieges sollten den Verlierern aufgebürdet werden. Durch Gebietsgewinne konnte man Verbündete kaufen; so hatten England und Frankreich Russland und Italien konkrete Zusagen gemacht, und Deutschland hatte gegenüber Bulgarien und der Türkei dasselbe getan.

Gleichwohl konnte kein Land einen so kostspieligen Konflikt auch beim besten Willen nicht aus seinen Steuer- oder sonstigen Einnahmen bezahlen. England erhöhte die Einkommensteuer auf 25 Prozent und führte auch eine Zusatzsteuer für die Wohlhabenden ein. In anderen Ländern befürchteten die Regierungen, Steuererhöhungen könnten den sozialen Konsens untergraben. Bis 1917 gab es in Frankreich keine allgemeine Einkommensteuer, obwohl man 1914 eine Teilsteuer von 2 Prozent einführte. Stattdessen wurde der Krieg durch hohe Kreditaufnahmen bezahlt. 1917 lag der Anteil des Defizits am Staatshaushalt selbst in Großbritannien bei 76 Prozent, in Frankreich waren es 86 und in Deutschland 91 Prozent. Nur die sehr viel frischeren Vereinigten Staaten sahen mit 44 Prozent vergleichsweise gesund aus. Manche dieser Defizite wurden durch Staatsanleihen finanziert, die meisten aber durch die Notenpresse. Sogar die Staatsanleihen trugen in der Praxis teilweise zur Inflation bei, denn die Bürger durften Anleihen kaufen und dann bei den Banken wieder verkaufen. Von 1913 bis 1919 stieg die Geldmenge in Deutschland um 600 Prozent, in Österreich um 900 und in Russland um 1000 Prozent; bei den Westmächten sah es mit 400 Prozent in Frankreich und unter 100 Prozent in England etwas besser aus.

Die meisten Staatsschulden wurden im Inland aufgenommen, aber die

Regierungen mussten auch im Ausland borgen, um die notwendigen Einfuhren zu bezahlen. Die Hauptquelle für neues Geld waren die Vereinigten Staaten, die durch den Krieg zur finanziellen Supermacht aufstiegen. England spielte aber ebenfalls eine wichtige Rolle, es borgte 6,5 Milliarden Dollar, vor allem von den USA, verlieh aber 10,4 Milliarden Dollar. Frankreich borgte 7 Milliarden Dollar von England und Amerika und verlieh 3,5 Milliarden. Die Hälfte der britischen und ein Drittel der französischen Darlehen gingen an Russland, das in einer immer verzweifelteren Situation war und letztlich von den Westmächten für das Kämpfen bezahlt wurde.

Wie konnten die internen und externen Schulden bezahlt werden? Große Steuererhöhungen in einer verarmten Nachkriegswelt waren undenkbar. Die Alternative bestand darin, die Kriegskosten auf das Ausland abzuschieben. Der Staatssekretär im Reichsschatzamt, Karl Helfferich, sprach davon, den Verlierern das «Bleigewicht der Milliarden» an Kriegskosten um den Hals zu hängen. Eine solche Strategie erforderte einen entscheidenden Sieg, keinen Kompromissfrieden. Je mehr in den Krieg investiert wurde, desto geringer wurde die Chance auf irgendeinen Kompromiss.

1917 wurden aber die Stimmen lauter, die nach Frieden verlangten. Er war eine Hauptforderung der russischen Revolutionäre, und in Deutschland brachten die Oppositionsparteien (linksliberale Freisinnige, katholische Zentrumspartei und Sozialdemokraten) im Juli 1917 eine Friedensresolution im Reichstag ein. In Frankreich gab es große Armeerevolten, nachdem das Oberkommando eine neue Serie verlustreicher Offensiven gestartet hatte, doch die deutsche Führung erfuhr nie, wie nah die gegnerische Armee dem völligen Zusammenbruch gewesen war.

Auf der internationalen Ebene legte Papst Benedikt XV. am 1. August 1917 eine Friedensbotschaft vor, in der er einen Frieden ohne Annexionen oder Reparationszahlungen forderte. Österreich, das inzwischen kurz vor dem Zusammenbruch stand, nahm diese Initiative besonders ernst. Der Premierminister war 1916 vom Sohn des führenden sozialdemokratischen Politikers ermordet worden; der alte Kaiser Franz Joseph war gestorben und sein Sohn, der Thronfolger Karl, unerfahren und furchtsam. Friedensinitiativen hatten aber die Wirkung, jeden politisch zu desavouieren, der es wagte, sie mit der Frage eines Kompromisses zu verbinden. Im Jahr 1917 wurde Joseph Caillaux von Clemenceau des Hochverrats bezichtigt, weil er bereit gewesen war, einige französische Forderungen aufzugeben. 1918 erklärte der österreichische Außenminister Graf Czernin, Frankreich habe einen Friedensvorschlag gemacht, und als Clemenceau bewies, dass dies nicht stimmte und vielmehr die Österreicher um Verhandlungen gebeten hatten, musste Czernin zurücktreten.

Wenn Kompromisse unmöglich waren und kurzfristige Offensiven stets zu scheitern schienen, lag eine Alternative in der politischen Unterwanderung der anderen Seite. Oft waren diese Vorstöße zur Destabilisierung des Gegners recht krude und amateurhaft. Anfang August 1914, kurz nach Kriegsbeginn, sprach der Chef des deutschen Generalstabs davon, Aufstände gegen die englische und russische Herrschaft in Indien, Ägypten und dem Kaukasus anzuzetteln, und vertrat die Ansicht, Deutschland werde sich seiner Allianz mit der Türkei bedienen können, um «den Fanatismus des Islam« anzustacheln. In Nordafrika erhielt die Firma Mannesmann die Anweisung, algerische und marokkanische Aufstände gegen Frankreich anzustiften. Später versuchte Deutschland, Mexiko zum Angriff auf die Vereinigten Staaten zu bewegen. Irische Nationalisten wie Roger Casement erhielten ebenfalls deutsche Unterstützung und durften in Deutschland Kriegsgefangene für ihre Armee rekrutieren. Deutschland arrangierte eine Waffenlieferung, die am Ostersonntag 1916 ankommen sollte, sowie die Rückkehr Casements nach Irland. Das Schiff mit den Waffen wurde aber aufgebracht und Casement festgenommen, nachdem ein U-Boot ihn an Land gesetzt hatte. Der Aufstand fand dennoch als ein Akt der Auflehnung statt, aus dem eine Märtyrerlegende entstand. Am Ostermontag besetzten irische Nationalisten zentrale Gebäude in Dublin wie das Hauptpostamt. Der Osteraufstand wurde schnell und blutig niedergeschlagen, es gab 450 Tote. Die Anführer wurden hingerichtet, mit Ausnahme des Halbspaniers Eamon de Valera, der als amerikanischer Bürger verschont wurde, um keine antibritischen Gefühle in den USA zu provozieren.

1917 unternahm Deutschland sein größtes Experiment zur Unterwanderung der Gegenseite durch die Anwendung des Revolutionsbazillus. Es erlaubte einigen Führern der russischen Bolschewiki die Durchreise in einem versiegelten Eisenbahnwaggon aus der Schweiz. Lenin erwies sich als ein weit effektiverer Revolutionär als Roger Casement.

Großbritannien ermutigte einen Aufstand der Araber gegen das Osmanische Reich, das mit den Mittelmächten verbündet war. Deutschland merkte rasch, dass seine Bindungen an die Türkei ihm in der arabischen Welt schadeten. Sir Henry McMahon, der britische Hochkommissar in Ägypten, erklärte, England sei «bereit, die Unabhängigkeit der Araber anzuerkennen und zu unterstützen». Eine britisch-indische Offensive in Mesopotamien war zunächst erfolgreich, die Truppen wurden dann aber eingekesselt und ergaben sich im April 1916 der türkischen Armee. Im Juni desselben Jahres rief Hussein, der Scherif (Gouverneur) von Mekka, den Aufstand der Araber aus, und die arabischen Truppen bildeten den einen Arm einer riesigen Zangenbewegung, durch welche der türkischen Armee 1918 schließlich eine entscheidende Niederlage beigebracht wurde.

Auch die multinationale Habsburger Monarchie glich einem Musterfall für politische Unterwanderung, aber erst nach der Auflösung des Russischen Reiches. Anfang 1916 sagte Lloyd George vor einem Gewerkschaftskongress, «ein Zerfall Österreich-Ungarns zählt nicht zu unseren Kriegszielen», sprach zugleich aber von «echter Selbstregierung nach demokratischen Prinzipien». Präsident Wilsons 14 Punkte-Plan enthielt eine ähnliche Forderung. Die tschechischen Nationalisten und ihre Verbündeten in Paris, London und Washington drängten aber auf eine entschiedenere Erklärung, und im Juni 1918 erkannte die französische Regierung die tschechische Unabhängigkeit an, gefolgt von Großbritannien im August und den Vereinigten Staaten im September.

Revolution

Die Russische Revolution entwickelte sich nicht zuletzt aus der wachsenden Unzufriedenheit mit der Kriegsführung der Regierung. Auch nationalistische Ressentiments spielten eine Rolle: Es gebe prodeutsche Elemente in den höchsten Rängen des Staates (vor allem in der Umgebung der aus Deutschland stammenden Zarin Aleksandra), oder: Geschäftsleute planten einen Friedensschluss, während sie zugleich an Waffenverkäufen verdienten. Bei den russischen Eliten, die das Land modernisieren und verwestlichen wollten, gab es Forderungen nach Reformen.

Aber die Revolution hatte auch eine starke Massenbasis. Die russischen Kleinbauern schienen zunächst zu den Gewinnern des Krieges und den Nutznießern der gestiegenen Lebensmittelpreise zu gehören. Häufig gaben sie ihren neuen Reichtum für Luxusgüter aus, aber auch für Grundbesitz, für den sich ein großer neuer Markt entwickelte. Als sich die Inflation aber verstärkte, versiegte der Landverkauf, da die Besitzer sich nicht von Sachwerten trennen wollten. Damit saßen die Bauern auf hohen Geldsummen, die scheinbar einen Gegenwert versprachen, in Wirklichkeit aber nicht viel wert waren.

In den großen Industriezentren hatte die Zahl der Arbeiter zugenommen. Es gab gewaltige Munitionsfabriken, zum Beispiel die Putilow-Werke in Petrograd (wie St. Petersburg jetzt hieß, um antideutschen Gefühlen nachzugeben), aber man hatte der Unterbringung und Verpflegung der neuen Arbeiter nur wenig Aufmerksamkeit gewidmet. In den russischen Städten herrschte bittere Not.

Die Revolution fand auf zwei Ebenen statt. Auf lokaler Ebene – in den großen Städten und auf dem Land – nahmen die Russen das Recht in die eigene Hand. Die Revolution begann mit Protestdemonstrationen in den

Städten. Im Januar und Februar 1917 riefen sozialistische Führer zu Streiks in Petrograd, Moskau und Charkow auf, um an das Massaker von 1905 zu erinnern. Die politischen Appelle an revolutionäre Erinnerungen waren aber offenbar weniger überzeugend als die elenden Lebensbedingungen. In Petrograd begannen am 8. März viel größere Unruhen wegen der unzureichenden Lebensmittelversorgung. Die Regierung versuchte die Ordnung durch die Armee wiederherzustellen, doch die Soldaten des Pawlowski-Regiments meuterten. Am 12. März eroberten Arbeiter und Soldaten die Peter und Pauls-Festung und befreiten die dort eingekerkerten Gefangenen. Arbeiter bildeten bald Räte (Sowjets) zur Lebensmittelverteilung und begannen die Häuser und Wohnungen der Wohlhabenden zu beschlagnahmen.

Im Parlament (Duma) und bei den Führern der Liberalen herrschte die Ansicht, der Zar genieße nicht mehr das Vertrauen des russischen Volkes, und sie bildeten am 14. März eine provisorische Regierung. Am nächsten Tag dankte Nikolai II. zugunsten seines Bruders Großherzog Michail ab (was der Erbfolge zuwider lief, nach der ihm sein ältester Sohn auf den Thron gefolgt wäre). Diese letzte Handlung als Herrscher zeigt, wie wenig er das Recht oder Russland verstand und wie stark er seinen Thron als bloßen Privatbesitz ansah. Die Erbfolgefrage erwies sich als irrelevant, da Michail die Krone ablehnte. Russland war keine Monarchie mehr. (Dies war die «Februarrevolution», denn der russische Kalender lag 13 Tage hinter dem gregorianischen zurück, bis Lenin im Februar 1918 das westliche System einführte).

Nach dem Sturz des Zaren begannen Bauern damit, Land in Besitz zu nehmen, Bäume zu schlagen und Geräte von den Landgütern des Adels zu nehmen. Sie stellten die Bauerngemeinschaft wieder her, die im 19. Jahrhundert der Mittelpunkt ihres Lebens gewesen war und den regelmäßigen Austausch des Bodens regelte, aber durch die großen Bodenreformen zu Beginn des 20. Jahrhunderts unterdrückt worden war. Mit dem Wiederaufleben der Kommune kam es zu einer Art bäuerlichem Sozialismus, der seinen klarsten politischen Ausdruck in der Partei der Sozialrevolutionäre oder SR fand, die in der Tradition der russischen Volksaufstände standen (vor allem die linken SR).

Zwischen März und November existierte in Russland eine «Doppelherrschaft». Die Zentralregierung war für die Außenpolitik verantwortlich und befehligte die Armee, die meisten politischen Entscheidungen wurden aber von städtischen Räten und Bauernversammlungen auf dem Land getroffen. Für Lenin drückte sich in diesem Dualismus der Unterschied aus zwischen der alten «bourgeoisen» Macht, die im Niedergang war, und der neuen keimhaften Diktatur des Proletariats und der Bauern, die sich mehr oder weniger spontan entwickelte. In der Praxis löste Russland sich rasch auf. Eine der Herausforderungen für jede Zentralregierung lag darin, eine neue Grundlage für die Ausübung von Macht und Autorität zu schaffen.

Die Hauptfiguren in der provisorischen Regierung waren Premierminister Fürst Lwow, ein konstitutioneller Liberaler, der seit langem auf eine Öffnung der absoluten Herrschaft gedrängt hatte, und Außenminister Miljukow. Das neue Regime versprach sofortige Reformen: Landreform, größere politische Freiheit und Autonomie für Polen und Finnen. Die drängendste politische Frage war die Beendigung des Krieges mit Deutschland und Österreich. Am 8. April erklärte die Regierung nach langen Verhandlungen zwischen den Räten, die einen Frieden ohne Reparationen und Annexionen wollten, und Miljukow, der Russlands Bindung an die westlichen Alliierten aufrecht erhalten wollte: «Das Ziel des freien Russland ist nicht die Beherrschung anderer Völker oder die gewaltsame Eroberung ihrer Territorien, sondern die Schaffung eines dauerhaften Friedens auf der Grundlage des Selbstbestimmungsrechts der Völker. Russland hat nicht den Wunsch, irgendjemanden zu unterdrücken oder zu demütigen.»[6] Dann aber kam die «Miljukow-Note», in der sich der Außenminister von der Forderung der Revolutionäre nach einem Sonderfrieden mit Deutschland zu distanzieren schien, denn er versicherte den Alliierten, Russland strebe immer noch einen «entscheidenden Sieg» an. Das «demokratische Russland» wurde nicht erwähnt. Nach breiten Protesten trat Miljukow zurück, und der Sozialist Kerenski, Vizepräsident des Petrograder Sowjets, wurde Kriegsminister. Im Juli löste Kerenski Fürst Lwow als Premierminister ab. Seine Stärke lag in mitreißenden und theatralischen Appellen an die Räte: «Wenn Ihr mir nicht vertraut, bin ich bereit, hier vor Euren Augen zu sterben»; «Ach, Genossen, warum bin ich nicht vor zwei Monaten gestorben … Dann wäre ich mit süßen Träumen gestorben. Ein neues Leben hätte für mein Land begonnen, auf ewig. Knuten oder Knüppel wären nicht nötig, damit die Menschen einander achteten.»[7] Seine Schwäche lag ebenfalls in diesem theatralischen Charakter, der ihn an den Rand des psychischen Zusammenbruchs führte.

Lwows und Kerenskis Regierung redete von Reformen, konnte aber die Lebensbedingungen nicht wirklich ändern. Die Sowjets wirkten sehr viel effektiver. Politisch bewegten sich die Teile des Russischen Reiches in unterschiedliche Richtungen. Die meisten Räte waren von Sozialisten dominiert, nicht von Bolschewisten; die Hauptströmung in der Rätebewegung waren die «Menschewiki», die so hießen, weil sie 1903 beim Londoner Kongress der marxistischen Sozialdemokratischen Arbeiterpartei Russlands in der (weniger extremen) Minderheit gewesen waren. Nur wenige Sowjets, etwa in Krasnojarsk, Iwanowo und einigen Industriestädten im Ural und dem Donbas hatten im Frühjahr 1917 bolschewistische Mehrheiten. Der wegen seines Standorts wichtigste Sowjet von Petrograd kam erst im September 1917 unter bolschewistische Kontrolle. Am 16. Juni trat ein Sowjetkongress zusammen, dessen 1090 Deputierte ungefähr 20 Millionen Wähler vertraten; 285 Deputierte waren Sozialrevolutionäre, 248 Menschewiki und 105 Bolschewiki.

Die Bolschewiki, die beim Londoner Kongress eine radikale Mehrheit gewesen waren, spielten in den ersten Phasen der Revolution von 1917 eine vergleichsweise kleine Rolle. Sie waren vom Zusammenbruch der absolutistischen Herrschaft überrascht worden. Im April traf Lenin auf dem Finnischen Bahnhof in Petrograd ein, einen Monat später der nichtbolschewistische Revolutionär Leo Trotzki, der sich dann Lenins Partei anschloss. Im Juli versuchten die Bolschewiki einen Staatsstreich, der rasch scheiterte, und Lenin floh nach Finnland.

Die radikale Position wurde gerettet, als General Kornilow eine Regierungsübernahme der Sowjets befürchtete und auf Petrograd marschierte. Kerenski blieb keine Wahl als der Appell an die Sowjets, ihn zu verteidigen, und die Freilassung der bolschewistischen Führer, die er inhaftiert hatte. Kornilows Offensive brach zusammen, und Trotzki wurde zum Vorsitzenden des Petrograder Sowjets gewählt. Kerenski war fast völlig diskreditiert, denn viele in den Sowjets glaubten, er habe Kornilow selbst gerufen, um eine Diktatur zu errichten. Am 6. November besetzten bolschewistische Einheiten die Petrograder Regierungsgebäude in einer weitgehend unblutigen Revolution. Am 7. November trat ein Kongress von Sowjetvertretern aus verschiedenen Teilen Russlands zusammen, und tags darauf schuf ein Dekret den Rat der Volkskommissare als «provisorische Arbeiter- und Bauernregierung» unter Lenin, der bis zum Zusammentritt einer verfassunggebenden Versammlung regierte. Die Teilung der Macht war beendet, obwohl das Problem der Autorität im früheren Zarenreich nach wie vor akut war.

Am 8. Dezember fanden Wahlen zur verfassunggebenden Versammlung statt. Die Bolschewiki erhielten etwa 10 Millionen Stimmen (24 Prozent), die Menschewiki 3 Prozent und die konstitutionellen Demokraten 5 Prozent. Die Mehrheit der gewählten Deputierten waren Sozialrevolutionäre, obwohl nicht klar war, ob linke oder rechte SR. Die linken SR waren zu diesem Zeitpunkt eng verbunden mit der Position der Bolschewiki. Als die Versammlung am 18. Januar 1918 zusammentrat, lehnte sie die von den Bolschewiki entworfene «Erklärung der Rechte der arbeitenden und ausgebeuteten Massen» mit 237 zu 146 Stimmen ab, und die Bolschewisten erklärten, die Versammlung sei in der Hand der Konterrevolution. Außerdem vertraten sie die Ansicht, die Sowjetmacht sei eine Tatsache, die eine «bürgerlich-demokratische Versammlung» überflüssig mache. Als die Debatten bis spät in die Nacht weitergingen, erklärten die Roten Garden die Versammlung für geschlossen, weil «die Wache müde sei». Sie trat nie wieder zusammen. Stattdessen benutzte Lenin den dritten Kongress der Sowjets zur Durchsetzung seines Programms, und die Sowjetkongresse wurden zur Gesetzgebung des neuen Staates.

Marxismus

Zentral für die von Karl Marx (1818–1883) im *Kapital* (1. Band 1867) entworfene Theorie war das historische Gesetz vom dialektischen Kampf der Klassen, die sich durch ihre unterschiedliche Stellung zu den Produktionsmitteln definierten. Der Feudalismus, der auf dem Landbesitz beruhte und von der Aristokratie beherrscht wurde, brachte eine Klasse von Händlern und Produzenten hervor, die Bourgeoisie, die sich als unterprivilegiert empfand und erkannte, dass die politische Ordnung für sie nachteilig war. Ihre Unzufriedenheit staute sich auf, bis die Revolution in Frankreich die feudalen Ordnungen hinwegfegte. So entstand der bürgerliche Staat, der ihre Klasseninteressen schützte. Die Entwicklung des industriellen Kapitalismus brachte aber eine große Arbeiterklasse, das Proletariat, hervor. Sie war von den politischen Rechten ausgeschlossen und bildete ein revolutionäres Potential. Die Profitrate des Kapitals fiel und zwang die Kapitalisten, immer härtere Bedingungen für die dadurch verelendenden Arbeiter zu schaffen. Der Sozialismus als politische Bewegung des Proletariats würde den Kapitalismus beseitigen und ein sozialistischer Staat den Arbeitern die Kontrolle über ihre Produktionsmittel geben. So könnte eine klassenlose Gesellschaft entstehen, in der kein Staatsapparat mehr nötig war, um die Herrschaft einer Klasse zu schützen. In dieser Phase würde an die Stelle der «Regierung über Personen» die «Verwaltung von Sachen» treten.

Marx stand mit der Beschreibung der Klassenbeziehungen, bei denen die oberen und unteren Klassen voneinander abhängig waren, weil sie durch ihr jeweiliges und ungleiches Verhältnis zu den Produktionsmitteln definiert waren, in der Tradition des deutschen Idealismus, vor allem Hegels. Hegel hatte diese Frage im berühmten Kapitel der *Phänomenologie des Geistes* über die Dialektik von Herr und Knecht behandelt. Indem er versklavte, wurde der Herr selbst zum Sklaven, und um sich zu emanzipieren, musste die Ordnung durch eine neue Form der Beziehung aufgehoben werden.

Marx hatte kein Sensorium für die politische Praxis und unterzog die größte sozialistische Arbeiterpartei, die 1875 in Deutschland gegründete SPD, einer vernichtenden Kritik. Schließlich übernahmen die SPD und die meisten anderen sozialistischen Parteien in Europa seine Theorie. In der Fassung seines wichtigsten

Mitarbeiters Friedrich Engels und seines Schülers Karl Kautsky besaß die historische Entwicklung im Zentrum des Marxschen Weltbilds eine Eigendynamik und bildete eine Analogie zu Darwins Evolutionslehre. Dies schien für viele Anhänger die Stärke der Bewegung zu sein; sie glaubten, die Geschichte sei auf ihrer Seite gegen die Mächtigen und die Unterdrücker. Manche glaubten allerdings, die Eigendynamik raube dem Menschen die Handlungsfreiheit, und die exzessive Betonung des automatischen Charakters der Evolution nehme einer emanzipatorischen und befreienden Bewegung ihren Kern. Ein Großteil des Marxismus im 20. Jahrhundert rang mit dem Problem, die Grundthesen beizubehalten und zugleich etwas Freiraum für menschliche Handlungen wiederherzustellen.

Nicht zuletzt angesichts der Not im Lande reduzierten Lenin und die Bolschewiki im November 1917 ihr Programm auf die Formel: Frieden, Brot und Land. Brot war unverzichtbar nicht nur für die städtischen Revolutionäre. Das Versprechen der Landreform würde das ländliche Russland gewinnen und bedeutete die Verwirklichung des Programms der linken SR. Lenin sprach jetzt von einer taktischen Allianz (*smytschka*) mit den Bauern. Die Armee schließlich brauchte Frieden.

In der Praxis ließ sich der Friedensschluss mit Deutschland für Lenin schwer erreichen. Er wusste, dass die Außenpolitik der neuen Regierung ihre Erfolgschancen bestimmen würde; eine revolutionäre Welle in der ganzen Welt würde den Erfolg der Russischen Revolution garantieren. Deutschland wollte jedoch keinem günstigen Friedensschluss zustimmen und schien nicht vor dem politischen Zusammenbruch zu stehen. Angesichts deutscher Forderungen nach einer Aufteilung des Russischen Reiches und der Errichtung einer Reihe von Marionettenstaaten, unterstützten die Bolschewiki zunächst Trotzki (den neuen Außenminister), brachen die Verhandlungen ab und erklärten, Russland zöge sich aus dem Krieg zurück, ohne einem Frieden zuzustimmen. Doch die deutschen Armeen rückten weiter vor, und am 3. März 1918 sah sich Lenin gezwungen, in Brest-Litowsk einen Friedensvertrag abzuschließen. Dieser beendete die russische Herrschaft über Finnland, Kurland, Litauen und die Ukraine und überließ große Gebiete in Transkaukasien der Türkei.

Selbst nach Brest-Litowsk musste die neue Regierung noch einen Bürgerkrieg und einen Krieg gegen westliche Truppen führen. Die Ukraine hatte einen Separatfrieden mit den Mittelmächten abgeschlossen und einen neuen Staat unter dem Kosakenhetmann Skoropadski errichtet. In Sibirien herrschte eine konservative Militärregierung unter General Koltschak. Eine Freiwilligenarmee unter General Denikin operierte in Südrussland und dem Kaukasus. Am bedrohlichsten war die Offensive, die General Judenitsch mit britischer Unterstützung vom Baltikum aus startete. Doch die weißen Armeen hatten Schwierigkeiten, Truppen zu rekrutieren, und wurden zu absurden Ansammlungen hoch dekorierter zaristischer Offiziere ohne gewöhnliche Soldaten. Ausländische Interventionen diskreditierten

Leninismus

Der Marxismus hatte zwar ein klares Schema der historischen Evolution entwickelt, half aber bei der Vorbereitung der Revolution oder der Interpretation konkreter politischer Umstände nicht viel weiter. Wie sollte das Proletariat sich zu widersprüchlichen Deutungen von Fragen verhalten wie der, ob die Zeit für eine Revolution «reif» sei? Der Hauptbeitrag von Wladimir Iljitsch Lenin (1870–1924) zur Entwicklung des Marxismus war eine Theorie, nach der die revolutionäre Partei als «Vorhut» der Arbeiterklasse handelte. Sie sollte Ereignisse sowie soziale und politische Phänomene im Verständnis einer «objektiven Wahrheit» deuten. Damit war die Partei als Gemeinschaft von Gläubigen, aber auch als Hüterin von Lehre und Dogma das Gegenstück zur Kirche im Christentum.

Lenins Partei diskutierte eine Frage so lange, bis sie zu einer Lösung kam, dann setzte sie diese Lösung kraft ihrer Autorität durch: «demokratischer Zentralismus». In einer nachrevolutionären Situation sollte die Partei als Instrument der Arbeiterklasse den Staatsapparat kontrollieren, um das Prinzip der sozialistischen Kontrolle zu verwirklichen.

Lenin versuchte auch die Frage zu beantworten, warum es in der zweiten Hälfte des 19. Jahrhunderts nicht zu einer allgemeinen Krise des Kapitalismus gekommen war, und machte deutlich, dass eine Revolution in einem zurückgebliebenen Land wie Russland wahrscheinlicher sei als in den fortgeschrittenen und industrialisierten Ländern. Voraussetzung war einerseits eine Ausweitung der formalen Kolonialreiche, andererseits der Kontrolle «informeller» Kolonien wie der Staaten Südamerikas, des schwachen Osmanischen oder des Russischen Reiches, die vom westeuropäischen Kapital «kolonisiert» worden waren. Hier fand der Kapitalismus eine neue Quelle hoher Profite. Lenin sah den Imperialismus als Wurzel des Zusammenbruchs des Weltkapitalismus. Konflikte zwischen Kolonialsystemen führten zu Kriegen, und Kriege produzierten revolutionäre Erhebungen, vor allem an der Peripherie. Wenn diese Herausforderung die Kontrolle der imperialistischen Mächte über die ausgebeutete Peripherie schwächte, musste nach der Logik des Systems der Imperialismus und dann auch der Kapitalismus zusammenbrechen.

Nach Lenins Tod wurde der Begriff Marxismus-Leninismus für die Ideologie kommunistischer Staaten und für die persönliche Lebensphilosophie geprägt (so wurde etwa in Anzeigen zur Partnersuche die Abkürzung «m.l.» benutzt, um auf die politische Überzeugung hinzuweisen).

ihre Operationen in den Augen eines Russland, das durch die jahrelange Kriegspropaganda sehr nationalistisch geworden war.
Im Dezember 1917 trafen England und Frankreich eine Übereinkunft zur Aufteilung Russlands in Einflusssphären. Die Briten würden den Kaukasus mit seinen Ölreserven bekommen, die Franzosen die Industriegebiete der Ukraine und der Krim, wo sich die französischen Vorkriegsinvestitionen konzentrierten. Nach dem Zusammenbruch Deutschlands im November 1918 schickten die beiden westeuropäischen Mächte Truppen in den Süden, aber schon im April war ein britisches Expeditionskorps in Murmansk gelandet. Es bedurfte keiner raffinierten roten Propaganda, um dies als imperialistische Aggression darzustellen.

Der weiße Befehlshaber im Süden, General Denikin, wandte sich 1919 auch an den neuen polnischen Staat und sein Oberhaupt Marschall Piłsudski, aber der zeigte wenig Neigung, irgend etwas zur Wiederherstellung des Russischen Reiches zu tun. Nach dem Zusammenbruch der weißen Armeen war die Lage aber anders, und im April 1920 startete Piłsudski eine Offensive, um die Unabhängigkeit der Ukraine zu retten. Binnen weniger Wochen erreichten polnische Truppen Kiew, doch dann kam eine höchst effektive Gegenoffensive der Roten Kavallerie, während eine weitere Sowjetarmee im Norden eine große Offensive einleitete. Im Juli 1920 sah es so aus, als könne die Rote Armee Warschau erobern, und die russische Führung bot einen Friedensvertrag an, nach dem Polen mit einer Armee von maximal 50 000 Mann weitgehend entwaffnet worden wäre. Am 16. August begannen die Polen jedoch einen erfolgreichen Gegenschlag, durch den sie viele russische Soldaten von ihren Truppen abschnitten und gefangen nahmen. Mit der Schlacht von Warschau endete der erste große Versuch Russlands, die Revolution zu exportieren.

Als der Bürgerkrieg praktisch vorbei war, gab es unter den ursprünglich revolutionären Kräften eine Rebellion. Der Aufstand der Matrosen von Kronstadt, die dem Anarchismus näher standen als Lenins und Trotzkis militarisierter und zentralisierter Revolution, wurde im März 1921 von Trotzki brutal niedergeschlagen.

Danach nahm Lenin den Wiederaufbau des Russischen Reiches in Angriff. Die Verfassung vom Juli 1918 für die Russische Sozialistische Föderative Sowjetrepublik schuf die Grundlage für die Herrschaft in Russland. Im Dezember 1922 gründete die Russische Föderation mit der Ukraine, Weißrussland, Armenien, Aserbaidschan und Georgien die Union der Sozialistischen Sowjetrepubliken.

Die förmliche Staatsbildung erforderte – wenn sie wirksam sein sollte – eine Konsolidierung der Herrschaft nach Jahren der lokalisierten und zer-

Trotzkismus

Leo Trotzki (1879–1940), geboren als Ljew Bronstein, war der charismatischste und brillanteste der russischen Revolutionäre. Seine politische Achillesferse waren seine jüdische Herkunft und die Tatsache, dass er vor 1917 Menschewik (nichtleninistischer Marxist) gewesen war. 1917 wurde er Kommissar für Äußeres, nachdem er den Posten als Kommissar für Inneres abgelehnt hatte, weil er befürchtete, durch diese Ernennung könnten die Weißen antisemitische Propaganda gegen die Bolschewiki machen (was sie aber ohnehin taten). Im März 1918 wurde er Verteidigungskommissar und Vorsitzender des Obersten Kriegsrats und damit zum Schöpfer der Roten Armee, die er im Bürgerkrieg zum Sieg führte. Sein utopischer Radikalismus isolierte ihn bald in der Parteiexekutive. Er wurde 1927 aus der Partei ausgeschlossen, und 1928 musste er in die Verbannung nach Alma-Ata gehen – zufällig derselbe Ort, wo 1991 die Auflösung der Sowjetunion beschlossen wurde. 1929 wurde er aus der UdSSR ausgewiesen und ging erst in die Türkei, dann nach Frankreich, Norwegen und Mexiko. Dort wurde er 1940 von einem spanischen Kommunisten mit einem Eispickel ermordet. Den Begriff «Trotzkismus» benutzte Stalin bereits 1924, um eine «besondere ideologische Strömung» zu benennen, die vom Marxismus-Leninismus abwich.

Trotzki stand Lenin am nächsten, als die Revolution sich über ganz Europa auszubreiten schien; dies entsprach der Theorie der «permanenten Revolution». Die von Stalin entwickelte Idee des «Sozialismus in einem Land» lehnte er heftig ab.

Nach seiner Niederlage im Machtkampf mit Stalin floh Trotzki ins Exil und schrieb dort eine Kritik der russischen Entwicklungen, die der Bürokratisierung von Partei und Staat die Schuld am Verlust des revolutionären Elans gab. Für Lenin sei die Partei ein Korrektiv und Gegengewicht zur Macht der staatlichen Bürokratie gewesen, doch unter Stalin sei sie selbst zu einer Bürokratie geworden, die den Staat verdoppelte. In seiner letzten Abrechnung mit dem stalinistischen Russland schrieb er 1936: «In ihrer vermittelnden und regulierenden Funktion, ihrer Sorge um die Erhaltung der sozialen Rangstufen und der Ausnutzung des Staatsapparates zu Privatzwecken ähnelt die Sowjetbürokratie jeder anderen Bürokratie, besonders der faschistischen. Aber es gibt auch enorme Unterschiede. ... sie [ist] etwas mehr... als eine Bürokratie. Sie ist die einzige im vollen Sinne des Wortes privilegierte und herrschende Schicht der Sowjetgesellschaft.»[8] Durch ihre Kontrolle der Produktionsmittel war sie zur neuen herrschenden Klasse geworden.

Der Trotzkismus ließ sich zu einer Theorie entwickeln, um die Sowjetunion und die nach ihrem Modell errichteten Staaten einer marxistischen Analyse zu unterziehen. Als zum Beispiel der jugoslawische Kommunist Milovan Djilas die kommunistische Elite als «neue Klasse» identifizierte, warfen orthodoxe Marxisten-Leninisten ihm trotzkistisches Abweichlertum vor. Als praktisches Modell der

Revolution betonte der Trotzkismus den Gebrauch subversiver Taktiken und die Infiltration bestehender Institutionen. Er nahm auch in Anspruch, weniger durchorganisiert zu sein als der sowjetische Marxismus, was auch zutraf, allerdings mit dem Resultat, dass die Bewegung sich meist in kleine, aber endlos streitende Sekten spaltete.

splitterten Macht. Eine der ersten Schöpfungen der erfolgreichen Revolution war die «Allrussische Außerordentliche Kommission zur Bekämpfung von Konterrevolution und Sabotage», die «Tscheka». Sie wurde am 20. Dezember 1917 unter der Führung des polnischen Revolutionärs Felix Dzierzynski neu gegründet, offiziell zur Bekämpfung von konterrevolutionären «Volksfeinden» und Sabotage. Zugleich sollte sie ein Werkzeug der Revolution sein, nicht nur ein Mittel zur Bestrafung von Gegnern der Revolution, sondern auch zur Hebung des allgemeinen revolutionären Bewusstseins durch die Verfolgung Unschuldiger. Mit ihrer Theorie des revolutionären Terrors knüpften die russischen Revolutionäre direkt an das französische Modell an. Trotzki lobte «das Beispiel der großen Revolutionäre. Auf unsere Feinde wartet die Guillotine, nicht bloß das Gefängnis.» Nach Fanny Kaplans gescheitertem Attentat auf Lenin am 30. August 1918 begann die Tscheka mit einer breit angelegten Säuberung unter Bourgeoisie, Menschewiken und Sozialrevolutionären. Das Datum der Kriegserklärung der Regierung an die Konterrevolution war bewusst gewählt. Der 2. September 1918 war der Jahrestag des Beginns der Pariser Schreckensherrschaft von 1793: «Auf den weißen Terror der Feinde der Arbeiter- und Volksregierung werden die Arbeiter und Bauern mit einem roten Massenterror gegen die Bourgeoisie und ihre Agenten antworten.»[9]

Nach einer Periode radikaler sozialistischer Enteignungen, die er als «Kriegskommunismus» bezeichnete, befahl Lenin im März 1921 einen «strategischen Rückzug» in Form der Neuen Ökonomischen Politik (NEP). Um die Städte und die revolutionären Truppen zu ernähren, musste man unabhängige Bauern als Produzenten und die Armeen von Kleinhändlern als Markt zulassen. Das ähnelte dem deflationären Rückzug, den Anfang der zwanziger Jahre auch andere europäische Regierungen durchführten. Ebenso wie sie war auch die russische Regierung gezwungen, den öffentlichen Sektor zu beschneiden. Die Zahl der Eisenbahnarbeiter sank von 1 240 000 im Sommer 1921 auf 720 000 im Sommer 1922.

Zu diesem Zeitpunkt war Lenin bereits schwer krank. Körperlich schwächte ihn eine Serie von Schlaganfällen, der erste im Mai 1922, der zweite im Dezember. Seit dem Frühjahr 1923 konnte er nicht mehr sprechen. Geistig lähmte ihn die Unentschlossenheit, welchen seiner Genossen er am wenigsten misstrauen sollte. Sein politisches Testament enthielt die später berühmt gewordenen Warnungen vor jedem seiner potentiellen Nachfolger – vielleicht, damit er wie ein Orakel auf jeden Fall Recht behalten würde. Vor allem «Genosse Stalin hat, nachdem er Generalsekretär geworden ist, eine unermeßliche Macht in seinen Händen konzentriert, und ich bin nicht überzeugt, daß er es immer verstehen wird, von dieser Macht vorsichtig Gebrauch zu machen.» Über Trotzki: «Persönlich ist er wohl der fähigste Mann im gegenwärtigen ZK, aber auch ein Mensch, der ein Übermaß von Selbstbewußtsein und eine übermäßige Vorliebe für rein administrative Maßnahmen hat». Bucharin war der wertvollste Theoretiker, hatte aber die Dialektik (die dunkle Pseudotheologie der Partei; s. Kapitel 5) «nie vollständig begriffen». Dass Kamenjew und Sinowjew sich gegen den Oktoberaufstand gewendet hätten, sei «natürlich kein Zufall» gewesen. Allgemein erklärte Lenin auch: «Ich würde sehr empfehlen, auf diesem Parteitag eine Reihe von Änderungen in unserer politischen Struktur vorzunehmen» (obwohl sein einziger konkreter Vorschlag die Verdoppelung oder Vervierfachung des Zentralkomitees der Partei war).[10] In seinem letzten Memorandum mit dem Titel «Lieber weniger, aber besser» forderte Lenin im März 1923 eine Weltrevolution und gründete seine Hoffnung auf die Tatsache, dass Russland, China und Indien die überwiegende Mehrheit der Weltbevölkerung ausmachten. (Der Titel von Lenins Memorandum diente später der Genossin Ninotschka als Auftrittstext in Ernst Lubitschs gleichnamiger Filmkomödie von 1939: «Bald wird es weniger, aber bessere Russen geben»).

Lenins Modell hatte sich im ganzen kriegsgeschüttelten Europa zunächst als attraktiv erwiesen. Er glaubte, es werde unwiderstehlich sein. Im Januar 1918 verkündete die Erklärung der Rechte der arbeitenden und ausgebeuteten Massen, die grundlegende Aufgabe der sowjetischen Ordnung liege in «der sozialistischen Organisation der Gesellschaft und dem Sieg des Sozialismus in allen Ländern». Lenin hatte einen großen Teil seines Lebens als revolutionärer Intellektueller damit verbracht, zu erklären, warum der Kapitalismus und seine «höchste Stufe», der Imperialismus, ein Weltsystem bildeten. Der europäische Kapitalismus war im 19. Jahrhundert nicht zusammengebrochen, weil er sein Elend exportierte. Damit wurde eine Erweiterung der Kolonialreiche wie der «informellen» Kolonien notwendig, etwa der südamerikanischen Staaten, des Osmanischen oder des Russischen Reiches, die vom europäischen Kapital «kolonisiert» worden seien. Diese Sicht traf sich mit der tiefen Überzeugung auf Russlands Straßen und in den Fabriken, der Krieg diene dem Interesse der Ausländer und Bourgeois («Burschui»), nicht dem der Russen. Lenin erklärte den Imperialismus zur Wurzel des Zusammenbruchs des Weltkapitalismus. Konflikte zwischen Kolonialsystemen führten zu Kriegen, und Kriege produzierten revolutionäre Erhebungen, vor allem an der Peripherie. Wenn diese Herausforderung die Kontrolle der imperialistischen Mächte über die ausgebeutete Peripherie schwächte, musste nach der Logik des Systems der Imperialismus und darauf der Kapitalismus zusammenbrechen.

Die Dritte (oder Kommunistische) Internationale wurde bereits Ende 1918 von der Führung der Bolschewiki einberufen und 1919 unter dem Vorsitz Sinowjews organisiert. Sie übernahm Lenins Theorie der weltweiten Revolution, und tatsächlich kam bei ihrem ersten Kongress ein Viertel der Delegierten aus Asien. Ihr zweiter Kongress fand im Juli 1920 zu einem Zeitpunkt statt, als die Rote Armee auf der Höhe ihrer Siege über die polnische Armee stand. Bei diesem Treffen setzte die Komintern (Kommunistische Internationale) eine Liste von 21 Punkten durch, die sich gegen reformistische sozialistische «Kompromissler» richteten und die für die Mitgliedsparteien bindend waren. Diese Punkte prangerten sowohl sozialistische Nationalisten («Sozialpatrioten») als auch die kriegsfeindliche extreme Linke («Sozialpazifisten») an, forderten die Bildung kommunistischer Zellen in Gewerkschaften und Genossenschaften und die Besetzung von Stellen in der Rätebewegung durch Parteimitglieder. Die Parteien sollten verpflichtet sein, die Beschlüsse der Komintern zu veröffentlichen. Wer gegen die Annahme der Forderungen stimmte, sollte aus der Partei ausgeschlossen werden. Die Debatten über Annahme oder Ablehnung der 21 Punkte spalteten die sozialistische Bewegung in Westeuropa und schwächten die europäische Arbeiterbewegung, während gleichzeitig die Rechte rasch an Stärke gewann. Somit war eine allgemeine europäische Revolution zum Zeitpunkt von Lenins Tod sehr unwahrscheinlich.

Die Weltanschauung der russischen Revolutionäre, nach der Blut und Gewalt die notwendigen Hebammen einer neuen und besseren sozialen Ordnung waren, stand stark in der Tradition der populistischen und revolutionären Traditionen Russlands im 19. Jahrhundert. Solche Visionen der Revolution und ihres Potentials beschränkten sich aber nicht auf Russland, andere Länder konnten auf eigene Traditionen zurückgreifen. Auch die irischen Nationalisten hatten eine fast theologische Sicht des Opfers. Patrick Pearse erklärte: «Wir werden am Anfang vielleicht Fehler machen und die falschen Leute erschießen, aber Blutvergießen ist etwas Reinigendes und Heiligendes.»[11]

Im April 1917 gab es in Deutschland große Streiks, die explizit auf die russische Februarrevolution Bezug nahmen. Die letzten Tage der deutschen Monarchie waren im November 1918 von Gerüchten begleitet, die deutsche

Hochseeflotte solle zu einer letzten selbstmordartigen Verteidigungsaktion benutzt werden, worauf die deutschen Matrosen meuterten. Rasch bildeten sie Räte nach russischem Vorbild. Nach der Abdankung des Kaisers gab es eine Zeit lang wie in Russland eine doppelte Regierung, einen Rat der Volkskommissare parallel zu den Arbeiter- und Soldatenräten. Im Januar 1919 stimmten Rosa Luxemburg und Karl Liebknecht als Führer der neu gegründeten Kommunistischen Partei Deutschlands widerwillig einer revolutionären Machtergreifung zu, die Lenins Oktoberrevolution wiederholen sollte. Sie wurden von konterrevolutionären Freikorpsleuten ermordet. In Bremen und München bildeten sich Räterepubliken.

In Ungarn gründete Belá Kun eine Räterepublik mit stark nationalistischer Prägung. Sie lehnte den westlichen Plan eines Friedensabkommens mit unabhängigen slawischen Staaten ab und griff die Slowakei und Rumänien an. Damit leistete Kun nicht nur den Westmächten Widerstand, er versuchte auch eine Landverbindung mit dem revolutionären Russland herzustellen.

In Italien bildeten sozialistische Arbeiter Räte und besetzten Fabriken. In Schottland hissten Arbeiter die rote Fahne am Rathaus von Glasgow.

Es gelang jedoch keiner der Rätebewegungen außerhalb Russlands, sich die Unterstützung der Landbevölkerung zu sichern. Die Bauern hatten während des Krieges unter Versuchen der Städte gelitten, durch politische Einflussnahme und Preiskontrollen die Lebensmittelpreise und damit die ländlichen Einkommen niedrig zu halten. Sie sahen die Städter als skrupellose Diebe, die in den «Hungerwintern» kamen, um Kartoffeln und andere Feldfrüchte zu stehlen. Angesichts der revolutionären Bewegungen in den Städten griffen sie zu den Waffen. Bayerische Bauern marschierten in traditioneller Tracht nach München, um gegen die Räterepublik zu kämpfen.

Bald trat an die Stelle der revolutionären Welle eine weit verbreitete Furcht vor der Revolution, die Europa rasch nach rechts drängte. In einer Wahlrede sagte Winston Churchill im November 1918: «In riesigen Gebieten ist die Zivilisation völlig ausgelöscht worden, während Bolschewisten wie gewalttätige Affen zwischen den Ruinen der Städte und den Leichen ihrer Opfer umherspringen.»[12] Lenins Vision einer sich rasch ausbreitenden internationalen Revolution wurde zum Schreckbild der europäischen Politiker (aber auch derer aus Nord- und Südamerika und Asien), die sich 1919 in Paris zur Friedenskonferenz versammelten. Sie hatten die doppelte Aufgabe, eine Alternative zu Lenin zu finden und zugleich die territorialen und finanziellen Einzelheiten eines umkämpften Friedens auszuhandeln, der einem hasserfüllten Krieg folgte.

Friedensschluss

Als die russischen Armeen Anfang 1918 zusammenbrachen, drangen deutsche Truppen vor. Das deutsche Oberkommando hatte am 21. März 1918 auch im Westen eine letzte große Offensive, die sog. Ludendorff-Offensive, gestartet. Die Zeichen schienen auf einen deutschen Sieg zu deuten. Zum demütigenden Frieden von Brest-Litowsk fügte Deutschland im August 1918 einen Zusatzvertrag hinzu, der Russland hohe Reparationen auferlegte: 6 Milliarden Goldmark und ein Drittel der Gewinne der Ölfelder von Baku.

Deutschland zog aber nur wenig Nutzen aus dem Kriegsende an der Ostfront. Eine der vielen illusorischen Hoffnungen war der Einsatz von Truppen aus dem Baltikum an der deutschen Westfront. Sie wurden nie eingesetzt, und viele deutsche Soldaten waren im Gegenteil demoralisiert und durch ihre Kontakte mit den bolschewistischen Soldaten der Gegenseite auch radikalisiert. Ihre Verlegung an die Westfront wäre ein kostspieliges Vabanquespiel gewesen.

Im August 1918 begann die deutsche Front im Westen zu bröckeln, und binnen weniger Wochen war klar, dass der Krieg verloren war. Ludendorff erlitt einen Nervenzusammenbruch. Am 25. September starteten die Alliierten die erste wirklich erfolgreiche Offensive an der Westfront. Bulgarien schloss am 29. September einen Waffenstillstand, die Türkei am 30. Oktober.

An diesem Punkt versuchte Deutschland seine politische Struktur zu verändern, indem es Vertreter der großen Parteien in die Regierung berief; nicht so sehr, weil man die Demokratie als überlegene Staatsform ansah, sondern weil das Establishment des Kaiserreichs erneut Vabanque spielte. Es hoffte, die Demokratisierung werde die amerikanische Führung, die es für unreif und naiv hielt, zu günstigeren Friedensbedingungen bewegen. Präsident Woodrow Wilsons zweite Note vom 15. Oktober hatte ein Ende des preußischen «Militarismus» gefordert.

Die Forderung war das Ergebnis einer Vision, die Wilson bereits Anfang 1918 formuliert hatte, und die er als einzig mögliche Grundlage eines dauerhaften Friedens ansah. Tatsächlich vertrat er diese «14 Punkte» während der gesamten Friedensverhandlungen. Sie waren die demokratische Alternative zu Lenins Weltbild:

«1. Öffentliche Friedensverträge, öffentlich beschlossen, nach denen es keine privaten internationalen Abmachungen irgendwelcher Art geben darf. Vielmehr soll die Diplomatie stets frei und vor aller Öffentlichkeit sich abspielen.

2. Absolute Freiheit der Schiffahrt auf der See außerhalb der territorialen Gewässer sowohl im Frieden wie im Kriege, außer wenn die See ganz oder teilweise auf Grund internationalen Vorgehens zur Erzwingung internationaler Verträge gesperrt wird.
3. Soweit als möglich die Aufhebung sämtlicher wirtschaftlicher Schranken und die Festsetzung gleichmäßiger Handelsbeziehungen zwischen sämtlichen Nationen, die dem Frieden zustimmen und sich zu seiner Aufrechterhaltung vereinigen.
4. Angemessene Garantien, gegeben und genommen, daß die nationalen Rüstungen auf den niedrigsten Grad, der mit der inneren Sicherheit vereinbar ist, herabgesetzt werden.
5. Eine freie, offenherzige und absolut unparteiische Ordnung aller kolonialen Ansprüche, gegründet auf strenge Beachtung des Prinzips, daß bei Bestimmungen aller derartigen Fragen der Souveränität das Interesse der betreffenden Bevölkerung gleiches Gewicht haben muß wie die billigen Ansprüche der Regierung, deren Rechtstitel festgesetzt werden soll.
6. Die Räumung des gesamten russischen Gebietes und eine derartige Erledigung aller Rußland berührenden Fragen, um die beste und freieste Zusammenarbeit der übrigen Nationen der Welt zu sichern zur Erlangung einer ungehemmten und ungeschmälerten Möglichkeit zur Bestimmung ihrer eigenen politischen Entwicklung und nationalen Politik, um in ihnen eine aufrichtige Aufnahme innerhalb der Gesellschaft freier Nationen zu gewährleisten unter Gesetzen ihrer eigenen Wahl, ja über eine freundschaftliche Aufnahme hinaus auch jede Art von Beistand, den sie benötigen und selbst wünschen mögen. Die Rußland von seinen Schwesternationen in den nächsten Monaten gewährte Behandlung wird die Faustprobe ihres guten Willens, ihrer Einsicht in seine Bedürfnisse sein, wie sie ihr eigenes Interesse und ihr einsichtsvolles und selbstloses Mitgefühl bestimmen.
7. Belgien, dem wird die ganze Welt zustimmen, muß, ohne jeden Versuch, die Souveränität, deren es sich gleich allen anderen freien Nationen erfreut, zu beschränken, geräumt und wiederhergestellt werden. Keine andere Einzelhandlung wird so wie diese dazu dienen, das Vertrauen unter den Nationen in die Gesetze wieder zu beleben, die sie selbst aufgestellt und als maßgebend für ihre Beziehungen zueinander festgesetzt haben. Ohne eine solche heilsame Handlung bleibt die gesamte Struktur und die Gültigkeit internationaler Gesetze für immer geschädigt.
8. Das gesamte französische Gebiet muß befreit und die verwüsteten Teile wiederhergestellt werden. Ebenso müßte das Frankreich durch Preußen 1871 in Sachen Elsaß-Lothringen angetane Unrecht, das den Weltfrieden

nahezu fünfzig Jahre bedroht hat, berichtigt werden, um dem Frieden im Interesse aller wieder Sicherheit zu verleihen.

9. Eine Berichtigung der Grenzen Italiens sollte gemäß den klar erkennbaren Nationalitätenlinien bewirkt werden.
10. Den Völkern Österreich-Ungarns, deren Platz unter den Nationen wir gefestigt und gesichert zu sehen wünschen, sollte die freieste Möglichkeit autonomer Entwicklung gewährt werden.
11. Rumänien, Serbien und Montenegro sollten geräumt werden, besetzte Gebiete wiederhergestellt, Serbien freier und gesicherter Zugang zum Meere gewährt und die Beziehungen der verschiedenen Balkanstaaten zueinander aufgrund freundschaftlicher Verabredung gemäß den historisch festgesetzten Grenzen der Untertanenpflicht und der Nationalität festgelegt werden. Ebenso sollten internationale Garantien für die politische und wirtschaftliche Unabhängigkeit und die territoriale Integrität der verschiedenen Balkanstaaten geschaffen werden.
12. Dem türkischen Teil des gegenwärtigen ottomanischen Reiches sollte eine gesicherte Souveränität gewährleistet werden, aber den anderen Nationalitäten, die sich jetzt unter türkischer Herrschaft befinden, sollte eine unzweifelhafte Sicherung des Lebens und eine absolute und ungestörte Möglichkeit der autonomen Entwicklung verbürgt und die Dardanellen sollten dauernd als freier Durchgang für die Schiffe und den Handel aller Nationen unter internationalen Garantien geöffnet werden.
13. Ein unabhängiger polnischer Staat sollte errichtet werden, der die von unbestreitbar polnischer Bevölkerung bewohnten Gebiete umfassen soll; denen ein freier und sicherer Zugang zum Meere gewährleistet und dessen politische und ökonomische Unabhängigkeit sowie dessen territoriale Integrität durch internationalen Vertrag garantiert werden sollen.
14. Eine allgemeine Gesellschaft der Nationen muß auf Grund eines besonderen Bundesvertrages gebildet werden zum Zweck der Gewährung gegenseitiger Garantien für politische Unabhängigkeit und territoriale Integrität in gleicher Weise für die großen und kleinen Staaten.»[13]

Das Ende des deutschen Kaiserreichs kam am 9. November 1918, als die militärische Führung Wilhelm II. die Abdankung nahe legte. Zu diesem Zeitpunkt verlief die Front noch auf fremdem Territorium. Das deutsche Hauptquartier befand sich im belgischen Spa. Hindenburg war zu feige, die illoyale Botschaft selbst zu überbringen, und schickte seinen neuen Generalquartiermeister Wilhelm Groener, der Ludendorff abgelöst hatte. Um Mitternacht überquerte der kaiserliche Zug die Grenze der neutralen

Wilsonismus

Bevor er in die Politik ging, war Woodrow Wilson Politologe und Präsident der Universität Princeton. Als Präsident der Vereinigten Staaten wandte er sich zunächst gegen den Eintritt seines Landes in den Ersten Weltkrieg, erklärte dann aber den Krieg. Er war der erste Präsident, der den amerikanischen Kontinent während seiner Amtszeit verließ, und kam 1919 zur Pariser Friedenskonferenz mit einer brillant formulierten Vision, die er im Lauf des Vorjahrs ausgearbeitet hatte.

Er geißelte die Übel der alten Politik Europas, vor allem Absolutismus, Geheimdiplomatie und den Glauben, Allianzen, die auf Machtgleichgewicht beruhten, hätten eine stabilisierende Wirkung. Er war der Auffassung, es seien vielmehr gerade diese drei Fehler gewesen, die zur Katastrophe von 1914 geführt hätten. Diese Analyse enthielt zugleich ein Heilmittel. Wenn erstens alle Länder demokratisch wären und ihre Völker wirklichen Einfluss auf die Politik hätten, würden sie keine Kriege mehr gegeneinander führen. In dieser Hinsicht griff Wilson eine Idee Immanuel Kants auf, die am Ende des 20. Jahrhunderts erneut starken Einfluss gewann, als der Politologe Michael Doyle den Gedanken neu formulierte, dass Kriege zwischen Demokratien unmöglich seien. Wenn die Staaten sich zweitens auf öffentliche Verpflichtungen festlegten («offene Friedensverträge durch offene Verhandlungen»), würden diese von den politischen Akteuren im Inneren kontrolliert und wären deshalb nicht aggressiv. Drittens lag das wirksamste Mittel gegen Fehlverhalten nicht in Gegenaktionen, die eine radikal destabilisierende Wirkung haben konnten, sondern in der allgemeinen Kontrolle durch eine internationale öffentliche Meinung, die sich in Institutionen ausdrückte. Wilson wollte, dass dieser Völkerbund «als organisierte moralische Kraft der ganzen Menschheit [wirkt], und wann immer Übertretung oder Aggression geplant oder erwogen werden, soll sich dieser Scheinwerfer des Gewissens auf sie richten.» Es sollte keine Allianzen zur Abwehr möglicher Aggressionen geben, sondern ein System «kollektiver Sicherheit», innerhalb dessen das internationale Gewissen auf Übergriffe reagieren würde. Im «Vertrag», einer quasireligiösen Übereinkunft, sollten die Mitgliedsstaaten «die territoriale Integrität und politische Unabhängigkeit aller Mitglieder des Völkerbunds respektieren und gegen äußere Aggression schützen».

Bei der Formulierung dieser radikal neuen Position stieß Wilson auf ein tragisches Paradox. Die öffentliche Meinung der Welt brauchte Institutionen, durch welche sich die Kontrollen erzwingen ließen, die zur Sicherung der Demokratisierung notwendig waren, und diese Institutionen wären zumindest die Keimzelle einer Weltregierung. Kant, der im Deutschland des 18. Jahrhunderts schrieb, wo es keinen klaren oder ausformulierten Begriff der Souveränität gab, hielt das für möglich, aber letztlich nicht für wünschenswert. Wilsons eigenes demokratisches Land, die Vereinigten Staaten, hielt und hält es aber für unmöglich, einer solchen Abtretung der eigenen Souveränität zuzustimmen. Somit ließ der Wilsonsche Internationalismus sich nicht durch eine internationale und allumfassende Institution verwirklichen, sondern nur durch die Vereinigten Staaten selbst, die nur einer von mehreren internationalen Akteuren waren. 1919 wandte sich der Kongress sofort gegen Wilson und lehnte es ab, den Vertrag zu ratifizieren; Senator Henry Cabot Lodge brachte als Hauptgegner des Vertrages einen Zusatz ein, nach dem «die Vereinigten Staaten keine Verpflichtung eingehen, die territoriale Integrität oder politische Unabhängigkeit irgendeines anderen Landes zu erhalten», was der Intention des Ganzen zuwiderlief.

Amerikanische Realisten wie Henry Kissinger halten den Einwand, der Wilsonsche Internationalismus schränke die amerikanische Souveränität ein, für so schwerwiegend, dass sie die ganze Idee notwendigerweise zur Illusion erklären. In der Mitte des 20. Jahrhunderts praktizierten die Präsidenten Roosevelt und Truman eine Version des Wilsonismus, die sich wegen der Realitäten der entgegengesetzten sowjetischen Macht auf einen Teil der Welt (und einen Teil des europäischen Kontinents) beschränkte. Als es am Ende des Jahrhunderts keine entgegengesetzte Macht mehr gab, erlebte der Wilsonismus unter demokratischen wie republikanischen Präsidenten eine Renaissance. Seine Akzeptanz durch die Politik und die öffentliche Meinung in Amerika ist heute genauso unsicher und zögernd wie 1919 und 1920. Damals wie heute ist sie aber die größte Hoffnung für die Welt.

Niederlande, wo Wilhelm II. den Rest seines Lebens verbrachte. Die holländische Regierung, deren Auslieferungsverträge keine politischen Vergehen enthielten, lehnte die Forderungen Englands und Frankreichs ab, den Kaiser zu einer Anklage wegen Kriegsverbrechen an ein Gericht zu überstellen.

Am 11. November 1918 wurde ein Waffenstillstand unterzeichnet, und um elf Uhr schwiegen endlich die Kanonen an der Westfront.

Präsident Wilson bestieg im Dezember als erster US-Präsident während seiner Amtszeit ein Schiff nach Europa. Er hätte die Friedenkonferenz lieber in einem neutralen Land abgehalten und schlug Genf vor. Frankreich bestand jedoch auf Paris und versuchte jedes Ereignis, das mit dem Frieden zusammenhing, so stark wie möglich symbolisch aufzuladen. Für Frankreich war es die Tilgung der nationalen Schmach des deutsch-französischen Kriegs von 1870–71 und seiner Folgen. Daher wurde die Konferenz am 18. Januar, dem Jahrestag der Proklamation des Deutschen Reichs, im Spiegelsaal von Versailles eröffnet. Der Friedensvertrag wurde am 28. Juni 1919, dem fünften Jahrestag der Ermordung von Erzherzog Franz Ferdinand, im selben Spiegelsaal von der deutschen Delegation unterzeichnet.

Die fünf alliierten Großmächte (USA, Großbritannien, Frankreich, Italien und Japan) entsandten je zwei Vertreter in einen Zehnerrat, der die Konferenz leiten sollte. In der Praxis spielte Japan nur eine geringe Rolle bei der Neuordnung Europas, war aber sehr an der Zukunft Chinas interessiert. Der italienische Premierminister Orlando verließ die Konferenz wutentbrannt am 24. April 1919. Die meisten Fotos der Konferenz zeigen daher die großen Drei in Gestalt von: Wilson, Lloyd George und Clemenceau, dem Gastgeber der Konferenz.

Versailles und die Pariser Verträge gelten (zumindest für die Öffentlichkeit) als deutlichstes Beispiel eines sinnlos rachsüchtigen Friedensvertrags. Der Ökonom John Maynard Keynes, der bis zu seinem Rücktritt der britischen Delegation angehörte, benutzte in seiner berühmten Polemik gegen den Vertrag eine alte Analogie und nannte ihn einen «karthagischen Frieden». (Das siegreiche Rom hatte Karthago zerstört und seine Felder eingesalzen). Die meisten heutigen Historiker sehen den Friedensschluss weniger katastrophal und weisen zurecht darauf hin, das wahre Problem sei das Erbe eines Krieges gewesen, der so schmerzhaft und kostspielig war, dass jeder Vertrag eine Enttäuschung sein musste.

Die Friedensverträge enthielten aber nicht nur eine Bestrafung der Unterlegenen, sondern auch den Wilsonschen Idealismus. Die Nationen sollten sich im Vertrag zu einer höheren Art von Völkerrecht verpflichten. Der Völkerbund würde eine internationale Institution neuen Typs sein. Die Internationale Arbeitsorganisation sollte wirtschaftliche Gerechtigkeit garantieren (und die japanische Konkurrenz eindämmen, indem sie hohe Sicherheits- und Lohnstandards überwachte).

Clemenceau und viele Franzosen waren der Meinung, die Logik der Tilgung von 1870–71 erfordere auch die Zerschlagung der deutschen Einheit als Frucht des deutsch-französischen Kriegs. Vom Standpunkt der militärischen Logik erschien die Rheingrenze – mit einem abgetrennten Rheinland als Pufferstaat – attraktiv. Vom Standpunkt der ökonomischen Logik brauchte die französische Industrie die Kohle des Ruhrgebiets, um expandieren zu können.

Gleichzeitig forderte Frankreich auch hohe Reparationszahlungen, um die Kosten für den Wiederaufbau der zerstörten Gebiete zu decken und seine schwachen Staatsfinanzen zu sanieren.

England, das einen hohen Preis an Menschenleben und Kapital getragen hatte, wollte ebenfalls Reparationen und setzte schließlich durch, dass in die Reparationsansprüche auch die Kriegspensionen für Witwen und Waisen einbezogen wurden. (Im Gegensatz zu Belgien und Frankreich hätte England fast nichts bekommen, wenn es nur um die Entschädigung für Zerstörungen gegangen wäre.) Andererseits befürchteten einige britische Unternehmer, die Folge hoher Reparationszahlungen könnte ein deutscher Exportüberschuss sein, der Englands industrielle Position gefährde.

Die Vereinigen Staaten waren nur insofern von der Reparationsfrage betroffen, als die Zahlungen es Frankreich und England erlaubten, die Kriegsschulden an die meist privaten amerikanischen Gläubiger zurückzuzahlen.

Damit wurde Wilson rasch klar, dass sein großes Programm im Grunde nichts mit den verwickelten finanziellen Fragen zu tun hatte, die im Mittelpunkt der französisch-britischen Diskussionen standen. Was die Territorien betraf, so wurde ein großer Teil der Regelungen über die alten und besiegten Reiche und Dynastien (Habsburg, Romanow, Osmanen und Hohenzollern) in den jeweiligen Gebieten ausgekämpft, nicht durch Politiker geregelt, die auf den großen Landkarten im französischen Außenministerium am Quai d'Orsay Linien zogen. Wilsons Einfluss war auch politisch eingeschränkt, denn der demokratische Präsident hatte kein Mitglied der Republikaner mitgebracht, daher war sein Rückhalt in Amerika ungewiss. Außerdem war er krank und litt unter einem Schlaganfall, der seine Reizbarkeit erhöhte und seine Leistungsfähigkeit verminderte.

Der Vertrag enthielt keine spezifischen Reparationsansprüche an Deutschland, diese sollten später entschieden werden. Die amerikanischen Justitiare beharrten darauf, Reparationen könnten nicht ohne die Ursache eines Unrechts oder Gesetzesbruchs erhoben werden, deshalb hieß es in Artikel 231 des Vertrags: «Die alliierten und assoziierten Regierungen erklären, und Deutschland erkennt an, dass Deutschland und seine Verbündeten als Urheber für alle Verluste und Schäden verantwortlich sind, die die alliierten und assoziierten Regierungen und ihre Staatsangehörigen infolge des ihnen durch den Angriff Deutschlands und seiner Verbündeten aufgezwungenen Krieges erlitten haben.» Elsass-Lothringen ging an Frankreich zurück (wie in den 14 Punkten gefordert); das kohlereiche Saargebiet sollte von einer Kommission unter Leitung des Völkerbunds verwaltet, der Bergbau aber von Frankreich kontrolliert werden; kleine Gebiete, darunter ein paar wertvolle Zinkminen, gingen an Belgien. Volksabstimmungen sollten entscheiden, welche Teile von Schleswig an Dänemark gingen, und auch in einigen Teilen Oberschlesiens stattfinden. Ostpreußen sollte deutsch bleiben, aber mit Volksabstimmungen in einigen Gebieten (die sich mit großer Mehrheit für Deutschland entschieden, auch bei einem großen polnischen Bevölkerungsanteil). Es wurde von Deutschland aber durch einen Landstreifen getrennt – den «polnischen Korridor» –, durch den Polen einen Zugang zum Meer erhielt. Die weitgehend deutschsprachige Stadt Danzig sollte sich selbst regieren, jedoch unter Aufsicht des Völkerbunds.

Deutschlands Kolonien wurden unter den Alliierten auf der Grundlage eines Systems von «Mandaten» aufgeteilt, das der südafrikanische Politiker Jan Smuts als Mitglied der britischen Delegation vorschlug. Ein anderer Typ des Mandats (A-Mandat) galt für Territorien des Osmanischen Reichs, die als zur Selbstregierung nahezu fähig eingestuft wurden. Deutschlands afrikanische und pazifische Kolonien wurden dagegen unter viel weiter gehende B- und C-Mandate gestellt, aber immer noch mit der Pflicht, Berichte an den Völkerbund zu liefern. Kamerun ging direkt an Frankreich; ein kleiner Teil von Deutsch-Ostafrika, das Kionga-Dreieck, ging an Portugal, und Japan erhielt die deutschen Rechte in Shantung, sehr zum Ärger der chinesischen Delegation.

Bei der Entwaffnung Deutschlands sollte sich die Marine auf sechs Schlachtschiffe, sechs leichte Kreuzer, 12 Zerstörer und 12 Torpedoboote beschränken und die Armee auf 100000 Mann, die langfristig dienen würden, damit nicht durch die Wehrpflicht eine viel größere Zahl ausgebildet werden konnte. Überdies wurde 50 Kilometer östlich des Rheins eine entmilitarisierte Zone eingerichtet.

Parallelverträge wurden in anderen französischen Schlössern in der Umgebung von Paris unterzeichnet. In Saint-Germain erhielt Italien am 10. September 1919 ein kleines Stück des österreichischen Tirol südlich des Brenner mit einer Viertelmillion deutschsprechender Bewohner, die neugegründete Tschechoslowakei den deutschen Teil Böhmens und Mährens. Österreich durfte sich nicht mit Deutschland vereinigen oder sich Deutsch-Österreich nennen, wie seine politischen Führer es wollten. Im Verhältnis zu den alten Grenzen im Habsburgerreich gewann es ein Stück von Westungarn, das deutschsprachig war, enge Beziehungen zu Wien hatte und künftig Burgenland hieß; allerdings entschied sich die größte Stadt Sopron (Odenburg) dafür, ungarisch zu bleiben. Ungarn wurde im Trianon-Vertrag vom 4. Juni 1920 äußerst schlecht behandelt; dreieinhalb Millionen Ungarn blieben außerhalb der Grenzen des neuen Staats in Rumänien, Jugoslawien und der Tschechoslowakei. Die Alliierten fügten eine Erklärung hinzu, in der sie einen komplizierten und in der Praxis undurchführbaren Mechanismus der Grenzveränderung durch Berichte an die Grenzkommission des Völkerbunds entwarfen. Bulgarien gab im Vertrag von Neuilly die südliche Dobrudscha an Rumänien zurück.

Die praktischen Verletzungen des Selbstbestimmungsrechts hätten nicht so schlimm sein müssen, wenn die neuen Regierungen eine bessere und tolerantere Politik gemacht hätten Ein Modell, das zeigt, wie die Verträge hätten funktionieren können, war die multiethnische, aber stabile Tschechoslowakei. Kein historisches oder irgend ein anderes Gesetz besagt, ein Land müsse kulturell homogen sein. Dennoch konnten mit der genannten Ausnahme die in den Pariser Verträgen geschaffenen kleinen Staaten, deren neue Eliten eine nationalistische und auf Autarkie gerichtete Politik verfolgten, weder politisch noch wirtschaftlich funktionieren.

Der problematische Charakter der Vision von Paris offenbarte sich am schnellsten im Vertrag von Sèvres mit der Türkei. Die Geheimverträge zur Aufteilung der Türkei zwischen England und Frankreich waren von den Bolschewiki öffentlich gemacht worden: die versprochene Abtretung von Konstantinopel und der Meerengen des Schwarzen Meers an Russland und Gebietszusagen in Armenien und Nordostanatolien. Im Sykes-Picot-Abkommen hatten England und Frankreich ihre eigenen Einflusssphären festgelegt. Im eigentlichen Friedensvertrag sollte ein Teil Westanatoliens um Smyrna (Izmir) fünf Jahre lang von Griechenland kontrolliert werden, danach sollte wie im Saargebiet eine Volksabstimmung stattfinden. Armenien sollte die Unabhängigkeit und Kurdistan eine autonome Regierung erhalten. Obwohl ein Vertreter der türkischen Regierung den Vertrag am 10. August 1920 in Sèvres unterzeichnete, wurde er nie umgesetzt und fachte nur die starke nationalistische Bewegung an, deren Führer 1919 Generalinspekteur der türkischen Armee in Anatolien gewesen war. General Mustafa Kemal (Atatürk) berief ein Parlament ein, verhandelte mit Russland über Waffenlieferungen und reformierte die türkische Armee. Er stoppte den griechischen Vormarsch in Anatolien, traf ein Abkommen mit Italien und Frankreich über den Abzug ihrer Truppen und drängte dann die griechische Armee zurück, bis im September 1922 Smyrna zurückerobert war. Bei der türkischen Offensive wurden Tausende von Armeniern getötet.

Ein neuer Vertrag wurde 1923 in Lausanne ausgehandelt (das von Wilson neben Genf als ursprünglicher Tagungsort der Friedenskonferenz vorgesehen war). Er garantierte die freie Durchfahrt durch die Meerengen, sofern die Türkei sich nicht im Krieg befand, dann würde sie nur für neutrale Schiffe gelten. Ostthrakien ging von Griechenland an die Türkei zurück, ebenso zwei große griechischsprachige Inseln vor der türkischen Küste. Der Vertrag sah auch einen systematischen Bevölkerungsaustausch vor: 400 000 Türken in Gebieten, die seit 1912 griechisch waren, gegen 1,3 Millionen Griechen. Kein anderer Vertrag nach dem Ersten Weltkrieg enthielt eine solche Klausel. Lausanne zeigte, dass die europäischen Diplomaten offenbar glaubten, bei einem Konflikt von solcher Härte wie dem zwischen Griechen und Türken könne man nicht erwarten, beide Völker würden in naher Zukunft harmonisch im selben Staatswesen zusammenleben. Für die Armenier und Kurden, die über mehrere Staaten verstreut waren (die Armenier in der Türkei, der UdSSR und dem Iran, die Kurden in der Türkei, dem Irak und Syrien), tat der Vertrag von Lausanne jedoch nichts.

Der Erste Weltkrieg hatte lange und chaotische Nachwirkungen. Viele Menschen wurden ausgewiesen oder flohen aus Staaten, die ihre ethnischen, kulturellen oder sozialen Werte ablehnten. Adlige und bürgerliche Russen waren auf der Flucht vor der Revolution. Ungarn, Deutsche, Armenier, Griechen und Türken hatten meist kein Geld und oft auch keine Pässe. Konstantinopel (Istanbul) wurde von den besiegten Überresten von General Wrangels Krim-Armee überschwemmt. 1924 schätzte der Völkerbund die Zahl der russischen Flüchtlinge auf über eine Million, davon eine halbe Million in Deutschland und 400 000 in Frankreich. Andere flüchteten vor der Revolution über den Nahen Osten und nach China, wo Shanghai und Harbin sich zu großen Zentren der russischen Emigration entwickelten.

Die Flüchtlingsfrage wurde zu einem bleibenden Problem des 20. Jahrhunderts. Der norwegische Wissenschaftler und Nordpolforscher Fridtjof Nansen richtete eine private Organisation, die Nansen-Hilfe, ein, deren Zweck es ursprünglich war, die Rückkehr von Krieggefangenen nach Russland zu organisieren. 1921 ernannte der Völkerbund ihn zum Leiter einer neuen Behörde; er wurde Hochkommissar für Flüchtlingsfragen. Er gab Dokumente («Nansenpässe») an Staatenlose aus und finanzierte weitere Hilfsaktionen durch eine «Nansen-Marke» auf Dokumenten. 1924 wurden diese Papiere auch an armenische Flüchtlinge und 1928 an verschiedene Völker des ehemaligen Osmanischen Reichs ausgegeben (die man als «assyrische, assyrisch-chaldäische und verwandte Flüchtlinge» bezeichnete). Als Nansen 1930 starb, übernahm das Generalsekretariat des Völkerbunds den politischen und rechtlichen Schutz der Flüchtlinge und richtete ein eigenes Büro für ihre materielle Unterstützung ein.

Das Streben nach Sicherheit

Paris und Versailles schufen also sehr unterschiedliche Visionen, wie Sicherheit in Europa zu erreichen sei, und konnten keine kohärente Alternative zur Vision Lenins bieten. Die Verträge selbst enthielten eine idealistische Vision, die den meisten konkreten Klauseln zuwiderzulaufen schien. In manchen Bereichen ist «Sicherheitsstreben» ein zu komplexer Begriff für das, was bloß ein Wunsch nach Rache und unmöglich hohen Reparationszahlungen war. Einige Länder wie zum Beispiel Russland waren von den Verhandlungen ganz ausgeschlossen gewesen. Deutschland, Österreich, Ungarn und die Türkei waren gedemütigt, verbittert und zornig.

Japans Versuch, eine Klausel über rassische Gleichheit in den Vertrag einzubringen, scheiterte, und das Prinzip wurde durch die Unterscheidung zwischen verschiedenen Mandatstypen durchkreuzt. China und Italien waren unzufrieden, weil sie für den Krieg gegen Deutschland keinen adäquaten Lohn erhielten. China war von der Übernahme Shantungs durch Japan so erbost, dass es den Vertrag nicht unterzeichnete. Die italienische Delegation reiste ab, als ihre weitreichenden Ansprüche in Dalmatien nicht erfüllt wurden.

England hatte sich im Zeitalter seiner imperialen Größe nie für die Herrschaftsverhältnisse auf dem Kontinent interessiert. Nach dem Ersten Weltkrieg konnte es sich das nicht mehr leisten, selbst wenn es gewollt hätte. Der Völkerbund war Englands Antwort auf die Notwendigkeit, auf billige Art Sicherheit zu schaffen. Seine Umrisse entstammten der Vision Wilsons, die Einzelheiten wurden zum großen Teil von der britischen Delegation ausgearbeitet, besonders von Smuts und Robert Cecil, dem Abkömmling der bedeutendsten Familie in der englischen Politik.

Wilson setzte sich für den Völkerbund ein, konnte aber weder die amerikanische Öffentlichkeit noch die amerikanische Politik überzeugen, dass europäische Angelegenheiten Einfluss auf die Sicherheit Amerikas haben

Realismus

Die Wilsonsche Revolution in der Außenpolitik trieb viele Europäer (und amerikanische Kritiker des Wilsonismus) zur Reflexion und Formulierung ihrer Gegenposition. Internationale Politik dreht sich demnach allein um das Zusammenspiel der Macht. Selbstbestimmung kann gefährlich und destabilisierend sein, deshalb versuchten beispielsweise viele Europäer im 19. Jahrhundert, das zerfallende Osmanische Reich (dessen Zerbrechlichkeit allen klar war) zu erhalten. Kleine Staaten, wie die 1919 bei der Pariser Friedenskonferenz entstandenen, haben nicht genug Macht, um sich selbst zu schützen (jedenfalls ohne das Wilsonsche Konzept kollektiver Sicherheit, das Realisten für absurd hielten).

Der Realismus lehnt den Wert internationaler Institutionen, Konzepte und Werte weitgehend ab; sie sind nur so weit wert- und bedeutungsvoll wie sie nationale Interessen ausdrücken. Als Theorie internationaler Beziehungen, wie ihn seine führenden Vertreter im 20. Jahrhundert, E. H. Carr in England und Hans Morgenthau in Amerika, vertraten, klang der Realismus akademisch brillant, aber menschlich wenig anziehend und sogar unmoralisch. Als Maxime der internationalen Politik funktionierte er hervorragend in der Hand geschickter Praktiker, die den politisch unattraktiven Kern mit dem Zuckerguss nationaler Gefühle überzogen. Sein wichtigster Verfechter war Charles de Gaulle, der fast im Alleingang die Idee eines europäischen Politikstils erneuerte, wie ihn die Realisten des 19. Jahrhunderts praktiziert hatten (s. u. Gaullismus).

könnten. Er kehrte ausgebrannt nach Washington zurück, wo der Kongress die Ratifizierung der Friedensverträge verweigerte.

Frankreich traute der «angelsächsischen» Idee einer Sicherheitsorganisation nicht und hielt es für besser, Deutschland (und Österreich) durch neue Allianzen mit ihren östlichen Nachbarn unter Kontrolle zu halten. 1919 hatte es auch erfolglos versucht, ergänzende Beistandsverträge mit England und den USA für den Fall eines neuen deutschen Angriffs zu schließen. 1921 ging Frankreich jedoch eine Allianz mit Polen ein und später auch mit der Tschechoslowakei (1924), Rumänien (1926) und Jugoslawien (1927). Die Tschechoslowakei, Rumänien und Jugoslawien als Hauptgewinner der Aufteilung Österreich-Ungarns hatten 1920–21 bereits eine «kleine Entente» gebildet. Frankreich war der Überzeugung, die neuen internationalen Institutionen könnten nur ein trügerisches Gefühl der Sicherheit schaffen. Seine Politiker formulierten stattdessen eine Doktrin des «Realismus» als Alternative zum liberalen Internationalismus Wilsons.

Lehrsätze in der internationalen Politik hängen aber nicht nur von ihrer immanenten Logik ab, sondern vor allem vom Einfluss der Mächte, die sie vertreten. Durch den Druck auf sein politisches und parlamentarisches System und seine wirtschaftliche und demografische Schwäche wurde Frankreich verletzlicher. Es befand sich in der paradoxen Situation, dass seinem politischen Realismus eine Realität der Macht widersprach, die es ihm nicht erlaubte, die auf ihre Art einzige logische Alternative zum revolutionären Leninismus oder zum Wilsonschen Internationalismus zu entwickeln und zu verwirklichen.

3 Die zwanziger Jahre: Unsichere Demokratie

«Selbstbestimmung» war ein Schlüsselbegriff vieler Friedensforderungen gewesen, von den russischen Februarrevolutionären bis zu Woodrow Wilsons 14 Punkten. Wilsons Vision enthielt drei Prinzipien, die nach Überzeugung des Präsidenten harmonisch zusammenspielen würden: eine stabile und sichere internationale Ordnung, Wohlstand, der stets auf sicherem Privateigentum aufbaute, und politische Demokratie. Die Unvollkommenheit dieses Arrangements lag in der Gefahr, dass es bei Verstimmung eines Elements eine Dissonanz geben und das orchestrale Zusammenspiel zerbrechen würde. Als sich die Friedensunterhändler 1919 in Paris trafen, erschienen alle Elemente unsicher. Versailles war für die Wilsonsche Überzeugung eine Enttäuschung gewesen, aber wie durch ein Wunder fanden die Instrumente in den zwanziger Jahren nach und nach zueinander, und in der Mitte des Jahrzehnts war die Verwirklichung der Vision des Präsidenten überraschend nah.

Der Völkerbund war ein ganz neuer Typ von internationaler Ordnung. Das führende englische Geschichtslehrbuch zwischen den Kriegen von Harold Temperley und A. J. Grant endete mit einem detaillierten Vergleich zwischen dem Völkerbund und dem von Metternich und Castlereagh erfundenen europäischen Konzert des 19. Jahrhunderts und kam zu dem Ergebnis, der Völkerbund sei in jeder Hinsicht überlegen. (Spätere Auflagen nach 1945 zogen ähnliche Vergleiche zwischen dem Völkerbund und den Vereinten Nationen, wobei die UNO als großer Fortschritt bewertet wurde.)[1]

Den Wiederaufbau der freien Wirtschaft und dem Markt zu überlassen, erschien als der einzige Weg, der in der postwilsonschen Stimmung in den USA übrig blieb. Amerikanische (und teilweise auch britische) Investoren redeten sich ein, es werde ein Wirtschaftswunder mit hohen Renditen geben und pumpten große Summen auf den Kontinent. Sie prägten in starkem Maße den kommerziellen und geldgierigen Ton des Jahrzehnts. Der deutsche Maler und Zeichner George Grosz stellte den Dollar als Sonne dar, die die Korruption des deutschen Ancien Régime beschien.

Wir werden später die Probleme untersuchen, vor denen die wirtschaftlichen und internationalen Aspekte der Wilsonschen Vision standen, nachdem die kurze Blütezeit der mittzwanziger Jahre vorüber war. Dieses Kapitel widmet sich der problematischen Frage der Demokratie. In den meisten Ländern gab es eine starke Tendenz zur Demokratisierung. Das Wahlrecht wurde ausgeweitet und umfasste in einigen Fällen jetzt auch Frauen (in Großbritannien noch bis 1928 mit Einschränkungen; in Belgien, Deutschland, Estland, Lettland, den Niederlanden, Österreich, Polen und dem revolutionären Russland ab 1918–19; in Schweden ab 1921; in Portugal und Spanien ab 1931 und in der Türkei ab 1934). In Dänemark, Finnland und Norwegen hatten Frauen bereits vor dem Ersten Weltkrieg gewählt.

Zur selben Zeit bedrohten die weitreichende Organisierung, die sich im Krieg entwickelt hatte, und der neue Korporatismus die Demokratisierung, statt sie zu festigen, und setzten ihr im Fall Italiens ein Ende.

Die Weimarer Republik

Die Weimarer Republik war vollkommen und instabil zugleich. Sie war das weltweit avancierteste Experiment einer von außen angestoßenen Demokratisierung. Ihre Paten waren Woodrow Wilson und das Duo Hindenburg-Ludendorff – ein unübersehbarer Kontrast. Die Parlamentarier, die der militärischen Führung im Krieg am treuesten gefolgt waren, Matthias Erzberger von der katholischen Zentrumspartei und Gustav Stresemann von der liberalen Volkspartei, wandelten sich nach 1919 (zumindest äußerlich) zu beispielhaften und mutigen Demokraten.

Die neue Verfassung entstand nicht in Berlin, sondern im stillen thüringischen Weimar, der Stadt Goethes, Schillers und der deutschen Klassik. Berlin war zu revolutionär, aber die neue Technik erlaubte es den Verfassungsvätern mit ganz Deutschland in Kontakt zu bleiben – Deutschlands erster Luftpostdienst wurde 1919 zwischen Weimar und Berlin eingerichtet.

Der Kommission, die die neue Verfassung erarbeitete, gehörten einige der besten juristischen und politischen Köpfe Deutschlands an. Hugo Preuß, der in Berlin als Professor für öffentliches Recht lehrte und sich als einflussreicher Kritiker des preußischen Machtstaats erwiesen hatte, war am 15. November 1918 von der provisorischen Regierung mit einem Verfassungsentwurf beauftragt worden. Er arbeitete mit Sozialdemokraten zusammen, aber auch mit dem bedeutenden Soziologen und Ökonomen Max Weber. Selbst nach ihrem Sturz galt die Weimarer Republik noch als Modell demokratischer Vollkommenheit, und wichtige Elemente ihrer Verfassung wurden später von anderen Staaten übernommen, deren Demokratie militärische, politische und wirtschaftliche Turbulenzen besser überstanden hat.

Die Verfassung führte ein später heftig kritisiertes System des Verhältniswahlrechts ein, bei dem es Großwahlkreise, aber auch Ausgleichsmandate auf nationaler Ebene gab. Die Zahl der Parlamentssitze hing von der Zahl der Stimmen ab. Frauen und Männer über 21 Jahren besaßen waren wahlberechtigt. Vielfach wurde das Verhältniswahlrecht mit seiner Begünstigung kleiner Splitterparteien für den Aufstieg der Nationalsozialisten verantwortlich gemacht – eine These, die sich in dieser Radikalität heute sicher nicht mehr aufrecht erhalten lässt.[2]

Der Reichspräsident wurde für eine Amtszeit von sieben Jahren direkt gewählt, während die Legislaturperiode des Reichstags nur vier Jahre betrug. Er konnte das Parlament auflösen und Reichskanzler ernennen und entlassen. Die große Macht des Präsidenten sollte auch eine parlamentarische Mehrheit davon abhalten, allzu kontroverse Maßnahmen durchzusetzen. Max Weber sah die charismatischen Qualitäten eines gewählten Präsidenten als wichtiges Gegengewicht zum «parlamentarischen Absolutismus». Außerdem verlieh Artikel 48 der Verfassung dem Präsidenten im Notfall eine weitgehende Macht, um die öffentliche Ordnung aufrechtzuerhalten, da man voraussah, dass eine Parlamentsmehrheit unter gewissen Umständen Schwierigkeiten haben könnte, unpopuläre Maßnahmen zum Schutz der öffentlichen Sicherheit zu ergreifen.

Dass die Verfassung neben den politischen auch ein breites Spektrum sozialer Rechte enthielt, war ein Novum in der europäischen Politik. Sie sprach vom Recht auf Arbeit, ohne dies jedoch näher zu erläutern. Noch wichtiger war, dass sie einen Wirtschaftsrat schuf, der an der Spitze einer Pyramide von Bezirks- und Arbeiterräten stand und zu Fragen der Wirtschaftspolitik und möglichen Verstaatlichungen befragt werden sollte.

Ein Fehler der Verfassung, der vor aller Augen lag, war die fehlende Neuordnung der Länder, um die Grundlage für einen funktionsfähigen Föderalismus zu schaffen. Preußen blieb das bei weitem größte Land, wie schon im Kaiserreich, denn die Auflösung Preußens hätte eine Einladung an Frankreich bedeutet, sich Teile davon anzueignen, vor allem das industriell verlockende Rheinland. Viele grundsätzliche Entscheidungen in Weimar – wie diejenige zu Preußen oder die fehlende Sozialisierung – wurden vorgeblich mit Bezug auf den außenpolitischen und Sicherheitsrahmen getroffen.

Die größten Parteien zu Beginn der Weimarer Republik waren die drei Parteien der «Weimarer Koalition», die Oppositionsparteien des Kaiserreichs, die 1917 eine Friedensresolution in den Reichstag eingebracht hatten: die SPD, die katholische Zentrumspartei und die liberale Deutsche Demokratische Partei. Jede von ihnen stand vor großen Schwierigkeiten. Die sozialistische Bewegung hatte sich durch die Debatten über die Kriegsunterstützung gespalten, und es entstanden drei Teile, die sich weniger durch ihre Sozial- und Wirtschaftspolitik als durch das Datum unterschieden, an dem sie zuerst gegen den Krieg eingetreten waren. Die Kommunistische Partei entwickelte sich aus einer Gruppe um Karl Liebknecht, der schon 1914 den Krieg verurteilt hatte. Dann gab es die Unabhängige Sozialdemokratische Partei (USPD), deren Führer sich 1915 und 1916 dagegen ausgesprochen hatten. Schließlich blieb die Mehrheits-SPD, die die Friedensresolution erst in der Koalition von 1917 unterstützt hatte. Bei den Wahlen vom Januar 1919 errang die SPD 37,9 Prozent der Stimmen, fiel 1920 aber auf 21,7 Prozent, während 17,9 Prozent USPD wählten. Das Zentrum, das 1919 15,9 Prozent errang, war eine konfessionelle Partei der katholischen Minderheit und behielt einen recht stabilen Stimmenanteil (viel stabiler als die übrigen Weimarer Parteien), konnte aber nicht darauf hoffen, ihn wesentlich zu steigern, und auch kaum protestantische Wähler anziehen. Die DDP erzielte 1919 mit 18,6 Prozent ein gutes Ergebnis, aber nur wenige ihrer Wähler schienen auf die Dauer vom linken Liberalismus angezogen zu sein. Viele hatten unter den Umständen von 1919 für eine bürgerliche Partei gestimmt, die mit den dominierenden Sozialdemokraten zusammenarbeiten konnte. Unvermeidlich wandten sich diese Wähler bald ab, und die DDP fiel 1920 auf 8,3 und 1924 auf 5,7 Prozent zurück.

Die reale Konstruktion der Weimarer Demokratie beruhte im Gegensatz zur theoretischen auf zwei Kompromissen, dem zwischen Industrie und Arbeiterbewegung und dem zwischen SPD und militärischer Führung. Beide Grundlagen wurden an dem Tag gelegt, als das Kaiserreich endete, dem 9. November 1918. Der Großunternehmer Hugo Stinnes schloss mit dem Gewerkschaftsvorsitzenden Carl Legien einen Pakt, der den Korporatismus der Kriegszeit nach dem Krieg fortsetzte. Dazu gehörten der Acht-Stunden-Tag und die Schaffung einer Zentralarbeitsgemeinschaft.

Am selben Tag telefonierte General Groener, der die Abdankung des Kaisers erzwungen hatte, mit dem SPD-Vorsitzenden Friedrich Ebert und stellte der SPD-Führung die Armee gegen die radikale Linke der Rätebewegung zur Verfügung. Ebert hieß die heimkehrenden Truppen im Dezember 1918 in Berlin willkommen, wobei seine Worte zur Grundlage für einen politischen Mythos wurden, der die Republik untergrub. Er bezeichnete die Soldaten als Helden, die «im Felde unbesiegt» seien. Die Implikation war klar; ein innerer Feind oder ein «Dolchstoß» hatte die deutsche Niederlage verursacht. Dieser Mythos knüpfte an alte germanische Sagen und ihre musikalische Verarbeitung durch Wagner an, in denen der düstere Hagen den unverwundbaren Helden Siegfried von hinten erstach.

Die Armee – die noch immer den Namen Reichswehr trug –, stand unter der Führung von General Hans von Seeckt in einer kritisch-neutralen Distanz zur Demokratie, entwickelte aber eine prekäre Loyalität zur Republik.

Der bedrohlichste Augenblick kam schon früh. 1920 ergriff der Alldeutsche Wolfgang Kapp mit Hilfe der von General von Lüttwitz befehligten Marinebrigade Ehrhardt die Macht in Berlin durch einen Putsch, der von Großgrundbesitzern und Industriellen stark unterstützt wurde. Die Armee weigerte sich, die Regierung zu schützen, da sie behauptete, ein großer Aufstand von links stehe unmittelbar bevor. Der Großteil der Reichswehr nahm gegenüber den Feinden der Republik eine neutrale Position ein. Nach einem Generalstreik brach der Putsch zusammen. Die Zentralarbeitsgemeinschaft bezog erst sehr spät gegen Kapp Stellung. 1923 bekämpfte die Reichswehr einen kommunistischen Aufstand in Sachsen und schlug einen weiteren Putsch in München nieder, der von der radikalen und rassistischen Nationalsozialistischen Partei unter Adolf Hitler und von Erich Ludendorff angeführt wurde, nachdem Ritter von Kahr, Generalstaatskommissar der bayerischen Regierung, General von Lossow und Seisser, Kommandeur der bayerischen Polizei, den Putsch zunächst unterstützt hatten.[3] Als die Aufständischen am 9. November 1923 durchs Zentrum von München marschierten, trafen sie auf dem Odeonsplatz auf die Bayerische Landespolizei, die das Feuer eröffnete und mehrere Nationalsozialisten tötete. Die Rebellen zerstreuten sich und flohen kampflos.

Diese Episode war das dramatischste Ereignis, das vom Spektrum rechtsextremer nationalistischer und rassistischer Gruppierungen verursacht wurde. Sie hatten leichten Zugang zu Waffen, da die Auflösung der deutschen Frontarmee nie richtig überwacht worden war, und vor allem auf dem Land fanden sich leicht Bauernhöfe und Scheunen, wo man Waffen verstecken konnte.

Der Schlüssel zur demokratischen Stabilisierung war der Korporatismus, der Kapital und Arbeit zusammenbrachte. Viele Preise waren gesteuert, die Firmen bezahlten höhere Löhne, und die Arbeitervertreter stimmten höheren Preisen für die Produkte zu. Manche Beobachter nannten das Ergebnis ein Kartell der Produzenten auf Kosten der Verbraucher.

Die Regierung tat ihr Bestes, dieses System zu stützen, indem sie neue Stellen im öffentlichen Dienst schuf und große Defizite der Post und Eisenbahn ausglich. Sie musste Reparationen bezahlen und schreckte vor unpopulären Steuererhöhungen zurück. Die Reichsbank druckte Geld, um die Nachfrage zu befriedigen. Ihre Führung war stolz darauf, dass sie nicht nur eine eigene Druckerei besaß, sondern auch 30 Papierfabriken, 29 Druckplattenfabriken und 132 Druckereien verpflichtet hatte.

Matthias Erzberger, der den Versailler Vertrag unterschrieben und versucht hatte, eine Finanzreform durchzuführen, wurde im August 1921 von einer radikalen rechten Geheimorganisation ermordet (nachdem zuvor bereits fünf Attentatsversuche fehlgeschlagen waren). Einen noch schwereren

Korporatismus

Der Korporatismus erfordert eine andere Form politischer Organisation als die Demokratie, die Korporatisten als zu mechanisch und zu wirklichkeitsfremd gegenüber der sozialen Existenz kritisieren. Er versucht Klassenkonflikte durch eine Reihe institutioneller Mechanismen zu lösen. Unterschiedliche soziale Gruppen sollten ihre eigenen Interessenverbände haben, etwa Gewerkschaften, Unternehmer- oder Bauernverbände; über diese Kanäle artikulierte sich ein besonderes Interesse, das dann mit anderen zusammengebracht und harmonisiert werden konnte. In einigen Versionen des Korporatismus, insbesondere dem Faschismus, verkörpert der Staat als außenstehende Entscheidungsinstanz das Gemeininteresse. Andere Versionen des Korporatismus streben Übereinkunft und Ausgleich durch Verhandlungen zwischen den Interessengruppen an.

Als politische Doktrin entfaltete der Korporatismus seine größte Wirkung zwischen den Weltkriegen, vor allem unter katholischen Denkern, die den klassischen Liberalismus als atomistisch und den Marxismus oder Sozialismus als konfliktorientiert ablehnten. Die offizielle Version des katholischen Korporatismus war in der päpstlichen Enzyklika *Quadragesimo Anno* von 1931 enthalten, die als Ziel der Sozialpolitik die Wiedererrichtung von Berufsgruppen und -verbänden als Baustein der Ordnung erklärte. «Ordnung, wie sie der Hl. Thomas von Aquin definiert, ist Einheit, die aus der rechten Anordnung verschiedener Objekte hervorgeht.» Politisch zeigte sich diese Lehre am deutlichsten in der österreichischen Politik zwischen 1935 und dem Anschluss an Deutschland 1938 sowie in der Verfassung des irischen Staates von 1937 nach Erlangung der vollständigen Unabhängigkeit.

Als soziale und ökonomische Lehre übte der Korporatismus nach dem Krieg weiterhin seinen Einfluss aus, besonders in der Arbeitnehmervertretung in deutschen und skandinavischen Aufsichtsräten und bei den Verhandlungen der Tarifparteien in Deutschland und Italien.

Verlust erlitt die Republik, als der brillante Außenminister Walther Rathenau im Juni 1922 ermordet wurde. Die Justiz war zum großen Teil noch immer sehr konservativ und verstand sich als Bewahrer des monarchistischen Erbes. Sie behandelte den Terror von rechts mit verblüffender Milde. Erst nach dem Attentat vom Juni 1922 erließ der Reichspräsident eine Verordnung zum Schutz der Republik.

Durch den Rathenau-Mord verloren die meisten ausländischen Beobachter die Hoffnung auf eine Stabilisierung Deutschlands. Die Inflation beschleunigte sich, und die Regierung gab den harten Reparationsauflagen die Schuld am finanziellen und wirtschaftlichen Zusammenbruch. Im Dezember 1922 stoppte sie eine Reparationslieferung in der Hoffnung, eine Revision des Vertrags herbeizuführen. Frankreichs neue rechtsnationalistische Regierung unter Raymond Poincaré schickte jedoch Truppen ins Ruhrgebiet, um die Kohlelieferungen zu erzwingen. Daraufhin forderte die Reichsregierung die dortigen Firmen und Arbeiter auf, nicht für die Franzosen zu arbeiten, und versprach, sie dafür zu bezahlen. Ein solcher Schritt zerstörte natürlich sofort jede Möglichkeit zur Stabilisierung des Staatshaushalts. 1923 produzierte die deutsche Regierung die schlimmste Hyperinflation, die die Welt je erlebt hatte (dieser Rekord wurde jedoch nach dem Zweiten Weltkrieg von der ungarischen Regierung gebrochen). Bis November 1923 war der Wert des Dollar von 4,20 Reichsmark vor dem Krieg auf 4 200 000 000 000 gestiegen.

Deutschland versank in Anarchie, da unterschiedliche extremistische Bewegungen die Macht auf lokaler Ebene zu erringen suchten. Das Gefühl, Berlin kontrolliere das Geld zum Nachteil der Provinzen, führte zu separatistischen Bewegungen, so im Rheinland (wo es den Köder gab, für die Franzosen zu arbeiten und dadurch günstigere Besatzungsbedingungen zu erreichen), in Sachsen und in Bayern.

Im November 1923 bildete Wilhelm Marx eine neue bürgerliche Minderheitsregierung, in der Stresemann Außenminister wurde. Im Gegensatz zu Rathenau suchte er nicht den brillanten Coup in der Außenpolitik, sondern erkannte, dass der momentan einzig realistische Kurs für Deutschland in der Zusammenarbeit mit den Westmächten lag. Rathenau war dagegen von den geopolitischen Möglichkeiten fasziniert gewesen, die sich durch eine Allianz der Unzufriedenen boten; während der Konferenz von Genua zu Ostern 1922 hatte er mit Vertretern der sowjetischen Regierung in Rapallo gesprochen, um den Alliierten zu zeigen, dass Deutschland auch eine östliche Allianz eingehen könne. Stresemann blieb bis zu seinem Tod 1929 Außenminister in mehreren Regierungen. Präsident Ebert gebrauchte den Notstandsartikel 48, um die Reichswehr zur Niederschlagung von Staatsstreichen zu ermächtigen und um ein Programm der Haushaltsstabilisierung zu verwirklichen.

Das Erbe der Inflation war schrecklich und folgenreich. Viele Sparer waren durch den Zusammenbruch des Geldwerts völlig ruiniert worden. Ein kompliziertes Paket von Neubewertungen für verschiedene Kategorien öffentlicher und privater Schulden brachte 1924 nur wenig Erholung. Viele fühlten sich von den mächtigen Organisationen oder den Großfirmen und den Bossen der großen Gewerkschaften betrogen und glaubten, das «System» arbeite gegen den «kleinen Mann». Viele fühlten sich auch gedemütigt, weil sie an allen möglichen grauen Märkten und Spekulationen teilnehmen mussten. Joseph Goebbels, ein intelligenter Katholik aus dem Rheinland, wurde durch seine Arbeit bei der Dresdner Bank während der Inflationszeit zum heftigen Antisemiten und sah den Antisemitismus als Weg, gegen Materialismus und Geldkultur zu protestieren. Auf einer grundsätzlichen Ebene zerstörte die monetäre Unsicherheit alle verbliebenen Werte. Der Schriftsteller Elias Canetti kam später zu dem Schluss, die irrational hohen Zahlen der Inflationsjahre hätten den Deutschen später menschliche Leben als ebenso absurde Zahlen erscheinen lassen.

Kurzfristig schien die wirtschaftliche Stabilisierung zu gelingen, und ein neuer Zufluss amerikanischen Gelds stützte die Weimarer Demokratie. Die Regierungen in Berlin, in den Ländern und Städten konnten wieder Geld ausgeben und Maßnahmen zur Arbeitsbeschaffung treffen. Neue Wohnprojekte entstanden, vor allem in sozialdemokratisch regierten Städten, um das sozialdemokratische Wählerpotential der Facharbeiter zu binden. Für die ungelernten Arbeiter und Arbeitslosen wurde weniger getan, und sie wählten eher die KPD. Die Großstädte erhielten Parks, Schwimmbäder, Straßenbahn- und S-Bahn-Netze (wie Hamburg und Berlin). Eine Zeit lang konnte man meinen, Glück und Demokratie ließen sich kaufen. Der SPD-Politiker Rudolf Hilferding entwickelte eine Theorie des «politischen Lohns»: Arbeiter sollten höhere Lohnabschlüsse nicht durch Streiks erreichen, sondern indem sie Regierungen wählten, die Arbeitskämpfe im Sinne der Arbeiterklasse schlichteten. Das Erbe des Krieges und der Inflationszeit war die Erkenntnis, dass kollektives Handeln der beste Weg zu höherem Einkommen und Status sei. Die Arbeiter organisierten sich in Gewerkschaften, die Unternehmer in mächtigen und einflussreichen Verbänden, und die Firmen bildeten Kartelle, um die Preise festzusetzen. Das funktionierte einigermaßen, solange die Wirtschaft wuchs und es tatsächlich eine direkte Verbindung zwischen dem Geldfluss und einer Anreizstruktur gab, die zu verantwortlichem und demokratischem Handeln ermutigte.

1924 legten die Alliierten einen neuen Reparationsplan, den Dawes-Plan, vor, der mit einem Kredit in harter Währung verbunden war, um den deutschen Haushalt zu stützen. Einige Maßnahmen des Londoner Abkommens, das den Dawes-Plan umsetzte, bedeuteten eine Änderung des Statuts von Reichsbank und Reichsbahn und benötigten daher eine Zweidrittelmehrheit im Reichstag. Die Parteien der Rechten hätten diese Maßnahmen ablehnen können, aber sie verstanden, dass dies nur neues wirtschaftliches Chaos gebracht hätte, und eine ausreichende Zahl von rechten Abgeordneten enthielt sich der Stimme, damit der Dawes-Plan angenommen wurde. Man konnte das als Zeichen deuten, dass die deutschen Parlamentarier lernten, in der Demokratie sei verantwortliches Handeln notwendig.

Stresemann schloss 1925 in Locarno mit dem französischen Außenminister Aristide Briand einen Sicherheitspakt für die Westgrenze ab. Zum ersten Mal seit dem Krieg wurde Deutschland als ebenbürtige Macht behandelt, und Stresemann untergrub zugleich geschickt den französischen Versuch, zur Eindämmung Deutschlands ein System von Allianzen in Mitteleuropa aufzubauen. Wie gegen den Dawes-Plan stritt die nationalistische Rechte auch erbittert gegen Locarno, und die Mitglieder der Deutschnationalen Volkspartei verließen das Kabinett – ohne aber gegen die Regierung zu stimmen. Wie bei der Dawes-Debatte erkannte die Rechte, dass eine internationale Krise einen Zusammenbruch Deutschlands ausgelöst hätte.

Ein noch eindringlicheres Zeichen des neuen «Vernunft-Republikanismus» kam 1925 nach dem Tod von Reichspräsident Ebert. Er genoss inzwischen weithin den Ruf, Deutschland und die Republik gerettet zu haben. Die republikanischen Parteien waren jedoch gespalten und unterstützten unklugerweise Wilhelm Marx, unter dessen Kanzlerschaft viele der schmerzhaften Sparmaßnahmen nach 1923 getroffen worden waren. Paul von Hindenburg, der greise Sieger von Tannenberg, wurde als Kandidat der nationalistischen Rechten zum Reichspräsidenten gewählt. In seiner ersten Amtszeit (bis 1932) handelte Hindenburg jedoch mit großer Verfassungstreue, auch dies ein Zeichen des wachsenden Verantwortungsbewusstseins Deutschlands. Hindenburg wie Stresemann (der im Krieg mit der militärischen Führung zusammengearbeitet hatte) waren keine geborenen Demokraten, aber die deutsche Demokratie machte sie zu politischen Figuren ersten Ranges und war dann von ihnen abhängig.

England

England war nach dem Ersten Weltkrieg in mancher Hinsicht sehr viel weniger demokratisch als Deutschland, und auch hier kam es zu einer tiefen Krise der politischen Institutionen. Zum Teil erwuchs das britische Problem aus einem eher technischen Aspekt seiner Institutionen. Politische Unterschiede wurden in einem Wahlsystem ausgetragen, bei dem allein der stimmenstärkste Kandidat eines Wahlkreises auch ohne absolute Mehrheit ins Parlament kam und der landesweite Stimmenanteil einer Partei nicht gewertet wurde. Bei zwei Parteien konnte das zu einem stabilen System der Wählervertretung führen, wie lange Zeit im 19. Jahrhundert. Bei drei Parteien, wie in den zwanziger Jahren, schuf es seltsame Resultate (ein Ergebnis über 40 Prozent konnte einen Erdrutschsieg bedeuten und weniger als 30 Prozent das Aus), und die Instabilität der politischen Ordnung erzeugte ständige Intrigen.

Die drei konkurrierenden Parteien waren die des 19. Jahrhunderts, Liberale und Konservative, dazu nun die Labour Party, die durch die Mobilisierung von Wirtschaft und Arbeiterschaft im Ersten Weltkrieg zu einer echten Macht geworden war. Jede Partei stand für ein anderes Verständnis der britischen Gesellschaft und ihres Platzes in der Welt, und ihre Ansichten ließen sich nur verbinden, indem andere Parteien sich spalteten und neue politische Fragen aufgeworfen wurden.

Die Liberalen waren der klassischen Position von Freihandel und ausgeglichenem Staatshaushalt aus dem 19. Jahrhundert verpflichtet, aber der Flügel unter der Führung des charismatischen Kriegspremiers David Lloyd George hatte sich viel weiter in Richtung sozialer Reformen bewegt. Lloyd Georges große Leistung vor dem Krieg war der «Volkshaushalt» von 1909 gewesen, der erste britische Haushalt in Friedenszeiten, der die Einkommensteuer erhöhte (von fünf auf sechs Prozent) und eine Zusatzsteuer für die sehr Reichen einführte. Doch Lloyd George spaltete die Partei, und eine große Gruppe bevorzugte den klassisch patrizischen Whig-Liberalismus von Herbert Asquith. Dieser Flügel verabscheute Lloyd George und hoffte darauf, mit internationalistisch gesinnten Konservativen zusammenzuarbeiten.

Bei den Konservativen trafen sich anglikanische Traditionalisten und Tory-Adlige alten Stils wie Lord Curzon und Lord Derby, deren Weltbild aus der offenen Welt des 19. Jahrhunderts stammte, mit einer Wirtschaftslobby, die sich immer größere Sorgen über die wachsende Konkurrenz für Englands internationale Stellung machte und mehr Schutzzölle wollte. Der Einfluss der zweiten Gruppe nahm zu, und die Konservativen wurden eine nach innen gerichtete Partei, die Englands Weg zum Wohlstand in der Abkehr von internationalen Märkten und der Hinwendung zu einer geschützten imperialen Sphäre sah.

Die Labour Party war stark von der Gewerkschaftsbewegung beeinflusst. Zu ihrer Führung zählten einige Kriegsgegner wie Ramsay MacDonald, die sich um eine friedlichere internationale Ordnung bemühten. Hier gab es ein Potential für Bündnisse mit den Liberalen des Lloyd George-Flügels, und «Lib-Lab»-Allianzen waren vor dem Krieg ein Ziel dieses Flügels gewesen. Das einzige Problem bestand darin, dass Labour tiefes Misstrauen gegen Premierminister Lloyd George wegen seines Talents für Intrigen und Unfrieden hegte (und auch weil sein eher lockeres Privatleben Labours recht strengem Bild politischer Würde nicht entsprach).

Nach Kriegsende regierte Lloyd Georges nationale Koalition zunächst weiter, wobei die «Khaki-Wahl» vom 14. Dezember 1918, bei der viele Offiziere ins Unterhaus gewählt wurden, zu einem sehr patriotischen und konservativen Parlament führte. Ihr anderer Beiname, die «Coupon-Wahl», drückt ihren Charakter besser aus. Die Wahl wurde weniger von Parteien gewonnen, als von einzelnen liberalen oder konservativen Kandidaten, die einen «Coupon», die Unterstützung von Lloyd George erhielten. Die nationale Koalition erreichte 53,2 Prozent. Das Kabinett von Lloyd George regierte während eines kurzen Nachkriegsbooms, dem 1920 und 1921 der Absturz folgte. Es versuchte durch Sparmaßnahmen mit der Nachkriegswelt fertig zu werden, obwohl der Premierminister als überzeugter Sozialreformer mehr öffentliche Ausgaben vorgezogen hätte.

Die radikale Arbeiterpolitik verschärfte sich während des Nachkriegsbooms, da es für kurze Zeit so aussah, als gebe es einen Mangel, keinen Überschuss an Arbeitskräften, und war auch eine direkte Reaktion auf Lohnsenkungen und Entlassungen in der folgenden Krise. Das verbindende Motiv der Arbeiterbewegung war zum Teil politisch, getragen von dem Wunsch, einen neuen Krieg zu verhindern, der aus der Intervention der Regierung gegen die Russische Revolution folgen könnte. Im Mai 1920 weigerten sich Londoner Hafenarbeiter, Waffen auf Schiffe zu verladen, die für den Kampf der polnischen Armee gegen die Rote Armee bestimmt waren.

Am 15. April 1921 zerbrach die mächtige Dreierallianz aus Bergleuten, Transport- und Eisenbahnarbeitern, das Erbe des britischen Korporatismus der Kriegszeit, als die Eisenbahn- und Transportarbeiter sich weigerten, den Bergarbeiterstreik zu unterstützen.

1922 berieten sich konservative Abgeordnete im Carlton Club, rebellierten gegen die Koalition und stürzten die Regierung. Austen Chamberlain hatte ihnen gesagt, die Koalition sei notwendig, um die Labour Party von der Regierung fernzuhalten, da sie eine Bedrohung für die fundamentalen Prinzipen «beider großer Parteien» darstelle (Liberaler und Konservativer), «auf denen unsere nationale, industrielle und wirtschaftliche Größe beruht». Stanley Baldwin machte dagegen aus seiner Abneigung gegen den moralisch und finanziell korrupten Premierminister keinen Hehl und erklärte, er sei eine «dynamische Kraft» und zugleich eine Gefahr, denn er habe die Liberale Partei gespalten und werde auch die Konservativen zerstören.[4] Nach den Maßstäben der europäischen Politik des 19. oder des späten 20. Jahrhunderts war Lloyd Georges Regierung nicht korrupt, er sprach nur außergewöhnlich offen über den Preis für politische Gefälligkeiten und Ehren. Labour und Asquith-Liberale begrüßten die Rückkehr zur Parteipolitik enthusiastisch.

Bei den Wahlen vom November 1922 errangen die Konservativen und ihre Bündnispartner 38,5 Prozent, dominierten aber das Unterhaus mit einer absoluten Mehrheit von 344 Sitzen. Die Liberalen kamen auf 28,3

Prozent und 115 Abgeordnete und die nur etwas stärkere, aber geographisch konzentriertere Labour Party auf 142 Abgeordnete. Die Konservativen unter der Führung von David Bonar Law bildeten eine Regierung, aber bald war klar, dass er bereits schwer krank war. Er war immer ein unbequemer Führer gewesen und hatte während seiner kurzen Regierungszeit den ungewöhnlichen Schritt getan, einen anonymen Artikel in der *Times* zu publizieren, in dem er die Position seiner eigenen Regierung zur Frage der amerikanischen Kriegsschulden kritisierte. Sein Nachfolger als Premierminister wurde von König George V. ernannt, wie es die (undemokratische) Verfassungspraxis Großbritanniens vorschrieb. Er bestimmte Stanley Baldwin, einen relativ unerfahrenen Stahlfabrikanten aus den Midlands. Bonar Law hatte versprochen, während der Wahlperiode des Parlaments keine Diskussion über die umstrittenen Schutzzölle zu eröffnen, aber Baldwin griff die Frage im Oktober 1923 von neuem mit der Äußerung auf, das Versprechen solle mit der Wahlperiode enden und die Schutzzölle würden bei der Bekämpfung der Arbeitslosigkeit helfen.

Bei den rasch folgenden nächsten Wahlen vom Dezember 1923 war der Stimmenanteil der Konservativen mit 38 Prozent proportional fast derselbe wie 1922, ebenso wie der von Labour und Liberalen (30,7 und 29,7 Prozent), aber da die Labour Party viele zusätzliche Wahlkreise in Arbeiterwohngebieten gewann, wurde sie mit 191 Abgeordneten sehr viel stärker. Mit Unterstützung der Liberalen wurde Ramsay MacDonald Englands erster Labour-Premier.

MacDonald vertiefte sich energisch und enthusiastisch in die Außenpolitik. Er war der uneheliche Sohn eines schottischen Dienstmädchens, der größte politische Redner des Englands seiner Zeit in der Tradition Gladstones, und besaß eine aristokratische Ausstrahlung. Bei der Londoner Reparationskonferenz 1924 manövrierte er Frankreich auf brillante Weise aus und bemühte sich intensiv darum, die Sowjetunion in die europäische Politik einzubeziehen. Er argumentierte mit dem – vernünftigen – Einwand, sie werde sonst in eine Allianz der Unzufriedenen mit Deutschland gedrängt. Diese Position bot den Konservativen die Gelegenheit, Schauergeschichten von einer angeblichen Roten Gefahr unter die Leute zu bringen, und sie benutzten im Wahlkampf 1924 einen gefälschten Brief, der angeblich von Komintern-Präsident Sinowjew an die britische KP gerichtet war. Diese Wahl vom Oktober 1924, die dritte binnen zwei Jahren, wurde notwendig, als die Liberalen gegen MacDonald stimmten, weil die Regierung es ablehnte, einen kommunistischen Agitator zu verfolgen, der einen Appell an die Soldaten veröffentlicht hatte, keine Gewalt anzuwenden.

Labour steigerte sich auf 33 Prozent, aber die Liberalen brachen ein, und die Konservativen errangen mit 48,3 Prozent eine große Mehrheit im Unterhaus. Damit kam Baldwin an die Macht zurück und regierte fast während der ganzen fünfjährigen Amtsperiode.

Er tat jedoch wenig in der Frage der Schutzzölle, die wenige Jahre zuvor so explosiv gewesen war; bereits vor der Wahl hatte er versprochen, dieses Gespenst nicht zu beschwören. Die entscheidende wirtschaftliche Maßnahme war 1925 die Rückkehr zum Goldstandard zum Vorkriegskurs von 4,86 Dollar für das Pfund. Das geschah vor allem auf Drängen der Finanzwelt und der Bank von England. Ihr Direktor, der rätselhafte und an Depressionen leidende Montagu Norman, überzeugte den politisch gewieften, aber ökonomisch unerfahrenen Finanzminister Winston Churchill von der Wichtigkeit, Englands Stärke und Glaubwürdigkeit zu zeigen, indem man den schweren Weg zurück zur Goldkonvertibilität ging, wie es auf jedem Geldschein der Bank von England versprochen wurde. Keynes polemisierte heftig gegen den seiner Ansicht nach falschen, deflationären Wechselkurs. Die Ironie besteht darin, dass Norman auf lange Sicht vielleicht Recht hatte, da eine relativ geringe Überbewertung keinen großen wirtschaftlichen Schaden anrichtet, wenn Arbeitgeber und Arbeitnehmer mitspielen. Preise und Löhne passten sich jedoch nicht ohne weiteres an. 1926 riefen die Gewerkschaften einen Generalstreik gegen die geplante Reorganisation des Kohlebergbaus aus, die eine Verbesserung der Arbeitsbedingungen, aber niedrigere Löhne und längere Arbeitszeiten mit sich gebracht hätte. Die Regierung erklärte den Streik für illegal. Es gab kaum Gewalt. Churchill bekämpfte die Streikenden, war sich aber des politischen Preises bewusst und verzieh Norman nie.

Gegen Ende ihrer Amtszeit wirkte die Baldwin-Regierung selbstzufrieden und ineffektiv. 1929 brachten Neuwahlen die zweite Labour-Regierung, erneut unter Ramsay MacDonald.

Wie die deutschen Wähler stimmten auch die englischen gegen die Amtsinhaber; sie waren von den politischen Konventionen der zwanziger Jahre desillusioniert. Die britische Form der wirtschaftlichen und finanziellen Stabilisierung hatte den Korporatismus zerstört. Auf Seiten der Arbeiter war die Koalition der Gewerkschaften 1920 zerbrochen, und dieser Machtverlust bestätigte sich 1926 durch das Scheitern des Generalstreiks. Den Arbeitgeberverbänden war es nach dem Krieg nicht gelungen, die Verlängerung der befristeten Schutzzölle zu erreichen. Ende der zwanziger Jahre hatte sich in der Politik eine nichtkorporative Dynamik durchgesetzt, in der Labour und Konservative in einem neuen Zweiparteiensystem konkurrierten. Dies schuf zumindest etwas politische Stabilität, aber die turbulenten politischen Erfahrungen der zwanziger Jahre und die Experimente der Umwandlung alter Parteien zur Lösung neuer wirtschaftlicher und sozialer Probleme führten bei britischen Politikern und Denkern zu einer gewissen Skepsis gegenüber der Demokratie in England und anderswo.

Frankreich

Gemessen an der Zahl seiner Regierungen war Frankreich noch instabiler als Deutschland und England. Vom Ende des Krieges bis ins Frühjahr 1933 gab es 27 französische Kabinette gegenüber 14 deutschen und sieben britischen. Wie die Engländer wählten auch die Franzosen direkt nach dem Krieg ein überwiegend konservatives und patriotisches Parlament. Und ebenso wie in England bekam Frankreich eine Mitte-Rechts-Regierung, die auf das Ende des Nachkriegsbooms 1920–21 mit Sparmaßnahmen reagierte, und auch in Frankreich beendete 1920 ein gescheiterter Generalstreik den Kriegskorporatismus der Linken. Die politisch bestimmenden Figuren der französischen Elite verabscheuten einander und intrigierten ebenso wie die englischen. Und am Ende waren auch hier die Wendepunkte der Politik durch außenpolitische Vorgänge bestimmt.

Frankreich führte 1919 ein neues Wahlsystem ein, bei dem sich die Wähler in den Départements zwischen Parteilisten entschieden. Das verschaffte dem nationalen Block (im wesentlichen der Clemenceau-Koalition) einen natürlichen Vorteil. Clemenceaus Absicht, seine politische Karriere mit dem zeremoniellen Amt des Präsidenten der Republik zu beenden, wurde von seinen Anhängern durchkreuzt, da man befürchtete, er könne die Präsidentschaft politisch instrumentalisieren, und so wählten sie stattdessen einen bald darauf in geistige Umnachtung verfallenden Kandidaten. Ihm folgte ein ehemaliger Sozialist, der sich inzwischen zu einem konservativen Nationalisten gewandelt hatte. Die französische Legislative debattierte auch über das Frauenwahlrecht. Es wurde von der Nationalversammlung angenommen, aber im Senat von der Linken mit dem Argument abgelehnt, Frauen würden bei Wahlen vermutlich zu stark von der Kirche beinflusst werden. Die gemäßigte Mitte-Rechts-Regierung von Aristide Briand, die bessere Beziehungen mit dem Vatikan, dem traditionellen Feind der französischen Republik, anstrebte stürzte schließlich. Ihr Führer schien zu nah an Lloyd George herangerückt zu sein und hatte wohl auch britischen Versprechungen – mit denen England auf die Bedrohung durch die Deutschen reagiert hatte – Glauben geschenkt. Als die symbolische Darstellung dieses französischen «Ausverkaufs» erschien den Leuten das gemeinsame Golfspiel Briands mit dem englischen Premierminister in Cannes. Briand trat im Januar 1922 zurück, ohne ein Misstrauensvotum abzuwarten. An seiner

Stelle kehrte der nationalistische Hardliner Raymond Poincaré in die Politik zurück und beschleunigte 1923 mit der Entscheidung, das Ruhrgebiet zu besetzen, den Zusammenbruch der deutschen Wirtschaft und Politik.

Das Scheitern des Generalstreiks von 1920 hatte die Arbeiterbewegung geschwächt. Die Mitgliederzahl der Gewerkschaften ging in diesem Jahr um die Hälfte zurück. Die Spaltung zwischen Sozialisten und Kommunisten, die bis 1936 in der politischen Isolation blieben, obwohl sie viele Stimmen errangen, untergrub vollends die verbliebene Kraft der Linken.

1924 kam schließlich durch ein *cartel des gauches* (Linkskartell) eine Mitte-Links-Regierung unter Edouard Herriot an die Macht. Herriot war ein Radikaler, der von den Sozialisten, nicht aber von den Kommunisten unterstützt wurde. Er und sein Außenminister Aristide Briand, der in dieser Rolle viel mehr Einfluss hatte als im Amt des Premierministers, waren eher zu Kompromissen mit der Weimarer Republik bereit. Ihre Regierung wurde jedoch durch eine Finanzkrise zerrissen, für die sie nicht die eigene Steuerpolitik, sondern dunkle Interessen verantwortlich machte: «200 Familien», die den Aufsichtsrat der Banque de France kontrollierten, trieben Frankreich angeblich in Richtung eines neuen Kriegs. Frankreichs Unternehmer wollten einen Konflikt mit Deutschland, denn er verhieß ihnen mehr Aufträge in der Rüstungsproduktion – so lautete die Verschwörungstheorie der Linken.

Im Juli 1926 kam Poincaré während einer monetären und finanziellen Krise mit breiter Unterstützung von der Mitte bis rechts wieder an die Macht. Er erklärte es zu seiner Aufgabe, «den Franc zu retten», und wandte sich damit vor allem an Rentiers und Kleinbürger, die Angst vor einer Wiederholung der deutschen Hyperinflation hatten. Andererseits waren manche seiner Verbündeten aus der Wirtschaft, die auf ein Ende des Kartells gedrängt hatten, besorgt, der Franc könnte zu stark werden. Schließlich gelang Poincaré eine Stabilisierung, durch die der Franc ein Fünftel seines alten Goldwerts behielt, die der französischen Exportwirtschaft aber relativ günstige Konkurrenzbedingungen sicherte.

Für ein paar Jahre gewann Frankreich eine – freilich zerbrechliche – wirtschaftliche Kraft zurück, sein internationaler Einfluss war in der Zeit politischer und monetärer Instabilität zwischen 1924 und 1926 aber stark zurückgegangen. Das Erbe von Krieg und Inflation spaltete Frankreich wie Deutschland entlang der Klassengrenzen, und die Feinde Frankreichs machten sich diese Konflikte zu Nutze, um Frankreichs internationale Stellung zu schwächen.

Italien

Vor dem Krieg hatte Italien einen rasanten Prozess der Demokratisierung begonnen. Die Ausweitung des Wahlrechts steigerte die Zahl der Wahlberechtigten von drei Millionen im Jahr 1912 auf 8,6 Millionen (unter ihnen schätzungsweise etwa drei Millionen Analphabeten). Der Krieg brachte ein neues Element wirtschaftlicher Modernisierung. Diese Kombination erzeugte tiefe Unsicherheit: War Italien modern? Gehörte zur Modernität eine Bekräftigung der Rolle Italiens als europäischer Großmacht? Wie stabil war die Modernität?

Bei der Friedenskonferenz 1919 nahm Italien eine Außenseiterrolle unter den Großmächten ein, und als klar wurde, dass die Stadt Fiume, die ihm als Lohn für die Unterstützung der Alliierten erschien, vorenthalten blieb, verließ Premierminister Orlando die Konferenz. Diese k. u. k. Hafenstadt sollte nun dem neuen jugoslawischen Staat zugesprochen werden. Die italienische Nachkriegsdemokratie stand also im Schatten einer nationalen Demütigung.

Nach einem gewalttätigen Zusammenstoß in Fiume, der mehrere französische Soldaten das Leben kostete, ordnete die Friedenskonferenz in Paris den Rückzug des größten Teils der italienischen Garnison an. Einige Einheiten meuterten und baten den nationalistischen Dichter Gabriele D'Annunzio um Hilfe. Er gab ihnen sein Wort, in der Stadt zu bleiben, bis der Anschluss Fiumes an Italien vollendet sei. Immer mehr Soldaten und Veteranen schlossen sich D'Annunzios «Diktatur» in Fiume an. Im Vertrag von Rapallo (16. 4. 1922) erzielte die italienische Diplomatie einen großen Erfolg, denn sie erhielt die gesamte istrische Halbinsel (mit einer weitgehend slawischsprachigen Bevölkerung), während Fiume zur Freien Stadt werden sollte. Doch D'Annunzio lehnte auch diese sehr vorteilhafte Lösung ab und erklärte Italien und seiner verabscheuten Führung den Krieg. Die italienische Armee kämpfte Ende 1920 vier Tage lang, um die Stadt zurückzuerobern, damit der Vertrag von Rapallo umgesetzt werden konnte. Im Februar 1922 stürzte jedoch ein faschistischer Putsch die Regierung der Freien Stadt, und italienische Truppen rückten von neuem ein. Schließlich trat Jugoslawien im Januar 1924, als Mussolini bereits an der Macht war, Fiume förmlich an Italien ab.

Der alte Stil wechselnder Koalitionen innerhalb einer liberalen Elite wurde durch den Aufstieg zweier populistischer Parteien bedroht, der katholischen Popolari und der sozialistischen Bewegung. Vor dem Ersten Weltkrieg hatte die Kirche es den Katholiken verboten, sich an der Politik der italienischen Monarchie zu beteiligen oder auch nur zu wählen. Ende

1918, als die alte Ordnung Europas zerbrochen war, gab der Kardinalstaatssekretär Kardinal Gasparri dem Priester Don Luigi Sturzo von der Katholischen Aktion die Erlaubnis, eine neue politische Bewegung zu gründen. Die im Januar 1919 gegründete katholische Volkspartei (*Popolari*) sollte unabhängig von der Kirche sein, nicht konfessionell gebunden und sich auch nicht mit der schwierigen Frage der Beziehung zwischen dem Heiligen Stuhl und dem italienischen Staat befassen. Stattdessen trat sie für soziale und wirtschaftliche Reformen ein, unter anderem eine Boden- und Steuerreform. Wie die Zentrumspartei in Deutschland hatte sie eine recht bunt gemischte soziale Basis aus Bauern, Geschäftsleuten und Arbeitern.

Auf der Linken war die sozialistische Bewegung durch den Krieg und das Beispiel Russlands gestärkt worden. Die italienischen Städte hatten sich während des Krieges radikal verändert. Es gab nun eine große Arbeiterschaft, die in üblen Wohnverhältnissen lebte; die Belegschaft der Fiat-Werke in Turin wuchs von 4000 auf 40 000 Arbeiter. Nach dem Krieg organisierten sich die Arbeiter, um ihre Stellung zu schützen. 1918 hatte der Gewerkschaftsdachverband CGL noch weniger als 250 000 Mitglieder, Ende 1920 waren es über zwei Millionen. In den Fabriken schien es, als könnten Arbeiterkomitees ein Gegenstück zur revolutionären Bewegung in Russland bilden.

In der römischen Campagna und auf Sizilien besetzten Bauern das Land. In anderen Regionen, vor allem dem unteren Tal des Po, organisierten sich landlose Landarbeiter nach dem Beispiel der Fabrikarbeiter, um bessere Löhne und Lebensbedingungen zu erreichen.

Auf einer anderen Ebene bildeten Gruppen von demobilisierten Soldaten paramilitärische Organisationen (*arditi*). Der ehemals sozialistische Journalist und Herausgeber der Parteizeitschrift *Avanti*, Benito Mussolini, hatte Italiens Eintritt in den Krieg befürwortet und damit die Partei gespalten. Er gründete nun eine Partei, die die radikalen Veteranen des Ersten Weltkriegs anziehen sollte, die Fasci Italiani di Combattimento (Faschisten). Einer ihrer Mitbegründer war der futuristische Dichter und Ästhetiker Marinetti, der sich mit dem Thema der Gewalt als sozialer und künstlerischer Kraft beschäftigt hatte.

Nach seinem Misserfolg bei der Pariser Friedenskonferenz war Premierminister Orlando zurückgetreten. Sein Nachfolger Francesco Nitti löste wegen der zunehmenden Gewalt und dem für die Regierung peinlichen Fiume-Abenteuer D'Annunzios das Parlament auf.

Die Wahlen von 1919 wurden auf der Grundlage des Verhältniswahlrechts abgehalten, wobei die Wähler in 54 Wahlbezirken für Parteilisten stimmten. Die Sozialisten erreichten 156, die Popolari 100 von 508 Mandaten. Die alten Parteien des liberalen Italien waren damit knapp in der Minderzahl und untereinander tief zerstritten. Dagegen hatte die radikale Rechte fast keinen Rückhalt bei den Wählern.

Faschismus

Benito Mussolini übernahm den Namen «Faschismus» von den «fasces» (= Rutenbündel), die von den Liktoren, den Hilfsbeamten der römischen Konsuln, als Zeichen der Strafmacht getragen wurden. Die Konsuln regierten im Namen des römischen Volkes, und das Bündel aus einer Axt und zusammengebundenen Zweigen war ein machtvolles Symbol der Verbindung der Einzelnen zu einer Gemeinschaft.

Vor Mussolinis Machtübernahme im Oktober 1922 war der Faschismus nur ungenau definiert und ließ sich je nach politischen Umständen pragmatisch umdeuten. Manchmal interpretierte Mussolini seinen Kollektivismus als sozialistisch, bei anderen Gelegenheiten schien er voll Inbrunst für den Kapitalismus einzutreten. Stets bekämpfte er den Kommunismus, obwohl die Modifizierung des marxistischen Sozialismus, um dem Willen des Einzelnen größeren Raum zu geben, als Parallele zur leninistischen Transformation erscheint.

1932 definierte Mussolini die «Lehre des Faschismus» in einem Artikel für die *Enciclopedia Italiana*. Darin erkärte er: «Der Faschismus ist eine religiöse Idee, in welcher der Mensch in seiner inwendigen Beziehung zu einem höheren Gesetz, zu einem letztgültigen Willen, erschaut wird, der das Einzelwesen als solches überragt und es zum bewussten Glied einer geistigen Gesellschaft erhebt.» Innerhalb einer Nation gab es Klassen und Interessenverbände («Syndikate»), die aber dem Staat untergeordnet waren. Mussolini äußerte sich auch zur Demokratie, die er in der Form der Mehrheitsherrschaft ablehnte. Stattdessen nannte er den Faschismus «die lauterste Demokratie», sofern man Demokratie nicht als den populärsten, sondern den «machtvollsten» Inhalt verstehe, «der sich im Volke dartut als Gewissen und Wille Weniger, ja eines Einzigen.» (Dies bezog sich vermutlich auf ihn selber, den Duce (Führer).)

Mussolinis Doktrin betonte die Macht, und zwar um so mehr in der Außenpolitik: «Zunächst einmal glaubt der Faschismus weder an die Möglichkeit noch an die Nützlichkeit eines ewigen Friedens, was Zukunft und Entwicklung der Menschheit allgemein anlangt, auch abgesehen von Schlussfolgerungen aus der heutigen Politk. ... Der Krieg allein spannt alle menschliche Tatkraft bis zum Letzten und überprägt das Adelssiegel den Völkern, die den Mut finden, ihn auf sich zu nehmen.»[5]

Dies war zusammen mit der verwandten Version des deutschen Nationalsozialismus wohl die radikalste antiliberale Lehre des 20. Jahrhunderts, und sie fand weit über Europa hinaus internationales Interesse. In fast jedem europäischen

Land entstand eine faschistische Bewegung, die oft einfarbige Hemden als billigen Uniformersatz trug. Mussolini ließ seine Anhänger schwarze Hemden tragen. Die chinesischen Blauhemden, ehemals Kadetten der Militärakademie Whampoa, baten den nationalistischen Führer Chiang Kai-shek, einen Anführer auszuwählen; er tat es auf traditionell chinesische Weise, indem er sie alle einen Aufsatz über Bismarcks Einigung Deutschlands schreiben ließ.

Nach der militärischen Niederlage Italiens war der Faschismus, der den Vorrang der Gewalt gepredigt hatte, weitgehend diskreditiert. Der Begriff wurde nun zu einem Element historischer Analyse, wobei konkurrierende Interpretationsschulen den Faschismus entweder als Extremform des Imperialismus (nach Lenin der höchsten Form des Kapitalismus) verstanden, als Protestbewegung des marginalisierten Kleinbürgertums (Trotzkis Interpretation) oder als Form der antimodernen Ablehnung liberaler Werte (so die liberale Mainstream-Interpretation). Der Begriff «Faschismus» diente aber auch dazu, Analogien zwischen Vergangenheit und Gegenwart herzustellen und das Verhalten politischer Gegner als irrational, gewalttätig oder undemokratisch zu brandmarken. Zu verschiedenen Zeiten wurden populistische und nationalistische Staatsführer wie General de Gaulle, konservative Politiker wie Margaret Thatcher, ganze Regierungen (besonders der Vereinigten Staaten), aber auch die Studentenführer von 1968 von ihren politischen Gegnern als Faschisten bezeichnet. Neofaschistische Parteien benutzten den Begriff nur selten, versuchten aber einen Teil der recht verworrenen Ideologie zu retten.

Ministerpräsident Saverino Nitti regierte weiter, während die Inflation in die Höhe schoss, aber die Popolari wandten sich gegen ihn. Giolitti, der große radikale Liberale der Vorkriegszeit, kehrte im Juni 1920 als Premierminister zurück. Fast sofort kam es zu einer scheinbaren Wiederholung der Vorgänge in Russland mit gleichzeitigen Unruhen des Militärs, der Bauern und Landarbeiter und der städtischen Arbeiterschaft. Es gab eine Militärrevolte, als *bersaglieri* (Scharfschützen), die nach Albanien geschickt werden sollten, den Befehl verweigerten. Die sozialistische Landarbeiterorganisation in Bologna rief zum Streik auf und erreichte im Oktober weitgehende Zugeständnisse der Großgrundbesitzer. Im August antworteten Metallarbeiter in Turin auf eine Aussperrung mit Fabrikbesetzungen, die auf Mailand und Genua übergriffen. Bei der Einigung wurde der Lohn erhöht, und die Fabrikräte wurden von den Arbeitgebern anerkannt.

Trotz dieser scheinbaren Erfolge war die Linke bald demoralisiert. Die Enttäuschung war auch ein Resultat der internationalen Lage, die dem Export der Revolution entgegenstand (die Polen hatten im Spätsommer 1920 die Schlacht von Warschau gewonnen). Zudem spiegelte sie auch die Furcht der Sozialisten wieder, man hätte eine Gelegenheit verpasst, der Dynamik des sozialen Protests, der schon so heftig gewesen war wie 1917 in Russland, dieselbe politische Richtung wie unter Lenins Führung zu geben.

Ende 1920 zeigten die Kommunalwahlen eine stärkere Unterstützung für Giolittis Regierung, doch nun stand er vor einer schweren Wirtschaftskrise. Die Gewalt kam nun stärker von rechts als von links. Auf dem Land, in Venezien und der Emilia-Romagna, griffen faschistische *squadre* (Kommandos) sozialistische Gewerkschaften an, und 1921 waren sie stark und mutig genug, den konterrevolutionären Krieg in die großen Industriestädte des Nordens zu tragen. Mussolini, der 1919 noch die Russische Revolution zu bewundern schien, natürlich in italianisierter Form, bemühte sich nun um die Unterstützung der Unternehmer und sprach sich positiv über das Privateigentum aus.

Während der Faschismus auf dem Vormarsch war, spaltete sich die sozialistische Bewegung wegen der Forderung der Komintern nach unbedingtem Gehorsam. Mussolini erkannte rasch den Zusammenhang zwischen der neuen Stärke seiner Bewegung und dem Niedergang des italienischen Kommunismus. Überdies strebte er eine Versöhnung mit Giolitti an, und als der Premierminister Neuwahlen ansetzte, um die Rückkehr zur Ordnung in Italien zu demonstrieren, ging Mussolinis Bewegung als Teil eines regierungstreuen und antisozialistischen nationalen Blocks in den Wahlkampf. Die Wahlen im Mai 1921 veränderten nicht allzuviel; die Sozialisten sanken auf 123 Mandate, aber es saßen jetzt 15 Kommunisten und 35 Faschisten im Parlament.

Giolitti stürzte bald wegen einer außenpolitischen Kontroverse und wurde durch Ivanoe Bonomi abgelöst, der einige Popolari-Minister in die Regierung holte. Bonomi ergriff auch Maßnahmen gegen die Gewalt der Faschisten. Seine Politik glich der Giolittis, nur ohne die Führungsfigur.

Zu diesem Zeitpunkt beschloss Mussolini, den Faschismus zu einer respektablen Bewegung zu machen, und eröffnete seine parlamentarische Laufbahn mit einer Rede, in der er den «Manchester-Kapitalismus» als Alternative zum «kollektivistischen Staat» lobte, den der Krieg hervorgebracht hatte. Dann machte er scheinbar eine weitere Kehrtwende, indem er Verhandlungen über einen Waffenstillstand zwischen Faschisten und Sozialisten guthieß.

Das folgende Jahr brachte Spannungen zwischen Mussolini und seinen sehr radikalen und gewalttätigen Anhängern. Er benutzte diesen Konflikt, um sich der Politik- und Wirtschaftselite Italiens als Einzigen zu präsentieren, der die neue Kultur der Gewalt kontrollieren konnte. Viele Liberale und Popolari glaubten, man könne Mussolini im Gegensatz zu seinen gewalttätigen Anhängern bei politischen Vereinbarungen vertrauen. Unter dem Einfluss von Depression, Deflation und Finanzkrise löste sich die italienische Elite auf. Antiklerikale Liberale zogen sich aus der Regierung Bonomi zurück, und ein neues Kabinett wurde unter Luigi Facta, einem Berater Giolittis, gebildet. Auch die Kirche rückte nach rechts. Nach dem Tod Benedikts XV. wurde 1922 Achille Ratti, der während der Schlacht mit der Roten Armee päpstlicher Nuntius in Warschau gewesen und stark antikommunistisch eingestellt war, zum Papst gewählt. Er bestellte eine Kopie der Schwarzen Madonna von Tschenstochau für die päpstliche Kapelle in Castelgandolfo.

Mussolini verband Kompromisse in der hohen Politik mit Terror und Einschüchterung auf lokaler Ebene. In Cremona attackierten Faschisten unter Führung des antiklerikalen Roberto Farinacci die katholische Landarbeitergewerkschaft ebenso brutal wie zuvor die sozialistischen Gewerkschaften. In Mailand, Genua, Ancona und Livorno wurden im August 1922 sozialistische Stadträte sabotiert.

Anfang Oktober 1922 machte Mussolini deutlich, dass er auch auf nationaler Ebene die Macht ergreifen wolle. Eine neue Koalitionsregierung unter Giolitti wäre vielleicht eine letzte Chance für die Demokratie gewesen, aber damit das funktionieren konnte, wiesen Sozialisten und Popolari darauf hin, dass er logischerweise die Faschisten aus der Regierung heraushalten müsse. Zur selben Zeit teilte Mussolini Abgesandten mit, er werde in eine Regierung Giolitti eintreten. Giolitti zögerte, während Mussolini intensive Gespräche mit italienischen Unternehmern führte.

Facta versuchte, den König und Giolitti nach Rom zu holen, um Mussolinis Herausforderung zu begegnen, und die Militärführung bereitete sich auf eine faschistische Belagerung vor. Am 27. und 28. Oktober übernahmen faschistische *squadre* die Macht in weiten Teilen Nord- und Mittelitaliens und begannen den Marsch auf Rom. Am 28. Oktober weigerte sich König Vittorio Emanuele jedoch, die von Facta vorbereiteten Gesetze zur Ausrufung des Belagerungszustands zu unterzeichnen, und Facta blieb nichts anderes übrig als der Rücktritt. Mussolini bestieg in dem sicheren Wissen, den Auftrag zur Regierungsbildung zu erhalten, einen Nachtzug nach Rom.

Sobald er an der Macht war, baute Mussolini Schritt für Schritt eine Machtbasis auf. Ab Juli 1923 war die Regierung befugt, Dekrete zu erlassen. Dann entwarf der faschistische Verwaltungsfachmann Giacomo Acerbo ein Gesetz zur Änderung des Verhältniswahlrechts. Ganz Italien wurde ein einziger Wahlbezirk, und zwei Drittel der Sitze gingen an die stärkste Partei, wenn sie über ein Viertel der Stimmen gewann. König Vittorio Emanuele weigerte sich, dieses Dekret zu unterzeichnen, und es passierte das Parlament erst nach starker faschistischer Einschüchterung. Es wurde mit

235 Stimmen angenommen, wobei die meisten Sozialisten und Kommunisten dagegen stimmten und die Popolari sich enthielten.

Grundlage des korporativen Staates waren eine monopolistische Arbeitgeberorganisation (Confindustria) und die neu gegründeten faschistischen Gewerkschaften. Im Oktober 1925 schlossen sie im Palazzo Vidoni einen Pakt, in dem sie sich verpflichteten, einander als einzige legitime Vertreter von Kapital und Arbeit anzuerkennen. Auf lokaler Ebene ging die Gewalt weiter; kommunistische und sozialistische Führer wurden festgenommen und misshandelt.

Die Wahlen nach dem neuen Gesetz fanden am 6. April 1924 mit einer einzigen Regierungsliste statt, die von Faschisten dominiert war, aber auch einige Katholiken, Liberale und Konservative enthielt. Der prominente Liberale Salandra, der auch auf der Liste stand, nannte Mussolini «das Banner der liberalen Idee».[6] Nach den Wahlen behielten regierungsunabhängige Popolari, Sozialisten und Kommunisten noch einige Sitze. Der sozialistische Generalsekretär Giacomo Matteotti hielt eine lange Rede in der Eröffnungssitzung des neuen Parlaments, in der er die Einschüchterung und Wahlfälschung der Faschisten anprangerte. Er wurde niedergeschrien und verschwand 12 Tage später. Ein faschistisches Terrorkommando hatte ihn entführt und ermordet. Mussolini versprach eine faire Untersuchung. Nach dem Mord versuchten die Reste der Sozialisten und die Popolari eine Annäherung, aber es war zu spät.

Eine Reihe von Attentatsversuchen lieferte Mussolini den Vorwand, alle Parteien außer den Faschisten zu verbieten. Es gab eine strenge Zensur und ab 1927 eine Geheimpolizei. Mussolini hatte die Demokratie und ihre Institutionen zerstört und mit ihr die politische Freiheit.

Demokratie, Gemeinschaft und Hass

Jede genaue Betrachtung des politischen Lebens der zwanziger Jahre ist entmutigend. Die Parteien des liberalen Zentrums zerfielen in kleine Grüppchen, und zwar in Frankreich, Deutschland und Italien noch extremer als in England. Die Parteien der Mitte besaßen kein klares Profil und hingen von großen oder weniger großen Persönlichkeiten ab, die einander ständig bekämpften. Es gelang der Demokratie nicht, sich in stabilen Parteistrukturen auszudrücken.

Dafür gab es zwei Gründe, einen organisatorischen und einen, der mit der Sprache der Politik zusammenhing. Die Tendenz zur Demokratisierung fiel mit einer verstärkten Interessenorganisation zusammen, die aus der gesellschaftlichen Mobilisierung der Kriegs- und Nachkriegszeit hervorging. In einer durch den Krieg verarmten Welt standen Gruppeninteressen in ständiger Konkurrenz um die Verteilung von Ressourcen und brachten den politischen Diskussionsprozess weitgehend zum Erliegen.

Parallel zur Demokratisierung gab es zweitens ein neues und radikalisiertes Vokabular, das jede Form politischen Handelns veränderte. Während des Krieges hatte man die Feinde nicht nur außen, sondern auch im Inneren gesucht. Ernst Lissauer hatte den Deutschen einen «Hassgesang gegen England» gedichtet. Niederlage und Demütigung machten die Suche nach inneren Feinden nur noch heftiger und leidenschaftlicher. Die Dauer und Unmenschlichkeit des Krieges hatten einige dazu bewogen, den Frieden anzustreben, sie wurden von anderen als pazifistische Verräter beschimpft. Clemenceau gründete seine politische Karriere auf die Anprangerung innerer Feinde und kam nach einer Serie von Spionageskandalen an die Macht, darunter dem um die exotische Tänzerin Mata Hari. Sogar auf Seiten der Kriegsgegner waren die Sozialisten durch die Erinnerung gespalten, wie spät sie sich jeweils gegen den imperialistischen Krieg gewandt hatten.

Die Parteien bekämpften einander nun mit absurden Übertreibungen. Selbst im höflichen England sagte Austen Chamberlain, der sonst für seine Mäßigung bekannt war, im Jahr 1922, Labour sei ein direkter Angriff auf die fundamentalen Prinzipien des britischen Lebens. Das war natürlich verantwortungsloser Unsinn. Als die nationalistischen Abgeordneten im Reichstag Erzbergers Steuerpläne als Verrat bezeichneten und ihn als Unterzeichner des Versailler Vertrags angriffen, benutzten sie die hetzerische Sprache der radikalen Rechten.

Die geschicktesten Praktiker der Politik zwischen den Kriegen behandelten sie als Spiel, bei dem sich Haltung und Schläue auszahlten. Mitten in seinem zynischen Spiel, die Frage der Schutzzölle erst aufzugreifen und dann wieder fallenzulassen, sagte Stanley Baldwin bei einem Diner zu Vertretern seiner Partei: «Ich möchte Ihnen deutlich machen, dass die neuen und jungen Wähler, von denen noch keine Partei etwas weiß, die Neigung haben, eine Partei zu wählen, die ihnen ein attraktives Programm bietet, das sie überzeugend und begeistert vertritt – also eine Partei, die ihnen soweit wie möglich das Denken abnimmt.»[7]

Das Ergebnis der neuen politischen Sprache war eine Suche nach Abgrenzung, die Hand in Hand mit der Gründung neuer und oft unerwarteter Allianzen ging. Ein italienischer Liberaler äußerte 1922: «Demokratie hat keinen anderen Zweck, als den Liberalismus und seinen natürlichen Feind, den Sozialismus, zusammenzubinden.» Ein anderer kam zu dem Schluss, der Faschismus sei «das Prinzip, das uns alle verbindet.»[8]

Die Verteidiger der Demokratie kamen zu dieser Zeit vor allem aus der belagerten politischen Mitte, aber gerade sie suchten gemäß der Logik des Wahlsystems Verbündete in den seltsamsten Winkeln. Damit erschienen sie allerdings immer hilfloser und lächerlicher. Die geistvollen linken Intellektuellen der Weimarer Republik – die großen Publizisten Carl von Ossietzky, der Herausgeber der *Weltbühne,* und Kurt Tucholsky – taten ihr Bestes, um die SPD-Führer als schüchtern und töricht darzustellen. Im Gemüsegarten der deutschen Politik seien sie «wie bescheidene Radieschen: außen rot und innen weiß».[9]

Thomas Mann hatte als Beitrag zur geistigen Aufrüstung während des Krieges die *Betrachtungen eines Unpolitischen* geschrieben, in denen er den westlichen Liberalismus als oberflächliche «Zivilisation» angriff und ihm die tiefere deutsche «Kultur» entgegenstellte. In seiner Rede zum 60. Geburtstag von Gerhart Hauptmann nahm Thomas Mann dieses Diktum zurück und ergriff Partei für die Republik, «für das, was Demokratie genannt wird und was ich Humanität nenne.»[10] Er versuchte auch eine Analyse des europäischen Krieges der Ideologien zu geben.

Der Höhepunkt seines Romans *Der Zauberberg* (1924) als politische Fabel (als die der Autor ihn teilweise angelegt hatte) ist der Konflikt zwischen zwei Gästen des Alpensanatoriums, dem humanen italienischen Liberalen Settembrini und dem düsteren Irrationalisten Naphta. Naphta vertritt die Überzeugung, es sei «ein liebloses Mißverstehen der Jugend, zu glauben, sie finde ihre Lust in der Freiheit. Ihre tiefste Lust ist Gehorsam. … Nicht Befreiung und Entfaltung des Ich sind das Geheimnis und das Gebot der Zeit. Was sie braucht, wonach sie verlangt, was sie sich schaffen wird, das ist – der Terror.»[11] Das innere Motiv dieses Romans ist der Todestrieb der europäischen Kultur. Der Protagonist reist ins Sanatorium, um für wenige Wochen seinen Cousin zu besuchen, bleibt aber sieben Jahre. Mit seiner Rückkehr versinkt Europa – und auch er – im Krieg.

In diesen Jahren verfasste auch Sigmund Freud, dessen zuvor erschienene Analysen die Verfassung der Gesellschaft und damit auch ihrer Politik schon sehr genau wahrgenommen hatten, eine politische Diagnose. In *Das Unbehagen in der Kultur* (1930) stellte er eine Analogie zwischen der Entwicklung der Gesellschaft und der Entfaltung der individuellen Persönlichkeit her. Die Unterdrückung instinktiver Gewalttätigkeit geschieht beim Individuum durch das Gewissen, in der Gesellschaft durch Gesetze. Hierauf kommt es zu einer heftigen Reaktion: «es [muss] außer dem Trieb, die lebende Substanz zu erhalten und zu immer größeren Einheiten zusammenzufassen, einen anderen, ihm gegensätzlichen geben, der diese Einheiten aufzulösen und in den uranfänglichen, anorganischen Zustand zurückzuführen [strebt]. Also außer dem Eros einen Todestrieb».[12] Insbesondere versuchten die Individuen sich durch «kleine Unterschiede» voneinander abzusetzen und diese Unterschiede dann zu einer auf Ausschließung anderer basierenden Verbindung zu benutzen, die von Gewalt geprägt war.

Der Rechtsphilosoph Carl Schmitt analysierte den *Begriff des Politischen* (so der Titel seines Buchs von 1927) und kam zu einem pessimistischen Schluss, der nicht weit von Freud entfernt war: «Der politische Gegensatz ist der intensivste und äußerste Gegensatz und jede konkrete Gegensätzlichkeit ist um so politischer, je mehr sie sich dem äußersten Punkte, der Freund-Feindgruppierung, nähert.»[13] Eine solche Politisierung lief der Wahllogik der Koalitionsbildung zuwider und zerstörte sie.

Das aufschlussreichste und hilfloseste Eingeständnis des Scheiterns der demokratischen Idee kam vom italienischen Sozialistenführer Filippo Turati. Kurz nach seiner Machtergreifung hatte Mussolini im November 1922 vor dem Parlament gesagt: «Ich hätte diese graue und düstere Halle zu einem Quartier für meine Legionen machen können. … Ich hätte das Parlament schließen und eine rein faschistische Regierung bilden können. Ich hätte es tun können, aber wenigstens im Augenblick wollte ich es nicht.» Turati antwortete: «Die Demokratie wird siegen, weil sie siegen muss, weil sie die Geschichte selbst ist. Jawohl, aus diesem einfachen Grund.» Hierauf versetzte Mussolini: «Die Geschichte hat keine festen Schienen wie eine Eisenbahn.»[14] Nur wenige Verfechter der Demokratie waren in den zwanziger Jahren in der Lage, genau zu erklären, durch welchen Prozess der historischen Zwangsläufigkeit die Demokratie den Kampf der europäischen Ideale gewinnen sollte.

Ein britisches Lehrbuch – damals das Standardwerk zur neueren europäischen Geschichte und in gewisser Weise der Vorläufer des vorliegenden Buches – kommentierte 1931 den politischen Verfall. Parlamentarische Korruption sei das Ergebnis «des parlamentarischen Systems mit seinem verantwortungslosen Finanzausschuss, seinem endlosen ‹Gruppen›-Ausgleich und kurzsichtigen politischen Intrigen.» Für einen heutigen Leser wirken die Schlussfolgerungen so zynisch wie falsch. «Die Zerstörung oder Aussetzung des repräsentativen Systems hat in keinem der beiden Länder [Italien und Spanien] die Panik oder den Schrecken hervorgerufen, die man erwartet hätte. Vielmehr scheinen solche Diktatoren von der Demokratie als echtere Repräsentanten angesehen zu werden als die korrupten oder wirkungslosen Vertreter im Parlament.»[15] Es bedurfte der ganzen Härte der Krise der dreißiger Jahre, um zu erweisen, wie brutal und destruktiv die nichtdemokratische Option war.

4 Europa und die Welt der Großen Depression

Im Jahr 1929 setzte sich die Einsicht durch, dass es um die europäische Politik nicht zum Besten stand. Mit dem Wort «Krise» – rasch inflationär im politischen Vokabular – verband sich unverzüglich der Gedanke an Konflikt und Krieg. So gedachte die sowjetische *Izvestija* am 28. Juni 1929 des fünfzehnten Jahrestages der Ermordung des österreichischen Thronfolgers in Sarajewo und nannte die neue Ära eine «Zeit zwischen den Kriegen». Diese Wendung hat sich inzwischen allgemein als Charakterisierung dieser Periode durchgesetzt.[1]

Der New Yorker Börsenkrach am 24. Oktober 1929 gilt heute allgemein als der Beginn der Weltwirtschaftskrise und das Ende der ökonomischen Blütezeit. Und mit dem Tod Gustav Stresemanns – er war am 3. Oktober einem Herzschlag erlegen – schien auch die Hoffnung auf eine Friedensperiode illusionär, hatte der deutsche Außenminister doch die Beziehungen Deutschlands zu den Westmächten wieder auf eine tragfähige Basis gestellt. Ein weiterer Architekt der Nachkriegsordnung, Georges Clemenceau, starb am 24. November.

Die Weltwirtschaftskrise, die Krise der Demokratie und die Krise des internationalen Systems sind alle eng miteinander verknüpft. Die Wirtschaftskrise setzte die Demokratie oft geradezu unerträglichen Belastungen aus. Der Preisverfall bei Agrarprodukten vernichtete die ohnehin prekäre Existenzgrundlage in der Landwirtschaft, Bauern rebellierten gegen den Staat. In den europäischen Industrieregionen entfremdeten sich die Arbeitslosen, und ihre Wut richtete sich nicht selten auch gegen traditionelle Arbeiterorganisationen, die kein Interesse mehr für ihre Nöte zu zeigen schienen. Weltweit machte die zerrüttete Wirtschaftsordnung und vor allem die Austrocknung der Kapitalmärkte ein internationales Wohlverhalten weniger attraktiv. So stand man der internationalen politischen Ordnung zunehmend gleichgültig gegenüber. Anarchie und Gesetzlosigkeit traten in dem Moment hervor, als Japan unter Missachtung des Völkerbundes in die Mandschurei einmarschierte und das Italien Mussolinis im Mittelmeer seine Muskeln spielen ließ.

Der Niedergang der Märkte, die Hilflosigkeit der Politik und die Schwächung des internationalen Systems verursachten die Krise zum Ende der zwanziger Jahre. Man nannte sie häufig die Krise der Moderne und der Massenkultur. In den dreißiger Jahren wurde Spanien die Kampfarena, in der Streitigkeiten über die Geschichte ausgetragen wurden. José Ortega y Gassets *Aufstand der Massen,* ein Kultbuch der frühen dreißiger Jahre und in Spanien zu einem Zeitpunkt veröffentlicht, als dieses Land sich an sein schließlich tragisch gescheitertes Experiment mit der Demokratie wagte, begann mit der Beschreibung des Phänomens der «Masse»: «Die Städte sind überfüllt mit Menschen, die Häuser mit Mietern, die Hotels mit Gästen, die Züge mit Reisenden, die Cafés mit Besuchern; es gibt zu viele Passanten auf der Straße, zu viele Patienten in den Wartezimmern berühmter Ärzte; Theater und Kinos, wenn sie nicht ganz unzeitgemäß sind, wimmeln von Zuschauern, die Badeorte von Sommerfrischlern. Was früher kein Problem war, ist es jetzt unausgesetzt: einen Platz zu finden.» Das Ergebnis war eine Krise der Erwartungen und eine Krise des Staates: «Der staatliche Interventionismus ist die höchste Form, welche Gewalttat und Taktik der starken Hand, wenn sie als Norm erklärt sind, annehmen können. Durch Vermittlung und mit Hilfe des Staates, der anonymen Maschine, handeln die Massen selbständig.»[2]

Gesellschaft und Wirtschaftsdepression

Bereits vor dem dramatischen Einbruch der Börse an der Wall Street im Oktober 1929 gab es eine Fülle von wirtschaftlichen Problemen in der Welt. Die Wirtschaften Australiens und Brasiliens – fast ausschließlich angewiesen auf ihre Exporte von Schafwolle beziehungsweise Kaffee – lagen am Boden. In Deutschland erlebten die Konjunkturindikatoren der Produktion endgültig im Herbst 1927 eine Wende (die Schwäche der Börse zeigte sich sogar noch früher). Die näheren Umstände des Zusammenbruchs in den Vereinigten Staaten sind noch immer nicht restlos aufgeklärt, zumindest für jene, die von der Rationalität der Märkte überzeugt sind. Erfuhren die Aktionäre am 24. Oktober 1929, dem «Schwarzen Donnerstag», etwas, was ihnen bereits am Dienstag oder Mittwoch klar gewesen war? Seit Anfang September hatte es «schlechte Nachrichten» gegeben, und die Anzeichen für einen Crash hatten sich so stark verdichtet, dass schon angesichts der hohen Wahrscheinlichkeit eines weiteren Verfalls der Börsenkurse eine Panik ausbrach. Die einzig plausible Antwort für alle, die nach einer rationalen Erklärung für den Börsenkrach suchen, ist, dass amerikanische Investoren mit der Möglichkeit eines neuen Gesetzes rechneten, das mit den Namen Hawley und Smoot verbunden war. Dieses Zolltarifgesetz hatte Herbert Hoover 1929 während des Präsidentschaftswahlkampfs versprochen: die

Lage der amerikanischen Farmer, die mit dem Verfall der Agrarpreise zu den Hauptverlierern der Prosperität geworden waren, sollte verbessert werden. Im Verlauf der Kongressdebatte versuchte jedoch jeder Volksvertreter, die Vorlage um neue Posten zu erweitern (allein der Senat verlangte 1253 Zusätze). Das Ergebnis, ein Gesetz über Zölle mit 21 000 Positionen, war extrem protektionistisch. Verschlimmert wurde das Ganze jedoch noch dadurch, dass bis zur endgültigen – knappen – Abstimmung über die Vorlage im Juni 1930 eine anhaltende Unsicherheit über die Zukunft der amerikanischen Handelspolitik herrschte.

Doch die Geschichte der Weltwirtschaftskrise mit dem Börsenkrach und dem Smoot-Hawley-Gesetz begann und endete damit nicht. 1930 gab es einige Anzeichen für eine Erholung: Die Aktienkurse in den USA zogen wieder an, und das niedrigere Niveau der amerikanischen Aktienkurse machte Auslandspapiere wieder attraktiver.

Was die Depression zu einer *Großen* Depression machte, statt zu einem vorübergehenden Problem der Aktienbörse oder einer Depression für Warenproduzenten, war eine Kette kausaler Verknüpfungen, die über die Finanzmärkte wirksam wurden. Die verzweifelte Lage der Warenproduzenten und die Belastung durch Reparationszahlungen in Deutschland lösten eine Reihe von Dominoeffekten aus. Insofern war die Depression ein Produkt der ungeordneten Finanzmärkte.

Bei den Ereignissen des Jahres 1931, die für das globale Ausmaß der Depression verantwortlich waren, lösten Finanzprobleme, die sich von einem Land auf das andere übertrugen, schließlich die Krise aus. Leo Tolstojs Roman *Anna Karenina* beginnt mit dem berühmt gewordenen Satz: «Alle glücklichen Familien ähneln einander, jede unglückliche aber ist auf ihre eigene Art unglücklich.» Zu Beginn des Jahres 1931 standen alle Staaten Mitteleuropas vor wirtschaftlichen Problemen, doch von Land zu Land waren diese anders gelagert.

Ungarn war vor allem ein Opfer des weltweiten Verfalls der Agrarpreise, die zwischen 1925 und 1928 zunächst allmählich zurückgingen und dann in den Keller rutschten. Das Land hatte sich durch zwei äußerst kostspielige und letztlich wirkungslose Maßnahmen zur Stabilisierung des Weizenpreises – Anlage eines Puffervorrats und eine direkte Preissubvention – in eine Etatkrise manövriert. Als der Weizenpreis trotzdem weiter verfiel, waren höhere Subventionen unausweichlich. In- und ausländische Kreditgeber – die im November 1930 noch bereit gewesen waren, kurzfristige ungarische Schuldverschreibungen zu einem guten Preis zu kaufen – zweifelten jetzt an der Fähigkeit der Regierung, ihre Schulden auszugleichen, und rechneten mit Zahlungsverzug. Sie zogen ihr Geld von ungarischen Banken ab, und damit gerieten diese in Schwierigkeiten. Die Abhebungen erfolgten über den Devisenhandel; Gläubiger konvertierten Pengö in ausländische Währung. Damit bedrohte die Krise das Festhalten am Goldstandard. Was als Haushaltskrise des Staates begann, wuchs sich zu einer Banken- und Devisenkrise aus.

In Österreich waren Ursache und Wirkung umgekehrt: Die größte Bank, die Creditanstalt, war nicht in der Lage, ihre Bilanz rechtzeitig fertig zu stellen, und ihre Einleger gerieten in Panik. Es lag auf der Hand, dass die Regierung den Konkurs eines so großen Instituts nicht zulassen konnte; die Kosten für die Rettung der Creditanstalt mussten vom Staat übernommen werden. Mit jeder Woche, die verging, stiegen diese Kosten an. Einleger der Creditanstalt, aber auch andere österreichische Banken zogen zudem Geld in Devisen ab, und die Reserven der Nationalbank schmolzen rasch dahin. Die Bankenkrise hatte sich zu einer Budgetkrise ausgewachsen.

Der Goldstandard

Der Goldstandard war das zentrale Kennzeichen der internationalen Währungsordnung vor dem Ersten Weltkrieg. Sein Hauptmerkmal war ein Anpassungsautomatismus, den bereits David Hume im 18. Jahrhundert so beschrieben hat: Weist die Handelsbilanz eines Landes ein Defizit aus und nehmen damit seine Goldvorräte ab – denn das Defizit muss in Gold bezahlt werden –, wird die Folge eine Verringerung seiner Geldmengen sein. Das führt zu einer allgemeinen Preissenkung. Damit werden die Handelsgüter dieses Landes auf den internationalen Märkten billiger als die Produkte anderer Länder. Der Export nimmt zu, die Importe stagnieren, und damit wird das Handelsdefizit automatisch korrigiert.

Doch der Goldstandard unterlag keinem Automatismus. Er wurde bis zu einem gewissen Grad gesteuert, und in den meisten Ländern, die sich auf ihn verpflichtet hatten, gab es Zentralbanken mit der Befugnis, die Geldmärkte innerhalb gewisser Grenzen zu kontrollieren. Sie hatten die Aufgabe, sofort zu reagieren, wenn der Goldabfluss ins Ausland zu groß wurde, indem sie den Wechselkurs erhöhten und damit jene Kapitalströme förderten, die einen optimalen Ertrag sicherten. Die Zentralbanken hielten Goldreserven, für die sie Banknoten ausgeben durften.

Bereits vor dem Ersten Weltkrieg hielten einige Länder ihre Reserven nicht mehr in Gold, sondern in Devisen (zumeist britische Wertpapiere). Als nach dem Krieg der Goldstandard wiederhergestellt wurde, spielte die Haltung von Devisen (in Dollar und Pfund) eine größere Rolle, so dass man das System von da an üblicherweise als «Golddevisenstandard» bezeichnete.

Doch im Vergleich zur Vorkriegszeit war das System der Zwischenkriegszeit wesentlich störanfälliger. Das lag zu einem Teil an der Substitution von Gold durch Devisen: Was würde geschehen, wenn sich zu viele Forderungen an die Briten akkumulierten, da diese die hauptsächliche Reservewährung ausgaben? Zum Teil lag das auch an einer Maßnahme, die dazu dienen sollte, die Goldvorräte nach Möglichkeit nicht anzutasten: Die von der Zentralbank ausgegebenen Banknoten mussten nicht mehr zu 100, sondern zu einem geringeren Prozentsatz (um die 40 Prozent) durch Gold und/oder Devisen gedeckt sein. Nach diesem Beispiel bedeuteten ein Handelsdefizit und ein Goldabfluss eine wesentlich schärfere Kontraktion des Notenumlaufs (im Verhältnis von 100 zu 40 bzw. das Zweieinhalbfache) als in Humes Modell. Doch das System hatte noch eine fundamentalere Schwäche: Da Preise und Löhne – zum einen durch Kartellabsprachen, zum anderen durch die Gewerkschaften – kaum flexibel waren, erreichte man die Anpassung durch Produktionseinschränkungen und Entlassungen statt durch Senkung der Preise. Im Gefolge der Russischen Revolution und des Ersten Weltkriegs war Massenarbeitslosigkeit politisch brisanter geworden und die Märkte mussten damit rechnen, dass sie von einem bestimmten Punkt an politisch nicht mehr hingenommen würde. So würden den Währungshütern gegen spekulative Angriffe auf ihre Währung keine Mittel zur Verfügung stehen. Das erhöhte die Erfolgschancen solcher Angriffe – und sie wurden häufiger versucht. So sahen viele Beobachter im Goldstandard zunehmend eine Einladung zur Spekulation und eine Ursache der politisch gefährlichen Arbeitslosigkeit. Keynes beschrieb das System als «goldene Fesseln», die eine rationale Konjunkturpolitik, sprich einen Keynesianismus, verhinderten.

In Deutschland hatten die wenigsten eine Ahnung, wie faul die Kredite von Instituten wie der Darmstädter Bank in Wirklichkeit waren. Hingegen herrschte eine verbreitete Angst, dass die Debatte über die Reparationen zu einer Währungskrise führen könnte. Abhebungen der Sparguthaben schwächten die Banken und machten die latenten Probleme in ihren Portefeuilles sichtbar, die sonst nicht zutage getreten wären. Die Schwäche im Devisenbereich schlug auf den Kapitalmarkt durch, so dass die Regierung selbst relativ geringe kurzfristige Defizite nicht mehr finanzieren konnte. Früher hatte sie sich auf die Banken verlassen, doch als diese ihre Einlagen verloren hatten, zogen sie sich aus solchen Geschäften zurück. Hier löste eine Krise im Devisenbereich, die sich am Abschmelzen der Reichsbankreserven ablesen ließ, eine Banken- und eine Budgetkrise aus.

Die Abfolge der Krisen war in den mitteleuropäischen Krisenwirtschaften unterschiedlich, doch die Ergebnisse waren einander erstaunlich ähnlich. In jedem einzelnen Fall zerstörten grenzüberschreitende Kapitalbewegungen ein Bankensystem, das bereits durch die Auswirkungen der Kriegs-

und Nachkriegsinflationen geschwächt war. Und jedes Mal führte die Akkumulierung der Probleme zu politischer Handlungsunfähigkeit. Vor einigen Jahren analysierte der deutsche Wirtschaftshistoriker Knut Borchardt den begrenzten Handlungsspielraum des Staates und warnte vor einem rückblickenden Optimismus hinsichtlich einer Lösung der damaligen Probleme.[3] Das verblüffende Merkmal der Weltwirtschaftskrise bestand darin, wie schnell diese Lähmung der Politik auf andere Länder übertragen wurde. Ein ähnlicher Mechanismus wirkte auch in Lateinamerika.

Auf die Probleme der Schuldnerländer folgte eine Krise der Gläubigerländer. In England gab es keine grundlegenden Schwierigkeiten mit den Banken. Doch viele Investitionsbanken litten darunter, dass ihre Kredite in Mitteleuropa eingefroren wurden, und ihre Einleger befürchteten mögliche Insolvenzen. Die Schließungen deutscher Banken im Juli 1931 lösten einen Ansturm auf das Pfund Sterling aus: Gerüchte von einer bevorstehenden Zahlungsunfähigkeit Lateinamerikas gaben schließlich dem britischen Goldstandard den Rest. Die Bank von England weigerte sich, alle ihr zur Verfügung stehenden Instrumente einzusetzen – Erhöhung der Leitzinsen oder der Rückgriff auf ihre Reserven –, um die Goldparität zu erhalten, da man befürchtete, weitere Transfers über die britische Währung würden mindestens einige der schwächeren Londoner Banken in den Ruin treiben. Die Abwertung stabilisierte das britische Finanzwesen, weil sie mit Geschick betrieben wurde. An der Devisenbörse fiel der Kurs des Pfunds. Das weckte die Erwartung, die nächste Bewegung werde wieder aufwärts gehen, so dass Bankkunden davon abgehalten wurden, ihre Depots aufzulösen, um die Verluste zu begrenzen. Die Lösung in England war auf dem Kontinent oder Südamerika nicht möglich, denn in diesen Regionen gab es keine Chance, einen Wechselkurs zu finden, der Hoffnungen auf eine Erholung hätte wecken können.

Die britische Panik im Verein mit den vorangegangenen Krisen der Schuldnerländer wurde durch einen abrupten Umschlag der Erwartungen ausgelöst. Anleger und Investoren sahen die Gefahr, auf einem prekären Engagement sitzen zu bleiben, und suchten ihm zu entkommen, ehe die Tür zugeschlagen wurde. Nachdem dieser Mechanismus in einem Gläubigerland gewirkt hatte, konnte dasselbe auch in anderen Ländern passieren. Die Vereinigten Staaten waren nicht etwa deshalb verwundbar, weil sie ein Zahlungsbilanzproblem gehabt hätten, sondern weil sich zeigte, dass die US-Banken anfällig für Verluste in anderen Ländern waren. Die daraus resultierenden Kapitalbewegungen, die ganz plötzlich nach der Pfundabwertung im September 1931 eingesetzt hatten, verminderten die Möglichkeiten für antizyklische Maßnahmen. Vor dem September 1931 hatte Präsident Hoover ziemlich umfangreiche Interventionen erwogen, um die Wirtschaft durch Staatsausgaben anzukurbeln. Da nach den Erfahrungen in anderen Ländern Staatsdefizite gleichbedeutend mit Vertrauensschwund waren, erschien dem Präsidenten ein ausgeglichener Staatshaushalt unumgänglich. Sein demokratischer Gegenspieler Franklin Delano Roosevelt, der beim Präsidentschaftswahlkampf 1932 die Kritik an Hoovers Budgetdefiziten in den Mittelpunkt seiner Kampagne stellte, bestand ebenfalls darauf. Die Räumung der Konten und mit ihnen der Verlust an Vertrauen hörten erst auf, als Roosevelt am 20. April 1933 die Abkehr der USA vom Goldstandard verkündete und dann am 3. Juli erklärte, er habe nicht die Absicht, den Außenwert des Dollars zu stabilisieren, da alles, was die Amerikaner interessiere, die Kaufkraft ihrer Währung im eigenen Lande sei. Erneut ging der Dollarkurs drastisch zurück und nährte die Überzeugung, er werde sich stabilisieren oder sogar erholen. Die Krise hielt in den Ländern, die am Goldstandard festhielten – Belgien, Frankreich, die Niederlande und die Schweiz –, so lange an, bis auch sie in der Abkehr von der Goldparität den einzigen Weg sahen, den anhaltenden Budgetdefiziten und dem Ansturm auf die Banken ein Ende zu machen.

Die Massenarbeitslosigkeit verbreitete sich in diesen Jahren wie eine Epidemie: 1932, auf dem Höhepunkt der Krise, gab es dreieinhalb Millionen Arbeitslose im Vereinigten Königreich, über sechs Millionen in Deutschland und mehr als zwölf Millionen in den USA. Weltweit wurden 30 Millionen Arbeitslose geschätzt. Die Krise der Produktion und auf den Arbeitsmärkten war besonders ausgeprägt in den klassischen Sektoren der Industriellen Revolution, bei Produktionsgütern wie Eisen und Stahl und im Maschinenbau. So verdoppelte sich in Deutschland die Zahl der Arbeitslosen von 1929 bis 1931 in der gesamten Produktion, während sie im Bergbau um das Sechsfache, in der chemischen Industrie um das Vierfache und im Hüttenwesen um das Dreifache anstieg.

Der Zusammenhang zwischen Geschichte und Fortschritt schien sich in sein Gegenteil verkehrt zu haben. Als 1933 in Deutschland zum ersten Mal seit 1882 eine Zählung der Erwerbstätigen vorgenommen wurde, waren mehr Personen aktiv in der Land- und Forstwirtschaft beschäftigt (9 Millionen) als in der Industrie und im Gewerbe (8,86 Millionen).

Eine hervorragende Studie von Marie Jahoda, Paul Lazarsfeld und Hans Zeisel untersuchte damals die österreichische Textilstadt Marienthal, wo 1929 die größte Textilfabrik am Ort den Betrieb eingestellt hatte. Die Kleinkriminalität nahm zu. Die Stimmung in den meisten Familien (die Studie schätzte 69 Prozent) wurde am besten durch den Begriff «Resignation» gekennzeichnet, «mit dem Verzicht auf eine Zukunft, die nicht einmal mehr in der Phantasie als Plan eine Rolle spielt. Losgelöst von ihrer Arbeit und ohne Kontakt mit der Außenwelt haben die Arbeiter die materiellen und moralischen Möglichkeiten eingebüßt, die Zeit zu verwenden.» Eine britische Untersuchung der Langzeitarbeitslosen kam zu einem ähnlichen Ergebnis: «Es kann nicht oft genug betont werden, dass Arbeitslosigkeit kein aktiver Zustand ist; ihr Grundton ist Langeweile – ein unausgesetztes Gefühl der Langeweile. Diese Langeweile war zwangsläufig begleitet von einer tiefen Hoffnungslosigkeit, die einem Zynismus Vorschub leistete.»[4] Vor allem Männer, an die Rolle als Ernährer der Familie gewöhnt, fühlten sich durch die Arbeitslosigkeit gedemütigt. Einige Fotografien aus jener Zeit zeigen die ordentlich gekleideten Arbeitslosen, zum Teil in Schlips und Kragen, die ihre Wohnungen verließen, um den Eindruck zu erwecken, sie gingen zur Arbeit. Der Anteil der arbeitslosen Frauen, die gewöhnlich einer weniger qualifizierten Arbeit nachgingen, war niedriger als bei den Männern, was den Groll der Männer und ihre Bereitschaft, sich Kampagnen gegen die «Doppelverdiener» anzuschließen, noch verstärkte.

Die Jugendkriminalität und die Gewaltverbrechen nahmen während der Jahre der Depression in den meisten Ländern zu. Es gab Straßenbanden, die zu einem Teil mit politischen Bewegungen verbunden waren: Berlin hatte etwa 600 Banden mit 14 000 Mitgliedern. Hitler schätzte später, dass zwischen 300 000 und 400 000 Mitglieder der SA und SS Arbeitslose waren. Die Selbstmordrate stieg rapide.

Auch die Arbeiterklasse wurde durch die Erfahrung einer anhaltenden Depression gespalten und polarisiert. Trotz Lohnkürzungen ging die Zahl der Streiks drastisch zurück, weil die Arbeiter um ihre Stellen fürchteten. Vor allem dort, wo Gewerkschaften über eine gewisse Verhandlungsmacht verfügten, machten junge und kräftige Arbeiter, die ihren Arbeitsplatz verloren, den Gewerkschaften Vorwürfe, weil diese in erster Linie für den Erhalt der Arbeitsplätze älterer Familienväter kämpften. Die wahlberechtigten Einwohner von Ruhrort-Meiderich, wo die Gewerkschaften einen Plan ablehnten, ein Eisen- und Stahlwerk im Frühjahr 1931 durch tiefe Lohneinschnitte zu erhalten, stimmten 1932 aus Protest gegen die Gewerkschaftsführung zum großen Teil für die NSDAP.

Auch die Landwirtschaft hatte ihre Krise: Außerhalb Nord- und Westeuropas waren die Probleme im Gefolge des Preisverfalls seit Mitte der zwanziger Jahre ebenso unübersehbar wie die Malaise der industriellen Welt. Der klassische Roman aus den USA über die Zeit der Depression ist John Steinbecks *Die Früchte des Zorns;* er erzählt von besitzlosen wandernden Farmarbeitern aus Oklahoma, die in Kalifornien vergeblich neue Existenzmöglichkeiten suchen. Überschuldung, Zahlungsunfähigkeit, Zwangsvollstreckung, Proletarisierung: Von diesen Gefahren waren die kleinen Farmer betroffen, die aus Verzweiflung radikalen politischen Bewegungen in die Arme getrieben wurden.

Fabrikarbeiter und Kleinbauern wurden von den Auswirkungen der Depression und dem Rückgang der Nachfrage ganz unmittelbar getroffen. Ihre Arbeitskraft verlor durch die wirtschaftliche Katastrophe ihren Wert. Dasselbe galt für das Vermögen derjenigen, die Wertpapiere besaßen; die Börsenkurse brachen ein, und viele Auslandskredite konnten nicht mehr getilgt werden. Das grundlegende wirtschaftliche Trauma der zwanziger Jahre basierte auf einer Reihe von Störungen der Geldwirtschaft: Zunächst auf der allgemeinen Inflation zu Beginn des Jahrzehnts, die eine tiefe Angst vor einer möglichen Wiederholung zur Folge hatte; dann bereitete das Vermächtnis der Inflation die politische und wirtschaftliche Bühne für die Deflation Ende der zwanziger und Anfang der dreißiger Jahre. In Mitteleuropa, besonders in Polen, Ungarn, Österreich und Deutschland waren große Teile der bürgerlichen Schichten in den Jahren unmittelbar nach dem Krieg bereits durch Inflationen enteignet worden. Während der Depression, als die Pachtbauern und Arbeiter über hohe Pachten und Mieten klagten, ging auch das Einkommen der Gutsherren und Hauswirte zurück. Wer von den großen Adelsfamilien übrig geblieben war, kürzte die Ausgaben und schränkte sich ein. Kurzum, auch jede Art von Tätigkeit und Unternehmen wurde entwertet, mit Ausnahme des Besitzes von Bargeld. Die Deflation erhöhte den Wert des Vermögens derjenigen, die ausschließlich über Barbestände verfügten, doch wer waren diese Leute? Wenn man fragte, waren es immer die anderen. In Westeuropa wurde das Ressentiment gegen die Besitzer von Geldvermögen gewöhnlich in Klassenkategorien formuliert – als Ressentiment gegen die Bankiers (in England) oder die «zweihundert Familien», von denen man annahm, sie hätten Frankreich unter sich aufgeteilt. In Mitteleuropa gewann ein solches Ressentiment fast immer eine antisemitische Stoßrichtung.

Die Deflation zerrüttete den sozialen Zusammenhalt und damit die Gesellschaft. Etliche phantasievolle Pläne wurden vorgeschlagen, um dem Übel der Deflation beizukommen: Das Geld sollte abgewertet werden, ehe es die Menschen abwertete. In der Kleinstadt Wörgl in Westösterreich führte man ein mäßig erfolgreiches Experiment mit so genanntem «Schwundgeld» durch, Geldnoten, die jeden Monat mit einem neuen Stempelaufdruck versehen werden mussten, um ihren Wert zu behalten. Damit verband sich die Hoffnung, dass die Menschen ihr Geld schneller ausgeben und so den Teufelskreis der Deflation durchbrechen würden. Doch im Allgemeinen fühlte man sich, auch in der Politik, der Deflation hilflos ausgeliefert.

Ursächlich wirkten in der Deflation das internationale Währungssystem jener Zeit (der internationale Goldstandard) und ein inadäquates Management der Zentralbanken zusammen, lag doch die Ursache der Deflation im Zusammenspiel des internationalen Währungssystems jener Zeit (der internationale Goldstandard) und des inadäquaten Managements der Zentralbanken.

Es gibt einige allgemeine Lehren, die man aus der Erfahrung der Weltwirtschaftskrise ziehen kann: Länder mit hohen Auslandsschulden und einem schwachen Bankensystem sind für deflationäre Erschütterungen anfällig. Die Mechanismen einer finanziellen Infektion übertragen die Schwäche der Schuldnerländer auch auf Gläubigerländer mit gesundem Bankwesen. In diesem Fall war der offenkundigste Übertragungsmechanismus die Festlegung auf starre Wechselkurse. Sobald England oder die Vereinigten Staaten – oder Belgien oder die Schweiz – ihre Währungen nicht mehr an den Goldstandard banden und gleichzeitig auf einen ausgeglichenen Etat achteten, entgingen auch die Banken dem drohenden Bankrott, einem der Hauptfaktoren bei der Übertragung der Depression.

Die meisten Zeitgenossen zogen daraus jedoch wesentlich einfachere und stärker ideologisch bestimmte Schlüsse: Erstens, dass die internationale Ordnung versagt habe und zweitens, dass der Marktmechanismus eine Internationalisierung der Depression bewirkt habe und durch eine heilsamere Beschränkung auf eine nationale Ordnung und Planung ersetzt werden müsse.

Das Abgleiten Deutschlands in die Diktatur

Die ökonomische und politische Krise Europas begann in Deutschland. Es war die größte europäische Wirtschaftsmacht, das größte Schuldnerland der Erde und vor allem die besiegte Großmacht des Ersten Weltkriegs. Die Wirtschaftskrise in Deutschland war eng verknüpft mit dem Problem der Reparationszahlungen.

Die Pariser Friedensverträge von 1919 hatten keine feste Reparationssumme festgelegt, die von Deutschland bezahlt werden sollte: Die Kluft zwischen dem, was die Alliierten (und insbesondere Frankreich) erhofften, und dem, was man realistischerweise von Deutschland erwarten konnte, war einfach zu groß. Erst 1921 wurde ein Betrag festgelegt, doch der Zeitplan für die Reparationszahlungen musste nach der deutschen Hyperinflation, einem Zusammenbruch des Staatshaushalts und der Währung Anfang der zwanziger Jahre, revidiert werden. Nach dem Dawesplan von 1924 sollten die Reparationszahlungen sich mit wachsender Erholung der deutschen

Wirtschaft erhöhen. Außerdem gab es jetzt «Prosperitätsklauseln», die spezifische Indikatoren – wie die Zahl der jährlich in Deutschland verkauften Automobile – mit höheren Zahlungen verbanden. Nach 1924 nahm Deutschland umfangreiche Kredite auf. Einige Mitglieder der Reichsregierung und der Präsident der Reichsbank, Hjalmar Schacht, sahen in der Kreditaufnahme einen Weg, um eine erneut revidierte und wesentlich günstigere Reparationsregelung zu erreichen, da das zunehmende Kreditvolumen – hauptsächlich aufgenommen von den USA – gegenüber den politischen Reparationszahlungen, die überwiegend für den französischen und belgischen Wiederaufbau bestimmt waren, einen konkurrierenden Zahlungsanspruch der USA begründete. 1929 konnte Außenminister Gustav Stresemann die Westmächte davon überzeugen, dass Deutschland ein guter Nachbar sei und die Westgrenze mit dem Verlust von Elsass und Lothringen akzeptiere, wie die Pariser Verträge dies bestimmt hatten. Die Belohnung war eine Revision der Reparationen nach unten sowie ein vorzeitiger Abzug der französischen Truppen aus dem Ruhrgebiet. Stresemanns Strategie passte Hjalmar Schacht ganz und gar nicht ins Konzept. Der wünschte sich eine große Finanzkrise, in deren Verlauf die ausländischen Kreditgeber Druck auf die Franzosen ausüben würden, ihre Ansprüche herunterzuschrauben. Schacht tat alles, was in seinen Kräften stand, um die Reparationsverhandlungen zu sabotieren und zu stören, und als seine Bemühungen scheiterten, das neue Abkommen (den Youngplan) zu verhindern, trat er als Reichsbankpräsident zurück.

Die Regierung – eine «große Koalition» unter Hermann Müller von der SPD – wurde auf eine harte Probe gestellt. Sie litt unter den fiskalischen Auswirkungen des wirtschaftlichen Abschwungs, der in Deutschland bereits 1928, noch vor dem New Yorker Börsenkrach, eingesetzt hatte. Der linke Flügel der Koalition, die SPD, wollte die Probleme in den Griff bekommen, indem die Löhne und Gehälter mit einer zusätzlichen Abgabe von 3 Prozent belastet würden, während der rechte Flügel, die wirtschaftsfreundliche, liberale Deutsche Volkspartei, der auch Stresemann angehörte, die Lösung in Kürzungen der Sozialleistungen sah (was auch den Widerstand gegen Lohnkürzungen abgeschwächt hätte). Während der Youngplan debattiert und schließlich ratifiziert wurde, waren sich alle Koalitionspartner darüber im Klaren, welch fatale Folgen das Scheitern der Regierung hätte, und sahen deshalb zähneknirschend über ihre Differenzen hinweg. Nach der Ratifizierung des Youngplans hielt diese Klammer die deutsche Politik nicht mehr zusammen; die SPD verließ die Regierung wegen einer vorgeschlagenen Erhöhung der Beiträge zur Arbeitslosenversicherung.

Der Youngplan wirkte in der deutschen Politik wie ein Katalysator. Während er auf der einen Seite die gemäßigten Parteien in der Regierung zusammenhielt, entfremdete er auf der anderen Seite viele Menschen dem «System», das von den Deutschen unzumutbare und offenbar unmögliche Zugeständnisse verlangte: Nach den Bestimmungen des Abkommens sollten sie (oder ihre Nachkommen) bis 1984 Reparationen bezahlen.

Die NSDAP Adolf Hitlers war eine von zahlreichen extremistischen und rassistischen Parteien, die in den frühen zwanziger Jahren in der durch die Niederlage und die Inflation erzeugten Treibhausatmosphäre Zulauf gefunden hatten. Mit der Stabilisierung der Währung und der Verhaftung der führenden Nationalsozialisten wegen ihrer Beteiligung an Hitlers Putschversuch vom 9. November 1923 schien die Gefahr gebannt. Der damalige britische Botschafter in Berlin, der 1929 seine Erinnerungen an jene unruhigen Zeiten veröffentlichte, fügte seiner Darstellung des radikalen Nationalismus im Nachkriegsdeutschland noch eine biographische Fußnote hinzu:

> «HITLER, Adolf. Sohn eines kleinen österreichischen Beamten, wohnte in der Nähe der Grenze zu Bayern. [...] Im Herbst 1923 führte er mit General von Ludendorff den Aufstand in Bayern an, wurde jedoch bald verhaftet, wegen Hochverrat vor Gericht gestellt und zu fünf Jahren Festungshaft verurteilt. Schließlich wurde er nach sechs Monaten mit einer Bewährungsauflage entlassen und geriet danach in Vergessenheit.»[5]

Als die Koalitionsregierung unter Müller auseinanderbrach, setzte die Rechte eine Lösung durch, auf die sie seit einiger Zeit hingearbeitet hatte: ein Präsidialkabinett ohne die Unterstützung durch eine Reichstagsmehrheit. Der neue Reichskanzler, der katholische Zentrumspolitiker Heinrich Brüning, war der Meinung, er könne seine politische Basis verbreitern, indem er Neuwahlen anberaumte. Das Ergebnis der Reichstagswahlen vom September 1930 war für viele eine große Überraschung und ein schwerer Schlag für Brüning. Die radikalen Parteien gingen aus ihnen gestärkt hervor – die KPD erhielt 13,1, die NSDAP 18,3 Prozent der Stimmen. Mit 107 Sitzen war die NSDAP jetzt hinter den Sozialdemokraten (24,3 Prozent der Stimmen, 143 Mandate) zweitstärkste Partei im Reichstag.

An diesem Punkt entschied sich Brüning für eine Strategie, die vor allem auf der Einsicht gründete, dass die Depression kaum wirksam zu bekämpfen sei. Der Goldstandard, an den Deutschland durch internationale Verträge gebunden war, ließ kaum einen währungspolitischen Spielraum. Der Fiskalpolitik waren in Erinnerung an den Inflationismus der frühen zwanziger Jahren noch in der berechtigten Überzeugung, eine Neuverschuldung der öffentlichen Hand werde eine Vertrauenskrise und einen Abfluss von Auslandskapital nach sich ziehen, die Hände gebunden. Da es keine wirtschaftspolitische Alternative gab, hielt Brüning es politisch für die beste Lösung, die Oppositionsparteien in die Regierung aufzunehmen. So trugen auch sie einen Teil der Verantwortung für eine vom Ausland behinderte und hoffnungslose Politik. Unter dieser Prämisse nahm er im Oktober 1930 Verhandlungen mit Hitler auf. Der witterte die ihm gestellte Falle und lehnte es ab, in eine Regierung einzutreten, die rigorose Sparmaßnahmen zur Bekämpfung der Wirtschaftskrise ins Auge gefasst hatte. So regierte Brüning weiterhin mit einem Minderheitskabinett. Die unpopulären Beschlüsse der Regierung – eine Erhöhung der Steuern und Kürzung der Staatsausgaben – mussten vom Reichspräsidenten nach Artikel 48 der Weimarer Verfassung als Notverordnungen erlassen werden.

Im Frühjahr 1931 gab es erste Anzeichen für eine Erholung der Wirtschaft. Sie verflogen jedoch rasch, als eine massive Finanz- und Bankenkrise ausbrach, die im Mai 1931 mit dem Zusammenbruch der größten österreichischen Bank, der Creditanstalt, einsetzte und sich mit dem Zusammenbruch der Darmstädter und Nationalbank auf Deutschland übertrug. Um die Panik auf den Finanzmärkten einzudämmen, schlug US-Präsident Herbert Hoover ein einjähriges Moratorium der Kriegsschulden- und Reparationszahlungen (20. Juni 1931) vor. Doch die Krise hielt an. Am 13. Juli wurden die deutschen Banken per Notverordnung geschlossen. Deutsche Schuldner wurden genötigt, ihr eigenes Schuldenmoratorium über die umfangreichen Auslandsschulden, die Deutschland in den späten zwanziger Jahren aufgenommen hatte, auszuhandeln (Stillhalteabkommen).

Das Überspringen der Finanzkrise auf England im August und September und die Abkehr Großbritanniens vom Goldstandard (20. September) machten neue Sparmaßnahmen in Deutschland erforderlich. Sie schlugen sich in einer drastisch deflationären Notverordnung vom 8. Dezember 1931 nieder. Für Brüning gab es gleichwohl keinen Grund, mit seinem Minderheitenkabinett, das von den Sozialdemokraten in Preußen stillschweigend unterstützt wurde, nicht bis zu den nächsten Reichstagswahlen weiterzuregieren, denn sie wären nach der Verfassung erst 1934 fällig gewesen. Zu dieser Zeit wäre die Depression höchstwahrscheinlich überstanden gewesen, so dass man zu normalen politischen Verhältnissen hätte zurückkehren können.

Brüning wurde durch eine politische Intrige zu Fall gebracht, die zu einem Teil von dem ehrgeizigen Reichswehrgeneral Kurt von Schleicher und zum Teil von ostpreußischen Großgrundbesitzern unterstützt wurde, die seinen Plan, hoch verschuldete Rittergüter aufzuteilen und dort arbeitslose Arbeiter anzusiedeln, als «Agrarbolschewismus» anprangerten. Dieser gewichtigen politischen Opposition gelang es, zunächst Brünings Innenminister, General Wilhelm Groener, und dann auch Brüning selbst zu Fall zu bringen (Mai 1932).

Auf Brüning folgte Franz von Papen in das Amt des Reichskanzlers, ebenfalls Mitglied der Zentrumspartei (die sich sehr bald von ihm distanzierte, weil er gegen Brüning intrigiert hatte). Von Papen war eher ein Amateurpolitiker, dessen eigentliche Liebe den Pferden galt und dessen hauptsächliche Berührung mit der Weltpolitik auf die Zeit des Ersten Weltkriegs zurückging, als er in den (zunächst neutralen) Vereinigten Staaten – als Militärattaché der deutschen Botschaft – den Auftrag hatte, Sabotageakte zu organisieren. Sicherlich kein Staatsmann von internationalem Format, landete er dennoch einen bedeutenden diplomatischen Coup. Auf der Reparationskonferenz in Lausanne im Juli 1932 trafen alle Großmächte (einschließlich Frankreichs) ein Abkommen, das letztlich auf eine Streichung aller Reparationen hinauslief. Damit war das große Problem, das während der gesamten zwanziger Jahre die internationale Politik in Atem gehalten hatte, mit einem Schlag beseitigt.

Papens Talente auf dem Gebiet der Innenpolitik waren wesentlich geringer als sein Geschick bei den Reparationsverhandlungen. Zur selben Zeit, als er seinen diplomatischen Erfolg feierte, inszenierte er einen regelrechten Staatsstreich. Gestützt auf Artikel 48 der Weimarer Verfassung, ernannte Reichspräsident Hindenburg von Papen zum «Reichskommissar» für Preußen und ermächtigte ihn, die sozialdemokratische Koalitionsregierung zu entlassen. Nach diesem «Preußenschlag» übernahm er nun selbst die Geschäfte des preußischen Ministerpräsidenten.[6] Von Papen verfolgte den parlamentsfeindlichen Kurs der Präsidialregierung. Bereits bei der ersten Vertrauensabstimmung, die ihm wohl eine sichere Niederlage eingebracht hätte, löste er den Reichstag auf. Bei den Wahlen am 31. Juli 1932 erhielt die NSDAP fast 37,4 Prozent der Stimmen. 1930 waren es 18,3 Prozent gewesen. Von Papen drängte Hitler, in die Regierung einzutreten, traf aber auf heftigen Widerstand bei Hindenburg.[7] Nach den Sommerferien löste von Papen erneut den Reichstag in der Hoffnung auf, für seine Politik eine neue Mehrheit zu finden, was jedoch misslang. Er hatte verhindern wollen, dass der Reichstag über einen Misstrauensantrag gegen die Regierung abstimmen konnte – unter der Leitung des neuen Reichstagspräsidenten Hermann Göring, ein ehemaliges Fliegerass aus dem Ersten Weltkrieg, der ein charismatischer Politiker der NSDAP geworden war. Aber auch die neuen Reichstagswahlen im November 1932 brachten der Regierung keine Mehrheit, die NSDAP hingegen hatte nicht unerhebliche Verluste. Infolgedessen waren viele Wähler (auch die Nationalsozialisten selbst) der Überzeugung, der Vormarsch Hitlers und seiner Partei sei gestoppt und die Bewegung werde jetzt an ihren inneren Differenzen zerbrechen. Hitler war eine Beteiligung an der Regierung angeboten worden, er hatte jedoch bereits 1930 in einem Gespräch mit Brüning zum selben Thema erklärt, er werde nur unter Bedingungen in eine Regierung eintreten, die er selbst gestellt habe.

Papen war durch seine Fehlschläge als Reichskanzler weitgehend diskreditiert und wurde von General von Schleicher abgelöst, der eine völlig neue Regierungsform anstrebte, in der die SPD, die katholische Arbeiterbewegung und Teile der NSDAP ein umfassendes Programm zur Bekämpfung der Wirtschaftskrise und von Arbeitsbeschaffungsmaßnahmen unterstützen sollten. Zu dieser Koalition kam es allerdings nie, und Hitler schloss seinen wichtigsten Stellvertreter, Gregor Strasser, der dieses Programm unterstützte, aus seiner Partei aus.

Anfang Januar 1933 hatte Papen in Köln mit Hitler eine Unterredung über eine neue Regierung. Er trug in den folgenden Wochen maßgeblich zum Sturz Schleichers und zur Vorbereitung des Kabinetts Hitler bei, in das er selbst am 30. Januar 1933 als Vizekanzler eintrat. Die Ministerämter der Macht (Reichswehr, Äußeres und Inneres) sollten nicht von Nationalsozialisten, sondern von zuverlässigen Konservativen besetzt werden. So glaubte Papen, er sei am Ende dort erfolgreich gewesen, wo Brüning gescheitert war, Hitler sei in die Verantwortung genommen worden und man könne ihn «zähmen»; Hauptnutznießer sei am Ende die traditionelle Rechte, getragen von einem neuen Populismus. Zu der Zeit prahlte er noch, in zwei Monaten werde man Hitler so in die Ecke gedrückt haben, «dass er quietscht». Papen hätte möglicherweise Recht behalten, hätte es nicht *zwei* Umstände gegeben, die jeder für sich allein nicht ausgereicht hätten, Hitler zum politischen Erfolg zu verhelfen und deren zweiter möglicherweise nicht vorhersehbar war. Erstens waren die Nationalsozialisten extrem skrupellos, und zweitens erholte sich das Land allmählich von der Großen Depression.

Die Nationalsozialisten feierten Hitlers Ernennung zum Reichskanzler am 30. Januar 1933 mit einem gigantischen Fackelzug in Berlin. Tatsächlich lässt sich jedoch nur schwer sagen, was diese Anhänger zu beabsichtigen glaubten oder was sie von der neuen Regierung glaubten erwarten zu können. Hitler hatte sich zu einem Redner von großer Leidenschaft und Überzeugungskraft entwickelt. Er brandmarkte seine Feinde – die politischen Parteien von Weimar, das internationale System mit seinen Reparationsforderungen und den Völkerbund – mit großer Brillanz. Doch sein Programm war ziemlich diffus. Das permanente Thema der NS-Agitation in der ersten Hälfte der zwanziger Jahre, die Schmähung der Juden, des «internationalen Judentums» als den Schuldigen am Unglück Deutschlands, war während der Wahlkämpfe zu Beginn der dreißiger Jahre einstweilen in den Hintergrund gedrängt worden, aber stets virulent geblieben. Das einzige immer wiederkehrende Versprechen lautete, die Bewegung Hitlers werde das zersplitterte Parteiensystem in Deutschland überwinden, das auch eine Ursache des deutschen Elends gewesen sei. Wie konnte das erreicht werden? Hitler hatte keinen detaillierten Plan für eine wirtschaftliche Gesundung, und die wirtschaftspolitischen Vorstellungen der Nationalsozialisten schwankten zwischen inkonsistenten Plänen und Ideen.

Es gab außer der Kleinkrämerei und Zersplitterung der politischen Elite von Weimar noch einen Faktor, der Hitlers Machtbesessenheit begünstigte. Das internationale System, nach dem Ersten Weltkrieg mit dem Ziel errichtet, Deutschland in Schach zu halten, war zu Beginn der dreißiger Jahre zusammengebrochen. Deutschland hatte jetzt einen wesentlich größeren Spielraum, innerhalb dessen es seine neu erweckte nationale Macht zur Geltung bringen konnte. Frankreich und England waren geschwächt, hatten sich aus den europäischen Angelegenheiten weitgehend zurückgezogen, und suchten Trost in ihren überseeischen Kolonialbesitzungen. Der Völkerbund war diskreditiert, nachdem er die Besetzung der Mandschurei durch Japan tatenlos hingenommen hatte.

Um zu erkennen, wie wichtig dieser internationale Umstand für die Errichtung der Regierung Hitler war, braucht man nur ein einfaches Gedankenexperiment anzustellen. Vor 1930 wurde Deutschland durch Vertragsverpflichtungen niedergehalten, und an Rhein und Ruhr standen fremde Besatzungstruppen. Wenn ein radikaler Populist vor der Räumung des Rheinlands die Macht ergriffen hätte, so hätten französische Truppen auf jeden Versuch einer militärischen Selbstbehauptung oder Wiederbewaffnung reagiert und wären mit einem Angriff auf ihre Machtstellung leicht fertig geworden. Selbst nach 1930 blieben die vertraglichen Beschränkungen (insbesondere hinsichtlich der Reparationen) in Kraft. Wäre ein populistischer Diktator zu irgendeinem Zeitpunkt vor der Konferenz von Lausanne im Juli 1932 an die Macht gekommen, dann hätte er sich entscheiden müssen, ob die Reparationen auch weiter bezahlt werden sollten oder nicht. Im ersten Fall hätte er sich in den Augen seiner Anhänger selbst diskreditiert, denn sie waren der Überzeugung, es gehöre zur nationalen Selbstbehauptung Deutschlands, die Fesseln des Versailler Vertrags abzuschütteln. Hätte er jedoch nicht gezahlt, so hätten die französischen Truppen das Recht gehabt, auf Berlin zu marschieren.

Das Ausmaß der folgenden Katastrophe hat dazu geführt, dass die meisten Beobachter – damals und später – sie mit Hitlers dämonischer und teuflischer Macht zu erklären versuchten. Tatsächlich war er ein ganz gewöhnlicher Mensch, und gerade dies war der wichtigste Faktor für seinen Erfolg.

Saul Friedländer hat dazu bemerkt: «Von den vier Männern, die die Geschicke der Welt in der Zeit zwischen der großen Wirtschaftskrise und dem Ende des Zweiten Weltkriegs in Händen hielten, kultivierte allein Hitler das Bild des kleinen Mannes, den kleinsten gemeinsamen Nenner, auf den sich die Weltanschauung der westlichen Mittelklassenmehrheit bringen ließ. Churchill blieb Aristokrat, Roosevelt Patrizier, und ‹Väterchen› Stalin hüllte seine Person zunehmend ins Geheimnisvolle, vermied öffentliche Großveranstaltungen und den direkten Kontakt mit den Massen.»[8] 1940 sagte der prominenteste amerikanische Diplomatiehistoriker seiner Zeit, William Langer, der tief beunruhigt darüber war, dass und warum er das Phänomen Hitler bis 1938 nicht verstanden hatte, seinen Studenten an der Harvard University: «In der ersten Zeit konnte ihn niemand als den sehen, der er war, so wenig wie die Menschen Napoleon zu seiner Zeit in seiner ganzen Persönlichkeit erkennen konnten.»[9]

Hitler verstand es, Menschen in kleinem, privaten Kreis für sich einzunehmen; und er konnte vor einer großen Zuhörermasse mit seiner rauen Stimme emotionsgeladene und drastische Vereinfachungen von sich geben, um die Massen unmittelbar zu treffen. Bei konventionellen Versammlungen blieb er dagegen weitgehend ohne Wirkung. Seine Ausstrahlung beruhte vor allem darin, seinen Zuhörern den Eindruck zu vermitteln, er sei «einer von ihnen». Er war nicht der Mann einer diskreditierten Elite. Ein scharfsichtiger Beobachter, der Staatssekretär Ernst Trendelenburg, äußerte Anfang 1930, Menschenkenner, die sich zutrauten, das innere Wesen öffentlicher Erscheinungen wie selbst Lenin oder Mussolini zu durchschauen, seien nicht in der Lage, in Hitler hineinzusehen. Dessen Gesicht erscheine ihnen völlig leer – wie «das leere Gesicht eines Kellners».[10] Doch auf dieses leere Gesicht konnte das Publikum seine eigenen Sorgen, Hoffnungen, Wünsche und Illusionen projizieren.

Hitler selbst lernte innerhalb kurzer Zeit manche politischen Lektionen aus der Erfahrung seines kometenhaften Aufstiegs in den frühen dreißiger Jahren. Er lernte vor allem, dass die herrschende Elite in Deutschland in höchstem Maße eingeschüchtert und unsicher und gleichzeitig zutiefst von ihrer eigenen Überlegenheit durchdrungen war: eine fatale Mischung, die sie sehr verwundbar machte. Hitler nahm an, dass die herrschenden Eliten der übrigen europäischen Mächte aus Leuten ähnlichen Schlages bestanden. Diese Überzeugung leitete seine außenpolitischen Manöver. Das Tragische war, dass er in seiner Einschätzung weitgehend Recht hatte.

Als erstes gelang ihm die Umwandlung einer Koalitionsregierung in eine Diktatur mit verblüffender Schnelligkeit und Brutalität. Die Gelegenheit bot sich durch den Brand, der am 27. Februar 1933 den Reichstag zerstörte und so exakt in die Pläne der Nationalsozialisten zu passen schien, dass die Brandstiftung sogleich (z.T. noch heute) als deren eigenes Werk angesehen wurde. In Wirklichkeit war das Feuer höchstwahrscheinlich von einem einzigen Mann gelegt worden, einem geistig verwirrten holländischen Arbeiter namens Marinus van der Lubbe. Hitler nahm den Brand zum Vorwand, die Presse der KPD zu verbieten. Die Verhaftung vieler KPD-Funktionäre und der allgemeine Terror der SA schien der NSDAP bei den auf den 5. März angesetzten Reichstagswahlen die Mehrheit der Mandate zu sichern. Dennoch errangen die Nationalsozialisten nur 43 Prozent der abgegebenen Stimmen. Viele KPD-Abgeordnete konnten ihr Mandat nicht wahrnehmen, weil sie verhaftet waren; die Mehrheit hatte die NSDAP nur zusammen mit ihrem Koalitionspartner DNVP, was für das Ermächtigungsgesetz immer noch nicht reichte, und bei der Abstimmung über dieses Gesetz weigerte sich Göring als Reichstagspräsident, die Stimmen der wenigen anwesenden KPD-Abgeordneten mitzuzählen.

Knapp drei Wochen später ließ Hitler den neuen Reichstag über das eben schon erwähnte Ermächtigungsgesetz abstimmen, das ihm die Möglichkeit geben sollte, ohne parlamentarische Kontrolle und ohne Zustimmung des Reichspräsidenten Gesetze zu erlassen. Die liberalen Parteien waren durch die Wirtschaftskrise geschwächt und kapitulierten sofort. Das katholische Zentrum unter der Führung von Prälat Kaas stimmte gegen den Widerstand Brünings ebenfalls dafür. So stimmte am Ende nur die SPD dagegen, deren Sprecher Otto Wels eine mutige Rede zur Verteidigung der Verfassung hielt. Doch die Stimmen der SPD allein reichten nicht aus, um das Gesetz zu verhindern – damit wählte sich der Reichstag am 23. März praktisch selbst ab.

Die politische Lage war noch immer sehr instabil, und vor allem war unklar, ob zwischen Hitler und seiner Partei größere Differenzen bestanden. Zunächst sah es so aus, als wandle Hitler sich zu einem orthodoxen nationalistischen Staatsmann. Als er am «Tag von Potsdam» an der Seite von Reichspräsident Hindenburg erschien, trug er Cut und Zylinder. Nachdem es ihm gelungen war, den lästigen Führer der DNVP, Alfred Hugenberg, als Reichswirtschaftsminister loszuwerden, berief er einen weitgehend konventionellen Mann der Wirtschaft zu dessen Nachfolger: Kurt Schmitt, Generaldirektor der Münchner Allianz-Versicherung. Nachfolger Schmitts wurde im Januar 1935 Hjalmar Schacht. Er blies einen Boykott aller jüdischen Geschäfte, Ärzte und Rechtsanwälte ab, da dieser sich nachteilig auf die deutsche Wirtschaft hätte auswirken können. Besonders spektakulär waren die Ereignisse im Zusammenhang mit dem so genannten «Röhmputsch» am 30. Juni 1934, als Hitler die Führung der SA, die drohte zu einem Staat im Staate zu werden, sowie andere politische Gegner ermorden ließ. Die Führung der Reichswehr, die bislang befürchten musste, dass ihr in der paramilitärischen SA eine Konkurrenz erwachsen werde, war mit dieser Aktion beschwichtigt worden, obwohl in dieser «Nacht der langen Messer» auch General von Schleicher und seine Frau umgebracht worden waren. Einige Monate später, nach dem Tod Hindenburgs, verordnete Hitler, dass alle deutschen Soldaten einen bedingungslosen persönlichen Treueid auf ihn, den Führer, zu leisten hätten. Damit war die deutsche Diktatur konsolidiert, ein völlig neues Regime von Furcht erregender Brutalität war entstanden.

Britisches Krisenmanagement

Wie wurden andere Länder mit der doppelten Krise von Kapitalismus und Demokratie fertig? Im Zentrum des Friedens nach dem Krieg standen England und Frankreich. Diese großen Kolonialreiche erschienen besonders anfällig und erlebten eine gewisse faschistische Herausforderung. In England war es eine Labourregierung unter Premierminister Ramsay MacDonald, die sich der Bedrohung durch die Depression stellen musste. An Weihnachten 1929 notierte MacDonald: «Die Arbeitslosigkeit macht uns zu schaffen. Die schlichte Tatsache ist die, dass unsere Bevölkerung zu groß für unseren Handel ist... Ich sitze still und allein in meinem Zimmer in Downing Street. Die Tasse hat meine Lippen berührt – und sie ist leer.»[11] Philip Snowden, der Schatzkanzler, verfolgte eine streng orthodoxe Wirtschaftspolitik und legte eine Reihe von Sparprogrammen auf.

Nach der deutschen Finanzkrise im Juli 1931 erhöhte sich der Druck auf England, die Goldreserven des Landes schmolzen zusammen, und die Bank von England drängte gemeinsam mit der internationalen Finanzgemeinde auf eine weitere Deflation (was vom Gewerkschaftsflügel der Labour Party als «Erpressung der Bankiers» – «the bankers' ramp» – bezeichnet wurde). Im August 1931 war das Kabinett tief gespalten, und neun Minister erklärten, sie wollten lieber zurücktreten als Kürzungen der Arbeitslosenunterstützung hinzunehmen. Daraufhin bildete MacDonald eine Art große Koalitionsregierung mit konservativen und liberalen, aber auch jenen Ministern des bisherigen Kabinetts, die bereit waren, dem orthodoxen Weg zu folgen. Er war konsterniert, als die Mehrheit von Labour in Opposition ging. Das neue Kabinett wurde als «nationale Regierung» bezeichnet, und MacDonald behauptete, sie werde nur für den «begrenzten Zeitraum» der finanziellen Notsituation amtieren und sich der Aufgabe annehmen, das Budget auszugleichen und den Angriff auf das Pfund abzuwehren. Doch dieser Angriff hielt auch weiterhin an. Als Matrosen der Royal Navy in Invergordon in Schottland auf die Soldkürzungen mit Unmut reagierten, gerieten die Finanzmärkte in Panik, da sie sich daran erinnerten, dass sowohl die russische als auch die deutsche Revolution mit Meutereien der Matrosen begonnen hatten. Die Bank von England riet daraufhin, die Bindung des Pfunds an die Goldwährung zu beenden (20. September), was der alt gediente sozialistische Intellektuelle Sidney Webb (inzwischen Lord Passfield) angeblich mit den Worten kommentierte: «Niemand hat uns gesagt, dass wir das tun können.»

MacDonald löste das Parlament auf und beraumte für den 27. Oktober Neuwahlen an, wobei er für sich und sein Kabinett mit dem Argument einer fiskalischen Seriosität warb (immer wieder wedelte er mit deutschen Banknoten aus der Zeit der Hyperinflation, um zu demonstrieren, was passieren würde, wenn man vom Grundsatz eines ausgeglichenen Budgets abweichen sollte). Es gab einen Erdrutschsieg für die Regierung, der noch durch das britische Mehrheitswahlsystem («*first past the post*») begünstigt wurde. Die Konservativen und ihre Verbündeten errangen 67 Prozent der Stimmen und 521 Sitze im Unterhaus, während die Labour Party mit einem Drittel der Stimmen nur 52 Sitze erhielt. Splitterparteien hatten kaum eine Erfolgschance. Der alte Führer der Liberalen aus der Zeit des Weltkriegs, David Lloyd George, hatte mit dem Rest der Liberalen gebrochen, da er eine aktivere Politik der Regierung gegen die Depression im Auge hatte (auf der Grundlage der Maßnahmen, die von dem Cambridge-Ökonomen John Maynard Keynes empfohlen wurden), und kehrte als Familienpartei ins Unterhaus zurück (sein Sohn, seine Tochter und sein Schwiegersohn wurden ebenfalls als Abgeordnete gewählt). Eine nicht minder charismatische, aber etwas weniger heitere Figur, Oswald Mosley, ein ehemaliger Labour-Abgeordneter, revoltierte gegen Snowdens Sparpolitik und gründete Anfang 1931 eine «New Party», zu der vier weitere Unterhausabgeordnete gehörten (eine davon war seine Frau) und die kein Mandat errang. Mosley, dessen New Party von zahlreichen Intellektuellen, darunter auch Keynes, unterstützt wurde, war so desillusioniert, dass er eine Wende zum Rechtspopulismus vollzog und 1932 die British Union of Fascists gründete. Dabei verlor er die Unterstützung von Keynes.

Die britische Demokratie behauptete sich – aus drei Gründen. MacDonald und vor allem sein Nachfolger als Premierminister, der konservative Schwerindustrielle Stanley Baldwin, waren wesentlich geschickter als ihre deutschen Amtskollegen und im Grunde auch populärer als diese, denn sie vermittelten religiöse Werte und Anstand und erweckten nicht den Eindruck, ausschließlich die eng definierten materiellen Interessen einer Elite zu vertreten.

Anstand allein hätte jedoch nicht genügt. Die neue Regierung hatte bei ihrer Wirtschaftspolitik wesentlich mehr Glück als die meisten Regierungen auf dem Kontinent. Vor allem beseitigte die Suspendierung des Goldstandards (kein Werk der Regierung, sondern der Bank von England) die bisherigen Hemmnisse der Währungspolitik. Billiges Geld bedeutete, dass kein Bankenkollaps mehr (der 1931 nicht nur England, sondern auch andere Länder bedrohte) zu befürchten war. Längerfristig brachte es zudem eine anhaltende wirtschaftliche Erholung in den dreißiger Jahren mit leicht erhältlichen Krediten für den Wohnungsbau und den Kauf langlebiger Konsumgüter wie Rundfunkgeräte, Kühlschränke und Automobile. Baldwin kam vor allem bei den Neureichen in den englischen Vorstädten gut an.

Drittens spielte die politische Struktur eine wichtige Rolle, und das – vom relativen Mehrheitswahlrecht begünstigte – Zweiparteiensystem trug wesentlich dazu bei, dass England der Zusammenbruch der Demokratie erspart blieb. Das System, das in der ersten Hälfte der zwanziger Jahre eine starke Instabilität zur Folge hatte, vereinfachte das demokratische Verfahren und bot den Wählern eine klare Alternative. Es erwies sich als ein Segen, dass die Labour Party in der großen Krise vom August und September 1931 gegen MacDonald rebellierte. Bei den Wahlen der dreißiger Jahre konnten alle, die nicht an den Früchten der wirtschaftlichen Erholung teilhatten – und es gab bis zum Ende des Jahrzehnts noch immer viele Arbeitslose –, für eine Opposition stimmen, die demokratisch war. Sie waren nicht genötigt, das gesamte «System» zu verwerfen und für radikale Parteien wie die von Mosley zu stimmen (wie die deutschen Wähler es aus Protest gegen die Regierung getan hatten).

Die Anfälligkeit der britischen Politik wurde in der Abdankungskrise von 1936 sichtbar. König Georg V. war am 20. Januar gestorben. Sein ältester Sohn, der spätere König Eduard VIII., mochte die «alten Männer» nicht, die in der Regierung saßen, und war der entschiedenen Ansicht, dass Arbeitslosigkeit und Slums ein Fluch des modernen Englands seien. 1920 hatte er an seine Geliebte geschrieben, «je mehr ich über all dies nachdenke, um so mehr wird es für mich zu einer Gewissheit, dass die Tage der Könige und Prinzen der Vergangenheit angehören, Monarchien nicht mehr zeitgemäß sind, auch wenn ich weiß, dass es niederträchtig von mir ist, das zu sagen, und nach Bolschewismus klingt.»[12] Er war auch eine Figur in der großen Gesellschaft, die ein flottes Leben führte, zu dem Cocktailpartys, emanzipierte Frauen und sexuelle Affären gehörten. Bislang Junggeselle, wollte er jetzt Wallis Simpson, eine geschiedene Amerikanerin, heiraten, die sich erst von ihrem zweiten Mann scheiden lassen musste, wenn sie die Frau des Königs werden wollte. Sie war zwei Jahre jünger als Eduard, und wir wissen heute, dass ihre außergewöhnliche Macht über ihn auf seinem Verlangen nach Züchtigungen mit der Peitsche und anderen sadomasochistischen Praktiken beruhte. Baldwin sagte dem König, ihm bleibe nur die Wahl, auf die beabsichtigte Heirat zu verzichten oder abzudanken. Der König versuchte es mit Kompromissvorschlägen, wie einer «morganatischen Ehe» (bei der es eine Hochzeit geben, die Frau jedoch nicht Königin würde und die Kinder kein Anrecht auf den Thron hätten). Baldwin lehnte das ab und ließ auch nicht zu, dass der König im Rundfunk zu seinem Volk sprach, um seine Haltung zu verteidigen. Erst sehr spät gelangte die Angelegenheit zur Kenntnis der Öffentlichkeit und wurde auch öffentlich erörtert, nachdem ein Bischof in einer Predigt etwas dunkel angedeutet hatte, der König brauche «die Gnade Gottes». Einige Leute, unter ihnen Faschisten ebenso wie Kommunisten, demonstrierten für den König und gegen die Minister. Eduard gab nach, dankte am 11. Dezember ab, und sein weniger bezaubernder Bruder wurde König Georg VI. Von der Macht entfernt und nach Frankreich ins Exil geschickt (wo er Mrs. Simpson heiratete), zunehmend verbittert und voller Groll über das britische Establishment, unternahm Eduard eine Reise durch Deutschland und zeigte ganz offen seine Bewunderung für Hitler und den Nationalsozialismus. Im Blick auf dieses Verhalten fällt es schwer, die kontrafaktische Überlegung anzustellen, dass er, wäre er als Sieger aus dem Konflikt mit Baldwin hervorgegangen und König geblieben, aus Rache seine politischen Ansichten in die Tat umgesetzt und die Arbeitslosigkeit durch Arbeitsbeschaffungsmaßnahmen nach faschistischem Vorbild bekämpft hätte. Ein solches Ergebnis wäre durchaus möglich gewesen, und man kann sich der Einsicht schwerlich verschließen, dass England mit Stanley Baldwins Verhalten Glück hatte, der sich so entschieden zum Verteidiger der tradierten Moralvorstellungen gemacht hatte.

Es war ein Glücksfall, dass England von einer Diktatur verschont blieb, doch das hatte auch eine Kehrseite. Die neue Nationale Regierung verfiel auf die Handelsprotektion als Mittel zur Bekämpfung der Wirtschaftskrise. Das hatte viel mit Ideologie zu tun: Snowdens Nachfolger als Schatzkanzler, Neville Chamberlain, war der Sohn des großen und charismatischen viktorianischen Erbfeindes der Freihandelsschule, Joseph Chamberlain. Doch unter den Umständen der Weltwirtschaftskrise wurde die Konservative Partei durch den Protektionismus nicht mehr gespalten. Zunächst griff die Regierung zu Einfuhrabgaben, die 1932 mit einem Importsteuergesetz geregelt und auf der Ottawa-Konferenz in ein System von Empire-Präferenzen integriert wurden. England wandte sich ökonomisch vom übrigen Europa ab und dem Empire zu, in exakt der Weise, die Joseph Chamberlain seit jeher (wenngleich erfolglos) befürwortet hatte. England kaufte praktisch keinen Weizen und andere Agrarprodukte mehr aus Südmitteleuropa, dem infolgedessen nichts anderes übrig blieb, als sich um den deutschen Markt zu bemühen. Der Wechsel zu einer protektionistischen Handelspolitik trug somit zur zunehmenden Schieflage des europäischen Mächtegleichgewichts bei.

Auch ein zweiter Aspekt der britischen Politik zur Stabilisierung und Erholung der Wirtschaft ist erwähnenswert, vor allem wegen seiner Auswirkung auf die europäische Machtpolitik. Der Schlüssel zu Snowdens und Chamberlains Vorstellungen zur Bekämpfung der Depression war ein ausgeglichener Haushalt: Jedes größere Defizit wäre in ihren Augen eine Einladung zu spekulativen Angriffen auf das Pfund gewesen. Wahrscheinlich traf diese Einschätzung der Psychologie der Finanzmärkte in den dreißiger Jahren zu. Doch diese Politik eingeschränkter Ausgaben wurde schon deshalb kontrovers diskutiert, weil sie die Möglichkeit beschnitt, gebührend auf die offenkundige Bedrohung durch die deutsche Wiederaufrüstung zu reagieren und das englische Militärbudget aufzustocken.

So erforderten die politischen Prioritäten im England der dreißiger Jahren eine Entkopplung von den Belangen Kontinentaleuropas. Am Ende machten sich die Angelegenheiten des Kontinents wieder massiv bemerkbar und bedrohten das von England erreichte politische Gleichgewicht.

Französische Krisen

Die Weltwirtschaftskrise traf Frankreich später als die meisten übrigen europäischen Länder, doch dauerte sie hier länger als anderswo. Das lag zu einem großen Teil daran, dass Frankreich besonders lange am Goldstandard festhielt. Die Krise spaltete und demoralisierte das Land und legte den Keim zur militärischen Niederlage 1940.

Frankreich ging mit einer Mitte-Rechts-Regierung in die Depression. Stresemanns Pendant in Frankreich, Aristide Briand, war von 1926 bis zu seinem Tod 1932 Außenminister. In den Depressionswahlen von 1932 waren die Rechte und die Linke etwa gleich stark, doch das französische System von zwei Wahlgängen bedeutete, dass der Ausgang der Wahl von Verhandlungen zwischen den Parteien abhing, in denen sie sich zwischen den beiden Wahlgängen gegenseitig Unterstützung zusicherten. 1932 schloss sich die «radikale» Mitte mit den Sozialisten zu einer Mitte-Links-Koalition unter Edouard Herriot zusammen. Herriot hatte bereits 1924 eine ähnliche Mitte-Links-Regierung geleitet. Er war durch eine Finanzspekulation zu Fall gebracht worden, einen Run auf den Franc, der in seinen und den Augen seiner Anhänger das Ergebnis einer Verschwörung der französischen Finanzeliten war: einer «Mauer aus Geld» (*mur d'argent*), die von den «zweihundert Familien» errichtet worden sei, welche die Banque de France kontrollierten. Infolgedessen glaubte er jetzt, nur eine strenge fiskalische Disziplin könne eine neue Katastrophe für die Linke verhindern. Doch eine solche Disziplin verprellte seine Anhänger, die sich von der Regierung eher eine Patronage versprochen hatten. 1933 brach eine Regierung nach der anderen unter dem Druck der Krise zusammen: Die Regierung, die sich am längsten im Amt behauptete, das Kabinett unter Edouard Daladier, überlebte einfach deshalb, weil sie keinen Budgetentwurf vorlegte. Als ihre Pläne schließlich fest standen und Kürzungen der Beamtengehälter vorsahen, stimmten die Sozialisten gegen die Regierung. Zur gleichen Zeit wurde das Finanzwesen durch Bankenzusammenbrüche erschüttert; und ein einziger Finanzskandal, die Affäre Stawiski, die zahlreiche politische Verwicklungen und Weiterungen hatte, brachte die Republik in Verruf. Am 6. Februar 1934 organisierten in den Nachwehen von Stawiskis Selbstmord (die Umstände seines Todes blieben mysteriös) verschiedene faschistische Bünde (*ligues*) Demonstrationen und planten eine Revolution. Bei Straßenkämpfen wurden siebzehn Menschen getötet.

Einige Radikale begannen, sich nach anderen Koalitionspartnern auf der Rechten umzusehen, und nach weiteren Regierungswechseln bildete Pierre Laval ein Kabinett, das eine deflationäre und unpopuläre Fiskalpolitik mit Hilfe von Verordnungen durchsetzte (sodass das Parlament nicht über das Budget abstimmen konnte). Die Ereignisse wirkten wie eine Parallele zu den Vorgängen in Deutschland: Der jakobinisch-republikanische Führer Edouard Daladier spielte gleichsam die Rolle von Hermann Müller, und die dunkle, schwitzende Bauernfigur Lavals trat als Reinkarnation des asketischen Heinrich Brüning auf, und all das spielte sich vor dem Hintergrund faschistischer Gewalttaten und Drohungen ab. Diese Drohungen reichten aus, und das deutsche Vorbild war Furcht erregend genug, um die Linke dazu zu bringen, sich auf eine Weise zusammenzuschließen, die in Deutschland selbst unmöglich gewesen war. Die Antwort auf den 6. Februar und auf Laval war die Bildung eines «Volksfront»-Bündnisses. Es ging ein gutes Stück über Herriots alte Mitte-Links-Koalition hinaus, denn die Kommunisten wurden an der Regierung beteiligt. Die Radikalen, Sozialisten und Kommunisten feierten den Tag der Erstürmung der Bastille am 14. Juli 1935 als Fest republikanischer Wehrhaftigkeit und Solidarität und begannen, ein gemeinsames politisches Programm zu erarbeiten. Bei den Wahlen von 1936 erlangten sie eine Mehrheit der Mandate: Auch diesmal nicht wegen eines Umschwungs der Wählermeinung, sondern aufgrund der untereinander getroffenen Absprachen zwischen den beiden Wahlgängen.

Der Führer der Sozialisten, Léon Blum, bildete daraufhin die Regierung, gefolgt von einer massiven Welle von Unruhen unter den Arbeitern, die die organisierte politische Linke völlig unvorbereitet traf. Eine Reihe großer Fabriken wurde besetzt, vor allem die Rüstungs- und Flugzeugwerke in der Umgebung von Paris. Es gehörte zur Doktrin der Arbeiterbewegung, dass die schlimmsten und skrupellosesten kapitalistischen Profitmacher die Rüstungsbarone waren, die ihr Geld mit dem Tod verdienten. Blum versuchte, mit den Arbeitern zu verhandeln, und es gab Gesprächsrunden in seinem Amtssitz im Hotel Matignon, die schließlich zur so genannten Matignon-Vereinbarung führten. Die Löhne wurden zwischen 7 und 15 Prozent angehoben, und die Unternehmer akzeptierten das Recht der Gewerkschaften, die Arbeiter bei Tarifverhandlungen zu vertreten, während die Arbeiter ihrerseits auf das Mittel der direkten Aktion (Fabrikbesetzungen) verzichteten. Die Rüstungsindustrie wurde staatlicher Aufsicht unterstellt. Zu Blums Sozialprogramm gehörten eine Begrenzung der Wochenarbeitszeit (die 40-Stunden-Woche war seit langem eine sozialistische Forderung) und bezahlter Urlaub.

Ein spekulativer Druck erzwang am 1. Oktober 1936 entgegen dem ursprünglichen Plan Blums eine Abwertung des Francs; doch im Unterschied zu England war die Krise mit der Abkehr vom Goldstandard nicht beendet. Das Reformprogramm der Volksfront war zudem mit beträchtlichen Kosten verbunden, sodass – wiederum im Gegensatz zu England – der Übergang zu flexiblen Wechselkursen in einer sehr prekären Haushaltslage erfolgte. Infolgedessen hielt die Kapitalflucht an, zumal die Volksfront versuchte, die Steuern anzuheben und scharf gegen die traditionelle französische Praxis der Steuerhinterziehung vorzugehen. Zunehmende Kontrollen, intensiver Polizeieinsatz gegen Steuersünder und Wechselkursspekulanten und die Verstaatlichung der Banque de France konnten kaum etwas zur Stabilisierung der französischen Wirtschaft beitragen. Es gab weiterhin einen Spekulationsdruck auf den Franc, und erneute Abwertungen hatten neue Regierungskrisen zur Folge.

Innenpolitisch polarisierte und radikalisierte die Erfahrung der Volksfront Frankreich noch weiter. Einige abweichende Linke beklagten, Blum und seine kommunistischen Bündnispartner hätten ein wirklich radikales Programm mit Umgestaltungspotential verraten. Der Sozialist Marcel Déat und der Kommunist Jacques Doriot traten aus ihren Parteien aus und gründeten ihre eigenen, rivalisierenden faschistischen Ligen. Die Radikalen, Blums Bündnispartner aus der politischen Mitte und eine Gruppe mit ganz unterschiedlichen politischen und wirtschaftspolitischen Vorstellungen waren ebenfalls tief gespalten. Auf dem Parteitag in Biarritz im Oktober 1936 erhob sich eine Gruppe der Delegierten, sang die Internationale und reckte die geballte Faust zum «Gruß der Kommunisten», während eine andere Gruppe die Marseillaise anstimmte und nach dem Vorbild der Faschisten den rechten Arm zum Gruß erhob.[13]

Die anhaltenden fiskalischen Schwierigkeiten schwächten auch die Möglichkeiten Frankreichs, den Eindruck von Stärke zu erwecken. Nur ein geringer Teil der finanziellen Mittel konnte für die Verteidigung gegen die von der deutschen Aufrüstung ausgehende Drohung verwendet werden. In der Hauptsache wurden damit die massiven Befestigungsanlagen der Maginotlinie finanziert. Als Daladier wieder Ministerpräsident war, stimmte er in München im September 1938 einem katastrophalen Abkommen zu, das Deutschland grünes Licht für eine Teilung der Tschechoslowakei gab und damit seine Macht noch beträchtlich erhöhte. Die Deflation und ihr Erbe untergruben sowohl die innere Stabilität als auch die äußere Sicherheit Frankreichs.

Erfolgreicher Korporatismus

Als Léon Blum die Verhandlungen im Hotel Matignon organisierte und Arbeiter und Unternehmer zusammenbrachte, wollte er die Fabrikbesetzungen beenden, um als Basis für eine wirtschaftliche und politische Erholung Frankreichs einen neuen sozialen Frieden herbeizuführen. Die erfolgreichsten dieser Versuche, einen politischen Korporatismus aufzubauen, wurden in kleineren Staaten in West- und Nordeuropa unternommen. In Schweden kamen die Sozialdemokraten 1932 unter Per Albin Hansson in einer Koalition mit der Bauernpartei an die Macht. Der sozialistische Ökonom Eric Wigforss stellte Arbeitsbeschaffungsmaßnahmen als einen Weg dar, die Agrarpreise zu erhöhen und auf diese Weise die Bauern zu unterstützen. Die Sozialdemokraten planten zudem, die Einfuhr von landwirtschaftlichen Gütern einzuschränken. Nach 1935 dominierten sie die Regierung, und 1938 schlossen die Arbeitgeberorganisation und der allgemeine Gewerkschaftsbund das Saltsjöbaden-Abkommen, das die Möglichkeiten der Unternehmer begrenzte, Arbeiter zu entlassen und damit auch kollektiven Tarifverhandlungen den Weg ebnete.

Die Schweiz hatte in der Vergangenheit immer wieder Auseinandersetzungen zwischen Arbeitern und Unternehmern erlebt, zuletzt einen traumatischen Generalstreik im November 1918, der die politischen Kräfte für die nächsten Jahrzehnte verbitterte und polarisierte. In den dreißiger Jahren machten die Gewerkschaften den Vorschlag einer «Kriseninitiative» nach dem Vorbild des New Deal von Präsident Roosevelt, zu der auch Arbeitsprogramme und konjunkturbelebende fiskalische Maßnahmen gehörten, drang jedoch bei einem 1935 abgehaltenen Volksentscheid nicht damit durch. Nach der Abwertung des Schweizer Frankens 1936, die gleichzeitig mit der Abwertung des Francs erfolgte, ließ der Deflationsdruck nach, und es fiel den Bauern, Arbeitern und Unternehmern leichter, Vereinbarungen zu schließen. Der Hintergrund war die «geistige Landesverteidigung» angesichts eines immer bedrohlicher werdenden deutschen Nachbarn. Die Bündische Bewegung in der deutschen Schweiz, die eine gewisse Ähnlichkeit mit faschistischen Bewegungen anderswo in Europa hatte, fand z.T. eine Anhängerschaft in den bürgerlichen Schichten, blieb jedoch an den Rändern der politischen Hauptströmung.

In den Niederlanden entwickelte sich ein System sozialer «Eckpfeiler» – die sozialistische Bewegung, die Liberalen und die Katholiken –, die das Fundament einer politischen Stabilität sicherten. Die kleineren Länder entwickelten somit ein Potential der Solidarität anstelle der erbitterten sozialen Kämpfe der unmittelbaren Nachkriegsära, doch dieses Potential entfaltete sich erst in den späten dreißiger und den frühen vierziger Jahren angesichts des drohenden Krieges und der deutschen Besatzung.

Irland war aus einem erbitterten Bürgerkrieg entstanden, in dem es nicht wie bei den Konflikten in anderen Ländern nach dem Ersten Weltkrieg um einen Kampf zwischen sozialen Klassen ging. Der britische Government of Ireland Act von 1920 hatte eine Dezentralisierung der Macht vorgesehen, mit je einem eigenen Parlament in den sechs weitgehend protestantischen Countys im Norden und dem überwiegend katholischen Süden. Das beendete den Konflikt jedoch nicht, und im Dezember 1921 erhielt Südirland in einem Vertrag den Status eines Dominions (analog zu Kanada und Australien) als Freistaat Irland. 1922/23 brach ein zweiter Bürgerkrieg aus zwischen einem Teil der irischen nationalistischen Bewegung IRA (Irish Republican Army) – die bereit war, den Vertrag zu akzeptieren, und sich als Armee des Freistaats organisierte – und den Irregulären, welche die IRA-Tradition als Sinn Féin fortsetzten. Es gab einige Ähnlichkeiten mit dem Aufkommen eines rechten Populismus auf dem europäischen Kontinent, als Bauerngewerkschaften sich gegen «Sozialismus, Labour und Bolschewismus» organisierten. 1926 gründete der Führer von Sinn Féin, Eamon de Valera, eine Partei, Fianna fáil, die 1927 44 Abgeordnetensitze im Parlament (Dáil) gegenüber 47 für die Regierung errang. De Valera drängte auf eine vollständige Unabhängigkeit von Großbritannien mit einer rein «äußerlichen Verbindung», ohne einen Treueid auf die Krone. Das wurde nach dem britischen Statut von Westminster von 1931 einfacher. Im selben Jahr wurde de Valera vom Dáil zum Ministerpräsidenten gewählt und übernahm eine umfassende Kontrolle über die irische Politik. 1937 gelang es ihm, für Éire (das an die Stelle des «Freistaats» trat) die volle Unabhängigkeit zu erreichen. De Valera schloss ein Abkommen mit England, das er unter Hinweis auf die sich verschlechternde internationale Lage Europas verteidigte: «Da wir erkennen, dass ein starkes England unsere Verteidigung gegen Angriffe vom Kontinent sein wird, nachdem wir frei und unabhängig sind, werden wir darauf bedacht sein, dass England stark ist und von uns nicht durch die Hintertür angegriffen wird.»[14]

Doch das Irland der dreißiger Jahre wurde schnell selbstzufrieden, klerikal und korporatistisch. Ein desillusionierter Republikaner klagte, dass «Räucherlachs zum Symbol der arrivierten Leute wurde».[15] Die Verfassung von 1937 gab der katholischen Kirche einen besonderen Status, untersagte die Ehescheidung und verbannte die Frauen ins Haus. Es wurden halbstaatliche Unternehmen ins Leben gerufen, um die wichtigsten Wirtschaftsaktivitäten in die Hand zu nehmen, allen voran die Agricultural Credit Corporation. Sie hatte ihre eigene faschistische Bewegung, die «Blauhemden» unter der Führung eines ehemaligen Polizeikommissars, Eoin O'Duffy, der später Freiwillige nach Spanien führte, um für Franco zu kämpfen. Sie waren freilich kaum eine Bedrohung für eine Gesellschaft, die teils durch Rückständigkeit und teils durch die verhasste Erinnerung an die lange Periode britischer Herrschaft zusammengehalten wurde. Die Anwesenheit der Engländer erfüllte eine ähnliche Funktion wie die deutsche Bedrohung, die Holländer, Dänen, Schweden oder Schweizer solidarisiert hatte.

Türkei: Der starke Mann in Europa?

Die Türkei der Zwischenkriegszeit, deren Regierung sich bemühte, das Land möglichst schnell zu modernisieren und zu verwestlichen, übernahm infolgedessen das Modell eines starken Mannes und einer einzigen Partei, wie es im Italien oder in der Sowjetunion jener Zeit vorexerziert wurde. Eine nationale Existenz war ein wesentlicher Teil der modernen Entwicklung in den Augen der neuen Elite; die universelle, nicht-nationale und nicht-türkische Vision des Osmanischen Reiches gehörte der mittelalterlichen Welt an. Im Gefolge der Revolution Mustafa Kemals wurde die Macht durch eine Staatspartei ausgeübt, die Republikanische Volkspartei. Die starke Bindung an eine Säkularisierung entwickelte sich fast zufällig. 1920 hatte die Große Nationalversammlung der Partei ihre Arbeit noch damit begonnen, für den Sultan zu beten, der zugleich der Kalif der Gläubigen war. Doch der Kalif begegnete der Opposition, indem er eine Fatwa erließ und mit diesem Rechtsgutachten ein religiös motiviertes Kopfgeld auf alle Nationalisten aussetzte, deren Tötung eine gottgefällige Tat sei.

1924 schaffte Mustafa Kemal das Kalifat ab. Er verbot die Verwendung der arabischen Schrift und das Tragen des religiösen Fez bei den Männern und des Schleiers bei den Frauen. Doch das war keine irreligiöse Bewegung; es war lediglich eine der türkischen Besonderheiten. Eine der wichtigsten Reformen bestand darin, dass die Gläubigen auf Türkisch und nicht auf Arabisch zum Gebet gerufen werden mussten.

Das Programm der Säkularisierung wurde zum größten Teil als Modernisierung oder als eine Übernahme der westlichen Normalität dargestellt, die vom Osmanischen Reich abgelehnt worden war – in den Augen der nationalistischen Bewegung auf Kosten der Untertanen. Die neue Türkei übernahm weitgehend Vorschriften aus dem Schweizer Zivil-, italienischen Straf- und deutschen Handelsrecht, sie führte 1934 mit einem Gesetz Nachnamen ein (in dessen Zug Mustafa Kemal der Ehrenname «Atatürk» verliehen wurde), und sie gab Frauen das Wahlrecht (ebenfalls 1934). Sie nahm ein Programm in Angriff, das Bildung und Indoktrinierung miteinander verband: Ab 1931 wurden «Volkshäuser» (*Halkevleri*) und auf dem Land «Volksräume» als Kultur- und Propagandazentren eingerichtet. In ihrer Wirtschaftspolitik lehnte die Regierung – was niemanden überraschte – das Prinzip des *laissez-faire* ab und verkündete einen Etatismus (*devletçilik*) als ihr Ziel. Neben dem Republikanismus, Nationalismus, Populismus, Säkularismus und Revolutionismus war der Etatismus einer der sechs «Pfeiler», die als Definition des neuen türkischen Staates in die Verfassung Eingang fanden. In den dreißiger Jahren versuchte die Regierung, ihr Programm durch 1934 und 1939 aufgelegte Fünfjahrespläne nach sowjetrussischem Muster zu verwirklichen, denen jedoch der Planungsapparat der Sowjets fehlte und die deshalb kaum mehr waren als eine modernistische Fassade.

Präsident Atatürk starb im November 1938, doch sein erster Ministerpräsident Ismet Inönü übernahm das Amt des Staatspräsidenten und setzte das Programm einer autoritären Modernisierung fort. Der erste Akt der Nationsbildung war sehr erfolgreich verlaufen, aber er war auch ziemlich einzig in seiner Art. Im Unterschied zum italienischen Faschismus oder zum Kommunismus in der Sowjetunion ließ sich der türkische Nationalismus kaum auf andere Länder übertragen. Das osmanische Erbe, das eine starke Kraft für eine stark etatistisch orientierte Bürokratie geblieben war, konnte für die Balkanländer, die gegen die osmanische Vorherrschaft aufbegehrt hatten, kaum attraktiv sein. Andererseits hatte das zweite große Vielvölkerreich Südosteuropas, das der Habsburger, ein mächtiges Erbe hinterlassen, das in vielen seiner Nachfolgestaaten weiter wirkte. Die ganz und gar unbefriedigende Gegenwart wurde gleichsam von einer idealisierten Vergangenheit verfolgt, gerade in den Ländern, die einst von Kaiser Franz Joseph regiert worden waren.

Unterlassene Solidarität

Kleine Staaten hatten nicht immer Erfolg mit der Einrichtung eines Systems, das – zur Bewältigung innenpolitischer Herausforderungen und der Beschwörung einer nationalen Gemeinschaft zum Schutz nach außen – soziale Solidarität garantierte. Insbesondere in Mittel- und Osteuropa war nahezu überall eine Zersplitterung der Politik – analog zu den Verhältnissen in Deutschland – zu beobachten, die eine demokratische Entwicklung fast unmöglich machte. Zudem gab es mächtige Nachbarländer, die häufig nicht als Bedrohung der eigenen Souveränität wahrgenommen wurden, sondern als potentielle Verbündete in erbitterten innenpolitischen Kämpfen.

Drei Faktoren – demografischer, historischer und geographischer Art – machten diese Spannungen besonders gefährlich: Erstens waren Mittel- und Osteuropa insgesamt eine Region eines äußerst starken Bevölkerungswachstums – anders als in Westeuropa, wo Beobachter einen demografischen Rückgang prognostizierten.

Zweitens gab es das Erbe der Vergangenheit, das alles andere als demokratisch war. Insbesondere das Habsburgerreich hinterließ in dieser Hinsicht einen wirkungsmächtigen Mythos. Von der Revolution 1848 bis zum Ersten Weltkrieg wurden die Habsburger Länder von dem zunehmend patriarchalischen Kaiser Franz Joseph I. regiert. Er stand für ein bestimmtes Ideal – pflichtbewusst, hart arbeitend und über der Politik stehend –, das in den Nachwehen des Krieges und der Niederlage zunehmend attraktiv wurde. Es gab eine Welle nostalgischer Literatur, zu deren herausragenden Hervorbringungen Joseph Roths Romane *Radetzkymarsch* und *Die Kapuzinergruft* gehörten.

Franz Joseph hatte versucht, die monarchische Macht durch eine Ausweitung der Demokratie zu bewahren, auch wenn er überzeugt war, dass sie ins Chaos führen werde. Im österreichischen Teil der Monarchie waren im Reichsrat (dem Parlament) von 1911 fünf Minister- oder Staatspräsidenten von fünf späteren Staaten vertreten: Tomáš Masaryk (Tschechoslowakei), Karl Renner (Österreich), Alcide de Gasperi (Italien), Wincenty Witos (in den zwanziger Jahren mehrfach Premierminister Polens) und Anton Korosec (Ministerpräsident Jugoslawiens).

Drittens wurde die neue Politik auch in Ländern virulent, die durch Friedensverträge nach dem Krieg entstanden waren. Bereits der Aufbau eines Staates erforderte komplizierte Verhandlungen und Kompromisse, häufig zwischen verschiedenen ethnischen Gruppen und in Gesellschaften, die von Klassenkonflikten zerrissen waren. Diese Konflikte konnten unmöglich ganz aufgelöst werden, und sie hinterließen schmerzende Narben.

Die einzige partielle Ausnahme der im Übrigen düsteren Geschichte ist die Tschechoslowakei der Zwischenkriegszeit, wo die Demokratie überlebte, bis sich die beiden großen Westmächte Frankreich und England im September 1938 auf der Münchener Konferenz mit Deutschland und Italien darauf einigten, dass die schützenden und gut verteidigten Grenzgebiete des Sudetenlandes an Deutschland abgetreten wurden, ein Ring, der den tschechischen Staat im Norden, Westen und Süden umgab. Trotz einer beträchtlichen ethnischen Vielfalt – 1921 waren 23,4 Prozent der Bevölkerung deutschsprachig, 5,6 Prozent sprachen Ungarisch – konnte in den Nachwehen des Ersten Weltkriegs eine mehr oder weniger stabile Politik betrieben werden. Die Mehrzahl der deutschsprechenden Bevölkerung stand dem tschechischen Staat loyal gegenüber und wurde (in der Regel durch die Agrarierpartei) in dessen Hilfsmaßnahmen einbezogen. Im Gegensatz zu Österreich, Ungarn, Deutschland oder Polen gab es hier keine traumatische Nachkriegsinflation, die anhaltende tiefe soziale Gegensätze hinterlassen hätte.

Doch die tschechischen Länder (Böhmen und Mähren) waren auch industriell entwickelt und zeigten ein «modernes» Übergangsmuster niedriger Geburtenraten. Im Gegensatz dazu hatte der slowakische Teil des neuen Staates die höchsten Geburtenraten in ganz Europa und versank hoffnungslos in seiner Rückständigkeit, gegen die von tschechischer Seite kaum etwas unternommen wurde. Neben der Sudetendeutschen Partei unter Konrad Henlein waren es die slowakischen Ressentiments, die Hitler das Instrument in die Hand gaben, den tschechischen Staat zu zerschlagen. Bei den Wahlen von 1935 erhielt die Partei Henleins den höchsten Anteil der Stimmen. 1939, nach dem Münchener Abkommen, beschleunigten slowakische Autonomieforderungen die Endkrise und wurden zusammen mit Hitlers intensiven diplomatischen Aktivitäten in Verbindung mit militärischen Drohungen gegen die Tschechen eingesetzt.

Polen als Staat war aus Territorien gebildet worden, die im Zug der Ende des 18. Jahrhunderts vorgenommenen Teilungen drei verschiedenen Imperien zugehört hatten: Österreich, Russland und Preußen. Norman Davies hat darauf hingewiesen, dass zu Beginn der Zweiten Polnischen Republik sechs Währungen in Umlauf waren, «in der Armee gab es vier Kommandosprachen; drei verschiedene Gesetzbücher waren in Geltung; und die Eisenbahn fuhr auf zwei verschiedenen Spurweiten.»[16] Die Bevölkerung war ethnisch, sprachlich und religiös gespalten. In den frühen zwanziger Jahren waren 15 Prozent der Bevölkerung Polens Ukrainer, 4,7 Prozent Weißrussen und 2,2 Prozent Deutsche. Fast drei Millionen oder 8,5 Prozent der polnischen Bevölkerung waren Juden.

1926 inszenierte General Józef Piłsudski einen Staatsstreich und kontrollierte praktisch die anschließenden Regierungen, die weitgehend das Parlament (den Sejm) ignorieren konnten. Seinem politischen Programm gab er die Bezeichnung *sanacja*, «gesellschaftliche Gesundung». Nicht Demokratie, sondern ein starker Staat war für Piłsudski das höchste Gut. Im Juni 1930 fand in Krakau ein Kongress für die Verteidigung der Rechte und die Freiheit des Volkes statt, auf dem die Abschaffung der «Diktatur» und die Rückkehr zu einer Regierung, hinter der der Sejm stehe, gefordert wurden. Zahlreiche Oppositionsparteien blieben in der Politik aktiv, obwohl ihre Führer verfolgt und die Wahlen manipuliert wurden. Mit der Depression gärte es in der Bauernschaft Polens – wie anderswo auch – noch stärker als bisher, und es entstand eine neue Bewegung für eine Bodenreform. Sowohl die Bauernführer Wincenty Witos und Maciej Rataj als auch der Sozialistenführer Ignacy Daszyński stammten aus ehemaligen Habsburger Territorien. Die Regierung griff zu antisemitischen Maßnahmen.

Piłsudski starb 1935, und seine Nachfolger fanden für die drängenden außenpolitischen Probleme des Landes keine Lösung. Vor allem Außenminister Józef Beck war überzeugt, er könne die wachsende Macht der Nationalsozialisten und die scheinbar unversöhnliche Gegnerschaft der beiden großen Nachbarn Polens, Deutschland und die Sowjetunion, zu Gunsten kleiner Gewinne für Polen ausnutzen. Diese Politik feierte einen fragwürdigen Triumph, als Polen während der Sudetenkrise einen Teil des Sudetenlands (Teschen) mit einem starken polnischen Bevölkerungsanteil annektierte. Ihre Stunde hatte geschlagen, als Hitler und Stalin am 23. August 1939 einen Nichtangriffspakt schlossen, der in einem geheimen Zusatzprotokoll die Zerschlagung des polnischen Staates vorsah.

Einige Aspekte der polnischen Politik waren durchaus innovativ: Es gab nach 1936 systematische Versuche einer Wirtschaftsplanung unter Eugeniusz Kwiatkowski, die das Fundament für die spätere Nachkriegsordnung legte. Einige polnische Industrien wurden recht effektiv modernisiert: Es gab zum Beispiel eine nicht unbedeutende und hoch entwickelte Flugzeugindustrie, auch wenn ihre leistungsfähigsten Produkte ausschließlich für das Ausland bestimmt waren (unter anderem für die deutsche Luftwaffe).

Obwohl die polnische faschistische Bewegung klein und unbedeutend war (am ehesten Ähnlichkeit mit einer faschistischen Partei hatte eine Gruppe von Schlägern, organisiert von Bolesław Piasecki, die Falange), nahm der Antisemitismus als soziale Bewegung in den dreißiger Jahren an Heftigkeit zu, und Polen wurde zunehmend intolerant.

Die Sehnsucht nach dem starken Mann war auch in Ungarn sehr tief, einem Land, das durch die Friedensverträge von 1919 nicht zusammengesetzt, sondern durch den Vertrag von Trianon zerstückelt worden war. Außerdem wurde Ungarn 1919 von einem erbitterten Bürgerkrieg zwischen sozialen Klassen verwüstet, in dem rechte Bauern gegen ein radikales Industrieproletariat kämpften, das versuchte, die Revolution Lenins nachzuahmen. Der neue Autokrat, Admiral Miklós Horthy, regierte als Reichsverweser (für die Habsburger Dynastie, die vom Thron ausgeschlossen war) und hielt sich für die Inkarnation der Tugenden Franz Josephs I. Das prekäre Gleichgewicht zwischen Stadt und Land wurde zunächst durch die Inflation gewahrt, die das ländliche Ungarn von seiner Schuldenlast befreite und Arbeitsplätze für die ungarischen Arbeiter schuf, und als aus der Inflation eine Hyperinflation geworden war, durch Kreditaufnahme auf ausländischen Kapitalmärkten. Die Chance auf einen wirtschaftlichen Aufschwung wurde durch den Verfall der Weizenpreise zunichte gemacht. Um die Bauern zu retten, griff die Regierung zu teuren Preissubventionen, womit sie einen Staatsbankrott herbeiführte und bei den ausländischen Geldgebern im Krisenjahr 1931 eine Panik auslöste. Der gemäßigte Ministerpräsident Bethlen trat im Zuge der Krise zurück und wurde zunächst durch Graf Julius Károlyi ersetzt, ehe nach dessen Rücktritt durch Gyula Vitéz Gömbös am 30. September 1932 eine neue Regierung gebildet wurde. Gömbös, eine starke politische Persönlichkeit, fand einen neuen Weg, Bauern und Arbeiter zusammenzubringen. Ein 95 Punkte umfassender Plan zu einer «nationalen Einheit» führte nach italienischem Vorbild Korporationen zur Überwindung des Klassengegensatzes ein (s. u. zum Modell Mussolinis). Das Ziel des Plans bestand darin, das «schädliche Wachstum des Kapitalismus» einzuschränken. Zu ihm gehörten strenge Sanktionen gegen Kapitalflucht, die zunehmend einseitig gegen die jüdische Bevölkerung Ungarns verhängt wurden, die in der Vorstellung der Bevölkerung eng mit dem Kapitalismus verbunden war. Als eine offen faschistische und antisemitische Partei, die Pfeilkreuzler unter Ferenc Szalási, eine Kampagne politischer Gewalt begann, versuchten die Juden zunehmend, ihre Vermögenswerte außer Landes zu bringen. Noch vor dem Erlass eindeutig antisemitischer Gesetze 1936 wurden in Budapest Gerichtsverfahren wegen Währungsvergehen in der Hauptsache gegen Juden eröffnet, und die Berichterstattung darüber schürte zweifellos noch die judenfeindlichen Ressentiments.

Gömbös orientierte sich in seiner Doktrin weitgehend am italienischen Modell und bemühte sich zudem, engere politische Beziehungen zu Italien zu knüpfen, in dem er ein nützliches Bollwerk gegen die zunehmende deutsche Macht sah. Doch ein solches Kalkül über ein politisches Gleichgewicht der Mächte wurde sinnlos, als Hitler und Mussolini sich annäherten. Gömbös und sein Nachfolger als Ministerpräsident, Kálmán Darányi, verboten die Pfeilkreuzler und bemühten sich gleichzeitig um eine Versöhnung mit Hitler. Die Regierung verfolgte das Ziel, unabhängige soziale Bewegungen unter Kontrolle zu halten und ein eigenes antisemitisches Programm zu verwirklichen, zum Teil als Abwehr gegen einen radikaleren deutschen Einfluss. Ein 1938 eingeführter Numerus clausus beschränkte die Zahl der Juden in den akademischen Berufen. Als Darányi zurücktreten musste, weil er angeblich zu prodeutsch war, hielt sein Nachfolger Béla von Imrédy an dem eingeschlagenen Kurs fest: Annäherung an Deutschland, begleitet von einem zunehmenden «einheimischen» Antisemitismus. Daneben führte er in Ansätzen eine Bodenreform durch. Er musste allerdings zurücktreten, als bekannt wurde, dass er einen jüdischen Großvater hatte.

Jugoslawien (oder vielmehr sein wesentlicher Bestandteil, Serbien) war das erste und größte Opfer des Ersten Weltkriegs, dem schätzungsweise ein Drittel seiner Bevölkerung zum Opfer fiel. Für seine Verluste wurde es bei der Friedenskonferenz mit der Schaffung eines Königreichs der Serben, Kroaten und Slowenen als ein faktisches Großserbien entschädigt; 1929 wurde der Staat in Jugoslawien (Südslawien) umbenannt. Der bedeutendste Führer der Kroaten in den zwanziger Jahren, Stjepan Radić, hatte sich 1919 der Idee einer Union mit Serbien widersetzt, und den Kroaten stand ein langer und erbitterter Kampf gegen die serbische Zentralisation bevor. Für kurze Zeit bekleidete er ein Ministeramt, trat zurück und wurde schließlich durch die Schüsse eines Attentäters so schwer verletzt, dass er wenige Wochen später starb. In dem folgenden Chaos suspendierte König Aleksandr die Verfassung und führte ein persönliches Regiment, unterstützt von der Armee – und von Frankreich, in dem Aleksandr den einzigen unerschütterlichen Garanten der serbischen Position sah. Er wurde, ebenso wie der französische Außenminister Paul Barthou, 1934 in Marseille von kroatischen Attentätern erschossen. Der neue König, Peter II., war noch nicht volljährig; ein Verwandter (Prinz Paul) regierte für ihn als Regent und versuchte, sich mit Hitler zu verständigen. Er wollte auf diese Weise die kroatischen Forderungen entschärfen (die sowohl durch jeden revisionistischen Erfolg angestachelt wurden, die Friedensverträge zu revidieren, als auch durch die deutschen Annexionen Österreichs, des Sudetenlands und der tschechischen Territorien).

Was Griechenland betraf, so wurde der Export seiner Tabakprodukte von der Weltwirtschaftskrise sehr hart getroffen. Der Groll innerhalb der griechischen Bevölkerung gegen die Republik nahm ständig zu. 1935 brachte eine Militärrevolte die Monarchie zurück und setzte Georg II. wieder als König ein, der schnell einen Politiker der Rechten fand, General Ioannis Metaxas, der als sein starker Mann auftrat. Metaxas nahm sich der Wirtschaft an und verstärkte die Handelsbeziehungen mit Deutschland.

Rumänien war ein Nutznießer der Friedensverträge, in denen ihm ein beträchtliches Territorium Siebenbürgens als Erweiterung des historischen Kerns der Moldau und der Walachei zugesprochen wurde. Das bedeutete den Einschluss großer nicht rumänischsprechender Bevölkerungsteile, überwiegend Deutsche und Ungarn, gegen die sich leicht eine rumänische nationalistische Stimmung mobilisieren ließ. In einem Staatsstreich während der Depression (1930) setzte der Ministerpräsident und Führer der Bauernpartei, Iuliu Maniu, den König ab und übernahm selbst die Regierungsgeschäfte. Da Michael noch nicht volljährig war, regierte an seiner statt ein Regentschaftsrat. König Michael verdankte den Thron dem Liebesleben seines Vaters: Dieser war mit einer griechischen Prinzessin verheiratet, hatte es jedoch vorgezogen, mit seiner Geliebten, Magda «Duduia» Lupescu zusammenzuleben und auf den Thron zu verzichten. 1930 kehrte er als König Karl II. zurück, setzte sich über sein Versprechen hinweg, sich von seiner Geliebten zu trennen, und enthob den Ministerpräsidenten seines Amtes, der ihn überhaupt erst auf den Thron zurückgeholt hatte, und führte eine absolutistische Herrschaft mit einigen faschistischen Anklängen ein. Er subventionierte die militante, faschistisch orientierte antisemitische Eiserne Garde (hervorgegangen aus der Legion «Erzengel Michael» unter Corneliu Zelea Codreanu). Codreanu bediente sich noch stärker als sein italienisches Vorbild einer christlichen Symbolik. 1938 erließ das Parlament Gesetze nach dem Muster der deutschen Rassengesetze, mit denen die Juden von den freien und akademischen Berufen und von der rumänischen Staatsbürgerschaft ausgeschlossen wurden. Danach änderte König Karl seine Meinung über die Eiserne Garde, führte eine parlamentarische Verfassung ein und erklärte, er werde Rumänien vor dem Faschismus und der internationalen Ächtung retten. Gleichzeitig verstärkte er die eigene Machtposition und verbot die Eiserne Garde. Codreanu wurde erschossen.

Bulgarien, im Ersten Weltkrieg ein Verbündeter Deutschlands (und infolgedessen ein Verlierer bei den Friedensverhandlungen), erlebte in den zwanziger Jahren selbst nach den Maßstäben Südosteuropas eine außergewöhnliche Welle politischer Gewalt. Während dieses Jahrzehnts wurde die Amtszeit eines Ministerpräsidenten nicht durch seine Entlassung oder seinen Rücktritt vorzeitig beendet, sondern durch ein Attentat. Der charismatischste bulgarische Politiker der Zwischenkriegszeit, der Führer der Bauernpartei Aleksandar Stambuliski, wurde 1923 getötet. Er war der einzige osteuropäische Führer, der mit Unterstützung der Bauern eine demokratische Regierungspartei aufbaute. 1925 explodierte in der Sophienkathedrale eine Bombe und tötete über 123 Menschen, darunter Minister, Abgeordnete und Offiziere. König Boris III., der selbst mehrere Anschläge überlebt hatte, konnte sein Regime durch die Heirat mit der Tochter des italienischen Königs auf ein festeres Fundament stellen und eine Verbindung mit Italien erkaufen, das eine gewisse Stabilität zu bieten hatte. Der Handel mit Deutschland expandierte, doch Boris nahm auch in Frankreich und England Kredite auf, um sein Aufrüstungsprogramm zu finanzieren. Er machte kein Geheimnis aus der Tatsache, dass er die meisten Politiker seines Landes verabscheute, und war bemüht, sich selbst als einen einfachen Mann aus dem Volk darzustellen. So unterstrich er bei jeder Gelegenheit, dass er in seiner Freizeit am liebsten Lokomotive fahre. Im Mai 1934 inszenierte er einen Staatsstreich, löste das Parlament auf, und erst gegen Ende der dreißiger Jahre, als die faschistischen Ligen aufgelöst oder unter Kontrolle gebracht worden waren, kehrte er wieder zu einem vorsichtigen Konstitutionalismus zurück.

Albanien hatte kurz vor dem Ersten Weltkrieg seine Unabhängigkeit vom Osmanischen Reich erlangt. Ahmet Zogu wurde 1922 mit 27 Jahren Ministerpräsident, 1925 Staatspräsident und 1928 ließ er sich zum König Zogu I. ausrufen. Das gelang ihm, weil er sich weitgehend an Italien anlehnte, mit dem er 1926 einen Freundschaftsvertrag unterzeichnete. Italien erschloss albanische Ölquellen, und italienische Offiziere reorganisierten die albanische Armee. Als Zogu versuchte, das italienische Engagement einzuschränken, drohte Mussolini mit einer militärischen Intervention, die er in die Tat umsetzte, nachdem Hitler Prag besetzt hatte.

Österreich befand sich im Zentrum der Finanzkrise von 1931, da der Kollaps der Creditanstalt die Welle der ansteckenden Finanzkrisen in den europäischen Ländern ausgelöst hatte. Österreich war bis dahin ein Vorbild der mitteleuropäischen Stabilisierung: Die Hyperinflation war durch die Auferlegung einer demütigenden äußeren Kontrolle unter Aufsicht des Völkerbundes beendet worden, dessen Kommissar, der Holländer Dr. Alfred Zimmermann, die unmittelbare Verfügung über die öffentlichen Mittel hatte und auf der Entlassung von 100 000 Beamten bestand (die seitdem die starke Basis für einen radikalen Nationalismus bildeten). In dieser Phase behauptete sich die österreichische Demokratie nur, indem sie die Schuld an unpopulären politischen Maßnahmen dem Völkerbund zuschob. Derselbe Weg wurde beschritten, als nach 1931 ein weiterer vom Völkerbund ernannter Holländer, Rost van Tonningen, die finanzielle Neuordnung Österreichs beaufsichtigte. Der Zusammenbruch der Creditanstalt, die nur durch enorme öffentliche Mittel gerettet werden konnte, diskreditierte auch viele führende Persönlichkeiten der österreichischen Republik, die enge Verbindungen zum Aufsichtsrat der Bank unterhielten und in den Skandal verwickelt waren. Im Mai 1932 stand ein unbedeutender politischer Führer namens Engelbert Dollfuß, der als «Klein-Metternich» karikiert wurde, der Neuauflage einer Koalition aus Christsozialen und Bauern vor. Dollfuß – einer der wenigen Menschen, auf die Mussolini buchstäblich herabblicken konnte – erhielt wachsende Unterstützung aus Italien. Die Auflösung des Parlaments im März 1933 läutete den Beginn der austro-faschistischen Diktatur ein. Auf Drängen Italiens führte er einen kurzen, aber brutalen Bürgerkrieg gegen die sozialistische Regierung des «Roten Wien» (Februar 1934). Nicht weniger brutal unterdrückte er die nationalsozialistische Bewegung in Österreich, die den deutschen Weg gehen wollte, und reorganisierte und einigte die paramilitärische Heimwehr. Anstelle einer gespaltenen Demokratie führte er ein klerikalkorporatistisches oder klerikalfaschistisches Regime ein, das sich auf eine neue klerikale Partei (Vaterländische Front) stützte und sich eng am Inhalt der päpstlichen Enzyklika *Quadragesimo Anno* orientierte.

Am 25. Juli 1934 wurde er von österreichischen Nationalsozialisten ermordet. Italien verlegte unverzüglich Armeeeinheiten an die österreichische Grenze am Brennerpass, um eine befürchtete deutsche Annexion zu verhindern, und die Politik Österreichs wurde für kurze Zeit unter einem weiteren, aber weniger tüchtigen katholischen Politiker, Kurt von Schuschnigg, stabilisiert.

Ein kurzer Überblick über die Politik Ost- und Südosteuropas genügt, um einen Eindruck von der fundamentalen Instabilität der Politik jener Jahre zu vermitteln. Die Regierungen kleiner Staaten wirkten brutal, inhuman, korrupt, engstirnig und zweitklassig. Sie boten einen Furcht erregenden und zugleich lächerlichen Gegensatz zum Wilsonschen Idealismus des Ersten Weltkriegs und der Friedensverträge. Die nationale Selbstbestimmung war erreicht worden und entpuppte sich als eine bittere Farce. Wilsons kühne und idealistische Vision der Selbstbestimmung von Kleinstaaten schien in den Liebesaffären der Magda Lupescu aufzugehen.

Eine neue Schule von Analysten («Realisten»), die sich mit dem internationalen System näher befassten, gelangte zu dem Schluss, dass Kleinstaaten Unruhestifter seien und eigentlich kein Existenzrecht hätten. Bereits in seiner berühmten Polemik von 1919 hatte der britische Ökonom John Maynard Keynes seine Zweifel an einem unabhängigen Polen geäußert: «Und doch ist Polen … eine wirtschaftliche Unmöglichkeit, weil es kein Gewerbe außer Judenhetze besitzt.»[17] Die schwachen Staaten waren auf äußeren Schutz angewiesen, und es ist verblüffend festzustellen, wie häufig diese Beschützerrolle von Benito Mussolini übernommen wurde.

Diktatur

Der Prototyp des «neuen» europäischen politischen Führers war Benito Mussolini, ein ehemaliger sozialistischer Führer, der als Redakteur der Parteizeitung *Avanti* aufgefallen war, sich jedoch über die Frage eines Eintritts Italiens in den Ersten Weltkrieg mit der Partei zerstritten hatte und ausgetreten war.

Seine Partei, die Faschisten, zielte nach Mussolinis eigenen Worten auf die Schaffung eines «totalitären» Staates. Am 26. Mai 1927 erklärte er, seine Ziele erreicht zu haben:

> «Wir haben den Korporativen Staat geschaffen… Heute begraben wir feierlich die Lüge des allgemeinen demokratischen Wahlrechts.»

Einer seiner Anhänger erläuterte: «Religiöse Dogmen werden niemals diskutiert, da sie von Gott geoffenbarte Wahrheiten sind. Faschistische Prinzipien müssen nicht diskutiert werden, da sie dem Geist eines Genies entspringen: Benito Mussolini.»

In der Praxis war die Machtbasis Mussolinis nichts weniger als stabil und beruhte auf einer Reihe taktischer Bündnisse. Es gelang ihm, Vereinbarungen zwischen Arbeiter- und Unternehmerinteressen zustande zu bringen: Überhaupt lieferte Italien ein Modell nicht nur für den Totalitarismus, sondern auch für den sozialen Korporatismus, mit dem in den dreißiger Jahren versucht wurde, in Frankreich, Schweden und der Schweiz die Demokratie zu stärken. Das 1926 erlassene Gesetz über Korporationen errichtete ein System von Syndikaten aus nominell gewählten Arbeitern und Unternehmern. 1934 wurden diese in 22 «Korporationen» organisiert, in denen Vertreter der Arbeiter, Unternehmer, Anbieter und Verbraucher zu Gruppen zusammengefasst wurden, um die Märkte zu regulieren und die italienische Wirtschaft zu modernisieren. Sie inszenierten Kampagnen für wirtschaftliche Unabhängigkeit wie den «Erntefeldzug», die Italien von den zerstörerischen Tendenzen des Weltmarkts verschonen würden. Mussolini hoffte auch, die Auswanderung eindämmen zu können, in der die Faschisten einen Aderlass italienischer Tüchtigkeit sahen, und die Geburtenrate zu erhöhen. Doch gerade in dem Jahr, in dem er von den italienischen Frauen verlangte, ihren Beitrag zu einer Produktionssteigerung in Italien zu leisten, begann die Geburtenrate drastisch zurückzugehen. Das war weniger ein Protest gegen die Ermahnungen des Duce als eine Facette der Modernisierung: Oberhalb eines bestimmten bescheidenen Einkommensniveaus erlebt nahezu jede Gesellschaft einen «demografischen Übergang» zu niedrigeren Geburtenraten.

Der Korporatismus mit seinen Organisationen sollte eine Alternative zum ungeregelten Kapitalismus sein (der als profitmacherisches Manchestertum beklagt wurde) und zur sozialistischen Verfügung über die Produktionsmittel. Er erschien als der perfekte «dritte Weg» der sozialen Organisation, die Verwirklichung einer Waffenruhe zwischen Kapital und Arbeit. Diese Vorstellung kam damals tatsächlich auf: Eine ihrer systematischsten Darlegungen fand sie in der päpstlichen Enzyklika von 1931, *Quadragesimo Anno*, die zum 40. Jahrestag der Sozialenzyklika Leos XIII. *Rerum Novarum* veröffentlicht wurde. Mussolini sah im Korporatismus die Antwort auf das Dilemma der Politik: Wie ließ sich die Gesellschaft so organisieren, dass eine kollektive Meinungsbildung und ein Ausgleich der Interessen erreicht wurde anstelle einer Fragmentierung der Meinungen und eines erbitterten Kampfes der Interessen? Doch damit blieb das Problem der Kirche und des Papstes für Mussolini immer noch ungelöst.

Ein zweiter Waffenstillstand war der mit der katholischen Kirche, die seit der Einigung des italienischen Staates dem säkularen liberalen Staat ablehnend gegenübergestanden und 1868 den Katholiken jede politische Beteiligung, auch das Wählen, untersagt hatte (das so genannte *non expedit*). Nach dem Ersten Weltkrieg hatten das Aufkommen einer katholischen Partei (die *Popolari*) im Verein mit der Stärke der sozialistischen Bewegung die liberale Macht über die italienische Politik erschüttert und die Bildung einer stabilen Regierung fast unmöglich gemacht.

1929 schloss Mussolini drei Abkommen mit der Kirche (die Lateranverträge). Sie legten die territorialen und souveränen Rechte des Papstes über einen kleinen Teil Roms fest, die Vatikanstadt, und entschädigten die Kirche für das vom Staat konfiszierte Eigentum. In einem Konkordat akzeptierte der italienische Staat den Katholizismus als Staatsreligion, erkannte das kanonische Recht an (das eine wichtige Auswirkung auf die Vorstellung von der Ehe hatte und später eine entscheidende Rolle bei der Politik des Vatikans gegenüber den italienischen Rassegesetzen von 1938 spielen sollte), bezahlte die Geistlichen aus öffentlichen Mitteln und befreite die Kirche von den Steuern. Das war eine neue Lösung des Problems, in welchem Verhältnis die Kirche zum Staat stehen sollte. Ähnliche Abkommen waren bereits in Lettland, Bayern, Polen, Litauen und der Tschechoslowakei getroffen worden. Doch das italienische Konkordat war aufgrund des neuartigen Charakters des italienischen Staates das erstaunlichste Abkommen, bis

1933 ein noch verhängnisvollerer Kompromiss der Kirche mit einer besonderen Form eines modernen Staates geschlossen wurde – dem nationalsozialistischen Deutschland.

Die Stabilisierung im eigenen Land war nur der eine Teil im Programm Mussolinis. Nach 1929 und insbesondere nach 1931 begann Mussolini, mit den jüngsten innenpolitischen Vereinbarungen im Rücken, einen wesentlich kühneren und konfliktträchtigeren Kurs in der Außenpolitik einzuschlagen, die sich durch die Weltwirtschaftskrise drastisch änderte. 1928 hatte Mussolini in einer Rede als Antwort auf einen besorgten australischen politischen Führer erwidert, der Faschismus sei eine italienische Angelegenheit und nicht für andere Länder bestimmt. 1930 nahm er ein großes Flottenbauprogramm in Angriff, da die Italiener nicht im «Römischen Meer» gefangen bleiben sollten (der faschistische Begriff für das Mittelmeer; ein anderer lautete *Mare nostro*). Und er revidierte seinen früheren Standpunkt: «Der Satz, dass der Faschismus kein Exportartikel ist, stammt nicht von mir. Er ist sehr banal. Trotzdem soll er richtiggestellt werden. Ich behaupte heute, dass der Faschismus seiner Idee, Theorie und Praxis nach von universaler Gültigkeit ist. … Man kann daher ein faschistisches Europa voraussehen, ein Europa, das seine Einrichtungen nach Anregungen trifft, die es aus der Theorie und Praxis des Faschismus empfängt. Ein Europa, das also das Problem des modernen Staates im faschistischen Sinne lösen wird, des Staates des XX. Jahrhunderts, wohl unterschieden von den Staaten, die vor 1789 bestanden, und von jenen, die sich nachher gebildet haben.»[18] 1932 prophezeite er, «dass das zwanzigste Jahrhundert das Jahrhundert des Faschismus sein wird, das Jahrhundert der Machtentfaltung Italiens, das Jahrhundert, in dem Italien zum dritten Male wieder die Führerin der zivilisierten Menschheit sein wird.»[19] Der italienische Staat erhöhte drastisch seine Rüstungsausgaben: Mitte der zwanziger Jahre betrugen sie 2,6 Prozent des Nationaleinkommens, 1927 3,4 und 1931 5,4 Prozent; bis 1936 stiegen sie auf 18,4 Prozent.[20]

1930 formulierte der italienische Außenminister Dino Grandi eine klassische Doktrin der Realpolitik. Italien müsse das Spiel des europäischen Mächtegleichgewichts spielen und sich dann «in der großen kommenden Krise teuer verkaufen». 1931 stand diese Krise vor der Tür. Vor 1931 hatte Italien internationales Kapital und die Unterstützung von J. P. Morgan und der Finanzgemeinden von New York und London benötigt. Dem italienischen Führer blieb folglich kaum etwas anderes übrig, als sich gemäßigt zu geben. Als er einmal nicht aufpasste und seine eigene Logophilie verächtlich machte («Worte sind zwar eine ausgezeichnete Sache, aber Gewehre, Maschinengewehre, Schiffe, Aeroplane und Kanonen sind eine noch ausgezeichnetere»), gingen die Kurse der italienischen Staatsanleihen in den Keller, und die Regierung musste tief in die Staatskasse greifen, um sie zu stützen.[21] Im Jahr 1931, nach dem Zusammenbruch der internationalen Kapitalmärkte, brauchte er keine Rücksichten mehr zu nehmen. Als 1933 die Weltwirtschaftskonferenz ergebnislos endete, lautete sein Kommentar, «das System der Konferenzen hat sich erledigt». Im Januar 1935 versuchte der französische Außenminister und Ministerpräsident Pierre Laval, Mussolini als Bündnispartner zu gewinnen, indem er ihm zusicherte, Frankreich werde sich einer italienischen Expansion in Afrika nicht widersetzen. Im Oktober 1935 marschierte die italienische Armee in Abessinien (Äthiopien) ein und eroberte in wenigen Tagen die Stadt Adua, wo Italien 1896 eine seiner blamabelsten Niederlagen in einem Kolonialkrieg erlebt hatte. Im Jahr darauf erweiterte Mussolini seine Mittelmeerambitionen auf Drängen seines Schwiegersohns, Außenminister Graf Galeazzo Ciano, und entsandte ein größeres Truppenkontingent zur Unterstützung der Truppen Francos in den spanischen Bürgerkrieg.

Am 10. Januar 1938 empfing der Duce 60 Bischöfe und über 200 Priester, die sich an Italiens «Erntefeldzug» beteiligt hatten. Pater Menossi verlas einen von der Geistlichkeit vorbereiteten Text, in dem es hieß, dass die Mitglieder der Delegation «ihren Wunsch bekräftigen, mitzuarbeiten – wie sie es stets getan haben, beim Sieg im Erntefeldzug, im Kampf gegen Sanktionen und bei der Eroberung des Reiches – an allen hehren Plänen des Duce … auf dass Italien vorbereitet werde – geistig, wirtschaftlich und militärisch –, seinen Frieden gegen die Feinde seiner imperialen Größe und seiner Zivilisation und auch gegen die bösartigen Anschläge seiner gottlosen und unmenschlichen Feinde zu verteidigen». 1936 erläuterte der Erzbischof von Mailand Mussolinis Invasionen in Abessinien mit den Worten: «In diesem nationalen und katholischen Werk … auf den Ebenen Äthiopiens trägt das italienische Banner im Triumph das Kreuz Christi vor, zerbricht die Ketten der Sklaverei und ebnet den Verkündern des Evangeliums den Weg.»[22] Äthiopien und Spanien festigten eine neue Vision vom Einklang katholischer Interessen mit denen des italienischen Staates und von der gemeinsamen Ablehnung des internationalen Systems. Der Klerus in Italien und in vielen anderen europäischen Ländern wurde (wie andere soziale Gruppen) «nationalisiert», sehr zum Kummer von Papst Pius XI., der noch an einer grandiosen Vision der katholischen Kirche als einer internationalen und moralischen Kraft festhielt.

Spanien als europäischer Krisenherd

In den dreißiger Jahren konzentrierte sich der europaweite Kampf um die Demokratie auf die Probleme der Spanischen Republik. Dort war der Boden, auf dem ein großer Krieg der Ideen ausgetragen wurde und auf dem die Mächte, welche die eindrucksvollsten neuen Ideen verkörperten – Deutschland, Italien und die Sowjetunion – einen Stellvertreterkrieg führten.

Am Anfang gingen beide Seiten mit einer «glühenden Reinheit» in diesen Krieg, wie es damals von sympathisierenden Beobachtern beider Lager ausgedrückt wurde. Auf der einen Seite stand das Ideal der revolutionären Reinheit. George Orwell schrieb 1938 von Barcelona aus über die Revolution:

> «Vor allen Dingen aber glaubte man an die Revolution und die Zukunft. Man hatte das Gefühl, plötzlich in einer Ära der Gleichheit und Freiheit aufgetaucht zu sein. Menschliche Wesen versuchten, sich wie menschliche Wesen zu benehmen und nicht wie ein Rädchen in der kapitalistischen Maschine ... Die Art, in der die idealistischen Spanier die abgedroschenen Phrasen der Revolution wörtlich nahmen, hatte für jeden Angehörigen der abgebrühten, [spöttischen] Welt der englisch sprechenden Völker etwas Rührendes.»[23]

Auf der anderen Seite besuchten die jungen Soldaten der Falange täglich die Heilige Messe, bevor sie in die Schlacht gingen.

Jede europäische politische Strömung – Anarchismus, Anarchosyndikalismus, Kommunismus, Sozialismus, reformistischer Sozialismus, linker Republikanismus, katholischer Reformismus, Klerikalismus, Monarchismus, Faschismus – war in Spanien in der einen oder anderen, zumeist jedoch in einer extremen Form vertreten. Das war einer der Gründe, warum andere Europäer ihre eigenen politischen Phantasien in apokalyptischen Begriffen auf den spanischen Schirm projizieren konnten. Als diese Ideale beschmutzt und ihre Träger desillusioniert waren, gelangte Orwell zu dem Schluss, dass die Geschichte 1936 an ihrem Ende angelangt sei.

Die Demokratie und die internationale Wirtschaft in der Form des Goldstandards kamen beide zu spät nach Spanien. Wirtschaftlich war das Land durch die deflationären Opfer erschöpft, die gebracht wurden, um die spanische Währung wieder an den Goldstandard anzubinden, und als es dies schließlich erreicht hatte, war die Weltwirtschaft in der bereits beschriebenen Kette von Finanzkrisen zusammengebrochen. Von 1923 bis 1930 wurde Spanien von einem Militärdiktator, Miguel Primo de Rivera, regiert, der die Macht nach einer demütigenden Niederlage spanischer Truppen in Nordafrika durch einen Staatsstreich (*pronunciamiento*) erobert hatte. Als Regierungsparole wählte er «Land, Religion und Monarchie», büßte jedoch mit der Zeit seine Machtstellung ein. Im August 1930 legten Sozialisten und Republikaner mit dem Pakt von San Sebastián ein Reformprogramm vor. König Alfons XIII. verließ 1931 ohne Verzicht auf die Thronrechte das Land.

Die Politik unter der Zweiten Spanischen Republik war gekennzeichnet durch zahlreiche Spaltungen zwischen einzelnen Regionen, die sich ihrer alten historischen Ansprüche auf Rechte und Privilegien (*fueros*) sehr bewusst waren. Die Industriegebiete, vor allem in Katalonien und im Baskenland, brachten ganz andere Forderungen vor als die Regionen mit traditioneller Landwirtschaft. Auch die politischen Parteien litten unter tiefen Spaltungen, wo Menschen unterschiedlicher Traditionen einander mit Misstrauen begegneten. Kommunisten, Sozialisten und Anarchosyndikalisten hatten alle ihre eigenen Ansichten darüber, welche Haltung Linksparteien gegenüber der politischen Macht einnehmen müssten. Die Monarchisten waren gespalten zwischen Hardlinern (Carlisten) und Kompromissbereiten. Manche Katholiken waren der Meinung, sie sollten mit den demokratischen und den neuen sozialen Kräften zusammenarbeiten, während andere Katholiken auf die streng autoritäre Vergangenheit des Goldenen Zeitalters in Spanien zurückblickten.

Die vermutlich auffallendste Besonderheit Spaniens war die außergewöhnliche Tyrannei der Geschichte, das Ausmaß, in dem die Herrlichkeiten der vergangenen Geschichte die Gegenwart überstrahlten. Insbesondere die Rechte wollte nicht akzeptieren, dass Spanien nicht mehr das Spanien des Goldenen Zeitalters war, der katholischen Monarchen Ferdinand und Isabella und Philipps II. Die Linke ihrerseits hegte die Überzeugung, dass Spanien sich möglichst schnell der europäischen Moderne anpassen müsse.

Das Hauptthema für die Linkskoalition, die sich aus den Wahlen von 1931 ergeben hatte, war damit eine zweifache Modernisierung: eine wirtschaftliche, die ihre Hauptaufgabe in der Einführung einer modernen Landwirtschaft durch eine Aufteilung des Großgrundbesitzes und die Verteilung des Bodens an bisher landlose und überwiegend verarmte Bauern sah, und eine soziale oder intellektuelle Modernisierung, deren Hauptelement in einem Angriff auf die Kirche bestand, die bisher das Bildungswesen dominiert und – wie die Linke behauptete – behindert hatte.

Die Weltwirtschaftskrise und mit ihr der Verfall der Rohstoff- und Agrarpreise war keine günstige Zeit für eine umfassende Bodenreform. Die meisten Arbeitslosen gab es auf dem Land (1930 betrug ihre Quote dort 70 Prozent). Der Regierung fehlte für ihr Programm zur Umsiedlung von Bauern und Landarbeitern das Geld, weil die staatlichen Einnahmen während der Depression zurückgingen. Infolgedessen versiegte es buchstäblich, und die Regierung ersetzte eine echte Reform zunehmend durch symbolische Maßnahmen gegen die Kirche, die ebenfalls ausgedehnte Ländereien besaß und deren Führung mit dem Adel Hand in Hand arbeitete.

Anfang Mai 1931 wurde ein Hirtenbrief von Kardinal Segura, Erzbischof von Toledo veröffentlicht, in dem dieser die Republik angriff und mit den drohenden Worten endete: «Wenn wir ‹ruhig und träge› bleiben, wenn wir der ‹Ängstlichkeit und Apathie› nachgeben, wenn wir denen den Weg freigeben, welche die Religion zu vernichten suchen, oder wenn wir den Sieg unserer Ideale vom Wohlwollen unserer Feinde erhoffen, dann werden wir uns nicht beklagen dürfen, wenn die bittere Wirklichkeit uns zeigt, dass wir den Sieg in Händen hatten, aber nicht wie unerschrockene Krieger zu kämpfen wußten, die zu ruhmreichem Untergang bereit sind.»[24] Eine Kirche in Madrid, in der eine Versammlung von Monarchisten stattgefunden hatte, wurde von Antiklerikalen überfallen und niedergebrannt. Die provisorische republikanische Regierung weigerte sich einzugreifen. Der liberale Ministerpräsident Manuel Azaña y Diaz (von der kleinen Acción Republicana) sagte seinem Kabinett, «alle Klöster Madrids sind nicht das Leben eines einzigen Republikaners wert». Artikel 26 der Verfassung von 1931 unterstellte die religiösen Orden einer staatlichen Aufsicht, erlaubte dem Staat die Konfiszierung des Eigentums dieser Orden und verbot ihnen jede lehrende und wirtschaftliche Aktivität. Anschließend mussten alle Jesuiten Spanien verlassen.

Das Resultat des neuartigen und äußerst militanten Antiklerikalismus formte eine neue Rechte unter José María Gil Robles. Das Bekenntnis seiner Partei, die CEDA (Confederación Española de Derechas Autónomas), zur Republik war von Anfang an zwiespältig. Robles entwickelte die Theorie, dass Katholiken unter jeder Regierungsform leben könnten, die ihren Glauben nicht antastete. Doch die antiklerikalen Angriffe hielten an, und die Republik schien tatsächlich die katholische Lebensweise zu bedrohen. Inzwischen versuchten Offiziere der Armee unter General José Sanjurjo erfolglos, ein *pronunciamiento* zu inszenieren.

Im November 1933 konnten sich Sozialisten und linke Republikaner nicht auf eine gemeinsame Linie einigen, während die anarchosyndikalistische Gewerkschaft CNT (Confederación Nacional del Trabajo) mit ihrer Machtbasis in Katalonien die linke Beteiligung an einer nichtrevolutionären Regierung brandmarkte und ihre Anhänger aufrief, sich nicht an den Wahlen zu beteiligen. Infolgedessen gab es in der Politik einen Rechtsruck mit einer Regierung unter einem älteren ehemaligen Radikalen, Alejandro García Lerroux, der in einer früheren Ära der Arbeitskämpfe ein Held gewesen war, jetzt hingegen wie ein Verfechter eines gemäßigten Traditionalismus wirkte.

Die Sozialisten rückten nach links und blickten zunehmend auf den neuen Führer einer weiteren sozialistischen Partei, des PSOE (Partido Socialista Obrero Español), Francisco Largo Caballero, der sich als der «spanische Lenin» verstand. Im Oktober 1934 errichteten Arbeiterkomitees in den Bergbauregionen Asturiens einen revolutionären Sowjet, der von der rechten Regierung mit beträchtlicher Brutalität bekämpft wurde. Das Kriegsministerium stellte an die Spitze der Operationen gegen die Aufständischen den jüngsten Generalmajor der spanischen Armee, einen Veteranen der marokkanischen Kämpfe, Francisco Franco.

Bei den vorgezogenen Neuwahlen im Februar 1936 besiegte die Volksfront der linken Parteien die CEDA. Azaña wurde jetzt Staatspräsident und ernannte einen ziemlich schwachen Ministerpräsidenten, Santiago Casares Quiroga. Die Unruhe unter den Bauern nahm zu, und auf dem Land wurden zunehmend Kirchen niedergebrannt. Am 13. Juli 1936 wurde José Calvo Sotelo, der wirtschaftsfreundliche Führer des rechten Bloque Nacional und Finanzminister unter Primo de Rivera, entführt und ermordet. Calvo Sotelo war als ein politisches Vorbild für eine Herrschaft neuen Typs angesehen worden: Im benachbarten Portugal hatte General Carmona 1926 einen Militärputsch inszeniert. Sein Finanzminister António de Oliveira Salazar sollte später ein autoritäres Regime errichten.

Der Mord an Calvo Sotelo löste eine neue Militärrevolte aus – die schon lange vor seinem Tod geplant war. Sie begann in Marokko, am 17. Juli. Zwei Tage später übernahm General Franco das Kommando über den Aufstand und begann mit Hilfe italienischer Flugzeuge, spanische Soldaten aus Marokko in das spanische Mutterland zu verlegen. Später schickte Hitler deutsche Flugzeuge, die Legion Condor mit hundert Maschinen, und Mussolini trug mit nicht weniger als 78 474 Mann Bodentruppen sowie Flugzeugen und Panzern zur Unterstützung der Aufständischen bei.[25]

In Deutschland wurde die Linke bei Hitlers Machtergreifung vom Terror der SA überzogen. In Spanien kam es zu einer massiven Mobilisierung und Radikalisierung, mit einem revolutionären und mörderischen Terror auf beiden Seiten. Madrid widerstand Francos Vormarsch, und in Barcelona übernahm die CNT praktisch die Macht.

Beträchtliche internationale Hilfe erreichte die Republik zunächst von der französischen Regierung und später aus der Sowjetunion, doch auch in Form zahlreicher Einzelpersonen, die in dem Bürgerkrieg in Spanien eine entscheidende Kraftprobe zwischen der Linken und der Rechten sahen oder zwischen Gut und Böse, zwischen Kommunismus und Faschismus. Viele herausragende Intellektuelle schlossen sich den Internationalen Brigaden an – André Malraux, W.H. Auden, George Orwell –, auch wenn das Gros der Freiwilligen französische und belgische Arbeiter waren (häufig Einwanderer aus Osteuropa). Auch aus den Vereinigten Staaten waren 2800 Kämpfer für die Sache der Republik gekommen.

Deren Kampf ums Überleben wurde durch ihre inneren Spaltungen erschwert. Die Kommunisten bestanden auf Weisung Moskaus auf der «Volksfront»-Strategie. Diese erforderte ein Zusammengehen mit «bürgerlichen Reformisten», die in Spanien völlig ineffektiv waren, und zugleich einen Kampf gegen die glühenden Radikalen der CNT und des häretischen marxistischen POUM (Partido Obrero de Unificación Marxista), die von den orthodoxen Kommunisten als «trotzkistische Abweichler» gebrandmarkt wurden. Die Kommunisten hatten anfangs daran mitgewirkt, Francisco Largo Caballero als den «spanischen Lenin» zu glorifizieren, wandten sich 1937 jedoch gegen ihn (jetzt wurde er als «Trotzkist-Faschist-Anarchist» denunziert) und wollten eine weniger profilierte Persönlichkeit.[26] Im Mai 1937 bildete Juan Negrín eine neue Form der Volksfront und schlug 1938 eine Einparteienorganisation vor, die von den Kommunisten dominiert und von Moskau gesteuert worden wäre.

Die Internationalen Brigaden verloren bald ihren naiven Idealismus. Im Juli 1937 hieß es in einem vertraulichen Bericht: «Die große Mehrheit der Offiziere, Unteroffiziere und Freiwilligen in den Internationalen Brigaden sind militante oder politische Menschen, die in der Lage sind, zu sehen, zu beurteilen und zu verstehen, was vorgeht. Ob Kommunisten oder Sozialisten, Republikaner oder Antifaschisten ohne bestimmte Parteizugehörigkeit, heute erliegen alle der Vorstellung, dass die Internationalen Brigaden ein Fremdkörper sind, eine Bande von Eindringlingen – ich will nicht sagen vom spanischen Volk insgesamt, aber von einer großen Mehrheit der politischen Führer, Soldaten, Beamten und politischen Parteien im republikanischen Spanien.»[27] Der berühmteste nichtspanische Bericht einer Desillusionierung war George Orwells *Homage to Catalonia* (*Mein Katalonien*), worin er den kommunistischen Angriff in Barcelona auf die POUM-Miliz beschrieb (der er selbst angehörte):

> «Während der letzten Wochen, die ich in Barcelona verbrachte, lag ein eigentümliches, böses Gefühl in der Luft, es war eine Atmosphäre des Mißtrauens, der Furcht, der Ungewißheit und des unverhüllten Hasses … Es ist nicht leicht, die Atmosphäre jener Zeit wiederzugeben, die wie ein Alpdruck auf uns lastete; es war eine eigentümliche Unruhe, das Ergebnis immer neuer Gerüchte, verstärkt noch durch die Zensur der Zeitungen und die dauernde Anwesenheit von Soldaten. Diese Atmosphäre läßt sich schwer schildern, weil in England auch heute eine wichtige Voraussetzung einer derartigen Situation fehlt. In England nimmt man politische Intoleranz noch nicht als selbstverständlich hin»[28]

Auf der Seite der Nationalisten erschienen die militärischen Entwicklungen vielen ihrer Anhänger in Spanien wie in Rom und Berlin unerträglich langsam. In den ersten Wochen des Krieges hatte Franco gute Chancen, Madrid einzunehmen, doch stattdessen führte er seine Truppen nach Toledo, wo etwa 2000 seiner Anhänger im Alcazar (einer Festung aus der Zeit Karls V.) von republikanischen Truppen belagert wurden. Francos militärische Planung folgte einer bestimmten Logik: Er verabscheute Blitzangriffe, und er behauptete jedes Territorium, das er einmal eingenommen hatte. Eine systematische Eroberung – und die rücksichtslose Ausschaltung jeder Opposition – waren ihm wichtiger als ein schneller Sieg. Im Februar 1939 fiel Francos Truppen Barcelona in die Hand, und im März wurde Madrid eingenommen. Der Sieg Francos war nur zu einem Teil der Initiative des Generalissimus zu verdanken: Die republikanische Armee hatte in einem Akt der Selbstzerstörung gegen die Führung Negríns revoltiert.

Einer der intellektuellen Propheten des neuen Regimes interpretierte 1939 den Sieg: «Der spanische Faschismus wird der Faschismus der Religion sein. … der deutsche und der italienische Faschismus hat nichts erfunden, was für uns von Interesse wäre, Spanien war vierhundert Jahre vor ihnen faschistisch. Es war einig, groß und frei und wahrhaft spanisch im 16. Jahrhundert, als Staat und Nation mit der ewigen katholischen Idee in eins gesetzt wurden, als Spanien die vorbildliche Nation und die Mutter der westlichen Zivilisation war.»[29]

Es gab noch einen anderen spanischen Faschismus, organisiert in der Falange Española von José Antonio Primo de Rivera, dem Sohn des Diktators, während der zwanziger Jahre, der dem Faschismus Mussolinis viel näher stand. Doch er wurde von den Republikanern getötet, und seine Bewegung wurde mit den carlistischen Royalisten zwangsvereinigt. Im April 1937 dekretierte Franco eine neue Partei, welche die Falange und die Carlisten zusammenfasste und beide Bewegungen als «die authentischen Exponenten des Geistes der nationalen Erhebung, die am 17. Juli von unserer ruhmreichen Armee begonnen wurde» anerkannte. Die einzige im Spanien Francos geduldete Partei, an deren Spitze der Generalissimo selbst stand, trug nun die Bezeichnung Falange Española Tradicionalista y de las Juntas de Ofensiva Nacional-Sindicalistas. Die meisten nannten sie einfach «Die Bewegung».

Franco feierte seinen Triumph mit einem Befehl zum Bau eines riesigen Denkmals in der Sierra de Guadarrama, einer unterirdischen Kirche mit einem riesigen Kreuz darüber und einem längeren Schiff als das der St. Peterskirche. Das Valle de los Caídos war ein Grab für die Gefallenen des Krieges, errichtet von den Besiegten des Krieges. Franco erkannte, dass er eine Art äußere Rückendeckung benötigte für seinen Versuch, sich als Monarchen eines Goldenen Zeitalters, als einen neuen Philipp II., zu erschaffen. Auf die Münzen mit seinem Bildnis ließ er die Worte prägen: «Caudillo durch die Gnade Gottes».[30] Doch Kardinal Segura, dessen Angriffe auf die Republik 1931 den Krieg zwischen Kirche und Staat ausgelöst hatten, und der von den republikanischen Regierungen des Landes verwiesen worden war, prangerte auch Franco und seine Kompromisse mit der Falange und dem Faschismus an.

Francos Regime wies wesentlich engere Analogien zu dem von Admiral Horthy in Ungarn als zum Faschismus in Italien oder zum Nationalsozialismus in Deutschland auf: Eine Monarchie ohne einen Monarchen, da Franco zutiefst dem Mann misstraute, der König geworden wäre, dem Sohn von Alfons XIII., Don Juan, und sein Versprechen zur Wiederherstellung der Monarchie nur in einer höchst unbestimmten Weise gab. Tatsächlich war es am Ende, nach Francos Tod, Don Juans Sohn, Juan Carlos, dem als König die wirkliche Demokratisierung und Modernisierung Spaniens gelang.

Im Spanien der dreißiger Jahre kam es zu einer allgemeinen Perversion der Ideale. Alle Ideale wurden geopfert, um Macht zu erlangen und auszuüben. In einer Reaktion auf die spanische Erfahrung entwickelten die besonders idealistischen Figuren der nichtkommunistischen Linken wie George Orwell einen entschiedenen Antikommunismus. In dieser Haltung blieben sie kompromisslos. Auf der Rechten zögerten die katholische Kirche und der Vatikan, Franco zu unterstützen – trotz all der Messen, die der Generalissimus hatte lesen lassen – und veröffentlichten eine ernste Warnung vor einer Verehrung des Staates. Doch schließlich arrangierten sie sich.

Die Enzyklika *Mit brennender Sorge* von Papst Pius XI. vom 14. März 1937 erklärte: «Wer die Rasse, oder das Volk, oder den Staat, oder die Staatsform, die Träger der Staatsgewalt oder andere Grundwerte menschlicher Gemeinschaftsgestaltung ... aus dieser ihrer irdischen Wertskala herauslöst, sie zur höchsten Norm aller, auch der religiösen Werte macht und sie mit Götzenkult vergöttert, der verkehrt und fälscht die gottgeschaffene und gottbefohlene Ordnung der Dinge.»[31]

Zwar richtete sich die Enzyklika speziell an Deutschland, das ein neues politisches Modell eingeführt hatte. Doch die neue Vergötterung des Staates war ein allgemein europäisches Phänomen. In den dreißiger Jahren schienen die effektivsten Staaten diejenigen zu sein, die ihre Legitimität aus der Kombination einer neuen Staatsideologie (der Staat im traditionellen Verständnis war diskreditiert) und einer Verachtung für die internationale Ordnung bezogen. Politisch führte Hitler die schrittweise Demontage des Versailler Vertrags zu Ende, die bis 1933 schon sehr weit gediehen war. Ökonomisch stellte die Sowjetunion die eindrucksvollste Herausforderung eines liberalkapitalistischen Internationalismus dar. Diese neuen Staaten sind das Thema des folgenden Kapitels.

5 Frieden und Krieg: Das Versagen der internationalen Ordnung in den Jahren 1930–1940

Die Katastrophe des Ersten Weltkriegs hing wie eine schwarze Wolke über den beiden kommenden Jahrzehnten. Die Hoffnung auf einen dauerhaften Frieden wurde zunehmend in der verzweifelten Klage zum Ausdruck gebracht, dass der Krieg zu furchtbar geworden sei, um ihn als Möglichkeit der Konfliktlösung in Erwägung zu ziehen. Angesichts der Erfahrungen der Soldaten in den Gräben der Westfront im Ersten Weltkrieg und in der Erkenntnis, dass ein neuer Krieg Bombardierungen aus der Luft bedeuten und zahlreiche zivile Opfer fordern würde, waren viele Beobachter überzeugt, dass ein neuer militärischer Konflikt zu einer weitgehenden psychischen und sozialen Zerrüttung führen werde. Der Vorsitzende der Labour Party in England, Clement Attlee erklärte: «Wir sind der Überzeugung, dass ein neuer Weltkrieg das Ende der Zivilisation bedeuten würde.» Das britische Innenministerium errechnete, dass monatlich 570 000 Kubikmeter Holz für Särge gebraucht würden, und das Gesundheitsministerium schätzte, dass 2,8 Millionen Krankenhausbetten benötigt würden und innerhalb von sechs Monaten infolge des Luftkriegs 4 Millionen psychisch Kranke zu versorgen seien.[1] Die Vorstellung, dass der moderne Krieg zu entsetzlich sei, um als politische Alternative in Betracht zu kommen, wurde von keinem so überzeugend und so eloquent vertreten wie vom britischen Premierminister Neville Chamberlain am Vorabend seiner Reise nach München, wo er Hitlers Forderungen nachgeben sollte: «Wie furchtbar, phantastisch, ja unglaublich wäre es, wenn wir hier Gräben ausheben und Gasmasken anprobieren sollten wegen eines Streits in einem fernen Land zwischen Menschen, von denen wir nichts wissen … Ich selbst bin bis in das Innerste meiner Seele ein Mann des Friedens. Ein bewaffneter Konflikt zwischen Nationen ist für mich ein Albtraum; doch wenn ich überzeugt wäre, dass eine Nation beschlossen hätte, die Welt durch die Androhung von Gewalt zu beherrschen, dann wäre ich wohl der Meinung, dass man ihr Widerstand leisten müsste.»[2] Der hypothetische Charakter der zweiten Hälfte dieser Erklärung ließ erkennen, wie sehr er daran glaubte und daran glauben wollte, dass eine Notwendigkeit des Widerstands eine höchst unwahrscheinliche Möglichkeit war.

In den zwanziger Jahren hatte es hochfliegende Hoffnungen gegeben, mit einer neuartigen Staatsorganisation auf nationaler wie internationaler Ebene ließen sich die Probleme der Vergangenheit vermeiden. Das war die Auffassung von Präsident Woodrow Wilson in Versailles: Wenn repräsentative oder demokratische und liberale Regierungen an die Macht kämen, wenn Minderheiten hinreichend geschützt würden, dann wäre die Welt im Frieden. Wilson hatte dem Laster der «Geheimdiplomatie» die Schuld am Krieg zugeschoben und angenommen, «offene Verträge, offen ausgehandelt» könnten eine Wiederholung der Katastrophe verhindern. Der Völkerbund war dazu gedacht, ein System der «kollektiven Sicherheit» durch die Garantie der Rechte kleiner Staaten und das Verbot jedweder Aggression durchzusetzen. In Artikel 10 der Völkerbundcharta hieß es: «Die Bundesmitglieder verpflichten sich, die territoriale Unversehrtheit und die gegenwärtige politische Unabhängigkeit aller Bundesmitglieder zu achten und gegen jeden Angriff von außen zu wahren. Im Fall eines Angriffs, der Drohung mit einem Angriff oder einer Angriffsgefahr trifft der Rat die zur Durchführung dieser Verpflichtung geeigneten Sicherheitsmaßnahmen.» Ein Ständiger Internationaler Gerichtshof sollte Streitigkeiten schlichten. Idealistische Visionen einer Eintracht in internationalen Beziehungen erreichten einen Höhepunkt im August 1928, als die «Hohen Vertragschließenden» des Briand-Kellogg-Pakts feierlich erklärten, «dass sie den Krieg als Mittel für die Lösung internationaler Streitfälle verurteilen und auf ihn als Werkzeug nationaler Politik in ihren gegenseitigen Beziehungen verzichten».

Gleichzeitig wussten die Beteiligten an den Friedensverträgen, dass es innerhalb der neuen Staaten starke nationale und ethnische Unterschiede gab, die deren Stabilität gefährden konnten, und fügten in die Verträge Bestimmungen zum Schutz von «Minderheiten» ein. Polen wurde in Artikel 93 des Versailler Vertrags verpflichtet, sich damit einverstanden zu erklären, «daß die alliierten und assoziierten Hauptmächte in einen mit ihm zu schließenden Vertrag die Bestimmungen aufnehmen, die sie zum Schutz der Interessen der nationalen, sprachlichen und religiösen Minderheiten in Polen für notwendig halten». Die Tschechoslowakei, Griechenland, Rumänien und Jugoslawien, allesamt Vielvölkerstaaten, mussten ähnliche vertragliche Verpflichtungen eingehen. (Für Deutschland und das Nachkriegsösterreich und -ungarn, die von keinem als Vielvölkerstaaten angesehen wurden, gab es keine solchen Bestimmungen.) In keinem der Artikel der Völkerbundsatzung wurden jedoch individuelle Menschenrechte verankert.

Ein solches System sah sich vor eine ganze Reihe von Fragen gestellt. Was war mit «Angriff» («*aggression*») gemeint? Was würde geschehen, wenn eine Minderheit in einem Land sich mit der Bitte um Hilfe an einen Nachbarstaat wandte? Wie konnten «Minderheiten» ihre Rechte schützen? Sie sollten sich an den Völkerbundsrat wenden, und eine Minderheitenkommission sollte zunächst untersuchen, ob die Beschwerde begründet war; wenn ja, konnte der Rat eine Lösung erarbeiten. Worin bestanden die Verpflichtungen der Großmächte? Sie sollten bestimmte Maßnahmen – hauptsächlich Wirtschaftssanktionen – gegen Angreifer verhängen; es gab jedoch keinen Mechanismus für eine Intervention.

Nach der Weltwirtschaftskrise ging die Attraktivität des Völkerbunds zurück. Er lieferte selbst die perfekte Illustration zu einem der Parkinsonschen Gesetze: Institutionen erreichen die Perfektion ihres ursprünglichen Plans erst in dem Augenblick, in dem sie überholt sind. Die Bauarbeiten am gewaltigen Komplex des Palais des Nations in Genf begannen 1929, gerade als die Krise ausbrach und Stresemann starb; abgeschlossen waren sie 1936, als italienische Truppen in Abessinien einmarschierten und deutsche Truppen das entmilitarisierte Rheinland wiederbesetzten; eingeweiht wurden die Gebäude 1937. Parkinson hatte darüber geschrieben: «Tiefe Gedanken waren auf die Konstruktion des Sekretariats und der Ratszimmer, der Ausschussräume und des Restaurants verschwendet worden. Alles, was menschlicher Geist ersinnen konnte, war da – mit Ausnahme des Völkerbundes. Denn der hatte im Jahr der Eröffnung des Palastes seinen Geist aufgegeben.»[3]

Gegen Ende der dreißiger Jahre blickten die Großmächte auf kleinere Staaten mit Verachtung herab. Stalin erklärte: «In unserer Zeit ist es nicht üblich, mit den Schwachen zu rechnen.» Hitler sprach verächtlich vom «Kleinstaatengerümpel», mit dem er aufräumen wollte. Der britische Premierminister Neville Chamberlain bemerkte etwas dezenter: «In der Welt, wie wir sie heute vorfinden, hat eine unbewaffnete Nation kaum eine Chance, gehört zu werden.»[4]

Von Anfang an hatte der Völkerbund ein problematisches Verhältnis zu großen Staaten. Der amerikanische Kongress weigerte sich, die Satzung zu ratifizieren, und infolgedessen gehörten die Vereinigten Staaten dem Völkerbund nicht an. Die Sowjetunion wurde 1934 zugelassen und 1939 – nach ihrem Überfall auf Finnland – wieder ausgeschlossen (sie war der einzige Staat, der ausgeschlossen wurde). Das besiegte Deutschland wurde erst 1926 aufgenommen, und 1933 trat Hitler mit großem Aplomb und voller Geringschätzung wieder aus. Frankreich stand dem System von Anfang an skeptisch gegenüber und hatte versucht, sein eigenes Sicherheitssystem zu errichten (kleine «Ententen» mit den östlichen Nachbarn Deutschlands) als Schutz gegen die Gefahren, die von einem gestärkten Deutschland ausgingen. Britische Politiker äußerten sich bis in die dreißiger Jahre begeisterter über den Völkerbund, doch wie britische Kritiker meinten, lag das nur daran, dass der Bund für eine finanziell und moralisch erschöpfte Großmacht die Möglichkeit bot, ihre internationalen Prätentionen noch eine Weile aufrechtzuerhalten.

Französische Nationalisten lehnten es in den zwanziger und dreißiger Jahren ab, zwischen einem «guten» (republikanischen, demokratischen) und einem «schlechten» (monarchistischen, nationalistischen, faschistischen oder nationalsozialistischen) Deutschland zu unterscheiden und sahen die deutschen Interessen zwangsläufig durch Versailles bedroht und damit denen Frankreichs zuwiderlaufend. Dies schlage sich im deutschen Revanchismus nieder. Dieses Argument hatte eine lückenlose und unbarmherzige Logik für sich. Mit jeder Lockerung der Fesseln des Versailler Vertrags wurde für Deutschland der Spielraum erweitert, seine Interessen zur Geltung zu bringen. Die Räumung des Rheinlands 1930 und das Ende der Reparationen im Juli 1932 auf der Konferenz von Lausanne waren nach diesem Verständnis notwendige Präliminarien für die erneute Behauptung der nationalsozialistischen Macht.

Die Geschichte der zunehmenden Lockerung der Deutschland angelegten Fesseln warf vor und nach 1933 die Frage nach einer Kontinuität des deutschen politischen Verhaltens auf und wie weit man das Dritte Reich als einen Staat neuen Typs auffassen konnte.

Die dynamischen Staaten der dreißiger Jahre, die weitgehend aus der politischen Weltordnung ausgeschlossen waren – das nationalsozialistische Deutschland und die kommunistische Sowjetunion –, hatten einige Merkmale gemeinsam, die darauf verwiesen, dass sich ihre Politik eher auf eine Ideologie als auf Interessen gründete. Bei beiden stand der Gedanke im Vordergrund, wie die menschliche Natur zu ändern oder in eine bestimmte Form zu bringen sei. Ein sowjetisches Propagandaplakat aus dem Jahr 1934 von Konstantin Sotow zeigt einen lächelnden, glatt rasierten Mann, eine lachende Mutter und ein hellblondes Kind mit gefalteten Händen, die eine Schallplattenaufnahme hören. Es trägt den Slogan: «Jeder Kolchosnik oder Einzelbauer hat jetzt die Möglichkeit, wie ein Mensch zu leben.» Das Bild, das modernes Leben zeigen will, bedient sich einer ziemlich traditionellen Ikonographie – der der Heiligen Familie –, bei der das Kind die Hände wie im Gebet gefaltet hat. Auf den ersten Blick wird niemand etwas gegen die Botschaft einer liebevollen gegenseitigen Zuneigung einzuwenden haben. Doch der Slogan impliziert, dass etwas geschehen müsse, bevor Bauern (die in der russischen Tradition häufig als Tiere betrachtet wurden) zu Menschen werden könnten, und dass eine Umgestaltung durch die Obrigkeit erforderlich sei. Bauern seien nicht von Natur aus Menschen: Aus ihnen müssten erst Menschen gemacht werden.

Konstantin Sotow, Propagandaplakat 1934, © Russische Staatsbibliothek, Moskau

Totalitarismus

Der Begriff «total» in Verbindung mit dem Faschismus hatte seinen Ursprung im eigenen Anspruch der Bewegung, eine neue und alles umfassende Weltanschauung anzubieten, die den partiellen und beschränkten Staat des Liberalismus ersetzen werde. Einige nationalsozialistische Staatsrechtler, vor allem Carl Schmitt, verwendeten auch den Begriff «totaler Staat», um den neuartigen Staat zu kennzeichnen, der geschaffen wurde.

Nach dem Zweiten Weltkrieg wurde «Totalitarismus» ausschließlich als ablehnender Begriff gebraucht, zumeist von Antikommunisten, die versuchten, gemeinsame Elemente des Rechts- und des Linksextremismus sowie des Faschismus bzw. Nationalsozialismus und des Kommunismus zu identifizieren. Carl J. Friedrich und Zbigniew Brzezinski schufen in ihrer Studie *Totalitäre Diktatur* in einer ziemlich statischen Weise eine Typologie zur Identifizierung dieser Regimes. «Totalitarismus» bedeutete nicht nur eine Ideologie der Politik, sondern auch ein Mittel, sie durchzusetzen: durch die Herrschaft einer relativ monolithischen Partei, durch die Kontrolle der Medien, der Presse, des Rundfunks und damit der öffentlichen Meinung, durch ein Monopol der Mittel zu Zwang und Gewalt in der Polizei und im Militär und durch die Organisation und Unterordnung der Wirtschaft unter den Staat. Weder der NS-Staat noch der Sowjetstaat entsprachen diesem Modell vollkommen, das eher als «Idealtyp» (Max Weber) zu verstehen ist. Eine Spielart dieser Denkrichtung, die für kurze Zeit in den achtziger Jahren auf dem Gebiet der US-Politik einflussreich war und sich mit dem Namen Jeanne Kirkpatrick verbindet, behauptete, die innere repressive Gewalt totalitärer Regime bedeute, dass nicht damit zu rechnen sei, dass sie sich von innen heraus reformieren, sondern nur (wie Hitlerdeutschland) durch militärische Gewalt oder zumindest durch äußere Macht besiegt werden könnten.

Hannah Arendt dagegen interpretierte in ihrem Buch *Elemente und Ursprünge totaler Herrschaft* (zuerst 1951 in den USA erschienen, 1955 in Deutschland) die Neigung, eine ideologisch und innerlich gefestigte Partei zu schaffen (deren Eliten geradezu mystische Züge hervorkehrten) als Reaktion von Menschen, die sich durch die Moderne und den Zusammenbruch traditioneller Formen der Gemeinschaft entwurzelt fühlten. So konnte eine Partei zur vermittelnden Instanz einer neuen Wahrheit in einer Welt der Sinnlosigkeit und Anonymität werden.

Sowohl der nationalsozialistische wie der sowjetische Staat hatten ein System von Überzeugungen, das von sich behauptete, umfassend erklären zu können, wie die Welt funktioniere, und natürlich auch, wie die internationalen Beziehungen funktionierten. Die Nationalsozialisten sahen den Gang der Geschichte als einen Kampf der auf unterschiedliche Rassen gegründeten Nationen um die Vorherrschaft in einer Art pseudodarwinistischem Prozess. Im sowjetischen Weltbild war alle Geschichte die Geschichte von Klassenkämpfen, die sich zu zwischenstaatlichen Beziehungen auswuchsen und einen permanenten Krieg zwischen verschiedenen Formen einer gesellschaftlichen Organisation bedeuteten, zwischen kapitalistischen und sozialistischen Staaten. Bis weit in die dreißiger Jahre betrachteten die Sowjetunion und ihre internationale Organisation, die Komintern, den Faschismus verhängnisvollerweise nur als eine extreme Form des Imperialismus, nach Lenin die höchste (und damit letzte) Stufe des Kapitalismus.

Deutschland und die Sowjetunion hatten Züge, die von Politikwissenschaftlern (im Anschluss an die klassischen Untersuchungen von Carl J. Friedrich und Zbigniew Brzezinski[5]) als «Totalitarismus» beschrieben wurden. Keiner dieser Staaten entsprach diesem Modell in jeder Hinsicht. Man sollte es eher als einen «Idealtyp» (Max Weber) verstehen. Die Parteien waren zänkisch und zerstritten, und der Führer, der ein «Führerprinzip» (im Russischen *edinonačalie*) geltend machte, gründete seine Herrschaft auf die erbitterte Rivalität und auf mörderische gegenseitige Verdächtigungen der unter ihm Stehenden. In beiden Fällen konnte der Staat natürlich nicht wirklich kontrollieren, was die Menschen dachten, und den Führungen war klar, dass sie neben der Anwendung von Zwang, Einschüchterung und Strafen auch werben und überzeugen mussten. Wirtschaftsprozesse gehorchten einer eigenen Logik – der von Millionen unabhängigen Entscheidungsträgern, die gelegentlich nicht wie erwartet auf verkehrte Anreize reagierten, die von einem planenden Apparat gegeben wurden. Am nächsten kamen diese Staaten einem Totalitarismus noch in ihrem Gewaltmonopol und in ihrer Fähigkeit, ihre Macht auf der internationalen Bühne zur Geltung zu bringen. Zunächst sah es so aus, als gelänge dies dem nationalsozialistischen Regime wesentlich besser als dem sowjetischen. Als man jedoch die Waffen sprechen ließ, erwies der sowjetische Apparat sehr schnell seine unbestrittene Überlegenheit.

Das neue Deutschland

Auf den ersten Blick hatte die französische Deutung, Deutschland sei von revanchistischen Interessen getrieben, sei es in der Weimarer Republik, sei es unter dem Nationalsozialismus, sehr viel für sich. Es war in der Tat überaus schwierig, in den ersten Jahren nach der klaren innenpolitischen Zäsur von 1933 eine Akzentverschiebung in der deutschen Außenpolitik auszumachen. So wurden etwa die Akteure in der deutschen Außenpolitik während der nationalsozialistischen Revolution nicht ausgewechselt. Hitlers erster Außenminister, Konstantin von Neurath, hatte dieses Amt auch unter Papen und Schleicher inne gehabt, ebenso wie Bernhard von Bülow den Posten des Staatssekretärs im Auswärtigen Amt. Deutsche Politiker zeigten auf der Weltwirtschaftskonferenz in London im Juni/Juli 1933 keine diplomatischen Manieren, und am 4. Oktober 1933 verkündete Hitler den Austritt Deutschlands aus dem Völkerbund – erklärte jedoch am selben Tag seine Absicht, «eine Politik des Friedens und der Versöhnung» zu verfolgen.[6] Tatsächlich hatten die deutschen Außenminister seit Stresemanns Tod 1929 einen lärmenden Nationalismus an den Tag gelegt.

Das einzige Anzeichen für eine Veränderung der deutschen Prioritäten erschien in der Tat als ein Akt der Versöhnung: die Nationalsozialisten machten den seit langem bestehenden politischen und wirtschaftlichen Spannungen zwischen Berlin und Warschau im Januar 1934 durch einen Nichtangriffspakt mit Polen ein Ende. Es schien so, als hätte Hitler die traditionelle Forderung der deutschen Rechten (die aber letztlich auch von Teilen der SPD vertreten wurde) nach einer Revision der deutschen Ostgrenze aufgegeben zu Gunsten einer ideologischen Solidarität zwischen Deutschland und Polen, da Deutschland und Polen sich einig sahen in ihrer Opposition zum Sowjetkommunismus. Von Neurath hatte sich gleichwohl einem solchen Pakt mit Polen hartnäckig widersetzt.

Hitler hegte eine tiefe Abneigung gegen das herkömmliche Establishment der deutschen Außenpolitik, das in seinen Augen die Inkarnation der geistig beschränkten Politiker der Weimarer Republik war. Er bezeichnete das Auswärtige Amt als «Schuttplatz der Intelligenz».[7] Er war überzeugt, der neue Stil der Außenpolitik in einem neuen Staatstyp werde die traditionellen bürgerlichen Politiker der Großmächte ebenso in die Irre führen, wie es ihm mit den deutschen Politikern zu Beginn der dreißiger Jahre gelungen war.

Tatsächlich erschienen den europäischen Politikern die von Deutschland ausgehenden Signale als überaus verwirrend. Wenn die Welt der europäischen Diplomatie auf Hitler blickte, sah sie genau das, was sie zu sehen wünschte – einen Realpolitiker, mit dem Kompromisse zu erreichen waren. Noch in den späteren dreißiger Jahren neigten Außenpolitiker dazu, zwischen deutschen «Tauben» (wie Hjalmar Schacht oder Hermann Göring) und «Falken» zu unterscheiden in der Überzeugung, ein Entgegenkommen werde die Position der Gemäßigten stärken und die der Radikalen schwächen.

Nach dem Tod des Reichspräsidenten Paul von Hindenburg im August 1934 – zuletzt gleichermaßen Held des kaiserlichen Deutschlands als auch ein letzter konstitutioneller Überrest der Weimarer Republik – ging Hitler daran, der neuen deutschen politischen Vision ihre endgültige Form zu geben. In der Erläuterung eines bevorstehenden Plebiszits, mit dem die Vereinigung von Kanzler- und Präsidentenamt zu einer neuen Rolle, der des «Führers», vom Volk abgesegnet werden sollte, sagte Hitler einem britischen Journalisten: «Wir wilden Deutschen sind bessere Demokraten als andere Nationen.» Die Demokratie wurde allerdings diesen hohen Erwartungen des Führers nicht gerecht. Die Volksabstimmung ergab 84,6 Prozent Ja-Stimmen, in manchen Regionen, darunter Stadtteile von Berlin, lagen diese jedoch unter 70 Prozent. Danach erklärte Hitler, «das nervöse Zeitalter des 19. Jahrhunderts» habe seinen Abschluss gefunden: «In den nächsten tausend Jahren findet in Deutschland keine Revolution mehr statt.» [8]

Im neuen Deutschland verloren traditionelle Begriffe wie «Staat» oder «Nation» ihre Bedeutung. Die führenden Figuren des Regimes förderten eine Art Hegelsche Begriffsverwirrung: Auf dem Nürnberger Parteitag 1935 erklärte Hitler: «Der Führer ist die Partei, und die Partei ist der Führer.» Sein Stellvertreter Rudolf Heß war noch weiter gegangen und hatte den Parteitag von 1934 mit den Worten geschlossen: «Hitler ist die Partei, aber Hitler ist Deutschland, so wie Deutschland Hitler ist.» 1935 bot Hitler in einer Rede in Berlin die folgende Deutung der Identität im neuen Deutschland an: «Was heißt Staat? Volksgenosse, du bist der Staat!»[9]

Die alte Idee von Staat und Regierung löste sich einfach auf. Das deutsche Kabinett trat nach 1934 kaum noch zusammen, 1935 noch zwölfmal, 1937 nur sechsmal und nach dem Februar 1938 überhaupt nicht mehr.[10] Die Verteilung der Zuständigkeiten zwischen den einzelnen Ministerien und neuen, von Hitler geschaffenen Behörden, die sich spezifischer Probleme annehmen sollten, war nie eindeutig geklärt und wurde in der Praxis immer unübersichtlicher. Fiel die Aufsicht über die Wirtschaft in die Zuständigkeit des Reichswirtschafts- oder des Reichsfinanzministeriums, der Behörde für den Vierjahresplan oder des Reichsministeriums für Bewaffnung und Munition? Welche Aufgaben hatten die NSDAP und ihre Institutionen, von denen einige auf einer funktionellen oder vertikalen Basis (nach dem Vorbild des italienischen faschistischen Korporatismus) und andere geographisch oder horizontal organisiert waren? Mit Blick auf die bürokratische Verwirrung und die internen Querelen des NS-Staates, die ungeheure Mengen an schriftlichen Dokumenten produzierten, gelangten viele Historiker zu dem Schluss, diese chaotische und von Rivalitäten durchsetzte Machtstruktur sei der Grund gewesen für die zunehmende Radikalisierung der politischen Programme und ihre inkompetente Durchführung. So hat Richard Overy darauf hingewiesen, dass häufige Änderungen in den Anweisungen für den

Flugzeugbau zu einer Vielfalt von Typen und zu langen Verzögerungen geführt hätten, da die Fabriken neue Werkzeugmaschinen für neue Produkte benötigten. Damit aber sei eine zureichende militärische Vorbereitung kaum möglich gewesen. Um diese politische Inkohärenz zu beschreiben, hat man häufig von «Polykratie» gesprochen, ein Begriff, der ursprünglich von dem mit dem NS-Regime sympathisierenden Staatsrechtler Carl Schmitt als Kritik an der Ministerialbürokratie benutzt wurde. Diese mangelhafte Abgrenzung der Zuständigkeiten ging wesentlich auf Hitlers Strategie des *divide et impera* zurück. Damit sollte der bürokratischen Komplexität das Konzept einer charismatischen Herrschaft übergestülpt werden. Nicht zufällig stammen die besten Untersuchungen der Herrschaftsmethoden Hitlers von Mediävisten (Ian Kershaw, Michael Burleigh) oder von Historikern der frühen Neuzeit (Hugh Trevor-Roper), denn gerade ihnen war die Dynamik von Herrscherfiguren und des Byzantinismus ihrer Umgebung vertraut.

Nationalsozialismus

Der Nationalsozialismus war die Doktrin der Nationalsozialistischen Deutschen Arbeiterpartei (NSDAP), die aus der 1919 von Anton Drexler gegründeten radikalrassistischen Deutschen Arbeiterpartei (DAP) hervorging, bald darauf jedoch von Adolf Hitler übernommen und umbenannt wurde. Zwar stellte die Partei 1920 ein 25-Punkte-Programm auf, das anschließend für unabänderlich erklärt wurde, doch in der Praxis war die Partei bei aller Radikalität extrem opportunistisch. Viele der 25 Punkte waren antikapitalistisch (und richteten sich vor allem gegen das Finanzkapital), doch die Partei hatte eine starke Anhängerschaft unter kleinen Geschäftsleuten und Ladeninhabern und weckte schließlich sogar das Interesse einiger Großunternehmer, die in ihr ein Bollwerk gegen den Kommunismus sahen. Die Hauptrichtung ihres Programms war ein grimmiger Antikommunismus, auch wenn die Nationalsozialisten zum Sturz der Weimarer Republik mit den Kommunisten zusammenarbeiteten (vor allem beim Streik in der Berliner Verkehrs-Gesellschaft im November 1932); und der Zweite Weltkrieg wurde ermöglicht durch einen vorausgehenden deutsch-sowjetischen Nichtangriffspakt – der Höhepunkt einer langjährigen Zusammenarbeit der Geheimdienste beider Länder. Die Nationalsozialisten behaupteten von sich, sie seien militante Nationalisten, doch Hitler zeigte weder in der Opposition (die ihn durch keine politischen Realitäten behinderte) noch als Reichskanzler Sympathien für die deutschsprachige Bevölkerung des ehemals zum Habsburgerreich gehörenden Südtirol, das seit 1919 italienisch war, und er betrachtete die Deutschen in Danzig nur als nützlich, soweit sie in sein außenpolitisches Konzept passten. Die Partei war rassistisch, vor allem im Hinblick auf die «Ostvölker», behandelte jedoch in der Praxis manche Slawen (die Slowaken und Kroaten) sehr zuvorkommend, während sie gegenüber anderen (Polen und Serben) eine Politik des Völkermords betrieb. Der einzige absolut unveränderliche Bestandteil des Nationalsozialismus war sein erbarmungsloser und mörderischer Antisemitismus. Da aber Hitler und die Partei in den anderen Punkten ihres Programms durchaus flexibel waren, nahmen viele deutsche Juden vor 1933 diesen Teil des Programms nicht besonders ernst, sie sahen in der NSDAP eher eine Bewegung der nationalen Erweckung.

Die Weltanschauung des Nationalsozialismus gründete auf einem popularisierten Darwinismus, bei dem die Evolution aus einer Abfolge von Kämpfen bestand, aus denen die stärkste und rassisch tüchtigste Gruppe als Sieger hervorging. Ebenso wie der Faschismus verherrlichte er deshalb Krieg und Gewalt.

Im Unterschied zum Faschismus ließ er sich nicht ohne weiteres auf andere Länder übertragen, auch wenn er versuchte, auf antibolschewistischer Grundlage weltanschauliche Bündnisse zu schmieden: den Anti-Kominternpakt, zunächst mit Japan (das in den dreißiger Jahren eine ziemlich andere und weniger populistische Regierungsform hatte) und dann mit dem faschistischen Italien; später schlossen sich noch einige Satellitenstaaten an.

Der moderne Staat, wie er sich in der von der Französischen Revolution begründeten Tradition entwickelt hat, behandelt alle seine Bürger gleich. Dem Nationalsozialismus erschien dieses Prinzip weltfremd und es entsprach nicht den Erfordernissen und der Logik der modernen Naturwissenschaft, der zufolge es nur Hierarchien der Fähigkeit und Tauglichkeit gab.

Gehörte der Begriff des Staates der Vergangenheit an, so galt dasselbe auch für die Nation. Beide waren in den Augen Hitlers ein Erbe der Französischen Revolution: «Mit dem Begriff der Nation hat Frankreich seine große Revolution über die Grenze geführt. Mit dem Begriff der Rasse wird der Nationalsozialismus seine Revolution bis zur Neuordnung der Welt durchführen.»[11] Rasse bedeutete eine Hierarchie verschiedener Rassen und einen Kampf um die Reinigung der höherwertigen Typen von «unreinen» oder «minderwertigen» Merkmalen. Darin übernahm der Nationalsozialismus einen bedeutenden Teil des eugenischen Denkens. Während der zwanziger Jahre – und vor allem während der Weltwirtschaftskrise – hatten viele Analysten, Beobachter und Wissenschaftler versucht herauszuarbeiten, welcher «asoziale» oder antisoziale Typus dem Wohlfahrtsstaat und Gedanken des Gemeinwohls im Weg stand.

Der Begriff der Rasse beantwortete auch die Frage, die viele Deutsche, ja viele Europäer zu Beginn des 20. Jahrhunderts beschäftigte. Was war die Sinngebung der modernen Welt? Die Rassenzugehörigkeit gab dem Einzelnen in einer im übrigen anonymen und zerrissenen Umwelt ein gewisses Maß an Individualität und zugleich das Gefühl, einer überlegenen Gruppe anzugehören.

Die Idee der Partei hatte wenig mit den traditionellen Parteien zu tun, sie sollte diese vielmehr überwinden und eine neue Elite für Deutschland darstellen (was einige Parteigenossen mit der Funktion von Eliteuniversitäten wie Cambridge oder der Harvard-Universität in der angelsächsischen Welt verglichen). Hitler bezeichnete die NSDAP auf dem Nürnberger Parteitag 1934 als eine auserwählte Gruppe, deren Pflicht es sei, mehr zu tun als einfach zu bekennen: *Ich glaube* (die ganze Atmosphäre eines Parteitags war von einer Pseudoreligiosität durchdrungen). Hitler wollte eine Partei schaffen, die durch einen gemeinsamen Glauben zusammengehalten würde und die Basis für eine Ordensgesellschaft abgeben sollte. Ihm stand dabei das Vorbild des Deutschen Ordens vor Augen. Denn innerhalb der Partei sollte es immer enger definierte und immer exklusivere Eliten geben: Die SS («Schutzstaffel»), ursprünglich als Schutzeinheit für hohe NSDAP-Führer gedacht, wurde nach ihrer Beteiligung am so genannten Röhm-Putsch von 1934, als die Führer der SA ermordet wurden, zur neuen Elite der Partei. Der «Reichsführer SS», Heinrich Himmler, hatte dieses Ziel seit 1930 vor Augen – nicht zuletzt durch die anfangs sehr rigiden Auswahlkriterien für SS-Angehörige. Gleichzeitig erhielt die SS Polizeifunktionen: Im April 1934 wurde Himmler Inspekteur der Gestapo (Geheime Staatspolizei) in Preußen; 1936 wurde er als Chef der gesamten deutschen Polizei bestätigt. Auch innerhalb der SS gab es wiederum Eliten.

Die Verknüpfung einer großen Volksbewegung, mobilisiert durch Massenrituale und eine eindrucksvolle Dramaturgie wie Albert Speers «Lichtdome» auf den Nürnberger Parteitagen mit einem Konzept der Eliten innerhalb von Eliten war etwas Neuartiges, aber sie hatte zwei Vorbilder, von denen die beiden wichtigsten die katholische Kirche mit ihren ausgedehnten Ritualen und dem Mysterien-Kult und die Kommunisten waren, die nach sowjetischem Vorbild die Partei als Avantgarde des Proletariats betrachteten. Auf der institutionellen Ebene übernahm Hitler vieles von beiden; und psychologisch fühlten sich nicht wenige Kommunisten und Katholiken innerhalb der nationalsozialistischen Bewegung anscheinend gut aufgehoben. Doch ideologisch stellten gerade diese beiden Vorbilder für den Nationalsozialismus die größte Bedrohung dar, und sie war weit größer als der traditionelle Liberalismus, der in den zwanziger und dreißiger Jahren vielen völlig überholt erschien.

Zu Hitlers ersten Maßnahmen gehörte das Verbot der Druckschriften und Versammlungen der KPD in der Folge des Reichstagsbrands vom

27. Februar 1933. Etliche führende Kommunisten wurden verhaftet und vor Gericht gestellt; viele Parteimitglieder wurden einfach in «Schutzhaft» genommen. Die Partei musste in den Untergrund gehen.

Die antibolschewistischen Elemente des nationalsozialistischen Programms erschienen Katholiken besonders attraktiv, vor allem nach dem 1933 ausgehandelten Konkordat, mit dem die über ein halbes Jahrhundert währenden äußerst angespannten Beziehungen zwischen dem Vatikan und dem Deutschen Reich ihr Ende fanden. 1936, als das Regime ideologisch radikaler geworden war, begann sein Kampf auch gegen die katholische Kirche. Die NS-Presse betrieb eine Kampagne gegen Homosexualität und sexuelle Perversion innerhalb der Geistlichkeit, und die NSDAP forderte die Entfernung von Kruzifixen aus den Schulräumen. Damit löste sie einen permanenten Protest innerhalb der Bevölkerung während der gesamten NS-Diktatur aus: eine Tatsache, die sowohl den Grad der Zustimmung zeigt, die das Regime erzeugen konnte, als auch die Macht der Ideologie, die das Regime bewog, eine rivalisierende Denkweise anzugreifen. Joseph Goebbels schrieb später (1940) in sein Tagebuch: «Im Wege steht uns u. a. noch die Kirche. Sie will ihren weltlichen Herrschaftsanspruch nicht aufgeben, sie tarnt ihn nur religiös.»[12]

Die Nationalsozialisten versuchten auch, eine neue Kultur der nationalistischen Mobilisierung zu schaffen, und benutzten dabei die fortschrittlichsten Instrumente der modernen Technik. Das Kino der zwanziger Jahre war eine weitgehend international operierende Industrie, denn der Stummfilm fand in vielen Ländern mühelos sein Publikum. 1929 wurde ein Drittel der Produktionskosten deutscher Filme durch die Einnahmen aus dem Auslandsverleih eingespielt. Der Tonfilm schränkte dann die Nachfrage ein, auch wenn manche Filme in der ersten Zeit in mehreren Sprachen gedreht wurden. So produzierte etwa Josef von Sternberg seinen Film *Der blaue Engel,* der Marlene Dietrich zu Weltruhm verhalf, 1930 in deutscher und in englischer Sprache.

Schon in den zwanziger Jahren war der Film Gegenstand einer intensiven politischen Diskussion. Die Nationalsozialisten hatten gegen die pazifistische Intention von *Im Westen nichts Neues* protestiert und Vorführungen gesprengt. Joseph Goebbels, damals Gauleiter von Berlin, der zum «Reichsminister für Propaganda und Volksaufklärung» ernannt worden war, lud Deutschlands führende Filmemacher in das Hotel Kaiserhof nach Berlin, um mit ihnen seine Ideen zu einer Neuorganisation der Filmindustrie zu erörtern. Die unmittelbarste Auswirkung dieser Zusammenkunft war der Ausschluss jüdischer Schauspieler und Filmregisseure aus der deutschen Filmproduktion. Wesentlich schwieriger war es, in Filmen eine gute Propaganda zu machen, und anfangs war Goebbels mit vielen Versuchen einer Produktion ideologisch unterfütterter Filme nicht einverstanden, selbst wenn sie Titel wie «Blut und Scholle» trugen. Seine Zeitung *Der Angriff* druckte eine vernichtende Kritik eines Films, der die gefallenen Helden der Partei verherrlichte, «SA-Mann Brand» (1933). Bei einem anspruchsvollen Filmpublikum wie dem deutschen in den frühen dreißiger Jahren wäre eine schlechte oder auch nur sentimentale Propaganda nicht angekommen und hätte nur dazu geführt, dass es sich über das Regime lustig gemacht hätte.

Im Lauf der Zeit produzierte Deutschland einige frappierend wirkungsvolle filmische Inszenierungen des totalisierenden Ethos des Regimes, allen voran Leni Riefenstahls «Triumph des Willens», eine Filmfassung des Nürnberger Parteitags von 1934, und «Olympia», ein Film über die Olympischen Spiele 1936 in Berlin.

Während der Friedensjahre wurde jedoch mehr Arbeit in harmlose Filme gesteckt, mit denen die Zuschauer unterhalten und nicht mit problematischen Themen konfrontiert werden sollten. Selbst hier war die Wahl problematisch, und eine geplante Verfilmung von «Der Liebesrausch» wurde mit der Begründung abgelehnt, Ehekonflikte sollten nicht auf der Leinwand gezeigt werden, selbst wenn es nicht um Ehebruch ging. Einige der ehrgeizigsten Unternehmen erwiesen sich als eine Abfolge von Tanznummern mit großem Orchester wie «Hallo Janine» mit Marika Rökk (1939). Etliche Stars dieser Unterhaltungsfilme waren noch aus der Stummfilmzeit internationale Berühmtheiten: Zwei der bestbezahlten Schauspielerinnen in deutschen Filmen, die Schwedin Zarah Leander und die aus England stammende Lilian Harvey, wurden ausgewählt, weil sie auch englische Texte sprechen konnten. Dasselbe galt für den bestbezahlten männlichen Filmstar, den Deutschen Hans Albers.

Als der Krieg näher rückte, nahm die Zahl der Filme zu, in denen militärische Tugenden gefeiert wurden («Pour le mérite», 1938), und nach dem Ausbruch des Krieges gab es eine Reihe bösartiger antisemitischer Propagandafilme, von denen vor allem «Jud Süß» und der als Dokumentarfilm propagierte «Der ewige Jude», beide aus dem Jahr 1940, eine traurige Berühmtheit erlangten. Die Ideologie trat in der Filmproduktion in den Vordergrund, und es wurden Filme produziert, die den Krieg gegen England und das nationalsozialistische Euthanasieprogramm rechtfertigten («Ohm Krüger» über den Burenkrieg und «Ich klage an», beide 1941). Noch 1944/45 wurde der Farbfilm «Kolberg» gedreht, der einen Widerstand bis zum Ende propagierte und in dem Bürgermilizen aufgefordert wurden, sich dem engstirnigen Defätismus der Militärs zu widersetzen. Der Film beruhte auf einem historischen Ereignis während der Napoleonischen Kriege

1807 und setzte zwischen 5000 und 10000 Soldaten als Komparsen ein, während die deutsche Wehrmacht auf dem Rückzug dringend jeden Mann gebraucht hätte.

In der Außenpolitik wurde Hitler hin und her gerissen zwischen realpolitischen Einschätzungen, was auf der internationalen Bühne möglich war, und dem Wunsch, seinen Anhängern, dem deutschen Volk und der Welt die radikale Energie seiner neuen Bewegung zu beweisen. Im Januar 1935 ergab eine Volksabstimmung im Saargebiet, die vom Versailler Vertrag vorgesehen war, 91 Prozent Ja-Stimmen für eine Rückkehr nach Deutschland und dies trotz der hohen Bevölkerungsanteile von Arbeitern und Katholiken, von denen man hätte erwarten können, dass sie dem NS-Regime misstrauisch bis ablehnend gegenüberstanden. Als die Saar wieder ein Teil Deutschlands war, erklärte Hitler öffentlich gegenüber den Saarländern: «Nach dem Vollzug eurer Rückkehr wird das Deutsche Reich keine territorialen Forderungen mehr stellen.»[13]

In der Praxis betrieb Hitler jedoch die Aufrüstung weiter und begann fast unmittelbar nach der Saarabstimmung die Grenzen des Friedensvertrags auf die Probe zu stellen. Am 10. März 1935 gab Göring bekannt, dass eine deutsche Luftwaffe existierte: Sie war mit dem Personal und den Mitteln der zivilen Luftfahrtgesellschaft Lufthansa aufgebaut worden. Am 13. März, nach einer Diskussion mit seinem Wehrmachtsadjutanten Oberstleutnant Hoßbach, beschloss Hitler ohne Rücksprache mit der Wehrmachtsführung oder dem Kabinett, die allgemeine Wehrpflicht wieder einzuführen und eine neue Wehrmacht aus 36 Divisionen oder 550000 Mann aufzustellen, das Fünfeinhalbfache dessen, was der Versailler Vertrag erlaubt hatte. Am 15. März verlängerte die französische Nationalversammlung die Dauer der Militärdienstzeit von 12 auf 24 Monate, so dass Hitler seine bereits getroffene Entscheidung als eine Reaktion auf den französischen Schritt hinstellen konnte. Am 16. März feierte Deutschland somit etwas, das in Sonderausgaben der Zeitungen zustimmend als «erste Maßnahme zur Aufhebung von Versailles» bezeichnet wurde.[14] Es war ein sorgfältig gewählter Zeitpunkt eines politischen Opportunismus, und Hitler begann eine Lehre über die Notwendigkeit aufzustellen, sich bietende Chancen zu nutzen. So erklärte er vor seinen Kumpanen: «Im politischen Leben muß man an die Glücksgöttin glauben, die einmal vorbeistreicht. Und dann muß man sie erfassen! Sie kehrt nie wieder.»[15]

Die Reaktion der übrigen europäischen Großmächte (England, Frankreich, Italien) auf die deutsche Wiederbewaffnung bestand im April 1935 in der Erklärung, Deutschlands Westgrenze sowie die eigenständige Existenz Österreichs zu garantieren. Hitler klang beruhigend friedfertig, als er versicherte, Deutschland habe weder den Wunsch noch die Absicht, sich Österreich einzuverleiben. Erweckte er den Anschein, zu friedliebend zu sein, und erwartete die deutsche Öffentlichkeit von ihm mehr Kampfgeist?

Im Spätsommer 1935 reagierte er auf Anzeichen von Unzufriedenheit in der Bevölkerung über Preiserhöhungen und schlechte Arbeitsbedingungen mit dem Bedürfnis, eine spektakuläre neue außenpolitische Initiative zu ergreifen. Eine Aktion, die sich anbot, wäre die Entsendung von Truppen in das entmilitarisierte Rheinland gewesen. Doch zu diesem Zeitpunkt erschien ein solcher Akt, der eklatant gegen den Versailler Vertrag verstoßen hätte, als zu gefährlich und drohte eine Reaktion der wesentlich stärkeren französischen Armee auszulösen. So begnügte sich Hitler mit einer neuen radikalen judenfeindlichen Maßnahme. Es waren die in Eile verfassten Nürnberger Gesetze, die eine neue Art der Reichsbürgerschaft schufen. Sie gründete auf rassische Abstammung und schloss so genannte «Nichtarier» aus (Juden, Roma und Sinti).

Der nächste außenpolitische Schritt musste bis zum Frühjahr 1936 warten, als das politische Chaos in Frankreich eine günstige Gelegenheit bot und die Wahrscheinlichkeit einer militärischen Reaktion verringerte. Beunruhigt über seine zunehmende Verletzlichkeit hatte Frankreich soeben einen – von Pierre Laval ausgehandelten – Vertrag mit der Sowjetunion abgeschlossen. Hitler erkannte einen weiteren günstigen Augenblick und berief den Reichstag für den 7. März 1936 ein. Dort erklärte er, das französische Vorgehen sei in seinen Augen ein Bruch des Vertrags von Locarno, und informierte seine Zuhörer, dass in diesem Augenblick deutsche Soldaten über die Rheinbrücken in die aufgrund des Versailler Vertrags entmilitarisierte Zone einmarschierten. Später räumte er ein, dass sich die Wehrmacht im Fall eines bewaffneten französischen Widerstands hätte zurückziehen müssen.

In den folgenden Jahren legte Hitler das Fundament zu einer radikaleren Politik. Deutschland war 1936 offensichtlich militärisch noch ziemlich schwach. Auf der wirtschaftlichen Ebene verfolgte der Vierjahresplan von 1936 das Ziel, Deutschland in die Lage zu versetzen, ab 1940 einen Defensivkrieg und spätestens ab 1944 einen Offensivkrieg erfolgreich zu führen. Hitler würde es gelingen, die alten deutschen Hoffnungen auf einen Blitzkrieg zu verwirklichen und in Westeuropa ein Übergewicht zu erlangen. Im November 1937 wurde dieser Zeitplan gestrafft, und ein Krieg schien unmittelbar bevorzustehen. Hitler betrachtete die wirtschaftliche Erholung stets nur unter dem Aspekt ihrer Bedeutung für die «Wehrhaftmachung» Deutschlands und einen Krieg. Nur kurze Zeit nach seiner Ernennung zum Reichskanzler sagte er seinem Kabinett, die Wiederbewaffnung werde die

Arbeitslosigkeit beheben und jede Arbeitsbeschaffungsmaßnahme müsse unter dem Gesichtspunkt betrachtet werden, ob sie der Wiederherstellung der deutschen Wehrmacht nütze.

Deutschland erholte sich nur sehr langsam von der Wirtschaftskrise. Für die Wirtschaft bedeutete diese Erholung einfach nur die zunehmende Auslastung der Produktionskapazitäten. Anders als in den zwanziger Jahren, als der wirtschaftliche Wiederaufschwung von Forderungen nach Lohnerhöhungen und Schlichtungsverfahren begleitet war, blieben jetzt die Löhne unter staatlicher Aufsicht weitgehend stabil. Nach dem 2. Mai 1933 waren alle Gewerkschaften verboten worden. Der Anteil der Löhne und Gehälter am Volkseinkommen ging von 57 Prozent (1932) über 53,5 Prozent 1936 auf 51,8 Prozent 1939 zurück. Dieser relativen Einbuße in der Stellung der Arbeiter war ihre Demoralisierung während der Weltwirtschaftskrise vorausgegangen, und es gab vergleichsweise wenig Protest auf Seiten der Arbeiterschaft. Zwar wurden viele Beschwerden laut, als beschäftigungslose Arbeiter durch den Reichsarbeitsdienst gezwungen wurden, in großer Entfernung von ihrem Wohnort Dämme und Straßen zu bauen, doch in den Fabriken blieb es weitgehend ruhig. Erst in den späten dreißiger Jahren, als die Vollbeschäftigung bedeutete, dass die Arbeiter praktisch unkündbar waren, nahmen unentschuldigtes Fehlen am Arbeitsplatz, Verspätungen und Verstöße gegen die Betriebsordnung (Alkoholgenuss während der Arbeit) zu. Doch selbst jetzt war dies kaum ein Zeichen des politischen Widerstandes, und der NS-Staat war durchaus erfolgreich in der Einbindung der Arbeiterklasse in einen neuen nationalen Konsens.

Doch mit zunehmender Erholung der deutschen Wirtschaft nahmen auch die Importe zu, und das daraus resultierende Handelsdefizit nötigte die Regierung zu einem rigoroseren System der Handelskontrolle als die Notmaßnahmen, die in der Finanz- und Währungskrise von 1931 ergriffen wurden. 1934 ging (der kommissarische) Reichswirtschaftsminister Hjalmar Schacht zu einer Politik bilateraler Handelsbeziehungen über. Der deutsche Außenhandel verlagerte sich von Westeuropa nach Lateinamerika und Südosteuropa. Besonders im Hinblick auf den osteuropäischen Raum wurde der Handel zum Werkzeug der Außenpolitik. Die Preise der deutschen Exportgüter in diese Länder lagen über dem Weltmarktniveau. Da diese Länder in den Jahren davor Handelsbilanzüberschüsse in Deutschland angesammelt hatten, die sie nicht in Reichsmark eintauschen konnten, waren sie gezwungen, statt Geld überteuerte Importe zu akzeptieren.[16] Die gleichzeitige Schließung der französischen und britischen Märkte für diese Produzenten – diese beiden Länder gingen zu Handelspräferenzen mit ihren Kolonien bzw. dem Commonwealth über – trug ebenfalls dazu bei, dass die Agrarproduzenten in die Abhängigkeit von Deutschland getrieben wurden.

Viele der traditionellen Eisen- und Stahlmagnaten hielten nichts von den Plänen, über die Reichswerke eine autarke Stahlindustrie aufzubauen, wagten jedoch keine offene Konfrontation. Fritz Thyssen, einer der wenigen Schwerindustriellen, die Hitler vor 1933 finanziert hatten, floh ins Ausland (wo er von einem Ghostwriter ein Enthüllungsbuch schreiben ließ: *I Paid Hitler*).

Schacht fühlte sich auch durch den Wechsel zur Kriegswirtschaft unter Göring an den Rand gedrängt, der 1936 zum Generalbevollmächtigten für

«Schachtismus»

Hjalmar Schacht war von 1923 bis 1930 und noch einmal von 1933 bis 1939 Präsident der Deutschen Reichsbank. Ab Juli 1934 war er kommissarischer Reichswirtschaftsminister unter Hitler. In seiner ersten Amtszeit als Reichsbankpräsident hatte er vor dem übermäßigen Anwachsen eines Außenhandelsdefizits gewarnt, doch nach 1933 litt Deutschland unter seiner Ägide unter einem chronischen Handelsbilanzdefizit. Diese Auslandsverbindlichkeiten nutzte er geschickt, um verschiedenartige Gläubiger (Banken, Inhaber von Schuldverschreibungen und andere) sowie die Gläubigerländer (England, die USA, die Niederlande und die Schweiz) gegeneinander auszuspielen und bessere Konditionen für die deutschen Exporteure und Schuldner herauszuschlagen.

Nach 1934 führte er ein System der staatlichen Außenhandelskontrolle («Neuer Plan») ein, bei dem für unterschiedliche Länder und Produkte unterschiedliche Wechselkurse galten. Der «Neue Plan» verfolgte das Ziel, den Handel mit einigen Regionen (Lateinamerika und Südosteuropa) zu erweitern, und konnte auch dazu benutzt werden, die wirtschaftlich schwachen Länder Südosteuropas von Deutschland abhängig zu machen.

Während des Zweiten Weltkriegs und danach wurde im angelsächsischen Sprachraum «Schachtianism» oder «Schachtism» zu einem herabsetzenden Begriff für eine Politik der Handels- und Währungskontrollen. Er war das Gegenteil der Idee einer offenen internationalen Wirtschaft. Schacht, wegen seiner Zusammenarbeit mit Hitler in Deutschland diskreditiert, spielte im wirtschaftlichen oder politischen Leben Nachkriegsdeutschlands keine bedeutende Rolle mehr, fungierte jedoch als Wirtschaftsberater von Ländern, die an einem kontrollierten Außenhandel interessiert waren: Ägypten, Algerien, Indien, Iran, die Philippinen und Syrien. Keinem dieser Länder, die seinen Ratschlägen folgten, ging es danach wirtschaftlich besonders gut.

den Vierjahresplan ernannt wurde. 1937 wurde er als Reichswirtschaftsminister entlassen, und im Frühjahr 1939 verlor er nach einem Streit mit Hitler wegen des großen Budgetdefizits infolge der Aufrüstung auch sein Amt als Reichsbankpräsident.

Mit dem Vierjahresplan erreichte Deutschland zu keiner Zeit die angestrebte wirtschaftliche Autarkie, trotz hoher Investitionen in die Erschließung von minderhaltigen deutschen Erzlagerstätten und der Produktion von synthetischem Kautschuk und Kraftstoff. Es war noch immer wesentlich billiger, worauf Schacht ständig hinwies, Erdöl aus Rumänien und Eisenerz aus Schweden zu beziehen und mit den Erlösen aus den Exporten zu bezahlen. Für die Nationalsozialisten hatte diese Politik jedoch den Hautgout des diskreditierten liberalkapitalistischen Internationalismus der zwanziger Jahre an sich.

Das Resultat der zum Teil widersprüchlichen politischen Ziele – Aufrechterhaltung der Vollbeschäftigung, hohes Konsumniveau und hohe Ausgaben für die Rüstung – war eine Wirtschaft, die nicht wie in der Sowjetunion zur Planwirtschaft mutiert war, auch wenn im Vierjahresplan das erfolgreiche sowjetische Modell des Fünfjahresplans gelobt wurde. Das Privateigentum einzelner Personen (ausgenommen das der Juden) blieb weitgehend unangetastet. Doch es war eine Wirtschaft, die in wachsendem Maße vom Staat gelenkt wurde und in der der größte Investor und der größte Konsument der öffentliche Sektor war.

Die Umlenkung der Ressourcen in staatliche Investitionen und die Prioritäten in der Handelspolitik, die den für die Herstellung von Konsumgütern erforderlichen Import von Rohstoffen wie Wolle, Baumwolle oder Südfrüchte einschränkten, hatten eine anhaltende qualitative Verschlechterung der Konsumgüter zur Folge. Textilien waren überwiegend aus Synthetikgewebe, Schuhe hielten oft nur eine Saison aus. Einer der populärsten Schlager jener Zeit, «Ausgerechnet Bananen», nahm das mangelhafte Angebot an Südfrüchten aufs Korn.

Hätte es keinen Krieg gegeben (ein unwahrscheinliches Gedankenexperiment, da die ganze deutsche Wirtschaft auf den Krieg ausgerichtet war), hätte Deutschland schon damals Ähnlichkeit mit dem Regime der DDR gehabt: zunehmend verarmt und mit einem kaum noch zureichenden Konsumgütersektor. Tatsächlich wurde in den achtziger Jahren die Knappheit von Bananen zum Inbegriff für das wirtschaftliche Versagen der DDR.

Waren diese Mängel auch im militärwirtschaftlichen Sektor zu beobachten? Die ehrgeizigen Ziele des Vierjahresplans wurden nicht erreicht. Deutschland musste sich, wenn es einen Krieg im großen Maßstab führen wollte, noch weitere Industriekapazitäten verschaffen. Die industriellen

Ressourcen Österreichs und vor allem der Tschechoslowakei waren ein Ausweg aus diesem Problem. Die «Reichswerke Hermann Göring» arbeiteten mit Erpressung gegenüber führenden jüdisch-österreichischen Industriellen, vor allem gegen Baron Louis Rothschild, um sich die Kontrolle über die gigantischen tschechischen Stahlwerke in Witkowitz zu sichern, noch bevor deutsche Truppen tschechisches Territorium besetzten.

Zur selben Zeit, als die Wirtschaftspolitik auf die Kriegswirtschaft umgestellt wurde, verschärfte die Regierung die Verfolgung der Juden – nicht zuletzt auch wegen der wahrgenommenen Notwendigkeit, weitere Mittel für die Rüstung zu beschaffen, zum Teil aber auch aufgrund einer immanenten Logik der Radikalisierung innerhalb der NS-Bewegung. Untere Chargen ergriffen bereits Maßnahmen, die immer weiter in die Richtung einer definitiven Umsetzung der Rassenideologie gingen. Der Historiker Ian Kershaw hat diese Dynamik mit einem Zitat des Staatssekretärs im preußischen Landwirtschaftsministerium auf den Punkt gebracht. Dieser hatte im Februar 1934 vor Vertretern der Landwirtschaftsministerien der Länder gesagt, es sei «die Pflicht eines jeden, zu versuchen, im Sinne des Führers, ihm entgegen zu arbeiten».[17] Parteiführer wie Joseph Goebbels sahen die antisemitische Bewegung primär als Umsetzung der Parteiideologie und erkannten, dass sie für innerparteiliche Machtkämpfe instrumentalisiert werden konnte: Goebbels inszenierte den Novemberpogrom 1938, den er zynisch als «Reichskristallnacht» bezeichnete, nachdem der junge Herschel Grynszpan, dessen Eltern sich unter den zuvor deportierten polnischen Juden befanden, in Paris in einem Akt der Verzweiflung den deutschen Legationssekretär Ernst vom Rath erschossen hatte. Grynszpans Eltern befanden sich unter den deportierten polnischen Juden. Mindestens 91 Menschen wurden in zwei Nächten des Schreckens und der Zerstörung umgebracht, rund 30000 Juden wurden in Konzentrationslagern interniert. Hermann Göring, zu dieser Zeit unbestritten in Deutschland der mächtigste Mann nach Hitler, machte sich wenig aus der NS-Ideologie und sah den Krieg gegen die Juden hauptsächlich als eine Gelegenheit, persönlich und politisch weiteren Einfluss zu gewinnen und vor allem das immer ehrgeizigere und fiskalisch problematische Rüstungsprogramm zu finanzieren. Für ihn waren Habgier und Beutemachen unverzichtbare Elemente des Krieges, bei der Vorbereitung ebenso wie bei der Durchführung.

Schon vor 1938 hatte es von der Partei organisierte Überfälle auf die jüdische Geschäftswelt gegeben, angefangen mit einem Boykott jüdischer Geschäfte, Rechtsanwälte und Ärzte im April 1933. Viele jüdische Geschäftsleute konnten die Anzeichen der drohenden Gefahr erkennen, und viele gaben ihr Geschäft oder ihre Praxis auf. Doch bis 1938 hatten die staatlichen

Behörden (im Unterschied zur Partei) stets bestritten, dass es eine antisemitische Wirtschaftspolitik gebe und hatten gegen den Boykott mitunter sogar protestiert. Reichswirtschaftsminister Schacht hatte 1935 eine der Aufgaben definiert, welche «die Wirtschaft selbst lösen muss», nämlich «die Finanzierung der Überleitung jüdischer Geschäfte in arische Hände.»[18]

Ende 1937 wurde auf Görings Initiative die jüdische Wirtschaftsaktivität durch eine diskriminierende Reduzierung der Rohstoffzuteilung eingeschränkt. Am 4. Januar 1938 definierte eine interne Verordnung des RWM, ein Unternehmen sei als jüdisch zu betrachten, wenn es sich im Eigentum von Juden befinde oder von Juden dominiert werde, das hieß, wenn entweder ein Mitglied des Vorstands oder ein persönlich haftender Geschäftsführer Jude im Sinne der Nürnberger Gesetze war oder wenn ein Viertel der Mitglieder des Aufsichtsrats Juden waren. Am 14. Juni 1938 bestätigte die «Dritte Verordnung zum Reichsbürgergesetz» die spezifischen Kriterien für «jüdische Gewerbebetriebe» und definierte sie zum Teil neu.[19] Am 26. April verpflichtete eine «Verordnung über die Anmeldung des Vermögens von Juden»[20] alle Juden, ihr «gesamtes in- und ausländisches Vermögen … anzumelden und zu bewerten», soweit es den Betrag von 5000 Reichsmark überstieg. § 7 bestimmte: «Der Beauftragte für den Vierjahresplan kann die Maßnahmen treffen, die notwendig sind, um den Einsatz des anmeldepflichtigen Vermögens im Einklang mit den Belangen der deutschen Wirtschaft sicherzustellen.» Vier Tage zuvor, am 22. April 1938, drohte eine «Verordnung gegen die Unterstützung der Tarnung jüdischer Gewerbebetriebe» jedem deutschen Staatsangehörigen schwere Haftstrafen an, der «aus eigennützigen Beweggründen dabei mitwirkt, den jüdischen Charakter eines Gewerbebetriebs zur Irreführung der Bevölkerung oder der Behörden bewußt zu verschleiern».[21] Auf den Novemberpogrom 1938 folgte sogleich auf Betreiben Görings ein Vorstoß zur Konfiszierung jüdischer Betriebe. Am 12. November erließ Göring eine «Verordnung zur Ausschaltung der Juden aus dem deutschen Wirtschaftsleben».[22] Außerdem sollte auf jüdisches Vermögen eine 25-prozentige Steuer als «Sühneleistung» erhoben werden.[23] Gleichzeitig wurden jüdische Betriebe unter der bestehenden gesetzlichen Lage wegen tatsächlicher oder angeblicher «Kapitalflucht» bedroht. Göring erklärte:

> «Der Jude wird aus der Wirtschaft ausgeschieden und tritt seine Wirtschaftsgüter an den Staat ab. Er wird aber dafür entschädigt … Der Treuhänder des Staates schätzt das Geschäft ab und bestimmt, welchen Betrag der Jude bekommt.»[24]

Am 12. November untersagte eine «Verordnung zur Ausschaltung der Juden aus dem deutschen Wirtschaftsleben» [RGBl. I, S. 1580] den Juden den Betrieb von Geschäften oder eines Handwerks, und am 23. November bestimmte eine dazugehörige Durchführungsverordnung, alle jüdischen Betriebe müssten aufgelöst oder «arisiert» werden. In der Praxis wurde die Entschädigung gegen die 25-prozentige «Sühneleistung» aufgerechnet, oder den Juden wurden beim Einwechseln der Entschädigung in Devisen exorbitante Gebühren berechnet.

1938 stand Deutschland in zwei aufeinander folgenden Krisen am Rand eines Krieges. Die erste kam im März, als Hitler eine politische Krise in Österreich inszenierte und anschließend einen Einmarsch nach Österreich befahl, der auf keinerlei Widerstand in der Bevölkerung stieß. Danach wurde Österreich von Deutschland annektiert, das sich von nun an «Großdeutsches Reich» nannte, die Verwirklichung eines Traums des Nationalismus aus dem 19. Jahrhundert. Anders als bei der Remilitarisierung des Rheinlands war im Fall des «Anschlusses» Österreichs keine militärische Intervention des Auslands zu befürchten.

Die zweite politische Krise von 1938 war anderer Art. Hitler hatte bereits 1937 Pläne für eine Invasion der Tschechoslowakei unter dem Codenamen «Fall Grün» entwickelt, die zweifellos auf den erbitterten Widerstand einer gut gerüsteten tschechischen Armee gestoßen wäre, die über starke Befestigungen in den tschechischen Grenzgebieten verfügte. In diesen Gebieten, die das tschechische Kernland im Norden, Westen und Süden umgeben, das so genannte Sudetenland, lebte jedoch eine überwiegend deutschsprechende Bevölkerung, und Hitlers Methode zur Unterminierung des tschechoslowakischen Staats bestand darin, eng mit dem Führer der radikalnationalistischen Sudetendeutschen Partei, Konrad Henlein, einem willigen Helfer der Nationalsozialisten, zusammenzuarbeiten. Der Nationalismus erwies sich als ein höchst wirksames Mittel zur Zersetzung des tschechischen Staates: Tschechen und Slowaken sahen in den Deutschen, aber auch in den deutschsprechenden Juden ihre Feinde; die Slowaken sahen eine Chance, mit den Tschechen, von denen sie sich benachteiligt fühlten, eine Rechnung zu begleichen.

Im Mai führte die deutsche Wehrmacht in der Nähe der tschechischen Grenze bedrohliche Truppenbewegungen durch. Hitler veranlasst Konrad Henlein, den Anführer der Sudetendeutschen, zur Verschärfung seiner Politik der überhöhten Forderung gegenüber der tschechischen Regierung. Er fordert die Abtretung der sudetendeutschen Gebiete an das Deutsche Reich. Die Regierung in Prag lehnt ab und reagiert mit einer Teilmobilmachung. Weder die österreichische noch die Sudetenkrise wären Hitler so eklatant zum Vorteil ausgeschlagen, wäre die Lage der internationalen Beziehungen in Europa anders gewesen. Als österreichische Nationalsozialisten 1934 Bundeskanzler Dollfuß ermordeten, hatte Mussolini Hitler vor einer Intervention in Österreich gewarnt und italienische Truppen am Brenner aufmarschieren lassen, anschließend einigte er sich mit England und Frankreich auf die «Stresafront» als Abwehr gegen Hitler. Doch nach der italienischen Invasion Abessiniens war Mussolini von Frankreich und England isoliert und suchte die Unterstützung Hitlers. 1937 schlossen die beiden Staatsmänner einen «Stahlpakt»: Hitler konnte jetzt in Österreich einmarschieren, und Mussolini trat in der Septemberkrise 1938 als Vermittler zwischen Deutschland, Frankreich und England auf und schloss mit ihnen das Münchener Abkommen, bei dem ohne Hinzuziehung der Tschechoslowakei die Abtretung des Sudetenlands an Deutschland beschlossen wurde. Obwohl Hitler stets beteuert hatte, für die Rechte unterdrückter Minderheiten einzutreten, folgte die neue Grenze eher militärischen als ethnischen oder nationalen Erwägungen. Das Abkommen sah keine Volksbefragung vor, und tatsächlich lebten in den an Deutschland abgetretenen Gebieten etwa 676000 Tschechen.[25] Der nördliche Nachbar der Tschechoslowakei, Polen, beteiligte sich anschließend an der Plünderung und annektierte einen Teil des Sudetenlands mit überwiegend polnischer Bevölkerung (Teschen). Joseph Goebbels zog das Fazit: «Jetzt sind wir wirklich wieder eine Weltmacht.»

Nachdem die deutschen Truppen (vor dem vereinbarten Termin) in die Gebiete einmarschiert waren, die Deutschland im Münchener Abkommen zugesprochen worden waren, war der Rest der Tschechoslowakei (die ihren Namen aus Rücksicht auf die slowakischen Nationalisten nunmehr in Tschecho-Slowakei änderte) ihrer Verteidigungsanlagen beraubt und völlig wehrlos, und es war abzusehen, dass Deutschland weitere Forderungen stellen würde. Am 21. Oktober befahl Hitler der Wehrmacht in einer Weisung, Vorbereitungen für die «Inbesitznahme des Memellandes» an der Ostsee und die «Erledigung der Rest-Tschechei» zu treffen. Die deutsche Wirtschaft bereitete sich auf die Zerschlagung des tschechischen Staates vor; in ihren Augen verhießen die Produktionszentren der Schwerindustrie (die alle im Landesinneren lagen) die Lösung eines Problems: Durch die Kriegswirtschaft drohte ihr eine Überhitzung. Am 14. März 1939 zitierte Hitler den tschechischen Staatspräsidenten Hácha nach Berlin, wo dieser wiederholt versicherte, er wolle jedes Blutvergießen vermeiden, und nach Görings Drohung, Prag aus der Luft anzugreifen, einen Schwächeanfall erlitt. Am gleichen Tag, nach starkem deutschen Druck auf Hácha und seinen Außenminister und einer Mobilmachung der Wehrmacht, nationalistischen Unruhen in größeren Städten und massiven slowakischen Forderungen nach Autonomie, marschierten die Deutschen in die Tschechoslowakei ein, wo sie auf wenig Widerstand stießen. Deutschland schuf ein besetztes Gebiet (das «Protektorat Böhmen und Mähren») und einen eigenen slowakischen Staat unter dem nationalistischen Priester Jozef Tiso.

Die tschechischen Territorien wurden innerhalb kurzer Zeit zu einem wesentlichen Element der deutschen militärwirtschaftlichen Vorbereitungen auf einen Krieg in großem Maßstab. Die «Reichswerke Hermann Göring» übernahmen wichtige Teile der tschechischen Schwerindustrie, und 40 000 tschechische Arbeiter wurden zur Arbeit in Deutschland verpflichtet. Die Entscheidung für eine Strategie der Autarkie hatte die Inbesitznahme von weiterem Territorium geradezu unabdingbar gemacht.

Gedemütigt durch die Art und Weise, wie Hitler alle Versprechen von 1938 gebrochen hatte, entschloss sich die britische Regierung, eine «Garantie» der polnischen Unabhängigkeit abzugeben. Es sah ganz danach aus, dass die in Polen und vor allem in der Freien Stadt Danzig (Gdańsk; unter dem Mandat des Völkerbunds) lebenden Deutschen in derselben Weise benutzt werden sollten, wie Hitler es mit den Sudetendeutschen gemacht hatte. Doch eine britische oder französische Garantie konnte nicht viel ausrichten, falls Polen angegriffen würde, und London und Paris schreckten – wie in der tschechischen Situation – vor jeder Verhandlung mit der Sowjetunion über die Frage zurück, wie man die Deutschen in Schach halten könnte.

Appeasement

Der Begriff des «appeasement» (Beschwichtigung) hat infolge der Erfahrung der dreißiger Jahre seine Bedeutung und seinen Gebrauch verändert. So wie das «appeasement» von britischen und französischen Politikern, vor allem von Neville Chamberlain – dem britischen Premierminister – betrieben wurde, bedeutete das Wort buchstäblich Befriedung. Die Politik beruhte auf einer kruden Annahme über ein unvertrautes fremdes Regime, das stark weltanschaulich geprägt war, nämlich dass es dort «Falken» und «Tauben» im politischen Establishment gebe, die miteinander rivalisierten. Zugeständnisse (häufig im wirtschaftlichen Bereich, aber auch im Hinblick auf Hitlers Behauptung, für die Deutschen in anderen Ländern zu sprechen) und eine entgegenkommende Haltung würden die Tauben stärken: Im deutschen Fall dachte man dabei an Reichswirtschaftsminister Hjalmar Schacht (der in den späten dreißiger Jahren politisch an den Rand gedrängt wurde) oder an den preußischen Ministerpräsidenten Hermann Göring. Ein harter Ton oder eine öffentliche Brandmarkung und die Unterlassung jeglicher Zugeständnisse werde dagegen die Position der Falken wie Reichsaußenminister Ribbentrop oder Reichspropagandaminister Goebbels stärken.

Das Münchener Abkommen vom September 1938 war der Höhepunkt des *appeasement*-Arguments. Hitlers Eintreten für die angeblich missachteten Minderheitenrechte der Sudetendeutschen wurde von den Westmächten ohne Rücksprache mit den tschechischen Führern akzeptiert. Durch den deutschen Einmarsch in die «Rest-Tschechei» im März 1939 wurden die «appeaser» weitgehend diskreditiert, doch zu diesem Zeitpunkt war es kaum noch möglich, zu einer anderen politischen Strategie überzugehen. Trotzdem gab es selbst dann noch einige Unentwegte auf diesem politischen Flügel, die Polen zu Konzessionen in der Frage eines deutschen Korridors nach Danzig drängten. Hätte Hitler eine rationale Politik betrieben, so hätte er aus der Bereitschaft der Beschwichtigungspolitiker, Zugeständnisse zu machen, großen Nutzen ziehen können, doch wäre Hitler andererseits wirklich rational gewesen, so hätte man nicht unbedingt auf eine Politik der Beschwichtigung zurückgreifen müssen.

Nach dem Krieg hatte der Begriff eine ausschließlich negative Bedeutung: Er galt als Politik der Zugeständnisse an Diktatoren (statt auf einen Regimewechsel hinzuarbeiten). Der Entspannungspolitik (Détente) der siebziger Jahre – einer von Washington und Bonn, aber auch von Moskau verfolgten politischen Strategie – lagen ähnliche Überlegungen zugrunde wie der appeasement-Strategie der dreißiger Jahre: Bei einem Abbau der Spannungen hätte die Gegenseite einen größeren Spielraum für innere Reformen. Der Westen war der Meinung, die Sowjetunion werde den Konsumsektor und den Handel stärker ausweiten und bereitwilliger die Rüstungsausgaben einschränken, während der Osten hoffte, der Westen werde sich stärker auf eine sozialistische Gesellschaft zubewegen. Keine der beiden Rechnungen, so plausibel und sogar verführerisch sie auch sein mochten, ging am Ende auf. Wenn die Détente noch lange nachwirkte, dann deshalb, weil an diesem Prozess die Einführung von Menschenrechten beteiligt war, die für die innere Entwicklung der Sowjetunion möglicherweise eine wichtige Rolle gespielt haben (siehe die Erörterung des Helsinkiprozesses unten S. 379). Das ist es, und weniger das Angebot von Konzessionen in Bereichen wie der Handelspolitik, was wirklich eine Änderung ermöglicht hat. Doch indem sie Rechte und Normen zur Sprache brachte, ist die neue Vision einer Entspannung über das realpolitische Fundament der Beschwichtigungspolitik der dreißiger Jahre hinausgegangen.

Die Konsequenz dieser politischen Ignorierung Stalins war, dass dieser einen anderen Kurs einschlug. Am 3. Mai 1939 wurde Außenminister Maksim Litwinow, der Hauptexponent einer Zusammenarbeit mit den Westmächten gegen den Faschismus, entlassen und durch Wjatscheslaw Molotow ersetzt, der für den Westen nichts übrig hatte. Am 23. August 1939 schlossen Deutschland und die UdSSR einen Nichtangriffspakt, der einen geheimen Zusatzvertrag enthielt, mit dem Hitler und Stalin Polen unter sich aufteilten. Danach wurde der Krieg praktisch unvermeidbar. Hitler, der glaubte, er sei 1938 um seinen Krieg betrogen worden, überging alle Versuche Polens, über Danzig oder den polnischen Korridor zu verhandeln. Am 31. August 1939, inszenierten SS-Männer einen angeblich polnischen Überfall auf den Gleiwitzer Sender, und die deutsche Wehrmacht fiel am 1. September, einem herrlichen klaren Spätsommertag, in Polen ein.

In den Nachwehen der Tragödie eines neuen Weltkriegs wirkten die westliche «*appeasement*»- oder Beschwichtigungspolitik und insbesondere das Münchener Abkommen wie eine törichte und schwache Reaktion auf die nationalsozialistische Bedrohung. Doch sie ergab sich folgerichtig aus dem bisherigen Ansatz der britischen und französischen Politik, aus dem Zusammenwirken von drei Fehlern: die schrittweise Demontage des Versailler Vertrags, die moralistische und kontraproduktive «antifaschistische» Reaktion auf Mussolinis Einmarsch in Abessinien (die den Opfern der italienischen Aggression gar nichts brachte) und das moralistische und kontraproduktive «antikommunistische» Übergehen der Sowjetunion. Als Folge davon hatten die Westmächte drei Staaten – Deutschland, Italien und die Sowjetunion, die jeweils auf ihre Art mit der Nachkriegsordnung unzufrieden waren – in ein Bündnis zur Revision des Friedensvertrags getrieben. In der Praxis machten sie damit den sowjetischen Diktator Josef Stalin zum Zünglein an der Waage des europäischen Mächtegleichgewichts. Zwei Jahre lang nach dem Abschluss des Hitler-Stalin-Pakts feierte Hitler sein «meisterhaftes» Bündnis mit der UdSSR, und anschließend waren die Westmächte drei Jahre lang entzückt über den Beistand eines gütigen «Uncle Joe» (der Beiname wurde so allgemein gebraucht, dass Stalins Name selbst in offiziellen britischen Dokumenten «U. J.» abgekürzt wurde).

Sowjetzivilisation?

Im Dezember 1929 war Stalin fünfzig Jahre alt, und überall wurde ausgiebig und demonstrativ gefeiert. Zu dieser Zeit, mitten in einer Kampagne zur Kollektivierung der Landwirtschaft und der Vorlage eines neuen Industrieplans, begann der «Personenkult» – ein Kult, der später von zwei Nachfolgern Stalins als Generalsekretär der KPdSU, Nikita Chruschtschow und Michail Gorbatschow, als Entartung kritisiert wurde. 1940 gab es in dem Film «Der leuchtende Pfad» einen neuen Schlager: «Wir wurden geboren, um Märchen wahr werden zu lassen.»

1935 veröffentlichten die britischen Sozialisten Beatrice und Sidney Webb eine Untersuchung mit dem Titel *The Soviet Union: A New Civilization?*. Als das Buch zwei Jahre später neu aufgelegt wurde, ließen die Auto-

Stalinismus

Josef Stalin war Lenins Nachfolger als Führer der sowjetkommunistischen Partei. Nach einer Zeit des Zögerns verlegte er sich auf die Politik einer beschleunigten und äußerst brutalen Industrialisierung, einer ebenso brutalen Kampagne gegen die Bauern mit Privatbesitz an ihrem Boden und einer Bekämpfung seiner Gegner mit Terror. Stalin förderte einen Führerkult, weigerte sich jedoch hartnäckig, das Wort Stalinismus zu gebrauchen oder die herrschende Lehre als *Marxismus-Leninismus-Stalinismus* zu bezeichnen. Als Lasar Kaganowitsch ihm in den zwanziger Jahren vorschlug, den Begriff «Leninismus» durch «Stalinismus» zu ersetzen, soll Stalin (nach Chruschtschow) geantwortet haben: «Wer ist Lenin? Lenin ist ein hoher Turm. Und wer ist Stalin? Stalin ist ein kleiner Finger.»[26] Dagegen verwendeten viele Russen in den dreißiger Jahren das Adjektiv *stalinskij* und das Substantiv *stalinist*.

Stalinismus als Begriff wurde nach Stalins Tod negativ als Kritik an der Sowjetunion unter seiner Führung gebraucht. Mit ihm verbanden sich Hyperindustrialisierung, ein Terrorregime, massenhafte Säuberungen und Schauprozesse, die Bürokratisierung der Revolution (vor allem in der trotzkistischen Kritik) und die Unterwerfung der internationalen kommunistischen Bewegung unter die sowjetischen Interessen. Vor allem die Geheimrede Chruschtschows auf dem XX. Parteitag der KPdSU 1956 wurde als Kritik des Stalinismus angesehen, obwohl sich dieser Begriff in Chruschtschows Rede nicht findet, wo vielmehr von einem «Personenkult» die Rede ist, ein Ausdruck, den schon Malenkow nach Stalins Tod gebraucht hatte. Politisch wird der Begriff in der Hauptsache gebraucht, um zum Ausdruck zu bringen, dass es ein völlig anderes Phänomen war als der *Leninismus*: eine Entstellung und Pervertierung. Diese Deutung verlor zunehmend an Plausibilität und Popularität, sowohl innerhalb wie außerhalb der Sowjetunion, wo in den späten achtziger und in den neunziger Jahren die meisten Forscher zu der Meinung gelangt waren, das Regime unter Stalin stelle einfach eine evolutionäre Weiterentwicklung des *Leninismus* dar. Die neuere Auffassung von der Rolle des Stalinismus als einer Phase der sozialistischen Entwicklung kommt besonders gut im Bild der matreški zum Ausdruck, der Puppen in der Puppe, die auf allen Straßen und Plätzen Russlands an Touristen verkauft werden: In Marx steckte Lenin und in diesem wiederum Stalin.

ren das Fragezeichen weg. Die Sowjetunion übte auf die Arbeiter und Intellektuellen Europas der Zwischenkriegszeit eine enorme Anziehungskraft aus, die nach dem Krieg noch weiter zunahm. Eine ungarische Gräfin, die für die Komintern arbeitete, schrieb später über ihren ersten Besuch an der altehrwürdigen Universität Cambridge: «Ich erinnere mich noch an die Fahrt nach Cambridge im klapprigen Wagen eines jungen kommunistischen Studenten, der mir unterwegs kummervoll erklärte, es sei höchst bedauerlich, jedoch unumgänglich, dass die herrlichen alten Universitäten von Oxford und Cambridge dem Erdboden gleichgemacht werden müssten, wenn die Diktatur des Proletariats ausgerufen würde. Jahrhunderte lang seien sie die Symbole bürgerlicher Privilegien gewesen … Es war eigenartig, die Studenten einer so berühmten Universität zu sehen, offensichtlich aus guten Familien, mit einer gewählten Sprache, wie sie über Sowjetrussland als das Land der Verheißung sprachen.»[27]

Im eigenen Land wie im Ausland projizierte die Sowjetunion die Vision einer neuen Welt, in der die Probleme und Sünden der alten überwunden waren. Die Sowjetordnung schuf eine Moderne aus der Rückständigkeit und behauptete, sie sei die Verwirklichung eines Ensembles von historischen und philosophischen Prinzipien, die aus den Schriften von Marx, Engels und Lenins abgeleitet waren: historischer und dialektischer Materialismus (häufig abgekürzt als «*Histomat*» und «*Diamat*»).[28] Diese Philosophie wollte eine Antwort auf die Ungewissheiten der modernen Existenz geben: Sie verkündete eine Lehre, die ihren Wahrheitsanspruch damit begründete, dass sie sich auf eine Autorität stützte und mit der innersten Notwendigkeit eines historischen Entwicklungsgesetzes übereinstimmte. Die Dialektik umfasste vier fundamentale Gesetze, die aus der Hegelschen Analyse abgeleitet waren: dass alles in der Welt miteinander zusammenhängt, dass man die Natur als ein Ganzes betrachten muss, dass alles in der Welt sich in fortwährender Bewegung, Veränderung und Entwicklung befindet, dass quantitative Änderungen sich so lange kumulieren, bis sie an einem bestimmten Punkt in eine qualitative Änderung umschlagen (Wasser, das abkühlt, ändert an einem bestimmten Punkt seinen Aggregatzustand und wird zu Eis), und dass schließlich alle Naturerscheinungen innere Widersprüche enthalten und dass die Entwicklung das Ergebnis des Kampfes dieser Widersprüche ist. Auf der fundamentalsten Ebene bedingte das Sein sein Gegenteil (das Nichtsein), und der Kampf zwischen beiden konnte im Prozess des Werdens aufgelöst werden. Der historische Materialismus nahm an, dass die Basis der Realität in «objektiven Phänomenen» lag, beispielsweise Waren, und in der besonderen Weise, wie sie produziert wurden; Ideen waren «Ideologie», eine Widerspiegelung der zu Grunde liegenden Wirklichkeit. Eine vollständigste Darlegung der Sowjetlehre fand sich in einem Buch, das überwiegend von Stalin geschrieben wurde, die *Geschichte der Kommunistischen Partei der Sowjetunion (Bolschewiki) Kurzer Lehrgang*, das 1938 erschien. In einer das Erscheinen des Buches begleitenden Resolution des ZK wurde erklärt, es habe einen «gefährlichen Riß» gegeben, «der in den letzten Jahren auf dem Gebiet der

Propaganda zwischen dem Marxismus und dem Leninismus in Erscheinung getreten ist».[29]

Kämpfe zwischen Ideen, wie sie innerhalb der marxistischen Bewegung immer wieder (und äußerst erbittert) auftraten, warfen ein Problem auf: Alle Ideengebäude bis auf eines mussten falsch und eine Widerspiegelung eines falschen politischen Standpunktes sein. Die Durchsetzung der Autorität der Partei (und des Führers) war als die «Einheit von Theorie und Praxis» gerechtfertigt und erstreckte sich auch auf die Kunst und Ästhetik, auf wissenschaftliche Diskussionen und ökonomisches Denken. Auf allen diesen Gebieten etablierte die Sowjetunion eine neue Realität und eine neue Modernität.

Die eindrucksvollste Behauptung in der Welt von 1929 betraf die Entdeckung eines neuen Typs der Ökonomie als Alternative zur Anarchie des Marktes und der Selbstzerstörung der «bürgerlichen Ökonomie». Zur Zeit der Weltwirtschaftskrise verlegte sich die Sowjetunion auf «wissenschaftliche Planung» oder «sozialistische Planung», um einen langfristigen Prozess der Industrialisierung in Angriff zu nehmen. Die Theoretiker des Plans gaben offen zu, dass ihre Konzentration auf Produktions- oder Investitionsgüter auf kurze Sicht die Menge der verfügbaren Konsumgüter verringern, auf die Dauer die Überlegenheit der sowjetischen Produktionskapazität jedoch ein größeres Angebot an Konsumgütern sichern werde.

Die Hinwendung zur Planung Ende der zwanziger Jahre folgte auf ein Jahrzehnt des Experimentierens mit einer gemischten Wirtschaft, in der der Staat die «Kommandohöhen» der Schwerindustrie und des Bankwesens kontrollierte, während die für den Markt produzierenden kleinen bäuerlichen Wirtschaften in Privathand blieben und den Mechanismen des Marktes überlassen wurden. Der bedeutendste Theoretiker der so genannten Neuen Ökonomischen Politik (NEP), Nikolai Bucharin, hatte einmal den russischen Bauern gesagt, sie sollten sich bereichern, weil er glaubte, damit werde das Problem des zu geringen Nahrungsmittelangebots gelöst. Doch tatsächlich verlor die NEP allmählich ihren Schwung, das Investitionsniveau war sehr niedrig, und die Wirtschaft wirkte äußerst anfällig.

1927 wurden auf dem XV. Parteitag der KPdSU Ideen über die Planung diskutiert, und zwei Jahre lang kämpften die Ökonomen immer verbissener darum, eine Basis für einen Plan zu finden. Die politische Dynamik zu jener Zeit hatte die Wirkung, dass immer ehrgeizigere Planziele «besser» waren als vorsichtige oder bescheidenere, die leicht als antisozialistisch gebrandmarkt werden konnten. 1928 wurde der führende sowjetische Ökonom Nikolai Kondratjew aus dem Wirtschaftsinstitut des Finanzkommissariats ausgeschlossen. Die Planer im Gosplan (Staatliches Planungskomitee beim Ministerrat der UdSSR) wurden nach und nach an den Rand gedrängt. Ende 1928 waren die Vorschläge extrem ehrgeizig: innerhalb von fünf Jahren ein Zuwachs von 180 Prozent in der industriellen und von 50 Prozent in der landwirtschaftlichen Produktion. 1928 hatte die UdSSR 32,5 Millionen Tonnen Steinkohle, 3 Millionen Tonnen Braunkohle und 3,3 Millionen Tonnen Roheisen produziert. Jetzt schlugen die Planer eine Produktion von 75 Millionen Tonnen Steinkohle und 10 Millionen Tonnen Roheisen nach fünf Jahren vor. Die vom Politbüro 1929 vorgelegten Planungsvorschläge waren bewusst kritisch und sprachen von allen Schwierigkeiten bei der Realisierung des Plans: «Diese Schwierigkeiten werden noch verschlimmert durch die Verschärfung des Klassenkampfs und den Widerstand der kapitalistischen Elemente.»[30] Der erste Fünfjahresplan wurde formell im April 1929 auf dem XVI. Parteikongress der KPdSU ausgerufen. Begleitet war er von einem ausführlichen dreibändigen Planungsvorschlag von 1700 Seiten. (Fast zur selben Zeit wurde in den Vereinigten Staaten ein ähnlich detaillierter und noch umfangreicherer Wirtschaftsplan erarbeitet, in einem vergleichbaren Prozess der zunehmenden Radikalisierung, da auch hier die extremeren Vorschläge die besseren zu sein schienen, mit 21000 Zolltarifpositionen: das Smoot-Hawley-Zolltarif-Gesetz.)

Der sowjetische Fünfjahresplan war begleitet von detaillierten Plänen für die einzelnen Republiken der Sowjetunion. 1932 wurde er für erfolgreich erfüllt erklärt, und auf ihn folgten ein zweiter und ein dritter Fünfjahresplan. Von Anfang an zielten die Pläne darauf ab, die Produktion von den traditionellen Industriegebieten weg zu verlagern, so dass die Vorteile der Modernisierung möglichst breit gestreut werden konnten. Hinzu traten ab Mitte der dreißiger Jahre starke militärische Sicherheitsargumente, die dafür sprachen, die Produktion so weit wie möglich zum Ural, in Richtung Sibirien und Mittelasien zu verlegen.

Die Fünfjahrespläne der dreißiger Jahre waren im Hinblick auf die Produktion großer Mengen von Gütern der Grundstoffindustrie – Kohle und Stahl – erfolgreich. Dass es nicht gelang, auch die Produktion von Konsumgütern zu steigern, wurde mit den neuen Prioritäten aufgrund der internationalen Lage und im dritten Fünfjahresplan mit dem Schwergewicht auf der Rüstung erklärt. Die Zahl der Arbeitskräfte in der Industrieproduktion stieg von 4,4 Millionen 1928 auf 9,4 Millionen 1932 und 11,6 Millionen 1937. 1940 entfielen 16 Prozent der industriellen Produktion auf Betriebe östlich des Urals gegenüber 11–12 Prozent 1928.[31] Die ehrgeizigen Planziele für Kohle und Eisen wurden nicht erfüllt (die tatsächliche Förderung von Steinkohle betrug 1932 57 Millionen Tonnen, und die Roheisenproduktion lag bei 6,16 Millionen Tonnen.)

Die Pläne der dreißiger Jahre richteten sich zunehmend auf die Erfordernisse der Rüstungswirtschaft aus. Die Konzentration auf die Eisenverhüttung schuf eine Basis für einen raschen Zuwachs der Rüstungsproduktion. Betrug der Anteil der Militärausgaben am Staatsbudget 1929 noch 3,6 Prozent, so lag er 1933 bereits bei 18,7 und 1939 bei 25,6 Prozent. Die amtlichen Zahlen weisen zwischen 1933 und 1938 einen Anstieg der Verteidigungsausgaben der sowjetischen Rüstungsindustrie um das Dreifache aus.

Die Praxis der Planung war wesentlich weniger wissenschaftlich als die Theorie der rationalisierten Entwicklung eines Investitionsgütersektors, wie sie von den Wirtschaftsplanern Ende der zwanziger Jahre diskutiert wurde. In der Realität funktionierte der Plan nur durch die ständige Bewältigung von Krisen und Engpässen, denen damals die höchste Priorität zukam und die mit Methoden «im Sturmschritt» behoben werden sollten. Um ihre Methoden zu rechtfertigen, entwickelten die Planer eine Theorie der «anspornenden Planung»: das Endergebnis werde wahrscheinlich besser ausfallen, wenn eklatant unrealistische Vorgaben gemacht würden, als wenn man von den real herrschenden Bedingungen ausgehe. In den festgelegten Prioritäten kamen die Ziele der großen Politik zum Ausdruck mit dem Ergebnis, dass Prestigeobjekte wie die opulente Moskauer Untergrundbahn gebaut wurden, während Millionen neuer städtischer Arbeiter in unzureichende und überfüllte Baracken gepfercht wurden.

Der erste Fünfjahresplan war auch begleitet von einer Neuorganisation der Landwirtschaft, der «Kollektivierung». Vier Fünftel der Bevölkerung der Sowjetunion waren «bäuerlich». Die raubärtigen *muschiki* wurden von den Arbeitern und Intellektuellen mit Verachtung gestraft, die ihrerseits natürlich zumeist selbst bäuerliche Wurzeln hatten. Der Schriftsteller Maksim Gorki beklagte ihren «animalischen Individualismus».[32] Ebenso wie Peter der Große wollte Stalin eine glattrasierte Moderne.[33] 1917 hatte Lenin eine, wie er es nannte, «taktische Allianz» mit der bäuerlichen Bevölkerung Russlands geschlossen, doch Ende der zwanziger Jahre, als die Städte (und ihre kommunistischen Parteiorganisationen) über die Schwierigkeiten klagten, Nahrungsmittel zu beschaffen, war dieses Bündnis einer starken Belastung ausgesetzt. Die Kollektivierung sollte dieses Problem lösen: indem man die Bauern anders als über den Markt organisierte oder indem man sie einer Kontrolle unterwarf.

Die traditionelle, auf dem gemeinschaftlichen Bodenbesitz beruhende Landwirtschaft Russlands, zu Beginn des 20. Jahrhunderts nur für kurze Zeit unterbrochen durch Versuche, in Bodenreformen Ideen eines individuellen Eigentums an Boden einzuführen, sollte durch Großkollektive ersetzt werden (wobei in einem Kollektiv zehn Bauerndörfer zusammengefasst werden sollten). In der Praxis erfolgte die Durchführung mit buchstäblich halsbrecherischer Geschwindigkeit, da die städtischen Kommunisten eine Gelegenheit sahen, ihren lange angestauten Groll gegen angeblich gierige, wucherische Bauern in Taten umzusetzen. Im September 1929 waren 7 Prozent aller bäuerlichen Haushalte kollektiviert, im März 1930 lag diese Quote bei 59 Prozent. Stalin erklärte daraufhin einen vorläufigen Stopp, in einem Zeitungsartikel mit der Überschrift «Vor Erfolgen von Schwindel befallen», womit die angeblich übereifrigen Aktivisten der Kollektivierung gemeint waren.

Auf dem Gebiet der Landwirtschaft war die Differenz zwischen Plansoll und tatsächlich erreichtem Ergebnis wegen der Brutalität der Kollektivierung und deren Ineffizienz am größten. 1932 gab es eine allgemeine Hungersnot, der schätzungsweise 5,5 Millionen Menschen zum Opfer fielen. Selbst Ende der dreißiger Jahre lag die landwirtschaftliche Produktion nur unwesentlich höher als zehn Jahre zuvor.

In der ersten Hälfte der dreißiger Jahre, als die Kollektivierung systematischer betrieben wurde, lag der Schlüssel in der Kontrolle der bäuerlichen Wirtschaft von außen. Der Kolchos oder die Kolchose (gebildet aus *kollektiwnoje chosjaistwo* = Kollektivwirtschaft) hatte keine eigenen Geräte, sondern bezog diese von neuen Maschinentraktorenstationen, von denen Ende 1934 3500 existierten.

Eine derartige Modernisierung erforderte die Unterstützung durch eine neue Wissenschaft, die explizit in den Dienst der realen Bedürfnisse der Menschheit genommen wurde. Die Sowjetwissenschaft nahm ihre fragwürdigsten Bemühungen zu einem Zeitpunkt auf, als die Philosophie des Marxismus für die wissenschaftliche Debatte offenbar von zentraler Bedeutung war: So förderte Stalin – eine der wohl bizarrsten und verhängnisvollsten Episoden – Trofim D. Lysenko, der den Darwinismus verwarf und stattdessen lamarckistische Evolutionstheorien wieder belebte. Da ein auf die menschliche Beschaffenheit angewandter Darwinismus unleninistisch war (er implizierte, dass der Fortschritt nicht auf eine Willensanstrengung angewiesen war), bedeutete die Wahrheit des Leninismus zwangsläufig, dass die darwinistischen Prinzipien falsch waren. Wenn menschliche Gesellschaften sich durch die Anstrengung eines revolutionären Willens anpassen konnten, warum dann nicht auch Tiere und Pflanzen? Der Lysenkoismus erreichte den Gipfel der Absurdität, als er dazu benutzt wurde, ein groß angelegtes Experiment zu rechtfertigen, bei dem Weizen unter den extrem ungünstigen Bedingungen des Polarkreises angebaut wurde.

Selbst der Genetiker Nikolai Dubinin, alles andere als ein Anhänger Lysenkos, rechtfertigte in seiner in den siebziger Jahren erschienenen Autobiographie noch das soziale Argument, auf das Lysenko sich stützte: «Erinnern wir uns an die Geschichte der Emigration zahlreicher Vertreter der bürgerlichen künstlerischen, wissenschaftlichen und technischen Elite aus Russland nach der Oktoberrevolution. Manche Eugeniker sahen in diesem Exodus einen nicht wieder gutzumachenden Verlust wertvoller Gene. Doch das war Unsinn. Neue Talente aus der einfachen Bevölkerung machten durch die Revolution ihren Weg, um das Land und die Partei zu führen, eine neue Wissenschaft, eine neue Kunst zu begründen, die Große Sowjetunion zu schaffen! … Diese Tatsache macht deutlich, dass die Bildung einer Persönlichkeit nicht auf Genen beruht, sondern durch die Informationen aus der sozialen Umwelt bewerkstelligt wird.»[34]

Diese Transformationen von Gesellschaften im Namen einer neuen Wahrheit erforderten die Schaffung neuer Feindbilder und deren Dämonisierung. Wie im Italien Mussolinis oder im Deutschland Hitlers wurde das Vokabular des Fortschritts mit Slogans wie «industrielle Front», «landwirtschaftliche Front» und «Stoßbrigaden» militarisiert. Für die Industrialisierungskampagne war der Feind der «Kapitalist» und der «Bourgeois», im Russischen der *burschui*[35]; für die Kollektivierungskampagne war er der bäuerliche Wucherer oder Kleinkapitalist, der *kulak*. Keiner dieser Feinde konnte mit einer gewissen wissenschaftlichen Genauigkeit definiert werden: Die Flexibilität der Kategorie war ihr Hauptvorteil. 1927 sagte Molotow vor dem XV. Parteitag, 3,7 Prozent der bäuerlichen Bevölkerung seien «Kulaken»; für die Ökonomen des Gosplan waren es 3,9 Prozent; das Landwirtschaftskommissariat berechnete, dass 2,1 Prozent aller Bauernhöfe Landarbeiter beschäftigten (doch nur 1 Prozent beschäftigte mehr als einen Arbeiter); und Stalin veranschlagte 1930 den Anteil der Kulaken auf 5 Prozent. Doch der unzureichend definierte «Kulak» war nur ein Vorwand für einen umfassenden Angriff auf die bäuerliche Lebensweise: «Zu Propagandazwecken wurde der Kulak als Sündenbock ausgedeutet, doch hinter ihm befand sich der *serednjak* (Mittelbauer), der das eigentliche Hindernis darstellte.»[36]

Innerhalb der KPdSU, die diese gigantische gesellschaftliche Transformation organisierte, war das Ergebnis ebenfalls eine anhaltende Ungewissheit. Die Partei konnte eine große Zahl von Neuzugängen verzeichnen, bis einige Mitglieder zu dem Schluss gelangten, sie sei zu groß geworden und brauche eine Säuberung. 1929, zu Beginn der Kampagnen zur Industrialisierung und Kollektivierung der Landwirtschaft, wurden 170 000 Mitglieder ausgeschlossen,[37] weitere 14 000 traten freiwillig aus; 1933 inszenierte die Partei eine zweite Säuberung und schloss 800 000 Mitglieder aus. Die Industrialisierung war begleitet von einer Säuberung innerhalb des Beamtenapparats.

Von 1929 bis 1931 wurden 138 000 Beamte entlassen und 23 000 als «Volksfeinde» eingestuft.[38] Nach dem Dezember 1934, als der Leningrader Parteisekretär, Sergei Kirow, ermordet wurde, kam es zu einer langen Periode der Denunziationen, Säuberungen und drei spektakulären Schauprozessen, die für ein nationales und internationales Publikum inszeniert wurden. Unmittelbar nach dem Mord ordnete eine geheime Weisung des Sekretärs des Präsidiums des ZK auf Veranlassung Stalins die sofortige Verurteilung und Hinrichtung aller Personen an, die des «Terrorismus» beschuldigt worden waren. Das war der Auftakt zur Hexenjagd: Chruschtschow beschrieb 1956 die Weisung als «die Grundlage für den massiven Missbrauch der sozialistischen Gesetzlichkeit».[39] Viele Sowjetbürger, vor allem viele kommunistische Parteifunktionäre, verschwanden einfach. Schätzungen der Zahlen der Betroffenen bleiben problematisch: Stalin gab einen Hinweis auf das Ausmaß der Säuberungen, als er 1939 erklärte, zwischen 1934 und 1939 seien rund 500 000 Parteimitglieder in führende Positionen befördert worden. Wenn Eltern deportiert und umgebracht wurden, hinterließen sie häufig verwaiste und heimatlose Kinder. Diese Kinder waren dann Ausgestoßene aus der Sowjetgesellschaft und entwickelten eine wilde eigenständige Straßenkultur. In den letzten Jahrzehnten der Existenz der Sowjetunion entstanden daraus Netze der organisierten Kriminalität, deren Existenz von den Sowjetbehörden totgeschwiegen wurde.

Auf dem Höhepunkt der Terrorwelle, in den Jahren 1937 und 1938, wurden 1 575 000 Menschen vom NKWD verhaftet, von denen 1 345 000 vor Gericht gestellt und verurteilt und 681 692 hingerichtet wurden. Alles in allem wurden zwischen 1937 und 1941 sieben Millionen Menschen in Straf- und Arbeitslager geschickt, auch wenn einige dort nur für kurze Zeit einsitzen mussten. Die größte Zahl der Lagerhäftlinge wurde am Vorabend des Kriegs mit Deutschland erreicht: Anfang 1941 befanden sich innerhalb des Gulag-Systems 1,93 Millionen Häftlinge. Nach einer neueren Schätzung der Zahl der Toten in den Lagern betrug diese 300 000 für die Zeit 1934–1940, zu der 600 000 Tote unter den Deportierten, Flüchtlingen innerhalb der Sowjetunion und den «Sondersiedlern» kommen.[40]

Während die Zahl der Opfer im Dunklen blieb, wurde der Kampf des Stalinismus, seine Feinde aufzuspüren und zu vernichten, im hellen Rampenlicht der Öffentlichkeit geführt. Das auffälligste Merkmal jener Zeit waren die Schauprozesse, in denen die früheren Gefährten Stalins sich konterrevolutionärer Aktivitäten beschuldigten. Im Januar 1936 gab der Hauptankläger in den Moskauer Schauprozessen, Generalstaatsanwalt Wyschinski, die Eröffnung des Prozesses gegen Sinowjew und Kamenew bekannt, seit den zwanziger Jahren Kritiker Stalins, die jetzt beschuldigt wurden, hinter dem

Mord an Kirow zu stecken. 1936 wurde der Chef der Geheimpolizei, Jagoda, entlassen und durch Jeschow ersetzt; beide fielen schließlich selbst den Säuberungen zum Opfer. Jagoda wurde beschuldigt, er habe Maksim Gorki und Kubischew vergiftet. Viele der Opfer bekannten sich zu erstaunlich konkreten konterrevolutionären Verbrechen. Bucharin, das prominenteste Opfer und einer von den wenigen, die keiner körperlichen Folter ausgesetzt wurden, vermied mutig nähere Angaben und erklärte stattdessen einfach: «Wir haben uns mit verbrecherischen Methoden gegen die Freude des neuen Lebens erhoben.» Außerdem brachte er Wyschinski in Verlegenheit, als er erklärte: «Das Geständnis des Angeklagten ist seit dem Mittelalter ein Prinzip der Rechtsprechung.»[41]

Warum die Opfer diese Geständnisse ablegten, war Gegenstand einer ausgiebigen Diskussion. Arthur Koestlers fiktionalisierte Auseinandersetzung mit den Säuberungen in seinem Roman *Sonnenfinsternis* (zuerst 1940) schildert Parteigenossen, welche die Tiefe ihrer psychischen Hingabe an die Partei vorführen, und deren wissenschaftliche Wahrheit im Akt der Selbstbezichtigung. Es gibt offenkundige Analogien zu den Opfern der katholischen Inquisition, die noch einmal ihren Glauben bekannten, so dass ihre Seelen frei sein konnten, bevor ihre Körper verurteilt wurden. Doch ist es – wie bei der Inquisition – sehr wahrscheinlich, dass die überwältigende Mehrheit der Opfer gestanden, weil sie unerträglichen Folterqualen ausgesetzt wurden und weil sie Angst hatten.

Die Prozesse und Säuberungen vernichteten die Partei und die Intelligencija und dezimierten die Führung der Roten Armee. Drei von fünf Marschällen, 13 von 15 Armeegenerälen, 57 von 85 Korpskommandeuren und alle elf stellvertretenden Kriegskommissare wurden hingerichtet.[42] Das Beweismaterial in dem Prozess gegen Marschall Tuchatschewski, in dem er der Zusammenarbeit mit Deutschland beschuldigt wurde, war anscheinend von der sowjetischen Geheimpolizei, dem NKWD, in Zusammenarbeit mit der deutschen Gestapo fabriziert worden. Auch ausländische Kommunisten, die vor den Verfolgungen in der Heimat in die Sowjetunion geflohen waren, kamen in Lagern um oder wurden hingerichtet.

Seit ihrem Beginn 1929 gehörten zu den Angriffen auch in großer Zahl Denunziationen von «Experten», denen auch die technische und wissenschaftliche Elite der Sowjetunion ausgesetzt war. Manche von ihnen, zu denen auch Aleksei Tupolew gehörte, setzten ihre Arbeit an der Entwicklung von Flugzeugen in der Haft fort. Die berühmteste Artilleriewaffe des Zweiten Weltkriegs, der Mehrfachraketenwerfer – unter der Bezeichnung Katjuscha oder Stalinorgel – wurde von Georgi Langemak entwickelt, der zusammen mit seiner ganzen Gruppe von Ingenieuren 1937 verhaftet und zum

Tod verurteilt worden war. Ein Assistent, der dem Tod entrann, organisierte die Produktion und entwickelte den Raketenwerfer, der rechtzeitig zu Beginn des Krieges zur militärischen Einsatzreife gediehen war.

Auf dem Höhepunkt der Säuberungen, im Jahr 1936, nahm die Sowjetunion eine neue Verfassung an. Stalin verkündete, sie sei «die einzige wirklich demokratische Verfassung der Welt», und auf dem Papier war sie jedenfalls die liberalste Verfassung in der Geschichte der Sowjetunion. Sie sah geheime Wahlen vor; sie ersetzte ein bislang eingeschränktes Wahlrecht durch ein allgemeines Wahlrecht, und sie enthielt Garantien individueller Freiheitsrechte. Zum ersten Mal erkannte sie auch die Rolle der Kommunistischen Partei an: Nach Artikel 141 war die Partei eine der Organisationen, die das Recht hatten, Kandidaten für Wahlen aufzustellen.

Bis 1939 schien sich die Partei erneuert zu haben. Ende 1938 war Jeschow diskreditiert und wurde durch Lawrenti Berija ersetzt. 70 Prozent der Parteimitglieder waren nach 1928 eingetreten. Stalin konnte jetzt vor dem XVIII. Parteitag nüchtern erklären, die Partei werde nicht mehr zur Methode der Massensäuberungen zurückkehren.

Es ist auffällig, dass die Russen zur Beschreibung dieser «Zeit der Wirren» nur Analogien aus der Vergangenheit heranziehen konnten. Der Schriftsteller Michail Bulgakow, dessen Roman über die Revolution in der Ukraine (*Die weiße Garde*) die Vorlage zu einem von Stalins Lieblingsstücken lieferte (*Die Tage der Geschwister Turbin*), benutzte in *Der Meister und Margarita* die Geschichten von Pontius Pilatus und Faust, um zu erklären, wie der Teufel plötzlich in Moskau erscheint, Menschen verschwinden lässt, Geld fabriziert, Wohnungen neu zuteilt und Menschen sonderbare Geständnisse entlockt. Der Höhepunkt des Romans, Satans Ball, wurde inspiriert durch den grandiosen Empfang, den US-Botschafter Bullitt in seiner Residenz im Frühjahr 1935 zu Beginn der Terrorwelle gab; viele der prominenten Gäste aus Moskaus politischen, intellektuellen und künstlerischen Eliten verschwanden bald darauf. Doch solch makabre Veranstaltungen wurden überall in der UdSSR wiederholt: In der neuen Industriestadt Magnitogorsk, die im Ural aus dem Boden gestampft wurde, führte die Partei am 1. Mai 1936 eine neue Tradition von Maskenbällen ein, mit Gästelisten und Einlasskarten, die dazu gedacht waren, «unerwünschte Elemente» fernzuhalten. Im Gefängnis und Todeslager von Magadan, wo Gefangene gezwungen wurden, aus dem gefrorenen Boden Gold zu schürfen, organisierten die Lager- und Gefängniswärter eine bizarre Theater- und Konzertaufführung für eine Gesellschaft, an deren Spitze der Vizepräsident der Vereinigten Staaten, Henry Wallace stand, der sich gerade auf einer Besuchsreise befand. Ein unbedarft sympathisierender Amerikaner schwärmte, dass diese «erstklassige Unterhaltung» gut mit Gold und auch mit hervorragenden Leitungsqualitäten zusammenpasse. Ein anderer äußerte sich über die schönen Kleider der weiblichen Gefangenen und fragte, warum so viele Angehörige der Intelligenzija unter den Häftlingen seien.[43]

Der Filmemacher Sergei Eisenstein, dessen Filme «Oktober» und «Panzerkreuzer Potemkin» Meilensteine einer gelungenen Propaganda für die Sache der Revolution waren, zeichnete Stalin jetzt im Gewand heroischer Figuren aus der russischen Vergangenheit: zuerst «Aleksandr Newski» (1938), der dem Einfall der Deutschordensritter Widerstand leistete, doch dann, während des Krieges, der finstere und paranoide «Iwan der Schreckliche», der sich ständigen Verschwörungen der alten russischen Eliten gegenübersieht. Stalin selbst, der gern das Gespräch mit der kulturellen Elite suchte (vor allem am Telefon: er rief Personen an wie Bulgakow, Ilja Erenburg oder den Komponisten Dmitri Schostakowitsch), lud im Februar 1947 Eisenstein und seinen Hauptdarsteller Nikolai Tscherkasow (der auch Aleksandr Newski gespielt hatte) in den Kreml ein und sagte ihnen, er liebe Iwan, sei jedoch überzeugt, dass dessen Hauptschwäche darin bestanden habe, dass er nicht genug Leute liquidiert habe. Tatsächlich wurde der zweite Teil von Eisensteins Film, in dem die Paranoia Iwans offenkundig und die Parallele zu den Säuberungen unverkennbar war, sehr bald verboten.

Eisensteins neuer Patriotismus zum Ende der dreißiger Jahre traf genau den richtigen Ton. Was dem sowjetischen Experiment das Überleben ermöglichte – und was international zu seinem Glanz beitrug – war seine ausschlaggebende Rolle im Kampf gegen Hitlerdeutschland.

Anfangs war Stalin vom deutschen Überfall auf die Sowjetunion am 22. Juni 1941 wie gelähmt: Lange Zeit hatte er die wiederholten Warnungen der Geheimdienste vor einer bevorstehenden deutschen Offensive als britische Versuche angesehen, ihn in einen Krieg mit Hitler zu ziehen. Nach dem 22. Juni verschwand er für fast zwei Wochen und hatte offenbar einen seelischen Zusammenbruch. Am 3. Juli kehrte er mit einer Rundfunkansprache zurück, bei der er stark angespannt wirkte, schwer atmete und zwischendurch hörbar immer wieder zum Wasserglas griff. Doch das eigentlich Bemerkenswerte war der neue Ton in seiner Rede: «Brüder, Schwestern, ich wende mich an Euch, meine Freunde.» Es war keine Rede mehr von «Genossen».

Überhaupt gab es eine drastische Änderung im Ton der Propaganda. Die Angriffe der dreißiger Jahre hatten sich gegen die Religion gerichtet: Von 20 000 sowjetrussischen Kirchen und Moscheen waren in den ersten Monaten 1941 nur noch 1000 für Gläubige zugänglich. Die Kampagne für den Atheismus wurde gestoppt und zurückgenommen. 1943 wurde das orthodoxe Patriarchat wieder hergestellt. Der Führerkult wurde eingeschränkt,

Stalin erschien zwischen 1941 und 1945 kaum noch auf politischen Plakaten, und das Regime stellte Frauen, Bauern und die Angehörigen anderer sozialer Gruppen neben die idealisierten glattrasierten Arbeiter, die in den Kampagnen der dreißiger Jahre für einen «neuen Sowjetmenschen» im Mittelpunkt gestanden hatten. Frauen wurden in großer Zahl für Fabrikarbeit angeworben und stellten 1943 die Hälfte der Industriearbeiterschaft.[44] Das Plakat mit der größten Verbreitung am Ende des Krieges trug die Unterschrift «Ruhm dem russischen Volke».[45] 1945 feierte Stalin das Russentum: «Ich möchte einen Trinkspruch auf die Gesundheit unseres Sowjetvolkes und vor allem auf das russische Volk ausbringen. Ich trinke vor allem auf das russische Volk, weil es die herausragende Nation aller Nationen ist, die zur Sowjetunion gehören.»[46]

Stalin beherrschte die Armee unmittelbar (nach dem 7. August 1941 war er «Oberkommandierender», später «Marschall der Sowjetunion» und schließlich «Generalissimus»). Anders jedoch als Zar Nikolai II. und Hitler, die beide dieselbe Funktion übernahmen, blieb er im politischen Zentrum in Moskau, statt die Operationen an der Front zu leiten.

Das wirtschaftliche und militärische Potential der sowjetischen Planung wurde während des Krieges voll ausgeschöpft. Allein vom Juli bis Dezember 1941 wurden 1523 Betriebe aus bedrohten Gebieten in den Osten der Sowjetunion verlegt. Es war die industrielle Kapazität, die das Fundament einer gigantischen und heroischen militärischen Anstrengung legte, mit der schließlich der Krieg gewonnen wurde.

Deutscher und sowjetischer Terror: ein Vergleich

Beide neue Typen eines Einparteienstaats der dreißiger Jahre waren brutal und unmenschlich, und außen stehende Beobachter, die nicht durch ideologische Sympathien verblendet waren, konnten dies auch sehen. Die Diktatur rechtfertigte ihre Brutalität mit den Notwendigkeiten einer harten, neuen, industriellen und wissenschaftlichen Welt, und sie beschwichtigte die Menschen, die sich in dieser Welt fremd fühlten, mit gelegentlichen (im Fall der Sowjetunion) oder wiederholten (im Fall Deutschlands) Erinnerungen an nationale Traditionen und Kulturen.

Unter Zeithistorikern und späteren Beobachtern hat eine lange und müßige Debatte versucht, die Frage zu beantworten, welche Diktatur «schlimmer» war. Der Terror, der vom – viel länger existierenden – Kommunismus angewandt wurde, tötete mehr Menschen auf der ganzen Welt und wirkte in einer systemerhaltenden Weise, indem er willkürlich, unberechenbar und blind war.

Der nationalsozialistische Terror richtete sich gezielter gegen bestimmte Gruppen, die rassisch und biologisch als außerhalb der Gemeinschaft der Normalen definiert wurden: Behinderte, Verbrecher, die allesamt als «Asoziale» stigmatisiert wurden; Homosexuelle, Roma und Sinti, slawische Völker unter bestimmten Umständen und vor allem die Juden. Ob die Tatsache, dass Menschen, die anhand konventioneller Stereotypen als «normal» eingestuft wurden, wenig zu befürchten hatten und dass sie sich durch einen Rückzug in die Passivität und Tatenlosigkeit zu Komplizen des Bösen gemacht haben, dieses Regime schlimmer macht als andere, muss offen bleiben. Doch in den Augen der meisten zivilisierten Menschen war es das Mörderische am NS-Terror, was ihn so entsetzlich erscheinen ließ.

Auf der innenpolitischen Ebene war das Sowjetsystem in bizarrer Weise unberechenbar, während das NS-Regime den Eindruck erweckte, als folge es einer klar definierten Rassenlogik. In der internationalen Politik war das Verhältnis zwischen Berechenbarkeit und Unberechenbarkeit genau umgekehrt. Hitlers Wahl ausländischer Feinde gründete sich nicht auf die Rassenlehre der Nationalsozialisten: Warum sollten beispielsweise die Polen minderwertiger sein als die Tschechen? Stalins Sowjetunion dagegen konnte in der internationalen Politik als berechenbar gelten.

Das Deutschland unterm Hakenkreuz war eine deutlichere und größere Bedrohung für die internationale Ordnung, zum Teil weil es von einer Logik der Expansion getrieben wurde, die sich nicht nur aus seiner Ideologie ableitete, sondern auch aus seinem Wunsch nach einer Autarkie (in der Theorie), und seiner Unfähigkeit, sie in der Praxis zu erreichen. Dagegen war die Revolution Stalins sehr solide auf der Idee eines «Sozialismus in einem Lande» errichtet worden und unterwarf eindeutig die Interessen und Ideen der internationalen kommunistischen Bewegung denen der Sowjetunion. Dank ihrer reichen Ausstattung mit Bodenschätzen stellte ihr Streben nach wirtschaftlicher Autarkie keine internationale Bedrohung dar. Sie mochte eine expansionistische Logik haben, doch wenn sie von einer klar formulierten entgegen gesetzten Strategie blockiert worden wäre, hätte sie keine leichtfertigen und riskanten Manöver zur Destabilisierung ihrer Gegner versucht.

Schließlich gab der spezifische Charakter des Sowjetmarxismus dem Regime eine starke ökonomistische und sogar deterministische Aura: Eine Transformation der Wirtschaft würde auch die soziale und politische Ordnung verändern. Ein solcher Zugang privilegierte die Idee des «Interesses» mit dem Ergebnis, dass die Sowjetpolitik für interessenorientierte Analysten und Politiker, die von der Rationalität der Regimes, mit denen sie es zu tun hatten, ausgingen, klar und verständlich erschien. Die Nationalsozialisten waren dagegen der festen Überzeugung, dass Interessen durch die Macht von Ideen (wie denen Hitlers) umgeformt werden könnten. Für die internationalen Beziehungen war dies als Staatsphilosophie destabilisierender und bedrohlicher.

Andere Länder und ihre Führer waren damals der Meinung, sie seien verwundbar und würden von Hitler bedroht, aber nicht weil er einzigartig böse war (diese Beurteilung kam im allgemeinen erst viel später), sondern weil er wesentlich unberechenbarer war als Stalin oder andere Staatsmänner. Erst im Rückblick erklärten sie ihre Handlungen mit dem moralischen Impuls eines Widerwillens gegen etwas abgrundtief Böses.

6 Der Zweite Weltkrieg

Der Zweite Weltkrieg war die Fortsetzung des Ersten und markierte das Ende einer langen Episode eines Dreißigjährigen Krieges im 20. Jahrhundert. In dieser Verlängerung des Konflikts war Hitler einfach eine extremere Version des radikalen und destruktiven populistischen Heereskommandos Hindenburg und Ludendorff im wilhelminischen Deutschland. Die deutschen Kriegsziele seit 1914 beinhalteten weitreichende Annexionen und ein von Deutschland dominiertes Mitteleuropa; im Zweiten Weltkrieg waren diese Ziele noch viel weiter gesteckt. Der Erste Weltkrieg, der als ein Konflikt der Großmächte begonnen hatte, wurde schließlich auch zu einem Krieg der Ideen, in dem der Wilsonsche Internationalismus die Autokratie bekämpfte und vernichtete; und auch der Zweite Weltkrieg endete mit einem Kampf universeller Prinzipien und Menschenrechte gegen die brutale Überzeugung, dass Macht vor Recht gehe.

Und wie der Erste, so entstand auch der Zweite Weltkrieg offensichtlich aus dem Kalkül einer relativ kleinen Zahl von Männern, wie sich ihre persönliche Macht durch ein außenpolitisches Vabanquespiel erhalten und erweitern ließe. Fast alle Historiker haben mit Recht hervorgehoben, dass der mörderische Antisemitismus des NS-Regimes unmöglich gewesen wäre ohne eine verbreitete Mitwirkung (und eine noch stärker verbreitete Passivität) der Bevölkerung. Andererseits ergab sich die Entscheidung für einen Krieg weitgehend aus der Vision einer kleinen Zahl nationalsozialistischer Führer, und kaum ein Historiker hat die These vertreten, sie seien die Gefangenen der öffentlichen Meinung oder des Drucks aus der Bevölkerung gewesen. Bei seinem Verhör im Gefängnis sagte Hermann Göring:

> «Ja natürlich wollen die Menschen keinen Krieg. Warum soll ein armer Teufel auf dem Bauernhof sein Leben in einem Krieg aufs Spiel setzen, wenn er im besten Fall mit heiler Haut auf seinen Hof zurückkommt? Natürlich wollen die kleinen Leute keinen Krieg, nicht in Russland, nicht in England, nicht in Amerika und schließlich nicht in Deutschland. Natürlich nicht. Aber letztlich sind es die Führer eines Landes, von denen die Politik gemacht wird, und es war schon immer einfach, die Leute mitzuziehen, ob in einer Demokratie oder einer faschistischen Diktatur.»[1]

Der unmittelbare Ursprung des Krieges lag in Hitlers Plänen und der Art und Weise, wie die anderen Mächte versuchten, ihnen mit den Mitteln der Geheimdiplomatie des Münchener Abkommens und des Hitler-Stalin-Pakts zu begegnen.

Blitzkrieg

Zunächst sah der aktuelle Verlauf des Konflikts jedoch ganz anders aus als der frühere Krieg. 1914 waren die großen Armeen Europas mobilisiert, trafen im Kampf aufeinander und erlitten in den ersten Wochen der Schlacht entsetzliche Verluste. Der Krieg beschränkte sich nicht auf einen Konflikt zwischen Österreich und Serbien. Doch 1939 blieben die Kämpfe auf den Krieg mit Polen begrenzt. Im September 1939 fiel die deutsche Wehrmacht, unterstützt von Angriffen aus der Luft, in raschem Vormarsch in Polen ein. Frankreich und England erklärten Deutschland am 3. September den Krieg, gingen jedoch nirgends zu einem Kampf über und verharrten in einem «Sitzkrieg» (*drôle de guerre*); die Sowjetunion fiel am 17. September in Ostpolen (und am 30. November auch in Finnland) ein. Deutschland annektierte Teile Polens – wie das Wartheland und Ostoberschlesien – und führte im Rest des besetzten Gebietes ein Besatzungsregime ein, das so genannte Generalgouvernement, das mit außerordentlicher Brutalität von Gouverneur Hans Frank vom Schloss auf dem Wawel in Krakau aus geführt wurde.

Dies war ein Krieg, in dem Hitler das Ziel verfolgte, die umgebenden europäischen Staaten der Reihe nach zu pflücken und zu schlucken, wie die Blätter einer Artischocke. Die deutsche Wehrmacht benötigte einige Zeit, sich neu zu gruppieren und ihre Vorräte zu ergänzen. Der Polenfeldzug hatte, so bescheiden er im Vergleich zum weiteren Krieg sein mochte, ihre Munitionsvorräte weitgehend erschöpft. Im Frühjahr 1940 waren die deutschen Verbände für neue Blitzvorstöße gerüstet: Am 9. April 1940 marschierten deutsche Einheiten in Dänemark und Norwegen ein, vor allem mit dem Ziel, den Zugang zu dem militärisch unverzichtbaren schwedischen Eisenerz zu sichern. Innerhalb kurzer Zeit besetzten sie Kopenhagen und schlugen einen englischen Gegenangriff auf Narvik zurück.

Danach kam Westeuropa an die Reihe: Am 10. Mai überschritten deutsche Truppen die Grenzen zu Belgien, Luxemburg und den Niederlanden. Nach einem schnellen Panzervorstoß durch die Ardennen durchbrachen die Deutschen die französische Widerstandslinie, machten fast 2 Millionen Gefangene und marschierten am 14. Juni in Paris ein. Am 17. Juni ersuchte eine neue französische Regierung mit dem Helden des Ersten Weltkriegs, Marschall Philippe Pétain, an der Spitze um einen Waffenstillstand. Hitler übergab die Bedingungen für die Waffenruhe den französischen Kommandeuren am 21. Juni, in demselben Eisenbahnwaggon in Compiègne, in dem Marschall Foch die Deutschen im November 1918 empfangen hatte. Hitler setzte sich sogar in den Sessel Fochs, um zu demonstrieren, dass der Versailler Vertrag nunmehr null und nichtig war.

Der nördliche Teil Frankreichs wurde von Deutschland, drei südliche Départements wurden von Italien besetzt, das in letzter Minute (10. Juni) in den Krieg eingetreten war. Pétain verlegte seinen Regierungssitz in die unbesetzte Zone in Vichy. Am 3. Juli versenkten die Briten den größten Teil der französischen Mittelmeerflotte im Hafen von Oran und Mers el-Kébir, damit die Schiffe den Deutschen nicht in die Hände fielen.

Am 6. Juli 1940 nahm Hitler nach seiner Rückkehr aus Paris nach Berlin eine große Parade ab, die in der Rückschau den Höhepunkt des deutschen Triumphs markierte. Feldmarschall Keitel proklamierte Hitler zum «größten Feldherrn aller Zeiten». Wirtschaftsminister Walther Funk umriss die Basis einer neuen europäischen Wirtschaftsordnung, in der die europäischen Währungen schließlich von ihren Fesseln des Goldstandards befreit sein und dafür in einer festen Relation zueinander stehen würden. «Durch den Abschluß von langfristigen Wirtschaftsabkommen mit den europäischen Staaten soll erreicht werden, daß die europäischen Volkswirtschaften sich in ihren Produktionsplanungen langfristig auf den deutschen Markt, d.h. auf einen jahrelangen sicheren Absatzmarkt einstellen.»[2] Die Vorschläge Funks sollten allerdings mehr sein als einfache Pläne für eine deutsche wirtschaftliche Vorherrschaft in Europa; sie sollten eine Attraktion darstellen, die Europa fest an die deutsche Sache binden würde. Sie wurden sogleich in mindestens acht Sprachen übersetzt und an möglichst viele Regierungen verteilt.

In diesem Stadium glaubten in Berlin viele, dass England bei der Neuordnung Europas durch die Nationalsozialisten eine Rolle spielen und dass es entweder eine Invasion in England geben oder – was man für wahrscheinlicher hielt – dass England um Frieden bitten würde. Das nächste Opfer der deutschen Wehrmacht würde demnach England sein. In der vom Juli bis Oktober 1940 dauernden Luftschlacht um England gelang es der deutschen Luftwaffe jedoch nicht, die Lufthoheit zu erringen, ohne die eine Invasion zum Scheitern verurteilt war. Als Churchill 1940 Chamberlain an der Spitze der britischen Regierung ablöste und es infolgedessen klar war, dass England nicht über einen Waffenstillstand verhandeln würde, wandte Hitler seine Aufmerksamkeit einem weiteren Blitzkrieg zu. Er war zudem beunruhigt darüber, dass Stalin die deutschen Militäroperationen im Westen genutzt hatte, um unter Verletzung des geheimen Zusatzprotokolls vom

23. August 1939 Teile Litauens und den südlichen Teil der Bukowina (Rumänien) zu besetzen. Am 31. Juli 1940 berief er seine militärische Führung auf den Obersalzberg bei Berchtesgaden und erklärte seine Sicht der Lage. Generalstabschef Halder gab sie in seinem Kriegstagebuch mit folgenden Worten wieder: «Englands Hoffnung ist Rußland und Amerika. Ist aber Rußland zerschlagen, dann ist Englands letzte Hoffnung getilgt.»[3] Zu diesem Zeitpunkt erwog er einen schnellen Militärschlag gegen die UdSSR im Frühjahr 1941, nach einer erneuten Pause, die von der Wehrmacht genutzt werden konnte, ihre Vorräte wieder aufzufüllen. Am 18. Dezember traf er die endgültige Entscheidung, die Sowjetunion anzugreifen. Im März 1941 verkündete er in einer Rede in Berlin, dass Deutschland den Krieg in diesem Jahr gewinnen werde.

Der für den Angriff vorgesehene Termin musste wegen anderer Erwägungen verschoben werden. Im Oktober 1940 hatte Mussolini erwartet, von Albanien aus einen schnellen Sieg gegen Griechenland zu erringen, doch die italienischen Truppen trafen auf entschlossene Gegenwehr und wurden von General Papagos weit nach Albanien hinein zurückgeschlagen. Hitler war der Meinung, er könne die Balkanfrage nicht ungelöst lassen, dehnte einen bereits bestehenden Vertrag mit Ungarn, Rumänien und der Slowakei auf Bulgarien aus und versuchte anschließend Jugoslawien zu bewegen, dem Vertrag ebenfalls beizutreten. Der jugoslawische Prinzregent unterzeichnete zwar den deutschen Vertrag, wurde jedoch von antideutschen Politikern und Militärs abgesetzt, die König Peter an die Spitze des Staates stellten. Daraufhin griff Deutschland Jugoslawien mit starken Kräften an und unterwarf es ebenso wie das griechische Festland und eine beträchtliche Zahl der griechischen Inseln einschließlich Kreta.

Weniger ins Gewicht fallende Behinderungen betrafen die deutsche Heimatfront. Am 25. August 1940 flog die britische Royal Air Force einen Bombenangriff auf Berlin zur Vergeltung für einen deutschen Bombenangriff auf das Londoner East End – ein Unternehmen, das die deutsche Luftwaffe gegenüber Hitler für unmöglich gehalten hatte.

Deutschland war zudem beunruhigt über die Haltung der Vereinigten Staaten, die sich durch das Neutralitätsgesetz von 1937, das alle Waffenverkäufe an Krieg führende Staaten untersagte, praktisch von Europa isoliert hatten. Im November 1939 erlaubte ein geändertes Gesetz solche Waffenverkäufe unter der Bedingung, dass die Waffen sofort bezahlt würden («cash and carry»), ein Vorbehalt, der in der Praxis immer noch finanziell schwache, Krieg führende Länder vom Zugang zum amerikanischen Rüstungsmarkt ausschloss. Nachdem die Niederlage Frankreichs gezeigt hatte, wie sehr die Demokratie unmittelbar bedroht war, nahm die Bereitschaft der US-Regierung zu, England mit Waffenlieferungen zu unterstützen. Im Rahmen eines Abkommens lieferte sie an Großbritannien alte Zerstörer, wofür sie als Gegenleistung die Erlaubnis erhielt, einige britische Flottenstützpunkte zu benutzen. Nachdem Roosevelt bei den Wahlen im November 1940 wieder gewählt worden war (für eine dritte Amtszeit, ein beispielloser Vorgang in der Geschichte der USA), hatte er einen größeren Handlungsspielraum, und im Januar 1941 sprach er in einer Rede über die «Vier Freiheiten». Er versprach jetzt, Waffen an demokratische Staaten zu liefern (zu diesem Zeitpunkt kämpfte praktisch nur noch England in Europa). Doch die Haltung der Vereinigten Staaten und Englands war zunehmend irrelevant für Hitler, der sich jetzt auf die Ziele im Osten konzentrierte, über die er in den zwanziger Jahren in *Mein Kampf* sowie in einem unveröffentlichten Manuskript geschrieben hatte, das später als *Hitlers Zweites Buch* bekannt wurde.

Das «Unternehmen Barbarossa», der Überfall auf die Sowjetunion, der schließlich am 22. Juni 1941 erfolgte, sollte eine Blitzkrieg-Operation werden. Hitlers Berater hatten ihm versichert, die demoralisierte Sowjetarmee werde in kürzester Zeit vernichtet werden. Er war überzeugt, der Krieg werde innerhalb von sechs Wochen «mehr oder weniger vorbei» sein, und der Chef des Generalstabs notierte in seinem Tagebuch Anfang Juli, er rechne nur noch mit einer zweiwöchigen Fortdauer der Kämpfe.

Rassenkrieg

Das Unternehmen Barbarossa war zugleich der Höhepunkt von Hitlers ideologischen Zwangsvorstellungen: die Gewinnung ausgedehnter Territorien im Osten, die Abwehr der Gefahr eines internationalen Kommunismus sowie Rassenkriege, die gegen Juden, Slawen und minderwertige Völker geführt werden müssten. Am sechsten Jahrestag seiner Ernennung zum Reichskanzler, am 30. Januar 1939, sagte Hitler vor dem Reichstag: «Wenn es dem internationalen Finanzjudentum in und außerhalb Europas gelingen sollte, die Völker noch einmal in einen Weltkrieg zu stürzen, dann wird das Ergebnis nicht die Bolschewisierung der Erde und damit der Sieg des Judentums sein, sondern die Vernichtung der jüdischen Rasse in Europa.»[4] Die Historikerin Lucy Dawidowicz hat diese Rede zutreffend als «Hitlers Kriegserklärung an die Juden» bezeichnet.[5] In dieser Rede zog Hitler eine klare Verbindung zwischen der internationalen Finanz (dem Westen) und der Sowjetunion und behauptete, beide würden von Juden beherrscht oder arbeiteten für deren Interessen. Am 1. September 1939 sagte Hitler: «Ein November 1918 wird sich niemals mehr in der deutschen Geschichte wiederholen!»[6] Diese «Prophezeiungen» wurden vielfach von anderen deutschen Führern wiederholt und als Grundlage für konkretere und mörderische Aktionen benutzt. So sagte beispielsweise Göring im November 1939, es müsse eine große «Abrechnung» mit den Juden geben.

Unmittelbar nach dem September 1939 hatten deutsche Soldaten mit umfangreichen Umsiedlungsmaßnahmen in Osteuropa begonnen, wozu die Umsiedlung von Polen, die Ghettoisierung von Juden und der Transfer deutscher Siedler, darunter Deutsche aus der Sowjetunion (Wolga- und Wolhyniendeutsche) gehörten. Sie hatten außerdem Anweisung, die polnische Elite zu vernichten, was bedeutete, dass zahlreiche Morde, auch an vielen Juden, begangen wurden. Am 21. September 1939 befahl Reinhard Heydrich, der Chef des Reichssicherheitshauptamts, die annektierten polnischen Gebiete «von Juden frei» zu machen.[7]

Auf der anderen Seite versuchte der neue «Generalgouverneur» in Polen, Hans Frank, sich der Wiederansiedlung von Juden im Generalgouvernement zu widersetzen, weil er nicht wollte, dass dieses zu einem «Müllplatz» gemacht würde. Die Juden waren schon vorher systematisch marginalisiert worden. Zur Demütigung und Enteignung von Juden unmittelbar nach der Annexion Österreichs im März 1938 erklärte Reichskommissar Joseph Bürckel, einer der Hauptinitiatoren einer neuen Methode, mit den Juden «fertig zu werden», ganz unverhohlen: «Man darf nie vergessen, will man arisieren und dem Juden seine Existenzgrundlage nehmen, dann muß man die Judenfrage total lösen.»[8] Eine systematische Entmenschlichung war das Vorspiel zum Massenmord.

Eine weitere Strömung rassistischen Denkens mündete in den systematischen Völkermord an den Juden Europas. Die eugenische Theorie hatte seit langem behauptet, bestimmte Gruppen von Menschen seien «untauglich». Im Juli 1933 begann Deutschland mit der Zwangssterilisation von geistig Behinderten, womit es in Europa nicht allein stand: Im Schweizer Kanton Waadt (1928) und in Dänemark (1929) war sie bereits eingeführt worden, Schweden (1935 bis 1975) und Finnland (1935) folgten nach. Hinter diesen Maßnahmen verbarg sich die Furcht, Geisteskranke könnten mit der Zeit zu einer unerträglichen Bürde für den Wohlfahrtsstaat werden. Deutschland ging noch weiter und sprach bei den Geisteskranken von «lebensunwertem Leben». Im Sommer 1939, während Deutschland sich auf den Krieg vorbereitete, gab es Schätzungen darüber, wie groß die Zahl der benötigten Krankenhausbetten sein würde, um die Verwundeten zu pflegen. Mit der Tötung von «lebensunwertem Leben» konnten Krankenhausplätze freigemacht und knappe Ressourcen erschlossen werden. Auf besondere Anordnung Hitlers wurde dieses «Euthanasie»-Programm oder «barmherzige Töten» unter der Bezeichnung «Aktion T 4» nach ihrer Zentrale in der Tiergartenstraße 4 in Berlin aufgenommen. Hitler autorisierte das Programm in einem Brief vom Oktober 1939 mit dem Datum des 1. September, dem Tag, an dem Deutschland den Krieg begann. Dieser Brief, der nicht besonders bekannt gemacht wurde und eigentlich nicht rechtskräftig war, ermächtigte die beiden Verantwortlichen für das «Euthanasie»-Programm, Bouhler und Brandt von der «Kanzlei des Führers» , die Befugnisse der unter ihnen arbeitenden Ärzte «so zu erweitern, dass nach menschlichem Ermessen unheilbar Kranken bei kritischster Beurteilung ihres Krankheitszustandes der Gnadentod gewährt werden kann».[9] Das Reichsjustizministerium erfuhr von dem Brief Hitlers erst, als es im Sommer 1940 auf Beschwerden von Verwandten getöteter Patienten reagieren musste. Erst am 27. August 1940 stellte Reichsjustizminister Franz Gürtner seine Ermittlungen über die Tötungen mit der Begründung ein, er könne sich dem Willen des Führers nicht widersetzen. Dem «Euthanasie»-Programm fielen bis zum August 1941 70 000 bis 80 000 Menschen zum Opfer. Danach wurde die «Aktion T 4» unvermittelt abgebrochen, nachdem Bischof Clemens von Galen in Münster sie öffentlich angeprangert hatte. Von Galen hatte gesagt, die Tötungen würden im Reichsinnenministerium offen diskutiert. Er selbst wurde zwar bedroht, aber nicht bestraft. Der Domprobst der St. Hedwigskirche in Berlin, Bernhard Lichtenberg, der aufgrund der Galen-Predigt beim Reichsärzteführer Conti schriftlich Protest einlegte und vor allem gegen die Verfolgungen der Juden protestierte, wurde verhaftet, misshandelt und verstarb auf dem Transport nach Dachau.

Neben den Angriffen gegen die geistig und körperlich Behinderten wandte sich das Interesse der Theoretiker einer Rassenreinheit auch der kleinen Bevölkerungsgruppe von so genannten gemischtrassigen («farbigen») Deutschen zu, zumeist Nachkommen schwarzer französischer Besatzungssoldaten im Ruhrgebiet; sie wurden ab 1937 zwangssterilisiert. Die in Deutschland lebenden Roma und Sinti («Zigeuner»), deren Bevölkerungsanteil 1933 lediglich 0,05 Prozent betrug, wurden beschuldigt, sie hielten sich nicht an Recht und Gesetz. Ab 1933 wurden sie in Lagern interniert und ab 1940 aus den besetzten Teilen Polens ähnlich wie die Juden in das Generalgouvernement transportiert. 1941 setzten die systematischen Deportationen ein.

Die Besetzung Polens und der Transfer bestimmter Bevölkerungsgruppen zwischen den annektierten polnischen Gebieten und dem Generalgouvernement waren praktisch die Vorbereitung für Maßnahmen, die schließlich in einem weit größeren Umfang durchgeführt werden sollten. Im Lauf der so genannten «Umsiedlung» wurden in den von Deutschland annektierten Gebieten rund 10 000 Geisteskranke umgebracht. Die Tötungen in Gaswagen im Warthegau unter der Aufsicht von Personal der «Aktion T 4» waren nur das Vorspiel zur systematischen Ermordung der europäischen Juden.

Hitler selbst sprach im März 1941 vor hohen Wehrmachtsoffizieren von einem brutalen «Rassenvernichtungskrieg». Zu diesem Zeitpunkt war bereits der Befehl ergangen, vier «Einsatzgruppen» in Marsch zu setzen, die «unabhängig» von den Militäroperationen tätig werden sollten. Diese umfassten rund 3000 Mann, wurden jedoch ergänzt durch eine beträchtliche Zahl von Polizeieinheiten (anfangs 11, später 26) sowie einheimischen nichtdeutschen Sicherheitskräften, die für die deutschen Mordaktionen dienstverpflichtet wurden. Sie hatten Befehl, gegen kommunistische Funktionäre und Juden in führenden Partei- und Regierungsämtern vorzugehen, und die «Selbstreinigungsversuche antikommunistischer oder auch antijüdischer Kreise in den neu zu besetzenden Gebieten» zu unterstützen.[10] Bis zum 4. August waren bereits 30 000 Menschen getötet worden; doch dann kam es zu einer enormen Beschleunigung der Tötungsmaschine: Bis zum Ende des Winters 1941/42 hatten die Einsatzgruppen etwa eine halbe Million Menschen, die meisten davon Juden, umgebracht, also noch bevor der bis ins Einzelne ausgearbeitete Plan für die systematische Durchführung der «Endlösung der Judenfrage» bürokratisch vorbereitet worden war. Gleichzeitig kam es zu systematischen Tötungen sowjetischer Kriegsgefangener. Der bekannteste Fall eines Massakers an Juden, das nicht von Deutschen verübt wurde, ereignete sich in Jedwabne in Ostpolen am 10. Juli 1941, wo mindestens 250–300 Juden von Polen ermordet wurden. Aber es gab auch Dutzende ähnlicher Pogrome in der Umgebung von Jedwabne.[11] In den Baltenstaaten machten lokale Polizeikräfte Jagd auf Juden und töteten sie.

Hinter der Front erarbeitete die SS einen Plan zur Vernichtung jüdischen Lebens durch den Einsatz bei gigantischen Bauprojekten vor allem im Straßenbau («Vernichtung durch Arbeit»); in Galizien kamen dabei 20 000 Juden um, im Distrikt Lublin zwischen 50 000 und 70 000. Es kam zu einem Konflikt innerhalb der SS über die Frage, was den Vorrang haben sollte: die maximale Ausnutzung des Arbeitspotentials der Sklavenbevölkerungen oder der Rassenvernichtungskrieg (häufig beschönigt als der «Gnadentod» unglücklicher Opfer, denen jedes Menschliche abgesprochen wurde).

Im September 1941 wurde den Juden in Deutschland zur Pflicht gemacht, einen Davidstern zu tragen, der gut sichtbar auf ihrer Kleidung aufgenäht war (im Generalgouvernement gab es eine entsprechende Verordnung bereits seit 1939), anscheinend aufgrund eines Vorstoßes von Goebbels, der die Maßnahme als ein Vorspiel zu Schlimmerem ansah, das noch kommen sollte. Seit dem Oktober 1941 wurden Juden aus Deutschland in übervölkerte Ghettos im Osten (vor allem nach Litzmannstadt/Łodz) deportiert, im Sommer 1942 folgten Deportationen von Juden aus Belgien, Frankreich und Holland. In einigen der mit Deutschland verbündeten Ländern, so Bulgarien und Ungarn, blieben die Juden zum größten Teil in relativer Sicherheit: bis das Bündnis zerbrach und Deutschland Ungarn besetzte.[12] Im März 1943 wurden in Bulgarien die aus den ehemals griechischen und jugoslawischen Gebieten zusammengetriebenen Juden an den neuen Grenzen den Deutschen zur Deportation nach Treblinka übergeben. Auch andere Verbündete – die Slowakei unter Jozef Tiso und Kroatien – deportierten und töteten ihre Juden mit Begeisterung.

Die am 20. Januar 1942 in einer Villa der SS in Berlin-Wannsee unter dem Vorsitz Reinhard Heydrichs abgehaltene Konferenz war eine Zusammenkunft von Mitarbeitern des Reichssicherheitshauptamts (RSHA), hohen SS-Führern und Staatssekretären. Heydrich beabsichtigte mit der Konferenz, das Zusammenwirken aller für die Ermordung der Juden benötigten Instanzen zu gewährleisten. Ursprünglich auf den 9. Dezember 1941 anberaumt, war sie jedoch vermutlich wegen der deutschen Kriegserklärung an die USA unmittelbar nach Pearl Harbor verschoben worden. Einige Historiker, insbesondere Christian Gerlach[13], haben behauptet, Hitler habe am 12. Dezember eine Entscheidung getroffen und es gebe einen Zusammenhang zwischen der vollen Entfesselung des Judenmords und der Kriegserklärung an die USA. Diese Hypothese ist nicht plausibel, doch die neue Globalisierung des Krieges änderte die Lage für eine bestimmte Gruppe jüdischer Opfer: finanziell besser Gestellte, die in Westeuropa (im Deutschen Reich vor allem in Bergen-Belsen) inhaftiert waren und von denen die Nationalsozialisten sich eine Auslösung in harten Devisen erhofften, die für die Rüstung dringend benötigt wurden. Selbst einige osteuropäische Juden, bei denen man Reichtümer vermutete, wurden in diesen speziellen Lagern interniert. Rund 20 000 polnische Juden waren in Bergen-Belsen und in Vittel in den Vogesen inhaftiert. Obwohl die Idee eines «Lösegelds für Juden» nie ganz aufgegeben und in den letzten Phasen des Krieges wieder belebt wurde, bedeutete der verstärkte Wirtschaftskrieg der Vereinigten Staaten und Englands gegen Deutschland, dass solche Auslösungen kaum eine Chance hatten, zu einer allgemeinen Praxis zu werden.[14] Tatsächlich wurden viele Juden, für die ein Lösegeld gezahlt worden war, nicht freigelassen, sondern umgebracht.

Auf der Wannseekonferenz wurde dem Vertreter Görings zugesichert, dass Juden, die in Munitionsfabriken arbeiteten, nicht deportiert würden.

Die meisten Ghettos im besetzten Polen wurden zwischen Juli und Dezember 1942 vollständig geräumt und die Bewohner in Vernichtungslager abtransportiert. Das Warschauer Ghetto sollte erst zum Schluss geräumt werden, und seine Bewohner erhoben sich im April und Mai 1943 zu einem ebenso heroischen wie verzweifelten Aufstand gegen die deutsche Besatzungsmacht. Waren die Vernichtungslager überlastet, wurden Massenerschießungen befohlen.

Die Umstellung auf eine systematische oder industrielle Ermordung ging auf Himmler zurück, der am 15. August 1941 in Minsk persönlich der Erschießung von etwa hundert Juden beigewohnt und diese Methode anscheinend als unbefriedigend empfunden hatte. Zu diesem Zeitpunkt wurden Spezialisten der «Aktion T 4» in die Ostgebiete geschickt, und am 13. Oktober 1941 gab Himmler grünes Licht für den Bau einer Anlage, deren einziger Zweck die massenhafte Ermordung von Juden war: Bełżec. In den folgenden Monaten wurden ähnliche Vernichtungslager in Chełmno (Kulmhof), Sobibór, Treblinka und Majdanek errichtet.

Die meisten Juden wurden jedoch in Auschwitz-Birkenau umgebracht, wo alle Elemente der mörderischen nationalsozialistischen Pläne zusammenkamen: die Ausbeutung jüdischer Arbeitskräfte ohne jede Rücksicht auf deren körperliche Verfassung in einer großen Chemiefabrik der I.G. Farben; die Ermordung der Arbeitsuntauglichen; gelegentlich auch die sofortige Tötung kräftiger, gesunder erwachsener Männer; und schließlich Josef Mengeles pseudowissenschaftliche Experimente an Menschen, unterstützt durch Fördermittel der Deutschen Forschungsgemeinschaft. Das Überleben in der entmenschten Welt von Auschwitz hing zum größten Teil vom Zufall des Ankunftstags ab: herrschte an diesem Tag gerade ein Mangel an Arbeitskräften, so wirkte dies potentiell lebensverlängernd; die Ankunft auf dem Höhepunkt der Deportationen war das fast sichere Todesurteil. Die Monstrosität der Verbrechen und die große Zahl der verschiedenen Länder, aus denen die Opfer kamen, machten Auschwitz zur perversen Verwirklichung der nationalsozialistischen Vision.

Auschwitz (Oświęcim) war eine Kleinstadt mit einer Bevölkerung von etwa 12000 Einwohnern (davon ein beträchtlicher Anteil Juden) und einem alten Kasernenkomplex, der ursprünglich unter Maria Theresia von der österreichischen Armee errichtet worden war. Es lag an einem Knotenpunkt wichtiger Eisenbahnstrecken und befand sich in Ostoberschlesien, das zu dem von Deutschland annektierten Regierungsbezirk Kattowitz gehörte. Die Deutschen benannten die Stadt in Auschwitz um. Im Frühjahr 1940 erteilte Himmler der SS den Befehl, geeignete Standorte für ein Konzentrationslager zu erkunden, und im April mietete die SS die Kasernen und errichtete auf dem Gelände ein Lager, das 10000 Gefangene aufnehmen konnte. Im Mai 1940 wurde eine kleine Gruppe von deutschen Strafgefangenen aus dem Lager Sachsenhausen bei Berlin nach Auschwitz geschickt (und erhielten dort die Nummern 1–30), um das Gelände für seine neue Aufgabe vorzubereiten. Die erste große Gruppe von Gefangenen im Juni 1940 bestand aus 728 polnischen Gefangenen, darunter viele Juden, die aus dem Gefängnis von Tarnów hierher gebracht worden waren. Am 1. März 1941, während der Vorbereitungen zum Angriff auf die Sowjetunion, besuchte Himmler das Lager Auschwitz zum ersten Mal und befahl seine Erweiterung auf eine Kapazität von 30 000 Gefangenen. Entgegen den Aufzeichnungen von Rudolf Höß fiel die Entscheidung für die Errichtung eines zweiten Lagers im nahe gelegenen Birkenau für 50 000 Kriegsgefangene (mit einer Ausbaukapazität auf bis zu 200 000 Häftlinge) nicht bei diesem Besuch, sondern erst am 26. September 1941.[15] Von ihm kam der Vorschlag, die I.G. Farben könnten hier eine Fabrik errichten, die größtenteils von Sklavenarbeitern gebaut würde; darüber hinaus könnten sich hier eine Reihe weiterer Firmen niederlassen, vor allem Rüstungsbetriebe. 1942 wurde eine Rampe für die ankommenden Gefangenen am Güterbahnhof Auschwitz gebaut, und im Mai 1944, als die Massendeportationen aus Ungarn einsetzten, wurde Birkenau direkt an das Schienensystem angeschlossen.

Anfangs wurden alle ankommenden Gefangenen in Auschwitz sorgfältig registriert, fotografiert und mit einer Nummer versehen. Als im Herbst 1941 eine große Zahl sowjetischer Kriegsgefangener eintraf, reichte das bisherige Registrierungssystem nicht mehr aus, und die Nummern wurden den Häftlingen mit einer Maschine mit ein Zentimeter langen Nadeln auf die Brust gestochen. Auch diese Methode war zu zeitraubend, und später wurde eine einfachere Tätowierung – gewöhnlich auf dem linken Unterarm der Häftlinge – benutzt, um diese zu identifizieren. Das Fotografieren der Häftlinge musste aus Mangel an Filmmaterial eingestellt werden.

Bereits in den ersten Monaten war die Sterblichkeit ungewöhnlich hoch. Zwischen Mai 1940 und Januar 1942 weisen die sorgfältig geführten Akten 4271 «Abgänge» durch Entlassung oder Tod aus, während weitere 20 000 Häftlinge nicht erfasst und auch nicht länger als Lagerinsassen geführt waren. Die Gefangenen wurden nicht nur geprügelt, in anderer Form misshandelt und erschossen, die SS experimentierte auch mit letalen Phenolinjektionen und (seit September 1941) mit Giftgas, zunächst in einem Keller von Block 11 im Stammlager und dann im Krematorium desselben Lagers. Bis Anfang März waren 1942 nur noch 945 sowjetische Kriegsgefangene am Leben, und ab März wurden Gaskammern (zwei hierfür umgebaute Bauernhäuser) in der Nähe von Auschwitz-Birkenau (Auschwitz II) systematisch zur Tötung von Gefangenen benutzt, zum Teil unmittelbar nach ihrem

Eintreffen im Lager. Im Sommer 1942 wurde der Bau von vier großen Krematorien befohlen; im Frühjahr 1943 waren sie betriebsbereit und direkt mit den neu gebauten Gaskammern verbunden. Ab Juli 1942 begannen regelmäßige Selektionen, auch unter den neu ankommenden Deportierten an der Rampe. In dieser Phase waren 80 Prozent der Neuankömmlinge zum sofortigen Tod verurteilt.

Wer die Selektion überlebte, starb langsam an Unterernährung, Überarbeitung und epidemischen Krankheiten. War er erst einmal bis zum Skelett abgemagert (im Lagerjargon als «Muselmann» bezeichnet), hatte er bei der nächsten Selektion keine Überlebenschance mehr. Obgleich Widerstand so gut wie aussichtslos war, gab es Untergrundorganisationen, Aufstände und selbst Fluchtversuche. Im Oktober 1944 töteten die jüdischen Mitglieder eines Sonderkommandos (Häftlingseinheit, die an den Gaskammern und in den Krematorien arbeitete) mehrere Aufseher und setzten das Krematorium IV. in Brand. Einige, denen die Flucht gelungen war, berichteten der Außenwelt Details über das Lagerleben und vor allem vom entsetzlichen Ausmaß der dort verübten Morde. Im April 1944 konnten Rudolf Vrba und Alfred Wetzler fliehen und einen Bericht erstellen, dem zufolge nach ihrer Schätzung seit April 1942 1,765 Millionen Juden in Auschwitz ermordet worden waren.

Tatsächlich stoßen genauere Schätzungen der Zahl der in Auschwitz Umgekommenen auf Schwierigkeiten. 400 207 Lagerinsassen waren registriert worden, doch das System der aktenmäßigen Erfassung brach bald zusammen, und es steht außer Zweifel, dass die Juden die überwältigende Mehrheit der nicht registrierten Opfer darstellten, von denen die meisten gleich nach ihrer Ankunft auf dem Bahnhof in die Gaskammern geschickt wurden. Nach der neuesten Schätzung wurden 1,1 Millionen Juden nach Auschwitz deportiert, und unter diesen sind rund 200 000 als Häftlinge registriert worden. Alle übrigen waren sogleich nach ihrer Ankunft ermordet worden.

Die Wachmannschaften setzten die Tötungen auch noch fort, als das Lager im Januar 1945 geräumt wurde, weil die Rote Armee sich näherte: Die Häftlinge mussten das Lager in Todesmärschen verlassen und wurden zum Teil auf offenen Kohlelastwagen abtransportiert.

Die Gesamtzahl der Opfer des Völkermords durch die Nationalsozialisten lässt sich unmöglich exakt bestimmen, was zum größten Teil daran liegt, dass wir nichts über die Zahl (und die ethnische Zusammensetzung) der sowjetischen Opfer wissen. Die Gesamtzahl der jüdischen Opfer des Nationalsozialismus betrug über sechs Millionen (davon 2,7 Millionen polnische Bürger, 200 000 Rumänen, 500 000 Ungarn und 165 000 Deutsche und 2,2 Millionen Bürger aus der Sowjetunion.[16]). Darüber hinaus wurde mindestens eine Viertelmillion Sinti und Roma ermordet.

Auschwitz wurde bald zum Synonym für das Böse schlechthin: das Böse der sofortigen Ermordung nach dem Selektionsprozess und das Böse der zunehmenden bewussten Entwürdigung und Entmenschlichung derer, die die Selektion überlebten. Erst in jüngster Zeit wurde deutlich, wie tief und wie unmittelbar die deutsche Gesellschaft und die deutsche Wirtschaft in die konkrete Durchführung des Genozids verwickelt waren. Die Produktionsanlagen von Buna Monowitz der I.G. Farben hatten ihren Standort in der Nähe von Auschwitz vor allem aus geographischen Gründen: die neue Anlage zur Herstellung von Synthesekautschuk sollte außerhalb der Reichweite der britischen Bomberflotte liegen. Darüber hinaus war jedoch klar, dass die SS und ihr Angebot an Sklavenarbeitern einen bedeutsamen Anreiz in einer Wirtschaft darstellten, in der Arbeitskräfte immer knapper wurden. Außer der I.G. Farben hatten noch zahlreiche andere Unternehmen in Auschwitz oder der näheren Umgebung Fabriken gebaut. Die größte deutsche Versicherungsgesellschaft versicherte die SS-Baracken. Die großen Schweizer Banken stellten Handelskredite für die Einfuhr des Holzes bereit, das für den Bau der Baracken benötigt wurde. Die größte österreichische Bank wickelte den Transfer von Geldern von Verwandten einzelner Häftlinge aus dem Generalgouvernement ab (auch wenn diese mit dem Geld kaum etwas Nützliches kaufen konnten). Die lokale Filiale der größten deutschen Bank finanzierte Bauunternehmen, die mit der Erweiterung der Lager beauftragt waren. Ausgebombte Deutsche erhielten Kleidung, Schuhe und Uhren, die man den ankommenden Deportierten abgenommen hatte. Gold aus Auschwitz und den übrigen Todeslagern, darunter auch Zahngold, das man lebenden oder toten Häftlingen aus dem Mund gebrochen hatte, wurde zunächst zur Zahnbehandlung von SS-Mitgliedern verwendet und später – als der zahnärztliche Dienst berichtete, er verfüge über mehr als ausreichende Goldbestände – eingeschmolzen und gefeint, an die deutsche Reichsbank verkauft und von dieser wieder an die deutschen Geschäftsbanken sowie an die Schweizer Nationalbank. Der Terror und der Raub hatten überall ihre Verbindungen.

In dieser Beteiligung der deutschen Wirtschaft mag eine bewusste Entscheidung der SS zum Ausdruck kommen, den Versuch zu machen, einen größeren Personenkreis in Deutschland in Kontakt mit ihrem verbrecherischen Tun und Treiben zu bringen. Himmler hatte sich von Anfang an (1935) bemüht, die Wirtschaft für die Arbeitskraft seiner Gefangenen zu interessieren, ohne zunächst auf Resonanz zu stoßen. Er wollte seine Organisation zu einem zentralen Bestandteil des künftigen Nachkriegsdeutschlands machen, und die Ausdehnung seines Einflusses bedeutete die Ausdehnung seines verbrecherischen Netzes.

Berichte über das, was in den östlichen Vernichtungslagern vor sich ging, gelangten auch in die neutralen Länder und zu den westlichen Alliierten. Außer dem Bemühen, den Krieg so schnell wie möglich zu gewinnen, gab es jedoch wenig, was man in London und Washington hätte tun können, um das Morden zu beenden. Eine Präzisionsbombardierung etwa einer Gaskammer in den Lagern oder von Eisenbahnlinien (die sich ohnehin sehr schnell wieder instand setzen ließen) war zu jener Zeit eine Unmöglichkeit, und selbst wenn die Möglichkeit bestanden hätte, wäre sie wahrscheinlich besser dafür genutzt worden, die Kontrollzentren des Regimes in Rastenburg, Berchtesgaden und Berlin anzugreifen. Die Verhandlungsangebote, die von der SS von Zeit zu Zeit über die Freilassung von Juden gegen Lösegeldzahlungen gemacht wurden, waren zutiefst doppelzüngig und unaufrichtig. Den Juden in England und den USA waren die Hände gebunden. Im August 1942 schickte Gerhart M. Riegner vom World Jewish Congress (WJC) in Genf ein Telegramm an den Präsidenten des WJC, Stephen S. Wise in den USA und an einen jüdischen Abgeordneten des britischen Unterhauses mit folgendem Wortlaut: «erhielt alarmierenden bericht im führerhauptquartier sei plan diskutiert und erwogen dass in deutschbesetzten oder kontrollierten ländern alle juden anzahl dreieinhalb bis vier millionen nach deportation und zusammenfassung im osten mit einem schlag ausgerottet und damit die jüdische frage in europa ein für allemal gelöst werden soll (...)». Nach Riegners Telegramm sagte Nahum Goldmann der Zionist Organization of America: «Eine Hälfte der Generation wird vor unseren Augen abgeschlachtet, und die andere Hälfte muss zusehen und kann die Katastrophe nicht verhindern.»[17]

Weltkrieg

Mit dem Überfall auf die Sowjetunion wurde der Krieg zu einem Weltanschauungskrieg und zu einem Weltkrieg. Im besetzten Europa verkündeten die Deutschen, dieser Krieg werde gegen den Bolschewismus geführt. Das lieferte die Begründung für eine fortgesetzte Kollaboration. Pierre Laval erklärte, er «wünsche Deutschland den Sieg, weil sich andernfalls der Bolschewismus überall in Europa einnisten wird».

Hitler selbst wollte davon nichts wissen. Im Juli 1941 äußerte er seine Verärgerung, weil eine Vichy-Zeitung es gewagt hatte, von einem «europäischen Krieg» gegen den Bolschewismus zu sprechen.[18] Der Höhepunkt der deutschen Vorstellungen von einer neuen Ordnung in Europa war früher gekommen, im Sommer 1940, als das Schlagwort dazu verwendet wurde, Europa zu einem von Deutschland dominierten Frieden zu verlocken. Als es

1944 noch einmal ins Gespräch gebracht wurde, war dies nicht mehr als eine Geste der Hoffnungslosigkeit Deutschlands. Reichswirtschaftsminister Walther Funk wiederholte 1944 in einer Rede seine Pläne für eine europäische Wirtschaft aus dem Jahr 1940, doch niemand konnte solche Vorschläge jetzt noch ernst nehmen.

1941 und 1942 dachte Hitler nicht mehr in europäischen Kategorien – mit seiner Strategie hatte er bereits den ganzen Globus im Blick. Mitte Juli 1941 behauptete Hitler, Deutschland habe dieselben Urfeinde wie Japan, nämlich die Vereinigten Staaten und die Sowjetunion, und Japan müsse die östlichen Territorien der Sowjetunion besetzen.

Am 14. August 1941 gaben Roosevelt und Churchill für die USA und Großbritannien in der Atlantikcharta «gewisse allgemeine Grundsätze der nationalen Politik ihrer beiden Länder bekannt, auf die sie ihre Hoffnung auf eine bessere Zukunft für die Welt gründen». Sie erstrebten «keinerlei Gebiets- oder sonstige Vergrößerung», «keine Gebietsveränderungen, die nicht mit den frei zum Ausdruck gebrachten Wünschen der betreffenden Völker übereinstimmen», «das Recht aller Völker, die Regierungsform zu wählen, unter der sie leben wollen», und eine Nachkriegswelt, in der «alle Menschen in allen Ländern der Welt ihr Leben frei von Furcht und Mangel leben können».[19]

Wir wissen nicht genau, ab wann Hitler überzeugt war, dass Deutschland gegen die USA Krieg führen müsse. Im Oktober 1941 sagte er dem italienischen Außenminister Graf Ciano, eine Lösung des «Europa-Amerika-Problems» müsse einer künftigen Generation überlassen bleiben.[20] Doch in derselben Weise, wie das Unvermögen, in der Luftschlacht um England einen entscheidenden Durchbruch zu erzielen, Hitler dazu bewog, den Krieg in einem größeren Kontext zu führen und in die Sowjetunion einzufallen, so hatte auch die Tatsache, dass das Unternehmen Barbarossa entgegen den Erwartungen nicht vor Wintereinbruch beendet war, bei Hitler zur Folge, dass er den Krieg auf die ganze Welt ausdehnte.

Nachdem Japan auf das Ölembargo der USA mit einem Luftangriff auf die Pazifikflotte in Pearl Harbor (7. Dezember 1941) reagiert hatte, erklärte Hitler sechs Tage nach der Eröffnung einer Großoffensive vor Moskau durch die Rote Armee den Vereinigten Staaten den Krieg (11. Dezember). Am 18. Januar 1942 wurde in Berlin ein Militärabkommen zwischen Deutschland, Italien und Japan abgeschlossen.

An diesem Punkt musste Deutschland seine Kriegswirtschaft auf eine völlig neue Grundlage stellen. Bislang hatten sich die deutschen kriegswirtschaftlichen Anstrengungen am Ziel einer «Breitenentwicklung» der Rüstung orientiert, die Anhäufung eines riesigen Waffenarsenals, das eingesetzt werden konnte, jedoch rechtzeitig vor einer neuen Welle militärischer Angriffe wieder ergänzt werden musste. Diese Strategie war der wirtschaftlichen Lage Deutschlands insofern angepasst, als Rohstofflieferungen durch die Seemacht Englands und später der Vereinigten Staaten eingeschränkt wurden und bereits in der militarisierten Friedenswirtschaft der späten dreißiger Jahre ein Mangel an Arbeitskräften herrschte. Doch ab Herbst 1941 wurde das Prinzip der «Breitenentwicklung» in der Rüstungsproduktion durch das einer «Tiefenentwicklung» ersetzt. Dieses war mit einem stetigen Zustrom neuer Lieferungen verbunden, was eine Neuorganisation der Kriegswirtschaft erforderte und außerdem der deutschen Tradition einer flexiblen Produktion unter Verwendung verstellbarer Werkzeugmaschinen zuwider lief. Für die Vereinigten Staaten, die seit jeher mit spezialisierten Werkzeugmaschinen gearbeitet hatten, war es wesentlich einfacher, eine standardisierte Produktion sehr großer Mengen aufzunehmen. So blieben die Beschränkungen der deutschen Kriegswirtschaft weiter bestehen, und Deutschland litt weiterhin unter einem doppelten Mangel an Rohstoffen und qualifizierten Arbeitskräften zur Bedienung der Werkzeugmaschinen.

Der erste Versuch zu einer Reform der deutschen Kriegswirtschaft erfolgte mit einer Führerverordnung[21] vom 3. Dezember 1941, in der eine Rationalisierung und Standardisierung der Waffenproduktion befohlen wurde. Als der Reichsminister für Bewaffnung und Munition Fritz Todt im Februar 1942 bei einem Flugzeugabsturz tödlich verunglückte, wurde der junge Architekt Albert Speer sein unmittelbarer Nachfolger. Speer gab einige der früheren Vorstellungen von einer zentralisierten Kommandowirtschaft auf, organisierte die Kriegswirtschaft in Ringe um, überließ einen wesentlich größeren Teil als bisher der industriellen Selbstverantwortung und stoppte die vereinzelten Demontagen von Fabrikanlagen im besetzten Europa.

Schwieriger war das Problem der Rohstoffknappheit zu bewältigen. Deutschland verfügte beispielsweise nie über genügend Erdöl (da es der Wehrmacht nie gelang, die vollständige Kontrolle über die Ölfelder im Kaukasus zu erlangen), und Rumänien verlangte für seine Öllieferungen einen hohen Preis. Als das Kriegsglück Deutschland verließ, bestand die rumänische Regierung auf Bezahlung in konvertierbarer Währung oder Gold. Ein weiterer Engpass ergab sich bei der Beschaffung von Erzen, die für die Herstellung von Präzisionsstahl benötigt wurden, insbesondere Wolfram, das Deutschland aus Spanien, Portugal und Südamerika einführte. Auch diese Lieferungen mussten in harter Währung bezahlt werden, was eine weitere Plünderungswelle auslöste. Schon von Beginn des Krieges an hatte

Deutschland in den besetzten Gebieten strenge Devisenbestimmungen erlassen. So genannte Devisenschutzkommandos der SS hatten die Aufgabe, ohne jede Rechtsgrundlage Edelmetalle, Devisen und Schmuck zu konfiszieren. Deutschland bemächtigte sich auch der Goldreserven der Zentralbanken in den besetzten Ländern, die vor allem in Belgien und Holland beträchtlich waren.

Das zweite Problem für die deutsche Kriegswirtschaft, der Mangel an Facharbeitern, wurde mit ebenso brutalen Methoden gelöst. Ausländische Arbeiter, je nach ihrer Nationalität unterschiedlich bezeichnet und behandelt, wurden für Arbeiten in Deutschland zwangsverpflichtet. Zu Beginn des Krieges wurde der größte Teil der «Fremdarbeiter» (überwiegend Polen) in der Landwirtschaft eingesetzt. Im Zusammenhang mit Speers Reorganisation der deutschen Kriegswirtschaft 1942 wurde der Gauleiter von Thüringen, Fritz Sauckel, zum Generalbevollmächtigten für den Arbeitseinsatz ernannt. Zunächst versuchte er, Freiwillige anzuwerben, doch im August 1942 erließ er eine Verordnung, durch die in den besetzten Gebieten alle arbeitsfähigen Männer und Frauen zur Zwangsarbeit herangezogen werden konnten. Sowjetische Kriegsgefangene wurden unter dem Vorwand, die UdSSR sei der Genfer Konvention von 1926 über die Behandlung von Kriegsgefangenen nicht beigetreten, im Unterschied zu westlichen Kriegsgefangenen dienstverpflichtet und in unmenschlicher Weise behandelt. Auch KZ-Häftlinge wurden in der Rüstungswirtschaft als Arbeitskräfte eingesetzt. Im August 1944 waren insgesamt 7,6 Millionen «Fremdarbeiter» und Kriegsgefangene beschäftigt. Die meisten waren Zivilisten (5,7 Millionen). Unter den 7,6 Millionen Zwangsarbeitern waren 2,8 Millionen Russen, 1,7 Millionen Polen, 1,3 Millionen Franzosen und 600 000 Italiener. Der Anteil der ausländischen Arbeitskräfte in Deutschland betrug in der Landwirtschaft 46 Prozent, im Bergbau 34, in der Bauwirtschaft 32, in der Metall verarbeitenden Industrie 30 und im Bankwesen immer noch 6 Prozent.[22]

Zur selben Zeit, als Deutschland zu einer Totalmobilmachung überging, veränderte sich die deutsche Einstellung gegenüber der antisowjetischen Propaganda: Plötzlich hatte es den Anschein, als halte das Reichspropagandaministerium es für nützlich, die Ukrainer und Polen vor Stalin zu warnen. Am 13. April 1943 gab Radio Berlin bekannt, dass deutsche Soldaten in Katyn bei Smolensk ein Massengrab entdeckt hätten, in dem in zwölf Schichten übereinander die Leichen polnischer Offiziere lägen, viele mit hinter dem Rücken gefesselten Händen, alles in allem etwa 3000 Tote[23]. Doch solche Versuche, einen Teil der Osteuropäer auf die deutsche Seite zu ziehen, waren aufgrund der Brutalität des Besatzungsregimes von vornherein wenig erfolgreich.

Die US-Wirtschaft brauchte ziemlich lange, bis sie sich auf die Rüstungsproduktion umgestellt hatte. 1942 hätte sogar leicht ein Jahr des Triumphs für die Achsenmächte sein können, doch die Militäroffensiven waren zu unkoordiniert. Japan erzielte in der ersten Jahreshälfte mit seinen Vorstößen zwar gewisse dramatische Erfolge, kam jedoch in der Schlacht um die Midway-Inseln zum Stehen, während die deutsche Offensive in Russland erst Ende Juni aufgenommen wurde und eine deutsche Großoffensive in Nordafrika begann. 1941 und 1942 machten Angriffe deutscher U-Boote die Nachschubroute von den USA nach England zunehmend gefährlich. Abgefangene und entschlüsselte Nachrichten und der Einsatz von Radar durch die westlichen Alliierten begrenzten allmählich den deutschen Operationsradius. Am 5. Juli 1942 wurde das erste deutsche U-Boot, das durch Luft-Bord-Radar entdeckt wurde, im Golf von Biskaya versenkt. Doch der eigentliche Durchbruch im Krieg auf dem Atlantik erfolgte erst im Sommer 1943.

Von Stalin immer wieder gedrängt, eine zweite Front zu eröffnen, entsandten die USA am 8. November 1942 Soldaten nach Nordafrika. Der Chef der bewaffneten Streitkräfte der französischen Regierung, Admiral Darlan, beeilte sich mit der Erklärung, Frankreich werde Nordafrika nicht verteidigen. Obwohl Pétain sofort dementierte, marschierte die deutsche Wehrmacht am 11. November 1942 in die bislang unbesetzte südliche Hälfte Frankreichs ein, die Pétain von Vichy aus regierte.

In dieser Phase wandten sich die Alliierten der Frage der Behandlung der Juden durch die Deutschen zu, und am 17. Dezember 1942 hat Roosevelt wenig später in einer Rundfunkansprache in den USA die Formel von der bedingungslosen Kapitulation mit folgenden Worten erläutert:

> «Unsere kompromisslose Politik ist nicht als Angriff auf die einfachen Bürger der Achsenmächte zu verstehen. Sie ist zu verstehen als das Streben nach einer vollständigen und umfassenden Bestrafung ihrer schuldigen und barbarischen Führer.»[24]

In Casablanca einigten sich die westlichen Alliierten am 24. Januar 1943 auf eine Politik der bedingungslosen Kapitulation, größtenteils um sowjetische Zweifel zu beschwichtigen, dass sie unter allen Umständen an der Anti-Hitler-Koalition festhalten würden. Die von den Vereinten Nationen (die Kriegskoalition) abgegebene Erklärung schloss jegliche Friedensverhandlungen mit Deutschland aus, legte jedoch Wert auf die Feststellung,

> «mit unserer unnachgiebigen Politik wollen wir nicht die einfache Bevölkerung der Achsenmächte treffen. Dagegen ist es unsere Absicht, ihre schuldigen, barbarischen Führer ihrer verdienten Strafe und unserer Vergeltung zu unterwerfen.»

Anfang Februar 1943 kapitulierte die 6. deutsche Armee, die in Stalingrad eingeschlossen war. Das war die erste entscheidende Niederlage. Doch es war – noch – nicht der Zeitpunkt, an dem es für viele in Europa und Deutschland klar wurde, dass Hitler den Krieg nicht gewinnen konnte. Bei Hitler selbst trat ein rascher physischer Verfall ein, und er konnte sich nur noch durch die Einnahme der verschiedensten Tabletten und Tropfen aufrecht halten; er entwickelte eine sichtbare Schüttellähmung seiner Hand und klagte darüber, dass er ständig nach rechts zu fallen drohe; wenn er ins Freie ging, trug er eine übergroße Schirmmütze, um seine Augen vor dem hellen Licht zu schützen. Er weigerte sich, bombardierte Städte zu besuchen, bestand darauf, dass die Jalousien in seinem Wagen heruntergezogen waren, wenn er durch die Straßen Berlins fuhr, und blieb für Deutschland eine unsichtbare, aber stets bedrohliche Figur.

Am 18. Februar fragte Goebbels im Berliner Sportpalast seine Zuhörer: «Wollt Ihr den totalen Krieg?» Die Menge jubelte und skandierte als Antwort: «Führer befiehl, wir folgen.»

In der Praxis verraten jedoch die ausführlichen Berichte, die vom Sicherheitsdienst erstellt wurden, eine wachsende Apathie, Zynismus und die Überzeugung, dass Deutschland besiegt werden würde. Immer mehr Soldaten wurden wegen Disziplinarvergehen erschossen; Zivilisten wurden vor einen entfesselten Volksgerichtshof gezerrt. Der entscheidende Augenblick der Demoralisierung folgte nach der großen Panzerschlacht im Kursker Bogen, bei der 3000 deutschen 4000 sowjetische Panzer gegenüberstanden. Im Oktober 1943 meldete der Leiter der Abteilung «Fremde Heere Ost», General Reinhard Gehlen, dass

> «in Zukunft der sowjetrussische Feind Deutschland an Menschenmaterial, Ausrüstung und auf dem Feld der Propaganda übertreffen werde.»[25]

Die deutsche Wirtschaft begann mit der Planung des Friedens, wobei ihren Führern klar war, dass es ein von den Alliierten auferlegter Friede sein würde. Durch Schweizer Zeitungen und andere Berichte verfolgten sie interessiert die Währungs- und Finanzkonferenz der UNO in Bretton Woods. Gleichzeitig behandelten sie Zwangs- und Sklavenarbeiter mit derselben Brutalität und Unmenschlichkeit wie bisher. Dieses Verhalten scheint der enthusiastischen Planung für den Frieden zu widersprechen; es lässt sich rational nur durch die Überzeugung erklären, dass für die deutsche Wirtschaft alles darauf ankam, möglichst viel Kapazitäten während des Krieges aufzubauen, um von einem mutmaßlichen Boom der Nachkriegszeit zu profitieren. Aber das ist nicht die einzige mögliche Erklärung. Diese Brutalität ging vor allem von unteren und mittleren Angestellten aus, die extrem ideologisch geworden waren und sich völlig mit der Partei und ihrem Ziel identifizierten, die deutsche Wirtschaft radikal umzugestalten.

Die überkommenen Machtstrukturen zerfielen allenthalben: in der Beamtenschaft, im Wirtschaftsleben und in der Wehrmacht. Vor allem an der Ostfront waren die Verluste so hoch, dass ein neuer Führungsstil aufkam. Deutsche Offiziere brauchten vor einer Heirat nicht mehr die Erlaubnis ihrer Vorgesetzten einzuholen, und sie mussten auch nicht mehr das Abitur haben.

Hitler und einige seiner Getreuen zogen sich in eine Art Traumland zurück, in dem sie behaupteten, allein mit der Kraft des Willens könne der Krieg für Deutschland gewonnen werden. Sie suchten Trost in der Lektüre von Thomas Carlyles *Geschichte Friedrichs II. von Preußen, genannt Friedrich der Große*, und in seinem Triumph über alle Widrigkeiten des Schicksals. Joseph Goebbels betrieb einige seiner grandiosesten Propagandaübungen, etwa die Produktion des historischen Films «Kolberg» in Farbe (vom selben Regisseur wie «Jud Süß» gedreht) mit Zehntausenden von Soldaten als Statisten, in dem der deutsche Widerstand gegen Napoleon verherrlicht wurde. Der Film wurde mit dem Flugzeug in die eingeschlossenen deutschen Stellungen in La Rochelle eingeflogen, um den Widerstandswillen der Soldaten zu stärken.

Angesichts ständiger militärischer Rückschläge und auch abgestoßen von der Brutalität und Unmenschlichkeit des Regimes organisierte ein Teil des Offizierskorps eine erstaunlich weit reichende Verschwörung mit dem Ziel, Hitler zu töten und durch eine Regierung zu ersetzen, die «das andere Deutschland» repräsentieren und ebenfalls einen Frieden mit den Alliierten schließen sollte, nur zu besseren Bedingungen. Die Bombe, die Claus Graf von Stauffenberg in Hitlers östlichem Hauptquartier, in der Wolfsschanze bei Rastenburg in Ostpreußen, am 20. Juli 1944 deponiert hatte, explodierte zwar, doch der schwere Tisch, an dem Hitler stand, verhinderte, dass er getötet wurde. Innerhalb weniger Stunden hatte die Parteiführung sich wieder gefangen, und regimetreue Offiziere verhafteten die Verschwörer innerhalb der Wehrmacht.

Einen Monat vor dem Attentat hatten die Alliierten schließlich die «zweite Front» eröffnet und waren in der Normandie gelandet (6. Juni 1944). Hitler reagierte auf die Invasion, indem er Einheiten von der Heeresgruppe Mitte an der Ostfront abzog und nach Westen verlegte.

Neben den Kämpfen gegen Deutschland im Osten kam es auch zu Kämpfen um die Form der Nachkriegsgesellschaft in Polen. Dort bekämpfte die von den Sowjets unterstützte Armia Ludowa oder AL (Volksarmee) die deutschen Besatzer, gleichzeitig aber auch die nichtkommunistische Armia

Krajowa oder AK (Heimatarmee). Die polnische Exilregierung in London beschwor Churchill und Roosevelt, Stalin keine Zugeständnisse im Hinblick auf die polnische Nachkriegsgrenze im Osten zu machen. Um ihre Position zu stärken, verlangte sie eine dramatische Geste von der AK: eine Demonstration, dass es nicht der Roten Armee bedurfte, um Polen zu befreien. Im Juli 1944 war die polnische Exilregierung der Meinung, ein Aufstand der Warschauer Bevölkerung gegen die deutsche Besatzung habe Aussicht auf Erfolg. Die Sowjets schienen diese Annahme zu unterstützen: Der erste Aufruf an die Bevölkerung Warschaus erfolgte am 29. Juli über das von den Sowjets betriebene «Radio Kościuszko». Am 1. August begann der Aufstand. Hitler ernannte sofort einen brutalen SS-Obergruppenführer, Erich von dem Bach-Zelewski, zum kommandierenden General mit dem Befehl, den Aufstand niederzuschlagen. Stalin unternahm nichts, um den Polen in Warschau westlich der Weichsel bzw. am westlichen Weichselufer zu Hilfe zu kommen, obwohl sowjetische Truppen bereits auf der anderen Seite der Weichsel standen. Als Polen, Amerikaner und führende britische Politiker Stalin um die Erlaubnis baten, sowjetische Flugplätze benutzen zu dürfen, um die Aufständischen zu unterstützen, wurden sie von ihm hingehalten. Mitte August erklärte er dem Führer der polnischen Exilregierung, Stanisław Mikołajczyk, nach sorgfältigem Abwägen halte er den Aufstand für ein leichtfertiges Abenteuer, das zu sinnlosen Opfern unter der Bevölkerung führen werde.[26] Der letzte Widerstand war am 2. Oktober gebrochen; bis dahin waren 15 000 Kämpfer der AK und 10 000 deutsche Soldaten gefallen; die Zahl der Opfer unter der Zivilbevölkerung lag zwischen 150 000 und 200 000.

Eine weitgehend ähnlich verlaufende Operation ereignete sich in der Slowakei, wo sich ein Viertel der slowakischen Armee einer Widerstandsbewegung «freie Slowakei» anschloss, die im Oktober von der Wehrmacht und SS-Einheiten niedergeschlagen wurde, darunter die berüchtigte Sturmbrigade Dirlewanger, die gerade von ihren Exzessen bei der Bekämpfung des Warschauer Aufstands zurückgekehrt war.

Im Herbst 1944 wurde der westliche Vormarsch zum Stillstand gebracht, als ein Fallschirmjägerangriff auf die holländische Stadt Arnheim mit ihren Brücken über den Rhein scheiterte und Hitler persönlich die letzte große deutsche Offensive im Westen, die Ardennenoffensive, befahl. Im Januar 1945, als die Rote Armee wieder zur Weichsel vorrückte, nahm Hitler erneut eine Truppenverlegung vor, diesmal nach Ungarn. Im Februar erreichte die Sowjetarmee die Oder, und im März eroberten US-Truppen die erste noch intakte Brücke über den Rhein in Remagen. Am 1. April 1945 teilte der Sowjetkommandeur Marschall Konew dem Oberkommandeur der

Alliierten, General Eisenhower mit, Berlin sei kein unmittelbares Ziel, und die Sowjettruppen würden nicht vor Mitte Mai um Berlin kämpfen. Er hatte eine gute Gelegenheit wahrgenommen, sein Gegenüber in den April zu schicken, denn noch am selben Tag legte er den 16. April für den Beginn der sowjetischen Offensive gegen Berlin fest. Der Termin wurde pünktlich eingehalten, und am 25. April begegneten sich russische und amerikanische Truppen in Torgau an der Elbe.

Himmler ließ im Februar und April durch schwedische Vermittler Friedensfühler ausstrecken und entließ eine kleine Anzahl von Juden zum Zeichen seines guten Willens, seiner Absicht, wie er es ausdrückte, zwischen Deutschen und Juden «das Kriegsbeil zu begraben». Die Nachricht von diesen Verhandlungen löste bei Hitler einen Tobsuchtsanfall aus und kostete Himmlers Verbindungsoffizier im Führerhauptquartier das Leben.

Am 30. April, kurz nachdem er über den Rundfunk erfahren hatte, dass man den Leichnam Mussolinis in Mailand an den Füßen aufgehängt hatte, beging Hitler gemeinsam mit Eva Braun, die er 24 Stunden zuvor geheiratet hatte, Selbstmord. Außer der irischen Regierung, die der deutschen Botschaft in Dublin ihr Beileid übermittelte, und der Regierung Portugals, die alle Fahnen auf Halbmast setzen ließ, gab es kaum jemanden, der über die Nachricht traurig oder bestürzt gewesen wäre. Das OKW unterzeichnete am 7. und 8. Mai die bedingungslose Kapitulation, und die Kämpfe in Europa waren beendet.

Die neue Ordnung der Nationalsozialisten in Europa

Deutschland nahm eine Neuordnung Europas in Angriff, hauptsächlich weil es für seine Kriegsanstrengungen wirtschaftliche Unterstützung benötigte: Produktionsanlagen und qualifizierte Arbeitskräfte. In Polen und in den besetzten Gebieten der Sowjetunion standen im Zentrum des neuen Regimes die Wehrmacht und die SS. Es war ein Terrorregime mit massiver Ausbeutung, doch alles in allem für den Ausbeuter nur von geringem ökonomischem Nutzen. Das Paradox der Herrschaft bestand darin, dass jede effektive Entnahme der Ressourcen ein behutsames Vorgehen statt plumper Brutalität erforderte. Man hätte eine Kollaboration aufbauen müssen, doch das war ein hoffnungsloses Unterfangen in Gebieten, in denen die einheimische Bevölkerung unmenschlich und grausam behandelt wurde. In anderen Regionen dagegen beruhte die NS-Herrschaft auf der Bereitwilligkeit der einheimischen Eliten zur Kollaboration: ein Verhalten, das mit der Wende des Krieges zwangsläufig viel dazu beitrug, diese Eliten zu diskreditieren.

Die quantitativ wertvollsten Teile in Hitlers neuem Reich befanden sich in Nord- und Westeuropa. Von den gesamten Ressourcen, die aus dem besetzten Europa in einem Wert von 85–90 Milliarden Reichsmark bezogen wurden, was etwa einem Viertel der gesamten Militärausgaben entsprach, kamen 35,1 Milliarden aus Frankreich, 12 Milliarden aus den Niederlanden, 9,3 Milliarden aus Belgien, 4,9 Milliarden aus Norwegen und 2,5 Milliarden aus Dänemark. Gemessen an der Bevölkerungszahl war diese Entnahme am niedrigsten in Dänemark (771 RM pro Kopf) und am höchsten in Norwegen (1956); Holland (1600), Belgien (1281) und der besetzte Teil Frankreichs (966) lagen dazwischen. Das besetzte Frankreich, Belgien und Holland unterstanden einer deutschen Militärregierung.

In Dänemark blieb die Monarchie bestehen, und es gab einen beträchtlichen Spielraum für die Innenpolitik, zum Teil, weil das Land so nahe bei Deutschland lag und sehr leicht zu beherrschen war. Das hatte zur Folge, dass eine sehr mutige Regierung den Deportationen der Juden ein Ende machte, die meisten von ihnen nach Schweden in Sicherheit entkommen ließ und auf offiziellen Besuchen der kleinen Anzahl von Juden bestand, die man nach Theresienstadt verbracht hatte. Kein dänischer Jude nahm den Weg, den die meisten deutschen und europäischen Juden gehen mussten: in die Vernichtungslager. Norwegen dagegen mit einem wesentlich strengeren Besatzungsregime und einer wesentlich stärker faschistisch orientierten einheimischen Regierung (unter dem früheren Kriegsminister Vidkun Quisling) deportierte fast seine gesamte, ziemlich kleine jüdische Bevölkerung nach Deutschland. Auch Finnland deportierte einen Großteil seiner Juden.

Teile des neuen Europas waren mit Hitler verbündet und wurden von ihm nicht unmittelbar beherrscht. Italien war erst ziemlich spät, im Juni 1940, im Augenblick des deutschen Sieges über Frankreich, in den Krieg eingetreten. Mussolini hatte bewusst beschlossen, diesen Zeitpunkt so lange wie möglich hinauszuschieben. Aber in den Bannkreis von Hitlers Außenpolitik und seiner Weltanschauung war er schon viel früher eingetreten: Als das Münchener Abkommen geschlossen wurde, war er im Grunde genommen bereits sein Verbündeter. 1938 erließ er rassen- und judenfeindliche Gesetze (obwohl er dem Antisemitismus bis dahin mit Verachtung gegenüber gestanden hatte und obwohl der faschistischen Partei auch einige Juden angehörten).

Ende 1940 wurden die italienischen Armeen in Griechenland und Nordafrika besiegt und die Flotte durch einen britischen Angriff schwer beschädigt. Unter diesen Umständen sah Mussolini sich genötigt, sich zu demütigen und Hitler um seinen Beistand zu bitten. 1943, als die italienischen Armeen sich aus Libyen nach Tunesien zurückzogen, verlor er die Nerven. Er entließ seinen Außenminister, seinen Schwiegersohn Graf Ciano, und schien die italienischen Regierungsgeschäfte ganz allein zu führen, obwohl er inzwischen fast ständig krank war, nur noch mit Schwierigkeiten sprechen konnte und viele Dinge per Telefon von seinem Bett aus regelte. Im Juli landeten die Alliierten auf Sizilien. Am 19. Juli wurde Rom bombardiert. Am 24./25. Juli erschöpfte eine lange Sitzung des faschistischen Großen Rats Mussolini körperlich und endete mit der Verabschiedung einer Resolution, mit der König Viktor Emanuel gebeten werden sollte, Italien vor der Vernichtung zu retten. Als er anderntags den König traf, erfuhr er, dass Marschall Badoglio zum Ministerpräsidenten ernannt worden war, und als er die Villa Savoia verlassen wollte, wurde er verhaftet.

Badoglio bildete ein Kabinett ohne faschistische Mitglieder und handelte schließlich mit den Alliierten einen Waffenstillstand aus (September 1943), auf den die deutsche Wehrmacht mit der Besetzung Nord- und Mittelitaliens reagierte. Mussolini, der durch ein Stoßtruppunternehmen der SS aus der Gefangenschaft befreit worden war, bildete eine Marionettenregierung, die zum «wahren Faschismus» zurückkehren sollte: eine wesentlich radikalere, brutalere und stärker sozialistische Version der korporatistischen Lehre, die sein Staat eingeführt hatte, als Italien sich noch im Frieden befand. Die Person, die ihm jetzt am nächsten stand, war Nicola Bombacci, einer der ersten Führer der Kommunistischen Partei Italiens, und er beauftragte den sozialistischen Journalisten Carlo Silvestri mit der Abfassung einer autorisierten Interpretation seiner neu-alten Ideen. Er ließ fünf faschistische Führer hinrichten, die in der Sitzung des Großen Rats gegen ihn gestimmt hatten (einer von ihnen war sein eigener Schwiegersohn Ciano, der den Hass der Nationalsozialisten auf sich gezogen hatte). Mussolini als Herrscher der «Republik von Salò» war praktisch ohne jede Macht und konnte nur noch in der Vergangenheit leben. Am 26. April 1945 wurde er in Dongo am Comer See von Partisanen ergriffen, als er versuchte, über die Grenze in die Schweiz zu flüchten, und zwei Tage später ohne Gerichtsverfahren von ihnen erschossen.

Die Bildung der Regierung Badoglio erschütterte nachhaltig die Unterstützung für den Nationalsozialismus anderswo in Europa. Kooperation und Kollaboration schienen jetzt mit ebenso vielen Risiken wie Vorteilen verbunden. Selbst in Deutschland verstanden die Menschen die Lehren aus dem Beispiel Italiens. Ein deutscher Bankdirektor wurde beim Sturz Mussolinis mit den Worten zitiert, «der Faschismus sei sang- und klanglos verschwunden, bei uns werde es ebenso gehen; der Nationalsozialismus sei ja nur ein Furz».[27] Er war so unklug, diese Äußerung in einem Eisenbahnabteil zu tun, wo sie von einem mitreisenden Direktor einer anderen Bank gehört und angezeigt wurde. Auch für die Verbündeten Hitlers war es gefährlich, laut über die Konsequenzen aus dem Sturz des Duce nachzudenken, wenn deutsches Militär in der Nähe war.

Admiral Horthy war ein eingefleischter Antikommunist, und beim Unternehmen Barbarossa kämpften ungarische Einheiten Seite an Seite mit den Deutschen. Im Januar 1943 vernichteten die Sowjets bei ihrer Offensive am oberen Don die 2. ungarische Armee, und danach versuchte Horthy, sein Land aus dem Konflikt herauszuziehen. Gegen Ende 1943 schloss sein Ministerpräsident Miklós von Kállay ein Geheimabkommen mit den westlichen Alliierten, in dem er die bedingungslose Kapitulation der ungarischen Truppen zusagte. Als die Rote Armee jedoch näher rückte, marschierten Einheiten der deutschen Wehrmacht in Ungarn ein (19. März 1944), Horthy setzte Kállay ab und ernannte eine nazifreundliche Regierung. Unter der Aufsicht dieser Regierung begann die Deportation der ungarischen Juden.

Bald nachdem im September die Kämpfe mit der Roten Armee eingesetzt hatten, verhafteten die Deutschen Horthy und setzten den Führer der Pfeilkreuzler, Ferenc Szalási, als Ministerpräsident ein. Szálasi war ein überzeugter Faschist und führte ein Schreckensregime, das einen Austritt Ungarns aus dem Krieg verhinderte.

Der erste der echten Satellitenstaaten Deutschlands war die Slowakei unter der Herrschaft einer klerikalen Miliz und eines katholischen Priesters, Jozef Tiso, der im Oktober 1939 Staatspräsident wurde. Er erließ im April 1939 antisemitische Gesetze (auf der Grundlage einer religiösen Definition der Juden) und ließ über das staatliche Post- und Bankwesen jüdisches Vermögen einziehen. Im Oktober 1940 kam der SS-Hauptsturmführer Dieter Wisliceny nach Bratislava (Pressburg) und organisierte die Hlinka-Garde nach dem Vorbild der SS neu. Ab September 1941 wurden Juden nach rassischen Kriterien definiert, und im März 1942 begannen die Deportationen der überwältigenden Mehrzahl der slowakischen Juden.

Jugoslawien war für Deutschland zunächst militärstrategisch wichtig gewesen, um Mussolinis unbesonnene Invasion Griechenlands unterstützen zu können. Als bedeutendes Förderland von Bauxit, das als Rohstoff für die Herstellung von Aluminium im Verlauf des Luftkriegs immer wichtiger wurde, gewann es auch eine große wirtschaftliche Bedeutung.

Der Regent, Prinz Paul, gab dem deutschen Druck nach, sich der Achse anzuschließen, wurde jedoch bald bei einem Militärputsch abgesetzt, durch den der junge König Peter auf den Thron gelangte und General Dušan Simović Ministerpräsident wurde (25.–27. März 1941). Simović versuchte

Hitler davon zu überzeugen, der Putsch habe rein innerjugoslawische Gründe und keine außenpolitische Bedeutung. Doch am 6. April 1941 marschierte Deutschland in Jugoslawien ein und zerschlug den jugoslawischen Staat. Wegen dieser Intervention verzögerte sich der geplante Termin für den Angriff auf die Sowjetunion.

Slowenien wurde zwischen Deutschland und Italien aufgeteilt, Ungarn besetzte die Batschka, Westmazedonien und das Kosovo gingen an Italien. In Kroatien errichtete eine sezessionistische Bewegung, die Ustascha unter der Führung von Ante Pavelić, einen selbständigen Staat, dem die Deutschen auch die Kontrolle über Bosnien-Herzegowina erlaubten. Pavelić führte ein bösartig nationalistisches Regime, das gegen alle Juden und Serben vorging, die sich nicht zum Katholizismus bekehren wollten. Insgesamt wurden während der Kriegsjahre von der Ustascha mindestens 100 000 Serben umgebracht.

Serbien unterstand einer Marionettenregierung unter General Milan Nedić. Der Widerstand dagegen organisierte sich in zwei rivalisierenden Partisanenbewegungen: die eine unter der Führung von Draža Mihajlović (den die königliche Regierung im Londoner Exil zum Kriegsminister ernannt hatte) und die andere, kommunistische, unter Tito. Nach einem furchtbaren deutschen Massaker in Kragujevac zur Vergeltung für Partisanenaktionen versuchte Mihajlović, sich mit den deutschen Besatzern zu arrangieren, und beschränkte sich auf den Widerstand gegen die Angriffe der Ustascha. Diese Zurückhaltung gab Tito die Möglichkeit, im bosnischen Jajce im November 1943 (während in Teheran eine Konferenz zwischen Stalin, Churchill und Truman stattfand) eine provisorische Regierung für ganz Jugoslawien zu errichten, die zur Basis der Nachkriegsregierung wurde.

Rumänien hatte anfangs versucht, sich aus dem Krieg herauszuhalten, war jedoch im Juni 1940 nach der Niederlage Frankreichs so isoliert, dass König Karl versuchte, eine totalitäre Verfassung zu oktroyieren und die Beziehungen zu Deutschland zu verbessern. Der Preis für diese Politik waren massive territoriale Verluste: zunächst an die Sowjetunion (Bessarabien und die südliche Bukowina) und dann an Ungarn (das umstrittene Gebiet Nordsiebenbürgens) und Bulgarien (Süddobrudscha). General Antonescu, der als potentieller starker Mann zum Ministerpräsidenten ernannt worden war, setzte den König ab und inthronisierte statt seiner einen neuen König (Michael), der dem Ministerpräsidenten völlig freie Hand ließ. Der Führer der faschistischen Eisernen Garde wurde zum stellvertretenden Ministerpräsidenten ernannt, und die Faschisten setzten die rumänischen Juden schlimmen Verfolgungen aus. Antisemitische Gesetze gab es in Rumänien seit 1938. Doch Anfang 1941 zerschlug Antonescu mit Unterstützung deutscher Truppen die Eiserne Garde und erklärte sich bereit, sich an der Invasion der Sowjetunion zu beteiligen.

Antonescu hielt ein scharfes Auge auf die gesamte Entwicklung des Krieges. Als sich die militärische Lage für Deutschland 1943 verschlechterte, verlangte er für die wertvollen Erdölexporte eine Bezahlung in harter Währung. Der Sturz Mussolinis alarmierte ihn, und er schlug Ungarn und Bulgarien einen Vertrag vor, der diesen drei Ländern eine ausreichende Stärke verleihen sollte, um Südosteuropa gegen die deutsche Wut zu schützen. Doch die neue Härte im Umgang mit Berlin reichte nicht aus, um auch mit einer wesentlich lautstärkeren Opposition im eigenen Land fertig zu werden. Am 23. August 1944, dem fünften Jahrestag des Stalin-Hitler-Pakts, lief König Michael über und bildete eine breite nationale Koalition aus Liberalen, Agrariern, Sozialisten und Kommunisten. Er befahl seinen Soldaten, die verbliebenen deutschen Truppen festzunehmen.

Bulgarien war in den dreißiger Jahren in den deutschen Einflussbereich gezogen und mit der Aussicht auf territorialen Zugewinn – die Dobrudscha – geködert worden. Ebenso wie Rumänien setzte es harte antikommunistische und antisemitische Gesetze in Kraft (im Januar 1941 das so genannte Gesetz zur Verteidigung der Nation). Im März 1941 schloss es sich als letzter Staat den Achsenmächten an, und unmittelbar darauf marschierten deutsche Truppen in das Land ein. Am 13. Dezember erklärte König Boris III. ohne Not den USA und England den Krieg, obwohl Bulgarien diplomatische Beziehungen zur Sowjetunion unterhielt. Er hoffte darauf, dass dieser martialische Schritt von Deutschland als eine Geste der Unterwürfigkeit verstanden würde, ohne dass sein Land sich an den Kämpfen an der Ostfront beteiligen müsse. Im August 1942 legten die Deutschen Quoten für die Deportation von Juden aus Bulgarien fest, und am 22. Februar 1943 stimmte die Regierung verbal der Deportation von 20 000 Juden zu, von denen 14 000 aus Thrazien stammen sollten (das von Griechenland als weitere Prämie für die Zusammenarbeit mit Deutschland annektiert worden war). Doch die Deportation wurde im letzten Augenblick gestoppt, nachdem sie in der Öffentlichkeit bekannt geworden war und jüdische Führer lautstark dagegen protestiert hatten. Schließlich wurden einige Juden deportiert – 7144 aus Mazedonien und 4058 aus Thrazien –, doch die jüdische Bevölkerung Bulgariens wurde von einem Regime gerettet, das zwar nicht gezögert hatte, judenfeindliche Gesetze zu erlassen, die Forderung, einen Teil seiner Bürger auszuliefern, jedoch als eine Verletzung seiner Souveränität und der Bestimmungen des Berliner Friedens von 1878 betrachtete. Diesem Vertrag verdankte es seine Existenz, und in ihm waren auch die Rechte seiner jüdischen Bevölkerung garantiert worden. Im Mai 1943 verurteilte der Metropolit (Erzbischof) von Sofia öffentlich jeden Antisemitismus. Dennoch mussten die in Sofia lebenden Juden im Dezember 1943 die Stadt verlassen und sich in anderen Dörfern und Städten niederlassen. 3000 wurden in Arbeitslager geschickt.

König Boris starb unvermittelt im August 1943, was Gerüchte auslöste, er sei von den Deutschen vergiftet worden. Sein sechsjähriger Sohn, Kronprinz Simeon, wurde sein Nachfolger, und der Regentschaftsrat begann wegen einer Friedensregelung Fühlung mit England und den Vereinigten Staaten aufzunehmen. König Boris hatte kurz vor seinem Tod eine ähnliche Fühlungnahme angestrebt, war jedoch vor der Drohung einer bedingungslosen Kapitulation zurückgeschreckt. Die Regierung versuchte zwar, zu einer vorbehaltlosen Neutralität nach Schweizer Muster überzugehen, doch die militärische Lage ließ einen solchen Luxus nicht zu. Nachdem Rumänien im August 1944 ins Lager der Alliierten übergelaufen war, befand sich zwischen Bulgarien und der Roten Armee nur noch ein relativ kleines deutsches Militärkontingent. Am 2. September 1944 setzte eine «demokratische» Regierung unter Konstantin Murawjew, ein Politiker der Agrarierpartei und der frühere Sekretär von Bulgariens charismatischem politischen Führer zwischen den Kriegen, Aleksandar Stambuliski, die alte Verfassung wieder ein, hob die judenfeindlichen Gesetze auf, und versuchte Frieden zu schließen. Am 5. September erklärte Stalin Bulgarien den Krieg, worauf die Regierung ihrerseits Deutschland den Krieg erklärte. Da dies hauptsächlich in der Absicht erfolgte, die westlichen Alliierten zu beeindrucken, wurde die Nachricht zuerst über die Botschaften verbreitet, und die Deutschen wussten zunächst nicht, dass ein weiteres Land ihnen den Krieg erklärt hatte, und dementierten die Gerüchte. Das bulgarische Bemühen um eine Neutralität hatte am Ende dazu geführt, dass es sich gleichzeitig mit England, Deutschland, der Sowjetunion und den Vereinigten Staaten im Krieg befand. In dieser nicht sehr gemütlichen Lage inszenierte eine kommunistisch gestützte «Vaterländische Front» einen Staatsstreich, und die Regierung wurde verhaftet. In der neuen Regierung kontrollierten die Kommunisten die drei entscheidenden Ministerien Justiz, Inneres und Gesundheitswesen. Und in der Praxis konnte die Rote Armee unter Marschall Tolbuchin der neuen Ideologie zur Anerkennung verhelfen.

Allgemein galt für Südosteuropa: Je stärker der einheimische starke Mann war – Horthy, Antonescu oder sogar König Boris –, desto größer war der Spielraum für politische Manöver und desto kleiner für deutschen Einfluss, die nationalsozialistische Weltanschauung und einen von Deutschland propagierten Völkermord. Die Verknüpfungen zwischen der europäischen Gesamtlage und den für Südmitteleuropa charakteristischen innenpolitischen Wechseln zwischen Demokratie, Autoritarismus, Korporativismus und Faschismus entwickelten eine ähnliche Dynamik in dem einzigen größeren westeuropäischen Staat, der eine gewisse theoretische Unabhängigkeit bewahrte, Frankreich, doch hier war der starke Mann schwach.

Am 10. Juni 1940 hatte der französische Oberbefehlshaber General Weygand öffentlich erklärt, ein weiterer Widerstand gegen Deutschland sei vergeblich; am 10. Juni lehnte Ministerpräsident Paul Reynaud das britische Angebot einer französisch-britischen Union ab und erklärte Marschall Henri Philippe Pétain zu seinem Nachfolger. Am 22. Juni wurde der Waffenstillstand geschlossen, und am 10. Juli beschlossen Abgeordnetenkammer und Senat mit der größten Mehrheit, die je in der Geschichte der Dritten Republik erreicht wurde, ein neues Verfassungsrecht. Pétain nutzte es dazu, das Amt des Staatspräsidenten abzuschaffen, und erklärte sich zum Oberhaupt des französischen Staates. Nach den Bestimmungen des Waffenstillstandsabkommens wurde die nördliche Hälfte Frankreichs besetzt; Italien besetzte später drei Départements im Süden. Ein relativ junger Offizier, der früher unmittelbar Pétain unterstanden hatte, wusste etwas Besseres. In einer Rundfunkansprache von London aus am 18. Juni gab Oberst Charles de Gaulle die Gründung eines «Freien Frankreichs» bekannt.

Viele Franzosen betrachteten die schnelle Niederlage vom Mai und Juni 1940 als ein von der Geschichte gefälltes Urteil über die Dritte Republik und die Demokratie. In den dreißiger Jahren hatten die faschistischen Ligen eine Alternative zur republikanischen Verdorbenheit gefordert; in den Worten eines ihrer Vertreter: «Das Frankreich des Zeltens, des Sports, der Tänze, der Reisen, des gemeinsamen Wanderns wird das Frankreich der Aperitifs, der Zigarettenpafferei, der Parteitage und langer Verdauungsschläfchen hinwegfegen.»[28] Marschall Pétain war ein Held des Ersten Weltkriegs, der geschickt die um sich greifenden Meutereien von 1917 entschärft hatte und der ein undefinierbarer, beruhigend undogmatischer und nicht praktizierender Katholik war. Während einige führende Generäle enge Verbindungen zur faschistischen Rechten hatten, wirkte Pétain eher wie eine zentristische Persönlichkeit, die Frankreich in der Stunde der Not beschützen konnte und die aus diesem Grund von der republikanischen Mehrheit akzeptiert wurde.

In Wirklichkeit brauchte er nicht lange, die Niederlage und die Schaffung eines *Etat français*, der an die Stelle der Dritten Republik getreten war, als eine Gelegenheit zu nutzen, die französische Politik in einem traditionalistischen Stil umzugestalten, der viele Ähnlichkeiten mit dem Spanien Francos hatte. Das neue Frankreich war im Gegensatz zum nationalsozialistischen Deutschland hoffnungslos antimodern. Am 15. September 1940 erklärte Pétain in einem Artikel in der *Revue des Deux Mondes*, Liberalismus, Kapitalismus und Kollektivismus – kurz alle Lehren der modernen Welt – seien «ausländische Produkte», die von einem Frankreich, das sich auf sich selbst besinne, aus einem natürlichen Impuls heraus abgelehnt würden. Zu seinem Regierungssitz wählte er den altmodischen Badeort Vichy, wo er die Kabinettssitzungen im Hotel du Parc abhielt.

In der Praxis war Vichy-Frankreich eine eigenartige Koalition aus ganz verschiedenen Interessen. Hier gab es Katholiken, reaktionäre Faschisten wie Charles Maurras, traditionelle Konservative, aber auch technikversessene Modernisierer. Ein großer Teil des Beamtenapparats der Dritten Republik blieb bestehen: nur einige wenige Beamte waren aus ihren Ämtern entfernt worden. Die Regierung bemühte sich sehr bald um eine Hebung der Moral, indem sie den Verkauf von starken Alkoholika (mit über 32 Prozent Alkohol) und den Zutritt von Kindern zu Lokalen verbot und die Ehescheidung erschwerte. Das neue Scheidungsrecht von 1941 untersagte eine Scheidung in den drei ersten Ehejahren. Pétain betrieb eine aktive Bevölkerungspolitik, indem er beispielsweise das napoleonische Gesetz über die Erbteilung, der viele Beobachter die Schuld an der niedrigen Geburtenrate gaben, wieder aufhob. Kritiker verspotteten solche Maßnahmen, die man bereits unter der Dritten Republik vorgeschlagen hatte, als eine Politik des *lapinisme* (kaninchenhafte Fruchtbarkeit).

Industrie und Handel wurden von Kommissionen beaufsichtigt, die knappe Rohstoffe zuteilten und Weisungen weitergaben. Einige Industrielle wie Louis Renault sahen in der deutschen Nachfrage begeistert einen Ausweg aus der zehnjährigen Stagnation seit der Weltwirtschaftskrise. Sein Neffe François Lehideux wurde Minister für die Industrieproduktion und setzte sich zum Ziel, die französische Industriestruktur zu rationalisieren. Die Bedingungen während der Kriegszeit boten hierzu eine ideale Gelegenheit. Im Dezember 1941 erlaubte ein Rationalisierungsgesetz der Regierung die Schließung von Unternehmen, die man für ineffizient oder unproduktiv hielt. Als Albert Speer 1943 die europäische Produktion umorganisierte, um den wachsenden deutschen Bedarf zu decken, wurde eine weitere Phase der Rationalisierung eingeführt. Die wichtigsten Unternehmen wurden besonders gekennzeichnet («S-Betriebe») und bei der Zuteilung von Rohstoffen und Arbeitskräften bevorzugt behandelt.

Pétain stellte seine Regierung stets als eine Verteidigung Frankreichs dar: Das Schwert hatte 1940 versagt, und er war jetzt der Schild. Wiederholt betonte er in einer pseudoreligiösen Weise, er habe das «Geschenk seiner Person» für die Sache Frankreichs hingegeben. Bei seiner einzigen Begegnung mit Hitler, in Montoire am 24. Oktober 1940, scheiterte er mit seinem Versuch, ihn dazu zu bewegen, die Bedingungen für Frankreich zu verbessern. Unmittelbar danach erklärten er und sein Ministerpräsident Pierre Laval den Zweck der «Kollaboration». Laval sagte: «In allen Bereichen, vor allem in der wirtschaftlichen und der kolonialen Sphäre, haben wir erörtert und werden auch weiterhin untersuchen, in welcher praktischen Form unsere Kollaboration den Interessen Frankreichs, Deutschlands und Europas dienen kann.»[29]

Verärgert, weil es ihm verwehrt war, in die besetzte Zone zurückzukehren, wenn nicht nach Paris, so doch vielleicht nach Versailles, entließ Pétain Laval am 13. Dezember 1940 aus dem Amt. Abgestoßen von Lavals Gespreiztheit, seinem ungehobelten Benehmen und seinem ungepflegten Äußeren, nicht weniger als von seinen deutschenfreundlichen Neigungen, ersetzte Pétain ihn durch einen antibritischen Admiral, François Darlan. Im April trat Laval sein altes Amt wieder an, offenkundig nach einer Intervention von deutscher Seite.

Zur selben Zeit, als Pétain sich bemühte, Hitler für die Franzosen zu erwärmen, erließ er mehrere gegen die Juden gerichtete Gesetze. Immer wieder versuchte er zu erklären, dass diese Maßnahmen sich primär gegen Ausländer richteten: gegen die jüdischen Einwanderer aus Russland und Osteuropa, gegen die Flüchtlinge vor rassischer Verfolgung durch die Nationalsozialisten in Deutschland, Österreich und der Tschechoslowakei und gegen die politischen Flüchtlinge, die nach dem Ende des Spanischen Bürgerkriegs in den Norden geflohen waren. Nach 1940 stießen zu den Flüchtlingen, die sich bereits in Frankreich aufhielten, deutsche Juden aus Baden und der Pfalz. Die Gesetze vom Oktober 1940 verlangten die Überprüfung aller Naturalisierungen seit 1927, und im Zuge dieser Überprüfungen verloren 15 154 Franzosen (darunter 6307 Juden) ihre französische Staatsbürgerschaft. Am 18. Oktober wurde auch das jüdische Eigentum konfisziert, womit die Juden wirtschaftlich und gesellschaftlich in ähnlicher Weise abgedrängt wurden, wie es die Nationalsozialisten mit ihnen in Deutschland und Österreich getan hatten: 38 000 Wohnungen wurden beschlagnahmt, und die Guthaben auf 80 000 Bankkonten wanderten in die staatliche Caisse des Dépots et Consignations. Die Gesamtsumme der von der Vichy-Regierung konfiszierten Barvermögen belief sich auf 2,3 Milliarden Francs. Inzwischen nahmen die Deutschen sich der Kunst an: Ihren Raubzügen fielen 96 812 Kunstwerke zum Opfer. Bereits unter der Republik hatte man verdächtige Ausländer interniert, und nach dem Ende des Bürgerkriegs stieg ihre Zahl sprunghaft an. Im Mai 1941 begannen die Masseninternierungen von Juden in der besetzten Zone. Ein Jahr später setzten die Deportationen ein, und die Juden in der besetzten Zone mussten den gelben Stern tragen.

Im Juni 1942 legte Himmler Quoten für die Judendeportationen aus Frankreich fest, und am 16. Juli organisierten die französischen Sicherheitskräfte eine große Verhaftungswelle: 13 000 Juden aus Paris und Umgebung wurden in das Vélodrome d'Hiver, von dort in ein Übergangslager in Drancy und schließlich nach Auschwitz gebracht. Alles in allem wurden 76 000 Juden verhaftet und deportiert; von ihnen kehrten nur 2800 zurück. Die judenfeindlichen Maßnahmen in der nicht besetzten Zone waren weniger gnadenlos, und Laval widersetzte sich der Deportation französischer Juden. Sowohl in Vichy-Frankreich als auch in der besetzten Zone leisteten die französischen Behörden bei der Durchführung der Maßnahmen aktive Mithilfe.

Das besetzte Frankreich wurde von der deutschen Wehrmacht regiert, durch einen «Militärbefehlshaber Frankreich» mit Sitz im Hotel Majestic in Paris. Im Hauptquartier arbeiteten rund 150 Beamte, deren Anweisungen durch die Präsenz von etwa 100 000 deutschen Soldaten (Dezember 1941) Nachdruck verliehen wurde. Diese Zahl ging im März 1942 auf 40 000 zurück und stieg wieder an, als Hitler im November 1942 beschloss, ganz Frankreich zu besetzen. Eine beträchtliche Zahl der deutschen Soldaten waren Kriegsinvaliden von der Ostfront.

Ein Apparat dieser Art und von dieser Größe hätte unmöglich ganz Frankreich kontrollieren können, hätte es nicht ein hohes Maß an Kollaboration auf Seiten der französischen Beamten gegeben. Dies geschah wohl zum Teil aus Angst vor den möglichen deutschen Reaktionen auf eine Verweigerung, zum Teil aber auch aus einer ideologischen Solidarität mit Deutschland gegen England, das als «perfider» Verräter hingestellt wurde, und gegen Sowjetrussland. Diese Kollaboration erreichte ihren Höhepunkt, als Laval erklärte: «Ich wünsche Deutschland den Sieg, weil sich andernfalls der Bolschewismus überall in Europa etablieren wird.»

Auf der privaten Ebene versuchten viele Franzosen, eine «patriotische» Haltung einzunehmen und die Deutschen zu ignorieren. Benimmbücher enthielten Empfehlungen, mit den Deutschen nicht zu sprechen und sie zu übersehen. Kurz nach dem Krieg vermittelte der Film «La silence de la mer» (1947) von Jean-Pierre Melville nach einer 1941 im Untergrund veröffentlichten Novelle von «Vercors» (Jean Bruller) einen präzisen Eindruck davon: Ein alter Mann und seine Nichte ignorieren einfach den humanen und gebildeten (und nach einiger Zeit vom NS-Regime desillusionierten) deutschen Offizier, der bei ihnen einquartiert ist.[30]

Doch viele Franzosen machten in der einen oder anderen Weise Geschäfte mit den Besatzern; viele erwarben die konfiszierten Besitztümer von verfolgten Juden. Jene Form der Kollaboration, welche die nationale Seele am tiefsten kränkte, war die «horizontale Kollaboration»: Verbindungen zwischen französischen Frauen und deutschen Soldaten. Die Deutschen richteten ihre eigenen Bordelle ein, aber daneben gab es noch fünf- bis sechstausend Straßenmädchen, die zweisprachige Kärtchen bei sich trugen, die ihnen die Konversation mit den deutschen Freiern erleichtern sollten. Es gab noch zahlreiche weitere «Freundschaften». Bei Kriegsende wurden zwischen 10 000 und 20 000 Frauen in Frankreich wegen solcher verbotener Beziehungen bestraft.

Ein eigenartigeres Phänomen war das Ausmaß, in dem intellektuelle und kulturelle Aktivitäten während der Besatzungszeit fortgesetzt wurden, als sei es das Normalste von der Welt. Edith Piaf und Maurice Chevalier unternahmen Tourneen in Deutschland. Zahlreiche Intellektuelle, nicht einfach nur Sympathisanten mit dem Faschismus wie Henry de Montherlant, Robert Brasillach, Drieu la Rochelle oder Louis Ferdinand Céline, übten sich in Schönfärberei. Jean Cocteau erläuterte seine Überzeugung, Hitler wolle ein friedliches und integriertes Europa und sei bedauerlicherweise von seinen Generälen in die Irre geführt worden: «Er wurde in den Krieg hineingezogen, den er verabscheut.» Jean Giono, der elegische Verklärer des einfachen Lebens auf dem Lande, *«la France profonde»*, der 1939 als Pazifist und kommunistischer Sympathisant verhaftet worden war, feierte die Werte Vichy-Frankreichs in *Triomphe de la vie* (1941), aber auch die Person des deutschen Führers: «Was ist Hitler anderes als Poesie in Aktion.»

Nach der Befreiung wollten die meisten Franzosen das Zwischenspiel des Krieges am liebsten vergessen. 1200 Kollaborateure wurden hingerichtet (etwa fünfmal soviel waren vor der Befreiung von der Résistance getötet worden.) Die großen symbolischen Figuren – Pétain, Laval, Robert Brasillach – wurden jetzt vor Gericht gestellt. Pétain, den die Deutschen ab August 1944 im Sigmaringer Schloss interniert hatten, wurde zum Tod verurteilt, doch sein Gegner (und früherer Untergebener) General de Gaulle als Staatspräsident Frankreichs wandelte das Urteil in eine lebenslängliche Gefängnisstrafe um. Laval und der brillante faschistische Intellektuelle Brasillach wurden hingerichtet. Einige der französischen Beamten, die für die schlimmsten Verbrechen gegen die Menschlichkeit verantwortlich waren, hatten sich Persilscheine besorgt, indem sie im letzten Augenblick der Résistance beitraten. Zu ihnen gehörte Maurice Papon, der maßgeblich an den Judendeportationen beteiligt war und in den neunziger Jahren zu einem Symbol für das Widerstreben Frankreichs wurde, sich mit seiner Vergangenheit während der Besatzungszeit auseinanderzusetzen. Im Nachkriegsfrankreich wurde Papon Polizeipräfekt von Paris und später Finanzminister der Republik. Was die kurze Zeit von 1944/45 anging, so versuchte Frankreich sich vereint hinter den Mythos eines allgemeinen Widerstands gegen die deutsche Besatzung und das Charisma General de Gaulles zu stellen.

Die neutralen Länder

Das Verhalten der neutralen Länder im Zweiten Weltkrieg war weit mehr von geopolitischen als von weltanschaulichen Überlegungen bestimmt. Die beiden neutralen Länder, von denen man hätte annehmen können, dass sie Deutschland ideologisch am nächsten standen, Spanien und Portugal, vermieden jede Beistandsverpflichtung, während Schweden und die Schweiz mit starken demokratischen Traditionen zahlreiche Zugeständnisse machten, um Deutschland zu beschwichtigen oder von einem Einmarsch abzuhalten. Hitlers Besuch in Hendaye im Oktober 1940, wo er mit Franco zusammenkam, war ein Versuch, Spanien zum Eintritt in den Krieg zu bewegen und vor allem dessen Erlaubnis zu erlangen, den britischen Stützpunkt an der Meerenge von Gibraltar angreifen zu dürfen. Für Spanien, durch einen langen und blutigen Bürgerkrieg erschöpft und aller Mittel beraubt, bot ein neuer Krieg alles andere als eine verlockende Aussicht. Dagegen trieb Spanien ebenso wie Portugal einen regen Handel mit Deutschland, dem es vor allem wertvolle Erze für die Rüstungsindustrie lieferte.

Spanien und Portugal bewiesen in der Flüchtlingspolitik Großzügigkeit, hielten ihre Grenzen offen und genehmigten Flüchtlingen die Durchreise, bevor diese den Atlantik überquerten. Sie hofften, dass dieser Transit so geräuschlos und unbemerkt wie möglich erfolgen würde, wie Licht, das durch Glas geht, ohne Spuren zu hinterlassen, wie der spanische Außenminister es poetisch ausdrückte. Ihre Hilfsbereitschaft hatte sogar eine nationalistische Note. Vor allem Spanien unternahm beträchtliche Anstrengungen, sephardischen (also ursprünglich iberischen oder nordafrikanischen) Juden behilflich zu sein, vor den Nationalsozialisten zu fliehen.

Die Türkei hatte eine geographische Schlüsselposition im Hinblick auf den deutschen Versuch, eine Verbindung zur arabischen Welt herzustellen und die Erdöllieferungen an den Westen zu unterbinden, während Russland größtes Interesse daran hatte, über die türkischen Meerengen einen Zugang zum Mittelmeer zu erhalten. Die Regierung Inönü befolgte eine Politik strikter Neutralität, da sie überzeugt war, dass jedes Entgegenkommen gegenüber einer der beiden Großmächte, Deutschland oder der Sowjetunion, eine Invasion durch die andere zur Folge haben würde.

Schweden hielt seinen Handel mit hochhaltigem Erz mit Deutschland aufrecht und ließ sich dafür von der Reichsbank in Gold bezahlen. Außerdem erlaubte es der deutschen Wehrmacht, Schweden auf dem Weg nach Finnland zu passieren. Andererseits hatte Schweden, das in den dreißiger Jahren Flüchtlinge vor dem Nationalsozialismus nach Kräften ferngehalten hatte, während des Krieges 32000 norwegische Flüchtlinge, darunter 800 Juden, sowie die gesamte jüdische Bevölkerung Dänemarks (etwa 7800 Personen) aufgenommen.

Kurz vor dem Krieg, im Jahr 1938, hatte die Schweiz ihre uneingeschränkte («integrale») Neutralität erklärt (im Unterschied zu den Jahren davor, in denen sie als Mitglied des Völkerbunds eine Verantwortung akzeptierte, sich an Wirtschaftssanktionen zu beteiligen). Gleichzeitig traf die schweizerische Armee geheime Vereinbarungen zu einer Koordinierung der Reaktionen im Fall eines deutschen Angriffs. Als die deutsche Wehrmacht im Sommer 1940 die französischen Armeen innerhalb kürzester Zeit überrannte, mussten die Schweizer Behörden befürchten, dass die militärischen Akten nicht mehr rechtzeitig vernichtet würden und ihre Position einer strikten Neutralität empfindlich kompromittiert war, was sie für Erpressungen Hitlers anfälliger machen musste.

Die Niederlage Frankreichs und der Eintritt Italiens in den Krieg brachten es mit sich, dass die Schweiz sich plötzlich in der singulären Lage befand, von allen Seiten einem potentiellen Angriff gegenüber zu stehen. Beim Beginn des Krieges 1939 hatte es eine Generalmobilmachung gegeben, und Henri Guisan wurde zum General und Oberbefehlshaber der Streitkräfte gewählt. Nach der Niederlage Frankreichs wurde der größte Teil der Armee demobilisiert, und die schweizerische Heeresführung bereitete sich darauf vor, sich im Fall einer Invasion in ein «*réduit*» in den Alpen zurückzuziehen. Guisan hielt eine machtvolle Ansprache auf der Rütliwiese, dem traditionellen Ort, an dem 1291 der berühmte Schwur getan worden war, sich jeder Fremdherrschaft zu widersetzen. Die Regierung legte ein Agrarprogramm auf, um die Schweiz weniger von Lebensmittelimporten abhängig zu machen, doch die heimische Industrie benötigte Aufträge, und das Land war auf Lebensmittel- und Kohleimporte angewiesen. Das Ergebnis war eine beträchtliche Ausweitung des Handels mit Deutschland, was für sich allein noch keine Verletzung der Neutralität darstellte (wohl aber die Art und Weise, wie die Regierung die deutschen Käufe von Waffen und anderen Waren durch einen Kredit auf das deutsch-schweizerische Clearingkonto unterstützte). Die Schweizer Nationalbank kaufte Gold von der deutschen Reichsbank, obwohl sie wusste, dass dieses Gold von anderen Zentralbanken und von verfolgten Juden geraubt worden war.

Ein beträchtlicher Teil der schweizerischen Elite und der Regierung war der Meinung, ein «Vollmachtregime» entspreche nicht nur dem Geist der Zeit, sondern trage auch dazu bei, die Schweiz vor äußeren Angriffen zu schützen. In den dreißiger Jahren hatte Guisan seine Bewunderung für Mussolini zum Ausdruck gebracht, und während des Kriegs unterhielt er gute Beziehungen zu Marschall Pétain. Guisan und Pétain hatten weitgehend ähnliche Ansichten darüber, was ihre patriotische Pflicht war. Der Schweizer Außenminister Marcel Pilet-Golaz ging noch weiter, als er dem General im September 1940 über die Lehren aus der Niederlage Frankreichs schrieb: «Ich persönlich bin davon überzeugt, dass wir in der Lage sein sollten, unsere Beziehungen zu unserem Nachbarn zu verbessern, wenn wir uns von einer ärgerlich ideologischen Art und Weise befreien könnten, die Dinge zu sehen, und von einem bestimmten ultra-demagogischen Demokratismus, der von jenem Parlamentarismus in französischem Stil inspiriert ist, der sich für Frankreich als so verhängnisvoll erwiesen hat.»[31]

Die Schweiz hielt sich viel auf ihre einzigartige humanitäre Tradition zu Gute. Hier war der Sitz des Internationalen Roten Kreuzes, das seine humanitäre Mission in übler Weise kompromittierte, indem es keine Einzelheiten über die barbarischen Akte der Nationalsozialisten veröffentlichte und dies damit begründete, es wolle sich den Zutritt zu allen Krieg führenden Staaten erhalten.

Wegen ihrer geographischen Nähe zu Deutschland war die Schweiz in den dreißiger Jahren das Ziel vieler deutscher Emigranten und Flüchtlinge. 1938 erörterten die Schweizer Polizeibehörden mit deutschen Vertretern die Idee, in den Ausweis von deutschen Juden ein großes «J» zu stempeln, und ab August 1938 verweigerten sie allen Flüchtlingen, die kein Visum hatten, die Einreise. Ab Oktober 1938 bestanden sie darauf, dass «nichtarische» Deutsche ein Einreisevisum hatten. Im August 1942 schloss die Schweiz in einer Reaktion auf die zunehmenden illegalen Grenzübertritte nach dem Beginn der massiven Deportationen europäischer Juden (ohne vorherige Debatte im vollständigen Ministerrat) für alle nichtpolitischen Flüchtlinge (d. h. die Juden) die Grenze. Zwar gab es humanitäre Ausnahmen, die nicht an die große Glocke gehängt wurden, und manche Grenzbeamten, die sich nicht an die Instruktionen hielten, und es gab wegen dieses Vorgehens eine Welle der Entrüstung in der Bevölkerung und in der Presse, doch grundsätzlich wurden die Flüchtlinge an der Grenze zurück geschickt. Viele von ihnen wurden von deutschen und französischen Grenzhütern oder Polizisten festgenommen, deportiert und umgebracht. 1943 und 1944, als sich das Blatt im Krieg wendete, ging die Schweiz zu einer großzügigeren Flüchtlingspolitik über, doch das größte Unheil war bereits angerichtet: Die jüdische Bevölkerung Westeuropas war während des Jahres 1942 deportiert worden. Alles in allem wurden während des Kriegs etwa 10 000 Flüchtlinge, deren Namen registriert wurden, von der Schweiz abgewiesen, zusammen mit 14 000 weiteren, deren Namen nicht registriert wurden (wobei natürlich ein gewisser Anteil unter ihnen mehrmals versucht haben dürfte, die Grenze zu überqueren). Gleichzeitig nahm das Land 60 000 zivile Flüchtlinge auf, von denen etwa die Hälfte Juden waren. Dazu kam eine beträchtliche Zahl von fahnenflüchtigen Soldaten, darunter eine Division von 12 000 Polen im 45. französischen Armeekorps, die im Juni 1940 in die Schweiz geflohen waren.

Die Position der Schweiz und ihre diplomatische Rolle beim Leisten «guter Dienste» bedeuteten auch, dass in diesem Land Einzelheiten über die Nazigräuel am schnellsten durchsickerten. Im Februar 1942 besaßen die Geheimdienste detaillierte Berichte von Massenerschießungen aus Vernehmungen deutscher Deserteure, und Schweizer Ärzte kehrten von ärztlichen Missionen an die Ostfront mit Zeugenberichten von Geiselerschießungen zurück. Im Mai 1942 schickte der Schweizer Konsul in Köln seiner Regierung Fotografien von erstickten Juden, die aus deutschen Viehwaggons entladen worden waren. Auch das Internationale Rote Kreuz verfügte über Einzelheiten des Völkermordes der Nationalsozialisten.

Das Zusammenspiel eines hohen Kenntnisstands vom Ausmaß der deutschen Gräuel, der humanitären Traditionen der Schweiz, der Überzeugung der Schweizer Politiker, dass solche Traditionen strikte Neutralität erforderten sowie der politischen und wirtschaftlichen Interessen der Schweiz bei der Herstellung und Pflege guter Beziehungen mit Deutschland erzeugte eine institutionalisierte Heuchelei. Der britische Ökonom John Maynard Keynes brachte den Sachverhalt auf eine knappe Formel, allerdings mit Blick auf die USA und nicht die Schweiz, als er am 6. Januar 1940 an den amerikanischen Publizisten Walter Lippman schrieb: «Für eine Neutralität lässt sich vieles ins Feld führen, moralische Makellosigkeit allerdings nicht.»[32]

Der Papst und der Krieg

Die hitzigen historischen Debatten um das Verhalten von Deutschen – der deutschen Eliten, Beamten, Wirtschaftsführer, Intellektuellen, deutscher Wehrmachtsangehöriger, «gewöhnlicher Deutscher» – betrafen in leicht modifizierter Form auch Nichtdeutsche, die mit Hitlers Macht in Berührung kamen. Was wussten sie von den Untaten, und welchen Gebrauch machten sie von ihrem Wissen? Wenn sie sich unterwarfen oder in irgendeiner Form kollaborierten, warum hatten sie das getan? Wurden sie von blankem Opportunismus geleitet? Institutionen, die einen besonderen Anspruch auf eine «moralische Makellosigkeit» erheben, müssten sich besonders verpflichtet fühlen, einen solchen Opportunismus zu meiden. Die Diskussion betrifft in erster Linie Personen oder Staaten, die für sich eine besondere moralische Integrität in Anspruch nehmen. Sowohl während des Krieges, im gemessenen Ton der diplomatischen Korrespondenz, als auch in einer sehr offenen Debatte. Seit der Uraufführung von Rolf Hochhuths Stück *Der Stellvertreter* 1963 ist die Moral der Politik des Vatikans während des Krieges in Zweifel gezogen worden.

Eugenio Pacelli wurde 1939 als Pius XII. zum Papst gewählt. Seit langem war er mit dem Nationalsozialismus vertraut: als päpstlicher Nuntius in Bayern während des Ersten Weltkriegs und danach, in den ersten Anfängen der nationalsozialistischen Bewegung in München und später als Nuntius in Berlin. Er handelte zunächst ein Konkordat mit der bayerischen Regierung aus und 1933 das höchst umstrittene Konkordat mit der Regierung des Dritten Reichs: Es war während der Weimarer Republik nie zustande gekommen, sondern erst geschlossen worden, nachdem der politische Katholizismus in Deutschland in Form der Zentrumspartei ausgeschaltet war. 1929 wurde er Kardinal, 1930 Staatssekretär Pius' XI. Auch wenn er den Nationalsozialismus und dessen gottlose Unmenschlichkeit verachtete, hegte er doch eine tiefe Bewunderung für die deutsche Kultur und hoffte darauf, dass die Lage in Deutschland sich in naher Zukunft zum Besseren wenden würde.

Bereits während des Ersten Weltkriegs stand der Vatikan im Zentrum einer größeren Friedensinitiative. Pius XII. sah im Krieg etwas prinzipiell Böses und hielt es für seine Pflicht, alles in seinen Kräften Stehende dazu beizutragen, dass er vermieden würde. Das mit einer solchen Einstellung verbundene Problem wurde noch vor 1939 deutlich: Eine politische Intervention konnte parteiisch wirken und einer Friedensstiftung hinderlich sein. Im Mai 1939 versuchte der Papst die zunehmend sichtbaren Spannungen zwischen Hitler und Polen durch eine Konferenz nach dem Vorbild von München 1938 oder durch individuelle Gespräche mit britischen, französischen, deutschen, italienischen und polnischen Führern aufzuheben (die Polen sollten anders als die Tschechen 1938 hinzugezogen werden). Er sprach über Ungerechtigkeiten im System von Versailles, eine Position, die erkennen ließ, dass er von Polen ein weitgehendes Einlenken und Zugeständnisse erwartete. Sich selbst verstand er als Friedensstifter. In seiner ersten offiziellen Homilie als Papst, am Ostersonntag 1939, sprach er über die Bibelstelle: «Ehre sei Gott in der Höhe, und Frieden auf Erden, und den Menschen ein Wohlgefallen.» (Lukas 2,14).

Nach Ausbruch des Krieges verurteilte er die deutsche Invasion Polens in der Enzyklika *Summi Pontificatus* ausdrücklich:

> «Das Blut ungezählter Menschen, auch von Nichtkämpfern, erhebt erschütternde Klage, insbesondere auch über ein so geliebtes Volk, wie das polnische, dessen kirchliche Treue und Verdienste um die Rettung der christlichen Kultur mit unauslöschlichen Lettern in das Buch der Geschichte geschrieben sind und ihm ein Recht geben auf das menschlich-brüderliche Mitgefühl der Welt. Vertrauend auf die mächtige Fürsprache Marias, der Hilfe der Christen, ersehnt es die Stunde einer Auferstehung nach den Grundsätzen der Gerechtigkeit und eines wahren Friedens.» (27 f.)

Die Enzyklika spricht auch von der «gottgeschaffenen Einheit des Menschengeschlechts» (11), von der «Wahrheit, welche die Menschen in einer großen Familie brüderlich eine». Sie beruft sich auf den heiligen Paulus, der gepredigt hat:

> «‹Zieht den neuen Menschen an, der das Bild des Schöpfers trägt und zu ganz neuer Erkenntnis führt. Da heißt es nicht mehr Heide oder Jude, Beschnittener oder Unbeschnittener, Barbare oder Skythe, Sklave oder Freier: Christus ist alles und in allen.› (Kol., 3,10–11).» (S. 14)

Die Enzyklika bestand des weiteren mutig auf einem universellen Moralgesetz, das verletzt worden sei:

> «Vor allem liegt die eigentliche Wurzel der Uebel, die in der modernen Gesellschaft zu beklagen sind, in der Leugnung und Ablehnung eines allgemein gültigen Sittengesetzes für das Leben des einzelnen und das Gesellschaftsleben, wie für die Beziehungen der Staaten untereinander.» (S. 9)

Die Sprache der Enzyklika ist charakteristisch für die öffentlichen Äußerungen des Papstes während des Krieges: Sie verurteilte unmissverständlich die Grausamkeit und das Böse der Taten, ohne ausdrücklich die Namen derjenigen zu nennen, die das göttliche Gebot verletzten.[33]

Doch die Enzyklika enthielt auch einen ungewöhnlich schmeichlerischen Tribut an Italien, das sich zu diesem Zeitpunkt noch nicht im Krieg befand, als «eine freundliche Macht»: «… auch das geliebte Italien … in dem als einem fruchtbaren Garten die Apostelfürsten den Glauben gepflanzt haben.» (S. 7) Und die spezifische Erwähnung Polens in einer päpstlichen Verlautbarung über den Krieg sollte nicht mehr wiederholt werden. Tatsächlich wurde der Text der Enzyklika während des Krieges weiter verbreitet: Die französische Luftwaffe ließ 88 000 Exemplare über Deutschland abwerfen, während die deutsche Besatzungsmacht in Polen eine Version verbreitete, in der das Wort «Polen» durch «Deutschland» ersetzt worden war.

Pius XII. erlaubte regimefeindlichen deutschen Katholiken – insbesondere dem Bayern Josef Müller –, die erkunden wollten, zu welchen Bedingungen die Alliierten mit Deutschland Frieden schließen würden, falls Hitler abgesetzt werden sollte, die diplomatischen Kanäle des Vatikans zu nutzen. Der britische Botschafter im Vatikan berichtete, die deutschen Verschwörer planten, Hitler durch ein vorläufiges Militärregime zu ersetzen, das die Macht sehr bald einer Regierung übergeben werde, die «demokratisch», «konservativ» und «gemäßigt» sein werde. Diese Regierung könne über einen Frieden verhandeln.[34] Die Einschaltung des Vatikans war eigentlich ein sehr riskantes Manöver, da Hitler nicht nur die Verschwörer, sondern sehr wahrscheinlich die ganze katholische Kirche in Deutschland bestraft hätte. Viele Kritiker haben darauf hingewiesen, dass dies ein höheres Risiko gewesen sei als jedes andere, das der Papst zu Gunsten der Juden auf sich genommen habe.

In seiner Reaktion auf die Nachrichten von den Deportationen und den Massenmorden an den Juden war Pius XII. äußerst vorsichtig, selbst als er 1942 aus mehreren unabhängigen und zuverlässigen Quellen Berichte vom Ausmaß der Morde erhielt. Im März 1942 schickten das Genfer Büro des World Jewish Congress und die Schweizer Israelitische Gemeinde Rom eine umfangreiche Dokumentation der Verfolgungen in Westeuropa und auch in Kroatien, Ungarn und der Slowakei, wo das Papsttum einen beträchtlichen Einfluss hatte. Das Oberhaupt des slowakischen Staates, Jozef Tiso, war sogar ein katholischer Priester, und in der Slowakei kam es zu dem einzigen Fall, in dem Pius XII. dem Vatikan erlaubte, mit einem Protest zu intervenieren (der wirkungslos blieb). Der britische Botschafter, der dem Papst regelmäßig BBC-Berichte übermittelte, überreichte ihm auch einen Brief mit weiteren Einzelheiten über die Lage der Juden, doch der Papst kam nie auf den Inhalt des Briefs zu sprechen. Im März 1943 ersuchte Bischof Konrad von Preysing in Berlin den Papst, sich für die Berliner Juden zu verwenden, denen eine baldige Deportation drohte; als der Papst am 30. April antwortete, verpflichtete er sich zu nichts, sondern lobte lediglich die Bemühungen von Katholiken, die geholfen hatten: «Es hat Uns […] getröstet zu hören, daß die Katholiken, gerade auch die Berliner Katholiken, den sogenannten Nichtariern in ihrer Bedrängnis viel Liebe entgegengebracht haben […] So wie die augenblickliche Lage ist, können Wir ihnen leider keine andere wirksame Hilfe zukommen lassen als Unser Gebet.»[35]

Noch ungewöhnlicher war das Verhalten des Papstes während der Internierung und anschließenden Deportation zahlreicher römischer Juden im Oktober 1943. Der deutsche Botschafter Ernst von Weizsäcker drängte Pius XII., einen offiziellen Protest einzulegen, und es war sogar das Personal der deutschen Botschaft, das einen Protestbrief abfasste, der vom deutschen Bischof in Rom, Alois Hudal unterzeichnet wurde. Der Papst selbst blieb untätig. Er besuchte keine verhafteten Juden: ein auffallender Kontrast zu seinem sofortigen Besuch der Kirche San Lorenzo, nachdem diese von alliierten Flugzeugen bombardiert worden war. Dass Juden in Rom gerettet wurden, ging eher auf das Handeln einzelner Priester und Laien zurück als auf eine zentrale Weisung aus dem Vatikan.

In dieser Episode steht fest, dass das Auswärtige Amt, das Massenproteste in Rom fürchtete, die Deportationen stoppen wollte und private Proteste aus dem Vatikan begrüßte, jedoch keine Verurteilung vom Heiligen Stuhl wünschte. Von Weizsäcker hatte damals zu einem Freund gesagt:

> «jeder Protest des Papstes würde bewirken, daß die Deportationen mit aller Konsequenz durchgeführt werden. Ich weiß, wie unsere Leute auf so etwas reagieren».[36]

Pacelli hat sich anscheinend beständig eingeredet, dass die Diplomatie hinter den Kulissen mehr bewirken könne als eine offene Konfrontation. Welche andere Politik wollte man von einem Staatssekretär des Vatikans auf dem Stuhl Petri erwarten? Die Zeit, zu der eine solche Intervention überhaupt Erfolg hatte, war 1944, als die meisten Juden in Hitlers Machtbereich bereits ermordet worden waren und die Deportationen der Juden aus Ungarn nach einer Intervention des Papstes für kurze Zeit unterbrochen wurden. Zu dieser Zeit lebten in Budapest noch rund 230 000 Juden, und 120 000 überlebten den Krieg.

Die offensichtlichste Schwäche in der Politik des Vatikans lag in seiner Untätigkeit zu einer frühen Phase, als in Deutschland diskriminierende Gesetze erlassen wurden, die Juden stigmatisierten und ihre Rechte beschnitten. Maßnahmen wie die Nürnberger Gesetze, die in anderen Ländern unter deutschem Einfluss nachgeahmt wurden, ebneten den Weg für den Genozid, doch die Folgerichtigkeit dieses Zusammenhangs ist in der Rückschau weitaus deutlicher zu erkennen als es damals möglich war. Angesichts des zunehmenden Antisemitismus in den zwanziger Jahren erwog Pius XI. 1928 einen Vorschlag, den Passus der «verräterischen Juden» aus der Karfreitagsliturgie zu streichen, verwarf ihn jedoch wieder. Diese Änderung blieb Papst Johannes XXIII. vorbehalten, der sie 1959, zu Beginn seines Pontifikats, einführte. 1937 ignorierte der Vatikan auch Vorschläge, in einer neuen Enzyklika den Rassismus als einen gefährlichen Irrtum zu verurteilen, wahrscheinlich wegen der immer engeren Annäherung Italiens unter Mussolini an das Dritte Reich. In Italien machte der Vatikan allerdings deutlich, dass die Rassengesetze in seinen Augen nicht nur unmoralisch, sondern gesetzwidrig waren, da sie einen Bruch des Konkordats von 1929 darstellten, das den Staat verpflichtete, katholisch geschlossene Ehen anzuerkennen (einschließlich der von konvertierten Juden, die nach dem Gesetz von 1938 ungültig waren).[37] Pius XII. begründete seine Weigerung, im Januar 1940 mit Mussolini zusammenzukommen, mit dessen Unterzeichnung der Rassengesetze.[38] Für die Zeit während des Krieges ist sicherlich mehr als zweifelhaft, ob selbst ein wirklich entschlossener und öffentlicher Protest hätte dazu beitragen können, viele jüdische oder andere Opfer des NS-Terrors zu retten. Es hätte jedoch das moralische Fundament des Papsttums unter Pius XII. gestärkt.

1939, vor Beginn des Krieges, hatte ein Vertreter des britischen Foreign Office seine Meinung in folgende Worte gefasst: «Persönlich bin ich der Ansicht, er könnte als Befürworter gewisser moralischer Prinzipien in der Welt von heute die Ereignisse viel effektiver beeinflussen, als er dies vermutlich als möglicher, aber unwahrscheinlicher Kandidat für den Posten eines Vermittlers zwischen den Achsenmächten und den Demokratien tun kann.»[39] Während des Krieges gelangte der britische Botschafter im Vatikan zu dem Schluss: «Tatsache ist, daß die moralische Autorität des Heiligen Stuhls, die Pius XI. und seinen Vorgängern zu weltweiter Bedeutung verholfen hat, sich nun aufs betrüblichste verringert. Ich vermute, S[eine] H[eiligkeit] hofft, einmal eine große Rolle als Friedensstifter zu spielen, und daß zumindest teilweise dies der Grund ist, warum er versucht, eine neutrale Stellung zwischen den Kriegführenden zu behalten.»[40] Den wahren Grund für das öffentliche Schweigen angesichts der unumstößlichen Beweise für deutschen Massenmord an den Juden werden wir wohl nie erfahren, und sehr wahrscheinlich gab es für dieses Verhalten mehr als nur einen Grund. Die Behauptung, er sei persönlich ein Antisemit gewesen, ist wenig überzeugend und wird von den seriösen Quellen nicht bestätigt, auch wenn kein Zweifel an dem Antisemitismus besteht, der damals von der Kirche und ihrer Liturgie gefördert wurde. Die meisten der besonders problematischen Entscheidungen der Kirche im Hinblick auf den neuen Antisemitismus waren unter Pius XI. getroffen worden. Papst Pius XII. befürchtete möglicherweise Repressalien gegen Katholiken und seine Stadt Rom. Als ein Mann, der sein ganzes Erwachsenenleben innerhalb der päpstlichen Diplomatie verbracht hatte, dachte er höchstwahrscheinlich eher wie ein Diplomat und weniger wie ein spiritueller Führer und glaubte, vorsichtige Andeutungen hinter den Kulissen könnten mehr erreichen als öffentliche Kritik. Diplomaten sind stets bemüht, Brücken zu bauen, und häufig ist es der Abgrund, der die Menschheit von der Unmenschlichkeit trennt, den sie überbrücken wollen. Er stand unter starkem Druck der westlichen Alliierten, die Gräuel gegen die Juden anzuprangern (vor allem nach dem 17. Dezember 1942), während gleichzeitig die Achsenmächte von ihm verlangten, die Luftangriffe der Alliierten gegen die Zivilbevölkerung zu verurteilen. Der italienische faschistische Ideologe Roberto Farinacci griff das «Schweigen des Papstes» an.[41] Vor allem vertrat Pius XII. eine Vorstellung von Neutralität als eine Möglichkeit, Frieden zu stiften, doch wie im Beispiel der Schweiz hatte diese Neutralität am Ende nicht viel Moralisches an sich.

Für andere Staaten mochte eine wohlüberlegte Neutralität akzeptabel sein (auch wenn sie heute fragwürdig ist): Die realpolitische Tradition erkennt im Verhalten anderer Staaten kein anderes Interesse an außer dem Eigeninteresse. Doch der Vatikan durfte sich offenbar nicht als einen Staat wie jeder andere im Spiel der Mächte verstehen. Der britische Gesandte d'Arcy Osborne fragte sich damals: «Geht es hier nicht um einen moralischen Standpunkt, der keine Neutralität zulässt?»[42] Papst Pius, der Nachfolger Petri auf dem Heiligen Stuhl in Rom, teilte sowohl die Frömmigkeit und Würde als auch die schwache Menschlichkeit des ersten Bischofs, der sich ebenfalls entschied, sich von den Verfolgten abzuwenden: «Petrus aber sprach: Mensch, ich weiß nicht, was du sagst. Und alsbald, da er noch redete, krähte der Hahn. Und der Herr wandte sich und sah Petrus an.» (Lukas 22, 60–61).

1963, bevor die öffentliche Diskussion über die Rolle des Vatikans begann, schuf der Bildhauer Francesco Messina eine Bronzestatue von Pius XII. für den Petersdom, deren angespanntes und gequältes Gesicht abgewandt zur Seite blickt. 1998 veröffentlichte der Vatikan im Interesse einer «Reinigung der Geschichte» ein Dokument mit dem Titel «Wir erinnern uns: Eine Reflexion über die Shoah», in dem die Rolle von Pius XII. bei der Rettung von Juden gerühmt, zugleich aber auch das Problem ausgesprochen wurde. «Für Christen muss diese schwere Last des Gewissens ihrer Brüder und Schwestern während des Zweiten Weltkriegs eine Aufforderung zur Buße sein.»

Die angloamerikanische Vision

Winston Churchill hatte ebenso wie Franklin D. Roosevelt eine große moralische wie geopolitische Vision von dem Konflikt, der sie alle Details einer politischen oder wirtschaftlichen Wechselwirkung nach dem Krieg unterordneten. In einem auffallenden Gegensatz zu den übrigen Führern während des Krieges hatten sie wenig Zeit oder Interesse an allgemeinen Diskussionen über die Zukunft des Kapitalismus, Sozialismus oder Kollektivismus. Das ist einer der Gründe, warum sie als strategische Denker so erfolgreich waren. Sie entwickelten auch eine enge gegenseitige persönliche Beziehung und erreichten ein hohes Maß an Zusammenarbeit zwischen England und den USA.

Churchill trat das Amt des Ministerpräsidenten im Mai 1940 an, nachdem sich das britische Unterhaus und insbesondere viele konservative Abgeordnete nach dem Debakel der gescheiterten Besetzung des norwegischen Hafens Narvik, gegen seinen Vorgänger Neville Chamberlain gewandt hatten. Die Ironie dieser Sache war, dass man eigentlich Churchill als Marineminister für Narvik hätte verantwortlich machen können, und Chamberlains schärfste Gegner sich unter den Tory-Imperialisten befanden, die der Verteidigung des Empires einen absoluten Vorrang einräumten. Einer von ihnen, Leo Amery, schleuderte Chamberlain den Satz entgegen: «In Gottes Namen, gehen Sie!» (Es war die Wendung, die Oliver Cromwell im 17. Jahrhundert gebraucht hatte, als er das Parlament auflöste.) Im Gegensatz zu dem anderen Politiker, der als Nachfolger Chamberlains in Frage gekommen wäre, Lord Halifax, war Churchill ein kompromissloser Verfechter einer Fortführung des Krieges und ein entschiedener Gegner jeglicher Gespräche mit Deutschland über einen Waffenstillstand. Doch es wurde bald deutlich, dass der Preis für einen solchen Krieg das Ende des Empires sein würde und dass die Tory-Imperialisten die Überbleibsel einer vergangenen Ära waren.

Der Imperialismus war das einzige, was die angloamerikanischen Beziehungen hätte trüben können, und Churchill schien der Idee eines britischen Empires in besonderer Weise verbunden. Roosevelt hielt Churchill gelegentlich eine Standpauke: «Sie haben einen vierhundert Jahre alten Erwerbstrieb im Blut und können einfach nicht verstehen, wie es möglich ist, dass ein Land nicht den Wunsch verspürt, sich Territorium anzueignen, wenn sich die Möglichkeit dazu bietet. In der Weltgeschichte ist eine neue Epoche angebrochen, und Sie müssen sich damit abfinden.»[43] Für die Briten war das «Empire» der einzige Begriff in der Außenpolitik, der für sie zählte. Außenminister Anthony Eden brachte den Sachverhalt am Vorabend der Landung der Alliierten in der Normandie in der großen außenpolitischen Unterhausdebatte im Mai 1944 auf den Punkt, als er sagte: «Das britische Commonwealth und Empire sind das einzige wirklich gelungene Experiment in internationaler Zusammenarbeit, das es je gegeben hat.»[44] Doch während die beiden westlichen Führer der Kriegszeit in Casablanca im Januar 1943 den weiteren Verlauf des Konflikts erörterten, befand sich Roosevelts Beauftragter Wendell Philipps in Indien, um dort eine Vereinbarung über eine Unabhängigkeit Indiens auszuhandeln.

England hatte aufgrund seiner wirtschaftlichen und finanziellen Schwäche einem solchen Druck wenig entgegenzusetzen. Die Lend Lease Act (Leih-Pacht-Abkommen) mit den USA hatte die Abhängigkeit Englands von einer fortdauernden Unterstützung durch die USA deutlich gemacht. Je länger der Krieg dauerte, desto wichtiger war der industrielle Produktionsausstoß. Die US-Rüstungsproduktion erreichte erst im Sommer 1942 das britische Niveau, doch 1944 war sie bereits sechsmal so hoch. Vor allem konzentrierte sich die amerikanische Kriegswirtschaft auf gigantische Produktionsserien von Modellen, an denen nur wenig geändert wurde. Im spektakulärsten Beispiel produzierten die Fordwerke in Willow Run auf einer Fläche von 26 Hektar und einem 800 Meter langen Montageband alle 63 Minuten einen B-24-Bomber vom Typ «Liberator». Auf der Konferenz von Teheran erhob Stalin zum Schluss sein Glas auf Roosevelt und rühmte die Vereinigten Staaten als «das Land der Maschinen». Und «die wichtigsten Dinge in diesem Krieg waren Maschinen».[45]

Die ungeheure Macht der Vereinigten Staaten und ihre Fähigkeit, eine revolutionäre Technik einzusetzen, zeigten sich von ihrer furchtbarsten Seite erst nach dem Ende des Kriegs in Europa. Am 16. Juli 1945 wurde in der Wüste von New Mexico die erste Atombombe zu Testzwecken gezündet, am 27. Juli wurden über japanischen Großstädten Flugblätter abgeworfen, in denen vor einer «Vernichtung aus der Luft» gewarnt wurde, und am 6. und 9. August warf die US Air Force je eine Atombombe auf Hiroshima und Nagasaki. Der Einsatz von Nuklearwaffen beschleunigte das Kriegsende und machte einen Einmarsch der Sowjets in Japan überflüssig.

Die überragende technische und wirtschaftliche Leistung der USA gewann schließlich den Krieg, warf aber auch viele Fragen im Hinblick auf die internationale Nachkriegsordnung auf. Sowohl England als auch die USA sahen in einer wirtschaftlichen Blüte den Schlüssel zu einer künftigen Stabilität. England hatte sich im Allgemeinen von der Weltwirtschaftskrise gut erholt, doch es gab noch bittere Erinnerungen an die schmerzhaften wirtschaftlichen Nachwehen des Ersten Weltkriegs. Jetzt sollte eine gemeinsame und gemeinsam organisierte Sicherheit – wie der Bevin-Plan sie vorgesehen hatte (*Social Insurance and Allied Services* – eine Abhandlung, die eine Auflage von über 600000 Exemplaren erlebte) – einen neuen Typ einer Klassen übergreifenden Solidarität schaffen. Die Vereinigten Staaten hatten unter der Großen Depression wesentlich länger zu leiden gehabt. Die enorme Leistungsfähigkeit der amerikanischen Produktionsmaschine während des Krieges ließ Hoffnungen aufkeimen, dass eine neue und prosperierende internationale Wirtschaft, die sich auf einen wachsenden Konsum der Zivilbevölkerung stützte, nachdem die Militäraufträge weggefallen sein würden, eine soziale Stabilität zur Folge hätte, die ein Modell für die Welt abgeben könnte.

Die allgemeinen Umrisse der Ziele für die Nachkriegszeit mochten klar sein, doch die Details, in welcher Weise sich Wachstum und Stabilität miteinander in Einklang bringen ließen, nahmen erst nach einer langen Debatte konkrete Gestalt an. Die Vereinigten Staaten bestanden auf einer Öffnung des Handels, nachdem sie mit der internationalen Handelspolitik der dreißiger Jahre immer unzufriedener geworden waren, und ihre Führer waren überzeugt, dass die Weltwirtschaftskrise bei der Verschlechterung der internationalen Beziehungen während dieser Zeit eine wesentliche Rolle gespielt hatte. Die Liberalisierung des Handels fand als Forderung auch Eingang in das Leih-und-Pacht-Abkommen mit England (Artikel VII). Doch eine solche Liberalisierung würde für jedes Land außer den USA sogleich Probleme aufwerfen, und die Idee, dass wirtschaftlicher Wohlstand unteilbar sei, bedeutete natürlich, dass dies auch ein Problem für Amerika sein würde. Solche Schwierigkeiten ließen sich nur durch einen Währungsmechanismus vermeiden, der den Ländern einen Zugang zu finanziellen Ressourcen ermöglichte, während ihre Wirtschaften sich an die Nachkriegswelt anpassten. Die Suche nach einem solchen Mechanismus war die Hauptaufgabe der Währungs- und Finanzkonferenz der Vereinten Nationen in Bretton Woods, New Hampshire, im Juli 1944. Das Abkommen von Bretton Woods schuf ein festes, aber anpassungsfähiges System von Wechselkursen und rief den Internationalen Währungsfonds und die Weltbank als Institutionen ins Leben, zu deren Aufgaben es gehörte, einzelne Länder bei der Herstellung eines Zahlungsbilanzausgleichs zu unterstützen und finanzielle Entwicklungshilfe zu leisten. Das Abkommen wurde als ein universelles Unternehmen verstanden: Es gab eine sowjetische Delegation unter den 45 bei der Konferenz vertretenen Ländern, und ein Großteil der Eigenart des Abkommens ging auf die Notwendigkeit zurück, eine staatlich gelenkte Kommandowirtschaft einzuschließen. Das System von Bretton Woods beruhte nicht auf der Existenz des Kapitalismus oder einer freien Marktwirtschaft und konnte ebenso leicht als eine Möglichkeit verstanden werden, die internationale wirtschaftliche Lebensfähigkeit eines Staatssozialismus zu schützen.

Die weit ausgreifende geopolitische Vision der britisch-amerikanischen Führung sowie der Umstand, dass sie gute Beziehungen zu Moskau voraussetzte, bedeutete auch ein zwangsläufig geringes Interesse an dem Problem, das während der Friedensverhandlungen nach dem Ersten Weltkrieg eine so große Rolle gespielt hatte: die nationale Selbstbestimmung. Das Widerstreben, auf die Forderungen nach Selbstbestimmung in Europa einzugehen, ist insofern durchaus verständlich, als es nationalistische Streitigkeiten waren, aus denen die Instabilität und das zersplitterte internationale System der dreißiger Jahre hervorgegangen war.

Am 1. Juli 1940 diskutierte der (von Edward H. Carr verfasste) Leitartikel der Londoner *Times* die institutionelle Grundlage des «neuen Europa»: «Die Konzeption der kleinen nationalen Einheit, nicht stark genug für eine aktive Rolle in der internationalen Politik, aber mit allen Vorrechten und Pflichten der Souveränität, ist durch die moderne Waffentechnik und das Ausmaß der modernen Kriegsführung obsolet geworden.»

Die Zwangsläufigkeit einer Debatte über nationale Selbstbestimmung (die im Entwurf der Atlantikcharta im August 1941 noch sehr evident war) führte zu der Auffassung, dass das internationale System und individuelle Rechte in der Nachkriegswelt auf eine befriedigendere Weise miteinander verknüpft werden müssten. Das sollte durch Institutionen wie den IWF und die Weltbank in der ökonomischen Sphäre und durch die Vereinten Nationen im Hinblick auf Sicherheitsfragen geschehen. Andererseits waren auf der Seite der Alliierten viele der Meinung, ein dritter Weltkrieg sei unvermeidlich, da dieselbe Logik und Dynamik der zwischenstaatlichen Beziehungen, die zum Ersten Weltkrieg geführt habe, allem Anschein nach auch den Zweiten Weltkrieg hervorgebracht habe.

7 Der Wiederaufbau Europas nach transatlantischem Muster: Die fünfziger Jahre

1945 erschien dem vom Krieg verwüsteten Europa die Zukunft überaus düster. Weite Teile lagen in Trümmern. Die Institution des Nationalstaats war diskreditiert. Der ganze Kontinent, außer der Sowjetunion, trug die Narben der Niederlage, des Verrats und der Kompromisse, und selbst in der Sowjetunion nährten schwere Vorwürfe gegen die Ukraine und die Baltenländer wegen ihrer Kollaboration mit den Deutschen den russischen Nationalismus und Chauvinismus. Die am Krieg beteiligten kontinentaleuropäischen Länder waren besiegt und gedemütigt worden. Von der Hinterlassenschaft der Kollaboration in Wirtschaft und Politik waren selbst die neutralen Länder gezeichnet. England lag zwar nicht militärisch am Boden, war aber finanziell ruiniert. Auch die Tradition der realitätsorientierten Außenpolitik, die sich mit der Idee des Nationalstaats verband, hatte abgedankt. A.J.P. Taylor bemerkte mit Recht: «Eine realistische (sprich: allein auf die eigenen Interessen bedachte) Außenpolitik muss stets mit Vichy enden – vorsichtige Kollaboration mit dem Aggressor»[1]. Doch 1945 wollte niemand mit Vichy enden, und die Welt nach Vichy und nach Hitler brauchte ein moralisches Bewusstsein als Leitfaden für das Verhalten von Staaten. Die wichtigsten innenpolitischen Kräfte, die auf den Plan traten, um sich der neuen Herausforderung zu stellen, waren ausnahmslos an einer nichtnationalen Politik und an übergreifenden Idealen orientiert: Kommunismus, Sozialismus oder christliche Demokratie.

Ideale und Realpolitik

Es war unvermeidlich, dass die Leitbilder für die Überwindung der europäischen Krise aus den Vereinigten Staaten oder der Sowjetunion kamen: in beiden Ländern war die gewaltige kriegswirtschaftliche Leistung die Grundlage der militärischen Überlegenheit gewesen und zugleich eine Machtdemonstration. Überdies waren beide Länder angetrieben sowohl von ihren Interessen als auch von machtvollen Ideen und Idealen. Schon die frühe Nachkriegszeit machte deutlich, dass eine erfolgreiche Lösung der wirtschaftlichen Probleme zur Voraussetzung für die Bewältigung der großen Sicherheits- und der politischen Probleme des europäischen Kontinents wurde. Es war auch unvermeidlich, dass das Übergewicht der beiden neuen Supermächte mit der Zeit in ihren jeweiligen eurpäischen Machtbereichen zu Unbehagen, Unzufriedenheit und sogar Widerstand führte. So war de Gaulle in den sechziger Jahren überzeugt, dass Frankreichs Aufbegehren gegen die US-Hegemonie ein Äquivalent zum Bruch der Volksrepublik China mit der Sowjetunion war.

Das besagt keinewegs, es habe eine Äquivalenz zwischen West- und Osteuropa gegeben. Beide Bereiche entwickelten sich sehr bald in deutlich verschiedene Richtungen. Doch am Anfang sahen sich West wie Ost unter einer neuen Hegemonie mit Bindungen, die auf einer Sicherheitsbeziehung beruhten, auf einer gemeinsamen Wirtschaft und einer gemeinsamen kulturellen Anschauung. Auf lange Sicht schwächten sich für den Osten die wirtschaftlichen und ideologischen Bindungen ab, und es zeigte sich, dass die Hegemonie immer offensichtlicher auf militärischer Gewalt beruhte. Im Westen dagegen näherten sich die Wirtschaft und die Politik Europas und der Vereinigten Staaten einander mehr und mehr an. Im Verlauf dieses Prozesses lösten sie jedoch Ressentiments und einen tiefen Zweifel an ihrer kulturellen und intellektuellen Beziehung aus.

Zwei bedeutende Motive bestimmten die Politik der Supermächte bei der Schaffung einer neuen Welt: Das erste betraf das Erbe des gemeinsamen Kampfes gegen den Nationalsozialismus oder den Faschismus, der die Anwendung neuer universeller Prinzipien notwendig gemacht hatte, und das zweite, dem ersten ganz entgegengesetzt, war von den zunehmenden Spannungen zwischen den Supermächten bestimmt, ihren unterschiedlichen Interessen und Ideologien. Diese Triebkräfte hatten eine beunruhigende und destabilisierende Wechselwirkung. Die Suche nach universellen Prinzipien fand ihren Ausdruck in gängigen Begriffen wie «Rechte» und «Demokratie», die jedoch von beiden Seiten unterschiedlich gedeutet wurden. Sprach der Westen vom Recht des Einzelnen, so galt in der Sowjetunion allein das des Kollektivs (die Rechte der Arbeiterklasse). Da die in die jeweilige Ideologie eingebundenen Begriffe per se universell waren, enthielten sie implizit das Gebot, ihren – territorialen – Geltungsbereich zu erweitern: Wenn ein Prinzip als wahr anerkannt werden sollte, musste es für die ganze Welt wahr sein. Universelle Ideen bargen mithin den Keim von Konflikten in sich. Die Universalität eines Prinzips zu relativieren oder aufzugeben kam jedoch einer Rückkehr zum Widerstreit zwischen Macht- und Realpolitik gleich. Nur ein Mächtegleichgewicht konnte die Lage stabilisieren. Stalin hatte zunächst so getan, als ignoriere er die atomare Macht der USA, und reagierte nach außen hin überzeugend gleichmütig, als Truman ihm während der Konferenz von Potsdam von den erfolgreichen Testversuchen erzählte. Doch als die Sowjetunion im August 1949 selbst in der Lage war, Atomwaffen herzustellen, stürzte die Welt in ein «Gleichgewicht» des Schreckens, bei dem selbst in der ersten Zeit, als die Vereinigten Staaten mit Abstand im Vorteil waren, die Möglichkeit einer völligen Vernichtung bestand – und niemand wollte das Risiko eines Krieges eingehen.

So brachte die Nachkriegspolitik ein riesiges Paradoxon hervor: die universellen Ideen von einem Frieden waren konfliktträchtig und beschworen die Gefahr eines neuen Krieges herauf; während Definitionen von Interessen und Bipolarität eine friedliche Koexistenz möglich machen konnten. Infolgedessen kehrte in die Beziehungen der Supermächte, nicht aber in die Nationalstaaten, die Realpolitik durch die Hintertür zurück.

Der deutlichste Hinweis auf die neuen internationalistischen Prinzipien trat in den Prozessen gegen die Hauptkriegsverbrecher vor dem Internationalen Militärtribunal in Nürnberg ans Licht. Sie boten einen radikal neuen Zugang zum internationalen Recht und machten deutlich, dass nationale Souveränität einer umfassenderen Berücksichtigung des internationalen Rechtswesens untergeordnet werden konnte und sollte. Das traditionelle Denken in machtpolitisch bestimmten Kategorien hatte für die Prozesse in Nürnberg keinen Sinn: Churchill beispielsweise hätte es lieber gesehen, wenn man die Führer der Nationalsozialisten sogleich nach ihrer Festnahme erschossen hätte. Diese waren anscheinend selbst verblüfft über den Legalismus der Alliierten. Das kam beispielsweise bei einer der Vernehmungen Görings zum Ausdruck, als der Vernehmende ihm eine Zigarette anbot und zur Antwort erhielt: «Captain, Sie machen das nicht richtig. Wenn wir gesiegt hätten, hätten wir das anders gemacht – Sie würden stehen, und Sie hätten nicht Ihre Uniform, sondern schwarz-weiß gestreifte Gefängniskleidung an, und zwei SS-Männer würden hinter Ihnen stehen und Ihnen die Bajonette in den Hintern pieken … So sollten Sie uns auch behandeln.»[2] Die Idee eines Tribunals war ein Produkt der sowjetischen Tradition öffentlicher Prozesse (die ihren Höhepunkt in den dreißiger Jahren mit den schändlichen Schauprozessen erreicht hatte) und der entschiedenen Missbilligung der britischen Vorliebe für Schnellverfahren durch den neuen amerikanischen Präsidenten Harry S. Truman. Der Chefankläger der USA, Robert Jackson, eröffnete die amerikanische Anklage mit einer äußerst bemerkenswerten Erklärung: «Daß vier große Nationen, erfüllt von ihrem Siege und schmerzhaft gepeinigt von dem geschehenen Unrecht, nicht Rache üben, sondern ihre gefangenen Feinde freiwillig dem Richtspruch des Gesetzes überlassen, ist eines der bedeutsamsten Zugeständnisse, das die Macht jemals der Vernunft eingeräumt hat.»[3]

In den Prozessen vor dem Internationalen Militärgerichtshof wurden

Anklagen gegen Einzelpersonen, aber auch gegen Institutionen (wie die SS, die NSDAP und ihre Gliederungen) verhandelt. Der erste Prozess gegen die Personen, in denen man Hauptkriegsverbrecher erkannte, behandelte vier Anklagepunkte: Verbrechen gegen den Frieden (die Vorbereitung eines Angriffskriegs); Verbrechen gegen die Menschheit* (wie der von den Nationalsozialisten verübte Völkermord an den Juden); Kriegsverbrechen und eine Verschwörung zur Verübung dieser Verbrechen. Der letzte Anklagepunkt war in den Augen der Ankläger wichtig wegen der Komplexität der Entscheidungsfindung im modernen Staat. Ohne seine Zulassung hätten viele von denen, die in hohem Maße in komplizierte bürokratische Prozesse eingebunden waren, die zu unmoralischen und verbrecherischen Taten führten, ihre unmittelbare Verantwortung für bestimmte Verbrechen bestreiten können. Doch vor allem im Hinblick auf die Verschwörung, Verbrechen gegen den Frieden zu begehen (die Vorbereitung eines Angriffskrieges in den dreißiger Jahren), war es schwierig, die Anklagen überzeugend vorzutragen. Diese Anschuldigung wirkte problematisch, um nicht zu sagen heuchlerisch im Licht der Tatsache, dass einer der Staaten, die über die Anklagen befinden sollten – die Sowjetunion –, am 17. September 1939 in Polen einmarschiert war. Wie Jackson jedoch erkannte, war sie intellektuell von zentraler Bedeutung im Interesse einer besseren internationalen Ordnung; und in den Augen Jacksons war sie auch juristisch vollkommen durch die Tatsache gerechtfertigt, dass Deutschland gegen einen von ihm selbst unterzeichneten Vertrag verstoßen hatte, den (ziemlich idealistischen) Briand-Kellogg-Pakt von 1928, in dem ein Krieg als Mittel der Politik geächtet worden war.

Richter aus den Ländern der vier Mächte gaben ihr Votum zu den Anklagen und den Urteilen ab. Von den Angeklagten wurde Hjalmar Schacht, der bis zu seiner Entlassung als Reichsbankpräsident im Januar 1939 für die Finanzierung der Aufrüstung zuständig war, freigesprochen. Einige andere Urteile muteten merkwürdig an: Gauleiter Sauckel, der unmittelbar Verantwortliche für den Einsatz von «Fremdarbeitern», wurde zum Tod verurteilt, während sein Vorgesetzter, Albert Speer, der diese Arbeitskräfte für seine wirtschaftlichen Mobilisierungspläne benötigt hatte, jedoch vor den Schranken des Gerichts von allen Angeklagten den sympathischsten Eindruck machte, nur zu einer zwanzigjährigen Haftstrafe verurteilt wurde.

Die Prozesse erbrachten eine umfangreiche Dokumentation über das ganze Ausmaß der NS-Schlächterei, den Völkermord an den Juden und anderen und die brutale und unmenschliche Behandlung vor allem russischer

* Der Übersetzer besteht auf die Übersetzung «Verbrechen gegen die Menschheit», auch wenn es gewöhnlich heißt «gegen die Menschlichkeit». Dass es dabei um die Ausrottungspolitik des NS-Staates ging, dürfte die Sache deutlich machen.

Kriegsgefangener. Der offene Gang der Verfahren und der Umstand, dass die Strafen nicht von vornherein feststanden und einige Angeklagte in einigen oder allen Anklagepunkten sogar freigesprochen wurden, hinterließen den starken Eindruck einer Gerechtigkeit, die als Basis für die Erarbeitung eines neuen humanitären Rechts dienen konnte. Im Dezember 1946 verabschiedeten die Vereinten Nationen eine Resolution, mit der die Prozesse gegen die Hauptkriegsverbrecher in Nürnberg gutgeheißen wurden und 1948 verabschiedeten die Vereinten Nationen die Konvention über die Verhütung und Bestrafung des Völkermords.

Menschenrechte

Die umfassendste Erklärung der neuen Ordnung erfolgte 1948 mit der Allgemeinen Erklärung der Menschenrechte der Vereinten Nationen. Sie begann mit einer sehr allgemeinen Präambel: «... Da die Nichtanerkennung und Verachtung der Menschenrechte zu Akten der Barbarei geführt haben, die das Gewissen der Menschheit mit Empörung erfüllen, und da verkündet worden ist, dass einer Welt, in der die Menschen Rede- und Glaubensfreiheit und Freiheit von Furcht und Not genießen, das höchste Streben des Menschen gilt, ... verkündet die Generalversammlung diese Allgemeine Erklärung der Menschenrechte». Die meisten ihrer Artikel erwecken bis heute den Eindruck von utopischen Zielen, die mit der Alltagswirklichkeit in den meisten Ländern wenig zu tun hatten. Damals verletzte praktisch jedes Land irgendwelche Aspekte dieses anspruchsvollen Programms zu einer Demokratisierung und zur Garantie persönlicher Rechte. Um nur zwei der offensichtlichsten Verstöße zu nennen: Rassenschranken machten Artikel 2 problematisch für die Vereinigten Staaten, während das Prinzip freier Wahlen (Artikel 21) in dem von den Sowjets besetzten Ländern Osteuropas in grotesker Weise verletzt wurde. Es lohnt die Mühe, einige der bedeutsamsten Artikel der Erklärung ins Gedächtnis zu rufen:

«Artikel 1: Alle Menschen sind frei und gleich an Würde und Rechten geboren. Sie sind mit Vernunft und Gewissen begabt und sollen einander im Geist der Brüderlichkeit begegnen.

Artikel 2: Jeder hat Anspruch auf die in dieser Erklärung verkündeten Rechte und Freiheiten ohne irgendeinen Unterschied, etwa nach Rasse, Hautfarbe, Geschlecht, Sprache, Religion, politischer oder sonstiger Überzeugung, nationaler oder sozialer Herkunft, Vermögen, Geburt oder sonstigem Stand. Des weiteren darf kein Unterschied gemacht werden auf Grund der politischen, rechtlichen oder internationalen Stellung des Landes oder Gebiets, dem eine Person angehört, gleichgültig ob dieses unabhängig ist, unter Treuhandschaft steht, keine Selbstregierung besitzt oder sonst in seiner Souveränität eingeschränkt ist.

Artikel 13: 1. Jeder hat das Recht, sich innerhalb eines Staates frei zu bewegen und seinen Aufenthaltsort frei zu wählen. 2. Jeder hat das Recht, jedes Land, einschließlich seines eigenen, zu verlassen und in sein Land zurückzukehren.

Artikel 17: 1. Jeder hat das Recht, sowohl allein als auch in Gemeinschaft mit anderen Eigentum innezuhaben. 2. Niemand darf willkürlich seines Eigentums beraubt werden.

Artikel 20: 1. Alle Menschen haben das Recht, sich friedlich zu versammeln und zu Vereinigungen zusammenzuschließen. 2. Niemand darf gezwungen werden, einer Vereinigung anzugehören.

Artikel 21: 1. Jeder hat das Recht, an der Gestaltung der öffentlichen Angelegenheiten seines Landes unmittelbar oder durch frei gewählte Vertreter mitzuwirken. 2. Jeder hat das Recht auf freien Zugang zu öffentlichen Ämtern in seinem Lande. 3. Der Wille des Volkes bildet die Grundlage für die Autorität der öffentlichen Gewalt; dieser Wille muß durch regelmäßige, unverfälschte, allgemeine und gleiche Wahlen mit geheimer Stimmabgabe oder in einem gleichwertigen freien Wahlverfahren zum Ausdruck kommen.

Artikel 22: Jeder hat als Mitglied der Gesellschaft das Recht auf soziale Sicherheit und Anspruch darauf, durch innerstaatliche Maßnahmen und internationale Zusammenarbeit sowie unter Berücksichtigung der Organisation und der Mittel jedes Staates in den Genuß der wirtschaftlichen, sozialen und kulturellen Rechte zu gelangen, die für seine Würde und die freie Entwicklung seiner Persönlichkeit unentbehrlich sind.

Artikel 23: 1. Jeder hat das Recht auf Arbeit, auf freie Berufswahl, auf gerechte und befriedigende Arbeitsbedingungen sowie auf Schutz vor Arbeitslosigkeit. 2. Jeder, ohne Unterschied, hat das Recht auf gleichen Lohn für gleiche Arbeit. 3. Jeder, der arbeitet, hat das Recht auf gerechte und befriedigende Entlohnung, die ihm und seiner Familie eine der menschlichen Würde entsprechende Existenz sichert, gegebenenfalls ergänzt durch andere soziale Schutzmaßnahmen. 4. Jeder hat das Recht, zum Schutz seiner Interessen Gewerkschaften zu bilden und solchen beizutreten.

Artikel 24: Jeder hat das Recht auf Erholung und Freizeit und insbesondere auf eine vernünftige Begrenzung der Arbeitszeit und regelmäßigen bezahlten Urlaub.»

Im Dezember 1948 erweiterten die Vereinten Nationen die Allgemeine Erklärung der Menschenrechte um die Definition einer neuen Form des internationalen Verbrechens. In einer Untersuchung des deutschen Besatzungsregimes in verschiedenen europäischen Ländern hatte Raphael Lemkin 1944 einen neuen Begriff des Völkermords (*genocide*) vorgeschlagen, der nicht allein physische Vernichtung bedeutete, sondern eine Koordinierung unterschiedlicher Maßnahmen mit dem Ziel, wesentliche Lebensgrundlagen nationaler Ethnien in der Absicht zu zerstören, die Ethnien selbst zu vernichten.» In den Verhältnissen von 1944 sah er eine «neue Technik der Besatzung mit dem Ziel, den Frieden zu gewinnen, selbst wenn der Krieg verloren wird». Er forderte einen internationalen, multilateralen Vertrag zur Aufnahme von Bestimmungen in das Strafrecht, mit denen Minderheiten vor Verfolgungen aufgrund ihrer «Volkszugehörigkeit, Religion oder Rasse» geschützt werden könnten.[4] Am 9. Dezember 1948 verabschiedete die Generalversammlung der Vereinten Nationen tatsächlich eine «Konvention über die Verhütung und Bestrafung des Völkermordes», die weitgehend auf der Definition Lemkins beruhte und anerkannte, dass einleitende Maßnahmen zur Marginalisierung bestimmter Ethnien eine Vorbereitungsphase zur Massenvernichtung sein konnten:

«In dieser Konvention bedeutet Völkermord eine der folgenden Handlungen, die in der Absicht begangen wird, eine nationale, ethnische, rassische oder religiöse Gruppe als solche ganz oder teilweise zu zerstören:

a) Tötung von Mitgliedern der Gruppe;
b) Verursachung von schwerem körperlichem oder seelischem Schaden an Mitgliedern der Gruppe;
c) Vorsätzliche Auferlegung von Lebensbedingungen für die Gruppe, die geeignet sind, ihre körperliche Zerstörung ganz oder teilweise herbeizuführen;
d) Verhängung von Maßnahmen, die auf die Geburtenverhinderung innerhalb der Gruppe gerichtet sind;
e) Gewaltsame Überführung von Kindern der Gruppe in eine andere Gruppe.»

Zu den Prinzipien, die in der Allgemeinen Erklärung der Menschenrechte und in der Völkermordkonvention formuliert wurden, kamen zwei unumstößliche Überzeugungen hinzu, die dem kühnen Geist der Erklärung diametral entgegenstanden: erstens, dass eine ethnische Vermischung der Grund für viele Probleme Europas zwischen den Kriegen gewesen sei und dass die Geschichte der Friedensverträge von 1919 gezeigt habe, dass nur ein Frieden, der diese Vermischung wenigstens bis zu einem gewissen Grad wieder rückgängig mache, eine Entspannung bewirken könne, und zweitens, dass eine wirtschaftliche Erholung von zentraler Bedeutung für die Stabilität einer Friedensregelung sei und deshalb ein schnelles Programm zur wirtschaftlichen Belebung auf der Basis bestehender Institutionen anlaufen müsse.

Natürlich stützten sich die Siegermächte auf die Erfahrung des früheren, – fehlgeschlagenen – Versuchs einer Neuordnung Europas nach dem Ersten Weltkrieg. Der ursprüngliche Friedensvertrag mit dem Osmanischen Reich 1919, der Vertrag von Sèvres, hatte schnell seine Geltung verloren, als türkische Armeen in Griechenland einmarschierten. Der Vertrag von Lausanne, der mehr oder weniger die türkische Vorkriegsgrenze wiederherstellte, war von einem Separatabkommen begleitet, dem zufolge 400 000 Türken in Gebieten, die nach 1912 von Griechenland erworben worden waren, gegen 1,3 Millionen Griechen auf türkischem Territorium ausgetauscht wurden. Politiker, Staats- und Völkerrechtler waren sich allgemein darin einig, dass der Vertrag von Lausanne mit Abstand der am meisten befriedigende und stabilste der nach dem Ersten Weltkrieg geschlossenen Friedensverträge war. Dagegen erwies sich die Verteidigung von Minderheitsrechten durch den Völkerbund als sehr schwierig und stieß auf potentiell ziemlich aggressive Forderungen. Vor allem Hitler hatte die Rechte von Minderheiten in der Tschechoslowakei und in Danzig instrumentalisiert, um deutsche Forderungen zu begründen, indem er behauptete, die deutsche Politik ruhe auf einem festen moralischen Fundament. 1935 beispielsweise hatte er vor dem Reichstag gesagt, das Deutsche Reich könne keine Verträge mit Litauen abschließen, da dieser Staat «die primitivsten Gesetze des menschlichen Zusammenlebens mißachtet».[5]

Die Amerikaner, die Engländer und die Sowjets waren sich somit völlig darin einig, dass die durch den Krieg noch verschärften ethnischen und nationalen Spannungen sich am besten durch die Umsiedlung von Bevölkerungen lösen ließen.[6] Der Frieden von 1919 hatte auf dem Grundsatz der Selbstbestimmung beruht und viele ethnisch heterogene Staaten ins Leben gerufen. 1945 wurden die schlimmsten Problemfälle in Ostmitteleuropa durch die Vertreibung von Deutschen gelöst: aus Polen, dessen Westgrenze im Einklang mit Stalins Forderungen nach mehr Sicherheit nach Westen verschoben wurde, und aus der Tschechoslowakei. Die vom tschechischen Präsidenten Edvard Beneš erlassenen Dekrete entzogen Personen deutscher und ungarischer Nationalität die Staatsbürgerschaft (August 1945); sie erlaubten, deren bewegliche und unbewegliche Habe ohne Entschädigung zu beschlagnahmen, und erlegten den Betroffenen eine Arbeitspflicht auf. 40 000 Ungarn wurden zu diesem Zweck aus der Slowakei in die Tschechei verbracht. Alles in allem fielen diesen Vertreibungen 2,4 Millionen Deutsche zum Opfer, mindestens 19 000 starben, 6000 davon kamen durch Gewalt ums Leben. Die Tschechen waren offenbar der Meinung, die überwältigende Mehrheit der Sudetendeutschen habe die NS-Herrschaft unterstützt und ihre Bestrafung verdient. Selbst so rabiate Nationalsozialisten wie Joseph Goebbels waren entsetzt über den extremen Hass der Sudetendeutschen gegenüber ihren früheren Landsleuten. Doch ebenso steht außer Frage, dass eine beträchtliche Zahl von Deutschen loyal in der Tschechoslowakei gearbeitet und weder die Ansichten der Nationalsozialisten geteilt noch sich an deren Aktionen beteiligt hatten und dass man von ihnen in keiner Hinsicht behaupten konnte, sie hätten die Bestrafung durch die Beneš-Dekrete 1945 verdient. Aus Südosteuropa wurden weniger Deutsche vertrieben, und auch in Rumänien lebten weiterhin noch etliche Deutsche.

Die Alliierten waren sich auch prinzipiell darin einig, dass Deutsche aus Polen vertrieben würden, sowohl aus den alten polnischen Gebieten, wo die Vertreibungen anhand der «Deutschen Volksliste» erfolgten, die von der deutschen Verwaltung während des Kriegs erstellt worden war, als auch aus den neuen, ehemals deutschen Gebieten im Westen. Ähnlich wie in der Tschechoslowakei wurden die Vertreibungen häufig mit großer Brutalität durchgeführt, und es gab viele Tote. Etwa 100 000 Deutsche, die nach der Volksliste Reichsdeutsche waren (aus dem Gebiet des Deutschen Reiches) oder Volksdeutsche (Angehörige der deutschen Sprache und des deutschen Kulturkreises mit polnischer Staatsangehörigkeit) wurden zur Zwangsarbeit nach Russland geschickt. Knapp über zwei Millionen Polen wurden aus Territorien im Osten, die jetzt zur Sowjetunion gehörten, nach Westpolen umgesiedelt. Außerdem wurden Ukrainer aus Polen aufgebracht und in die Sowjetunion deportiert, wobei etwa 5500 von ihnen den Tod fanden. Deutsche Zahlen weisen fast sieben Millionen Vertriebene aus polnischen und sowjetischen Gebieten aus, und 1950 waren rund ein Fünftel der Einwohner Westdeutschlands die Opfer einer Zwangsevakuierung.

Wirtschaftlicher Wohlstand

Internationale Gerechtigkeit und die Vermeidung ethnischer Konflikte mussten jedoch folgenlos bleiben, wenn sie nicht mit wirtschaftlicher Stabilität auf hohem Niveau verbunden waren. Viele amerikanische Politiker waren überzeugt, dass die furchtbare Weltwirtschaftskrise letztlich die Hauptursache des Weltkriegs war und dass ein internationaler Frieden ein internationales wirtschaftliches Wohlergehen voraussetzte.

Die praktische Konsequenz aus dieser Analyse erforderte ein europaweites Programm. Die Verwirklichung älterer alternativer Pläne, die eine weitgehende Demontage der Industrie in Deutschland vorsahen, hätte Europa der für den Wiederaufbau erforderlichen Ressourcen beraubt und es politisch instabil gemacht. Der Anteil der USA an der Weltproduktion, der 1938 bei 31,4 Prozent gelegen hatte, war bis 1953 auf 44,7 Prozent angestiegen;

unmittelbar nach dem Krieg lag er noch höher. Im Februar 1947 sprach der neue US-Außenminister George Marshall an der Universität Princeton über die Lehren aus der Geschichte: «Die meisten anderen Länder der Erde (außer den Vereinigten Staaten) sind heute wirtschaftlich, finanziell und physisch erschöpft. Wenn die Welt wieder auf die Beine kommen soll, wenn die Produktionsanlagen der Welt wieder instand gesetzt werden und die demokratischen Prozesse in vielen Ländern wieder in Gang kommen sollen, wird eine starke Führung und eine klare Hilfe durch die Vereinigten Staaten notwendig sein.»[7] Dieselbe Botschaft wiederholte er ausführlicher im Juni in einer Rede an der Harvard University, die ein wesentlich stärkeres Echo in der Presse fand. Die Idee wurde zur Grundlage für das European Recovery Program (ERP), das Europäische Wiederaufbauprogramm, den so genannten Marshallplan. 1948 verabschiedete der Kongress die European Cooperation Act, mit der eine European Cooperation Administration ins Leben gerufen wurde mit der Aufgabe, den Marshallplan durch eine Organisation für europäische wirtschaftliche Zusammenarbeit (OEEC) in die Praxis umzusetzen. Das Gesetz sah eine umfassende wirtschaftliche und politische Vereinheitlichung Europas vor und begründete dies damit, dass wirtschaftliche Probleme wie der europäische Wiederaufbau auf einer nationalen Ebene nicht mehr angemessen zu bewältigen seien. Die Wirtschaftsberater im US-Außenministerium, so genannte Friendly Aid Boys, schwärmten in ganz Europa aus. Von 1948 bis 1951 betrug die «Marshallplan-Hilfe» 12,4 Milliarden Dollar oder etwa 2 Prozent des Bruttosozialproduktes der Empfängerländer.

Zwei Prozent reichen für sich allein offensichtlich nicht aus, um ein Wirtschaftswunder herbeizuführen, wie zahlreiche beflissene Entzauberer des mächtigen Mythos, der sich um den Marshallplan rankte, später hervorgehoben haben. Europa hatte im Jahr 1948 bereits ein Niveau der industriellen Produktion erreicht, das nur geringfügig niedriger war als 1938 (96 Prozent). Es gab einen beträchtlichen, wenn auch nicht lähmenden Verlust an Kapital: Schätzungen zufolge hatte Westdeutschland 13 Prozent seines Vorkriegskapitals eingebüßt, Frankreich 8 und Italien 7 Prozent.[8] Letztlich ausschlaggebend war, vor allem in der Anfangsphase, die Verfügbarkeit von Investitionsgütern, in erster Linie Werkzeugmaschinen, die unter den gegebenen Umständen nur von den Vereinigten Staaten kommen konnten (der andere große Hersteller von Werkzeugmaschinen, Deutschland, konnte damals noch nicht wieder so schnell produzieren). Solche Güter hätte man in Dollar bezahlen müssen, und angesichts einer Dollarknappheit, die für viele Europäer anfangs zu einem Dauerzustand zu werden drohte, war dies ohne Hilfe nicht möglich. Baumwolle für die Textilherstellung und Lebensmittel (vor allem Getreide) – Lebensnotwendigkeiten, ohne die europäische Arbeiter physisch gar nicht zu arbeiten in der Lage gewesen wären – waren weitere für den Wiederaufbau notwendige Importe, die zu jener Zeit nur aus der Dollarzone bezogen werden konnten. Ein weiteres wichtiges Produkt der Marshallplan-Hilfe war die Art und Weise, wie die Regierungen so genannte Gegenwertmittel (*counterpart funds*) nutzen konnten (die europäischen Importeure zahlten nicht an den Exporteur, der von der US-Regierung bezahlt wurde, sondern an ihre eigenen Regierungen). Diese Mittel konnten für Investitionen in die Infrastruktur verwendet werden, auch wenn es natürlich andere, weniger befriedigende Möglichkeiten gab, solche Investitionen zu finanzieren, etwa durch Steuererhöhungen oder eine Erhöhung der Geldmenge. Alles in allem war der Marshallplan, wie der amerikanische Historiker Charles Maier bemerkt hat, Teil einer umfassenderen Stabilisierungsstrategie, mit der potentiellen Arbeitskämpfen und politischen Meinungsverschiedenheiten in Europa vorgebeugt wurde, so dass die kommunistische Linke immer weniger Zulauf fand und einvernehmliche Lösungen leichter zu erreichen waren.

Infolgedessen stieß der Plan bei der alten Rechten wie der alten Linken auf Ablehnung. Manchmal war schwer zu erkennen, aus welchem politischen Lager die Kritik kam. In Francos Spanien produzierte Luis García Berlanga 1952 den Film «Willkommen Mr. Marshall». Es war eine beißende Satire auf die Art und Weise, wie eine neue Geldgier Spanien veränderte, und auf den amerikanischen Wirtschaftsimperialismus. War dies eine linke oder eine traditionelle Kritik am American way of life?

Der Marshallplan hatte natürlich auch außenpolitische Auswirkungen. Die von ihm ins Leben gerufene OEEC sollte über eine politische und wirtschaftliche Integration Europas wachen. Die grandioseren Teile eines Plans zur Bildung eines Verbunds «Vereinigte Staaten von Europa» wurden bald wieder fallen gelassen, doch eine Institution der OEEC, die Europäische Zahlungsunion (EZU), erwies sich als nützliche Einrichtung, die in den fünfziger Jahren im Rahmen eines multilateralen Verrechnungs- und Kreditsystems den Zahlungsverkehr zwischen den Mitgliedsländern der OEEC regelte, den Übergang zu einer Konvertibilität der Währungen erleichterte und auf diese Weise zu einer beträchtlichen Ausweitung des innereuropäischen Handels beitrug.

Ein zentraler Bestandteil des Marshallplans war der wirtschaftliche Wiederaufbau Deutschlands. Bereits 1946 hatten die britische und die amerikanische Zone enger zusammengearbeitet, und die Vereinigten Staaten rückten allmählich von ihrem Programm einer Demontage ab und gaben dem Wiederaufbau Deutschlands den Vorrang vor der Zahlung von Reparationen an die von Deutschland im Krieg heimgesuchten Länder, wie es ursprünglich im Potsdamer Abkommen vorgesehen war. Mit Wirkung vom 1.1.1947 schlossen sich die beiden Zonen zur Bizone zusammen; ein erster Schritt war der im September 1946 gebildete Wirtschaftsrat. Im Juni 1948 führten die Alliierten in den drei Westzonen und in den drei westlichen Sektoren Berlins eine neue Währung ein, die Deutsche Mark, jedoch nicht in der sowjetisch besetzten Zone und im späteren Ostberlin. Die Sowjetunion reagierte mit einer Blockade der Zufahrtswege nach Berlin und einer eigenen Währungsreform in der SBZ/Berlin-Ost, während ihre Vertreter erklärten, ihr Ziel bliebe nach wie vor ein vereinigtes Deutschland.

Während der ersten Nachkriegsjahre wurde die nachdrücklichste Forderung nach einer Teilung Deutschlands von Frankreich erhoben. In ihr äußerte sich die Sicht auf einen Sachverhalt, der ein grundlegendes Problem Europas darstellte. Ein wesentlicher Bestandteil der Rivalität zwischen den Großmächten seit dem 19. Jahrhundert war die Kapazität der nationalen Schwerindustrie, die erforderlich war, um Armeen ins Feld zu schicken und den Nachschub an Waffen und Munition aufrecht zu erhalten. Der am einfachsten zu bestimmende Indikator für eine wirksame Militärmacht war die Kapazität der Stahlerzeugung. Am Vorabend des Ersten Weltkriegs produzierte Deutschland jährlich 17,6 Millionen Tonnen Rohstahl, Frankreich dagegen nur 4,7 Millionen. Das war zum großen Teil eine Folge der Annexion der lothringischen Erzvorkommen nach dem Preußisch-Französischen Krieg 1870/71 (obwohl nicht ganz Lothringen annektiert worden war und die Annexion des Beckens von Longwy-Briey zu den deutschen Kriegszielen im Ersten Weltkrieg gehörte). In Versailles wurden Lothringen und das Elsass an Frankreich zurückgegeben, doch die Stahlwerke in Lothringen standen auch weiterhin vor dem Problem, dass die beste Kokerkohle nicht aus Lothringen kam (dessen Kohle sich für eine Verkokung praktisch überhaupt nicht eignete), sondern aus dem Ruhrgebiet. Dementsprechend war man nach dem Ersten und erneut nach dem Zweiten Weltkrieg in Frankreich durchweg der Überzeugung, dass die Kohlenzechen und Hüttenwerke des Ruhrgebiets wesentliche Bestandteile des deutschen Militarismus seien und das deutsche Problem nur durch die Abtrennung des Ruhrgebiets von Deutschland oder aber seine Internationalisierung gelöst werden könne.

Diese Forderungen wurden im Jahr 1948 zwar verworfen, gleichwohl wurde einer europäischen Führung der Kohle- und Stahlindustrie politische Priorität eingeräumt. So wurde die Montanunion – die Europäische Gemeinschaft für Kohle und Stahl – zur ersten institutionellen Verwirklichung einer europäischen Integration. Sie beruhte auf dem Schumanplan von 1950. Die sechs Mitgliedsstaaten – Frankreich, Deutschland, Italien und die Beneluxländer – beschlossen eine überstaatliche Gemeinschaft zur Errichtung eines gemeinsamen Marktes für Kohle und Stahl mit einer «Hohen Behörde» als Leitungsorgan. Diese lenkte Investitionsprogramme, gewährte Kredite oder übernahm Garantien, untersagte bestimmte Subventionen aus nationalen Mitteln, sorgte für gleiche Preise, legte in Zeiten einer ungewöhnlich geringen Nachfrage Produktionsquoten fest und übernahm die Zuteilung von Stahl und Kohle in Phasen der Knappheit. Und schließlich machte sie Schluss mit diskriminierenden Frachttarifen, seit langem ein Zankapfel zwischen Frankreich und Deutschland.

Die Montanunion heilte mit großem Erfolg einen zentralen Riss in der europäischen Geschichte seit 1871 und trug wesentlich zur europäischen Stabilisierung bei. In ihrer Präambel hieß es, die Unterzeichner teilten die Überzeugung, «daß der Weltfriede nur durch schöpferische, den drohenden Gefahren angemessene Anstrengungen gesichert werden kann». Der Historiker Alan Milward schrieb, dass dieser Vertrag «achtzig Jahre eines erbitterten und tödlichen Streits beendete und den Wiederaufbau Westeuropas ermöglichte. Er tat dies, indem er alle wichtigen Fragen von Krieg und Frieden ausklammerte und stattdessen ein formalisiertes Netz einer institutionellen wirtschaftlichen Verflechtung schuf.»[9] Schumans Mentor Jean Monnet erzählte gern die Anekdote, wie er in einem Café das Gespräch zwischen zwei Urlaubern belauschte, von denen einer sagte: «Mit dem Schumanplan ist eines sicher, die Soldaten werden keinen Krieg mehr führen.»[10] Die Zusammenarbeit zwischen den Vertrag schließenden Staaten bildete das Fundament für die umfassendere wirtschaftliche und politische Integration, die 1957 durch den Vertrag von Rom besiegelt wurde.

Sicherheitsrisiken

Doch der Schumanplan kam zu einer Zeit, als seine grundlegende Voraussetzung, dass Stahl die Basis militärischer Macht sei, anfing obsolet zu werden. Nach dem August 1949, als die Sowjetunion ihre erste Atombombe getestet hatte, schien die Atomenergie und nicht mehr die Stahlproduktion letztlich über die Fähigkeit einer Nation, sich zu verteidigen, und damit über die nationale Souveränität zu entscheiden.

In den ersten Wochen und Monaten nach dem sowjetischen Atomtest 1949 erschien die Welt sehr instabil. Es war natürlich ausgeschlossen, vorherzusagen, wer einen Atomkrieg gewinnen würde, falls man ihn führen sollte. General Omar Bradley, Chef der «Vereinigten Stabschefs», sagte vor dem Nationalen Sicherheitsrat, falls es zu einem Krieg komme, «könnten wir Gefahr laufen, ihn zu verlieren».[11] Und ein Krieg konnte aus einer ganzen Reihe von Gründen ausbrechen: wegen der Berlinfrage, in Jugoslawien (dessen Beziehungen zur UdSSR unklar waren und das Triest beanspruchte und Italien bedrohte), zwischen Griechenland und der Türkei, im Iran oder in Korea. Wie die Dinge lagen, brach er dann in Korea aus, und es war ein extrem verlustreicher, aber kein atomarer Krieg. Während sie in diesem koreanischen Konflikt engagiert waren, befürchteten die USA, ein dritter Weltkrieg könnte sich als ein globaler Vielfrontenkrieg wie sein Vorgänger entwickeln und Europa könnte verwundbar sein. Deshalb drängten sie die Europäer, mehr für ihre Verteidigung zu tun. Der deutsche Bundeskanzler Konrad Adenauer sagte dem amerikanischen Hohen Kommissar in Deutschland: «Das Schicksal der Welt entscheidet sich nicht in Korea, sondern im Herzen Europas. Ich bin davon überzeugt, daß Stalin für Deutschland den gleichen Plan hat wie für Korea. Was dort unten geschieht, ist eine Generalprobe für das, was uns hier erwartet.»[12]

Die erste Antwort war die Europäische Verteidigungsgemeinschaft (EVG) auf der Basis eines Plans, den der französische Verteidigungsminister (und spätere Ministerpräsident) René Pleven entworfen hatte. Er sah eine übernationale Behörde nach dem Vorbild der Montanunion vor zur Aufsicht über die europäischen Truppen unter Einschluss der deutschen. Die Angelsachsen betrachteten ihn mit Argwohn: Der US-Verteidigungsminister George Marshall bezeichnete ihn als eine «giftige Wolke», und Winston Churchill nannte ihn eine «matschige Mischung».[13] Der britische Stab der Alliierten Kontrollkommission in Deutschland machte sich über den Vorschlag in einem Vers lustig:[14]

«Just in case the Bundesmensch
Should turn round and fight the French,
We shall keep our units small,
So they'll be no use at all!»
(Falls die Deutschen plötzlich auf die Franzosen
losgehen, schicken wir nur ganz kleine Einheiten,
die dann niemand brauchen kann!)

Die französische Nationalversammlung lehnte den Plan mit knapper Mehrheit ab; stattdessen drängte die US-Regierung jetzt auf die Aufnahme Westdeutschlands in die North Atlantic Treaty Organization (NATO). Diese war 1949 in einer Reaktion auf die Berlinkrise und die verschärften Spannungen im Kalten Krieg gebildet worden, um auf diese Weise die US-amerikanischen und kanadischen mit den westeuropäischen Sicherheitsinteressen zu verknüpfen. 1955 nahm eine Konferenz der Mitgliedstaaten der NATO im Rahmen der Pariser Verträge die Bundesrepublik Deutschland in diese Organisation auf, und damit hatte Deutschland wieder eine Armee.

Die Reaktion der Sowjetunion bestand im Aufbau eines eigenen Sicherheits- und Vertragsrahmens, des Warschauer Pakts 1955. Doch gleichzeitig versuchte die UdSSR auch, das westliche System zu destabilisieren, indem sie Pläne vorschlug, die Westdeutschland und sein Industriepotential vom Westen abkoppeln sollten. Am 10. März 1952 übergab die sowjetische Regierung den Botschaftern Englands, Frankreichs und der USA in Moskau gleich lautende Noten («Stalinnote»), in denen sie darauf verwies, dass es sieben Jahre nach Kriegsende noch immer keinen deutschen Friedensvertrag gebe, und die mögliche Basis für einen solchen Vertrag skizzierte. Der Vertrag sollte «gewährleisten, daß ein Wiederaufleben des deutschen Militarismus und einer deutschen Aggression unmöglich wird»: Deutschland musste neutral bleiben. Der Vertrag sollte «die Entwicklung Deutschlands als eines einheitlichen, unabhängigen, demokratischen und friedliebenden Staates ... sichern».[15] Der Vorschlag erschreckte die westdeutsche Regierung so sehr, dass sie ihn mit allen Mitteln blockieren wollte. Sie verwies auf das Problem der deutschen Ostgrenze (Oder-Neiße-Linie), forderte den Einschluss der deutschen Gebiete aus der Zeit vor 1938 und erklärte, Deutschland habe so viel militärische «Forschung» betrieben, dass Abrüstungsvorschläge nicht praktikabel seien. Die Idee eines vereinigten und neutralen Deutschlands kam noch einmal nach Stalins Tod zur Sprache, als Lawrenti Berija versuchte, die diplomatische und politische Szene in Bewegung zu bringen. 1957 und 1958 entwickelte der polnische Außenminister Rapacki Pläne für eine «atomwaffenfreie Zone» in Mitteleuropa, in die Deutschland einbezogen werden sollte, um die «Spannungen abzubauen» und «die Gefahr eines Krieges zu verringern». Wiederum reagierte Westdeutschland äußerst nervös und betonte die Bedeutung seiner Natoverpflichtungen.

Eine weitere Methode der Sowjetunion zur Destabilisierung Deutschlands bestand darin, die Berlinfrage zu stellen. 1958 verkündete Nikita Chruschtschow, er beabsichtige, einen Friedensvertrag mit der DDR abzuschließen. Mit diesem Vertrag würden die Rechte der westlichen Alliierten in Berlin enden. Adenauer drängte Washington, im Interesse der westdeutschen Stabilität eine harte Linie einzuschlagen, bestand jedoch gleichzeitig darauf, keine Atomwaffen einzusetzen.

Im August 1961 errichtete die DDR die Mauer zwischen Ostberlin und Westberlin. Wiederum gab es einen Augenblick einer bedrohlichen Krise, doch diesmal war allen Beteiligten klar, dass bei einem Streit um Berlin oder Deutschland kein Einsatz von Atombomben zu befürchten war. Die Zuspitzung der Krise wurde nicht durch Europa ausgelöst und kam im Oktober 1962, als die USA entdeckten, dass die Sowjets begonnen hatten, Raketen auf Kuba zu stationieren, nur 90 Meilen vor der Küste Floridas. Die Verwerfungslinie Berlin schien sich schon wieder beruhigt zu haben.

1963 konnte ein Professor der Universität Cambridge, Harry Hinsley, in einem maßgeblichen Lehrbuch gelassen behaupten: «Seit 1946 sind Kriege aus Vorsatz und Kriege aus einer falschen Einschätzung ausgeschlossen worden, weil die Großmächte sich schmerzhaft der verhängnisvollen Folgen für sich selbst bewusst sind, wenn sie die Waffen einsetzen, und beschlossen haben – ausgenommen zur Vergeltung für ihren Einsatz –, keinen Gebrauch von ihnen zu machen.»[16] England und Frankreich mögen die Logik dieses Gedankens geteilt haben, und beide entwickelten ihre eigenen Atomwaffen, die schließlich zu so etwas wie einem Ausweis für den Großmachtstatus der «Aufstrebenden» wurden. Andererseits hat niemand Hinsleys Argument, atomare Macht erzeuge auch Selbstbeschränkung im Einsatz militärischer Gewalt – von dem amerikanischen Politikwissenschaftler Kenneth Waltz in eine etwas bekannter gewordene Form gebracht – zu Ende gedacht und die Ausrüstung der Bundesrepublik mit Kernwaffen gefordert, um das Land (im Hinblick auf die westeuropäische Verteidigung) zu stabilisieren. Deutschland war immer noch ein ganz besonderer Fall.

Die Bundesrepublik Deutschland: ein neuer Staat

Die Bundesrepublik Deutschland wurde im Oktober 1949 gegründet, nicht mit einer Verfassung, sondern mit einem Grundgesetz – um den provisorischen Charakter des neuen Staats zu unterstreichen –, von einem parlamentarischen Rat konstituiert, der seine Arbeit im September 1948 aufgenommen hatte. Die Hauptstadt war Bonn, da Berlin dem Viermächtestatus der Alliierten unterstand und nicht Bestandteil der neuen Republik war (Berlin entsandte Abgeordnete in den Bundestag, die jedoch nicht abstimmungsberechtigt waren), und die nächstliegende Kandidatin als Hauptstadt im Herzen des neuen Staats, Frankfurt am Main, kam anscheinend wegen seiner Verbindung mit den gescheiterten liberalen Bewegungen von 1848 nicht in Frage.

Anfangs mochte es so scheinen, als sei die Bonner Republik eine Neuauflage von Weimar. Es gab viele kleine Parteien. Im ersten Bundestag mit insgesamt 402 Sitzen verfügten die beiden größten Parteien – die christlichen Demokraten (CDU) und die Sozialdemokraten (SPD) – nur über 139 bzw. 131 Sitze. 17 Abgeordnete vertraten die nationalistische Deutsche Partei, 15 die Kommunistische Partei Deutschlands, die restlichen 48 Abgeordneten gehörten Splitterparteien an. Diese wurden nach 1953 durch die Einführung einer Fünf-Prozent-Klausel am Einzug in den Bundestag gehindert. Ebenso wie in Weimar war die Regierung in der ersten Zeit sehr unbeliebt wegen der Kompromisse, die sie mit der internationalen Ordnung einging. Kurt Schumacher, der SPD-Vorsitzende, schmähte Konrad Adenauer als den «Kanzler der Alliierten», der die deutsche Eigenstaatlichkeit preisgegeben habe.

Tatsächlich gewann jedoch das Deutschland Adenauers innerhalb erstaunlich kurzer Zeit neue politische Stabilität. Einige der Gründe für den beispiellosen Erfolg der deutschen politischen Institutionen lagen in den Verfassungsbestimmungen. Die Macht des Bundespräsidenten war begrenzt und hauptsächlich repräsentativer Art. Stärker ins Gewicht fiel, dass die Bundestagsparteien die eindeutige Verantwortung hatten, Regierungen zu bilden. Regierungen konnten nur dann durch ein Misstrauensvotum zu Fall gebracht werden, wenn vor der Abstimmung eine Nachfolgeregierung benannt worden war, womit – wie oft in Weimar geschehen – vermieden wurde, dass gegnerische Parteien sich zusammentaten, um gegen die Regierung zu stimmen. Der föderative Charakter des Landes und die Rechte der Länder waren im Grundgesetz fest verankert. Allerdings hätten die gesetzlichen Schranken wohl nicht viel bewirkt, wenn das neue Gemeinwesen in stürmische Gewässer geraten wäre.

Die politische Stabilität des Landes war ganz ohne Frage eine Folge des wirtschaftlichen Aufschwungs. Anfangs standen viele Deutsche der Währungsreform skeptisch gegenüber, vor allem als die Preise zu steigen begannen. Obwohl jetzt das Warenangebot wesentlich umfangreicher war, schienen die Waren zu teuer zu sein. Sehr bald jedoch konnte die CDU, die Partei Konrad Adenauers und Ludwig Erhards, bei den Wahlen die Früchte der liberalen Wirtschaftsreform ernten.

Ludwig Erhard, der geistige Vater dieser Reform, bezeichnete seine Politik stets als einen «dritten Weg» zwischen dem individualistischen Liberalismus des 19. Jahrhunderts, das er als «Manchestertum» bezeichnete, und einem sozialistischen (oder nationalsozialistischen) Dirigismus. Die Strategie der Alliierten hatte sich auch auf die Zerschlagung der Kartelle und Trusts gerichtet, und auch wenn sich in den fünfziger Jahren einige der großen Unternehmen erneut bildeten, wurde die Macht der Kartelle doch durch eine strikte Gesetzgebung eingeschränkt.

Überdies bildete sich in Westdeutschland eine Gesellschaft heraus, die möglichst viele soziale Gruppen in einem neuen Konsens zusammenschloß. Das bislang gespannte Verhältnis zwischen Arbeitnehmern und Arbeitgebern wurde durch ein Mitbestimmungsmodell verbessert. Die ältere Generation, die einen hohen Anteil der Wahlberechtigten stellte, wurde durch eine Rentenreform gewonnen. Diese bescherte ihr eine dynamische Rente, die sich – grob gesagt – am ständig steigenden Bruttojahresverdienst aller Versicherten orientierte. Das Gesetz zur Rentenreform wurde kurz vor den Bundestagswahlen von 1957 verabschiedet, die einzige Wahl in der Geschichte der Bundesrepublik, bei der eine Partei – die CDU – die absolute Mehrheit errang. Die Beamten profitierten von einem Gesetz aus dem Jahr 1951, das im Zuge des Artikels 131 Grundgesetz erlassen worden war. Hiermit wurden die Rechte und Privilegien der Beamten anerkannt, einschließlich des Rechts auf eine lebenslange Anstellung. Die 58 000 Beamten, die im Zuge der Entnazifizierung ihre Stellung verloren hatten, erhielten diese im Zuge des Gesetzes zurück.

Die Aufnahme oder Wiederaufnahme ehemaliger nationalsozialistischer Beamter (darunter der besonders bekannt gewordene Fall von Hans Globke, einem der Verfasser der Nürnberger Rassengesetze von 1935 und in den fünfziger Jahren einer der engsten Berater Adenauers) in das neue politische Establishment der Bundesrepublik wirft eine Frage auf, die damals kaum diskutiert wurde. Was für ein Verhältnis hatte das neue Deutschland zur deutschen Vergangenheit? Einige Historiker und Politikwissenschaftler, insbesondere Hermann Lübbe, haben behauptet, der Geist der Adenauerzeit habe darin bestanden, die Diskussion über ein Thema zu unterdrücken, das damals die Deutschen nur hoffnungslos gespalten hätte. Das war aber nicht alles: Adenauer und seine politischen Verbündeten zielten in ihrem Streben nach der Konsensgesellschaft auf eine explizite «Entmoralisierung» der Politik. Eine der ersten Amtshandlungen des Bundestags hatte darin bestanden, eine Amnestie für alle Personen zu erlassen, die wegen Vergehen vor dem 15. September 1949 verurteilt worden waren und deren Strafe weniger als sechs Monate Haft betrug. Die meisten der 800 000 Deutschen, die auf diese Weise entlastet wurden, hatten in der unmittelbaren Nachkriegsperiode Bagatelldelikte begangen, aber auch ehemalige Nazis profitierten davon.

Im Verständnis Adenauers ging es in der Politik um das Gegenwärtige, das Praktische und das Pragmatische und nicht um die Vergangenheit, ihren Schmerz und ihre Strafen. Dieselbe Denkweise stand hinter Adenauers Bemühen, zu einer baldigen Vereinbarung mit dem neu gegründeten Staat Israel zu kommen, die ausschließlich auf einer finanziellen Wiedergutmachung gründete, mit der die Beziehungen zu den Juden «normalisiert» würden.

All dies war nur innerhalb einer umfassenden Europapolitik möglich. Adenauer betonte immer wieder seine Verbindungen zu Frankreich und dem Westen, die er (gegen heftige Kritik) bereits in den zwanziger Jahren als Oberbürgermeister von Köln gepflegt hatte. «Ein Bundeskanzler», pflegte er zu sagen, «muß zugleich ein guter Deutscher und ein guter Europäer sein.» Er machte sogar extrem weltfremde Vorschläge zur Verbesserung der Beziehungen zu Frankreich. So regte er 1950 in einem Zeitungsinterview «die vollständige Vereinigung zwischen Frankreich und Deutschland an, die Zusammenlegung ihrer Wirtschaft, ihrer Parlamente, ihrer Nationalitäten».[17] Gegen Ende der fünfziger Jahre war Adenauer auf dem besten Wege, einen neuen westdeutschen Konsens zu schaffen. Die Bundestagswahlen gewann er mit der CDU unter dem Slogan «Keine Experimente!». Nach dem Triumph von 1957 ging sein Einfluss allmählich zurück, da man ihm sein Alter mehr und mehr anmerkte und er den Kontakt zu einer sich modernisierenden Gesellschaft verlor. Auch erging er sich in würdelosen Spekulationen, ob er nicht das Kanzleramt aufgeben und sich um das Amt des Bundespräsidenten bewerben solle. Doch einer der Hauptgründe, warum die Christdemokraten gegenüber einer jünger und dynamischer wirkenden SPD an Boden verloren, lag darin, dass die SPD wesentliche Aspekte der adenauerschen Konsenspolitik übernommen hatte.

Die SPD war in der ersten Hälfte der fünfziger Jahre vor allem ein lautstarker Gegner der deutschen Wiederbewaffnung. Das war eine moralische Reaktion auf den nationalsozialistischen Militarismus, war aber auch bestimmt von der Angst (die viele Wähler teilten), dass ein Krieg in Europa für Deutschland in einer Katastrophe enden werde; überdies wären die Deutschen für die USA nichts als Kanonenfutter. In den späten fünfziger Jahren warben der Verteidigungsexperte der SPD, Helmut Schmidt, und der sozialdemokratische Regierende Bürgermeister von Westberlin, Willy Brandt, um Verständnis für den Eintritt der Bundesrepublik in die Nato.

Außerdem stand die SPD – ebenso wie Teile der CDU – anfangs einer kapitalistischen Wirtschaftsordnung sehr kritisch gegenüber. In den ersten Jahren nach der Währungsreform und der Einführung der freien Marktwirtschaft hatte sich diese Opposition in Form von Wählerstimmen ausgezahlt. Spätestens um die Mitte der fünfziger Jahre stand jedoch außer Zweifel, dass der deutsche Kapitalismus sehr effizient funktionierte. Deshalb warf die Partei schließlich ihr halbmarxistisches Erbe über Bord. Es war 1875 auf einem Parteitag in Gotha formuliert worden, auf dem sich eine nichtmarxistische und ziemlich national orientierte Partei mit Karl Marx' eigener Bewegung zusammengeschlossen hatte. 1959, auf dem Parteitag in Bad Godesberg, entsagte die SPD formell dem Marxismus und erklärte stattdessen, der demokratische Sozialismus sei «in Europa in christlicher Ethik, im Humanismus und in der klassischen Philosophie verwurzelt». Das offensichtlichste Zeichen dieser Kehrtwendung war das Bekenntnis zum Markt mit der Formel «soviel Wettbewerb wie möglich, soviel Planung wie nötig».

Der postnationale und postimperiale Staat, der als Bundesrepublik Deutschland gegründet worden war, erhielt auch ein neues Äußeres. Historische Städte waren im Krieg weitgehend zerstört oder schwer beschädigt worden, doch alle Ideen einer schlichten historischen Rekonstruktion, wie sie nach dem Ersten Weltkrieg etwa in Ypern oder Reims vorgenommen wurden, stießen auf nur geringe Gegenliebe. Manche deutschen Architekten waren für einen Abriss selbst von Gebäuden, deren Fassaden stehen geblieben waren und die man offensichtlich noch hätte retten können. So erklärte beispielsweise Friedrich Spengelin,

> «dieses Bekenntnis zur Schuld versperrte uns den Zugang zur belasteten Vergangenheit, verbot den Wiederaufbau der bürgerlichen Stadt».[18]

Solche Ansichten blieben indessen eine Ausnahme, und ein großer Teil der Neubauten in den fünfziger und selbst den sechziger Jahren wurde überstürzt, ohne ästhetisches Gefühl und einzig unter kommerziellen Gesichtspunkten fertig gestellt. In München wurde beispielsweise eine Baulücke am Marienplatz in der Altstadt mit einem klotzigen Kaufhaus geschlossen. Ein später wieder abgerissenes Hochhaus stand an der Leopoldstraße bei der Münchener Freiheit, die im Dritten Reich Danziger Freiheit geheißen hatte. Die nach dem Krieg wieder aufgebauten Städte waren eine Widerspiegelung der Bundesrepublik: Hier und da war das Frühere restauriert, es gab kaum irgendeine Gesamtplanung, geschweige denn ein ästhetisches Konzept, all das zugunsten des kommerziellen Denkens.

Die Prinzessin aus dem Märchen: Frankreich

Das Nachkriegsfrankreich sah auf den ersten Blick wie das exakte Gegenbild der Bundesrepublik Deutschland aus. Während Deutschland sich bemühte, seine Vergangenheit beiseite zu schieben, hielt Frankreich an seiner Geschichte und seinem Kolonialreich fest. Während Deutschland von einer stabilen Koalition und bis in die sechziger Jahre von einem einzigen Kanzler regiert wurde, kehrte Frankreich alsbald zur Instabilität seiner Regierung zurück, unter der schon die III. Republik gelitten hatte. Von der ersten Regierung de Gaulles im September 1944 bis zu seiner Rückkehr als Ministerpräsident während einer Staatskrise im Juni 1958 hatte Frankreich 26 Regierungen, von denen die kürzeste nur drei Tage währte (das Kabinett Queuille im Juli 1950) und die längste nur fünf Viertel Jahre (die Regierung Guy Mollet).

Es gab keinen Konsens über eine geeignete Verfassung. Die erste Verfassung, von einer konstituierenden Versammlung entworfen, die einer einzigen Kammer fast unumschränkte Befugnisse einräumte, wurde in einer Volksabstimmung im Mai 1946 abgelehnt. Eine neue Versammlung erarbeitete eine Verfassung, die starke Ähnlichkeit mit der Verfassung der verachteten III. Republik hatte und im Oktober 1946 bei einer neuen Volksabstimmung angenommen wurde, bei der sich jedoch ein hoher Anteil der Wähler der Stimme enthielt. Es gab fast 9,3 Millionen Ja-Stimmen gegenüber 8,1 Millionen Nein-Stimmen und 8,5 Millionen Enthaltungen.

Zunächst sah es so aus, als könnte es stabile Parteien geben. In der Konstituierenden Versammlung vom Oktober 1945 waren drei große Parteien vertreten: der MRP (Mouvement Républicain Populaire), eine neue katholische soziale Bewegung mit 4,5 Millionen Stimmen; die Kommunisten und angeschlossene Parteien (4,3 Millionen Stimmen) und die Sozialisten (3,4 Millionen Stimmen). Die erste Verfassung war das Resultat eines Bündnisses aus Kommunisten und Sozialisten und darauf berechnet, diesem Bündnis Dauer zu verleihen – durch die Bestimmungen zum Wahlrecht und durch eine Präambel, mit der keine katholischen Schulen mehr zugelassen werden sollten. In der ersten Zeit nach dem Krieg schien der MRP für konservative Wähler den besten Schutz zu versprechen, doch diese Wählergruppe wanderte bald ab, wie sich bei dem Referendum im Oktober zeigte, als zwar alle drei Parteien den Entwurf unterstützten, der MRP jedoch nur eine knappe Mehrheit erhielt.

Bis Mai 1947 waren die Kommunisten in breiten Koalitionsregierungen vertreten; von da an bis zu den Parlamentswahlen von 1951 gab es Mitte-Links-Koalitionen, von 1951 bis 1956 Mitte-Rechts-Koalitionen. In den beiden letzten Jahren der IV. Republik, 1956–1958, kehrten die Sozialisten an die Macht zurück. Diese großen Verschiebungen wurden zum Teil verdeckt durch ein ständiges Revirement in der Regierung, bei dem Minister durch andere ersetzt wurden oder ein anderes Ministerium übernahmen. Die Kommunisten waren nach 1947 marginalisiert worden und standen allgemein im Verdacht, von einer fremden Macht abhängig zu sein (was, wie sich zeigte, nur zu berechtigt war, nachdem die Sowjets 1991 ihre Archive geöffnet hatten). Die Sozialisten hatten eine theoretisch revolutionäre Theorie, die ebenso marxistisch war wie die des PCF (Parti Communiste Français), waren sich jedoch einig, sie zu ignorieren. Die meisten Kommentatoren sahen in ihnen die Nachfolger der «Radikalen» der III. Republik, einer politischen Anschauung verpflichtet, die nur den Wunsch kaschierte, die Kontrolle über die verschiedensten Ämter zu erlangen. Sie wurden die Partei der Beamten, Lehrer, öffentlichen Angestellten und Polizisten. Als die sozialistischen Minister 1956 an die Macht zurückkehrten, erlebte die Partei

Existenzialismus

Der Begriff geht zurück auf das Werk des dänischen Philosophen Sören Kierkegaard (1813–1855), doch gebräuchlich wurde er erst durch die Definitionen der Philosophien Martin Heideggers (1889–1976) und Jean-Paul Sartres (1905–1980). Heidegger entwickelte eine Philosophie, die die Seinsthesen der abendländischen Metaphysik seit Platon in Frage stellte: Sie habe im Grunde zur «Seinsvergessenheit» der Moderne geführt. An das ursprünglichere Seinsverständnis der Vorsokratiker anknüpfend, ging Heidegger von einer «existentialen Analytik» des menschlichen Daseins aus. Er verstand seine Existenzphilosophie gleichwohl als eine Ontologie, die über das Da-Sein die Seinsfragen stellt.

Auch Sartre betonte die Notwendigkeit eines selbstverantwortlichen Handelns gegenüber einer existenziellen Leere, von der er vermutlich die klarste Darstellung gab, als er in seinem Roman *Der Ekel (La Nausée)* seine Gedanken bei der Betrachtung einer Baumwurzel darlegte. Ihn beschäftigte die Art und Weise, wie Mann und Frau durch physische Eigenschaften des Geschlechts und durch die Definition, die andere ihnen zuschreiben, festgelegt waren. Sartre machte daraus eine eher politische Philosophie (der radikalen Linken) als Heidegger dies getan hatte, der anscheinend während der meisten Zeit seines Lebens ein unpolitischer Mensch war. Heideggers Unterstützung des Nationalsozialismus und seine Bereitschaft als Rektor der Freiburger Universität, antisemitisch motivierte Entlassungen auszusprechen, kann man wohl kaum als wesentliche Bestandteile seines Denkens bezeichnen.

Der durch den Begriff des Seins erzeugte Gegenbegriff ist der des Wesens, dessen Existenz die Existenzialisten bestritten. Infolgedessen gab es auch nicht so etwas wie ein Wesen des Menschen, samt den Rechten und Pflichten, die das überlieferte Naturrecht dem Menschen zuschrieb. Auf dieser Ebene besteht eine Verbindung zwischen dem Existenzialismus und extremen Formen der Politik, die den menschlichen Willen und die menschliche Fähigkeit zum Handeln verherrlichten und keinen Raum für Diskussionen über menschliche Würde ließen.

einen starken neuen Zustrom von Stellensuchern. Der MRP dagegen hatte zunächst den Anschein einer absolut unbestechlichen Partei, die sich den Grundsätzen eines linken Katholizismus verschrieben hatte, wie er von Marc Sagniers *Sillon*-Bewegung propagiert (und von der vatikanischen Orthodoxie verurteilt) wurde. Doch ihre konservativen Wähler kehrten der Partei bald wieder den Rücken, und einige ihrer Abgeordneten wandten sich mit ihnen dem wesentlich konservativeren Katholizismus de Gaulles zu. Und alsbald begannen auch die führenden Politiker des MRP das Spiel der republikanischen Ämterpatronage zu spielen.

Wirklich tonangebend waren freilich nicht die Politiker an der Macht, sondern die Rebellen, und die prominentesten unter ihnen waren anfangs die Intellektuellen, die in der Mehrzahl zwischen 1940 und 1944 mit den Besatzungsbehörden ein verdecktes cleveres Katz-und-Maus-Spiel getrieben hatten. Bühnenstücke wie Jean Anouilhs Bearbeitung der *Antigone* des Sophokles (geschrieben 1942, als Reaktion auf die Verwundung der kollaborationistischen Führer Déat und Laval durch ein Mitglied der Résistance und 1944 aufgeführt) oder Jean-Paul Sartres *Die Fliegen* (*Les Mouches*, 1943) waren Möglichkeiten, sich unmittelbar mit den während des Krieges getroffenen Entscheidungen – Unterwerfung oder Widerstand – auseinander zu setzen. Sartres größtes philosophisches Werk, *Das Sein und das Nichts* (*L'Etre et le Néant*, 1943), war zu einem Teil auch ein Diskurs der Folgerungen aus dem heideggerschen Denken im Kontext einer politischen Situation, in der von außer angewandte Kategorien eine wesentliche Bedeutung gewannen.

> «Für mich bin ich nicht in stärkerem Maße Lehrer oder Kaffeehauskellner, als schön oder häßlich, Jude oder Arier, geistreich, gewöhnlich oder vornehm. Wir nennen diese Charakteristika *unrealisierbare*. Man muß sich hüten, sie mit *eingebildeten* zu verwechseln. Es handelt sich um vollkommen reale Seiende, aber diejenigen, für die jene Merkmale real *gegeben* sind, *sind nicht* jene Merkmale; und ich, der ich sie *bin*, kann dir nicht realisieren.»

Diese von außen herangetragenen Kategorien schufen ein Sein, das sich selbst allein verantwortlich war, man konnte dem Sein durch Selbstmord entgehen, ein bedeutendes Thema in Sartres Werken. Auch diese Fragen waren im Kontext des Paris während der Kriegsjahre sehr real.

> «Also gibt es in einem Leben keine *bösen Zufälle*, ein gesellschaftlicher Vorgang, der sich plötzlich ereignet und mich in Mitleidenschaft zieht, kommt nicht von außen; wenn ich in einem Kriege einberufen werde, ist dieser Krieg *mein* Krieg, weil ich jederzeit mich ihm hätte entziehen können, durch Selbstmord oder Fahnenflucht … Außerdem aber ist er der *meinige*, denn schon auf Grund der Tatsache, daß er in einer von mir gestalteten Situation auftaucht und daß ich ihn dort nur dadurch entdecken kann, daß ich mich für oder gegen ihn einsetze, kann ich gegenwärtig nicht mehr die Wahl, die ich mir selbst vornehme, von der Wahl, die ich mit ihm vornehme unterscheiden.»[19]

Nach dem Krieg zogen viele französische Intellektuelle die Lehren aus Vichy und der Besatzung in Form eines Plädoyers für die Notwendigkeit von

Widerstand, Gewalt und Revolution angesichts des Bösen. Die anspruchsvollste Formulierung dieser These war Maurice Merleau-Pontys *Humanismus und Terror* (1947), dessen Titel sie prägnant zusammenfasste. Wenn die Grundannahmen des Marxismus oder Stalinismus zutrafen, wenn die Geschichte einen Sinn hatte und wenn die Kommunistische Partei die Kraft der Geschichte verkörperte, dann waren auch die großen Schauprozesse und der Terror der dreißiger Jahre gerechtfertigt. So konnte man damals bei ihm lesen:

> «Marxist sein heißt die ökonomischen Fragen und die kulturellen oder menschlichen Fragen als eine einzige Frage ansehen und das Proletariat, so wie die Geschichte es hervorgebracht hat, als im Besitz der Lösung des Problems.»

Während er sich der Brutalität des Sozialismus in der Praxis durchaus bewusst war, gelangte Merleau-Ponty dennoch zu dem Schluss, er mache die Menschen besser:

> «In der UdSSR sind Gewalt und List offiziell, die Menschlichkeit findet sich im täglichen Leben; in den Demokratien hingegen sind die Prinzipien human, aber List und Gewalt in der Praxis zu finden.»[20]

Auf den ersten Blick war schwer zu sehen, wie Sartres Existenzialismus (bei dem Sinn durch die Reflexion über das Handeln anderer erzeugt wird) sich ohne weiteres mit einer harten Version des Marxismus vereinbaren ließ, mit der er verknüpft wurde, und tatsächlich hat Sartre die Kommunistische Partei Frankreichs zwar unterstützt, stand ihr jedoch zeitlebens skeptisch gegenüber.

Für die französischen Linksintellektuellen lag die Anziehungskraft des Kommunismus ebenso in seinem Versprechen der Gewalt (von der sie fasziniert waren) als auch der Gerechtigkeit (die dagegen eher zu abstrakt erschien). Einige waren nach dem Einmarsch der Sowjetunion in Ungarn 1956 desillusioniert, während gerade diese Intervention Sartre zu seiner größten und leidenschaftlichsten Verteidigung des Kommunismus veranlasste:

> «Seine Analysen sind gerecht: Die Fehler, die Unwissenheit und Unvollkommenheit des Augenblicks haben damit nichts zu tun.»[21]

Auch andere westeuropäische Länder (außerhalb Skandinaviens) hatten namhafte marxistische Intellektuelle, doch nirgendwo, Italien vielleicht ausgenommen, waren sie so besessen von der Gewalt der kommunistischen Bewegung als Mittel zur Erzeugung und Perpetuierung einer persönlichen Legitimität. Die marxistischen Intellektuellen Englands waren dagegen eher

Historiker als Philosophen, und den wenigsten von ihnen gelang es, sich wirklich mit der Gegenwart auseinanderzusetzen. Wie manches andere im britischen Establishment waren sie im Wesentlichen rückwärtsgewandt und wählten als ihren Leitstern die radikale Erfahrung des 17. Jahrhunderts.

In den späten vierziger Jahren wurden sich die kritischen intellektuellen Rebellen in Frankreich deutlich bewusst, dass sie ein gesamteuropäisches Phänomen darstellten, eine Reaktion auf die geteilte Welt des Kalten Krieges. Ende 1947 schloss Sartre sich dem Versuch von Georges Altman und David Rosset an, eine gesamteuropäische Sammlungsbewegung für Revolutionäre Demokratie (*Rassemblement Démocratique Révolutionnaire*) zu gründen. Sartre, der den Nationalstaat verabscheute und de Gaulle nicht nur mit Pétain, sondern auch mit Hitler verglichen hatte, erklärte: «Durch den Aufbau Europas wird die Jugend die Demokratie schaffen. Durch die Bildung einer Föderation, durch das Zustandekommen einer Bewegung, die jede Grenze überwinden wird, wird die europäische Jugend endlich IHRE Zukunft, IHREN Frieden und IHRE wahre Freiheit erlangen.» [22]

Sartre und seine Weggefährten waren nicht die einzigen Rebellen gegen eine Restauration des Kapitalismus in einem westlichen Umfeld. Mitte der fünfziger Jahre erreichte Pierre Poujade einen beträchtlichen Erfolg mit einer antimodernen, antiamerikanischen und technikfeindlichen Kampagne, in der die Franzosen aufgefordert wurden, Coca Cola zu meiden und stattdessen Wein zu trinken. Sie wandte sich vor allem an die Bauern und kleinen Geschäftsleute (*patrons*).

Gaullismus

General de Gaulle gründete eine politische Sammlungsbewegung, die noch lange nach seinem Tod lebendig blieb. Gleichzeitig verkündete er eine Lehre, deren Einfluss über Frankreichs Grenzen hinaus in andere europäische Länder (vor allem England und Westdeutschland) reichte, in denen Politiker sich selbst als Gaullisten bezeichneten. In den neunziger Jahren übernahm Präsident Jelzin Elemente des gaullistischen Erbes als Anregungen für den Aufbau eines neuen russischen Staates. Spätere Präsidenten Frankreichs, vor allem François Mitterand (Sozialist) und Jacques Chirac (Gaullist), benutzten beträchtliche Komponenten des Gaullismus als eine Richtschnur für ihre Außenpolitik.

Der Gaullismus ist eine Form der Realpolitik, die die Nation mit einer romantischen Aura umgibt und deren Interessen den höchsten Rang einräumt. Die berühmteste Formulierung dieser Haltung findet sich am Anfang von de Gaulles Kriegserinnerungen, in denen er die gaullistische Legende in erhabenen Worten vortrug: «Was in mir an Gemütskräften lebendig ist, sieht Frankreich wie die Prinzessin des Märchens oder die Madonna an der Kirchenwand, berufen zu einem großartigen und außergewöhnlichen Schicksal. Mein Instinkt sagt mir, die Vorsehung habe Frankreich zu vollkommenen Erfolgen oder zu vorbildlichen Leiden erschaffen.»[23]

Die Nation beruht letztlich auf ihrer Macht (wie in der Realpolitik). Dies ist eine Lehre, die sich aus de Gaulles Theorie der militärischen Führerschaft ergab, wie er sie in *Le Fil d' épée* (*Die Schneide des Schwerts*) darlegte: «Könnte man überhaupt das Leben ohne die Kraft sich vorstellen? Man verhindere, daß geboren werde; man mache den Geist unfruchtbar; man friere die Seelen ein; man bringe die Bedürfnisse zum Schlummern. Dann zweifellos würde die Kraft aus der reglosen Welt verschwinden... Wiege der [Kulturen], Herrscherstab der Reiche, Untergang aller Schwächlichkeit, – Kraft schafft den Völkern ihr Gesetz und bestimmt ihre Geschicke.»[24]

Diese Doktrin machte de Gaulle in höchstem Maße misstrauisch gegenüber allen Institutionen und juristischen Verfahren, die behaupteten, die Nation zu transzendieren. Er akzeptierte eine europäische Integration nur, soweit sie ein «Europa der Vaterländer» zum Fundament hatte: Andernfalls würde sie nur eine Schwatzbude (*areopagus*) hervorbringen. In der Praxis war ihm auch das kleine Europa der ursprünglichen EG aus sechs Ländern lieb, da dieses von Frankreich leicht zu dominieren war.

Eine zunehmend wichtige Rolle im Gaullismus spielte sein Antiamerikanismus. Obwohl es möglich wäre, dessen Entwicklung biographisch zurückzuverfolgen, vor allem bis zu Roosevelts Gleichgültigkeit und Verachtung gegenüber de Gaulle und die damit verbundene amerikanische Bevorzugung anderer französischer Führer (und die Verhandlungen der US-Regierung mit dem Vichy-Regime), kann dies wenig zur Erklärung seiner Langlebigkeit und seiner Bedeutung als ein Element in der Wirkung des Gaullismus beitragen. Dieser Teil der gaullistischen Doktrin hatte insofern eine theoretische Konsistenz, als das, was de Gaulle am schärfsten ablehnte, die amerikanische Manier war, das nationale Interesse in Politik und Wirtschaft in die Sprache eines Universalismus zu kleiden. Der Gaullismus als Antiamerikanismus hatte einen sicherheits- und einen wirtschaftspolitischen Aspekt. Als Staatspräsident Frankreichs in den sechziger Jahren wandte de Gaulle sich gegen die universalistischen Sicherheitsbestrebungen der USA und gegen den Vietnamkrieg, von dem er sagte, er habe die Ablehnung (*reprobation*) durch die Franzosen verdient. Gleichzeitig (1965) führte er einen Angriff gegen die amerikanische Kontrolle des internationalen Währungs- und Finanzsystems.

De Gaulle bot für viele Europäer die kohärenteste Begründung für antiamerikanische Ressentiments, doch das Vermächtnis war insofern problematisch, als es sich ganz unverhohlen auf ein Misstrauen gegen Prinzipien einer universellen Moral in der Politik stützte.

Der erstaunlicherweise erfolgreichste französische Rebell war jedoch Frankreichs großer Führer während des Krieges, Charles de Gaulle, der die Verfassungsentwürfe von 1946 gegeißelt und 1947 eine eigene politische Sammlungsbewegung ins Leben gerufen hatte, den *Rassemblement du Peuple Français* (RPF). Der RPF war keine sehr homogene Bewegung: Viele seiner führenden Persönlichkeiten verstanden sich als Linke und fanden keinen Gefallen an de Gaulles eher konservativem Klerikalismus. In den fünfziger Jahren in der politischen Opposition, bezog der RPF zunehmend einen antieuropäischen und antiamerikanischen nationalistischen Standpunkt. Was ihn als politische Kraft rettete, war die «Reinheit» der Opposition de Gaulles: Im Unterschied zu vielen seiner Stellvertreter war er nicht bereit, Kompromisse mit der republikanischen Regierung einzugehen oder Vereinbarungen mit ihr zu schließen, und blieb in einer Art «innerer Verbannung» in seinem Haus in Colombey-les-Deux-Eglises und wartete auf den Ruf, wieder die Macht zu übernehmen.

In Frankreich mochte es so scheinen, als sei die Politik wieder zu ihrem alten Zustand zurückgekehrt – zur korrupten und instabilen III. Republik. Doch die französische Gesellschaft erlebte einen raschen Wandel. Die von dem Politologen Stanley Hoffmann als «Sackgassengesellschaft» beschriebene III. Republik wurde beendet zunächst durch den Krieg, die wirtschaftliche Mobilisierung während des Kriegs und der Besatzung und danach vor allem durch das expandierende internationale wirtschaftliche Umfeld der fünfziger Jahre. Elemente des Sozialstaats waren bereits vor dem Krieg eingeführt worden: Familienbeihilfen 1932, bezahlter Urlaub durch die Volksfrontregierung 1936. Doch die Prinzipien des Sozialstaats wurden jetzt erweitert und systematisiert.

Politisch kam einer Gruppe von technokratischen Planern – eine Klasse, die sich als die wahre Elite der modernen französischen Politik etablierte – das Verdienst an der Stärke der wirtschaftlichen Leistung Frankreichs zu. 1947 nahm die Regierung einen Gesamtplan für die Wirtschaft an. Der Leiter der Planungskommission, Jean Monnet, erklärte wiederholt: «Die Modernisierung ist die einzige Alternative zur Dekadenz.» Für ihn durfte ein Plan nicht statisch sein, sondern musste aus flexiblen Reaktionen auf ständig neue Herausforderungen bestehen: «Der Plan ist eine unaufhörliche Neuschöpfung.»[25]

Die Investitionen wurden zunehmend nicht mit den Ressourcen eines privaten Kapitalmarkts, sondern mit staatlichen Mitteln finanziert. Ein nationaler Kreditrat, der sich aus Vertretern der Regierung und großen Kreditnehmern zusammensetzte, dirigierte die Zuweisung der Investitionen ganz rational: Die Kreditnehmer mussten dem Rat ihre Projekte vorlegen, der anschließend allgemeine Prioritäten für die nationale Entwicklung festlegte. Manche Schwerindustrien (Kohle und Elektrizität) sowie Unternehmen, die demonstrativ mit den deutschen Besatzern kollaboriert hatten (wie der Automobilhersteller Renault) und die vier größten Depositenbanken wurden verstaatlicht. Die Eisenbahn und die Luftfahrtindustrie waren bereits vor dem Krieg der staatlichen Kontrolle unterstellt worden. Was in Privathand verblieb, war immer noch einer beträchtlichen staatlichen «Lenkung» oder Kontrolle unterworfen. Die neu ins Leben gerufene École Nationale d'Administration (ENA), deren Abgänger, die *énarques*, bald die Elite der französischen Entscheidungsträger stellen sollten, stand der konventionellen französischen Wirtschaft äußerst kritisch gegenüber. In der Vergangenheit hätten die Führungskräfte in der französischen Wirtschaft ihre Posten überwiegend ihren Familien zu verdanken gehabt, so die Meinung der Technokraten. Die französische Industrie sei durch «bourgeoise Dynastien» wie die Schneiders und die de Wendels regiert worden. Da die Familienunternehmen befürchtet hätten, ihre Existenzgrundlage zu verlieren, wenn sie zu sehr expandierten und Geld auf dem Kapitalmarkt aufnähmen, hätten sie die Wirtschaft eingeengt und seien ihrem Wesen nach «malthusianisch». Diese Unternehmen wiesen nur ein beschränktes Wachstum auf und seien somit verantwortlich für das wirtschaftliche und politische Debakel Frankreichs in den dreißiger Jahren. Man könne von ihnen nicht erwarten, dass sie sich auf ein umfassendes Investitionsprogramm einlassen würden. Ein neues und rationales Geschäftsgebaren müsse mit Krediten arbeiten – notfalls zwangsgefüttert durch den Staat, der die Rolle eines Bauern spielen musste, der seine Gänse stopfte, um eine fette Leber zu erhalten.

Obwohl die französische Wirtschaft in den fünfziger Jahren ein rasches Wachstum zu verzeichnen hatte, herrschte auf der makroökonomischen Ebene eine beträchtliche Instabilität. Hohe Inflationsraten folgten auf massive Budgetdefizite, als der Staat versuchte, neue Ansprüche zu befriedigen, und da Frankreich sich bemühte, seiner angemaßten Rolle einer Weltmacht gerecht zu werden.

In der Realität bedeutete der Status einer Weltmacht, eine koloniale Herrschaft auszuüben. Während der dreißiger Jahre, als die weltpolitische und weltwirtschaftliche Szene auseinander fiel, griffen England und Frankreich auf die Kolonien als das Rückgrat ihrer nationalen Existenz zurück. Doch die Aufrechterhaltung der kolonialen Tradition erwies sich zunehmend als eine kostspielige Angelegenheit. Für das 1940 besiegte Frankreich wurde das Festhalten an den Kolonien mehr und mehr zu einer nationalen Obsession, die überdies große Schmerzen bereitete.

Die offenkundigste Hinterlassenschaft der Niederlage lag in Asien, wo Japan im Frühjahr 1945 Französisch-Indochina zu einem Zeitpunkt übernommen hatte, als das französische Mutterland befreit wurde. Nach der japanischen Niederlage erwies es sich für Frankreich als schwierig, die Kolonie wieder der Macht des Mutterlandes zu unterwerfen. 1954 erlitten französische Streitkräfte eine demütigende Niederlage in der Festung Dien-Bien-Phu. Frankreich war militärisch offensichtlich so überdehnt, dass es das Sicherheitssystem Westeuropas zu zerstören drohte, als es sich aus dem Nordatlantikpakt zurückzog. Um einen zentralen Bestandteil der europäischen Sicherheitsordnung stabil zu halten, erklärten sich die Vereinigten Staaten bereit, die militärischen Engagements Frankreichs in Südostasien zu übernehmen.

Doch auch wenn der Verlust Indochinas unmittelbarer an die nationale Ehre rührte – es gab dort nur wenige französische Siedler –, waren die praktischen Konsequenzen eines Rückzugs für Frankreich geringfügig. Der Kampf, der die IV. Republik auf eine Zerreißprobe stellte, war die algerische Revolution, bei der arabische Nationalisten gegen eine starke Siedlerpräsenz kämpften. Das französische Militär hatte gelernt, in Vietnam unerbittlich vorzugehen; viele Kommandeure der Fallschirmjägertruppen bezeichneten die Algerier als «*les viets*».

Am 1. November 1954, an Allerheiligen, begann in Algerien eine Serie von Überfällen auf französische Militär- und Polizeiposten. Die unmittelbare Reaktion der Regierung bestand in einer Verstärkung der Kolonialtruppen. Der sozialistische Innenminister François Mitterrand sagte vor der Nationalversammlung: «Algerien ist Frankreich. Und wer unter Ihnen, meine Damen und Herren, würde zögern, zu jedem Mittel zu greifen, um Frankreich zu beschützen?»[26] Doch der Regierung in Paris schlug von denen, die sie beschützen wollte, zunehmend Misstrauen entgegen. Als der sozialistische Ministerpräsident Guy Mollet im Januar 1956 Algier besuchte, wurde er zuerst ausgepfiffen und schließlich von den französischen Siedlern (den so genannten *pieds-noirs,* «Schwarzfüße») angegriffen und gezwungen, seinen Kandidaten für den Posten des Generalgouverneurs aufzufordern, seine Kandidatur zurückzuziehen.

Zunächst mochte es so aussehen, als könne Frankreich den arabischen Nationalismus niederhalten, indem es dessen internationale Quelle angriff. Im Juli 1956 verstaatlichte der ägyptische Präsident Gamal Abd el-Nasser den Suezkanal. Bereits im August bereitete Frankreich gemeinsam mit England und Israel Truppen auf einen Überraschungsangriff auf den Kanal vor. Britische Politiker, allen voran Premierminister Anthony Eden, sahen in Nasser eine Wiedergeburt der Bedrohungen der dreißiger Jahre durch Hitler und Mussolini und wollten die Lehren aus jener Zeit ziehen, dass nämlich eine präventive Aktion besser sei als eine Beschwichtigung. Die französische Regierung wurde in ihrer Entschlossenheit, Ägypten anzugreifen, noch bestärkt, als die französische Marine im Oktober ein Schiff, die *Athos*, stoppte und inspizierte, das in Alexandria Waffen und Munition für die algerischen Aufständischen aufgenommen hatte. Zu diesem Zeitpunkt hatte Mollet sich eingeredet, die Vernichtung Nassers werde den Aufstand beenden. Am 5. November landeten britische und französische Fallschirmjäger in der Nähe von Port Said; nur einen Tag später musste England unter massivem amerikanischen Druck einem Waffenstillstand zustimmen. Der Zwischenfall, eine erneute Demütigung Frankreichs, schürte die Ressentiments gegen die «angelsächsische» Welt, von der die scheinbar erfolgreiche französische Aktion durchkreuzt worden war. Der Befehlshaber der französischen Fallschirmjäger, General Massu, ging nach Algier, entschlossen, der arabischen nationalistischen Bedrohung endgültig ein Ende zu machen.

Das französische Kolonialethos hatte sich seit dem 19. Jahrhundert auf den Begriff einer «*mission civilatrice*» gestützt, die Frankreich wegen des Erbes von 1789 in einer einzigartigen Weise verkörpere. Dieser «zivilisatorische Auftrag» entsprach allerdings kaum den Methoden, die in Algerien von der französischen Armee, den Fallschirmjägerregimentern und der Fremdenlegion (mit ihrer besonderen historischen Bindung an Nordafrika) angewandt wurden. Die Fremdenlegion war ein eigenes düsteres Kapitel, da sie um die Mitte der fünfziger Jahre fast zur Hälfte aus Deutschen bestand, die sich hatten anwerben lassen, um den Folgen ihrer Verbrechen in Hitlers Wehrmacht zu entgehen (auch wenn die Staatsangehörigkeit in der Legion nie ganz genau festgestellt werden konnte, da viele Legionäre gute Gründe hatten, ihre Herkunft im Dunkeln zu lassen). Als in Frankreich immer häufiger Berichte eintrafen, dass gegen den algerischen Terror die Folter angewandt wurde, waren katholische und linke Intellektuelle (nicht jedoch die Sozialistische und die Kommunistische Partei) entsetzt. Französische Soldaten begingen jetzt dieselben Verbrechen wie die Nazis. Jean-Paul Sartre, zu dieser Zeit als führender Denker Frankreichs und als das Gewissen der Nation zu einem Idol erhoben, erklärte: «Wir, die Franzosen des Mutterlandes, können aus diesen Tatsachen nur eine Lehre ziehen: der Kolonialismus ist dabei, sich selbst zu zerstören. Aber er verpestet noch die Atmosphäre: er ist unsere Schande, er spricht unseren Gesetzen hohn oder macht sie zu Karikaturen ihrer selbst; er infiziert uns mit seinem Rassismus ... Unsere Rolle ist es, ihm beim Sterben zu helfen.»[27]

Die Haltung der Siedler und der Militärs gegen ihre französischen Regierungen wurde zunehmend feindseliger: In ihren Augen waren sie angesichts des algerischen Aufstands zu indifferent, hörten zu sehr auf die Pariser Intellektuellen und waren zu sehr darauf aus, mit «Rebellen» und «Mördern» über einen Waffenstillstand zu verhandeln. Im Mai 1958, während eines Gedächtnisgottesdienstes für drei französische Soldaten, die von der algerischen Widerstandsbewegung FLN (Front de Libération Nationale) ermordet worden waren, bildeten die Armee und die Pieds-noirs ein «Komitee der öffentlichen Sicherheit», das Paris ein Ultimatum stellte und anschließend daranging, in Korsika die Macht zu ergreifen.

In Paris hielt man einen Militärputsch für immer wahrscheinlicher, und die Gaullisten – die zu einem Teil hinter der Radikalisierung der Meinung in Algier standen – präsentierten de Gaulle geschickt als die einzige Persönlichkeit, die Frankreich retten könne, eine Ansicht, der sich schließlich auch die Führer der Sozialisten anschlossen. De Gaulle selbst kam nach Paris und führte lange Verhandlungen mit dem Ministerpräsidenten Pierre Pflimlin und Staatspräsident René Coty, in denen es um seine Weigerung ging, die von der französischen Armee gebrauchte Gewalt öffentlich zu verurteilen. Am Abend und in der Nacht des 28./29. Mai schien de Gaulle aufzugeben. Gegenüber dem Senatspräsidenten erklärte er: «Ist die Rückkehr de Gaulles möglich? Ist sie nicht möglich? Letzten Endes, bedenken Sie, wird *La France* uns alle begraben. Wir vergehen. Sie allein ist ewig. Wenn meine Rückkehr nicht möglich ist, werde ich in mein Dorf zurückgehen mit meinem Kummer.»[28]

Wie die Dinge lagen, war Frankreich einem Bürgerkrieg näher als selbst in den dreißiger Jahren. In Paris gab es Massendemonstrationen der Gewerkschaften und der Linken gegen den «Faschismus».

Fast unmittelbar darauf begab sich de Gaulle nach Algier, wo er seine Ansprache vom Balkon des Generalgouverneurs aus mit den denkwürdig zweideutigen Worten begann: «Je vous ai compris!» («Ich habe Sie verstanden!»). In dieser und in späteren Reden versprach er eine «Erneuerung», beschwor eine «Versöhnung» mit denen, die sich dem FLN angeschlossen hatten («Niemals mehr als hier und niemals mehr als an diesem Abend habe ich empfunden, wie schön, wie großartig, wie großherzig Frankreich ist»), doch nie – weder in Algier noch während seiner anschließenden Reise durch das Land – gebrauchte er das Schlagwort der Pieds-noirs von der «*Algérie française*».

De Gaulle war federführend bei einer Umgestaltung der Verfassung, in der die Befugnisse des Staatspräsidenten beträchtlich erweitert wurden (er konnte Regierungen bilden und entlassen und neue Parlamentswahlen ansetzen), und er säuberte die Armeeführung. Ein von Justizminister Debré 1959 erlassenes Gesetz führte eine staatliche Förderung katholischer Schulen ein und beendete damit die langjährigen Spannungen zwischen den Katholiken und der Republik. Als Präsident der Republik (heute allgemein als «V. Republik» bekannt) handelte de Gaulle das Abkommen von Evian aus, mit dem der Algerienkrieg beendet und Algerien in die Unabhängigkeit entlassen wurde. Als das Militär und die Siedler erneut revoltierten und es zu einem neuen Militärputsch kam, zögerte de Gaulle nicht, ihn niederzuschlagen.

1962 gab es eine letzte Verfassungsänderung, mit der der bislang von einem Wahlkollegium gewählte Präsident nunmehr vom Volk gewählt wurde. De Gaulle war es zweifellos gelungen, Frankreich mit der Beschwörung der Vergangenheit, seiner Autorität und seiner Rhetorik zu stabilisieren. Frankreich war für ihn in den berühmten einleitenden Worten zu seinen Kriegserinnerungen die Madonna an der Kirchenwand und die Prinzessin aus dem Märchen. Neben der modernistischen Technokratie des Plans war seine Vision freilich hoffnungslos altmodisch.

Der Preis für Englands Abschied vom Empire

Im Unterschied zur Lage der kontinentaleuropäischen Länder schien in England keine Notwendigkeit zu bestehen, die (ungeschriebene) Verfassung umzuschreiben. Dagegen hatte England nicht weniger Schwierigkeiten als andere Länder, seine Stellung in der Nachkriegswelt neu zu bestimmen. Insbesondere das Erbe des Empires und der erforderliche finanzielle Aufwand zur Verteidigung seiner Großmacht bildeten einen eigenartigen Kontrast zur materiellen Lage eines vom Krieg erschöpften Landes. Die Diskrepanz zwischen Ansprüchen und Wirklichkeit zog einen Rattenschwanz von Klagen über einen «Niedergang» nach sich.

Die Hauptprobleme Englands waren unmittelbar wirtschaftlicher und finanzieller Art: Sie waren das Erbe der Kriegskosten und des Ausverkaufs überseeischer Aktivposten. Die Wettbewerbsposition der britischen Industrie hatte sich verschlechtert, da keine Mittel mehr für Investitionen und Modernisierungen verfügbar waren. 1945 war England im Unterschied zu 1919 ein Nettoschuldnerland, mit Auslandsverbindlichkeiten von 3,5 Milliarden Pfund und eigenen Aktiva von lediglich 3 Milliarden Pfund. Mit dem Ende des Krieges in Europa (und noch vor dem Ende des Krieges in Fernost), am 21. August 1945, beendete die US-Regierung die Lieferungen im Rahmen der Leih-Pacht-Hilfe. Am Ende bewilligte sie stattdessen einen Kredit in Höhe von 3,75 Milliarden Dollar, allerdings mit einer harten Auflage: England sollte bis 1947 seine Währung wieder konvertibel machen. Angesichts der gigantischen Zuwachsraten in der amerikanischen Produktion und Produktivität während des Krieges erschien diese Forderung fast unerfüllbar, da sie England innerhalb kürzester Zeit in den Bankrott treiben musste. In der Praxis folgte auf die Einführung der Konvertibilität im Juli 1947 fast sogleich die Wiedereinführung von Währungskontrollen, und eine Abwertung des Pfund Sterlings im September 1949 erwies sich als nicht nachhaltig und überzeugend genug, um die Rückkehr zur Konvertibilität des Pfunds zu erlauben. Der herausragende Wirtschaftswissenschaftler jener Zeit, John Maynard Keynes, der die Schuldenverhandlungen mit den USA angeführt hatte, sprach vom «inneren Widerstreben» Englands, «eine Situation zu akzeptieren, die so ganz und gar anders ist als das, woran es sich gewöhnt hat, und in der es um finanzielle Hilfe bittet, statt sie selbst zu gewähren».[29]

Unter diesen Umständen erschienen die ökonomischen Ressourcen des Empires als attraktiver Ersatz für das amerikanische Diktat. Ein Großteil der Kriegsausgaben war bereits finanziert worden, indem England bei vielen Ländern des Empires (vor allem Indien und Ägypten) und anderen Handelspartnern hatte Schulden auflaufen lassen. Doch die Erhaltung des Empires erforderte für den Augenblick noch mehr Ausgaben statt weniger, was insbesondere die Verteidigungsbudgets betraf. Keynes sprach abschätzig davon, der amerikanische Kredit werde «verpulvert», um «in der Welt eine gute Figur zu machen».

Die Vereinigten Staaten standen der Idee der Kolonialreiche weitgehend ablehnend gegenüber, zumindest in der Form, wie sie von Europäern und Japanern praktiziert wurde. Ein Anzeichen für das neue Klima war die Promptheit, mit der die USA die Niederlande zwangen, die Unabhängigkeit ihrer früheren Kolonie Indonesien anzuerkennen, die Japan während des Krieges besetzt hatte. Das amerikanische Misstrauen gegenüber dem Besitz von Kolonien wirkte sich auch auf die Beziehungen zu England aus. Im Verlauf der ausgedehnten Umschuldungsverhandlungen gaben etliche Amerikaner den Briten einfach den Rat, ihre Kolonien zu verkaufen, um ihre Schulden zu tilgen. Die britischen Vertreter reagierten darauf mit dem verächtlichen Kommentar, «diese Leute werden nie in der Lage zu sein, ein Kolonialreich zu verwalten».[30]

Britische Spitzenpolitiker waren besorgt über die Dominanz der Vereinigten Staaten. Die (überaus kostspielige) Entscheidung, die für die Produktion von Atomwaffen nötigen Voraussetzungen zu schaffen und eine Atombombe zu bauen, die geheim und ohne jede Kabinettsdiskussion getroffen wurde, hatte ihren Ursprung in der Wahrnehmung, dass die Vereinigten Staaten (und insbesondere Außenminister James Byrnes) England nicht ernst nähmen. Der britische Außenminister Ernest Bevin sagte: «Das alles reicht nicht, wir müssen diese [Bombe] haben ... Mir persönlich macht es nichts aus, aber ich will nicht, dass mit irgendeinem anderen Außenminister dieses Landes so von einem amerikanischen Außenminister umgesprungen wird wie mit mir gerade in meinem Gespräch mit Mr. Byrnes. Wir müssen dieses Ding hier haben, koste es was es wolle ... Wir müssen verflixt nochmal unseren Union Jack darüber wehen lassen können.»[31]

Das unmittelbarste britische Problem war Indien. Die künftige Unabhängigkeit Indiens war schon seit der Zeit vor dem Ersten Weltkrieg ein Thema ernsthafter Debatten. Seit 1919 gab es ein indisches Parlament, und die Government of India Act von 1935 ermöglichte bestimmte Elemente einer Selbstverwaltung in den Provinzen, auch wenn die Zentralgewalt immer noch fest in den Händen eines britischen Generalgouverneurs lag. 1942, auf dem Höhepunkt der japanischen Bedrohung, hatte die britische Regierung den indischen nationalistischen Führern eine Art «Autonomie» angeboten, die von den meisten Indern abgelehnt wurde. Die Entscheidung, den Schritt zu einer völligen Unabhängigkeit zu tun und zwei Staaten zu schaffen, einen überwiegend muslimischen und einen multiethnischen, aber von Hindus dominierten Staat, erfolgte erstaunlich schnell innerhalb nur weniger Wochen. Im Februar 1947 gab Premierminister Attlee bekannt, England werde Indien im Juni 1948 einer Regierung übergeben, die den Frieden wahren könne. Diese Maßnahme wirkte ziemlich überstürzt. Der Muslimführer Jinna sagte dem neu ernannten Vizekönig Lord Mountbatten sogleich, Juni 1948 sei viel zu früh, und er fragte ihn, ob es seine Absicht sei, «dieses Land dem Chaos und Blutvergießen und einem Bürgerkrieg zu überantworten».[32] Mountbatten gelangte unverzüglich zu dem Schluss, dass die Übergabe sogar wesentlich schneller erfolgen müsse, und kündigte an, sie werde bis 14. August 1947 abgeschlossen sein. Eine Grenzkommission unter dem Vorsitz von Sir Cyril Radcliffe zog Grenzlinien zwischen einem Indien der Hindus und einem Indien der Muslime in Bengalen und im Pandschab. Man räumte damals ein, dass die Grenzen sehr grob gezogen waren. In manchen Fällen wurden innerhalb der umstrittenen Pandschabterritorien in Ferozepore und Zira, die man ursprünglich dem muslimischen Pakistan zugesprochen hatte, Gebietsgrenzen revidiert, weil sich dort wichtige Militärstützpunkte und –depots befanden. Auch die Teilung der Sikh-Bevölkerung durch die neue Grenze warf Probleme auf. Deshalb gab England jeden Gedanken daran auf, die von seinen Bürokraten gezogenen Grenzlinien zu kontrollieren, und am 29. August, zwei Wochen nach der Teilung und der Unabhängigkeit, wurde die Pundjab Boundary Force aufgelöst, und ihre Aufgaben wurden den neuen Regierungen Indiens und Pakistans übertragen. Insgesamt ergriffen innerhalb weniger Wochen rund

8 Millionen Einwohner die Flucht, und Kalkutta und Delhi wurden von Hindu- und Sikh-Flüchtlingen überschwemmt. Die Vertreibungen waren nicht weniger gewalttätig und brutal als die «Umsiedlungen» der europäischen Bevölkerungen nach dem Krieg, und Schätzungen zufolge fielen der allgemeinen Gewalt zwischen einer halben und einer Million Menschen zum Opfer.

Mit der schnellen Verbreitung des Automobils nach dem Krieg sah es so aus, als würde Erdöl zur wesentlichen Ressource für den Rest des Jahrhunderts, und die verbliebenen Interessen Englands im Vorderen Orient nahmen eine neue Bedeutung an. Im Iran löste Parlamentspräsident Mossadegh im Juli 1953 das Parlament auf und lehnte sich außenpolitisch stark an die Sowjetunion an. Er wurde von der Armee (unter Beteiligung der CIA) gestürzt, nachdem der Schah sich gegen ihn gewandt hatte. Die nächste Bedrohung für die britischen Ölquellen ging vom arabischen Nationalismus aus – von Nassers Verstaatlichung des Suezkanals. Das war der Hintergrund des britischen Suezabenteuers, bei dem England unverzüglich von den USA zur Ordnung gerufen wurde.

Innenpolitisch setzte nach 1945 die Labourregierung unter Clement Attlee die wohlfahrtsstaatliche Politik der Kriegszeit fort. Churchill hatte bereits von einer «staatlichen Pflichtversicherung von der Wiege bis zum Grabe» gesprochen. Schon der Beveridge Report von 1942 hatte einen Plan für eine Sozialversicherung zur Behebung der Armut enthalten. Die wichtigste Neuerung war die National Insurance (Sozialversicherung), die jetzt allgemein galt und nicht mehr nur auf Arbeiter und Personen mit niedrigem Einkommen beschränkt war wie vor dem Krieg; dazu kamen Familienbeihilfen; die National Assistance (für alle, die für eine Sozialversicherung nicht in Frage kamen) und ein National Health Service (staatlicher Gesundheitsdienst), der bald zum Prunkstück des sozialstaatlichen Gesamtwerks werden sollte. Wie in Frankreich verstaatlichte die Regierung die Bank of England und einige wichtige Industrien (Kohle, Gas, Eisenbahn) entsprechend Punkt 4 des Programms der Labour Party, der auf der Rückseite jeder Mitgliedskarte aufgedruckt war und die Verstaatlichung der «Mittel der Güterproduktion, der Verteilung und des Austauschs» forderte. Auch die britische Stahlindustrie wurde verstaatlicht. Der führende jugoslawische Kommunist Milovan Djilas schrieb später, Stalin habe diese britische Umgestaltung gebilligt. Anthony Crosland, ein britischer sozialistischer Vordenker, gelangte zu dem Schluss, auf der Grundlage einer historischen Definition sei es «offensichtlich falsch, das gegenwärtige England als eine kapitalistische Gesellschaft zu bezeichnen».[33]

Ab 1947 versuchte Finanzminister Sir Stafford Cripps eine britische Version der Wirtschaftsplanung. Jährliche Wirtschaftsberichte lieferten spezifische Zahlen für die Produktions- und Exportziele und Zielvorgaben für die Arbeitskräfte. Die Kontrolle der Beschäftigten diente dem Zweck, den Arbeitskräftemangel in wichtigen Engpassindustrien zu überwinden: Kohlebergbau, Landwirtschaft und Textilien.

Keynesianismus

John Maynard Keynes' Werk ***Die allgemeine Theorie der Beschäftigung, des Zinses und des Geldes***, das erstmals 1936 erschien, war das einflussreichste Buch über Nationalökonomie, das im 20. Jahrhundert veröffentlicht wurde. Auf dem Höhepunkt des posthumen Ruhms dieses Mannes, in den sechziger Jahren des letzten Jahrhunderts, sagte man ihm allgemein nach, es sei das Buch, das die westliche Demokratie gerettet habe. Bald nach seinem Erscheinen wurde es in viele Sprachen übersetzt, und selbst bei totalitären Regierungspolitikern in Japan und Deutschland zeigte sich, dass sogar sie Teile der keynesschen Antwort auf die Frage, mit welchen Mitteln sich eine wirtschaftliche und politische Stabilität erreichen ließ, in die Praxis umsetzten. Einige der damaligen Schüler Keynes' waren tief enttäuscht, dass totalitäre Herrscher sich den Keynesianismus schneller aneigneten als Demokraten.

Keynes' besonderer ökonomischer Beitrag bestand darin, dass er ein breites Spektrum wirtschaftlicher Gleichgewichte ermittelte, worunter einigen eine besondere Stellung zukam, weil bei ihnen Nationalökonomien lange Zeit hindurch trotz hoher Arbeitslosigkeit und ungenügender Kapazitätsauslastung stabil bleiben konnten. Es gab kein spezifisches optimales Gleichgewicht, zu dem die Wirtschaft zwangsläufig zurückkehren musste, wie manche Vertreter der klassischen Nationalökonomie geglaubt hatten. Der Hauptgegenstand des Buchs war die Frage, in welcher Weise Investitionsentscheidungen die Sparquote beeinflussten. Der «orthodoxen» Meinung zufolge, gegen die Keynes rebellierte, war es notwendig, dass die Wirtschaftssubjekte Geld sparten und möglichst wenig ausgaben. Keynes zeigte, dass die Präferenz für Geldhaltung (aus Sicherheits- oder Spekulationsgründen) zu etwas führen konnte, das als Liquiditätsfalle bekannt wurde, bei der die Zinsen auf niedrigem Niveau verharren, ohne dass neue Investitionen getätigt werden. In den zwanziger und frühen dreißiger Jahren befanden sich England und ein großer Teil der Industrieländer in einer solchen Falle.

Andere Nationalökonomen in anderen Ländern gelangten etwa zur selben Zeit zu ähnlichen Schlüssen wie Keynes: der Schwede Knut Wicksell und seine Schüler in der Stockholmer Schule, deren Auffassungen von dem sozialistischen Politiker Eric Wigforss in politische Programme umgesetzt wurden, und Michal Kalecki in Polen. In den Vereinigten Staaten wurde der Keynesianismus durch Alvin Hansen einer breiteren Öffentlichkeit bekannt gemacht.

Das keynessche Heilmittel erforderte in der Praxis gewöhnlich eine bestimmte Fiskalpolitik: Im Fall einer Unterbeschäftigung sollten zusätzliche Staatsausgaben (etwa die Schaffung von Arbeitsplätzen) die Einkommen erhöhen. Keynes wandte diese Theorie auch auf die Führung der Kriegswirtschaft nach 1939 an, in der das Problem gerade das Gegenteil der Wirtschaft der Zwischenkriegszeit war. Die Ausgaben zur Verteidigung trieben die Nachfrage in die Höhe und beschworen die Gefahr einer Inflation herauf, die sich verringern ließ, indem die Steuern erhöht wurden.

Wenn sie als Theorie der staatlichen Wirtschaftsführung nutzbar gemacht werden sollte, mussten Daten einer volkswirtschaftlichen Gesamtrechnung verfügbar sein; hierzu gehörten etwa das Nationaleinkommen, die Spar- und die Investitionsquote.

In den ersten zwei Jahrzehnten der Nachkriegswelt herrschte fast Vollbeschäftigung, auch wenn dies weitgehend einem ziemlich einmaligen Zusammentreffen mehrerer günstiger Umstände zu verdanken war und weniger der schlichten praktischen Umsetzung einer grandiosen Idee. Doch die Idee und die hinter ihr stehende Vision einer allgemeineren wirtschaftlichen Blüte trugen zweifellos dazu bei, günstigere politische Bedingungen für ein anhaltendes wirtschaftliches Wachstum zu schaffen.

Keynes beschäftigte sich fast sein Leben lang auch mit der internationalen Wirtschaft. Seine Kritik am Versailler Vertrag 1919 beruhte in der Hauptsache auf der Art und Weise, wie dieser die integrierte internationale Wirtschaft des 19. Jahrhunderts aus dem Gleichgewicht gebracht hatte. In den zwanziger Jahren äußerte er sich wiederholt gegen eine Zunahme des Handelsprotektionismus. In den dreißiger Jahren gab er sich gern als wirtschaftlicher Nationalist, der an eine «nationale Selbstgenügsamkeit» glaubte, und behauptete, das internationale Handelsvolumen müsse zwangsläufig zurückgehen. Doch während des Krieges wurde er wieder zum Internationalisten und spielte gemeinsam mit seinem amerikanischen Amtskollegen Harry Dexter White die zentrale Rolle bei der Planung eines Währungssystems, das im Juli 1944 durch das Abkommen von Bretton Woods verwirklicht wurde.

Die Konservativen in der Opposition, immer noch unter der Führung Sir Winston Churchills, gelangten 1951 wieder an die Macht mit einer Kampagne, die sich gegen die Fortsetzung der Sparpolitik aus Kriegszeiten richtete. Ihr Slogan «Lasst die Menschen frei» reichte bereits aus, um eine knappe Mehrheit der Abgeordnetensitze zu erringen (wenn auch – bedingt durch das englische Mehrheitswahlrecht – nicht die Mehrheit der Stimmen). Die öffentlichen Ausgaben gingen zwischen 1951 und 1957 drastisch zurück (hauptsächlich wegen der gesunkenen Verteidigungsausgaben), begannen danach jedoch wieder zu steigen. Der Regelsatz der Einkommens-

steuer wurde 1955 von 47,5 auf 42,5 Prozent herabgesetzt. Dennoch wollten die konservativen Regierungen die sozialen Errungenschaften der Labourregierung nicht rückgängig machen. Überhaupt entwickelte sich zu jener Zeit eine Art Konsens über soziale und wirtschaftliche Fragen zwischen den beiden großen Parteien: ein Reformismus, der auf den Prinzipien der Wirtschaftsführung beruhte, wie Keynes sie entwickelt hatte. Er erhielt die Bezeichnung «Butskellismus» nach dem Labourführer Hugh Guitskell und dem konservativen Sozialtheoretiker R.A. Butler.
Butler wurde nie Führer der Konservativen Partei: Nachdem Churchill sich 1955 als Premierminister zurückgezogen hatte, übernahm der langjährige Kronprinz Sir Anthony Eden den Parteivorsitz. Als Eden über Suez stolperte, erreichte es Harold Macmillan, der erst den Premierminister gedrängt und dann die Drohung eines Runs auf das Pfund übertrieben hatte, um seinen Rücktritt zu erzwingen, dass nicht Butler, sondern er selbst von der jungen Königin Elisabeth aufgefordert wurde, eine neue Regierung zu bilden. Von Butler, der jetzt stellvertretender Premierminister wurde, sagte man, ihm «fehle der Killerinstinkt».

Macmillans größte Leistung bestand darin, dass er fast allem ein Ende machte, was vom britischen Empire noch übrig war, und dies in einer Manier, die auf einzigartige Weise einen großzügigen edwardianischen Patrizierstil mit elementarer Nonchalance verband. Seine Kollegen hielten ihn für einen «Schauspieler-Manager». Er betrachtete afrikanische Führer eher als einen Witz und nicht als eine Bedrohung, und das erleichterte ihm den Umgang mit ihnen. Der Sardauna von Sokoto in Nordnigeria war «eine große Persönlichkeit, ein lokales hohes Tier, vielleicht ähnlich wie Trollopes Herzog von Omnium». Ghana war «korrupt – ziemlich korrupt, aber ich glaube nicht, dass es entsetzlich korrupt war. Nicht korrupter als unbedingt nötig.» In einer denkwürdigen Rede in Kapstadt im Februar 1960 sagte er, «der Wind des Wandels bläst durch diesen Kontinent, und ob es uns passt oder nicht, dieses Heranwachsen eines Nationalbewusstseins ist ein politisches Faktum.»[34]

Ghana war das erste schwarzafrikanische Land, dem die Unabhängigkeit «gegeben» wurde (wie die Briten es gern ausdrückten): Am 6. März 1957 wurde das Land Kwame Nkrumah übergeben. Danach kamen Nigeria, Sierra Leone, Uganda und Kenia. Zur selben Zeit wurde die Zentralafrikanische Föderation, ein Zusammenschluss von Njassaland, Nord- und Südrhodesien und das Ergebnis eines fehlgeschlagenen britischen Versuchs, einen multiethnischen Staat zu schaffen, aufgebrochen: Njassaland wurde als Malawi unabhängig, aus Nordrhodesien wurde Sambia. Die beiden größten britischen Kolonien in Ostafrika, Kenia und Südrhodesien, waren die größten Siedlerkolonien und damit die wahrscheinlichsten Kandidaten für eine Lage wie in Algerien. Doch Kenia wurde nach einem brutalen Krieg gegen die so genannten Mau-Mau in den frühen fünfziger Jahren erstaunlich friedlich an Jomo Kenyatta übergeben. Die Lösung des rhodesischen Problems wurde aufgeschoben, bis die weißen Siedler unter Ian Smith 1965 einseitig ihre Unabhängigkeit erklärten. Versuche der britischen Regierung, mit Ian Smith zu verhandeln, zerschlugen sich, und die Vereinten Nationen verhängten Sanktionen über Rhodesien. Der Übergang zu einer Mehrheitsregierung erfolgte erst, als das Land nach ausgedehnten Verhandlungen in Lancaster House, London, im Lauf des Jahres 1979, als Simbabwe unabhängig wurde (März 1980).

Macmillans oberstes Regierungsprinzip war, dass die Arbeit «Spaß» machen musste. Der führende Historiker der Institution des britischen Premierministers, Peter Hennessy, zieht das Fazit: «Von allen unseren PMs nach dem Krieg schallte das Gelächter am lautesten und am längsten durch die Türen des Kabinettszimmers, wenn ‹Uncle Harold› den Vorsitz hatte.»[35] Es war eine Regierung mit Charme, in der unvergesslichen Formulierung von Evelyn Waughs Anthony Blanche in *Wiedersehen mit Brideshead* (1945), dem größten der Romane des englischen Niedergangs: «Charme ist der große englische Pesthauch. Außerhalb dieser feuchten Inseln existiert er nicht. Er befleckt und tötet alles, was er berührt.»

Bei den Unterhauswahlen 1959 warb Macmillan mit dem Slogan «Ein besseres Leben mit den Konservativen», was allgemein verstanden wurde als: «Euch ist es noch nie so gut gegangen.» (Das ging auf eine Rede zurück, die er 1957 gehalten und in der er gesagt hatte: «Nun mal ehrlich: Die meisten von uns hatten es doch noch nie so gut.») Er stürzte nach einer Serie von Rücktritten, Kabinettstreitigkeiten und Sexskandalen, bei denen sein Auftreten zunehmend antiquiert wirkte. 1960 wurde er zum Kanzler der Universität Oxford gewählt, nach einer turbulenten Wahl, in deren Vorfeld sein führender Anhänger Hugh Trevor-Roper (den er auf den Regius-Lehrstuhl für Geschichte berufen hatte) erklärte: «Wir stehen hier sichtbar für die Jungen und die Lebenslustigen, für die der Premierminister, wie ich glaube, attraktiver ist als für die Biederen und Ehrbaren.» Doch 1963, mitten während des Profumo-Skandals, bei dem sein Verteidigungsminister die Unwahrheit über eine Affäre mit einer Prostituierten sagte, die sich gleichzeitig mit einem sowjetischen Militärattaché «traf», sah sich Macmillan zu der Erklärung veranlasst: «Ich selbst komme nicht viel mit jungen Leuten zusammen.»[36] Es war die Zeit der «swinging sixties», und sie wollte keinen «Supermac».

Macmillan sorgte dafür, dass ein anderer als R. A. Butler sein Nachfolger wurde: ein farbloses Mitglied des Oberhauses, das auf seine Peerswürde verzichten musste, um als Sir Alec Douglas-Home Premierminister zu werden. Er wurde in den nächsten Unterhauswahlen 1964 von einer Labour Party geschlagen, die sich inzwischen in einem völlig anderen Kostüm präsentieren konnte als dem der spartanischen Genügsamkeit der Planungsexperimente von Stafford Cripps. Der führende Intellektuelle der Partei, Anthony Crosland, war der Meinung, im Sozialismus gehe es weniger um Planung als um die Anhebung des allgemeinen Lebensstandards. Die Planung habe «eine geringere Priorität als noch vor einem Jahrzehnt», während «ein gestiegener individueller Konsum aus fundamental egalitären Gründen in jede Formulierung des sozialistischen Ziels aufgenommen werden» müsse.[37]

Die Labour Party der sechziger Jahre und vor allem ihr Führer Harold Wilson blickten hauptsächlich auf die Vereinigten Staaten als dem Modell für eine neue Gesellschaft mit einem hohen Konsumniveau. Sie behauptete, der neue Egalitarismus erfordere keine großen Mühen und keine großen Opfer, da schließlich die oberen Gesellschaftsschichten schon jetzt ihren Konsum kaum noch steigern könnten. Wirtschaftliches Wachstum könne allen zugute kommen: England habe lediglich die Chance verpasst, während der «zwölf vergeudeten Jahre» unter den Konservativen ebenso schnell zu wachsen wie das kontinentale Europa. Crosland stützte sein Argument über das neue Ziel eines höheren Lebensstandards auf den abnehmenden Grenznutzen des Konsums: Wie viele Güter konnte ein Einzelner besitzen? «Selbst noch luxuriösere Güter stoßen an eine Grenze. Die Schneiderakademie *Tailor and Cutter* behauptet, der gut angezogene Mann von Welt brauche 30 Anzüge; und auch wenn diese Zahl höher ist als die meisten von uns vermutet hätten, wird damit doch zugegeben, dass es irgendwo eine Sättigungsgrenze gibt.»[38] Eine Überflussgesellschaft könne demnach ohne besondere soziale Härten erreicht werden. Nachdem sie an der Macht war, brauchte die Labour Party einfach nur einer verjüngten Version des «buskellitischen» Konsenses nachzugehen. Nur der Präsentationsstil war ein anderer, mit Harold Wilson als einem gewöhnlichen «Frechdachs» mit Schirmmütze, und nur das Auftreten als Politiker hatte sich geändert: An die Stelle von «Charme» war «Frechheit» getreten.

Italien und seine Einparteienpolitik

Die Nachkriegspolitik Italiens begann unter ganz ähnlichen Vorzeichen wie die in Frankreich: Dies waren zwei Länder, tief gespalten durch eine Vergangenheit, die die politische Rechte und ihre Institutionen weitgehend diskreditiert hatte. Als der faschistische Große Rat für den Sturz Mussolinis stimmte, entschied sich König Viktor Emmanuel, den Platz des Duce mit einem engen Mitarbeiter zu besetzen, dem faschistischen Marschall Badoglio. Der Faschismus wurde am Ende allein durch die britischen und amerikanischen Armeen vernichtet. Der König dankte im Mai 1946 zu Gunsten seines Sohnes ab, zu spät, um die Monarchie zu retten, die bei einer Volksabstimmung mit knapper Mehrheit abgelehnt wurde.

Wie in Frankreich waren die großen Parteien in der unmittelbaren Nachkriegsära jene, die nicht mit dem Faschismus oder der alten Rechten in Verbindung gestanden hatten: die Christdemokraten (Democrazia Cristiana oder DC), die im Juni 1946 bei den Wahlen zur Konstituierenden Versammlung 35 Prozent der Stimmen errangen, die Sozialisten (20 Prozent) und die Kommunisten (19 Prozent). Die Kommunisten, die zu dieser Zeit strikt nach den Anweisungen aus Moskau handelte, betonten ihr Bekenntnis zur Legalität und zum Parlamentarismus und verhielten sich so, dass der Führer der Christdemokraten, Alcide de Gasperi, an der Macht blieb. Die Verfassung setzte das 1929 geschlossene Konkordat fort und fügte gleichzeitig die charakteristischen Elemente des historischen Augenblicks von 1945 hinzu: das Recht auf Arbeit, Gesundheitsfürsorge und Schulbildung sowie das Recht der Arbeiter auf Mitbestimmung im Betrieb. Die ersten Nachkriegsregierungen führten außerdem Mietkontrollen, eine partielle Indexierung der Löhne (aus der später eine ziemlich rigide *scala mobile,* eine gleitende Lohnskala wurde) und eine einschneidende Bodenreform ein, in deren Rahmen 800 000 Hektar unbebautes Land auf den großen Landgütern (*latifundia*) an Kleinbauern verteilt wurden.

Bei den Wahlen im April 1948, bald nach dem kommunistischen Putsch in der Tschechoslowakei, errangen die Christdemokraten 49 Prozent der Stimmen und in der Abgeordnetenkammer eine Mehrheit der Sitze (306 von 574); die zweitgrößte Gruppe, die Kommunisten, hatten 131, während die Sozialisten gespalten waren in einen gemäßigten Flügel (33 Sitze) und einen marxistischen Flügel unter Pietro Nenni (51 Sitze). Die Kommunisten bildeten zusammen mit Nennis Linkssozialisten die Demokratische Volksfront.

De Gasperi hatte die längste Amtszeit der italienischen Ministerpräsidenten nach dem Krieg und präsidierte vom Dezember 1945 bis August 1953 im Palazzo Chigi. Anfangs nahm er sogar Kommunisten in seine Koalitionsregierung auf, doch wie in Frankreich wurden diese 1947 mit der Verhärtung der Fronten im Kalten Krieg hinausgedrängt. Vom Standpunkt der stets von Abspaltungen bedrohten DC aus war es freilich nützlich, einen so klar definierten und so bedrohlichen Feind auf der Linken zu haben, und die DC behauptete ihre Macht so lange – und keinen Tag länger –, wie in Italien eine kommunistische Alternative existierte. Mit anderen Worten, bis die kommunistischen Regimes 1989/90 in Osteuropa gestürzt wurden.

Die Einführung des Verhältniswahlrechts bedeutete, dass es unwahrscheinlich war, dass eine Partei jemals die absolute Mehrheit in der Abgeordnetenkammer erringen würde. 1953 verfügte die DC über 262 von 590 Sitzen, 1958 über 273 von 596 und 1963 nur über 260 von 630 Sitzen. Auf diese Weise wurden Koalitionsregierungen die Regel, und die Christlichen Demokraten wurden zunehmend zersplittert (wie die japanischen Liberalen Demokraten) und notorisch korrupt. Es gab Riesenskandale um die Behörde zur kommunalen Steuereinnahme, um die Regulierung der Sparkassen und der Sozialversicherung und natürlich um öffentliche Großprojekte wie den neuen Fiumicino-Flughafen in Rom. Im Februar 1960 beklagte der Senatspräsident «die Atmosphäre der Korruption, die schwer auf unserem öffentlichen Leben lastet».[39]

Trotz alledem stand bis zur Regierung Giovanni Spadolinis (1981–1982) an der Spitze aller Regierungen ein Mitglied der Democrazia Cristiana. Die Partei bemühte sich mit der Zeit um die Bildung größerer Koalitionen. Insbesondere das schlechte Abschneiden der DC 1963, als der PCI (Partito Communista Italiano) seinen Stimmenanteil beträchtlich vergrößerte, führte zu einer «Öffnung nach links», bei der die von Nenni angeführten Sozialisten sich bereit erklärten, in die Regierung einzutreten.

Die wirtschaftliche Gesundung Italiens begann mit einem dramatischen Stabilisierungsprogramm unter Luigi Einaudi, erst als Präsident der Bank von Italien und dann als Haushaltsminister und stellvertretender Ministerpräsident. Einaudi hatte die Moral (oder vielmehr Unmoral) kritisiert, die er hinter den Schriften Keynes' entdeckt hatte, die in seinen Augen «in die Köpfe der Menschen die falsche Vorstellung einpflanzen, die ihnen teurer ist als alle anderen: dass man die Verantwortung für die Übel, die den Menschen heimsuchen, ‹irgendjemandem› in die Schuhe schieben kann.»[40] Aus diesem Grund lehnte er es ab, die Gegenwertmittel des Marshallplans für öffentliche Investitionsvorhaben zu verwenden. Er vertrat vielmehr die Meinung, man sollte mit ihnen Devisenreserven aufbauen: «Das Geschenk wirkt wie alle Geschenke korrumpierend und schädigend. Worin besteht der Schaden? Dass [das Geschenk] uns glauben macht, das Leben sei leichter als es tatsächlich ist, und unsere Bemühungen behindert, unabhängig zu sein.»[41]

Zur Stabilisierung gehörte das Verantwortungsbewusstsein, harte Entscheidungen selbst zu treffen. Das Stabilisierungsprogramm von 1947 unterwarf Bankenkredite Kontrollen und begrenzte die Macht der Bank von Italien, Staatsschulden zu monetisieren. Einaudi war der Ansicht, eine harte Stabilisierung der Wirtschaft (man nannte dies jetzt «Schocktherapie») werde zu einer Erhöhung der Sparquote und der Exporte führen, was schließlich auch der Fall war (in den fünfziger Jahren). Auf kurze Sicht sind solche Therapien jedoch schmerzhaft, und zwischen Oktober 1947 und Januar 1948 kam es zu einem deutlichen Rückgang der industriellen Produktion. Wie im Fall der wenig später erfolgenden Liberalisierung und Stabilisierung der westdeutschen Wirtschaft durch Ludwig Erhard waren die Fachleute des Marshallplans besorgt und schockiert über die Radikalität der Maßnahmen, von denen sie befürchteten, sie könnten eine höchst prekäre politische Stabilität gefährden. Sie kritisierten Italien, weil es zuwenig öffentliche Investitionen tätigte. 1951 kam es zu einer weiteren drastischen Liberalisierung, als das Konto Italiens in der Europäischen Zahlungsunion (EZU) ein hohes Guthaben auswies und der Finanzminister Udo La Malfa beschloss, die Importe aus der EZU-Zone fast völlig frei zu geben und den durchschnittlichen Einfuhrzolltarif um 10 Prozentpunkte zu senken. Damit stand er allein gegen die gesamte italienische industrielle Elite, die Verluste für die italienischen Unternehmer befürchtete. Die Maßnahme sei durch externe Beschränkungen gerechtfertigt, lautete seine Begründung, und tatsächlich bestätigte sich seine Einschätzung innerhalb kurzer Zeit. Die Nachkriegsära der Liberalisierung lieferte die Basis für die höchste Wachstumsrate in der italienischen Geschichte über mehrere Jahre hinweg: Zwischen 1953 und 1961 wuchs das reale Bruttoinlandsprodukt um durchschnittlich 5,8 Prozent.

Die Regierung nahm sehr bald ein umfangreiches Wohnungsbauprogramm in Angriff. Darüber hinaus wandte sie sich dem Problem der Rückständigkeit des italienischen Südens, des *Mezzogiorno* zu, bewirkte jedoch häufig das Gegenteil des Beabsichtigten. Staatlichen Unternehmen wurde gesagt, 60 Prozent ihrer Investitionen müssten in den Mezzogiorno gehen. Die wachsende Vergabe von Aufträgen durch den Staat führte zu einer Kultur des Klientelwesens.

De Gasperi, als junger Mann Abgeordneter im multinationalen Reichsrat im Wien Franz Josephs, war auch die hauptsächliche treibende Kraft bei dem Bemühen, Italien zu einem europäischen Land zu machen: zuerst durch seinen Beitritt zur Montanunion und dann zur Europäischen Wirtschaftsgemeinschaft (die durch einen 1957 in Rom unterzeichneten Vertrag ins Leben gerufen wurde). Europa war das beste Umfeld für eine wirtschaftliche Modernisierung und wirtschaftlichen Fortschritt.

Internationalismus war auch die Hauptforderung einer alternativen Elite, die im postfaschistischen Italien entstand. In ihren Augen war die politische Elite Italiens engstirnig, altmodisch, provinziell und stockkatholisch. Im Gegensatz dazu sahen sich die kulturellen Führer als die kosmopolitischen Produkte eines Gemeinwesens, das seit dem Untergang des Römischen Reiches bis 1870 zersplittert gewesen war. Der Haupttheoretiker der Idee einer intellektuellen Klasse mit einer eigenen Mission war der heterodoxe marxistische Philosoph Antonio Gramsci. Gramscis Anschauungen wurden zu einem Teil während der heftigen politischen Auseinandersetzungen der frühen zwanziger Jahre formuliert, doch in der Hauptsache während seiner Haft unter Mussolini (womit sich anscheinend das Muster wiederholte, demzufolge die wichtigsten Texte der nationalen Wiedergeburt im 19. Jahrhundert in Habsburger Gefängnissen verfasst wurden). Gramsci ging von zwei verschiedenen Formen des Einflusses aus und stellte einer «Hegemonie», die durch geistige Aktivität bewerkstelligt werden konnte, politische Herrschaft, Unterdrückung oder wirtschaftliche Dominanz gegenüber. So konnten die Gefängnisse eine Theorie der Opposition gegen die Habsburger oder die Faschisten hervorbringen. Folgerichtig müsste dann eine intellektuelle Kultur – der Roman, der Film – nach dem Krieg ihre eigene Alternative zur Welt der Democrazia Cristiana produzieren. Die kritische Haltung kam am besten in den neorealistischen Filmen von Federico Fellini zum Ausdruck, in denen die Entwicklung des «Wirtschaftswunders» im Nachkriegsitalien dokumentiert wurde: von der Turbulenz von *Roma Città Aperta* (*Rom offene Stadt*; 1945 mit Roberto Rosselini) über die marginalisierte Armut, wie sie in *La Strada* (1954) geschildert wird, bis zu *La Dolce Vita* (1960). Die filmische Darstellung Italiens verlief entlang parallelen und politisch entgegen gesetzten Linien zur Welt der «ökonomisch-korporativen» Dominanz, der Welt, die das verblüffende Wirtschaftswunder bewerkstelligte und davon profitierte.

Kleine (Sozial-)Demokratien

In den vier großen westeuropäischen Ländern gab es trotz der Konvergenz der Ansichten über die Wirtschafts- und die Sozialpolitik deutliche politische Gegensätze zwischen links und rechts. Adenauer und die SPD waren sich zu Beginn der sechziger Jahre einig über die Grundprinzipien einer sozialen Marktwirtschaft und die Integration in das Westbündnis; de Gaulle und die Politiker der IV. Republik hatten keine Differenzen über die staatliche Führung der Wirtschaft, den Sozialstaat oder die wichtige Rolle der französischen Wirtschaftspläne; Labour und Konservative waren offenbar beide Anhänger des «Butskellismus», und die italienischen Christdemokraten wollten ebenso den Markt lenken wie ihre Gegner. Trotz dieser erstaunlichen und beispiellosen Übereinstimmungen war jede dieser politischen Gruppen überzeugt, es gebe deutliche Unterschiede zu ihren Gegnern.

Man könnte dieses Phänomen mit Gruppensolidarität erklären: Jede der politischen Bewegungen hatte ihren eigenen «Stallgeruch», an dem sie Freunde und Gegner erkennen konnte. Am offensichtlichsten war in dieser Hinsicht im kontinentalen Europa die Religion, wo trotz einer zunehmenden Entchristianisierung der Gesellschaft Klerikalismus und Antiklerikalismus wichtige Fronten blieben. In der Nachkriegszeit dominierte der progressive Katholizismus auf der Rechten und der pragmatische, aber säkulare Reformismus auf der Linken. Sie wirkten ähnlich in ihren Ergebnissen, wurden von ihren Anhängern jedoch als sehr unterschiedlich empfunden. Trotz der starken christlich-sozialistischen Traditionen der britischen Labour Party waren solche Spaltungen auch für England typisch, wo die Labourtradition ihr Fundament im Dissidententum sah und von einigen prominenten Linkskatholiken (wie Frank Pakenham und Lord Longford) unterstützt wurde und wo die englische Staatskirche noch immer behaupten konnte, sie sei die Konservative Partei beim Gebet.

Die andere Scheidelinie auf dem europäischen Kontinent war das Erbe der jüngsten Vergangenheit. Die Linke verstand sich als antifaschistisch (selbst wenn es, wie im Fall François Mitterrands, eine Vergangenheit im Vichy-Frankreich gab); während die katholische Kirche sich durch die Konkordate und Kompromisse der dreißiger Jahre kompromittiert hatte. Die Linksparteien konnten sich somit als die «wahren» Nationalisten hinstellen, obwohl die Linke allgemeinen oder universellen Ideen anhing.

Die Politik in den kleineren Ländern folgte anderen Mustern. Zwar gab es auch hier einen «Stallgeruch» und das Erbe der Besatzung und Kollaboration. Doch der Wunsch, die Autonomie zu wahren, erforderte und rechtfertigte Kompromisse. In zwei der erfolgreichsten Fälle, Schweden und der Schweiz, gingen diese auf die bedrohliche Lage in den dreißiger Jahren zurück.

In der Nachkriegsschweiz folgten Regierungen aufeinander, in denen alle großen Parteien – Liberale, Christdemokraten und Sozialdemokraten – vertreten waren, mehr oder weniger entsprechend dem Anteil ihrer Wählerstimmen, eine Ämterverteilung, die als «Zauberformel» bezeichnet wurde. Zusammengehalten wurden sie durch einen Glauben an die einzigartigen Tugenden der Schweizer Neutralität, die ihrer Meinung nach das Land inmitten eines vom Krieg zerfleischten Europas behütet hatte. Die Schweiz beschwor ein mythisches Bild ihrer Vergangenheit, das alle während des Krieges eingegangenen Kompromisse, Handelsbeziehungen mit den Achsenmächten und die inhumanen Aspekte ihrer Flüchtlingspolitik ausblendete.

In ähnlicher Weise errichtete Österreich einen Konsens auf der Basis einer Amnesie hinsichtlich der Rolle der Nationalsozialisten in den dreißiger Jahren und der Bereitschaft, mit der die meisten Österreicher den «Anschluss» akzeptiert hatten. Die beiden großen Parteien, die Österreichische Volkspartei (die ehemaligen Christsozialen vor dem Krieg) und die Sozialdemokratische Partei Österreichs, regierten bis 1966 zusammen in einer Koalition. Wie in der Schweiz gab es eine Zauberformel, den «Proporz», doch in Österreich bezog sie sich weniger auf die Zusammensetzung der Regierung als auf die Verteilung sämtlicher zu besetzender Ämter zwischen den beiden Parteien.

Die Niederlande, wo es wahrscheinlich die umfassendste Säuberung von Kollaborateuren in einem europäischen Land unmittelbar nach Kriegsende gab, wurden bis 1958 ebenfalls von einer Koalition aus Sozialisten und der Katholischen Volkspartei regiert; von 1958 bis 1965 traten Rechtsparteien an die Stelle der Sozialisten, doch dann kehrten diese wieder in die Regierung zurück. Ebenso wie in Österreich bestand die wesentliche politische Aufgabe jeder Regierung in der Herstellung eines Gleichgewichts zwischen dem, was die Holländer als die drei «Säulen» der niederländischen Gesellschaft bezeichneten: Katholiken, Reformierte und Sozialisten.

Belgien wies vermutlich die größte Erfolgsgeschichte aller europäischen Länder auf, deren politische Stabilisierung sich einem äußeren Einfluss verdankte. Der Krieg hatte ein bitteres Erbe hinterlassen: eine beträchtliche Kollaboration der Flamen (wie schon im Ersten Weltkrieg) und einen Widerstand der französisch sprechenden Wallonen. Die Sprachentrennung schlug sich deutlich in den politischen Orientierungen nieder, da die flämischen Wähler hauptsächlich die Christdemokraten und die Wallonen die Sozialisten wählten. Es gab einige Koalitionen, deren erste bis 1949 währte. Danach waren die Sozialisten nicht an der Regierung beteiligt, und als sie 1961 in die Regierung zurückkehrten, verabschiedeten sie ein Sprachengesetz, das von der flämischen Bevölkerung als stark diskriminierend empfunden wurde. In den sechziger Jahren versuchte die neue Koalition, aus Belgien einen Bundesstaat zu machen. Die Strategie war hauptsächlich wegen der Bedeutung der Europäischen Wirtschaftsgemeinschaft für die internationale Stellung Belgiens von Erfolg gekrönt.

In Schweden dominierte die Sozialistische Partei bis 1976 jede Regierung. In Dänemark waren die Sozialisten bis 1982 in den meisten Koalitionen vertreten und saßen nur von 1950 bis 1953 und von 1973 bis 1975 nicht in der Regierung. In Norwegen wurden die Sozialisten 1965 abgewählt, kehrten jedoch 1971 in die Regierung zurück. In jedem Fall bedeuteten die Sozialisten an der Regierung die Einführung sozialstaatlicher Maßnahmen zur Gewinnung einer breiten Wählerbasis innerhalb der bürgerlichen und bislang antisozialistischen Bevölkerungsschichten. Ein zentraler Teil dieser Strategie war die stärkere Einbeziehung von Frauen in die Arbeitswelt und die bessere Betreuung der Kinder berufstätiger Frauen in Kindergärten, Vorschuleinrichtungen und Ganztagsschulen (während Traditionalisten in Deutschland, der Schweiz und Italien das Schulwesen so organisierten, dass es für Mütter mit Kindern äußerst schwierig war, eine Ganztagsstelle anzunehmen). Die skandinavischen Länder wurden dank ihrer politischen Stabilität sehr wohlhabend und standen in den sechziger Jahren international regelmäßig an der Spitze der wirtschaftlich prosperierenden Länder, gemessen am Bruttosozialprodukt pro Kopf der Bevölkerung. Zum Teil war dies illusorisch, da die Bezahlung einer großen Zahl von Erzieherinnen und Erziehern statistisch die Entlohnung einer Dienstleistung ist (und damit in das Bruttosozialprodukt und andere nationale Indizes eingeht, die von den Propagandisten des Nachkriegswachstums gern angeführt werden), während die unbezahlte Arbeit der Mütter, die zu Hause bleiben, sich nicht im Bruttosozialprodukt niederschlägt. Von daher rührte die sarkastische Charakterisierung des skandinavischen Modells des Sozialstaats als die Bezahlung von Frauen, die sich um die Kinder anderer Frauen kümmern.

Diktaturen

Die skandinavischen Staaten und die Beneluxländer wirkten wie die beste Werbung für eine Konsenspolitik, verankert in einer sicheren äußeren Umgebung für ein Europa, das aus der Weltwirtschaftskrise und den außenpolitischen Sackgassen der dreißiger Jahre heil und gesund hervorgegangen war. In anderen europäischen Ländern dagegen sah es aus, als hätte sich seit den dreißiger Jahren und dem Krieg bei ihnen kaum etwas geändert.

Griechenland hatte während des Krieges eine starke Widerstandsbewegung (die EAM oder Nationale Befreiungsfront), in der kommunistische Partisanen eine führende Rolle spielten. Als die Deutschen Griechenland räumten, verfügte die EAM über eine starke Armee. Als die britischen Truppen mit einer «Regierung der nationalen Einheit» unter dem Sozialisten Papandreou eintrafen, fanden sich in dieser auch Vertreter der EAM. Die Regierung versuchte die EAM zu entwaffnen, und aus Protest traten die EAM-Minister im Dezember 1944 aus der Regierung aus. Im Februar 1945 kam es zu einem Waffenstillstand, doch die EAM verstärkte ihre Armee noch weiter in Nordgriechenland, Albanien und Jugoslawien (das die kommunistischen Kräfte mit Waffen versorgte).

Im März 1946 beaufsichtigten die westlichen Streitkräfte die Wahlen, die von der EAM boykottiert wurden und eine Mehrheit für die konservativen Parteien ergaben (Populisten, das Pendant zu den Christdemokraten in anderen Ländern). Es wurde eine konservative Regierung unter Konstantin Tsaldaris gebildet und die Monarchie wieder hergestellt. Großbritannien und die Vereinigten Staaten stellten Griechenland große Summen und umfangreiche Rüstungsgüter zur Bekämpfung der kommunistischen Strukturen zur Verfügung, und Griechenland wurde (zusammen mit der Türkei und dem Iran) zu einem der ersten Flammpunkte des Kalten Kriegs.

Der Bürgerkrieg gegen die Streitkräfte der EAM währte bis 1949, als die Grenzen zu Jugoslawien geschlossen und die kommunistischen Kräfte von ihrem Hauptnachschub abgeschnitten wurden. Die Parteien der Mitte und der gemäßigten Rechten blieben bis in die sechziger Jahre an der Regierung, als der Linksruck überall auf dem Kontinent auch Griechenland erfasste und 1963 Papandreous «Zentrumsunion» aus Sozialisten und Liberalen an die Macht kam. 1967 inszenierte die Armee einen Putsch, vereitelte zum Ende des Jahres einen Gegenputsch des Königs Konstantin II. und schickte diesen ins Exil.

In Spanien regierte immer noch Franco, der allmählich in die Jahre kam. Spanien blieb ebenso wie Portugal eine stark repressive Gesellschaft mit einem ausgedehnten Polizeiapparat und einem geringen Vereinsleben. Die einzige Änderung von Bedeutung erfolgte in Form einer Liberalisierung der Wirtschaft. In den Nachwehen des Kalten Krieges hatte Franco eine rigide Autarkiepolitik verfolgt, die noch ganz den Anschauungen der dreißiger Jahre entsprach. Diese hatte in den fünfziger Jahren eine wirtschaftliche Stagnation zur Folge. Ebenso wie in Frankreich forderten die Technokraten eine modernere Politik. In Spanien wurde der Konflikt in einen Kampf um den Katholizismus übersetzt. Die Modernisierer in der Bank von Spanien und im Handelsministerium arbeiteten mit der katholischen (und ziemlich antiklerikalen) Laienbewegung Opus Dei zusammen, während die Traditionalisten ihr Heil bei der katholischen Hierarchie und der Falange suchten. Die Modernisierer, die Unterstützung aus dem Ausland erhielten, trugen den Sieg davon. 1959 wandte Spanien sich an die OEEC und den Internationalen Währungsfond und legte ein Stabilitätsprogramm vor: «Es ist an der Zeit, der Wirtschaftspolitik eine neue Richtung zu geben, um die spanische Wirtschaft in Einklang mit den Ländern der westlichen Welt zu bringen und sie auf diese Weise von den Eingriffen zu befreien, die wir von der Vergangenheit geerbt haben und die den Erfordernissen der gegenwärtigen Lage nicht mehr genügen.»[42] Mit diesem – von äußeren Institutionen auferlegten – Reformpaket gestaltete Spanien seine Wirtschaft um und industrialisierte diese in den sechziger Jahren in einem erstaunlichen Tempo. Die Produktion der verarbeitenden Industrie lag 1970 fast sechsmal so hoch wie 1950. Die Industrialisierung brachte eine gewisse Entspannung in der

Innenpolitik, und auch innerhalb der spanischen Gesellschaft zeigten sich Anzeichen einer Modernisierung.

Im benachbarten Portugal vollzog sich eine ähnliche Entwicklung, nur war das Tempo des wirtschaftlichen Wandels nicht ganz so hoch: Zwischen 1950 und 1970 stieg die Produktion der verarbeitenden Industrie um das Vierfache. Es kam zu einer sozialen Verschiebung, als die überschüssigen Arbeitskräfte nicht mehr aus dem Land abwanderten (bislang war Brasilien das Hauptziel der portugiesischen Auswanderer), sondern nur noch vorübergehend in Westeuropa arbeiteten, zunächst überwiegend in Frankreich, danach auch in der Bundesrepublik Deutschland und der Schweiz. Sie brachten nicht nur Bargeld zurück, sondern auch eine neue Erfahrung des «Modernen». Dieses Moderne stand in einem krassen Gegensatz zum konservativen Klerikalismus von Salazars Regime. Die Regierung des Diktators stützte sich teils auf die Geheimpolizei, teils auf die Förderung einer konservativen Form des Katholizismus. Es gab einen lebhaften Kult um *Unsere Liebe Frau von Fátima*, die 1917 drei Kindern mit einer geheimen Botschaft erschienen sein sollte und von der man allgemein annahm, sie sei eine Warnung vor dem Kommunismus gewesen.

Auf der Ebene der nationalen Politik wandte sich das Land von Europa ab und seinem Kolonialreich zu. Das war eine folgerichtige Reaktion auf den Zerfall des Weltmarkts in den dreißiger Jahren, wurde jedoch mit dem Versuch zu weit getrieben, größtenteils ungeeignete Feldfrüchte für den Markt in Afrika anzubauen. Damit wurde eine sich rasch ausbreitende Hungersnot ausgelöst. 1951 wurden die Kolonien (von denen die größten Angola und Mozambique in Afrika waren, zu denen aber auch die Enklave Goa in Indien sowie Timor und Macao gehörten) in «Überseegebiete Portugals» umbenannt. Von all den versteinerten Versionen der politischen Regimes der dreißiger Jahre war die Salazars die dauerhafteste und zerfiel erst in den siebziger Jahren.

Die Modernisierung der Türkei

In den Nachwehen des Zweiten Weltkriegs begann die kemalistische Bewegung, die sich vor eine starke kommunistische Herausforderung gestellt sah, eine gewisse Demokratisierung zuzulassen. Der unmittelbare Nutznießer dieses Versuchs war eine säkulare Mitte-Rechts-Regierung, die von Celal Bayar aufgebaute Demokratische Partei (DP, Demokrat Partı), eine loyale Anhängerin Atatürks (weltanschaulich auf dem Boden des Kemalismus). Diese errang 1950 bei den ersten wirklich freien Wahlen einen deutlichen Wahlsieg, und Bayar wurde Staatspräsident mit Adnan Menderes als Ministerpräsident. Die neue Regierung verfolgte anfangs einen liberalen wirtschaftspolitischen Kurs, deregulierte einen Teil des ökonomischen Erbes aus den dreißiger Jahren, erließ ein liberales Pressegesetz und trat 1951 der Nato bei. Zunächst sah es so aus, als würde sich ein stabiles Zweiparteiensystem herausbilden mit der Demokratischen Partei (Mitte-rechts) in Konkurrenz zur Republikanischen Volkspartei (Mitte-links), der offiziellen kemalistischen Partei. In den entwickelteren Teilen der Türkei errangen diese beiden Parteien stets den höchsten Stimmenanteil.

In den späten fünfziger Jahren verlor jedoch der Impuls zu einer Reform an Kraft, und Wirtschaft und Presse wurden zunehmend am Gängelband geführt. Am 27. Mai 1960 ergriff die Armee die Macht und erklärte, sie beseitige ein «korruptes und ineffizientes System», und versprach, die Ideale Atatürks neu zu beleben. Ein hoher Offizier, General Cemal Gürsel, wurde von der Armee zum Ministerpräsidenten ernannt, sagte jedoch zu, bald wieder zur Demokratie zurückzukehren. 1961, nach Neuwahlen, wurde er Staatspräsident, und der altehrwürdige Ismet Inönü, der Nachfolger Atatürks als Staatspräsident, wurde mit 78 Jahren Ministerpräsident. Arbeitsminister wurde Bülent Ecevit, der schließlich von Inönü die Führung der Republikanischen Volkspartei übernahm. Die Demokratische Partei wurde aufgelöst, doch etliche weitere Parteien (Gerechtigkeitspartei, Neue Türkei-Partei) präsentierten sich als ihre Nachfolger. Von da an wurde das türkische Parteiensystem zunehmend zersplittert, und es bildeten sich immer neue Parteien um mächtige Persönlichkeiten, die sich fast alle als Verteidiger und Interpreten des Vermächtnisses Atatürks verstanden: Ecevit und später Deniz Baykal auf der Linken, Süleyman Demirel und später Turgut Özal auf der Rechten. Die Zersplitterung der Parteienlandschaft war das Ergebnis einer personalisierten Clanpolitik mit diesen Männern als Führer, die jahrzehntelang die türkische Politik dominieren sollten.

Die Modernisierung der Kirche

1958 starb Papst Pius XII. Sein Nachfolger Johannes XXIII. kündigte bald nach seiner Wahl ein ökumenisches Konzil an, dessen Zweck eine Erneuerung (*aggiornamento*) der Lehre und des Lebens der Kirche sein sollte. Frühere Konzilien hatten sich mit dem Inhalt der kirchlichen Lehre befasst; dieses Konzil sollte die Kirche in einen engeren Kontakt mit der modernen Welt bringen. Es trat zwischen Oktober 1962 und Dezember 1965 in vier Sitzungsperioden zusammen. Seine sichtbarste Wirkung war eine Reform der heiligen Messe, die jetzt in der jeweiligen Landessprache gelesen wurde, und der Liturgie. Das Innere der Kirchen wurde neu gestaltet, um eine engere Beziehung zwischen Gläubigen und Priester herzustellen, indem der Priester ihnen das Gesicht zuwandte statt wie bisher den Rücken. Laien sollten stärker in kirchliche Angelegenheiten einbezogen werden. Vor dem Konzil und während seiner Dauer ergingen mehrere päpstliche Enzykliken mit neuen sozialen und politischen Anschauungen, die unter dem konservativen Papst Pius XII. nicht denkbar gewesen wären. *Mater et Magistra* (1961) forderte unter anderem soziale Gerechtigkeit und wirtschaftlichen Ausgleich für die Entwicklungsländer; *Pacem in Terris* (1963) rief zu einer Versöhnung zwischen den Staaten und einem Dialog zwischen den unterschiedlichen Bekenntnissen auf; und *Gaudium et Spes* (1965), eine Pastoralkonstitution, an deren Entwurf Karol Wojtyła, der Erzbischof von Krakau beteiligt war, legte eine neue Form des christlichen Humanismus dar, der die menschliche Erfahrung in den Mittelpunkt des Auftrags der Kirche stellte. «Der Mensch kann sein wahres Selbst nur in einer aufrichtigen Selbsthingabe entdecken.»

Die Dynamik des Wachstums

Die gedrückte Stimmung im Europa der Zwischenkriegszeit betraf zu einem Teil auch den Bevölkerungsrückgang in Gesellschaften, die ein «malthusianisches» Verhalten zeigten und sich nicht im selben Maß wie frühere Generationen fortpflanzten. Für Frankreich prognostizierte der Volkswirtschaftler Alfred Sauvy 1930, bis 1975 werde die französische Bevölkerung von damals 42 Millionen auf eine Ziffer zwischen 30 und 39 Millionen zurückgehen, wobei die obere Zahl nur bei gleich bleibender Fruchtbarkeit erreicht werde. Für Deutschland nahm Kahn 1930 an, seine Bevölkerung von 65 Millionen werde bis 1975 auf 50 Millionen zurückgehen. In England und Wales sah Charles einen Rückgang von 40 Millionen auf mindestens 38,5 und maximal 31,5 Millionen bis 1975 voraus.[43] Dagegen zeigten dieselben Prognosen für die Bevölkerungen Russlands und Osteuropas einen starken Anstieg.

In den vierziger Jahren kehrte sich der Trend einer abnehmenden Fruchtbarkeit in Nord- und Westeuropa, der seit den Jahren nach 1890 scheinbar irreversibel angehalten hatte, abrupt um (ebenso in den Vereinigten Staaten). In einigen Ländern setzte der «Babyboom» sogar schon während des Krieges ein. In Frankreich gab es 1943 erste Anzeichen für einen Umschwung, der zwangsläufig in einem politischen Rahmen interpretiert wurde. Die Vichy-Anhänger glaubten darin einen Erfolg der Schlagworte «*Travail, Famille, Patrie*» («Arbeit, Familie, Vaterland») und der Erbrechtsreform zu sehen. Sie hatte der Erbteilung ein Ende gemacht, die häufig als Grund für die ungewöhnlich niedrigen Geburtenraten in Frankreich ausgegeben wurde. General de Gaulle schrieb das Verdienst sich selber zu: Die neue Hoffnung, die er Frankreich gab, habe den Frauen Mut gemacht, Kinder zu bekommen. Doch was immer die sonstigen Gründe gewesen sein mögen, es ließ sich kaum übersehen, dass der Boom ein Triumph des Lebens über den Tod war, vor allem wenn er in den Lagern der «Displaced Persons» in ganz Deutschland zu beobachten war, in denen sich die überlebenden Opfer Hitlers immer noch aufhielten.

Die Wirtschaften der kontinentaleuropäischen Länder erhielten auch einen Schub durch starke Zuwanderungen. Das stand in einem deutlichen Kontrast zur Zwischenkriegsperiode in Europa, als Einwanderer nach der Weltwirtschaftskrise nicht willkommen waren und nicht ins Land gelassen wurden. In Deutschland kamen die Zuwanderer aus dem Osten: Vertriebene aus Polen und der Tschechoslowakei, Flüchtlinge aus Ostdeutschland. Zwischen 1945 und 1950 kamen rund 9 Millionen dieser Menschen in die Bundesrepublik, überwiegend Vertriebene, und von 1950 bis zum Bau der Berliner Mauer 1961 weitere 3 Millionen, zumeist Flüchtlinge. In Italien ersetzten starke Binnenwanderungen die Auswanderungen, die für frühere Perioden charakteristisch waren. Von 1958 bis 1963, auf dem Höhepunkt der italienischen Wanderungsbewegungen, wanderten rund eine Million Italiener aus dem Süden in den Norden ab. Französische Siedler zogen in den frühen sechziger Jahren in großer Zahl von Nordafrika zurück ins Mutterland. Von rund einer Million *Pieds-noirs* kehrten 850 000 nach Frankreich zurück. Einheimische Algerier begannen ihrerseits ab 1959 nach Frankreich auszuwandern. Die Zunahme der französischen Arbeitskräfte in der Industrie rührte zu einem Teil aus Binnenwanderungen, da kleine Bauern und Handwerker auf dem Land ihre bisherige Lebensweise aufgaben (und ein zunehmend entvölkertes ländliches Frankreich mit gänzlich oder zum Teil verlassenen Dörfern zurückließen). Von 1954 bis 1962 ging die Zahl unabhängiger Bauern um eineinviertel Millionen zurück.

Das europäische Wirtschaftswunder brachte offensichtlich eine starke Nachfrage nach Arbeitskräften mit sich, und Zuwanderungen aus dem Ausland erschienen als eine immer attraktivere Lösung zur Behebung des Mangels an gering qualifizierten Arbeitern. In den fünfziger Jahren warben britische Textilfabriken systematisch neue Arbeitskräfte aus dem indischen Subkontinent (zumeist aus Pakistan) an. In der Schweiz waren 1961 fast die Hälfte der Arbeiter in der Bekleidungsindustrie und über 40 Prozent der Textilarbeiter Ausländer. Westdeutschland, wo seit Mitte der sechziger Jahre ein akuter Arbeitskräftemangel herrschte, begann ebenfalls, «Gastarbeiter» aus Italien und Griechenland und später aus Portugal, Jugoslawien und der Türkei anzuwerben.

Der neue Zustrom von Arbeitskräften war der Grund dafür, dass das europäische Wirtschaftswunder länger anhielt als nur eine Periode, während der die Ausfälle während der Wirtschaftskrise und des Krieges wieder wettgemacht wurden. Gegenüber der Vorkriegszeit lagen die Investitionsquoten sehr hoch. Mit am deutlichsten war der Unterschied in Westdeutschland, wo die Investitionen zwischen 1950 und 1970 17,7 Prozent des Bruttosozialprodukts ausmachten, während dieser Anteil zwischen 1928 und 1938 im Durchschnitt 11,8 Prozent betragen hatte. Die entsprechenden Ziffern für Frankreich lagen bei 15,6 und 11,8 Prozent (nach 1945 und vor 1939).

Das neue Wachstum suchte Konsumgütermärkte: Für Radios, Haushaltsgeräte, Fernseher und vor allem Automobile. Es war das Automobil gemeinsam mit dem Moped und dem Motorroller für die Jüngeren, das schnell zum wirkungsvollsten Symbol des Nachkriegswunders in Europa und einer neuen individuellen Unabhängigkeit und Mobilität wurde. Es ermöglichte die Erweiterung der Großstädte um Vorstädte, und es bewirkte, dass das Leben zu einem großen Teil weit weniger auf die öffentlichen Nahverkehrsmittel angewiesen war. Auf diese Weise privatisierte das Auto Lebensstile. Es gab für kurze Zeit dem Ideal der Kleinfamilie, die sich in ihren Kleinwagen zwängen und Tagesausflüge machen oder in den Urlaub fahren konnte, eine weitere Galgenfrist.

Das europäische Wachstum war weit mehr als eine bloße Erholung vom verheerenden Zwischenspiel der Großen Depression und des Krieges; es wurde zusätzlich unterstützt durch Produktivitätsgewinne aus den unglaublichen Fortschritten der US-amerikanischen Wirtschaft. Aufholen bedeutete Wachstum, um das Niveau der USA zu erreichen. Die beste Möglichkeit, diese Entwicklung zu beschreiben, ist ein Vergleich der europäischen Produktivität je Beschäftigten und Arbeitsstunde als Anteil der entsprechenden amerikanischen Ziffer: 1938 betrug dieser Anteil für Deutschland 56 Prozent; nach dem Krieg und dem Anstieg der amerikanischen industriellen Produktion war er auf 33 Prozent gesunken. Bis 1960 war sie auf 50 und 1970 auf 66 Prozent angestiegen. Die Ziffer für Italien begann 1938 mit 49 Prozent, fiel bis 1950 auf 32, lag 1960 bei 39 und 1970 bei 59 Prozent. In traditionelleren Indikatoren ausgedrückt war Deutschland der beste Darsteller einer talentierten Truppe der fünfziger Jahre: Im Zeitraum 1953–1961 betrug das durchschnittliche Wachstum seines realen Bruttoinlandprodukts 7,2 Prozent, während Italien mit 5,8, Frankreich mit 4,7 und Spanien mit 4,7 Prozent ebenfalls ein erstaunliches Zeugnis für die europäische Fähigkeit zu einem anhaltenden Wachstum unter ganz unterschiedlichen politischen und sozialen Verhältnissen ablegten. Nur England wirkte mit einem durchschnittlichen Wachstum von 2,9 Prozent vergleichsweise armselig. Allein schon diese Ziffern lassen vermuten, dass England sich damals wirtschaftlich anders entwickelte als die übrigen europäischen Länder.

Der größte Teil Kontinentaleuropas genoss einen großen Vorteil gegenüber England, Frankreich und den Vereinigten Staaten während des Kalten Krieges: ein deutlich niedrigeres Niveau der Verteidigungsausgaben, was die Belastung des Gesamthaushalts verringerte und die eingesparten Mittel für produktive Investitionen freisetzte. Die Europäer konnten sich somit nach Alternativen zur Welt des Stahls und der schwerindustriellen Produktion umsehen, die lange Zeit als Hauptquelle militärischer Stärke gegolten hatte. Vor allem die hochgerüsteten Länder der Zwischenkriegszeit hatten jetzt beträchtlich niedrigere Rüstungsausgaben: 1960 gab Westdeutschland 4,0 Prozent seines Bruttosozialprodukts hierfür aus gegenüber 9,6 Prozent 1937; in Italien waren es 2,7 und 9,9 Prozent, in Spanien 2,9 und 3,8 Prozent. Frankreich und England gaben beide einen höheren Anteil aus als in der Zwischenkriegszeit, bedingt durch die hohen Ausgaben für eine geordnete Trennung von ihren Kolonien. Beide hegten nach wie vor einen beträchtlichen militärischen Ehrgeiz und ließen sich diesen Luxus etwas kosten. Für Frankreich betrug der Anteil 1960 6,3 Prozent (1937:5,5) und für England 6,4 Prozent (1937: 5,3). Der Unterschied zu den niedrigen Militärausgaben der meisten kontinentaleuropäischen Länder ist sogar noch eklatanter im Fall der USA, die 1960 8,8 Prozent ihres Bruttosozialprodukts zu Verteidigungszwecken ausgaben, während es in den isolationistischen dreißiger Jahren nur 1,1 Prozent waren.[44] Für das nichtkoloniale Europa wurden Schwerter zu Pflugscharen. Die Sicherheit wurde durch andere Mächte garantiert (hauptsächlich die Vereinigten Staaten) sowie durch eine Verpflichtung auf Zusammenarbeit und Integration.

Europäische Integration

1955 begannen Diskussionen über einen erneuten Versuch, die Zusammenarbeit zwischen den sechs Mitgliedsstaaten der Montanunion zu verstärken. Ihre Absicht, eine übernationale Europäische Verteidigungsgemeinschaft zu bilden, war 1954 an der Ablehnung durch die französische Abgeordnetenkammer gescheitert. Diesmal bemühten sich die Beteiligten, weitere Fortschritte in der wirtschaftlichen Integration zu erzielen, was vermutlich leichter fallen würde, wie der Erfolg der Montanunion gezeigt hatte. Eine Zollunion mit gemeinsamen externen Zöllen und einer gemeinsamen Agrar- und Transportpolitik würde den Handel innerhalb der Sechs erweitern und zusätzliche politische Unterstützung für eine weitere und tiefer reichende Integration mobilisieren. Bereits innerhalb des von der Organisation für europäische wirtschaftliche Zusammenarbeit geführten Systems, das eine zunehmende Liberalisierung der Zahlungen durch die Europäische Zahlungsunion eingeführt hatte, war das innereuropäische Handelsvolumen von 10 Milliarden Dollar (1950) auf 23 Milliarden (1959) gestiegen, während sich im selben Zeitraum der Wert der Importe aus den USA nur von 4 auf 6 Milliarden Dollar erhöht hatte.

Zwei Fragen bestimmten die Diskussionen über eine Zollunion. Die erste war zukunftsorientiert: In den dynamischsten europäischen Wirtschaften der fünfziger Jahre, Deutschland, Italien und die Niederlande, waren Exporte der Motor des Wachstums gewesen. 1958 betrug das Volumen der Exporte pro Kopf der Bevölkerung in diesen Ländern fast das Zweieinhalbfache der entsprechenden Ziffer für 1936. Die Zollunion würde die Möglichkeit bieten, diesen Exportboom auf lange Sicht zu halten.

Bei der zweiten Frage ging es dagegen um eines der politischen Hauptprobleme der europäischen Vergangenheit: die Stellung der Landwirtschaft und vor allem der kleinen Agrarproduzenten. Ebenso wie im Ersten Weltkrieg litt die europäische Landwirtschaft von 1939 bis 1945 an Kapitalmangel, und infolgedessen war Europa in den ersten Jahren nach dem Krieg stark von Lebensmitteleinfuhren von außerhalb abhängig. 1950 war zwar der Stand der Vorkriegserzeugung wieder erreicht, nur war die westeuropäische Bevölkerung inzwischen um 12 Prozent gewachsen. Vor allem Getreide wurde dringend benötigt, doch in den fünfziger Jahren stammten die europäischen Importe noch immer überwiegend aus der Dollarzone. In den ersten Gesprächen zu Beginn der fünfziger Jahre ging es hauptsächlich darum, die europäische Produktion und den europäischen Handel zu steigern, um Dollar zu sparen. Doch selbst zu dieser Zeit drohte das Gespenst einer ähnlichen Agrarkrise wie in den zwanziger Jahren: Die Lebensmittelpreise waren nach dem Ersten Weltkrieg steil angestiegen, doch ab 1925, sieben Jahre nach dem Ende des Krieges, hatte ein langer und verheerender Preisverfall eingesetzt.

Frankreich, mit dem größten politischen Einfluss der ursprünglichen Sechs, befürchtete, dass jede systematische Senkung der Zölle sein industrielles Gefüge erschüttern würde. Seine politischen Führer träumten immer noch von einer Tradition des Colbertismus und bekundeten ihre Überzeugung, «Frankreich war nie ein Land des Freihandels, und es verspricht sich mehr von Organisation».[45] Der Reiz einer Europäischen Wirtschaftsgemeinschaft, wie sie durch den Vertrag von Rom ins Leben gerufen wurde, bestand für Frankreich in vorderster Linie darin, dass sie einen guten institutionellen Mechanismus bot, um die Probleme der französischen Landwirtschaft anzugehen. 1959 war in Frankreich noch jeder vierte Erwerbstätige in der

Landwirtschaft tätig. Zwischen den Kriegen waren die Bauern eine ständige Quelle der politischen Instabilität, da die Erzeugerpreise für Agrargüter zurückgingen. Viele französische Bauernhöfe der fünfziger Jahre waren durchaus modern. Der Anteil der kleinbäuerlichen Wirtschaften war entgegen einer verbreiteten Meinung wesentlich niedriger als in Italien oder selbst in Deutschland: Bauernhöfe mit 0,5 bis 5 Hektar Land machten 85 Prozent aller italienischen und 55 Prozent aller deutschen, aber nur 35 Prozent aller französischen Bauernwirtschaften aus. Die französischen Bauern wollten Exportmärkte, waren sich jedoch schmerzlich bewusst, dass sie nicht so billig produzieren konnten wie die extensive Landwirtschaft Nord- und Südamerikas oder Australiens und Neuseelands.

Deutschland dagegen wollte sich einen größeren Markt für seine schnell wieder gesundeten und äußerst konkurrenzfähigen Exportindustrien sichern; seine Werkzeugmaschinenindustrie konnte vom Ausmaß der industriellen Modernisierung Frankreichs und Italiens profitieren. Westdeutsche Bauern, zumindest im effizienteren Norden und Westen, waren nicht so sehr auf einen Agrarprotektionismus angewiesen; doch die Bauern stellten ein starkes Wählerpotential für die CDU und ihre Schwesterpartei in Bayern, die CSU, dar. Zu einem großen Teil wurde die europäische Integration somit durch ein deutsch-französisches Zusammengehen vorangetrieben, da beide Länder die Interessen ihrer verarbeitenden Industrie und ihrer Landwirtschaft gegenseitig austarierten, und dieses Muster erhielt sich später sogar als ein fast dauerhaftes Merkmal der europäischen Politik. De Gaulle entwickelte eine komplexe, halb historische und halb theologische Buchhaltung, in der sich die Nationen Europa zunutze machen mussten, um für ihre Vergangenheit zu büßen. Frankreich sei das westeuropäische Land, das im Zweiten Weltkrieg am meisten gelitten habe, so sein Argument, weil nur in Frankreich eine legitime Regierung im Amt geblieben sei und mit den Deutschen kollaboriert habe (wobei er den Fall Dänemark außer acht ließ). Vichy war der Verrat an Frankreich durch seine Führer. Deutschland hatte zuerst triumphiert und war dann gedemütigt worden. Allein Frankreich als Trägerin des Leidens und zugleich als von de Gaulle befreites Land könne «Deutschland nach seinem Fall wieder aufrichten».[46]

Zunächst hatte sich die politische Führung Frankreichs ebenfalls hohe sicherheits- und geopolitische Ziele gesetzt. 1955/56 bemühte sich die französische Regierung, Atomwaffen zu erwerben, und die Verhandlungen Frankreichs mit seinen Nachbarländern drehten sich zu einem großen Teil um Kernenergie und Kernbrennstoffe. Diese Gespräche führten schließlich zu einer zweiten europäischen Gemeinschaft neben der Montanunion, zur Europäischen Atomgemeinschaft oder Euratom. Eine Zeitlang dachte Frankreich unter dem sozialistischen Ministerpräsidenten Guy Mollet sogar daran, in einem gemeinsamen deutsch-französischem Projekt eine Atombombe zu bauen, mit deutschem Geld und französischer Technik.[47] Die Demütigung durch die Vereinigten Staaten im Zusammenhang mit der Suezkrise sowie die Tatsache, dass es danach im November 1956 von England im Stich gelassen worden war, bewogen Frankreich dazu, noch stärker auf eine kontinentaleuropäische Integration hinzuarbeiten.

Im Juni 1955 beschlossen die Sechs zu erkunden, wie weit eine «Einigkeit in Europa» möglich war, und luden auch Großbritannien ein, sich den Gesprächen anzuschließen. In diesen Verhandlungen war anscheinend die Präferenz Englands für außereuropäische Agrarproduzenten im ehemaligen Empire (inzwischen das Commonwealth) ein Hindernis, vor allem für die Lobby der französischen Bauern. Während der ganzen Zeit hielten die Briten sich abseits: Sie fühlten sich angeödet, weil sie sich mit etwas so Trockenem wie der Ökonomie von Zollunionen beschäftigen sollten. Rab Butler sagte später: «Das Ganze ging [Premierminister] Anthony Eden nur auf die Nerven. Offen gesagt, für ihn war es noch langweiliger als für mich.» Er schwächte dieses harsche Urteil in einer für ihn typischen sarkastischen Weise etwas ab: «Zur Ehre Anthonys muss allerdings gesagt sein, dass er für die Außenpolitik ein gewisses Maß vielleicht nicht gerade an Genialität, aber doch an Gespür mitbrachte. Er war wohl der Meinung, die Franzosen seien ein bisschen schwierig.» Macmillan war überzeugt, dass aus der EWG nichts werden würde.[48] Die Schwierigkeiten dürften wohl darin gelegen haben, dass England sich vom übrigen Europa zu sehr unterschied, da es einen Großteil der benötigten Lebensmittel aus Ländern innerhalb des alten imperialen Systems bezog, vor allem aus Australien und Neuseeland, die einen bevorzugten Zugang zum britischen Markt erhielten.

Als de Gaulle während der Algerienkrise im Mai 1958 an die Macht kam, glaubten die meisten Beobachter, er werde sogleich die EWG sabotieren. Tatsächlich boten die neuen Institutionen jedoch eine wertvolle Unterstützung bei der dringend notwendigen Stabilisierung der französischen Wirtschaft. Der geschäftsführende Direktor des IWF hatte de Gaulle einen langen Vortrag darüber gehalten, dass Frankreich seit Napoleon eine stabile Währung benötige, und er schätzte den Mann, der die Macht hatte, eine Währungsordnung zu schaffen. Er äußerte unumwunden seine Ansicht, die er auch zu der seiner Institution machte: «Ich glaube nicht, dass ein Land, das eine schlechte Währung hat, jemals besonders geachtet sein wird.»[49]

De Gaulle kleidete die Begründung für sein europäisches Projekt bis zu einem gewissen Grad in Begriffe des Ansehens und der Größe, zu denen er aufgrund seiner rhetorischen Fähigkeiten neigte. «Der Zweck Europas», sagte er, «besteht darin, eine Beherrschung durch die Amerikaner oder die Russen zu vermeiden … Europa ist das Mittel, durch das Frankreich wieder das werden kann, was es seit Waterloo nicht mehr gewesen ist: führend in der Welt.» Doch wie Andrew Moravcsik bemerkt hat, stand hinter diesen erhabenen Visionen letztlich eine tiefe Hingabe an die Sache der Modernisierung der Landwirtschaft. De Gaulle war überzeugt, dass eine angemessene Lösung dieses Problems gefunden werden müsse, «andernfalls werden wir ein zweites Algerien auf unserem eigenen Boden haben».[50]

In der ersten Zeit betrug der durchschnittliche Zoll auf alle EWG-Importe 7,4 Prozent, mit einem relativ hohen Satz auf Lebensmittel (14,2 Prozent), und es gab eine in Artikel 40 des Vertrags von Rom formulierte Absichtserklärung, eine gemeinsame Agrarpolitik zu betreiben. Das konnte von den französischen Regierungen als ein Instrument zur Stabilisierung der französischen Gesellschaft benutzt werden, indem man eine effiziente Modernisierung betrieb.

1962 einigte man sich schließlich vertraglich über die Details einer gemeinsamen Agrarpolitik. Deren Kern war ein Mechanismus zur Stützung der Preise. Sie konnten damit ein gutes Stück über dem Weltmarktniveau stabil gehalten werden. Das hatte bedeutende Steigerungen der landwirtschaftlichen Erträge zur Folge. So stieg beispielsweise die französische Weizenerzeugung zwischen 1958 und 1968 von 9,6 auf 15,0 Millionen Tonnen; im selben Zeitraum stiegen Zuckerrüben von 12,9 auf 17,6 Millionen Tonnen und Wein von 47,7 auf 66,5 Millionen Hektoliter. In den siebziger Jahren, als die sehr effizienten britischen und dänischen Erzeuger ebenfalls zur EWG gestoßen waren, wurde das Problem der Agrarüberschüsse mit Weinseen und Butterbergen akut. Ein Teil davon konnte in die Sowjetunion und in andere osteuropäische Länder exportiert werden.

Die EWG schuf ein neues Niveau der wirtschaftlichen Integration unter den Ländern. Nach 1958 stieg der Anteil der EWG-Länder am Handel aller EG-Länder deutlich an: vor allem in Frankreich, wo der EWG-Handel 1958 30 Prozent des Gesamtvolumens betragen und sich bis 1970 auf 57 Prozent gesteigert hatte. In Italien stieg dieser Anteil von 30 auf 50 und in Deutschland von 37 auf 52 Prozent.

In den sechziger Jahren hatte de Gaulle das meiste von dem erreicht, was er sich zum Ziel gesetzt hatte. Wenn die zentralen Institutionen der EWG von mehr Integration sprachen und die Abstimmung einer qualifizierten Mehrheit im Ministerrat französische Positionen bedrohte, legte Frankreich Widerspruch ein: de Gaulle rief seinen Vertreter nach Paris zurück und blockierte jeden weiteren Schritt in der Agrarpolitik und in den Verhandlungen über ein Allgemeins Zoll- und Handelsabkommen (GATT). Die

Krise wurde erst mit dem «Luxemburger Kompromiss» vom Januar 1966 gelöst, der bei Mehrheitsabstimmungen ein nationales Veto zuließ, wenn «sehr wichtige Interessen» eines Landes betroffen waren. Der Kompromiss unterbrach faktisch die weitere Entwicklung der EWG als eine echte supranationale Institution (die allein aufgrund ihres Charakters in Zweifelsfällen in der Lage sein musste, die nationale Souveränität zu übergehen) für zwei Jahrzehnte, bis in die Mitte der achtziger Jahre.

Ziemlich spät, erst im Jahr 1961, bewarb sich England unter Harold Macmillan um den Eintritt in die EWG. In Rambouillet am 15./16. Dezember 1962, als Macmillan de Gaulle besuchte, um den Beitrittsbedingungen ihre letzte Form zu geben, sprach er nachdrücklich und unkluger Weise von der Bedeutung, die Großbritannien einer unabhängigen nuklearen Abschreckung beimesse. Darauf entgegnete de Gaulle, «Frankreich könne ‹nein› sagen, selbst gegen die Deutschen; es könne politische Schritte blockieren, mit denen es nicht übereinstimme, allein aufgrund seiner starken Position. Wenn England und alle übrigen Länder der Organisation beiträten, sehe die Sache anders aus.»[51] Dieser deutliche Hinweises auf die Stärke Frankreichs und damit implizit die Schwäche Englands verstörte Macmillan so heftig, dass er fast einen Schwächeanfall erlitt. Später, bei einer Sitzung des französischen Kabinetts am 17. Dezember 1962, spottete de Gaulle über Macmillan mit einer Zeile aus einem berühmten Chanson von Edith Piaf, «Ne pleurez pas, Milord» («Weinen Sie nicht, Milord» – eigentlich nicht das passende Lied, da die Sängerin Milord einlädt, zu ihr ins Haus zu kommen, wo es gemütlich und nicht mehr kalt ist: «*Allez venez, Milord/Vous asseoir à ma table/Il fait froid dehors/Ici c'est comfortable*») und sorgte dafür, dass sein Spott zur selben Zeit bekannt wurde, als im Januar auf einer Pressekonferenz das «Non» des Generals bekannt gegeben wurde.

Europa und die Vereinigten Staaten

Es waren die Vereinigten Staaten, die dem Wachstum und der Modernisierung Europas von Grund auf ihre Form gaben. Vor allem boten sie ihm einen militärischen Schutz, was den meisten Ländern auf dem europäischen Kontinent ermöglichte, ihre Verteidigungsausgaben zu kürzen. Nachdem die Zahlungen aus den USA im Rahmen der Marshallplanhilfe ausgelaufen waren, folgten die Investitionen großer amerikanischer Unternehmen, die im Begriff standen, multinationale Konzerne zu werden. Diese Investitionen bedeuteten nicht nur Kapitalzuflüsse, sondern auch Transfers von technischen Verfahren und modernen Methoden der Unternehmensführung, die europäische Firmen modernisierten, ihre industriellen Beziehungen veränderten und ihre Aufmerksamkeit stärker auf Marketingprobleme und die Pflege der Verbrauchernachfrage lenkten.

Für die europäischen – politischen und intellektuellen – Eliten war die amerikanische Vorherrschaft, die in der ökonomischen Sphäre so übermächtig zur Geltung kam, schwer zu ertragen. Die ersten Jahre nach Kriegsende waren gekennzeichnet durch den Kampf um Wirtschaftssysteme und (im Fall Frankreichs und Englands) um die Kolonialreiche. Der Koreakrieg und die Drohung eines erneuten Kriegs in Europa weckten in manchen Europäern Furcht vor einem militärischen Draufgängertum der Amerikaner. Frankreich lehnte ein Angebot der Amerikaner ab, Dien Bien Phu 1954 mit Atomwaffen zu verteidigen. Doch wie die Suezkrise 1956 gezeigt hatte, neigten Franzosen und Briten gleichfalls zu einer Abenteuerpolitik. Harold Macmillan, der glaubte, er könne den politischen Bruch mit den USA nach dem Suezfiasko wieder kitten, beklagte sich über den Amerikaner schlechthin: Da gab es zunächst die «Amerikaner vom kolonialen Typus, die England aus Snobismus verabscheuen müssen – um zu beweisen, dass ihre Vorfahren beim Teesturm von Boston dabei waren», und dann die neue Art Amerikaner vom Typus «irischer Einwanderer» wie Präsident Kennedy, die dazu neigten, sich in gälischen Ressentiments zu ergehen. Im Lauf der Dekolonisation war Frankreich ebenso wie England aufgebracht über die Position der USA und ihren unverhüllten und unsentimentalen Realismus. Bereits 1960 beklagte sich de Gaulle darüber, dass «das Atlantische Bündnis in seiner gegenwärtigen Form in den Augen Frankreichs nicht realitätsgerecht und mit seinen globalen Verpflichtungen unvereinbar» sei.[52] Er erinnerte sich daran, wie Roosevelt ihn während des Krieges gedemütigt hatte, und war überzeugt, die Vereinigten Staaten könnten keine eigene Regierung in anderen Ländern ertragen, nur amerikanische «Marionetten».[53] In den sechziger Jahren entwickelte er eine umfassende Kritik der wirtschaftlichen Rolle der USA, der Stellung des Dollars im internationalen Währungssystem und des amerikanischen Ersatzimperialismus in Südostasien (Vietnam).

Für England und Frankreich war es das – eher psychologische als konkrete Interessen verletzende – Trauma der Dekolonisation, das einen Keil zwischen den nationalen Mythos und die Macht der Vereinigten Staaten trieb. Für Westdeutschland spielte die Berlinkrise eine äquivalente Rolle. Im August 1961 hatte die DDR mit einer Mauer Berlin endgültig geteilt, in erster Linie um die zunehmende Abwanderung qualifizierter Arbeitskräfte in den Westen zu unterbinden. In den ersten Tagen nach dem Mauerbau am 13. August war die Lage in Berlin sehr angespannt, und schon der geringste Zwischenfall hätte einen Krieg auslösen können, der in eine nukleare Konfrontation ausgeartet wäre. Die Vereinigten Staaten waren vorsichtig. Den US-Soldaten wurde verboten, Deutschen zu helfen, die von Volkspolizisten auf der östlichen Seite der Grenze durch Schüsse verletzt worden waren. Für die politische Elite der Bundesrepublik stand die Haltung der US-Regierung in krassem Widerspruch zu früheren rhetorischen Verpflichtungen auf die «Freiheit». Der durch und durch proamerikanische Regierende Bürgermeister von Westberlin und Vorsitzender der SPD, Willy Brandt, gelangte zu dem Schluss, wenn es ernst werde, habe Deutschland vom «Westen» und seiner militärischen Stärke wenig zu erwarten.[54]

Was Italien anging, so beklagte man dort am Einfluss der USA in der Hauptsache ihr kulturelles Übergewicht. Für den italienischen marxistischen Theoretiker Antonio Gramsci brachten die Vereinigten Staaten eine neue Kultur und eine neue Lebensweise hervor. In seinen *Gefängnisheften* erwähnte er ein Interview, das er Luigi Pirandello gegeben hatte:

> «Der Amerikanismus überflutet … Das Geld, das die Welt durchläuft, ist amerikanisch.»[55]

Wirtschaft und militärische Macht waren beide amerikanisch. Aber es konnte einen kulturellen «Widerstand» geben, ein Begriff, der der antifaschistischen Linken teuer war, weil er seine Legitimität aus der Erinnerung an den Kampf gegen die Tyrannei bezog. Da er gezeigt hatte, dass die Kultur im Zentrum einer Hegemonie stand, wurde Gramsci für die Nachkriegslinke zu einer Kultfigur.

In den sechziger Jahren entlud sich der gebändigte Antiamerikanismus der Eliten als Reaktion auf eine starke Bewegung für einen erhöhten Massenkonsum in eine weitaus breiter streuende Massenprotestbewegung. In dieser Phase versuchten die europäischen Protestierer, ihre Kritik an der neuen Form der Macht in eine neue «Hegemonie» umzumünzen, der es gelingen könnte, die amerikanische Bedrohung des europäischen Geistes abzuwehren. Sie verstanden sich als das antike Griechenland, das gegen Rom aufbegehrte.

8 Jalta und der Kommunismus: Der Sozialismus in Osteuropa vom Ende der vierziger bis in die siebziger Jahre

In Osteuropa begann die Sowjetunion eine Welt zu schaffen, die, gegründet auf eine antifaschistische Vision, einen neuen Menschentyp hervorbringen sollte. Dieses Zukunftsbild hatte eine gut gerüstete Armee, die einem Angriff des Imperialismus begegnen konnte, ebenso zur Voraussetzung wie eine durchorganisierte Planwirtschaft als materielle Basis für den Sowjetmenschen. Diese Vision zerfiel in dem Moment, als der Zerfall der militärischen Stärke des Sowjetsystems und ihres wirtschaftlichen Fundaments ans Licht traten. Mögen für viele Analysten die harten Realitäten einer maroden Armee oder der verrotteten Wirtschaft Schuld am Untergang des Sowjetreichs sein, so haben die Fehleinschätzungen in dieser Vision vom neuen Menschen sich in der Tat schon zu einer Zeit gezeigt, als noch niemand eine Schwäche der Sowjetarmee oder der sowjetischen Planwirtschaft wahrnehmen konnte.

Nur so läßt sich erklären, dass in den achtziger Jahren und später für die Errichtung einer relativ langlebigen Sowjetherrschaft und für ihren schließlichen Untergang die falschen Gründe angeführt wurden. Beides wurde fast ausschließlich in Kategorien der Großmachtinteressen gedeutet, und diese haben bei der Geschichte ja in der Tat eine gewisse Rolle gespielt. Der Wechsel in der Interpretation lässt sich am besten ablesen an der Selbstbeschreibung jener Menschen, die die großen politischen und sozialen Transformationen Osteuropas miterlebt haben. Hieß die Antwort der Osteuropäer in den späten vierziger und den fünfziger Jahren auf die Frage nach ihrer Vision noch «Kommunismus», so erschien der Begriff in den siebziger und achtziger Jahren dagegen entweder problematisch oder geradezu unattraktiv. Ihre Antwort lautete jetzt, unter dem Aspekt des Großmachtrealismus, sie seien durch «Jalta» definiert. Je weiter also die Konferenz zwischen Stalin, Roosevelt und Churchill im Februar 1945 in die Vergangenheit entschwand, desto wichtiger und epochaler erschien dieses Ereignis.

Jalta

Das Problem lag in dem merkwürdigen Umstand, dass die Teilung Europas das Ergebnis von Gesprächen zwischen den Alliierten während des Krieges war, und dabei ist keineswegs ausgemacht, ob ihnen dies überhaupt bewusst gewesen ist. Im Oktober 1944 hatte Churchill in Moskau einen Notizzettel mit seinen Initialen unterzeichnet, der gelegentlich als die «Prozent-Vereinbarung» bezeichnet wurde, da auf ihm unterschiedliche Grade des britischen und sowjetischen Einflusses in Südosteuropa (Bulgarien, Griechenland, Jugoslawien, Rumänien und Ungarn) vermerkt waren. Dieser Zettel war freilich in keiner Hinsicht ein verbindliches Dokument, und Präsident Roosevelts höchst idealistischer Außenminister Cordell Hull hatte diese absurde Wiederbelebung einer Diplomatie alten Stils abgelehnt.

Auf der Konferenz von Jalta im Februar 1945 mochten Churchill, Roosevelt und Stalin an Interessensphären gedacht haben, brachten jedoch ihre Absichten in ganz unterschiedlicher Form zum Ausdruck. In den abschließenden Erklärungen der «Großen Drei» ist keine Rede von einer sowjetischen Kontrolle über die Entwicklung Polens oder Deutschlands. In der in Jalta beschlossenen «Erklärung über das befreite Europa» hieß es wörtlich: «[Churchill, Roosevelt und Stalin] erklären gemeinsam, daß sie vereinbart haben, während der zeitweilig labilen Lage im befreiten Europa die Politik ihrer drei Regierungen zur Unterstützung der von der Herrschaft Nazi-Deutschlands befreiten Völker und der Völker der ehemaligen europäischen Satellitenstaaten der Achse bei der Lösung ihrer drückenden politischen und wirtschaftlichen Probleme durch demokratische Mittel aufeinander abzustimmen.»[1] Deutschland würde in Besatzungszonen aufgeteilt, wobei Frankreich eine Zone aus Teilen der amerikanischen und der britischen erhalten sollte. Der im Anschluss an die Berliner Vier-Mächte-Erklärung vom Juni 1945 gebildete Kontrollrat sollte eine koordinierte Verwaltung in den einzelnen Zonen und in Berlin sicherstellen. Aber es war noch offen, was von einem Gesamtdeutschland übrig bleiben würde. In Artikel 12a des Urkundenentwurfs über die Kapitulationsbedingungen hieß es: «In der Ausübung [der höchsten Machtvollkommenheit bezüglich Deutschlands] werden [die Alliierten] solche Maßnahmen einschließlich der völligen Entwaffnung, Entmilitarisierung und Zerstückelung Deutschlands treffen, als sie für den künftigen Frieden und die Sicherheit für notwendig halten.[2] Deutschland sollte an die Länder Reparationen bezahlen, die durch den Krieg am schwersten gelitten hatten. Die Moskauer Reparationskommission schlug 20 Milliarden Dollar als angemessene Summe vor, von der die Sowjetunion die Hälfte erhalten sollte; außerdem sollten die sowjetischen Reparationsforderungen auch durch den Einsatz deutscher Arbeitskräfte abgegolten werden. Stalin und sein Außenminister Molotow erklärten, dafür werde man deutsche Kriegsverbrecher und deutsche Arbeitslose auf die Dauer von zehn Jahren heranziehen.

Die in Jalta von Stalin geforderte Westverschiebung der polnischen Grenze wird am 16. August im Grenzvertrag zwischen Polen und der UdSSR festgelegt. Die Ost-Grenze wird im wesentlichen auf der Curzon-Linie festgeschrieben. die Curzon-Linie war eine 1920 von der britischen Regierung als «legitime Grenze» Polens festgelegte Linie, die durch Grodno, Brest-Litowsk, Krilow und östlich von Przemysl zu den Karpaten verlief), was einen territorialen Verlust im Osten bedeutete. Polen sollte dafür mit einem beträchtlichen deutschen Territorium im Norden und Westen entschädigt werden: östlich der Oder und Neiße bis zur tschechischen Grenze. Molotow hatte ursprünglich Bedenken, die polnische Westgrenze nach Westen zu verschieben, was in seinen Augen bedeutet hätte, «die polnische Gans so sehr mit deutschem Futter zu stopfen, dass sie sich daran überfrisst.»[2] Die Vereinbarungen von Jalta sahen auch vor, eine parlamentarische Demokratie in Polen zu garantieren: Die neue «Provisorische Regierung der Nationalen Einheit soll sich verpflichten, möglichst bald freie und uneingeschränkte Wahlen auf der Grundlage des allgemeinen Wahlrechts und geheimer Abstimmung abzuhalten. Alle demokratischen und antinazistischen Parteien sollen das Recht haben, an diesen Wahlen teilzunehmen und Kandidaten aufzustellen.»[4] Trotz dieser Verpflichtungen fühlte sich die nichtkommunistische Führung zunehmend an den Rand gedrängt. Der Führer der polnischen Exilregierung in London, Stanisław Mikołajczyk, erinnerte sich später: «Wir gerieten zunehmend ins Abseits. Die Großen Drei betrachteten uns offen oder im privaten Gespräch als Saboteure an ihrer Einigkeit.»[5]

Nach dem Ende der Kämpfe in Europa gab es keine Friedenskonferenz oder einen Vertrag wie die Pariser Konferenz und den Versailler Vertrag nach dem Ersten Weltkrieg. Juristisch gesehen war der Vertrag, der den Zweiten Weltkrieg beendete, der 1990 zwischen den beiden Deutschlands, Frankreich, Großbritannien, der Sowjetunion und den Vereinigten Staaten geschlossene Vertrag (der so genannte Zwei-plus-Vier-Vertrag, der die Bedingungen für die deutsche Vereinigung festlegte.)

In Potsdam erzielten die Großen Drei im Juli 1945 ein vorläufiges Abkommen, bei dem Deutschland in vier Besatzungszonen aufgeteilt und die deutsch-polnische Grenze entlang der Oder und Neiße gezogen wurde. Das Abkommen sah zwar zentrale Verwaltungsbehörden vor, doch in der Praxis bildeten die Zonengrenzen eine Trennlinie der Einflusssphären zwischen England, Frankreich der Sowjetunion und den Vereinigten Staaten.

Ideale und Gewalt

Die Teilung Europas gründete zum Teil auf geopolitischen Überlegungen, hatte aber auch mit Idealen zu tun. Der kritische jugoslawische Kommunist Milovan Djilas beschrieb den Gegensatz zwischen den beiden großen politischen Bewegungen im Europa der Zwischenkriegszeit mit folgenden Worten: «Die ‹Lebensart› des Faschismus ist das Durcheinander und die Raserei, die des Kommunismus Zwang und Verbot, das erste vorübergehend, das zweite dauernd.»[6] Der neue Kommunismus nach 1945 wurde auf den Antifaschismus gegründet. Für die kommunistischen Führer, von denen viele in den späteren dreißiger Jahren und während des Krieges in Moskau waren, war die Sowjetunion das Modell für eine antifaschistische Gesellschaftsorganisation. Die UdSSR wollte einen einzigen Stil schaffen, hatte sich jedoch gleichzeitig mit dem Umstand auseinander zu setzen, dass die politischen Verhältnisse in den Ländern, die die Rote Armee vom Faschismus befreit hatte, höchst unterschiedlich waren. Überall übernahm die Kommunistische Partei die Macht, und sie übte sie aus, indem sie Listen von Personen erstellte, die für Führungspositionen in Frage kamen (*nomenklatura*). Auf diese Weise bildete die Partei selbstbewusst eine neue Elite heran, die von Milovan Djilas als die «neue Klasse» bezeichnet wurde (wobei er sich ohne dies auszusprechen auf Trotzkis Kritik an Stalin bezog).

Die kommunistische Machtausübung hatte nach dem Zweiten Weltkrieg überaus brutale Züge, doch gerade zu dieser Zeit übte sie auf ihre Anhänger unter den Arbeitern und Intellektuellen die größte Faszination und Anziehungskraft aus, weil diese sie für unverzichtbar hielten. Viele, die später zu unversöhnlichen Kritikern des Marxismus wurden, waren zu jener Zeit überzeugt von einer überwältigenden historischen Folgerichtigkeit oder Notwendigkeit, die den Gang der Ereignisse in die Richtung des Kommunismus lenkte. Leszek Kołakowski beispielsweise trug als junger Philosophiedozent im Warschau der späten vierziger Jahre sein Jackett gern offen, damit man den Revolver sah, der sein Bekenntnis zur «Einheit von Theorie und Praxis» sichtbar machen sollte. Einer der frühesten kritischen Denker, der den Aspekt der unabdingbaren Macht in der marxistischen Theorie erkannte, war der polnische Diplomat und Dichter Czesław Miłosz, der 1951 seine Stellung als Kulturattaché in Paris aufgab, um einen «Bericht über mich selbst» mit dem Titel *Das verführte Denken* zu schreiben. Darin erklärte er, es sei ebenso eine Idee wie der Zwang gewesen, was die kommunistische Macht über die schöpferische Phantasie der Intelligenzija bewirkt habe: «Verglichen mit dem Druck eines überzeugenden Argumentes ist der Druck der Staatsmaschinerie ganz geringfügig.»[7]

Ein Bestandteil des intellektuellen Arguments betraf die historische Notwendigkeit und die Folgerichtigkeit der Entwicklung vom Kapitalismus zum Kommunismus. In einer weiteren, zu jener Zeit ebenso bestechenden Idee ging es um das Ende des Nationalismus und des Nationalstaats, die offensichtlich beide so viel Leid über Europa gebracht hatten. Miłosz hatte auch das gesehen und trauerte – bei ihm ungewöhnlich – über den Verlust: «Das betreffende [osteuropäische] Land ist zu einer Provinz des großen Imperiums geworden und wird durch Edikte aus der Zentrale regiert … Vielleicht ist das Zeitalter der nationalen Souveränität ein für allemal vorüber, vielleicht gehören solche Ideen ins Museum; allein es schmerzt doch, den Traum von einer Föderation gleichgeordneter Völker, von einem europäischen Staatenbund, in dem die verschiedenen Sprachen und Kulturen die gleichen Rechte haben sollten, nun endgültig zu begraben. Es ist nicht angenehm, sich der Hegemonie eines Volkes zu unterwerfen, das immer noch unzivilisiert und primitiv ist, und die unbedingte Überlegenheit seiner Sitten und Einrichtungen, seiner Wissenschaft und Technik, seiner Literatur und Kunst anerkennen zu müssen; nicht angenehm, sich mit dem Gedanken vertraut zu machen … Muß man wirklich im Namen der Einigung der Menschheit solche Opfer bringen? Die westeuropäischen Völker … werden diese Phase später durchleben und in einer bedeutend gemilderten Form.»[8] Der Marxismus war eine Möglichkeit, die Stelle der diskreditierten Idee des Nationalstaats einzunehmen. Wie Miłosz angedeutet hatte, erfüllte die Europäische Gemeinschaft diese Aufgabe weitaus erfolgreicher.

Koalitionsregierungen

Die von der Sowjetunion besetzten und politisch neu organisierten Länder wurden anfangs wie in Westeuropa von Koalitionen regiert, die versuchten, alle politischen Schattierungen der Widerstandsbewegungen gegen die Nationalsozialisten einzubeziehen. In den meisten Ländern nahm das Schicksal der Koalitionen einen ähnlichen Verlauf: Zunächst einigten sie sich auf Sozialreformen, dann stritten sich die Parteien über deren praktische Verwirklichung, und schließlich nutzten die Kommunisten ihre Verbindungen zu Moskau, um sich die Vormacht zu sichern. Zu den ersten Sozialreformen gehörte in der Regel die Umverteilung des Großgrundbesitzes zu Gunsten ärmerer Bauern und landloser Landarbeiter sowie des Bodens von Deutschen und ihrer Kollaborateure, während man im Übrigen das Recht auf Privateigentum unangetastet ließ. 1944 hatten die Tschechische Nationale Front in Košice, die Ungarische Nationale Unabhängigkeitsfront und das Polnische Komitee der Nationalen Befreiung eine Bodenreform versprochen, und diese Versprechungen wurden ziemlich schnell eingelöst. In Polen wurden fast alle neuen Bauernwirtschaften auf ehemaligen deutschen Territorien errichtet. In anderen osteuropäischen Staaten bestand durchweg keine Notwendigkeit für eine einschneidende Umverteilung, da sich dort (wie in Rumänien und Jugoslawien) bereits ein größerer Teil des Bodens im

Besitz von Bauern befand. Die Enteignungen beschränkten sich weitgehend auf den Besitzen von Kollaborateuren. In Bulgarien wurden nur 2 Prozent des Bodens umverteilt.

In Polen war das Polnische Komitee der Nationalen Befreiung im Juli 1944 mit der Sowjetarmee ins Land gekommen und hatte im Dezember 1944 seinen Namen in Provisorische Regierung der Republik Polen geändert. Nach der Niederlage Deutschlands schloss sie sich mit einer Gruppe nichtkommunistischer polnischer Anhänger der Londoner Exilregierung unter der Führung Stanisław Mikołajczyks – vor dem Krieg Führer der Bauernpartei – zusammen. Mikołajczyk hatte bereits eine lang anhaltende und zunehmend erbitterte Auseinandersetzung sowohl mit Stalin als auch den westlichen Führern über die polnischen Nachkriegsgrenzen hinter sich. Die Kommunistische Partei Polens war unter Stalin gesäubert worden, wobei rund 5000 ihrer Mitglieder umkamen. Danach stand sie loyal zu Stalin.

Die Interimsregierung bereitete die Bühne für den Sozialismus mit einer Reihe von Sozialreformen, die über die schlichte Schaffung von weiteren Bauernhöfen hinausgingen. Bereits 1945 gab sie die von den Deutschen nach 1939 beschlagnahmten Fabriken nicht deren rechtmäßigen Eigentümern zurück, sondern verstaatlichte sie (und sparte auf diese Weise die Entschädigung ihrer früheren Eigentümer oder deren Erben); und 1946 verstaatlichte die Regierung alle Fabriken mit mehr als 50 Arbeitern.

Bei der Vorbereitung der ersten Nachkriegswahlen verkündeten vier regierungstreue Parteien ihre Absicht, einen «Demokratischen Block» zu bilden: Die Kommunistische und die Sozialistische Partei, die Demokratische Partei und eine Bauernpartei (mit demselben Namen wie die Bewegung Mikołajcziks, die zu dieser jedoch in Opposition stand, was einige Wähler natürlich verwirren musste). Den Wahlen (im Januar 1947) gingen umfangreiche Verhaftungen der Anhänger Mikołajcziks voraus (unter dem Vorwand, sie unterhielten Beziehungen zu «illegalen Untergrundorganisationen»). Am Vorabend der Wahlen gab das Sicherheitsministerium bekannt, eine Untergrundarmee von 15000 Kämpfern habe über 500 Mann der Sicherheitspolizei umgebracht. Am Wahltag befanden sich 2110 Mitglieder der Partei Mikołajcziks im Gefängnis, darunter 22 Kandidaten für den Sejm, das polnische Parlament. Über 100 Funktionäre seiner Partei wurden umgebracht[9]. Bei den Wahlen erreichte der Demokratische Block knapp über 9 Millionen Stimmen (78,9 Prozent), während die Partei Mikołajcziks nur knapp über eine Million Stimmen erhielt. Er erklärte, er werde beim Obersten Gericht beantragen, die Wahl für ungültig zu erklären. Die US-Regierung nahm den Standpunkt ein, zwar hätten die polnischen Wahlen nicht den Vereinbarungen des Potsdamer Abkommen entsprochen, doch werde sie die diplomatischen Beziehungen zu Polen nicht abbrechen. Der US-Botschafter in Warschau trat aus Protest von seinem Posten zurück und veröffentlichte seinen Brief an Präsident Truman, in dem er geschrieben hatte, die Wahlen seien «eine Farce» gewesen, in zynischer Missachtung der internationalen Verpflichtungen der polnischen Regierung.[10] Um seiner Verhaftung zu entgehen, floh Mikołajczik ein zweites Mal aus Polen und kehrte nach London zurück.

Als das polnische Parlament eine neue Verfassung verabschiedete, billigte es auch eine «Freiheitscharta», die eine Aufzählung von Menschenrechten enthielt (Gewissens- und Religionsfreiheit, Unverletzlichkeit der Wohnung, Schutz des Briefgeheimnisses) und in der Praxis bedeutungslos blieb. Im März 1948 wurde der Führer der Sozialisten, Ministerpräsident Józef Cyrankiewicz nach Moskau zitiert und beauftragt, seine Sozialistische Partei mit der Kommunistischen Partei zur «Polnischen Vereinigten Arbeiterpartei» (PZPR) zu vereinigen. Die «loyale» Bauernpartei und die formell unabhängige liberale Demokratische Bewegung durften als «Blockparteien» fortbestehen.

In Ungarn bestand eine im Dezember 1944 in Debrecen gebildete provisorische Gegenregierung gegen das kurzfristig vom 16.10.1944 bis April 1945 herrschende Szalási-Regime aus der Kommunistischen Partei, der Unabhängigen Kleinlandwirte-Partei, den Sozialdemokraten, der Nationalen Bauernpartei (de facto kaum mehr als eine Tarnorganisation für die Kommunisten, die auf dem Land auf erbitterte Ablehnung stießen) und einer Bürgerlich Demokratischen Partei. Diese Parteien waren locker in der Nationalen Unabhängigkeitsfront zusammengeschlossen. Bei den Wahlen 1945 erlangte die Kleinlandwirte-Partei ein unübersehbares Übergewicht: Bei den Kommunalwahlen erhielt sie selbst in Budapest über 50 Prozent der Stimmen, und im November 1945 betrug ihr Anteil an den abgegebenen Stimmen 57 Prozent, während die Kommunisten und die Sozialdemokraten es nur auf jeweils 17 Prozent brachten. Die wichtigste Persönlichkeit in der von Zoltán Tildy gebildeten Regierung war der Innenminister, der Kommunist Imre Nagy, der innerhalb kurzer Zeit die Polizeikräfte unter seine Kontrolle brachte und eine gigantische Behörde für Staatssicherheit (AVO) ins Leben rief.

1946 verschärften sich die Meinungsverschiedenheiten zwischen der Kleinlandwirte-Partei und den Kommunisten über die Form der neuen Verfassung, die Staatsgrenzen (die Kleinlandwirte wollten die von ethnischen Ungarn besiedelten Gebiete in Rumänien und der Slowakei einschließen, während die Kommunisten und die Sowjetunion auf der Grenze der Zwischenkriegszeit bestanden) und die übergroße Repräsentation der Kommunisten in der Verwaltung. Nachdem Tildy [im Februar 1946 mit der Ausrufung der Republik] zum Staatspräsidenten gewählt worden war, setzte die neue Regierung unter Ferenc Nagy die Koalition fort. Der Führer der Kommunisten, Mátyás Rákosi, ersetzte Imre Nagy im Innenministerium durch einen anderen Kommunisten, László Rajk (der später als kosmopolitischer Jude geschmäht und nach einem Schauprozess 1949 hingerichtet wurde). Rajk war in den dreißiger Jahren nicht in Moskau gewesen, was Stalins Argwohn weckte, hatte jedoch im Spanischen Bürgerkrieg gekämpft und war in Frankreich in deutsche Gefangenschaft geraten und geflohen, um sich dem ungarischen Untergrund anzuschließen. Rákosi griff den rechten Flügel der Partei der Kleinlandwirte an, die durch kommunistische Massendemonstrationen in Budapest gezwungen wurde, 22 ihrer Abgeordneten auszuschließen. Rákosi deckte immer neue angebliche Verschwörungen der Kleinlandwirte gegen die Republik auf und richtete im Frühjahr 1947 seine Angriffe gegen Ferenc Nagy. Dieser trat im Juni 1947 zurück, und aus den anschließenden Neuwahlen, die unter starkem sowjetischem Druck stattfanden, ging die Kommunistische Partei mit einem Stimmenanteil von 22 Prozent als stärkste Partei hervor. Die Nationale Bauernpartei erhielt weitere 7 Prozent der abgegebenen Stimmen.

Rákosi bildete eine Regierung, zwang die Sozialdemokraten zu einer Vereinigung mit den Kommunisten und übernahm die unmittelbare Kontrolle über die AVO. 1948 griff er die katholische Kirche an und organisierte eine eigene Hierarchie aus so genannten «Friedenspriestern». Joseph Kardinal Mindszenty wird zu lebenslanger Haft verurteilt.

In der Tschechoslowakei kehrten einige Vorkriegspolitiker an die Macht zurück: Vor allem der neue Staatspräsident, Edvard Beneš, und Jan Masaryk, der Sohn des Gründers der Republik, der Außenminister wurde. Der Grundstein für das Nachkriegsregime wurde mit dem Programm der im April 1945 in Kaschau (Kosice) gebildeten Koalitionsregierung gelegt. In dieser waren die Kommunistische Partei, die Nationale Sozialistische Partei, die Tschechischen Sozialdemokraten, die Tschechoslowakische Volkspartei und die Slowakische Demokratische Partei vertreten.

Bei den Wahlen von 1946 erhielten die Kommunisten mit 37,9 Prozent den höchsten Stimmenanteil. Neuer Ministerpräsident wurde Klement Gottwald, ein Kommunist; sein Parteigenosse Vaclav Nosek wurde Innenminister. Nosek organisierte die Polizei so um, dass er sich ihrer Loyalität sicher sein konnte. Im Februar 1948 traten die nichtkommunistischen Minister aus Protest zurück, nachdem eine Vereinbarung, die Entlassung nichtkommunistischer Polizeibeamter zu stoppen, nicht eingehalten worden war. Gottwald deckte eine Verschwörung zum Sturz der Regierung auf, und am

22. Februar verhaftete die Polizei Gegner der Regierung. Beneš stimmte einer rein kommunistischen Regierung zu, und am 10. März kam Masaryk unter dubiosen Umständen durch einen Sturz aus einem Fenster des Außenministeriums zu Tode. Im Juni trat Beneš zurück, und Gottwald nahm seinen Platz ein.

In Rumänien versuchte König Michael seinen Ministerpräsidenten Sanatescu zu entlassen, der ihn beschuldigt hatte, ein Werkzeug der Kommunisten zu sein (so wie er sich unter Antonescu als Werkzeug der Nazis hatte benutzen lassen). Die Kommunistische Partei drängte hart auf einen rigoros «antifaschistischen» Kurs, was in der Praxis die vollständige Ausschaltung der alten Eliten bedeutete. Ihre Führer wurden nach Moskau bestellt und instruiert, alles zu unternehmen, um ein Machtmonopol der kommunistisch beherrschten Nationalen Demokratischen Front zu erreichen. Ihr Manöver wurde vom russischen Vertreter in der Alliierten Kontrollkommission, General Winogradow unterstützt, der seine Befehle ohne Rücksprache mit den westlichen Alliierten erteilte. Schließlich setzte die Nationale Demokratische Front König Michael ab. Ähnlich gingen die Kommunisten in Bulgarien vor, um den Kindkönig Simeon zu entmachten.

Der Stalinismus und die Schdanowlinie

Der wirtschaftliche Wiederaufbau hätte sich vernünftigerweise auf den gesamten Kontinent erstrecken müssen, denn Ziel der westlichen Alliierten war, die Zersplitterung und die Nationalismen im Europa der Zwischenkriegszeit zu überwinden. Der Marshallplan stand anfangs auch den Ländern Osteuropas offen. Ihm ging ein beträchtlicher Strom von Hilfsgeldern voraus, die multilateral von der UNRRA verwaltet wurden, einer von der UNO übernommenen Hilfsorganisation zur Unterstützung von Flüchtlingen und Verschleppten. Darüber hinaus hatte Polen 1946 von der US-Regierung einen bescheidenen Kredit über 90 Millionen Dollar für den Kauf von Stahl und anderer für den Wiederaufbau benötigter Erzeugnisse erhalten, obwohl der US-Botschafter in Warschau das Außenministerium mit Denkschriften überhäuft hatte, in denen er die Regierung beschwor, «der herrschenden polnischen Clique» kein Geld zu geben, da diese der Urheber der «terroristischen Aktivitäten der Sicherheitspolizei» sei.[11] Die osteuropäischen Staaten lehnten den Marschallplan dann doch ab: Die politische Linie des Sowjetregimes hatte sich – gegründet auf seine Ideologie – geändert. Ihr Mittelpunkt war jetzt ein wesentlich antagonistischeres Weltbild.

Die beherrschende Figur des Stalinschen und des sowjetischen Denkens in den ersten Jahren nach 1945 war Andrei Schdanow. Von ihm stammte die klarste Definition der neuen Mentalität des Kalten Krieges. Die Welt war aufgeteilt in «zwei feindliche Lager», gekennzeichnet durch unterschiedliche politische und wirtschaftliche Systeme und unterschiedliche Kulturen. Schdanow gab der Kulturpolitik eine neue Richtung, als er 1946 die Resolution des Zentralkomitees formulierte, in der die Werke von Anna Achmatowa und Michail Sostschenko verurteilt wurden, und ins Zentrum der sowjetischen Ästhetik den sozialistischen Realismus und Antimodernismus stellte. Die neue Politik war Teil eines umfassenderen Angriffs auf den «Kosmopolitismus», der starke antisemitische Elemente enthielt. Schdanow gründete außerdem eine neue Organisation, die an die Stelle der aufgelösten Komintern treten sollte: das Kominform (Kommunistisches Informationsbüro). Er starb 1948, wenige Monate nachdem das Kominform die Politik und Parteilinie der offenbar erfolgreichen kommunistischen Regierung gebrandmarkt hatte: Es war die Titos in Jugoslawien.

Die Tschechoslowakei, Ungarn und Rumänien gingen zu einer wesentlich rigorosen Kontrolle des Staates über die Wirtschaft über. Binnen- und Außenhandel wurden verstaatlicht, zumal der Handel nicht geplanten Privatinitiativen zu viele Freiheiten zu eröffnen schien. Jugoslawien aber hatte als einziges Land im Ostblock bereits in den beiden ersten Jahren nach dem Krieg ebendiesen Weg beschritten.

Jugoslawien war Moskau gegenüber schon seit dem Krieg ein Sonderfall: Es war im Gegensatz zu seinen Nachbarn nicht von der Roten Armee befreit worden. Der militärische Erfolg der Partisanen hatte Josip Broz Tito eine einzigartige Legitimität verschafft. Tito hatte als Kroate im Ersten Weltkrieg in den österreichisch-ungarischen Armeen gegen Serbien gekämpft. Sieben Jahre hatte er in der Sowjetunion verbracht.

Im November 1943 stand Tito an der Spitze eines Komitees, das vom Antifaschistischen Rat der Nationalen Befreiung gebildet worden war. Im Mai 1944 schloss er ein Abkommen mit der Londoner Exilregierung, das in Jalta bestätigt wurde. Tito übernahm als Regierungschef zunächst den Stalinismus als Modell für das eigene Land weitaus konsequenter als alle anderen osteuropäischen Staaten, in denen die Koalitionsregierungen einstweilen kaum die Möglichkeit für Manipulationen boten. Das Sowjetmodell wirkte in Jugoslawien schon deshalb besonders attraktiv, weil das Problem des Föderalismus ideologisch «gelöst» werden konnte: Die gesamtstaatliche Kommunistische Partei wurde zum Bindeglied der ethnisch und formell weitgehend autonomen Republiken. Die jugoslawische Verfassung von 1946 übernahm fast unverändert die sowjetische Konstitution von 1936, und 1947 wurde der erste Vierjahresplan in Angriff genommen.

Tito reizte Stalin nicht durch irgendwelche innenpolitischen Maßnahmen, sondern durch seine eigenwillige Außenpolitik: So forderte er die Kontrolle über Triest, unterstützte die Kommunisten im griechischen Bürgerkrieg und übte Kritik an den Kommunistischen Parteien in Westeuropa, die ihre revolutionären Chancen nicht wahrnahmen. Stalin war seinerseits daran interessiert, keinen größeren Konflikt mit der westlichen Allianz zu provozieren, die über die Atombombe verfügte – weder über Triest noch auf der größeren Bühne Westeuropas und Griechenlands. Außerdem hielt er sich – als der Verfasser einer Abhandlung über die Nationalitätenfrage – für einen größeren Fachmann auf dem Gebiet der Lösung nationaler und ethnischer Probleme als jeden anderen.

Am 28. Juni 1948, dem Jahrestag der historischen Niederlage der Serben gegen die Türken in der Schlacht auf dem Amselfeld 1389 (und des Attentats auf den österreichischen Thronfolger 1914, das den Ersten Weltkrieg auslöste), brandmarkte das Kominform den «Nationalismus», das «Abweichlertum» und den «Trotzkismus» Jugoslawiens. Die «Führerschaft der jugoslawischen Partei [habe] ... eine inkorrekte Haltung in den Hauptfragen der Innen- und Außenpolitik eingenommen, die sich vom Marxismus-Leninismus» entferne. Sie habe den sich verschärfenden Klassenkampf im Land nicht erkannt und es versäumt, gegen die Kulaken anzugehen, «im Gegensatz zu der bekannten These Lenins, daß der kleine individuelle Bauer den Kapitalismus und die Bourgeoisie ständig, spontan und in großem Maße erzeuge.»[12]

Stalin erwartete, dass die jugoslawische Partei Tito seines Parteipostens enthob. Doch die Partei stellte sich hinter Tito, bezichtigte das Kominform der «Lüge» und wurde daraufhin aus dem Vorstand ausgeschlossen. Tito entwickelte umgehend ein alternatives Modell zum Stalinismus, das sein Gewicht auf das Prinzip der Selbstverwaltung legte. Überdies bemühte er sich um Ausgleich zwischen den verschiedenen Ethnien. Die Folge war, dass «die serbischen Nationalisten in Tito einen Nachfolger österreichisch-ungarischer Teilungsabsichten gegenüber dem Serbentum» sahen.[13] Auf der Bühne der internationalen Beziehungen wurde er zum Fürsprecher der «Blockfreien» unabhängig vom amerikanischen oder sowjetischen Vorbild, die Jugoslawien gemeinsam mit Indien und Indonesien seit den frühen sechziger Jahren anführte.

Nach Titos Bruch mit Stalin begann im Ostblock die Jagd auf «titoistische» Abweichler. Vor allem die Befürworter eines «Nationalkommunismus», gekennzeichnet durch Abweichungen vom Sowjetmodell unter den gegebenen besonderen Umständen, wurden angegriffen. Da gleichwohl nicht klar war, wer diese Abweichler eigentlich waren, richtete sich die Hexenjagd gegen kommunistische Führer, die während des Krieges nicht in

Moskau gelebt, sondern in Untergrundbewegungen oder in einem westlichen Land ausgeharrt hatten. Schauprozesse nach sowjetischem Muster brachten die Logik der Sowjetpolitik ebenso zum Ausdruck wie eigenständige Entwicklungen in einzelnen Ländern. Nur die Heftigkeit der Verfolgungen war unterschiedlich: In Ungarn und der Tschechoslowakei erfolgten sie mit einer mörderischen Brutalität, während in Polen zwar viele Abweichler inhaftiert, aber nur wenige hingerichtet wurden.

Rajk wurde im August 1948 aus dem ungarischen Innenministerium ins Außenministerium versetzt und im Juni 1949 unter der Beschuldigung verhaftet, er habe gemeinsam mit Titos Jugoslawien eine Verschwörung angezettelt. In einem Schauprozess «gestand» er, für Allen Dulles und seinen US-Auslandsgeheimdienst OSS gearbeitet zu haben und an einer Verschwörung zur Ermordung Rákosis beteiligt gewesen zu sein. Er wurde zum Tod verurteilt und gehängt.

Ende 1948 und im Frühjahr 1949 wurde ein Viertel der Mitglieder der tschechoslowakischen KP aus der Partei ausgeschlossen. 1949 und 1950 konzentrierte sich die Suche nach nationalistischen Abweichlern überwiegend auf Slowaken, und eine Reihe prominenter Slowaken, darunter Außenminister Vladimir Clementis und das Politbüromitglied Gustáv Husák, mussten die Partei verlassen. Im November 1951 erreichte der tschechische Stalinismus seinen Höhepunkt, als der Generalsekretär der tschechoslowakischen KP, Rudolf Slánsky, der einst ein enger Mitarbeiter Schdanows und einer der unerbittlichsten tschechischen Säuberer gewesen war, zusammen mit seinem Stellvertreter Bedrich Geminder verhaftet wurde. Man beschuldigte ihn des «Kosmopolitismus» und des «Zionismus» und stellte ihn im November 1952 vor Gericht. Elf der vierzehn Angeklagten waren Juden.

In Bulgarien wurde 1949 der stellvertretende Ministerpräsident Traitscho Kostow verhaftet und angeklagt, er habe mit den Vereinigten Staaten zusammengearbeitet; in einem Schauprozess, über den die Medien ausführlich berichteten, «gestand» er sein Vergehen. Anderswo in Osteuropa ging der Stalinismus diskreter vor. 1950 kam es in der DDR innerhalb der SED zu einer umfangreichen Säuberung, ohne dass viel Gewalt angewendet wurde. In Rumänien erfolgten die Säuberungen später und nahmen eine eigenartige Form an: Es waren jene Führer der rumänischen KP, die am stärksten der Moskauer Linie anhingen: Vasile Luca, Teohari Georgescu und Ana Pauker, die aus ihren Ämtern entfernt wurden. Der ungewöhnliche Charakter dieser Säuberung nahm einige spätere Entwicklungen vorweg: den Abzug der sowjetischen Truppen aus Rumänien 1958 (ebenfalls für den Ostblock einzigartig) und die unverblümte Kritik am sowjetischen Interventionismus durch Nicolae Ceauşescu 1966.

In Polen war der Mann, der in Moskau als der Anführer des «Titoismus» ausgemacht wurde, Władysław Gomułka, seit 1943 Generalsekretär der polnischen KP. Im September 1948 wurde er gezwungen, seine Irrtümer einzugestehen, und später wurde er inhaftiert. Im Dezember 1948 ernannte ein Parteitag einen ehemaligen Vertreter bei der Komintern, Bolesław Bierut, zum Generalsekretär der Partei. Er wurde der polnische Stalin.

Diese extrem brutale Periode fiel in die Zeit, in der die von der Sowjetunion beherrschten europäischen Länder das höchste wirtschaftliche Wachstum zu verzeichnen hatten. Das von der United Nations Economic Commission for Europe (UNECE) geschätzte jährliche Wachstum pro Kopf der Bevölkerung für die Periode 1951–55 betrug 7,2 Prozent in Bulgarien, 5,7 Prozent in Rumänien, 5,3 Prozent in Ungarn und 4,1 Prozent in Polen. (Die amtlichen Zahlen lagen wesentlich höher.) Wie im Sowjetrussland der dreißiger Jahre konnten die Kommunistischen Parteien versuchen, ihre Brutalität mit ihren wirtschaftlichen Leistungen zu rechtfertigen.

Nach Stalin

Im Januar 1953 wurde in der Sowjetunion eine «Ärzteverschwörung» aufgedeckt. Eine Gruppe von zumeist jüdischen Ärzten hatte angeblich führende Parteifunktionäre, darunter auch Schdanow, vergiftet und umgebracht. Der Staat reagierte mit Massenverhaftungen, und viele befürchteten eine Wiederkehr der späten dreißiger Jahre. Der Tod Stalins am 5. März 1953 verhinderte zwar einen solchen Rückfall, löste jedoch in anderer Weise Unruhe aus. Zunächst sah es so aus, als ob der mächtigste Mann der poststalinschen Ordnung, der Minister für Inneres und Staatssicherheit Lawrenti Berija, der neben Georgi Malenkow (der Ministerpräsident wurde und auch für ganz kurze Zeit Generalsekretär der KPdSU war) und Außenminister Wjatscheslaw Molotow bei der Beerdigung Stalins eine Trauerrede hielt. Berija war fraglos der dominierende Mann in dieser Troika und vermittelte den Eindruck, «kalt wie eine Hundeschnauze» zu sein, und bei der Beerdigung äußerte er sich sogar ziemlich abschätzig über den Diktator.[14]

Zu diesem Zeitpunkt setzte ein politisches Tauwetter ein, möglicherweise weil Berija und die Sicherheitsdienste besser als die Partei über die Stimmung in der Bevölkerung informiert waren. Beim Begräbnis Stalins hatte Berija hervorgehoben, dass die Sowjetunion ein Vielvölkerstaat sei. Für den überwiegend nichtrussischen Westen der Ukraine forderte er die Benutzung der ukrainischen Sprache und die Beförderung von ethnischen Ukrainern in der Partei; außerdem machte er Zugeständnisse im Hinblick auf eine Religionsfreiheit. Der spektakulärste Vorstoß erfolgte in den Beziehungen zur DDR, als Berija davon sprach, den erzwungenen Aufbau des Sozialismus aufzugeben und Vorbereitungen für ein vereinigtes und demokratisches Deutschland zu treffen.[15] Am 10. Juni kündigte das Politbüro in der DDR Reformen an und amnestierte eine große Zahl von Häftlingen. Doch gleichzeitig wurden die Arbeitsnormen erhöht, und am 16. und 17. Juni kam es in Ostberlin zu massiven Protestdemonstrationen. Sie wurden von sowjetischen Panzern brutal unterdrückt. Der Führer der SED, Walter Ulbricht, dessen Position durch Berija und dessen ostdeutsche Verbündete Zaisser und Herrnstadt gefährdet war, hatte möglicherweise dafür gesorgt, dass die Proteste in Berlin provoziert wurden, um seine Feinde und deren Politik in Misskredit zu bringen. Jetzt behauptete er, die Demonstrationen seien das Ergebnis eines verfehlten Liberalisierungskurses. Zaisser und Herrnstadt wurden ihrer Funktionen entbunden und 1954 aus der SED ausgeschlossen.

Die Ereignisse vom 17. Juni hatten Rückwirkungen auf das kommunistische Machtzentrum. In Moskau gelang es Nikita Chruschtschow, einige führende Militärs auf seine Seite zu ziehen, und nachdem er Malenkow eingeredet hatte, Berija drohe den Sozialismus zu untergraben, organisierte er dessen Verhaftung während einer Sitzung des Präsidiums des Zentralkommittees am 26. Juni 1953. Berija wurde zum Tod verurteilt und hingerichtet. Später setzte die Parteiführung Geschichten über ihn in die Welt, er habe wilde sexuelle Orgien gefeiert und Frauen vergewaltigt.

Der neue sowjetische Generalsekretär Chruschtschow lancierte sein eigenes, wesentlich vorsichtigeres Reformprogramm. Dabei folgte er einem Zickzackkurs und schwankte zwischen einer Liberalisierung und einer Verschärfung der Kontrolle hin und her. Nachdem er einen Wechsel im wirtschaftlichen Kurs angedeutet hatte, betonte Chruschtschow 1955, die Sowjetwirtschaft werde sich auch weiterhin auf die Entwicklung der Schwerindustrie konzentrieren. Außerdem sprach er von einer militärischen Bedrohung, die gegen die Sowjetunion gerichtet sei. Die Schaffung eines osteuropäischen Militärbündnisses, des Warschauer Pakts im Jahr 1955, war weitgehend eine Reaktion auf die Erweiterung der Nato durch die Aufnahme der Bundesrepublik Deutschland.

Im Februar 1956 leitete Chruschtschow einen Entstalinisierungsprozess ein, als er auf dem XX. Parteitag der KPdSU eine kritische Rede gegen den Stalinismus hielt, in der er unter anderem sagte: «Stalin handelte nicht mit dem Mittel der Überzeugung, der Erklärung, der geduldigen Arbeit mit den Menschen, sondern durch das Aufzwingen seiner Konzeptionen, indem er die absolute Unterordnung unter seine Meinung forderte. Wer sich dem entgegenstellte oder versuchte, seinen eigenen Gesichtspunkt und die Richtigkeit seines Standpunktes zu begründen, war zum Ausschluß aus dem Leitungskollektiv und in der Folge zur moralischen und physischen Vernichtung verurteilt. So war es insbesondere im Zeitraum nach dem XVII. Parteitag (1934) …»[16]

Die Idee einer erneuten Wendung in der Sowjetideologie reichte aus, um in Osteuropa größere Unruhen auszulösen. Unmittelbar nach dem XX. Parteitag der KPdSU starb der polnische Führer Bierut, wahrscheinlich durch Selbstmord, möglicherweise aber an den Folgen eines Herzinfarkts. Am 28. Juni 1956 gingen Arbeiter in Poznań (Posen) auf die Straße und demonstrierten für ein «Ende des Kommunismus» sowie für «Brot und Freiheit». Armee und Polizei schritten brutal dagegen ein, und 53 Demonstranten wurden getötet. Die polnischen Kommunisten reagierten mit dem Versuch, die Rebellen zu beschwichtigen, vor allem etwa mit der Rehabilitierung Gomułkas, der während der meisten Zeit der stalinistischen Periode im Gefängnis gesessen hatte. Auf dem Parteitag im Oktober hielt Gomułka eine Rede, die (im Gegensatz zu Chruschtschows berühmter Rede) im Warschauer Rundfunk gesendet wurde. Darin prangerte er die Fehler der Industrie- und Agrarpolitik während der letzten sieben Jahre an, kündigte eine Dekollektivierung der Landwirtschaft an (die als einzige im ganzen Sowjetblock auch tatsächlich durchgeführt wurde) und versprach Wahlen, in denen die Menschen die Möglichkeit haben würden, «eine Wahl zu treffen und nicht nur ihre Stimme abzugeben». Einige Tage später wurde der über den katholischen Primas, Kardinal Wyszyński, verhängte Hausarrest aufgehoben. In seiner Rede hatte Gomułka gefragt:

> «Wir sind mit der Frage konfrontiert, wie es passieren konnte, daß unsere Partei in der Vergangenheit so viele Verirrungen erlaubte?». [17]

Tito schickte Gomułka «warme und herzliche Glückwünsche», während US-Präsident Eisenhower Wirtschaftshilfe anbot und öffentlich erklärte, die Vereinigten Staaten hätten einen Auftrag,

> «in Regionen zu expandieren, in welchen freie Menschen und freie Regierungen sich entwickeln können».[18]

Insgeheim versuchte Gomułka den militärischen Einfluss der Sowjets zu verringern und den Verteidigungsminister, den polnischstämmigen Sowjetmarschall Konstantin Rokossowski, seines Amtes zu entheben. Das polnische Politbüro hatte bereits darum ersucht, alle «Berater» des KGB aus Polen zurückzurufen. Chruschtschow war außer sich, flog nach Warschau und mobilisierte die Sowjettruppen in Polen sowie die Flotte vor der Ostseeküste. Auf Gomułkas Befehl ging die polnische Armee entlang der Haupteinfallsstraßen nach Warschau in Stellung. Sowjetfeindliche Studenten gingen in Warschau auf die Straße. Schließlich handelte Gomułka einen Kompromiss mit Chruschtschow aus, der erklärte, er habe keine Einwände gegen die Entwicklung der polnischen KP, die auf dem Parteitag im Oktober formuliert worden war, während Gomułka sagte,

> «wir müssen selbst beurteilen, wie lange und wie viele sowjetische Militärexperten in Polen bleiben werden.»[19]

Chruschtschow schreckte wahrscheinlich vor den Konsequenzen einer Militärintervention in Polen zurück, und Ende Oktober machten die Ereignisse in Ungarn einen solchen Schritt ohnehin völlig undenkbar.

Chruschtschow hatte schon frühzeitig Kritik an Rákosi geübt, und 1953 wurde Imre Nagy Ministerpräsident Ungarns und schlug einen «neuen Kurs» ein. Rákosi, der Parteisekretär geblieben war und 1954 versuchte, die Partei gegen den Staat zu mobilisieren, sabotierte diesen Kurs. Im April 1955 wurde Nagy von der stalinistischen Fraktion aus dem Zentralkomitee der ungarischen KP ausgeschlossen. Im Juni 1956 wurde Rákosi auf Druck der Sowjetunion und im Rahmen eines Versuchs, eine Versöhnung zwischen Chruschtschow und Tito herbeizuführen, seines Postens enthoben, doch an seine Stelle trat ein enger Verbündeter und der geistige Vater seiner Wirtschaftspolitik, Ernö Gerö. Gerö hatte von Moskau die folgende Instruktion erhalten: «Das Nachlassen der internationalen Spannungen und die Parole der Koexistenz setzen weder ideologische Zugeständnisse noch eine Annäherung und feindliche Auffassungen voraus, sondern schließen diese im Gegenteil aus. Das ist der Grund, warum Sie alle Faktoren ausschalten müssen, die für den Zusammenbruch der Parteidisziplin in Ungarn verantwortlich sind. Sie müssen die Disziplin unter der Mitgliedern des Zentralkomitees und dem Fußvolk der Partei wiederherstellen und einen entschlossenen Kampf an der ideologischen Front aufnehmen.»[20]

Am 6. Oktober 1956 wurde der rehabilitierte László Rajk unter großem Pomp noch einmal beerdigt. Am 23. Oktober veranstalteten Studenten und Arbeiter Massendemonstrationen in Budapest und stürzten die überlebensgroße Stalinstatue. (Ähnliche Statuen in anderen Ostblockländern blieben aber weiterhin stehen.) Die Demonstranten forderten, Imre Nagy solle die neue Regierung führen und die sowjetischen Truppen sollten aus dem Land abgezogen werden. Am 24. Oktober wurde Imre Nagy zum Ministerpräsidenten ernannt. Er bildete eine neue und offenere Regierung und versprach am nächsten Tag eine Regierung «auf breitester Grundlage». Als die Sowjets mit Panzern versuchten, die Proteste niederzuschlagen, wurden sie von ungarischen Demonstranten angegriffen. Diese beschafften sich sehr bald Waffen und entwickelten sich zu einer ziemlich wirksamen Streitmacht, die außerdem die Geheimpolizei angriff. Bis zum 28. Oktober hatten sich die sowjetischen Truppen aus Budapest zurückgezogen. Am 30. Oktober proklamierte Nagy «die Aufgabe des Einparteiensystems» und forderte die ersten politischen Führer Ungarns nach dem Krieg, darunter auch Zoltán Tildy von der Kleinlandwirte-Partei auf, einen provisorischen Regierungsausschuss zu bilden. Anfang November trafen neue Militäreinheiten in Ungarn ein. Nagy erklärte den Austritt Ungarns aus dem Warschauer Pakt und bat die Vereinten Nationen um Unterstützung. Es war ein ungünstiger Zeitpunkt: Britische und französische Truppen hatten als Reaktion auf die Verstaatlichung des Suezkanals gerade Ägypten angegriffen.

Die neuen sowjetischen Truppen eroberten Budapest in einem blutigen Kampf zurück, doch wochenlang war Ungarn durch Streiks gelähmt. Während der Unruhen wurden 22000 Ungarn und knapp 2300 Sowjetsoldaten getötet oder verwundet. Nagy flüchtete sich in die jugoslawische Botschaft, wurde jedoch der sowjetischen Polizei übergeben und nach Rumänien verschleppt. 1957 brachte man ihn wieder nach Ungarn zurück und verurteilte ihn in einem Geheimprozess zum Tode. Rund 100000 Ungarn wurden verhaftet, 26000 kamen vor Gericht und erhielten Haftstrafen, 600 wurden zum Tode verurteilt und hingerichtet.[21]

Der neue Ministerpräsident war János Kadar, der Anfang November Budapest heimlich verlassen hatte und nach Moskau geflogen worden war (wo er zunächst vor einer militärischen Intervention gewarnt hatte, weil diese nach seiner Ansicht die Moral der ungarischen Kommunisten untergraben würde). Mit Unterstützung des sowjetischen Militärs errichtete er einen Stützpunkt in Szolnok, 80 Kilometer südöstlich von Budapest, und wurde Ministerpräsident einer, wie er sagte, «Regierung der nationalen Einheit auf der Grundlage der Ideologie der Volksdemokratie.» Die Ungarn sprachen zutreffend von einer «Marionettenregierung».

Die Revolten in Polen und Ungarn hinterließen zwei höchst gegensätzliche Vermächtnisse. Ungarn zeigte allen Ostblockländern brutal die Grenzen, die einem Wandel von der Sowjetunion gezogen würden. Der polnische Kritiker Adam Michnik schrieb später: «Natürlich dürfen wir nicht vergessen, das brennende Budapest hat damals bezeugt, dass es nur einen sehr schmalen Bereich möglicher Veränderungen gibt und dass die wichtigsten Spielregeln durch die sowjetische Präsenz vorgegeben und nicht einmal vom Westen zurückgewiesen werden. Imre Nagys Hilferuf und das Schweigen der westlichen Regierungen waren ein viel zu deutliches Signal für die grundsätzliche Gültigkeit der Jalta-Abkommen und der Tatsache, dass uns niemand helfen wird, wenn wir uns nicht selbst helfen.»[22] Polen dagegen, das durch den Ausbruch der ungarischen Revolte vor einem massiveren Eingreifen der Sowjetunion bewahrt wurde, lernte eine Lektion über seinen inneren Zustand. Die relative Schwäche oder Milde des Stalinismus in Polen (Haftstrafen statt Todesstrafen), die Bedeutung der nationalen Karte, die Existenz der Kirche als Gegengewicht in der Gesellschaft und die Tendenz der polnischen KP, auf Krisen zu reagieren, indem sie die radikalen Kritiker an die Macht brachte, all dies zusammengenommen schuf einen Präzedenzfall. 1956 übernahmen Gomułka und seine Anhänger die Partei: Es war ein einzigartiger Triumph der Kritiker, der andere, spätere Kritiker zu radikaleren Positionen ermutigte. Einige von ihnen – wie der Journalist Jerzy Urban von der kritischen Zeitschrift *Po Prostu* – gelangten später in die Regierung, als neue Krisen zu einer neuen Kooptierung führten; andere dagegen – wie Leszek Kołakowski – gingen in ihrem radikalen Denken so weit, dass sie die fundamentalen ideologischen Voraussetzungen des kommunistischen Projekts verwarfen.

Es gab keine geradlinige Reformbewegung im Zentrum des Sowjetblocks. Chruschtschows anfänglicher Angriff auf den Personenkult hatte tief greifende Unruhen zur Folge; nach 1956 trat er schleunigst einen Rückzug an. Zwei Jahre später initiierte Chruschtschow dann ein allgemeineres Tauwetter. In seiner Rede auf dem XXII. Parteitag 1961 ging er wesentlich weiter als 1956. 1962 erhielt Aleksandr Solschenizyn die Erlaubnis, einen drastischen und Entsetzen erregenden Bericht von den Arbeitslagern in der stalinistischen Ära zu veröffentlichen: *Ein Tag im Leben des Iwan Denissowitsch.* Doch fast unmittelbar danach verurteilte Chruschtschow die «Exzesse» der Avantgardekunst. Er versuchte die Beziehungen zum Westen zu verbessern und eine frühe Version der später so genannten Entspannung ins Spiel zu bringen. Dennoch war der Konflikt zwischen den Supermächten nie so bedrohlich wie zur Zeit Chruschtschows, als Berlin 1958 und 1961 zum Brennpunkt internationaler Spannungen wurde und die Welt wegen der in Kuba stationierten sowjetischen Raketen 1962 am Rande eines atomaren Krieges stand. In der Wirtschaftspolitik brachten eine halbherzige Liberalisierung und unsachgemäße Versuch einer Agrarreform Chruschtschow in Misskredit, was zu seinem Sturz 1964 beitrug.

Desillusionierung

Osteuropa erzielte mit der Wirtschaftsplanung nach sowjetischem Vorbild hohe Wachstumsraten, die sogar höher waren als das gleichzeitige westeuropäische «Wirtschaftswunder». Neue Großstädte wurden errichtet, in denen neue Sowjetmenschen leben sollten. Wie im Russland der dreißiger Jahre hatte die Schwerindustrie die höchste Priorität. In der DDR wurde 1951 für die Beschäftigten des Eisenhüttenkombinats Ost Stalinstadt gegründet, das später mit Fürstenberg zu Eisenhüttenstadt vereinigt wurde. Nowa Huta (Neue Eisenhütte) in der Nähe von Krakau wurde als erste sozialistische Stadt Polens geplant mit dem Ziel, ein Gegengewicht zur katholischen Intellektualität Krakaus zu bilden und dieser mit der Zeit den Rang abzulaufen.

Der erste Weltraumsatellit, der Sputnik («Weggenosse», «Begleiter»), wurde im Oktober 1957 ins All geschossen (fast unmittelbar danach wurde der Begriff «Satellit» ironisch zur Beschreibung der sozialistischen «Bruderländer» der UdSSR benutzt). Er wirkte wie eine frappante Bestätigung des sowjetischen Verhältnisses zu Wissenschaft, Planung und Wachstum. Auch der Lebensstandard in der Sowjetunion erlebte erstaunliche Steigerungen. In den frühen sechziger Jahren ergaben Meinungsumfragen unter den Sowjetbürgern ein hohes Maß an Zufriedenheit und Vertrauen. Die meisten Moskauer Studenten waren überzeugt, dass sie innerhalb von zwei bis drei Jahren nach ihrem Examen in der Lage sein würden, sich ein Auto zu kaufen.[23] Diese optimistischen Erwartungen wurden nicht nur von Sowjetbürgern geteilt: 1960 schätzte die CIA auf der Basis von Extrapolationen, dass das sowjetische Bruttosozialprodukt im Jahr 2000 dreimal so hoch sein könnte wie das der Vereinigten Staaten.[24] Das Programm der KPdSU enthielt ein eindeutiges Versprechen: «Die Partei erklärt feierlich: Die gegenwärtige Generation der Sowjetbürger wird im Kommunismus leben.»[25]

Leonid Breschnew und Aleksei Kossygin versuchten, Chruschtschow durch eine kollektive Führung zu ersetzen, die gelassener und weniger impulsiv sein würde als die ihrer Vorgänger. Außerdem war sie wesentlich älter. Das Durchschnittsalter des Politbüros, das 1952 noch 55,4 Jahre betragen hatte, lag zur Zeit der Absetzung Chruschtschows bei 61,0 und 1980 bei 70,1 Jahren.[26] An die Stelle des bisherigen Utopismus trat Sachlichkeit (was bei den Russen *delowitost* hieß: Sachlichkeit, Geschäftsmäßigkeit). In der Praxis vermittelte dies einen zunehmenden Opportunismus. Anfang der achtziger Jahre versuchte der ehemalige sowjetrussische Dissident Aleksandr Sinowjew, der in Paris lebte, das Charakteristische des neuen *Homo sovieticus* zu beschreiben:

> «Was ich aufzuweisen habe, ist lediglich eine mehr oder weniger zuverlässige Reaktion auf das, womit ich gezwungenermaßen in Konflikt gerate, ist nichts als ein stereotypes Verhalten.
>
> Überzeugungen sind ein Charakteristikum des westlichen, nicht des östlichen Menschen. Letzterer nennt anstelle von Überzeugungen stereotype Verhaltensweisen sein eigen, die keinerlei Überzeugung erfordern und sich daher mit jeglicher Überzeugung vereinbaren lassen.

Diese Verquickung von Überzeugung und stereotypem Verhalten ohne jede Überzeugung führt bei den Menschen im Westen zu vielerlei Missverständnissen hinsichtlich des Verhaltens des Sowjetmenschen.»[27]

Sinowjew traf den entscheidenden Punkt, dass der sowjetische Sozialismus auf einer Ideologie beruhte, an die man in den Jahren unmittelbar nach dem Krieg allgemein glaubte, die in den sechziger Jahren jedoch kaum noch von jemandem geteilt wurde – obwohl sie (nach ihrem eigenen Verständnis) auch weiterhin erfolgreich war.

Das Konsumdenken entwickelte sich im Ostblock immer stärker. In der UdSSR beispielsweise besaßen 1965 32 Prozent der Familien in den Städten ein Fernsehgerät und 17 Prozent einen Kühlschrank; 1977 waren es bereits 77 bzw. 87Prozent.[28] Etliche Beobachter haben auf der Grundlage solcher Zahlen behauptet, der Kommunismus sei (langfristig) gerade deshalb gescheitert, weil er so erfolgreich gewesen sei, ein Argument, das natürlich in seiner einfachsten Form widersinnig und sogar töricht wirkt. Der Westen war schließlich unstreitig in der Produktion von Konsumgütern erfolgreicher; und trotz der Kühlschränke herrschte noch immer ein Mangel bei zahlreichen Verbrauchsgütern, und die Kühlschränke waren kaum gefüllt.

In den sechziger Jahren experimentierten viele Ostblockländer mit Wirtschaftsreformen, insbesondere mit einer Dezentralisierung in unterschiedlichen Formen. 1963 führte die DDR ein «Neues Wirtschaftssystem der Planung und Leitung» ein, das die Preise neu ordnen und den persönlichen materiellen Interessen der Arbeitnehmer Rechnung tragen sollte. Ziel war hierbei die Erhöhung der Produktivität, aber bereits 1970 sah sich die DDR genötigt, wieder zum alten System zurückzukehren. Bulgarien lockerte seine Wirtschaftskontrollen nach 1964, führte sie nach 1968 jedoch wieder ein. Die bedeutendsten Reformen erfolgten in Ungarn, doch selbst dort wurden sie 1972 wieder rückgängig gemacht, und Großunternehmen wurden wieder einer zentralen Aufsicht unterstellt. Der «Vater der Reform», Rezsö Nyers, wurde 1974 seines Postens enthoben.

Ab der Mitte der sechziger Jahre kam es trotz des ständig wachsenden Angebots an Konsumgütern zu einer Änderung, und die Stimmung verschlechterte sich. Dass diese Feststellung nicht einfach die Kopfgeburt von desillusionierten Intellektuellen war, ließ sich an demographischen Zahlen ablesen, die vom Sowjetsystem von da an sorgfältig geheim gehalten wurden. In den ersten Jahren nach dem Zweiten Weltkrieg ging ebenso wie in Westeuropa mit der Verbesserung des Lebensstandards die Sterblichkeit zurück, und die Lebenserwartung stieg an. Für Polen, wo diese überraschenden Ergebnisse erstmals in den politischen Unruhen der achtziger Jahre aufgedeckt wurden (andere Länder hielten diese Zahlen noch länger geheim), betrug die Sterblichkeit der Männer zwischen 40 und 44 Jahren bezogen auf jeweils 100 000: 614 (1950) und 393 (1965), eine beträchtliche Verbesserung. 1970 lag diese Ziffer jedoch bei 437 und 1980 bei 894. Die Sterblichkeitsziffern bei allen hauptsächlichen Todesursachen in dieser Altersgruppe – Herzprobleme, Krebs und Gewalteinwirkung – zeigten alle denselben Trend: einen Rückgang bis 1965, danach einen Anstieg.[29]

Die Gründe für diese erstaunliche Entwicklung sind komplex. Sie liegen zum Teil in einer Verschlechterung der Umweltbedingungen, welche die Menschen krankheitsanfälliger machte, und zum Teil in einem zunehmenden Alkoholkonsum, der in der zweiten Hälfte der achtziger Jahre zum ersten Ziel der Erneuerungskampagne Gorbatschows wurde; ein höherer Verbrauch von Zigaretten erhöhte die Zahl der Herzkranken und Ähnliches. In Westeuropa kam es dagegen nicht zu einer vergleichbaren Umkehrung des Trends. Dieser Tatbestand legt die Vermutung nahe, dass in den sechziger Jahren eine starke, geradezu zynische Desillusionierung einsetzte: Als der Idealismus der politischen Elite der Nomenklatura einem uninspirierten Pragmatismus wich, begannen die Leute voller Verachtung auf «sie» herabzublicken (im polnischen Untergrund zirkulierte ein wichtiges Buch der Journalistin Teresa Toranska, das Interviews mit Angehörigen der Elite enthielt und den Titel «sie» – *oni* – trug).

Anfangs äußerte sich das Verlangen nach einem Wandel auf einer volkstümlichen Ebene einfach in dem Wunsch, mit einer lebendigeren westlichen Kultur verbunden zu werden. 1967 kam es zu Straßenunruhen in Warschau, als 3000 Jugendliche versuchten, in den Kulturpalast einzudringen, wo die Rolling Stones ein Konzert veranstalteten.

Die polnische Kirche erfasste die Stimmung der sechziger Jahre. Die Reformen des Zweiten Vatikanischen Konzils machten die Kirche volksnäher. 1965 unternahm die katholische Kirche einen Vorstoß in den wesentlich politischeren Bereich der deutsch-polnischen Beziehungen. Für das Regime war es am einfachsten, die sowjetische Militärpräsenz mit der Notwendigkeit eines Schutzes gegen ein Wiedererstarken des deutschen Militarismus zu rechtfertigen. Jetzt veröffentlichten die polnischen Bischöfe einen offenen Brief an die deutschen Bischöfe: «Wir verzeihen und bitten Euch um Verzeihung.» Sogleich gab die polnische Regierung eine Gegenerklärung ab: «Wir vergessen nicht und wir werden nicht vergeben.» Daraufhin veröffentlichte der Erzbischof von Krakau eine Erklärung, in der er den Brief der Bischöfe in einen wesentlich umfassenderen Kontext stellte: «Als wir [Polen] während der [deutschen] Besatzungszeit zusammen gearbeitet haben, gab es vieles, was uns geeint hat, vor allem die Achtung vor dem Menschen, vor dem Gewissen, der Individualität und der sozialen Würde.»[30] Das waren freilich genau jene menschlichen Tugenden, die von der kommunistischen Gesellschaft abgetötet wurden.

Drei Klammern hatten Osteuropa zusammengehalten: Die Idee der historischen Notwendigkeit einer Ablösung des Kapitalismus durch den Sozialismus, die innere Macht des kommunistischen Regimes und der äußere Rahmen einer potentiellen Bedrohung durch Deutschland und des Schutzes dagegen durch die Rote Armee. In den sechziger Jahren wurde dies alles zunehmend in Frage gestellt, und der Wandel in der deutschen Außenpolitik, die allmähliche Entwicklung der «Ostpolitik» noch vor der Übernahme des Außenministeriums durch Willy Brandt 1966, bewirkten einen neuen Denkprozess in Osteuropa. 1965 wurde Nicolae Ceauşescu nach dem Tod von Gheorge Gheorgiu-Dej neuer Führer der rumänischen KP. Ceauşescus Kritik am Warschauer Pakt 1966 war die Reaktion auf den Austritt Frankreichs aus der Nato durch ein Land, das sich als das Frankreich des Ostblocks verstand. Im folgenden Jahr nahm er diplomatische Beziehungen zur Bundesrepublik Deutschland auf, ohne die Billigung Moskaus einzuholen.

Die bedeutendste spezifisch politische Reformbewegung der sechziger Jahre entwickelte sich in der Tschechoslowakei. 1963 begann Ota Sik mit einer partiellen Liberalisierung der Wirtschaft – gleichzeitig mit Initiativen in der Sowjetunion unter der Leitung von Jewsej Liberman, jedoch wesentlich weitergehend.

Jugendbewegungen, Frauenorganisationen und Slowaken, die mehr Autonomie forderten, sie alle setzten die Führung der tschechoslowakischen KP unter Druck. Im Januar 1968 wurde Antonín Novotný zum Rücktritt von seinem Amt als Generalsekretär gezwungen; seinen Platz nahm Alexander Dubček ein. Im April 1968 verabschiedete die Partei ein Aktionsprogramm, doch hinausgezögerte Konzessionen konnten die immer radikaleren Forderungen nach einer Reform nicht mehr zum Schweigen bringen. Am 27. Juni brachten vier tschechische Tageszeitungen ein Dokument mit dem Titel «Manifest der 2000 Worte», das von siebzig namhaften Professoren, Intellektuellen, Ärzten und Spitzensportlern (darunter der populäre Langstreckenläufer Oberst Emil Zátopek) unterzeichnet war. Darin wurde unter anderem die Scheindemokratie beklagt:

> «mit Hoffnung hatte die Mehrheit der Nation das Programm des Sozialismus angenommen. Dessen Leitung geriet jedoch in die Hände unrechter Leute.»[31]

Der sowjetische Staats- und Parteichef Leonid Breschnew formulierte 1968 eine alte marxistisch-leninistische These über die Unausweichlichkeit der historischen Entwicklung neu. Angewandt auf die Außenpolitik und insbesondere die Kontrolle der Sowjetunion über Osteuropa wurde diese These als Breschnew-Doktrin bekannt. Am klarsten hatte Breschnew sie in einer Rede formuliert, die er später im selben Jahr vor polnischen Kommunisten in Warschau hielt und in der er unter anderem ausführte:

> «Genossen, bekanntlich bestehen aber allgemeine Gesetzmäßigkeiten des sozialistischen Aufbaus. Eine Abkehr von ihnen könnte zu einer Abkehr vom Sozialismus führen … Es ist verständlich, dass eine Aktion zur Vereitelung einer Gefahr für die sozialistische Ordnung, wie die militärische Hilfe für ein Bruderland, eine außerordentliche, notgedrungene Maßnahme ist. Sie kann nur durch direkte Aktionen der Feinde des Sozialismus inner- und außerhalb des Landes, durch Aktionen hervorgerufen werden, die die gemeinsamen Interessen des sozialistischen Lagers gefährden.»[32]

Im Juli sandte eine Gipfelkonferenz der Warschauer Paktstaaten einen von der UdSSR, Ungarn, Polen, Bulgarien und der DDR unterschriebenen Brief an die Führung der tschechoslowakischen KP, in dem sie davor warnten, reaktionäre Kräfte drängten die ČSSR «vom Weg zum Sozialismus ab». Am Ende des Zweiten Weltkriegs, hieß es in dem Brief, seien die Grenzen der sozialistischen Welt «bis zur Mitte Europas, bis zur Elbe und zum Böhmerwald» vorgeschoben worden, und die sozialistischen Länder würden «niemals zulassen, dass diese historischen Errungenschaften in Gefahr gebracht» würden.[33] Auf einer Konferenz in Bratislava (Pressburg) Anfang August prangerten die Führer der Warschauer Paktstaaten den US-»Imperialismus» und den westdeutschen «Revanchismus» an und betonten die Notwendigkeit eines Schutzes der Errungenschaften des Sozialismus. Es gab keinerlei Bezugnahme zum tschechischen Problem, und Dubček bestritt, dass es einen geheimen Beschluss gegeben habe.

Am 21. August versuchten sowjetische Panzer in der Tschechoslowakei die Ordnung wieder herzustellen. Sie trafen auf beträchtlichen, aber überwiegend gewaltlosen Widerstand. Die ersten sowjetischen Panzerbesatzungen waren von diesem Protest so erschüttert, dass sie als Instrumente einer zuverlässigen politischen Kontrolle nicht mehr zu gebrauchen waren. Sie wurden durch andere, überwiegend nichtrussische Sowjetsoldaten ersetzt. Ein außerordentlicher Parteitag, der ursprünglich für September angesetzt war, trat am 22. August zusammen, dem zweiten Tag der Besetzung. Er stimmte dafür, die verhafteten Führer zu unterstützen, forderte ihre Freilassung und bekräftigte den Willen der Partei, einen «demokratischen Sozialismus mit menschlichem Antlitz» zu entwickeln. Daraufhin brandmarkte die Sowjetpresse Dubček und seine Anhänger als eine «rechtsrevisionistische Minderheitengruppe» und erklärte, der Parteitag stelle einen «gesetzwidrigen» Versuch von Rechten und Konterrevolutionären dar, die Partei zu unterwandern. Breschnew zitierte Dubček und Staatspräsident Swoboda nach Moskau, wo beide systematisch gedemütigt wurden (Dubček wurde in Handschellen aus Prag ausgeflogen). Schließlich unterzeichnete Dubček eine Erklärung, in der eine «Normalisierung» gefordert wurde.

Die tschechischen Proteste hielten an. Im Januar 1969 verbrannte sich der Student Jan Palach auf dem Wenzelsplatz in der Prager Altstadt. Gustáv Husák, ein Slowake, der stellvertretender Ministerpräsident und aus dem tschechoslowakischen Parteipräsidium ausgeschieden war, als dieses in den Krisentagen im August zusammengetreten war, löste Dubček im April 1969 ab und stand unerschütterlich loyal zu Breschnew.

Die tschechoslowakische KP ging daran, alle Ergebnisse des im Januar 1968 eingeschlagenen Kurses rückgängig zu machen. Etwa eine halbe Million Menschen wurden aus ihren Ämtern und Positionen entlassen: Professoren, Ärzte und Rechtsanwälte mussten als Straßenbahnfahrer und Kanalreiniger arbeiten; 327000 Mitglieder wurden aus der Partei ausgeschlossen; 171000 Tschechen flohen in den Westen. Dubček selbst wurde zur Forstverwaltung in Bratislava versetzt.

Die tschechische Reformbewegung war der stärkste Ausdruck des Geistes von 1968 in Osteuropa. Doch es gab auch eine polnische Studentenbewegung. Die Partei und das Innenministerium (unter General Mieczysław Moczar) reagierte mit einer gegen Intellektuelle und Juden gerichteten Kampagne. Die Studentenbewegung von 1968 fand bei den polnischen Arbeitern fast keine Unterstützung. Umgekehrt stießen die Streiks der Arbeiter in den polnischen Werften und Ostseehäfen 1970 auf wenig Resonanz bei den polnischen Intellektuellen, obwohl sie wirkungsvoll genug waren, um die kommunistische Führung ins Wanken zu bringen.

Zu diesem Zeitpunkt sah es so aus, als sei das Experiment des Sozialismus in Osteuropa in einer Sackgasse festgefahren. Der ursprüngliche intellektuelle Elan zur Veränderung der Gesellschaft war zu einem verdrossenen und korrupten Zynismus verkommen. Die Ideologie wirkte mehr und mehr wie ein Behelf zur Rechtfertigung der politischen und wirtschaftlichen Dominanz der Sowjetunion. Die einstmals so staunenswerten Wachstumsraten schrumpften zusammen. Die Führer wurden älter und grauer (mit Ausnahme des auf eine dämonische Weise wahnsinnigen Ceaușescu in Rumänien).

Technik und Technologie

Das tschechische «Manifest der 2000 Worte» hatte in Übereinstimmung mit der gängigen marxistischen Theorie festgestellt: «Die Quelle der sozialen Veränderungen ist die Wirtschaft.» Nach den dramatischen politischen Veränderungen der Jahre 1989–91 war die häufigste und überzeugendste Erklärung für diese Ereignisse ein technisch-materialistischer Determinismus, dem zufolge die soziale und wirtschaftliche Technologie nach sowjetischem Muster den Technologien der Stahl- und Eisenindustrien angemessen waren, die bis zur Mitte des 20. Jahrhunderts im Zentrum des wirtschaftlichen Lebens standen. Die sozialistischen Länder hätten es jedoch versäumt, sich der auf Informationsaustausch beruhenden elektronischen Welt der Computer anzupassen, und seien mit zunehmender Bedeutung der Elektronik mehr und mehr zurückgefallen. Sie gaben sich größte Mühe: So hieß es beispielsweise in den Richtlinien für den Vierjahresplan der bulgarischen KP für die Jahre 1976–1980, man müsse «das wissenschaftliche Niveau in der Verwaltung der Gesellschaft anheben», und man benötige «objektive Methoden der Planung und der Kybernetik».[34] Als ich 1981 in der ostdeutschen Wirtschaftsakademie in Berlin-Karlshorst zu Gast war, verwiesen die Ökonomen mit Stolz darauf, dass sie gerade in den ehemaligen Räumen der Abteilung für Marxismus-Leninismus einen Großcomputer installiert hätten. Doch die Computer in der DDR hinkten durchweg um mehrere Generationen hinter den westlichen Computern her, und das Festhalten an einem Informationsmonopol in allen Ostblockländern hatte zur Folge, dass dort keine Mikrocomputer eingeführt wurden, weil dadurch die etablierten Macht- und Entscheidungspositionen in Frage gestellt worden wären.

Das Bewusstsein einer technischen Rückständigkeit hatte eine zunehmend erbitterte Debatte darüber zur Folge, wie eine Reform aussehen sollte. Als die ersten Chips aufkamen, fehlte dem Sozialismus ein Byte. Stephen Kotkin hat den Sachverhalt so formuliert: «Dieselbe Maschinerie, die eine bäuerliche Gesellschaft mit so viel Energie versorgt hatte, dass sie zu einer Supermacht aufstieg – die industrielle Planwirtschaft –, schien jetzt zunehmend zu einem Bremsklotz zu werden.»[35] Und Charles Maier kam zu dem Ergebnis:

> «Ende der achtziger Jahre, angesichts des Entwicklungsdefizits, das zu überwinden war, konnte die Kommunistische Partei ihren Führungsanspruch in Politik und Gesellschaft nicht länger aufrechterhalten».[36]

Diese Erklärung hat viel Überzeugendes für sich, ist jedoch letztlich unbefriedigend und kann weder vollständig erklären, warum die Krise an den Rändern des Sowjetreichs begann statt im Zentrum, noch die Demoralisierung, die lange einsetzte, bevor die wirtschaftliche Krise des Kommunismus sichtbar wurde.

Der Kommunismus und sein Verhältnis zur modernen Technik war mit einem zentralen Glaubensartikel verknüpft: dass die Schwerindustrie, Kohle, Eisen und Stahl, neue oder sozialistische Menschen schaffen werde. Das auffallendste Beispiel für diesen Glauben war die Vorstellung, ein in Nowa Huta in der Nähe Krakaus errichtetes Stahlwerk könne Krakau als Zentrum eines intellektuellen Katholizismus ins Abseits stellen. Doch die Stahlarbeiter bezahlten den Bau einer Kirche in Nowa Huta und halfen zum größten Teil bei den Bauarbeiten mit, die zehn Jahre dauerten. 1977 wurde die Kirche vom Krakauer Erzbischof, Kardinal Wojtyła eingeweiht. In den siebziger Jahren bekannten 84 Prozent der Stahlarbeiter in Nowa Huta ihren Glauben an Gott.[37]

In den achtziger Jahren wurde Polen zum Testfall für die Überlebensfähigkeit des Kommunismus. Die von Breschnew vertretene These von der Unumkehrbarkeit des gesellschaftlichen Übergangs vom Kapitalismus zum Sozialismus, die innerhalb der marxistisch-leninistischen Theorie durchaus sinnvoll war, wurde in Polen in Frage gestellt. Es zeigte sich, dass der Sozialismus keinen neuen Menschentyp geschaffen hatte und dass die in diesem System lebenden Menschen tief in den alten Traditionen des Humanen verwurzelt waren.

Solidarność

Das Vermächtnis der polnischen Unruhen 1970 war eine neue Parteiführung mit Edward Gierek als Parteisekretär. Ebenso wie Gomułka wählte Gierek ehemalige Oppositionelle als die glaubwürdigsten Exponenten der Regierungspolitik aus. Gierek ging energisch die Aufgabe einer Modernisierung Polens an, um möglichst bald den «neuen Menschen» zu schaffen, und nahm große Kredite auf den inzwischen zugänglichen internationalen Kapitalmärkten auf. Er erhöhte den Lebensstandard, ließ Schnellstraßen und elektrifizierte Eisenbahnstrecken bauen (was der Sowjetunion gefiel, da sie den Transport russischer Streitkräfte an die «Westfront» in Deutschland erleichterten). Der Wiederaufbau des vollständig zerstörten königlichen Schlosses im Zentrum Warschaus war ein Symbol eines neu erwachten Nationalstolzes; der Bau einer unvollständigen mehrspurigen Schnellstraße zwischen dem wunderbaren Łazienki-Park und den Parlamentsgebäuden dagegen war ein Akt architektonischer Barbarei.

Außerdem ließ er dem unabhängigen kulturellen Leben einen größeren Spielraum. Der Filmemacher Andrzej Wajda beispielsweise hatte 1963 das

Drehbuch zu einem Film fertiggestellt, der das Polen der fünfziger Jahre und die Stachanow-Bewegung zur Steigerung der Arbeitsproduktivität schildern sollte, doch erst in den siebziger Jahren durfte er diesen Film tatsächlich drehen: «Der Mann aus Marmor» kam 1977 in die Lichtspielhäuser.

1976 löste ein drastischer Anstieg der Lebensmittelpreise neue Arbeiterunruhen aus, in Radom und in Warschau (in den Traktorenwerken Ursus). Adam Michnik und Jacek Kuroń gründeten ein Komitee für Arbeiterverteidigung (KOR), das zum ersten Mal eine Verbindung zwischen den Arbeitern und den Reformbewegungen herstellte.

1980 führte dieses neue Bündnis zu Europas erster erfolgreicher Revolution der Arbeiterklasse. Diese Revolution ist allerdings undenkbar ohne ein Ereignis, das die fundamentale Illegitimität der kommunistischen Herrschaft in ein helles Licht rückte. Im Oktober 1978 wurde der Erzbischof von Krakau, Karol Wojtyła, zum Papst Johannes Paul II. gewählt. Als er Polen im Juni 1979 zum ersten Mal als Papst einen Besuch abstattete, war die Regierung ziemlich hilflos. Der Papst hielt eine Messe mit etwa einer Million Gläubigen auf dem Siegesplatz in Warschau und sagte den polnischen Staats- und Parteiführern: «Der höchste Zweck des Staates ist die Souveränität der Gesellschaft, der Nation, des Vaterlands.»[38]

Im August 1980 traten die Werftarbeiter in Danzig in den Streik. Sie wollten höhere Löhne, aber auch immaterielle Zugeständnisse, die Wiedereinstellung von zwei entlassenen Arbeitern, Anna Walentynowicz und Lech Wałęsa, und ein Denkmal zu Ehren der Opfer vom Dezember 1970. Sie besetzten die Lenin-Werft und weigerten sich, ein Abkommen auf begrenzter lokaler Grundlage zu schließen. Ende August hatten sie erfolgreich ein Abkommen ausgehandelt, mit dem ihr Recht anerkannt wurde, unabhängige und freie Gewerkschaften zu gründen; die Zensur sollte gelockert und außerdem ein Denkmal auf der Werft in Form eines riesigen Kreuzes errichtet werden. Daneben gab es zahlreiche soziale Versprechen: mehr Kindergärten, Verbesserung des Wohnungsbaus, regelmäßigere Versorgung mit Fleisch, Einführung eines Mutterschaftsurlaubs und die Senkung des Renteneintrittsalters.

Am 5. September 1980 kam Gierek in ein Krankenhaus, anscheinend nach einem Herzanfall, und Stanisław Kania musste ihn vertreten. Die Augustunruhen hatten das Gefühl eines historischen Augenblicks erzeugt, für den 1970 lediglich das Vorspiel gewesen war. Wajda machte einen Film über die Ereignisse von 1970, der schließlich als «Der Mann aus Eisen» in die Kinos kam. Während der Dreharbeiten hatte er den polnischen Verteidigungsminister, General Jaruzelski gefragt, ob man ihm für einige Einstellungen des Films Armeepanzer zur Verfügung stellen könne (die Anfrage wurde abgelehnt). Die Unruhen hatten auch eine denkwürdige Verbindung von Arbeitern und Intellektuellen zu einer Opposition gegen die Regierung bewirkt. Auch die Regierung behandelte die Ereignisse als ein gigantisches Experiment. In den Verhandlungen zu der im August getroffenen Vereinbarung in Danzig wurden die Arbeiter von jungen Soziologen unterstützt, Assistenten der Universität Warschau, während die Regierung sich von Professoren derselben Abteilungen beraten ließ.

Streikkomitees aus ganz Polen wählten Wałęsa zum Vorsitzenden der neuen Organisation Solidarność (Solidarität). In den folgenden 15 Monaten organisierte sich die polnische Gesellschaft selbst. Für die Bauern gab es eine eigene Gewerkschaft auf dem Land.

In der Vereinbarung vom August 1980 bestand die Gegenleistung für die Anerkennung unabhängiger Gewerkschaften in der Anerkennung des Monopols der polnischen KP auf die politische Macht durch die streikenden Arbeiter. Doch mit der Bildung der verschiedensten neuen Organisationen schien dieses Monopol entweder irrelevant oder bedroht.

Im September 1981 hielt Solidarność in ihrer Geburtsstadt Danzig ihre erste Konferenz ab. Sie hatte inzwischen 9,5 Millionen Mitglieder, die von 896 Delegierten vertreten wurden. Die neue Bewegung definierte sich als einen sozialen und moralischen sowie als einen ökonomischen Protest: «Um was es uns ging waren nicht nur Brot, Butter und Wurst, sondern auch Gerechtigkeit, Demokratie, Wahrheit, Rechtlichkeit, menschliche Würde, Freiheit der Überzeugungen und die Wiederherstellung der Republik.»[39] Edward Lipinski, einer der Gründer des Komitees für Arbeiterselbstverteidigung KOR, legte Wert auf die Feststellung, dass dieses das Prinzip staatlichen Eigentums nicht in Frage gestellt habe: «Es gibt keine Kräfte in Polen, die für die Privatisierung der Produktionsmittel kämpfen, eine Privatisierung der Huta Katowice oder der Huta Lenina (Nowa Huta).» Auf der anderen Seite lehnte er den «Sozialismus» vom Typ der Regierung ab, «der eine zerrüttete, ineffiziente, kostspielige Wirtschaft bedeutete … Dieser Sozialismus einer zerrütteten Wirtschaft, dieser Sozialismus von Gefangenen, Zensur und Polizei hat uns dreißig Jahre lang zugrunde gerichtet, so wie er auch andere Völker zugrunde gerichtet hat.»[40]

Im selben Monat lehnte der Sejm die Gesetzesvorlage der Regierung für eine Arbeiterselbstverwaltung ab und verabschiedete stattdessen eine Version, die weitgehend den Vorschlägen von Solidarność entsprach. Die Sowjetunion war äußerst nervös. Der Sozialismus schien bei keiner der bisherigen Unruhen innerhalb des sowjetischen Herrschaftsbereichs so sehr in Bedrängnis geraten zu sein wie diesmal. Andererseits bedeutete der Einsatz der Sowjetsoldaten bei der Eroberung und Besetzung Afghanistans nach

1979, dass jedes weitere Militärengagement der Sowjetunion kostspielig und schwierig zu handhaben sein würde; und den sowjetischen Führern war zudem bewusst, dass die sowjetischen Panzer in Budapest und Prag der Idee des Kommunismus geschadet hatten. Folglich rasselten sie möglichst laut mit dem Säbel, und ab Dezember 1980 hielten sowjetische Truppen in der Nähe der polnischen Grenze geräuschvoll Manöver ab. Auf dem Höhepunkt der Krise um Solidarność ordnete die Staats- und Parteiführung der DDR an, das Standbild Friedrichs des Großen, das ihn in kriegerischer Pose mit Blick nach Schlesien zeigte, wieder in der Straße Unter den Linden aufzustellen. Doch Moskau war nicht bereit, vom Säbel auch tatsächlich Gebrauch zu machen. Stattdessen setzte die Sowjetführung die polnische KP unter Druck, Kania seines Amtes zu entheben, der in ihren Augen der sozialen Bewegung zu viele Zugeständnisse gemacht hatte. Ihm folgte der Ministerpräsident und Verteidigungsminister General Jaruzelski ins Amt, den die Sowjets für besonders nervenstark hielten. Im Herbst 1981 vollführte Jaruzelski einen schwierigen Balanceakt: Auf der einen Seite bat er die Sowjetunion um militärischen Beistand – der ihm verweigert wurde –, nur um zu beweisen, dass er alles tat, was in seinen Kräften stand.[41] Auf der anderen Seite war er bemüht, sich bei der polnischen Bevölkerung beliebt zu machen, indem er sich als deren letzter Garant gegen einen sowjetischen Einmarsch darstellte, der den Forderungen der Bevölkerung so weit wie möglich entgegenkam.

Es gab andere Möglichkeiten für die Sowjets, Polen unter Druck zu setzen. Auch die Streiks und ihre Schlichtung waren die Ursache für eine Wirtschaftskrise in Polen. Die hohe Staatsverschuldung im Verein mit wesentlich höheren Zinsen auf den internationalen Kapitalmärkten nach 1979 machte einen Zahlungsverzug wahrscheinlich. Die UdSSR hatte Polen billiges Erdöl und Erdgas zu einer Zeit geliefert, als die iranische Revolution die Weltmarktpreise in die Höhe trieb. Eine wirtschaftliche Erpressung war eine weitaus weniger schmerzhafte und provozierende Methode, Polen auf Vordermann zu bringen, als eine blutige Militärinvasion.

Am 13. Dezember 1981 rief General Jaruzelski das Kriegsrecht aus. Die führenden Leute der Solidarność wurden verhaftet oder gingen in den Untergrund.

Es gab überraschend wenig Widerstand, auch wenn in Schlesien 1300 Bergarbeiter bis nach Weihnachten eine Zeche besetzt hielten. Der nach dem Tod von Kardinal Wyszyński im Mai neu ernannte Erzbischof von Warschau, Józef Glemp, war ohne Verbindung zu Rom. Zwei Wochen nach seiner Amtseinführung hatte ein türkischer Attentäter Papst Johannes Paul II. lebensgefährlich verletzt. Alle Telefonverbindungen waren von der Regierung unterbrochen worden. Am Sonntag, dem 13. Dezember, dem Tag, an dem das Kriegsrecht verkündet wurde, hielt er eine Predigt, die von den staatlichen Behörden mehrfach im Rundfunk gesendet wurde. Darin sagte er unter anderem: «Die Obrigkeit vertritt die Ansicht, dass eine so außergewöhnliche Maßnahme wie die Verkündung des Kriegsrechts von einem höheren Zwang diktiert wird und dass sie eine Entscheidung für das kleinere von zwei Übeln darstellt. Unter der Voraussetzung, dass diese Schlussfolgerung zutreffend ist, wird der Mann auf der Straße sich in die neue Lage fügen … Es gibt keinen höheren Wert als das menschliche Leben. Beginnt keinen Kampf von Polen gegen Polen.»[42] Später schrieb der Erzbischof einen ähnlich lautenden Brief an General Jaruzelski, in dem er ihn ersuchte, gegen die schlesischen Bergarbeiter nicht mit Gewalt vorzugehen.

Nach dem 13. Dezember waren viele Anhänger von Solidarność bitter enttäuscht, dass es keinen Widerstand gegeben hatte, und gelangten zu dem Schluss, dass dies das Ende der Bewegung bedeute. Timothy Garton Ash, der die Ereignisse in Polen als erster westlicher Beobachter vor Ort verfolgte, zog das Fazit: «Der Generalstreik, die letzte Waffe von Solidarność, war gebrochen … General Jaruzelskis zwei Wochen dauernder Blitzkrieg im Dezember 1981 war für Solidarność, was der drei Wochen währende Blitzkrieg vom September 1939 für die Zweite Polnische Republik gewesen war.»[43]

Von heute aus gesehen war gerade der Verzicht auf Gewalt im Dezember 1981, weitgehend dank der Ermahnungen durch die katholische Kirche, das Außergewöhnliche und unterschied das Ergebnis von 1980/81 von den tragischen Vorläufern von 1956 und 1968. Es war ein Protest gegen eine Kultur der Gewalt. Damals wurde allgemein vermutet, dass die sowjetischen Geheimdienste hinter dem versuchten Attentat auf den Papst ständen, obwohl die damalige Rolle des KGB erst 2001 im Zug einer Ermittlung des italienischen Senats zutage trat. 1984 wurde ein Priester von Solidarność, Pater Jerzy Popiełuszko, entführt und in der Nähe von Toruń (Thorn) umgebracht. Seine Pfarrkirche, St. Stanisław Kostka in Warschau, wurde innerhalb kürzester Zeit zu einem Schrein des katholischen Widerstands. In einer Seitenkapelle wurde ein Fiat Polski mit offenem Kofferraum aufgestellt (einen solchen Wagen hatte die Geheimpolizei bei der Entführung benutzt). Es gab Bilder von Pater Popiełuszko neben einem Porträt des polnischen Militärgeistlichen Ignacy Skorupka, der 1920 in der Schlacht vor Warschau gegen die Rote Armee umgekommen war.

Tatsächlich zeigte sich bald, dass das Verbot von Solidarność die Dinge nicht wirklich geändert hatte. Die wirtschaftliche Stagnation hielt an, und die Regierung verfügte nicht über die Legitimität, ein wirtschaftliches Reformprogramm in Angriff zu nehmen, das in der Anfangszeit kostspielig und schmerzhaft sein würde.

In den achtziger Jahren glichen die Verhältnisse in Polen dem Zustand Spaniens in den dreißiger Jahren: Auf seinem Boden wurde ein europäischer Krieg der Weltanschauungen ausgetragen. Für viele französische Intellektuelle war es Polen, das sie davon überzeugte, dass ein Reformsozialismus oder ein nichtautoritärer, nichtsowjetischer Marxismus (wie er nach 1968 und den Ereignissen in der Tschechoslowakei in weiten Kreisen populär war) unmöglich war. Deutsche Intellektuelle, Gewerkschaftsführer und Politiker der Linken standen dagegen dem Katholizismus eines Großteils der Mitglieder von Solidarność misstrauisch gegenüber und befürchteten, dass die Bewegung – oder überhaupt jede Bewegung in Polen – Europa und vor allem Deutschland «destabilisieren» könnte. Sie hatten es aufgegeben, über Ideen und moralische Herausforderungen nachzudenken und klammerten sich stattdessen an die geopolitische Weltsicht von «Jalta» als ein umfassendes Sicherheitskonzept.

9 Ein Goldenes Zeitalter: Die sechziger Jahre

In den sechziger Jahren glaubten die Menschen in Nordamerika und Westeuropa, ihr Schicksal läge in ihrer Hand, und die Mitteleuropäer wollten ihnen darin nicht nachstehen. Deshalb erlebte man dieses Jahrzehnt als etwas so Besonderes, und so gewann es auch unter allen hier betrachteten Dekaden ein eigenes Profil: Viele, denen diese Jahre noch lebendig vor Augen stehen, trauern ihnen nach.

Der Eindruck, die menschlichen Angelegenheiten eigenmächtig gestalten zu können, verdankte sich dem Aufeinandertreffen zweier Momente beziehungsweise zweier Generationen, die sich für ganz besonders kreativ und innovativ hielten. Auf der einen Seite standen die politischen Entscheidungsträger des Jahrzehnts, die noch in den vierziger Jahren kleine Beamte oder Politiker gewesen waren und aus der Kriegszeit und dem sich anschließenden Wiederaufbau den Schluss zogen, vernünftige Entscheidungen im Zentrum der Macht könnten eine neue, eine bessere Welt erschaffen und Wissenschaft und Technik den Weg in die Zukunft ebnen. Das war die nationalistische Doktrin der Mächtigen. Dem gegenüber stand eine Protestkultur der Jugend, die auch ihrerseits an eine Weltveränderung glaubte, die Folgen einer in ihren Augen unmenschlichen Naturwissenschaft und Technik aber entschieden ablehnte. Diese Überzeugung erschien in den sechziger Jahren als der Irrationalismus der Ohnmächtigen.

Die der ersten Anschauung zugrunde liegende Geisteshaltung bringt Roy Harrod in seiner – hagiographischen – Biographie von Keynes, einem der wichtigsten Vorbilder für das, was die Zeitgenossen «Unsere Generation» nannten, treffend auf den Punkt. Harrods Biographie verschweigt Keynes' gegenkulturellen Aspekte und insbesondere seine Homosexualität: «Glücklich das Land, in dem ein Weiser die Regierungsgewalt innehat, allein weil er weise ist, auch wenn er nicht von einer politischen Gruppierung, von Finanzkreisen oder den Gewerkschaften unterstützt wird.»[1] Diesen Glauben an eine gütige Allwissenheit wies die jüngere Generation spöttisch von sich.

In den sechziger Jahren bekam die Idee der Beherrschung – die der «weisen Regierung» – einen starken technologischen Einschlag. Die ersten elektronisch gesteuerten Großrechner, die im Rahmen der kriegswirtschaftlichen Mobilisierung wissenschaftlicher Ressourcen an den Universitäten von Pennsylvania (ENIAC – «Electronic Numerical Integrater and Computer» – 1946) und Cambridge (EDSAC – «Eletronic Delay Storage Automatic Calculator» – 1949) entwickelt wurden, waren zunächst nur in wissenschaftlichen Versuchsanstalten und universitären Forschungseinrichtungen zu finden. Sie arbeiteten mit Vakuumröhren, der ENIAC mit 19 000. Die noch sehr sperrigen ältesten Modelle wurden rasch weiterentwickelt: Ende der vierziger Jahre erfand man Transistoren, und in den sechziger Jahren hielten Mikroschaltungen Einzug in die Computer. Die 1964 eingeführte leistungsstarke IBM-360-Rechnergeneration, die die Unterteilung in wissenschaftliche und Geschäftsrechner beendete, revolutionierte die betrieblichen Prozesse. Diese frühen Rechner waren nach heutigen Maßstäben nicht sehr leistungsstark oder schnell (der IBM 360 hatte einen Speicher von 256 K und eine Datenübertragungsgeschwindigkeit von 16 Bits pro Zyklus), dafür waren sie sehr teuer, und sie wurden an einem zentralen Standort aufgestellt und gewartet. Die technische Bewältigung zentraler Planung und Steuerung schien endlich in greifbare Nähe gerückt zu sein.

Eine zeitgleiche Entwicklung, die ebenfalls eine stärkere externe Selbstbemächtigung in Aussicht zu stellen schien – wenn auch durch einen völlig andersartigen Mechanismus –, war die Entdeckung der «Doppelhelix»-Struktur der DNA – des Kunstgriffs, über den sich das Erbmaterial selbst reproduziert – durch Francis Crick und James Watson. Crick behauptet, eine Beobachtung in dem Pub *Eagle* in Cambridge im Jahr 1953 habe ihn auf die entscheidende Fährte gebracht. Die Einzelheiten des Aufbaus der DNA lagen nach wie vor im Dunkeln und sollten erst viel später im Rahmen des internationalen «Humangenomprojekts» herausgearbeitet werden. Aber schon damals war klar, dass Pflanzen, Tiere und Menschen die Produkte und zugleich die Gefangenen ihrer Gene sind und dass vorläufig nicht daran zu denken war, dies durch künstliche Eingriffe zu ändern. Die Ironie dieser fundamentalen Entdeckung war, dass sie die Aussichtslosigkeit der Vorstellung, alles sei machbar, vor Augen führte.

Auch in den ökonomischen Wissenschaften hatte eine ältere Generation wohlmeinender patriarchalischer Reformer eine einfache wirtschaftspolitische Formel zur Hand. Sie hatten aus den schweren Wirtschaftskrisen der dreißiger Jahre den Schluss gezogen, Wirtschaftswachstum könne soziale Spannungen abbauen. Verteilungskämpfe ließen sich leichter beilegen, wenn der «Kuchen größer» werde. Nur wenige erkannten, dass dieser krude Materialismus von Grund auf unbefriedigend war. Anfang der sechziger Jahre wies einer der einflussreichsten Theoretiker des deutschen *Wirtschaftswunders*, Alfred Müller-Armack, warnend darauf hin, «die Sicherung der Arbeitsplätze durch die Vollbeschäftigung und der Zuwachs der Produktion in einer kontinuierlich ansteigenden Konjunktur [hätten] nicht die erwartete soziale Befriedung gezeitigt, sondern geradezu neue Unruhe und Unzufriedenheit wachgerufen».[2]

Diese Unzufriedenheit schlug sich vor allem in einer romantisch getönten Utopie nieder, die im Wesentlichen von Marx und Freud inspiriert war. Herbert Marcuses *Der eindimensionale Mensch* (1964) verknüpfte deren Denkansätze in seiner kritischen Analyse der Konsumgesellschaft, in der er eine Erscheinungsform des Totalitarismus sah (weil Kultur, Wirtschaft und Politik von denselben Interessen bestimmt werden). Der Marxismus der Protestbewegung wollte sich abgrenzen von der Doktrin sowjetischen Gepräges, vor allem wegen ihrer materialistischen und ökonomistischen Eigenart. Das theoretische Hauptwerk des reifen Marx und des traditionellen Marxismus, *Das Kapital,* fand bei ihr wenig Anklang. Ein Kritiker wandte ein: «Es soll die Kritik zur Wirtschaftstheorie verkürzen, die Subjektivität in der Objektivität auslöschen und die subversive Kraft des Proletariats der restrukturierenden und repressiven Intelligenz der kapitalistischen Herrschaft unterwerfen.»[3] Stattdessen griff die neue Protestbewegung den Subjektivismus und die romantische Tendenz des frühen Marx´ auf, dessen Schriften vor der Revolution von 1848 (insbesondere die Ökonomisch-Philosophischen Manuskripte von 1844, einem frühen Entwurf des *Kapital,* der allgemein als *Grundrisse* bezeichnet wird) nunmehr als grundlegend galten für die zeitgenössische Bedeutung eines Denkers, der keine allgemeine Theorie der ökonomischen und politischen Entwicklung versprach, sondern eine Analyse des Phänomens der «Entfremdung». Der Kommunismus war nicht deshalb «obsolet», wie es im Titel eines Buches von Daniel Cohn-Bendit, des selbst ernannten «engelhaften Danton» der französischen Revolution von 1968, hieß, weil ihn eine Mitschuld traf an den Verbrechen, die in seinem Namen begangen wurden, sondern weil er zu diszipliniert, zu streng und zu starr war.

> «Unsere Kritik am Bolschewismus», schrieben Cohn-Bendit und sein Bruder, «ist weder psychologischer noch moralischer, sie ist soziologischer Natur. Sie richtet sich nicht gegen Personen, sondern gegen eine Organisationsform, deren bürokratischer Charakter um so auffälliger ist, als er nicht immer unmittelbar durch die materiellen Bedingungen der Ausbeutung bestimmt ist.»[4]

Der neue Subjektivismus nahm auch andere Versionen der marxistischen Lehre auf – den Gramscianismus, den Trotzkismus, den Maoismus – und ging manchmal sogar noch weiter, um seine Ablehnung der dekadenten materialistischen Kultur ideologisch möglichst umfassend zu unterfüttern. Einige wollten den Marxismus mit einem radikalen, vom Gleichheitspathos der Bergpredigt durchdrungenen Christentum ebenso verschmelzen wie mit fernöstlichen Religionen, insbesondere dem Buddhismus und dem Taoismus. Ostermärsche, die sich oft die Symbolik des Kreuzes zunutze machten, spielten eine wichtige Rolle beim Protest der Pazifisten und Atomgegner. Solche Protestkundgebungen erhielten während des Vietnamkrieges immer mehr Zulauf; ihre Vorbilder waren die amerikanische Antikriegs- und Bürgerrechtsbewegung.

Auf fast allen erdenklichen Gebieten wurde der Generationenkonflikt mit großer Heftigkeit ausgetragen, wobei jede Seite der anderen vorwarf, nicht begreifen zu wollen, worum es eigentlich gehe: im kulturellen, künstlerischen und musikalischen Leben, in der Debatte über Sexualität, moralisches Verhalten und Religion. Der tiefe Graben, der die Generationen trennte, war indes eine grundverschiedene Sicht der Institutionen: Für die ältere waren Institutionen der Inbegriff eines Wandels durch Reformen; für die jüngere Generation waren Institutionen der Kern des Problems, sie mussten zerstört werden, um eine Gesellschaft hervorzubringen, die spontaner und besser war.

Pharmaka und Jugendkultur

In den sechziger Jahren vollzog sich eine pharmakologische «Revolution» mit weitreichenden gesellschaftlichen Folgen. Der Glaube, der Mensch könne sein Schicksal steuern, war das Ergebnis der wissenschaftlichen Anwendung künstlicher Hormone. Zum ersten Mal in der Geschichte schien der Mensch sein Fortpflanzungsverhalten und damit die demographische Entwicklung vollkommen kontrollieren zu können. «Die Pille» – der Einsatz von Östrogen zur Steuerung der weiblichen Fruchtbarkeit – veränderte das Verhalten und die Demographie. Die «Glückspille» («Soma»), die Aldous Huxley in seinem utopischen Roman *Schöne neue Welt* (1932) beschrieben hatte und die permanenten «Sex auf Abruf» verhieß, schien Wirklichkeit geworden zu sein. Die Östrogenpille wurde von Min-Chuch Chang, Gregory Pincus und John Rock entwickelt, letzterer ein frommer Christ, für den die Pille eine Erweiterung der natürlichen Methoden der Empfängnisverhütung war, bei denen Paare nur an den unfruchtbaren Tagen der Frau miteinander verkehrten. Sie kam im Jahr 1960 auf den Markt (in einer vierzigmal höheren Dosierung als heute üblich), wurde aber zunächst sehr restriktiv verordnet. In Großbritannien beispielsweise durften so genannte Familienplanungskliniken (man sieht, dass sich die Idee der

Planung beliebig erweitern ließ) zunächst nur verheirateten Frauen beziehungsweise Frauen «mit gedruckten Einladungen zu einer bevorstehenden Hochzeit» Verhütungsmittel verschreiben.[5] Philip Larkin, der spätere britische Hofdichter, stellte gar die (kuriose und für Nicht-Briten nicht nachvollziehbare) Behauptung auf: «Der Geschlechtsverkehr hat im Jahr 1963 begonnen».

Mitte der sechziger Jahre, als die Pille für die Frauen leichter erhältlich war, belegten die stark rückläufigen Geburtenziffern zweifelsfrei, dass sie sich großer Beliebtheit erfreute. Zwischen 1960 und 1970 fiel die Geburtenziffer (je tausend Einwohner) in Italien von 18,3 auf 16,8, in Frankreich von 17,9 auf 16,7 und in Deutschland von 17,8 auf 13,3.

Die Pille und andere Medikamente/Drogen prägten die Jugendkultur der sechziger Jahre. Das größte Interesse weckten jene Substanzen, die bewusstseinsverändernd wirken, vor allem das bereits 1940 von dem schweizerischen Industriechemiker Albert Hofmann synthetisierte LSD, das jedoch erst nach 1960 durch das Psychedelic Research Project des (späteren) Harvard-Professors Timothy Leary einer breiteren Öffentlichkeit bekannt wurde. Im Jahr 1966 tauchte LSD auf dem Titelblatt des Magazins *Life* auf und wurde in den USA verboten; die europäischen Länder setzten es ebenfalls bald auf ihre Liste verbotener Substanzen.

Selbst unerwünschte Folgen dieses neuen Lebensstils ließen sich offenbar leicht aus der Welt schaffen, da erlaubte Substanzen rasche Fortschritte auf dem Feld der Krankheitsprävention ermöglichten. Geschlechtskrankheiten, deren Häufigkeit (parallel zu dem weitverbreiteten Gebrauch oraler Verhütungsmittel) sprunghaft zunahm, ließen sich relativ leicht mit Antibiotika behandeln, die ebenfalls erst in jüngerer Vergangenheit entwickelt worden waren. Penicillin war 1928 von Alexander Fleming isoliert worden, und es wurde 1938 erstmals als Injektionsmittel eingesetzt. Mit dem fast zeitgleich entwickelten Streptomycin (1943) wurde die Tuberkulose behandelt, und zusammen mit der Schutzimpfung befreite es die Wohlstandsländer von einer der schlimmsten Geißeln des 19. Jahrhunderts. Penicillin wurde mit großem Erfolg gegen die in der Kriegs- und Nachkriegszeit grassierenden Geschlechtskrankheiten eingesetzt (im besetzten Deutschland wurden venerische Erkrankungen umgangssprachlich auch «*Veronika dankt*» genannt).

Das berühmteste Produkt der Jugendkultur, die Beatles, gingen 1960 aus den Quarry Men hervor, einer Liverpooler Band, die John Lennon 1956 gegründet hatte. Der Durchbruch gelang der Band bei einem Konzert in Hamburg, und 1963 löste sie mit dem Song «She loves you» und einer Tournee durch Großbritannien eine regelrechte Massenhysterie aus, die «Beatlemania» genannt wurde. Es war die Musik des selbstbewussten Protests: Die Beatles waren stolz darauf, dass sie keine Noten lesen konnten, und sie weigerten sich, es zu lernen. Die lasziveren Rolling Stones betraten die Bühne 1962 mit ihrem Mix aus Rhythm and Blues. Beide Bands – die Rolling Stones (in ihrem charakteristischen Stil) in unverhüllterer Weise – griffen aus der Drogenkultur die Idee der gezielten Beeinflussung von Stimmung und Bewusstsein auf. Als Mick Jagger sich 1967 wegen Drogenbesitzes vor Gericht verantworten musste, stellte sich das Establishment sogleich hinter ihn und schloss sich der Argumentation seines Verteidigers an, wonach Jagger lediglich eine in Italien weit verbreitete Medizin gegen die Reisekrankheit eingenommen habe.[6] Im selben Jahr starb der Manager der Beatles, der Inhaber einer Liverpooler Musikalienhandlung, Brian Epstein, an einer Überdosis Drogen. Später kam es leider immer wieder vor, dass Pop-Größen an einer Überdosis starben, man denke nur an Jimi Hendrix, Janis Joplin oder Kurt Cobain.

Viele der Ideen und Verhaltensweisen, die in der Gegenkultur der sechziger Jahre aufkamen und florierten, wurden schnell von der Mainstream-Kultur übernommen. Die Empfängnisverhütung galt schon bald als normal. Ironischerweise wurden bewusstseinsverändernde Drogen Teil der Leistungskultur des revitalisierten Kapitalismus der achtziger und neunziger Jahre: Amphetamine und Kokain, um Konzentration und Leistungsfähigkeit zu steigern; Heroin, um die gesellschaftlichen Verlierer zu betäuben; verschreibungspflichtige Medikamente wie etwa das verlockende Antidepressivum Prozac (Fluctin), um jene Menschen, die von dem Tempo des kapitalistischen Wandels überfordert waren, ruhig zu stellen und aufzumuntern. Die Regierungen bekämpften diese Entwicklungen weiterhin und führten einen mehr oder minder aussichtlosen «Krieg gegen die Drogen».

Die Revolte der Jugend

Junge Menschen nahmen sich selbst wichtiger, auch deshalb, weil Politiker zu der Überzeugung gelangten, es lohne sich, mehr in die Jugend zu investieren. Die neuen beziehungsweise erweiterten Hochschulen entpuppten sich als Zentren des Widerstandes gegen die materialistische Vision, die der Erhöhung der Bildungsausgaben zugrunde lag.

Die wissenschaftliche Untersuchung der Ökonomie des Wachstums (*growthmanship*) überzeugte die Politiker davon, dass Bildung und insbesondere Hochschulbildung konkrete Wachstums- und Wohlstandsgewinne abwerfen. In Frankreich erhöhte sich die Zahl der Studenten von 283 000 im Jahr 1960 auf 622 000 im Jahr 1968, in Deutschland von 246 000 auf 431 000, in Italien von 206 000 auf 420 000 und in Großbritannien (wo Universitäten weniger staatliche Finanzmittel erhielten) in bescheidenerem Umfang von 271 000 auf 346 000. Vielleicht erklärt die relativ langsame Zunahme der Studentenzahlen in England den gemäßigteren Charakter der britischen 68er-Ereignisse. Im Allgemeinen aber trugen höhere Studentenzahlen, stärkere und zugleich leicht zu enttäuschende soziale Aufstiegshoffnungen und die unzureichende Ausstattung der Hochschulen (fehlenden Hörsäle, Studentenwohnheime und vor allem Professoren) zum Ausbruch der Proteste bei.

Es gibt auch eine politische Erklärung. Die Unruhen ereigneten sich zur gleichen Zeit, in der es zu einem allgemeinen Linksruck in der Politik kam, der die meisten idealistischen Anhänger der Linken enttäuschte. In Großbritannien sah Labour-Premierminister Harold Wilson der «Rebellion der Weißen» in Rhodesien – der einseitigen Unabhängigkeitserklärung der Regierung Südrhodesiens von Großbritannien – weitgehend tatenlos zu, und er war während des Vietnamkrieges der zuverlässigste Verbündete der USA in Europa. Sein Sozialismus beruhte auf einer kritiklosen Verehrung der modernen Hochtechnologie (die er in einer viel verspotteten Äußerung «die Weißglut der technischen Revolution» nannte). Der Arbeitsminister und brillante politische Tagebuchschreiber Richard Crossman nannte ihn «einen erbärmlichen Führer einer radikalen Linksregierung», und beklagte sein zynisches Schielen zur Mitte: «Er möchte vor allem im Amt bleiben. Und um dies zu erreichen, ist ihm jeder Trick und jeder Dreh recht.»[7] Die «Öffnung zur Linken» in Italien brachte keine nennenswerten politischen Veränderungen.

In Deutschland gingen 1966 die Jahre der CDU-Regierung zu Ende, und CDU und SPD bildeten eine Große Koalition, mit dem SPD-Vorsitzenden Willy Brandt als Außenminister und Vizekanzler, aber mit einem Christdemokraten mit Nazi-Vergangenheit, Kurt Georg Kiesinger, als Bundeskanzler. Unterdessen machte die radikale Rechte gegen den scheinbaren Konsens der etablierten Parteien mobil, und die neu gegründete Nationaldemokratische Partei gewann bei Landtagswahlen einige Mandate. Eine Zeit lang sah es tatsächlich so aus, als drohe ein neuer Faschismus. In Frankreich kritisierte General de Gaulle die USA und insbesondere deren Eingreifen in Vietnam, allerdings in sehr altmodischer Weise und so, als wolle er jegliche Diskussion über innenpolitische Reformen abwürgen, die er als «Nestbeschmutzung» abtat.

Die studentische Protestbewegung in Deutschland konzentrierte sich zunächst auf Westberlin, das vor allem deshalb eine Studentenhochburg war, weil der Viermächtestatus von Berlin den männlichen Einwohnern den

Atlantizismus

Die wichtigste außenpolitische Alternative zum Gaullismus war für die Europäer der Atlantizismus. Die herausragende Figur des europäischen Atlantizismus ist der britische Premierminister Winston Churchill, der selbst eine amerikanische Mutter hatte. Churchill hatte recht eigenwillige, romantische Vorstellungen über die «englischsprachigen Völker», zu denen die USA und das britische Empire gehörten, das die USA mit Argwohn betrachteten. Das Gründungsdokument des Atlantizismus ist die Atlantik-Charta von 1941, die eine Reihe weit reichender universeller Forderungen enthielt.

Nach dem Zweiten Weltkrieg wurde der Atlantizismus von Wirtschaftsmodernisierern verfochten, wie Jean Monnet in Frankreich und Ludwig Erhard in Deutschland, die in den USA ein Vorbild für Europa sahen. Sie beherzigten verschiedene Lektionen: Monnet konzentrierte sich auf die amerikanischen Vorteile der Größe, während Erhard stärker das Prinzip der wirtschaftlichen Freiheit betonte; beide wollten dabei den spezifischen Problemen ihrer Länder gerecht werden. Frankreich hatte der Konservatismus und die mangelnde Investitionsbereitschaft seiner Wirtschaftselite in der Zwischenkriegszeit schwer zu schaffen gemacht, und Deutschland hatte unter dem «Kontrollzwang» seiner Regierungen gelitten. Die britischen Atlantizisten, allen voran Harold Wilson und Margaret Thatcher, standen dem europäischen Integrationsprozess weitgehend ablehnend gegenüber, da sie darin, in mancher Hinsicht zu Recht, einen Versuch sahen, ein europäisches Gegengewicht gegen die USA aufzubauen.

Auch gab es eine beachtliche Zahl von Atlantizisten unter den Schriftstellern und Intellektuellen, die mit dazu beitrugen, ein neues Klima in Europa zu schaffen: Ignazio Silone, Raymond Aron, Arthur Koestler, André Malraux. Sie waren ihrerseits stark von einer Generation amerikanischer Intellektueller beeinflusst, von denen viele, wie etwa Melvin Lasky, Sidney Hook und Irving Kristol dem *Marxismus* oder *Trotzkismus* abgeschworen hatten und jetzt eine Mischung aus sozialdemokratischen Reformen und Antikommunismus propagierten. Melvin Laskys Zeitschrift *Der Monat* und später der englischsprachige *Encounter* waren zentrale Elemente dieses Unterfangens. Diese Initiative geriet in den sechziger Jahren weitgehend in Vergessenheit, beziehungsweise in Verruf, teils deshalb, weil die neuen, von der Studentenbewegung beeinflussten Ideen, die von der anderen Seite des Atlantiks herüberdrangen, die amerikanische Machtstellung kritisierten und auch weil im Jahr 1967 herauskam, dass die CIA die Arbeit von Laskys Congress for Cultural Freedom finanziell unterstützt hatte.

Wehrdienst ersparte, aber auch, weil die Stadt zusehends zu einem aufregenden Experimentierfeld für neue politische Konzepte wurde. Das Ungleichgewicht zwischen der großen Zahl von Studenten und der relativ geringen Zahl von Studentinnen (die in der Studentenbewegung nur eine zweitrangige Rolle spielten) in Berlin erzeugte zusätzliche sexuelle Frustrationen und Spannungen. Diese konnten in die Begrifflichkeit eines universalen politischen Kampfes transponiert werden: Wenn nach Ansicht der vom Freudianismus inspirierten Kritiker sowohl der Nationalsozialismus als auch die von der Adenauerschen Restaurationspolitik geprägte Republik ihren Ursprung in sexueller Verdrängung hatten, war dann der Kampf gegen die Reglementierung der Sexualität nicht zugleich ein Kampf gegen den Faschismus?

Im Dezember 1966 schmiedete der radikale Studentenführer Rudi Dutschke auf der Basis des *Sozialistischen Studentenbundes* (SDS) die «Außerparlamentarische Opposition» (APO), um gegen die Regierung der Großen Koalition zu protestieren. Am 2. Juni 1967 kam es bei einer großen Demonstration gegen den Staatsbesuch des Schahs von Persien zu gewalttätigen Auseinandersetzungen mit der Polizei, in deren Verlauf einer der demonstrierenden Studenten, Benno Ohnesorg, von einem Polizisten erschossen wurde. Einige Wochen später brachte die Regierung die so genannten Notstandsgesetze in den Bundestag ein, die die APO ganz besonders gegen die Große Koalition aufbrachten, weil sie nach Ansicht der Kritiker per se faschistisch waren. Bis zur Verabschiedung dieser Gesetze war es den West-Alliierten «im Fall eines inneren und äußeren Notstands zum Schutz der Sicherheit ihrer Streitkräfte gestattet, so lange aus eigener Machtvollkommenheit tätig zu werden, wie die Bundesrepublik die entsprechenden gesetzlichen Vorkehrungen noch nicht getroffen hatte».[8] Der Bundesinnenminister wollte den relativ kleinen (nur 1600 Mitglieder zählenden) SDS als verfassungsfeindliche extremistische Organisation einstufen. Im April 1968 wurde Dutschke von einem rechtsradikalen Aktivisten niedergeschossen und lebensgefährlich verletzt. Seine Anhänger waren fest davon überzeugt, dass der Attentäter durch die von dem proamerikanischen und –israelischen Axel-Springer-Verlag und dem von Springer herausgegebenen Massenblatt *Bild* entfesselte Pressekampagne gegen Dutschke zu der Tat getrieben worden sei.

Daraufhin kam es in zahlreichen deutschen Städten (nach Polizeiangaben 27) erneut zu Demonstrationen, die fünf Tage lang andauerten. Die Kundgebungen waren nach späteren Maßstäben vergleichsweise klein: an der größten, auf dem Kurfürstendamm in Berlin, nahmen etwa 4000 Menschen teil. Aber es kam zu schweren Ausschreitungen, bei denen 280 Polizisten und 96 Zivilisten verletzt wurden, und zu Massenverhaftungen. Eine soziologische Analyse der Festgenommen zeigt, dass die Bewegung mittlerweile neben den Studenten auch andere Bevölkerungsgruppen erfasst hatte. Unter den 827 Festgenommenen waren nur 286 Studenten, aber auch 92 Gymnasiasten und 185 Angestellte.

Die Linke schoss sich jetzt immer mehr auf Bundeskanzler Kiesinger und seine Vergangenheit ein. Kiesingers herablassende Äußerungen, in denen er anklingen ließ, Ex-Nazis seien bessere Menschen als die protestierenden Studenten, gossen Öl ins Feuer. Er sagte: «Diese Jugend hat nicht mehr in Erinnerung, was die Älteren erfahren haben. Die wissen nicht wie wir, wie es war, und können das Heutige nicht so schätzen wie die Älteren.»[9] Der Romancier Heinrich Böll nannte Kiesingers Kanzlerschaft eine «Schande»; Beate Klarsfeld ohrfeigte den Kanzler öffentlich. Die Diskussion trug dazu bei, einer Debatte über die deutsche Vergangenheit, die bislang vor allem durch ihr Fehlen aufgefallen war, konkrete Form zu geben. Die Kritik richtete sich dabei nicht nur gegen Persönlichkeiten wie Kiesinger, sondern gegen das gesamte Ethos der Ära Adenauer, das als restaurativ und moralisch verantwortungslos verurteilt wurde.

Ein (relativ kleiner) Flügel der Studentenbewegung driftete in den Terrorismus ab. Im April 1968 setzten Gudrun Ensslin und Andreas Baader mehrere Kaufhäuser in Frankfurt in Brand, in denen sie, mit Marcuse, Tempel des Konsumterrors sahen. Sie nannten den Einsatz von Gewalt in der Sprache ihrer Seminare ein «Projekt». Der Prozess wegen Brandstiftung verschaffte ihnen die Möglichkeit, ihre Ideen und Ansichten öffentlich vorzutragen. Aus diesen Anfängen entwickelte sich eine terroristische Bewegung, die sich selbst Rote-Armee-Fraktion (RAF) beziehungsweise schlicht Baader-Meinhof-Gruppe nannte. Ihre Mitglieder verübten Attentate auf hochrangige Regierungsmitglieder, führende Bankiers und Industrielle sowie auf US-Militäreinrichtungen. Baader selbst war ein eloquenter Straßenganove, der die intellektuellen Studenten schwer beeindruckte und faszinierte. Er blieb die treibende Kraft der neuen Bewegung, die auch nach seiner erneuten Verhaftung im Jahr 1972 nicht zum Stillstand kam. Erst unter dem Eindruck der Ermordung israelischer Sportler bei den Olympischen Spielen 1972 in München durch palästinensische Terroristen, die Andreas Baader und Ulrike Meinhof als vorbildlich lobten, verwandelte sie sich in eine ausgemachte Terrorbewegung. Eine neue Generation städtischer Terroristen, die sich selbstbewusst lateinamerikanische Stadtguerilleros zum Vorbild nahm, verübte weitere Mordanschläge und Entführungen sowie regelmäßig Banküberfälle. Die deutsche Terrorbewegung erreichte 1977 ihren Höhepunkt, als Generalbundesanwalt Siegfried Buback, der Bankier Jürgen Ponto und Hanns-Martin Schleyer, der Präsident der Bundesvereinigung der Deutschen Arbeitgeberverbände und Aufsichtsrat von Daimler-Benz, ermordet wurden. Im Oktober 1977 entführten Terroristen eine Boeing-737 der Lufthansa nach Mogadischu, Somalia, um auf diese Weise die führenden Köpfe der RAF freizupressen. Das Flugzeug wurde von einer Sondereinheit der Bundesgrenzschutzes, der GSG 9, gestürmt, worauf drei der inhaftierten Terroristen, Andreas Baader, Gudrun Ensslin und Jan-Carl Raspe, am 18. Oktober im Gefängnis Stammheim Selbstmord verübten. Ulrike Meinhof hatte bereits im Jahr zuvor Selbstmord begangen. Nach 1977 gingen die terroristischen Umtriebe zurück, auch wenn sie nicht völlig zum Erliegen kamen. Sympathisanten der Terroristen nannten den Oktober 1977 den «deutschen Herbst». Viele der Terroristen setzten sich in die DDR ab und wurden von der dortigen Staatssicherheit geschützt. Als 1989–1990 der Zerfall der DDR begann und die Frage der deutschen Wiedervereinigung immer akuter wurde, setzte eine neue Terrorwelle ein, die einige sehr prominente Opfer forderte: Alfred Herrhausen, der Vorstandssprecher der Deutschen Bank, und Detlev Rohwedder, der Präsident der Treuhandanstalt, die das staatliche Industrievermögen der früheren DDR privatisieren sollte.

Die Zahl der aktiven Terroristen war zwar relativ klein, aber sie wurden von vielen Sympathisanten unterstützt, die den kriminellen Kern abschirmten, und einer noch größeren Gruppe von Menschen, die den Terror rechtfertigte als einen legitimen Protest gegen eine repressive Gesellschaft, die ihre «Sünden der Vergangenheit» nicht aufgearbeitet hatte.

Für einen anderen Teil der 68er-Bewegung wurden Hausbesetzungen zum Schwerpunkt ihres politischen Aktivismus. Rückblickend lässt sich feststellen, dass starke Spannungen zwischen denjenigen auftraten, die die Lage in den Jahren 1967/68 für so besorgniserregend hielten, dass ihnen scharfe Maßnahmen geboten schienen, um Deutschland vor einem Wiederaufleben des Faschismus zu bewahren, und den übrigen Protestierenden, die mit ihren Utopien eine Alternative zum «System» erreichen wollten.

Diese Studentenbewegungen erfassten den größten Teil des Kontinents, und der ansteckende Idealismus der Bewegung erschien fast wie eine Neuauflage der europaweiten Revolutionen von 1848 – denen sich jetzt die historisch Interessierten erneut zuwandten. Wie 1848 ereigneten sich die Umwälzungen unter grundverschiedenen politischen und ökonomischen Rahmenbedingungen. Sie verliefen, in beiden Fällen, im reformistischen Großbritannien am glimpflichsten, im Zarenreich und dessen modernen Nachfolgestaaten blieben sie gänzlich aus. Paris erwies sich schließlich als ein Epizentrum, wenn es auch Anfang 1968 nicht danach ausgesehen hatte. Sehr liberale Staaten wie die Niederlande, wo die gewalttätigen Hippy-»Provos» ein scharfes revolutionäres Tempo vorlegten, bis der legalisierte Drogenkonsum sie wieder in Apathie und Passivität verfallen ließ, waren ebenso von den Unruhen betroffen wie autoritäre Staaten. In Spanien und insbesondere in Katalonien hatten die Intellektuellen von jeher ein gespanntes Verhältnis zum Franco-Regime. Im Jahr 1963 war in Katalonien eine illegale Studentenvereinigung gegründet worden. Studenten der Universität Barcelona hielten eine große (und ebenfalls illegale) Versammlung in einem Kloster ab, das von der Polizei gestürmt wurde; dieser «Vorfall» blieb als so genannte *Caputxinada* in lebendiger Erinnerung. Im Jahr 1969 spaltete sich am Rand der großen Protestbewegung eine gewaltbereite Gruppierung ab, die so genannte Katalanische Befreiungsfront. Sie verübte zwischen 1969 und 1971 etwa 100 Gewalttaten, die aber im Gegensatz zu den Anschlägen der baskischen Separatistenorganisation ETA, die etwa zur gleichen Zeit aktiv wurde, keine Opfer forderten.

In Nordirland beriefen sich die jugendlichen Rebellen ausdrücklich – und eindeutiger als in allen anderen europäischen Ländern – auf die US-amerikanische Bürgerrechtsbewegung und verlangten gleiche Rechte für die katholische Minderheit. Bernadette Devlin wollte die irische Protestbewegung näher an die Hauptströmung des Studentenprotests in Europa heranführen, aber in dem Maße, wie sich der irische Nationalismus radikalisierte, betonte sie in der Praxis weiterhin stolz ihre irische Besonderheit.

In Italien wirkten Gegenwart und Vergangenheit ähnlich dynamisch aufeinander ein wie im Deutschland des Jahres 68. Im Verlauf dieses Jahres kam es zu landesweiten Studentenunruhen, die jedoch der Einstellung der Bevölkerungsmehrheit zuwiderliefen. Die Parlamentswahlen auf dem Höhepunkt der Studentenrevolte brachten keine großen Veränderungen; sowohl die Democrazia Cristiana (DC) als auch die Kommunistische Partei (die anders als die deutschen Sozialdemokraten in echtem Gegensatz zum Establishment standen) verzeichneten leichte Zugewinne, während die an der Koalitionsregierung beteiligten Sozialisten herbe Verluste hinnehmen mussten und sich aus der Regierung zurückzogen. Im November 1968 formierte sich eine neue Mitte-Links-Regierung mit Pietro Nenni als Außenminister. Im Jahr darauf kam es über die Frage einer Zusammenarbeit mit den Kommunisten zur Spaltung der Sozialisten. Nenni trat zurück und hinterließ eine christlich-demokratische Regierung, die sich genötigt sah, der Linken weitreichende Zugeständnisse zu machen. Ein neues Arbeitsschutzgesetz im Jahr 1970 gewährleistete einen so weitgehenden Kündigungsschutz, dass es fast unmöglich wurde, einen Arbeitnehmer zu entlassen oder auch nur innerhalb einer Fabrik auf einen anderen Arbeitsplatz zu versetzen.

Die extreme Linke der italienischen Studentenbewegung radikalisierte sich nach dem Militärputsch gegen die kommunistische Regierung Allendes in Chile und vor allem nach dem Bemühen der Kommunistischen Partei Italiens (PCI) unter Enrico Berlinguer, durch einen «historischen Kompromiss» mit den Christdemokraten auf der Basis eines reformistischen Parteiprogramms einer Regierungsbeteiligung den Weg zu ebnen (was in den Augen der radikalen Linken gleichbedeutend war mit der Übernahme des Autoritarismus des italienischen Staates). Im Jahr 1973 wurde die Autonomia Operaia, die den Einsatz von Gewalt als Mittel der Revolution befürwortete und geradezu verherrlichte, als eine radikale Oppositionsbewegung gegen die Gewerkschaften und die PCI in den Betrieben aktiv. Ihr intellektueller Ziehvater, Antonio Negri, formulierte sein Credo mit den Worten: «Die vom Proletariat ausgehende Gewalt ist in ihrer indirekten positiven Zurichtung auf den Kommunismus ein wesentliches Element der Dynamik des Kommunismus. Unterdrückt man das gewalttätige Moment dieses Prozesses, dann liefert man ihn – mit gebundenen Händen und Füßen – dem Kapital aus. Die Ausübung von Gewalt ist die erste, unmittelbare und nachdrückliche Affirmation der Notwendigkeit des Kommunismus.»[10] Im Jahr 1977 besetzten Autonome die Universität Rom; bei den anschließenden Auseinandersetzungen mit der Polizei skandierten die Massen Slogans über die Pistole P 38, die bevorzugte Waffe des radikalen Protests. Negri selbst wurde 1979 verhaftet und zu zwanzig Jahren Gefängnis verurteilt, doch es gelang ihm, sich nach Frankreich abzusetzen. Er kehrte in den neunziger Jahren nach Italien zurück, um seine Haftstrafe anzutreten. Im Gefängnis schrieb er den kanonischen Text der Antiglobalisierungsbewegung der neunziger Jahre.[11]

Die Roten Brigaden (*Brigadi Rossi*) betrieben eine ähnliche Terrorkampagne wie die deutsche RAF, die jedoch durch parallele Aktionen rechtsradikaler Terroristen und Operationen der Sicherheitskräfte, die die gesamte Linke durch die Gewalttaten einer extremistischen Minderheit in Misskredit bringen sollten, noch verwickelter wurde. Die Terrorwelle in Italien erreichte, wie in Deutschland, Ende der siebziger Jahre ihren Höhepunkt, insbesondere mit der Entführung und Ermordung des ehemaligen christlichdemokratischen Ministerpräsidenten Aldo Moro, der mit Berlinguer den «historischen Kompromiss» ausgehandelt hatte. Die komplexen Hintergründe der Ermordung Moros wurden nie vollständig aufgeklärt.

In Frankreich trat die studentische Protestbewegung erst relativ spät auf den Plan, obgleich es schon 1964 vereinzelte Proteste an der Sorbonne gegeben hatte und eine einflussreiche Flugschrift mit der Überschrift «Über das Elend des Studentenlebens, betrachtet in seinen ökonomischen, politischen, psychologischen, sexuellen und intellektuellen Aspekten» kursierte. Unmittelbarer Anlass eines großen Streiks auf dem Campus der Universität von Paris-Nanterre zu Beginn des Studienjahres 1967 war die «sexuelle» Frage getrennter Wohnheime für Studenten und Studentinnen. Zwischen 10000 und 12000 Studenten boykottierten den Campus. Der Rektor von Nanterre erklärte ziemlich unbeholfen, er wolle doch nur, dass die Universität «eine große, glückliche Familie» sei. Als der Bildungsminister in seinem Schreiben an die Studenten hauptsächlich auf recht trockene Fragen der Bildungsreform einging, bekam er zu hören, dies werde die sexuellen Frustrationen der Studenten nicht beseitigen. Daniel Cohn-Bendit, einer der Wortführer der Bewegung in Nanterre, erklärte, weshalb die Universität der Schwerpunkt dieser Unzufriedenheit ist:

> «Die Mittelmäßigkeit der Ausbildung oder die Ausbildung zur Mittelmäßigkeit ist keine zufällige Erscheinung, sondern vielmehr der Ausdruck einer Zivilisation, in der selbst die Kultur zur Ware wird und in der die Eliminierung des kritischen Wissens die sicherste Garantie für eine ‹rentable› Spezialisierung dieses ‹Universitätsbetriebs› ist.»[12]

Im Frühjahr 1968 eskalierten die Studentenunruhen. Am 10. und 11. Mai 1968 errichteten Pariser Studenten Barrikaden im Quartier Latin, die am nächsten Morgen mit brutaler Gewalt von Einheiten der Bereitschaftspolizei CRS weggeräumt wurden. Anders als in den übrigen europäischen Ländern lösten die Studentenproteste und ihre Unterdrückung eine Reihe von landesweiten Arbeitsniederlegungen aus, an denen sich fast 9 Millionen Arbeiter beteiligten. Ein Teil der Arbeiter forderte ein neues System der Unternehmensleitung: die Selbstverwaltung (*autogestion*).

Während Präsident de Gaulle auf Konfrontationskurs ging, war Premierminister Georges Pompidou, einer der getreuesten Gefolgsleute de Gaulles (und überdies ein ehemaliger Lehrer, den eine erhebliche Mitverantwortung an der gescheiterten Bildungspolitik der Regierung traf), der Ansicht, eine Strategie der Mäßigung könne den Konflikt entschärfen. In der «Nacht der Barrikaden» hatte er sich in Afghanistan aufgehalten. Er kehrte mit einer versöhnlichen Erklärung, die er im Flugzeug verfasst hatte, ohne de Gaulle zu konsultieren, nach Paris zurück. Er bot an, die Sorbonne wieder zu öffnen und bekundete seine «tiefes Verständnis für die Studenten».

Die Proteste griffen nun auf Fabriken und Unternehmen über, besonders in der Region Paris. Das Hauptquartier des größten französischen Versicherungsunternehmens, Assurance Générale, wurde besetzt, ebenso das Atomenergiezentrum in Saclay und die Werke von Rhône-Poulenc. Als die Fernfahrer in den Ausstand traten, brach die Benzinversorgung zusammen. Angesichts der Studentenbewegung und der das ganze öffentliche Leben lahm legenden Streiks verlor de Gaulle die Nerven. Er flog mit seiner Familie in einem Hubschrauber zunächst Richtung Colombey, seinem Heimatort, wies dann aber den Piloten an, zum Hauptquartier der französischen Truppen in Deutschland nach Baden-Baden zu fliegen. Der französische Befehlshaber, General Massu, hielt de Gaulle von den abenteuerlichen Optionen ab, wie sie die Erinnerungen an 1940 und 1958 nahe legten: mit den in Baden-Baden stationierten französischen Streitkräften in Frankreich einmarschieren oder ins Exil fliehen. Massu sagte (nach seinen eigenen Worten): «Mon Général, es ist schlimm, Sie sitzen wirklich in der Klemme, aber Sie müssen da durch. Gehen Sie zurück. Sie haben keine andere Wahl.»[13] De Gaulle beherzigte seinen Rat, flog zurück und löste das Parlament auf.

Bei den anschließenden Wahlen errang die Rechte einen haushohen Sieg, und die Studentenrevolte war am Ende. Aber de Gaulle ebenfalls. Er startete eine neue Reforminitiative, die auf die Übertragung von Machtbefugnissen auf die Regionen (Dezentralisierung) abzielte. Einige der Technokraten – namentlich de Gaulles brillanter Ex-Finanzminister Valéry Giscard d'Estaing – erklärten öffentlich ihre Ablehnung des Vorhabens. Die meisten Franzosen interessierte die Frage einfach nicht. Der Volksentscheid über den Reformentwurf am 27. April 1969 wurde zu einer bitteren Niederlage für de Gaulle; er trat zurück. Sein Nachfolger wurde Georges Pompidou. Bei dieser Wahl war das linke Lager völlig zersplittert, so dass Pompidou beim zweiten Wahlgang gegen einen Kandidaten der Mitte antrat (Alain Poher von dem christlich-demokratischen MRP), und mit 58 Prozent der Stimmen im zweiten Wahlgang wurde er mit noch größerem Vorsprung gewählt als selbst de Gaulle (nach französischem Wahlrecht ist ein zweiter Wahlgang erforderlich, wenn im ersten Wahlgang kein Kandidat die absolute Mehrheit erreicht). Die geschlagene Linke war tief zerstritten: Am ersten Wahlgang hatten vier linke Kandidaten teilgenommen, die sich gegenseitig erbittert befehdeten. Jacques Duclos, der langjährige Vorsitzende der Kommunistischen Partei, konnte 21 Prozent der Stimmen auf sich vereinen und landete damit auf dem dritten Platz hinter Poher. Gaston Defferre, der Chef der Sozialisten, der aus seinen Meinungsverschiedenheiten mit Mitterrand (dem Präsidentschaftskandidaten der Linken im Jahr 1965) keinen Hehl machte, errang knapp über 5 Prozent. Michel Rocard, der die Linke («all jene, die den Kapitalismus und nicht bloß den Gaullismus zerstören wollen») zur Einigkeit aufrief, erhielt 3,6 Prozent, und der lupenreinste Studentenführer von allen, der Trotzkist Alain Krivine, knapp über 1 Prozent. Das Wahlergebnis bestärkte die Linke in ihrer Überzeugung, das «System» sei ungerecht, da kein einziger linker Kandidat den zweiten Wahlgang erreicht hatte. Der Anteil der Nichtwähler, in dem sich die Enttäuschung der Linken widerspiegelte, betrug im zweiten Wahlgang 31 Prozent.

Die Ereignisse von 1968 führten in den siebziger und achtziger Jahren dazu, dass sich ein erheblicher Teil der Intellektuellen der politischen Rechten zuwandte, die mit der Renaissance des klassischen Liberalismus einen neuen Aufschwung nahm. Die *nouveaux philosophes* um Bernard-Henri Lévy distanzierten sich von der Neuen Linken, die sie für irrational, unmoralisch und – nach ihrer wiederholten scharfen Kritik an Israel – antisemitisch hielten. Der wichtigste Denker des orthodoxen Marxismus, Louis Althusser, brachte 1980 seine Ehefrau um und wurde daraufhin in eine psychiatrische Klinik eingewiesen. Die Beerdigung von Jean-Paul Sartre im Jahr 1980 wurde zu einem gesellschaftlichen Großereignis: etwa 200 000 Menschen folgten dem Sarg durch die Straßen von Paris. Aber nach seinem Tod sank sein Ansehen mehr oder minder kontinuierlich, während das seines liberalen Rivalen, Raymond Aron, stark zunahm.

Das Vermächtnis von 1968

Mit der Ausnahme Frankreichs stellte «1968» keine ernstzunehmende Gefahr für die jeweilige Regierung oder die politische Stabilität dar. Und in Frankreich spitzte sich die Lage deshalb bedrohlich zu, weil der alternde de Gaulle Nerven zeigte, nicht weil eine konkrete Gefahr bestanden hätte. Der «aussichtsreichste» Vorschlag der französischen Linken lief auf eine Reaktivierung einiger der vertrauten Gesichter der Vierten (oder gar der Dritten) Republik hinaus: Mitterrand als Präsident und Pierre Mendès-France, ein Held von 1940, als Premierminister. Die Suche nach einer glaubwürdigen Alternative zu de Gaulle glich somit einer Rückkehr in die Vergangenheit. Die Linke der sechziger Jahre war hoffnungslos zersplittert; auf der einen Seite standen die alte Linke, die kommunistische Partei und ein Großteil der Streikführer, auf der anderen Seite die Neue Linke der Studentenschaft und der Intelligenzija. Aber selbst diese beiden Blöcke waren in sich gespalten. Einige Historiker der Neuen Linken, die nach einer Erklärung für das «Scheitern von 1968» suchten, führten dieses merkwürdigerweise auf das Geschick zurück, mit dem Pompidou und de Gaulle die Strategie von «Zuckerbrot und Peitsche» anwandten, die auch dazu beitrug, die Differenzen innerhalb der Linken zu verstärken.[14]

Politisch gesehen, war «1968» zweifellos ein Fehlschlag, ähnlich wie die europäischen Revolutionen von 1848, zu denen manche Beobachter Parallelen zogen. Der Kultur dagegen drückten die Ereignisse von 1968 ihren Stempel auf.

Der Andrang auf die überfüllten Hochschulen in Kontinentaleuropa hielt unvermindert an: Die Studentenzahlen erhöhten sich weiter (1975 gab es in

Frankreich 811 000, in Italien 977 000 und in der BRD 1 041 000 Studenten). Aber die Verschulung der Ausbildung ging zurück, der akademische Mittelbau spielte eine größere Rolle in der Lehre, und der anhaltende Ausbau der Hochschulen bedeutete, dass die Studentenführer schon bald starken Einfluß auf das Universitätsleben nahmen. Der «radikale Dozent», den Malcolm Bradbury in *The History Man* (1975) und David Lodge in *Small World* (1984) karikierten, war eher ein abschreckendes Beispiel für nachfolgende Generationen. Hochschulen waren der Schauplatz einer Revolte gegen das Konzept einer jovialen Führerschaft patrizischer Koryphäen.

Damals beschworen einige Studenten den «langen Marsch durch die Institutionen» als Alternative zur gescheiterten Revolution. Wie nach 1848 gingen viele in die Wirtschaft; aber auch die Kultur, die Medien, die Kirche (insbesondere die protestantischen Kirchen) und die Politik lockten zahlreiche Achtundsechziger an. In den neunziger Jahren bekleideten sie einflussreiche Positionen. Die Rechtsanwälte, die Baader und Meinhof verteidigt hatten, Horst Mahler, Otto Schily und Hans-Christian Ströbele, wurden zu namhaften Figuren der deutschen Politik. Horst Mahler schloss sich der radikalen Rechten an, wo er weiterhin dem Antiamerikanismus frönen konnte, der die gesamte 68er-Linke ausgezeichnet hatte. Christian Ströbele, der den 68er-Idealen am treuesten blieb, wurde zu einem einflussreichen Wortführer des linken Flügels der neuen Ökopartei «Bündnis 90/Die Grünen». Otto Schily war zunächst eine der zentralen Figuren der Grünen, wechselte dann jedoch zur SPD und wurde 1998 in der vom einstigen Juso-Vorsitzenden Gerhard Schröder geführten Bundesregierung ein strammer Law-and-Order-Innenminister. Außenminister in der Koalitionsregierung wurde der Grüne Joschka Fischer, der zwar etwas jünger als die 68er-Generation war, aber zu den Veteranen der Hausbesetzer-Bewegung gehörte. Fischer sagte sich von den Gewalttaten seiner Vergangenheit los (er war dabei fotografiert worden, wie er einen Frankfurter Polizisten tätlich angegriffen hatte); er zog die Jeans und die Turnschuhe, die sein Markenzeichen als erster grüner Umweltminister Hessens gewesen waren, aus und schlüpfte in weiße Hemden, gedeckte Krawatten und dunkle Dreiteiler. Auch Schröder legte die Jeans ab und elegante Maßanzüge an, und er wurde zum prominenten Werbeträger des edlen italienischen Herrenausstatters Brioni. Lionel Jospin, in den sechziger Jahren ein Trotzkist, wurde in den neunziger Jahren ein angesehener französischer Premierminister, der sich durch Pragmatismus und hohen moralischen Anspruch auszeichnete. In Großbritannien wurde der Vorsitzende der Nationalen Studentenvereinigung nach 1968, Jack Straw, zu einem unbestreitbar geachteten Außenminister.

Feminismus

Der Feminismus war im 20. Jahrhundert keine homogene, einheitliche Bewegung. Eine ältere Version des Feminismus in der ersten Hälfte des Jahrhunderts hatte sich auf die Forderung nach politischen Rechten (aktives und passives Wahlrecht) konzentriert, die die meisten europäischen Länder bis zur Mitte des Jahrhunderts weitgehend erfüllten.

Anschließend kam es zu einer deutlichen Verschiebung hin zum Persönlichen und Psychologischen. Simone de Beauvoir (1908–86) war stark vom Existenzialismus Jean-Paul Sartres beeinflusst. In ihrem Buch *Das andere Geschlecht* (1949) untersucht sie, wie die Identität der Frau einerseits durch die Biologie und insbesondere durch die weiblichen Sexualorgane definiert wird, aber zugleich zeigte sie auf, wie die Gesellschaft ein bestimmtes Frauenbild konstruierte, zu dessen Gefangenen die Frauen dann wurden. Der berühmte Satz «Man wird nicht als Frau geboren, sondern dazu gemacht» betont in charakteristischer Weise die soziale Prägung der Identität, während er die Idee der bloßen biologischen Entwicklung offen lässt.

In den sechziger Jahren verlagerte sich der Schwerpunkt auf die ökonomischen Rechte, weil man in den USA hinter der Diskriminierung von Schwarzen und der Diskriminierung von Frauen eine ähnliche ökonomische Logik erkannte: beide dienten offenbar dazu, die Erwerbsbevölkerung zu segmentieren, damit den Arbeitgebern billigere Arbeitskräfte zur Verfügung standen. Die so genannte zweite Welle des Feminismus in den sechziger Jahren kritisierte daher in viel umfassenderer Weise als die traditionelle Frauenbewegung den Sexismus und die Ungleichheit, die der modernen Gesellschaft innewohnen. Sie konzentrierte sich auf die Strategien, mit denen ökonomische und gesellschaftliche Institutionen Frauen diskriminierten (am offensichtlichsten dadurch, dass Frauen für oftmals gleiche Arbeit weniger Lohn erhielten, und dadurch, dass nur Stellen mit niedrigem Einkommen oder niedrigem Prestige mit Frauen besetzt wurden). Das US-Bürgerrechtsgesetz von 1964 verbot es Arbeitgebern, Arbeitnehmer aufgrund ihrer Geschlechts- oder Rassenzugehörigkeit zu benachteiligen. In Europa führten Gerichtsentscheidungen vornehmlich auf europäischer Ebene zu ähnlichen Resultaten; hier ist insbesondere die so genannte Marshall-Entscheidung des Europäischen Gerichtshofs zu nennen.

Die zweite Welle verband die Analyse de Beauvoirs mit der eingehenden Untersuchung von Machtbeziehungen. Ende der sechziger Jahre bekam diese Welle eine revolutionäre Note: Kate Millett verkündete in *Sexus und Herrschaft* (1969), die sexuelle Revolution werde das Patriarchat stürzen und so die überkommene Gesellschaftsordnung beseitigen. Dies war eine Variante der leninistischen Theorie, in der die Rolle der kolonialen und weltwirtschaftlich peripheren Rebellen von Frauen gespielt wurde. Die Kanadierin Shulamith Firestone stellte in *Frauenbefreiung und sexuelle Revolution* (1970) die Verbindung zum Marxismus besonders deutlich heraus. Die Feministinnen, insbesondere in Europa, begannen allmählich, der persönlichen Emanzipation und Erfüllung größeren Wert beizumessen als umfassenden Gesellschaftstheorien. Die Kernthese des Buches der Australierin Germaine Greer *Der weibliche Eunuch* (1971), das in Großbritannien sehr wirkungsmächtig war, lautete, gesellschaftliche Unterdrückung verhindere die freie Entfaltung der eigenen Persönlichkeit. Viele aus dieser Generation von Feministinnen waren später enttäuscht. Kate Millett beispielsweise klagte: «Wir schufen nicht die Gemeinschaft, die notwendig gewesen wäre, um uns gegenseitig vor dem Erwachsenwerden zu bewahren. Und jetzt besteht eine Diskrepanz zwischen dem Selbstverständnis einer Generation und dem der nächsten, und wir haben unser Gefühl der Kontinuität und Kameradschaft größtenteils verloren.» (*Guardian, 23. Juni 1998*)

Der neue Feminismus verzeichnete Erfolge auf sprachlicher und symbolischer Ebene, so wurden aus «Sekretärinnen» «persönliche Assistent(inn)en» und aus «Stewardessen» wurden «Flugbegleiter(inne)n» (beide Berufe standen jetzt auch Männern offen). Frauen spielten, zumal in Nord- und Westeuropa, eine größere Rolle in der Politik. In den achtziger und neunziger Jahren gab es weibliche Regierungschefs in Island, Norwegen, Großbritannien, Frankreich und Polen und eine Staatspräsidentin in Irland (und natürlich viele Frauen als nominelle Staatsoberhäupter in den verbliebenen Monarchien). Viele der erfolgreichsten Politikerinnen verstanden sich jedoch nicht als Feministinnen: Ein bemerkenswerter Fall ist Shirley Williams, eine führende Sozialdemokratin in Großbritannien und Tochter der berühmten Feministin Vera Brittan, die der Ansicht war, der Feminismus habe sich überlebt. In den Mittelmeerländern gab es nur wenige prominente Politikerinnen, und die einzigen von Premierministerinnen regierten Länder (Türkei und Israel) werden in der Regel nicht zu Europa gezählt.

Der «radikale Feminismus» ging viel weiter und behauptete, die Stellung der Frau lasse sich nicht durch soziale und ökonomische Veränderungen allein verbessern, vielmehr könnten Frauen nur in der ausschließlichen Gesellschaft anderer Frauen zu sich selbst finden.

Frauenrechte

Die zentralen Kontroversen zwischen den Parteien in den ausgehenden sechziger und den siebziger Jahren drehten sich weniger um herkömmliche verteilungspolitische Fragen, denn es hatte den Anschein, als könne die Inflation die ökonomischen Bedürfnisse einer sehr heterogenen Gesamtheit von Interessen befriedigen und einen friedlichen Weg zur Beilegung von Konflikten über eine gerechte Einkommens- und Vermögensverteilung eröffnen. Vielmehr taten sich im Anschluss an 1968 völlig neue Streitfragen auf. In den siebziger Jahren stritten die Parteien in Deutschland auch um die «richtige» Deutung der nationalen Vergangenheit; und hier wie andernorts reagierten sie auch auf die Infragestellung traditioneller Autoritäten durch die Achtundsechziger und insbesondere deren Forderung nach Gleichberechtigung der Frau.

Im Gefolge von 1968 entstand eine Kultur des Individualismus, in der die Bedeutung familiärer Einheiten ab- und die der eigenverantwortlichen individuellen Lebensgestaltung zunahm. Die lautesten Forderungen nach mehr individueller Freiheit kamen von denjenigen, die zu den unterdrückten Opfern der traditionellen patriarchalischen Familienstrukturen und ihrer Erneuerung nach dem Zweiten Weltkrieg gehörten, nämlich Frauen.

In der sozialkonservativen Schweiz hatten Frauen bei allgemeinen Parlamentswahlen und Volksentscheiden kein Wahlrecht. Im Jahr 1971 billigten die ausschließlich männlichen Wahlberechtigten das neue Wahlgesetz in einem Volksentscheid mit Zweidrittelmehrheit. (Bei einem ähnlichen Referendum im Jahr 1959 war der Vorschlag noch mit Zweitdrittelmehrheit abgelehnt worden.)

Mit zunehmender Eigenständigkeit der Frauen änderte sich das Heiratsverhalten. Zunächst schlug sich der Jugendkult in den sechziger Jahren in einem sinkenden Heiratsalter nieder. In Italien sank das durchschnittliche Alter bei der ersten Eheschließung von 24,8 im Jahr 1960 auf 23,9 im Jahr 1980, in Deutschland von 23,4 auf 22,9 und in Frankreich blieb es konstant bei 23,0. Aber langfristig führte das Mehr an Unabhängigkeit dazu, dass Frauen später oder gar nicht heirateten. Mehr Frauen entschieden sich, allein zu leben, und die Zahl der Einpersonen-Haushalte nahm in allen europäischen Ländern zu. In einigen der Schlagzeilen machenden statistischen Befunde über die Zunahme der Zahl der Singles spiegeln sich lediglich die verlängerte Lebenserwartung und die Tatsache wider, dass ältere Menschen (vor allem Frauen) nach dem Tod ihres Ehegatten allein leben. Aber es gab auch das neue Phänomen des «Single» als Ausdruck eines individualistischen Lebensstils. In der Europäischen Union lebten 1998 im Schnitt 15 Prozent der Frauen im Alter zwischen 25 und 29 und 16 Prozent der gleichaltrigen Männer allein, wobei die «fortgeschrittenen» nördlichen Länder deutlich höhere Prozentsätze aufwiesen: für Dänemark liegen sie bei 36 und 20 Prozent, für Finnland bei 30 und 29 Prozent und für Deutschland bei 24 und 24 Prozent.[15]

Sofern überhaupt geheiratet wird, gehen der Eheschließung fast immer längere Phasen einer «Ehe auf Probe» beziehungsweise des Zusammenlebens voraus. Die Erleichterung der Scheidung bedeutete auch, dass Paare ihre ersten Ehen gleichsam als Experimente ansehen konnten. Die Scheidungsquote (Zahl der Scheidungen pro tausend Einwohner) stieg in Deutschland von 1,0 (1960) auf 1,3 (1970) und weiter auf 2,0 (1990); für

Frankreich lauten die entsprechenden Ziffern 0,7, 0,8 und 1,9; für Großbritannien 0,5, 1,1 und 2,9. In Italien, wo es 1960 praktisch keine zivilrechtlichen Scheidungen gegeben hatte, lag die Quote 1990 bei 0,5 Prozent. Die Scheidung war in Italien erst 1970 legalisiert worden, aber die Katholische Allianz sammelte Unterschriften für eine Volksabstimmung, die schließlich 1974 abgehalten wurde und eine schwere Niederlage für die Kirche und die Antischeidungsbewegung bedeutete, in der einige führende Christdemokraten eine sehr aktive Rolle gespielt hatten.

Die Autorität der katholischen Kirche wurde durch die Antikonzeptiva auf eine harte Probe gestellt. Im Jahr 1968 veröffentlichte Paul VI. seine Enzyklika *Humanae Vitae*, in der es heißt: «Wer den Beischlaf vorsätzlich unfruchtbar macht, greift seine Bedeutung als Ausdruck wechselseitiger Selbsthingabe an.» Im Jahr 1965 gaben drei Fünftel der Katholiken an, schon einmal ein Verhütungsmittel verwendet zu haben, und nach der Veröffentlichung der Enzyklika griffen die Katholiken eher häufiger als seltener zu Verhütungsmitteln. Die Kirche hatte somit auf einem der sensibelsten Gebiete der Lebensführung ein Glaubwürdigkeitsproblem. In der Praxis wurde die kirchliche Glaubenslehre auf Diözesanebene diskret abgeschwächt.

Die Frage der Abtreibung war noch strittiger; Theorien über die Unantastbarkeit des Lebens standen in unversöhnlichem Gegensatz zu der Anschauung, jede Frau habe das Recht, frei über ihren Körper zu verfügen. In den skandinavischen Ländern gab es seit den dreißiger Jahren die Möglichkeit des legalen Schwangerschaftsabbruchs, der freilich an sehr eng umschriebene Voraussetzungen gebunden war. Dänemark erlaubte seit 1939 die Abtreibung zur Abwendung einer Gefahr für das Leben der Mutter; ab 1956 wurden weitere medizinische und soziale Indikationen hinzugefügt, und 1973 war Dänemark das erste Land, das Abtreibung auf Verlangen erlaubte. 1967 erlaubte Großbritannien einen Schwangerschaftsabbruch, wenn das Leben der Mutter oder ihre psychische beziehungsweise körperliche Gesundheit gefährdet war – die Ärzte hatten bei der Entscheidung darüber, ob diese Umstände vorlagen, einen sehr weiten Ermessensspielraum. Frankreich erlaubte 1975 die Abtreibung in den ersten zehn Schwangerschaftswochen, sofern sich die Schwangere zuvor sachkundig hatte beraten lassen; die BRD führte 1976 eine ähnliche Regelung ein (seit der Empfängnis dürfen höchstens 12 Wochen vergangen sein). In den Niederlanden wurde der Schwangerschaftsabbruch zwar weithin stillschweigend geduldet, aber erst 1981 legalisiert (in Belgien sogar erst 1990). Das italienische Gesetz über den Schwangerschaftsabbruch von 1978 wurde – wie das Ehescheidungsgesetz – von der Kirche heftig angegriffen, und es wurde eine Volksabstimmung verlangt. Im Jahr 1981 wurde das Volksbegehren gegen den legalisierten Schwangerschaftsabbruch endgültig verworfen.

Homosexualität

Die Reform der Gesetze gegen homosexuelles Verhalten wurde in den sechziger Jahren zu einem vordringlichen Anliegen. In fast allen europäischen Ländern (mit Ausnahme der repressiven katholischen Autokratien Spanien und Portugal) gab es schon längere Zeit eine aktive und manchmal, etwa im Deutschland der Weimarer Republik (insbesondere Berlin), recht sichtbare homosexuelle Subkultur. Aber Weimar war auch eine Ausnahme: Im Allgemeinen wussten zwar viele Menschen, dass eine solche Subkultur existiert, aber sie sprachen nicht darüber. Die (bezeichnenderweise) am besten organisierte nationale Subkultur war die der Schweiz. Der schweizerische Schauspieler Karl «Rolf» Meier hatte in den dreißiger Jahren eine Gruppe gegründet, die er *Der Kreis* nannte, und 1942 (unter den nicht gerade günstigen Umständen der Kriegszeit) hatte er mit der Publikation einer einschlägigen Zeitschrift begonnen. Doch diese Subkulturen stießen in der neuen Atmosphäre der Nachkriegsjahre, mit ihrer Restauration der bürgerlichen Moral im Schatten des großen internationalen Dramas des Kalten Krieges, sehr schnell auf heftige Ablehnung. Diese Gegenreaktion wurde nicht zuletzt durch die hysterische Angst vor einem Sittenverfall ausgelöst, nachdem der amerikanische Kinsey-Report 1948 enthüllt hatte, dass homosexuelle Praktiken weit verbreitet sind.

Dieser Antagonismus von aktiven Subkulturen einerseits und einem wiedererwachten Bedürfnis nach Repression andererseits führte zu einer neuen Diskussion über die Entkriminalisierung homosexuellen Verhaltens. Im Jahr 1948 gründete Axel Axgil eine Reformbewegung in Dänemark. Im Jahr 1954 begann Arcadie in Frankreich auf eine Änderung der Gesetze zu drängen, die einvernehmliche homosexuelle Handlungen zwischen Erwachsenen unter Strafe stellten, und das Gleiche tat die Homosexual Law Reform Society ab 1958 in Großbritannien. In der Praxis waren diese Gesetze zwar so gut wie nie auf nicht-öffentliche Handlungen angewandt worden, aber mehrere Persönlichkeiten waren durch Strafprozesse wegen unsittlicher Handlungen in öffentlichen Toiletten (zu denen sie manchmal durch *agents provocateurs* der Polizei verleitet worden waren) ruiniert worden. Die Zahl der Anklagen nahm in den fünfziger Jahren zu: So wurde 1953 der führende Shakespeare-Darsteller seiner Generation, Sir John Gielgud, wegen homosexueller Belästigung in Chelsea verhaftet und verurteilt. Während die Presse eine Hetzkampagne gegen Gielgud führte, wurde er bei seinem nächsten Bühnenauftritt vom Publikum mit frenetischem Beifall begrüßt. Weniger Aufsehen erregte damals der tragische Fall von Alan Turing, dem Erfinder der mathematischen Computerlogik, der 1952 wegen einer reinen Privatangelegenheit gerichtlich belangt wurde: Er hatte der Polizei, die wegen eines Einbruchs in seine Wohnung in Manchester ermittelte, unklugerweise gesagt, er habe ein «Verhältnis» mit dem Verdächtigen. Turing wurde zwar nicht zu einer Freiheitsstrafe verurteilt, aber er musste sich einer Hormontherapie unterziehen und beging 1954 Selbstmord.

Vor allem die durch die Strafverfolgung prominenter Persönlichkeiten entfachte öffentliche Diskussion veranlasste den konservativen britischen Innenminister Sir David Maxwell-Fyfe 1954 dazu, einen Ausschuss unter Vorsitz von Lord Wolfenden einzusetzen, der Vorschläge zu einer Reform der einschlägigen Gesetze unterbreiten sollte; die Ausschussmehrheit empfahl daraufhin, einvernehmliche sexuelle Handlungen zwischen Erwachsenen gleichen Geschlechts nicht länger unter Strafe zu stellen. Doch erst 1967 wurden die einschlägigen strafrechtlichen Bestimmungen durch einen Gesetzentwurf geändert, der von einem Hinterbänkler eingebracht und vom damaligen Labour-Innenminister Roy Jenkins unterstützt wurde (Harold Wilson interessierte sich nicht im Geringsten für die Reform). Die Regierung wollte nicht allzu eng mit der Maßnahme in Verbindung gebracht werden. In Frankreich wurden die Vichy-Gesetze gegen homosexuelle Handlungen (die 1960 noch einmal verschärft worden waren) erst 1982 unter der Linksregierung von Präsident Mitterrand reformiert.

Die Diskussion über eine Strafrechtsreform verstärkte bei einigen Sozialkonservativen sogar noch den Widerstand gegen eine Liberalisierung, gleichzeitig führte sie zu einer weiteren Radikalisierung der Homosexuellen-Bewegung, die zum ersten Mal politisch aktiv wurde.

Die ersten Reformschritte in den sechziger Jahren führten dazu, dass eine nunmehr viel weiter gehende Forderungen erhebende Bewegung sich bewusst das provokante Adjektiv «gay» (schwul) auf die Fahnen schrieb. Ihre Aktivisten mokierten sich über die altmodischen homosexuellen Schöngeister mit ihrer Biedermeier-Betulichkeit wie etwa Rolfs *Kreis*. Die Aufhebung der Strafbarkeit von gleichgeschlechtlichen Handlungen zwischen Personen über 21 Jahren genügte ihnen bei weitem nicht. In den fünfziger Jahren hatten die statistischen Daten über Strafverfahren, die dem britischen Wolfenden-Ausschuss vorgelegt wurden, gezeigt, dass innerhalb von zehn Jahren etwa hundert Männer wegen sexueller Handlungen mit Männern über 21 Jahren verurteilt worden waren. Vierzig von ihnen hatten Freiheitsstrafen erhalten. Aber diese hundert Männer machten nur 10 Prozent der Gesamtzahl von Männern aus, die wegen homosexueller Handlungen verurteilt worden waren, denn die überwiegende Mehrzahl dieser Fälle betraf minderjährige junge Männer.

Im Jahr 1970 gründeten Studenten der London School of Economics eine «Gay Liberation Front», die die Emanzipation der Homosexuellen als Teil einer groß angelegten politischen Offensive gegen das «System» und seinen kulturellen Unterbau ansah. Für viele der neuen Radikalen war Sex in jeglicher Form schlicht eine Waffe in einem umfassenden Kulturkampf. Der Dramatiker Joe Orton verkündete in seinem postum veröffentlichten Theaterstück *What the Butler Saw* (1967), dass «Zivilisationen auf der Grundlage von Theorien errichtet und aufrechterhalten werden, die sich den Tatsachen verschließen». Im Jahr 1967 schrieb er in sein Tagebuch, Sex sei «das einzige Mittel, um die verkommene Zivilisation zu zertrümmern».[16]

Die *gay liberation* erforderte eine völlig neue Gesellschaftstheorie. Im Jahr 1972 versuchte Guy Hocquenghem in seiner Analyse des *Homosexuellen Begehrens* den Brückenschlag zwischen psychoanalytischer und marxistischer Theorie; er behauptete, die Angst vor der Homosexualität stelle ein neues, erklärungsbedürftiges Phänomen dar. Im Unterschied zu den USA kam es in Europa jedoch nie zu einer wirklich breiten politischen Mobilisierung der Schwulen. Das Magazin *Gay News* beklagte 1976, an einem Protestmarsch im Londoner West End hätte nur 200 Leute teilgenommen, während in San Francisco 90000 auf die Straße gegangen seien.

Eine der Forderungen der älteren Reformbewegung war die rechtliche Anerkennung homosexueller Partnerschaften als eine Form der Ehe gewesen. Das erste europäische Land, das ein der Ehe weitgehend gleichgestelltes Institut der eingetragenen Partnerschaft schuf, war Dänemark (1989). Als das Gesetz am 1. Oktober in Kraft trat, besiegelten die langjährigen Aktivisten Axel und Eigil Axgil (sie hatten ihre Namen bereits durch einseitige Rechtserklärung geändert) im Alter von 74 und 67 Jahren zusammen mit zehn weiteren Paaren in Kopenhagen den Bund fürs Leben. Sie erschienen im Standesamt in Anzug und Krawatte, und sie wirkten in dieser Kleidung genauso untadelig gediegen wie jedes konventionelle Ehepaar. Als erstes folgten die übrigen skandinavischen Länder dem dänischen Beispiel: Norwegen (1993), Schweden (1994), Grönland (1995) und Island (1996). Ungarn beschloss 1996 ein ähnliches Gesetz, gefolgt von Frankreich 1999 und Deutschland 2001.

Der Konflikt zwischen den Befürwortern einer Reform der Homosexuellen-Paragraphen und Anhängern einer umfassenden *gay liberation* spiegelt exakt den zentralen Antagonismus der sechziger Jahre wider: zwischen einem altbackenen sozialen Liberalismus, der durch eine schrittweise Rechtsreform die Gesellschaft voranbringen möchte, und einem selbstbewussten provokativen Aktivismus neuen Stils, der Veränderungen gleichsam durch «Schockbehandlung» erzwingen will. Die Vertreter der beiden gegensätzlichen Positionen wechselten in den sechziger Jahren kaum ein Wort miteinander und begegneten sich gegenseitig mit völligem Unverständnis. Tatsächlich goss die ältere Generation noch Öl ins Feuer, indem sie gönnerhaft versicherte, sie «verstehe» die Leidenschaftlichkeit der Jugend, was eine glatte Lüge war – wie sensible Menschen auf beiden Seiten der Barrikaden von '68 erkannten.

10 Die Grenzen des Wachstums: Die siebziger Jahre

Auf die Rebellion der Achtundsechziger reagierte das Establishment zunächst mit dem Versuch, der Unzufriedenheit mit materiellen Wohltaten zu begegnen und das Wirtschaftswachstum mit dem bewährten Rezept der keynesianischen Nachfragesteuerung anzukurbeln. Doch die Ausweitung der Staatsausgaben zum Zweck der politischen Stabilisierung hätte bei nationalen Volkswirtschaften vielleicht besser funktioniert; je mehr sich jedoch eine Volkswirtschaft den internationalen Märkten öffnet, desto mehr Geld fließt dorthin ab. Die neuen Ausgaben führten zu erheblichem Ungleichgewicht in der Zahlungs-, insbesondere aber in der Leistungsbilanz (die unter anderem die Handels- und Dienstleistungsbilanz umfasst) und zu großen Kapitalflüssen, um die Handels- und Dienstleistungsbilanz auszugleichen. In Ländern, die sich auf die internationale Version des sozialpolitischen Experiments einließen und die Unzufriedenen mit Geld «ruhig zu stellen» versuchten, führte die expansive Geldpolitik zu einem starken Auftrieb der Warenpreise. So ging es nicht länger um eine Debatte über die gerechte Verteilung von Vermögen und Ressourcen in einer nationalen Volkswirtschaft, sondern um internationale Verteilungspolitik, anders gesagt um die Beziehung zwischen reichen und armen Ländern.

Die neuen Probleme – Kapitalflüsse, starker Auftrieb der Warenpreise und Debatten über internationale Verteilungsgerechtigkeit – verlangten nach Lösungen der großen politischen, sozialen und wirtschaftlichen Probleme auf internationaler und globaler Ebene: durch die Europäische Gemeinschaft, die Vereinten Nationen, den Internationalen Währungsfonds (der in den siebziger Jahren die Politik in Großbritannien und Italien maßgeblich beeinflusste) oder neue sicherheitspolitische Institutionen (insbesondere die Konferenz für Sicherheit und Zusammenarbeit in Europa, KSZE).

Instabilität im Mittelmeerraum

Die grundlegenden Umwälzungen im Europa der siebziger Jahre spielten sich nicht in industriellen Kernbereichen ab, auch wenn die wohlhabenden Länder schwer traumatisiert waren und ihren scheinbar stabilen Verhältnissen nicht mehr so recht trauten. Die Schreckgespenster schwerer innerer Unruhen, Militärputschs, Bürgerkriege und kommunistischer Revolutionen, die nicht selten als düstere Zukunftsvisionen an die Wand gemalt wurden, suchten vielmehr den Mittelmeerraum heim. Dort reagierte man auf die Rebellion der radikalen Linken mit der Suche nach anderen institutionellen – und finanziellen – Formen der Stabilisierung. Vier Länder, die in ihrer wirtschaftlichen Entwicklung weit hinter Nordeuropa zurückgeblieben waren, mussten das traumatische Erbe von Militärdiktaturen bewältigen.

Als der portugiesische Diktator António Salazar 1968 einen Schlaganfall erlitt (er starb 1970), trat sein Zögling Marcelo Caetano unangefochten seine Nachfolge an. Doch Anfang der siebziger Jahre explodierten die Kosten für die Sicherung der afrikanischen Kolonien Portugals – Angola, Guinea und Mozambik – gegen militärisch erstarkende Befreiungsbewegungen. Daraufhin putschten oppositionelle Offiziere innerhalb der portugiesischen Streitkräfte, «Movimento das Forças Armadas» (25. April 1974), die Caetano unter Führung des gemäßigt konservativen Generals António de Spínola stürzten und eine «Junta der Nationalen Rettung» einsetzten. Die Junta versprach freie Wahlen, die Freilassung politischer Gefangener, die Wiederherstellung der Pressefreiheit und der persönlichen Freiheitsrechte. Oberste Priorität hatte freilich eine «politische Lösung» der Kolonialkriege, anders gesagt, eine zügige Entkolonialisierung.

Es sah schon bald so aus, als sollten sich in Portugal die Erfahrungen Russlands von 1917 und Mitteleuropas nach 1945 wiederholen. Ein langer und teurer Krieg hatte die traditionellen Eliten in Misskredit gebracht; Rückständigkeit und Verarmung waren ein fruchtbarer Boden für soziale Ressentiments; im Süden erhoben sich verarmte Bauern ohne eigenes Land gegen die Großgrundbesitzer, die eine Säule des *ancien régime* gewesen waren. Gleichzeitig bauten die Kommunisten ihren Einfluss auf kommunaler Ebene immer weiter aus. Der Führer der Kommunisten, Alvaro Cunhal, kehrte am 30. April aus seinem Exil in Osteuropa zurück und sah sich selbst als einen zweiten Lenin, der in das vom Krieg schwer gezeichnete Petrograd zurückkehrt. General de Spínola galt schon bald bei Freund und Feind als ein portugiesischer Kerenski, der von einer sich zusehends radikalisierenden Revolution hinweggefegt würde. Am 11. März 1975 musste de Spínola nach einem gescheiterten Putschversuch ins Ausland fliehen, und ein Oberster Revolutionsrat wurde eingesetzt.

Die Wahlen zur Verfassunggebenden Versammlung am Jahrestag der Revolution, dem 25. April 1975, waren ein Rückschlag für die Kommunisten: Die Kommunistische Partei errang nur 12,5 Prozent der Stimmen, während die gemäßigt konservative Demokratische Volkspartei 26,4 Prozent erhielt und die Sozialistische Partei von Mario Soares mit 37,8 Prozent als Siegerin aus den Wahlen hervorging. Aber hatten die Bolschewiken bei den Wahlen zu einer verfassungsgebenden Versammlung im Jahr 1917 nicht ebenfalls schlecht abgeschnitten? Kommunistenführer Cunhal erklärte: «In einem revolutionären Prozess sind Wahlen weder der einzige noch der bedeutsamste Ausdruck der Stärke und des Einflusses einer Partei, zumal wenn es noch keine stabile demokratische Ordnung gibt.»[1] Die Kommunisten übten noch immer einen beherrschenden Einfluss auf die Regierung aus, und sie setzten eine Reihe von Maßnahmen durch, die ihre Position festigen sollten: eine Bodenreform, die Verstaatlichung von Banken, Schwerindustrie (Stahl) und Verkehrswesen sowie das Versprechen, auch Erzvorkommen zu verstaatlichen. Die kommunistische Gewerkschaftsorganisation Intersindical, die keine Sozialisten aufnahm, gewann eine Monopolstellung. Unmittelbar nach den Wahlen erklärte sich Soares bereit, ein gemeinsames Kommuniqué mit Cunhal herauszugeben, in dem sich der Sozialistenchef und der Führer der Kommunisten zur «Verteidigung der Grundfreiheiten und der seit dem Putsch erreichten Fortschritte [verpflichteten], insbesondere der Maßnahmen zur Verstaatlichung und der Agrarreform».[2] Aber im September 1975 wurde der den Kommunisten nahe stehende Ministerpräsident Oberst Vasco dos Santos Gonçalves abgesetzt und aus dem Obersten Revolutionsrat ausgeschlossen, während gemäßigte Generäle, die zuvor ausgeschlossen worden waren, nun wieder aufgenommen wurden. In der noch im September neu gebildeten Regierung waren die Parteien entsprechend ihren in den Wahlen zur Verfassunggebenden Versammlung erlangten Stimmenanteilen vertreten.

Im April 1976 wurden neue Parlamentswahlen abgehalten, bei denen die Parteien ihre Stimmenanteile gegenüber den letzten Wahlen von 1975 weitgehend behaupteten; die Kommunisten gewannen nur geringfügig hinzu (14,4 Prozent), während Soares abermals 34,8 Prozent erreichte. Er wurde Ministerpräsident und drängte den Einfluss der Kommunisten zunächst im Zentrum und dann auf kommunaler Ebene zurück.

Die Revolution in Portugal fiel mit dem Tod des spanischen Diktators General Franco zusammen; viele Beobachter glaubten, das revolutionäre Szenario in Portugal würde sich bei dem größeren iberischen Nachbarn wiederholen. Am 1. Mai 1975 gab es in ganz Spanien Demonstrationen gegen Franco – nicht nur in den separatistischen und traditionell anti-kastilischen Regionen Baskenland und Katalonien. Der Neffe Francos sprach sich in einem Interview «gegen den Faschismus und für ein friedliches, gleichberechtigtes und demokratisches Miteinander aller Spanier [aus], ohne Vorrechte für irgendeine Klasse».[3] Der vom Caudillo selbst ausersehene Nachfolger, Prinz Juan Carlos, nahm Gespräche mit der Opposition auf.

Doch schon kurz nach Francos Tod (am 20. November, vermutlich war er bereits am Vortag gestorben) zeigte sich, dass Spanien nicht Portugal war. Das Land war nicht in einen Kolonialkrieg verwickelt; es hatte sich in den sechziger Jahren relativ zügig modernisiert und war kein armes Schwellenland mehr; und Spanien war eine Monarchie. Juan Carlos war schon am 30. Oktober zum amtierenden Staatschef ernannt worden, und am 22. November wurde er als König vereidigt. Sein Vater verzichtete später auf seinen Anspruch auf den Thron. Die *Nationale Bewegung* wurde aufgelöst. Die Bildung von Parteien und Gewerkschaften wurde erlaubt. Juan Carlos ernannte Arias Navarro zum Ministerpräsidenten, ehe er wegen zunehmender Kritik an den schleppenden innenpolitischen Reformen zurücktrat. Neuer Regierungschef wurde ein gemäßigter Konservativer, Adolfo Suárez (17.7.1976).

Wahlen zur Ablösung der weitgehend aus ernannten Mitgliedern bestehenden Ständeversammlung (*Cortes*) der Franco-Ära fanden erst im Juni 1977 statt; dabei gewann die Mitte-Rechts-Partei des Ministerpräsidenten 165 von 350 Sitzen und die Sozialistische Partei unter Felipe González 118 Sitze. Die Kommunisten kamen nur auf 20 Sitze. Ungeachtet der Rückkehr der charismatischen Dolores Ibárruri («*la Pasionaria*»), die sich während der Republik und im Bürgerkrieg als glühende Verfechterin der kommunistischen Sache hervorgetan hatte und die nun erneut als Volkstribunin auftrat, gehörten sie und ihre Partei bald ebenso der Vergangenheit an wie der *Caudillo*.

Die Revolution in Spanien wirkte nicht nur auf die Politik, sie durchdrang Kultur und Gesellschaft, die Caféhaus-Kultur, das Nachtleben, die Sexualität – ein Kulturleben, das während des Franco-Regimes scharfen Restriktionen unterlegen hatte, nahm einen ungeahnten Aufschwung. Der Geist des neuen Spaniens wurde in Pedro Almodovars kommerziell äußerst erfolgreichen Filmen porträtiert, die eine schnelllebige und polymorphe Sexualität feierten: *Frauen am Rande des Nervenzusammenbruchs* (1987) und *Fessle mich* (1989).

Die politischen Verhältnisse in Spanien und Portugal blieben eine Zeit lang recht instabil. Am 23. Februar 1981 scheiterte ein Putsch der Guardia Civil unter Oberst Tejero vor allem am entschlossenen Handeln des Königs. Bei den Parlamentswahlen im folgenden Jahr errangen die Sozialisten unter Felipe González gegen eine zersplitterte Rechte einen erdrutschartigen Sieg (48,7 Prozent der Stimmen). González lenkte nun als Ministerpräsident 14 Jahre lang die Geschicke des Landes.

Entscheidend für die Stabilisierung war die außenpolitische Einbindung Spaniens. Im Jahr 1977 stellte die spanische Regierung einen Antrag auf Beitritt zur Europäischen Gemeinschaft. Portugal folgte wenig später dem spanischen Beispiel. Als die beiden Länder dann 1986 in die EG aufgenommen wurden, zeigte sich, dass die von außen herangetragene Stabilität die innere demokratische Entwicklung hervorragend ergänzte. Vorbild für diese Strategie war Griechenland, das 1979 ein EG-Beitrittsabkommen ausgehandelt hatte, das Anfang 1981 in Kraft trat. Für die Europäische Gemeinschaft war dies ein neuartiges Experiment. Als die Gemeinschaft 1973 von sechs auf neun Mitglieder erweitert worden war, waren Dänemark und Großbritannien im Vergleich zu anderen Mitgliedsstaaten relativ reich, und Irland war zwar vergleichsweise arm, aber mit nur sechs Millionen Einwohnern auch klein. Griechenland war mit fast zehn Millionen Einwohnern erheblich größer, und Portugal war etwa gleich groß. Spanien hatte fast 40 Millionen Einwohner. Die neuen Mitgliedsstaaten der achtziger Jahre waren ebenfalls arm: während Deutschland 1986 ein Bruttoinlandsprodukt (BIP) pro Kopf der Bevölkerung von 14500 Dollar hatte, betrug das Pro-Kopf-BIP von Spanien 6000 Dollar, und Griechenland (mit 4000 Dollar) und Portugal (mit 3000 Dollar) lagen noch einmal deutlich darunter.[4]

Griechenland war nach dem Putsch vom April 1967 zur Militärdiktatur geworden. Teile des Militärs sahen sich damals – nachdem Putschpläne der in der Aspida-Gruppe zusammengeschlossenen linksgerichteten Offiziere ruchbar geworden waren – auch aus der Sorge zum Handeln gezwungen, die Sozialisten könnten bei den bevorstehenden Wahlen einen starken Stimmenzuwachs erreichen. Die Offiziere mittlerer Dienstgrade (die so genannten Obristen), die die Macht an sich rissen, wollten der Demokratie und der Modernisierung den Rücken kehren. Sie sagten die Wahlen ab, stellten den Führer der Sozialisten, Georgios Papandreou, und seinen politisch in der Mitte stehenden Sohn, Andreas Papandreou, unter Hausarrest, verboten die EDA (linksdemokratische Partei, faktisch die Nachfolgerin der bereits verbotenen kommunistischen Partei), untersagten das Tragen von Miniröcken und langen Haaren und verwehrten bärtigen, «unsauberen» Touristen die Einreise. Nach einem gescheiterten Gegenputsch musste der unerfahrene König ins Exil gehen. Das Regime brach, wie das portugiesische, aufgrund eines militärischen Abenteuers zusammen: Es hatte versucht, die Insel Zypern, seit Jahren ein Zankapfel zwischen Türken und Griechen, zu annektieren und dadurch eine türkische Militärinvasion provoziert. Nach dem Zusammenbruch des Obristen-Regimes bemühte sich eine demokratische Koalitionsregierung unter dem Gemäßigten Konstantin Karamanlis darum, eine neue Ordnung durch Europäisierung zu festigen.

Im Hinblick auf die allgemeinen Ziele ging diese Strategie auf, auch wenn Griechenland weiterhin eine Außenseiterstellung in der EG innehatte. Als die Inflationsrate 1990 auf das Vierfache des EG-Durchschnitts emporschnellte und das Haushaltsdefizit beunruhigende 12 Prozent des BIP erreichte, drohte Griechenland sogar die Entlassung aus dem europäischen Klub.

Noch ärmer als Griechenland und Portugal war die Türkei: Ihr Pro-Kopf-BIP betrug ganze 1000 Dollar. In den siebziger Jahren wurde sie zudem von einer blutigen Welle der Gewalt heimgesucht; rechts- und linksextreme Gruppierungen verübten zahlreiche politische Mordanschläge, einige davon mit stillschweigender Billigung der Sicherheitskräfte. Zu guter Letzt – wenn auch viel später – schlug die Türkei einen ganz ähnlichen Weg wie Spanien und Portugal ein. Von den vier nördlichen Mittelmeeranrainern, die sich von den Folgen diktatorischer Militärregime erholten, gelang es den drei Ländern mit christlicher Tradition sehr schnell, Aufnahme in die institutionelle Gemeinschaftsordnung des (sehr säkularen) Nord- und Westeuropas zu erlangen. Der islamischen Türkei hingegen blieb der Zutritt einstweilen noch verwehrt. Aber ihre Wirtschaftsleistung wuchs fortan erheblich schneller als die der anfänglich deutlich wohlhabenderen westlichen Länder: das BIP Griechenlands wuchs zwischen 1980 und 2000 real – inflationsbereinigt – durchschnittlich um 1,5 Prozent jährlich, das BIP Spaniens um 2,7 Prozent, das Portugals um 2,9 Prozent und das der Türkei um 4,4 Prozent.

Im Gegensatz zu Portugal, wo die Armee zur treibenden Kraft der Revolution wurde, und auch zu Spanien, wo ein großer Teil der Armeeführung offen reaktionär war, sah sich die türkische Armee als Hüterin des gemäßigt-neutralen (weder kommunistisch noch kapitalistischen), laizistischen Vermächtnisses von Kemal Atatürk. Soldaten durften keinen Bart tragen. Der kurze Ausflug des Militärs in die türkische Politik im Jahr 1961 war nicht die letzte Einmischung der Generäle. Im März 1971 schickte die Armee ein Memorandum an den konservativen Ministerpräsidenten Süleyman Demirel (Gerechtigkeitspartei): Sie warf ihm vor, er habe das Problem der sozialen Unruhen nicht in den Griff bekommen und sein wirtschaftspolitischer Kurs sei gescheitert. Die sozialdemokratische Republikanische Volkspartei unter Bülent Ecevit gewann die Wahlen von 1973, und im Jahr 1977 erhielt seine Partei wiederum die meisten Stimmen, verfehlte jedoch die absolute Mehrheit und wurde von einer rechtsgerichteten Koalitionsregierung unter Führung der Gerechtigkeitspartei abgelöst. Während der siebziger Jahre nahm die rechts- und linksextremistische Gewalt stetig zu; und die wirtschaftlichen Schwierigkeiten wurden durch die Ölpreisschocks noch verschärft. Bis Ende 1978 war in dreizehn der 67 Provinzen der Türkei das Kriegsrecht verhängt worden. Am 10. und 11. September 1980 setzte die Armee eine weitere Regierung Demirel ab, behielt allerdings einen der fähigsten Technokraten dieser Regierung, Turgut Özal, als Wirtschaftsminister.

Das Militär sorgte nun dafür, dass sein laizistisches, politisch neutrales Erscheinungsbild in alle Bereiche des öffentlichen Lebens Einzug hielt. Allen Staatsdienern, Universitätsdozenten und Studenten wurde das Tragen von Bärten verboten, da diese als Ausdruck einer bestimmten politischen Zugehörigkeit angesehen wurden. Linke trugen volle buschige Schnurrbärte wie Stalin, Rechte trugen schmale Oberlippenbärtchen wie Hitler. Jeans, Miniröcke, (islamische) Kopftücher und grüne Parkas (die als Zeichen linksextremistischer Tendenzen interpretiert wurden) wurden ebenfalls verboten.

Özal gab der Rechten mit der 1983 neu gegründeten Partei, der Mutterland-Partei (ANAP), eine neue politische Heimat; er war von 1983 bis 1989 Ministerpräsident und anschließend bis zu seinem Tod 1993 Staatspräsident. Seine politische Erbin, Tansu Çiller, wurde die erste türkische Ministerpräsidentin (1993–96), und machte die Anbindung an Europa und den Beitritt zur Europäischen Union zu den Eckpfeilern ihres politischen Programms. 1995 schloss die Türkei ein Freihandelsabkommen mit der Europäischen Union. Aber Çiller gründete eine eigene Partei (die Partei des Rechten Weges, DYP), in den neunziger Jahren war die Parteienlandschaft stark zersplittert – es gab mehrere kleine Gruppierungen, die sich um herausragende Politikerpersönlichkeiten scharten (Demirel, Ecevit, Özal, Çiller) –, mit der Folge, dass die parlamentarische Politik sehr instabil blieb.

Die laizistische gemäßigte Rechte bemühte sich von den fünfziger Jahren bis in die neunziger Jahre hinein immer wieder darum, internationale Vereinbarungen und Institutionen zu nutzen, um mehr ausländische Wirtschaftshilfe zu erhalten und die Modernisierung und Liberalisierung der Wirtschaft voranzutreiben. Die Mitgliedschaft in der NATO war in den fünfziger Jahren Teil der Strategie der Demokratischen Partei. Ende der siebziger Jahre spielte die strategische Abhängigkeit der USA und der Europäischen Gemeinschaft von einem zuverlässigen und säkularen islamischen Staat im östlichen Mittelmeerraum nach der Revolution im Iran eine ähnliche Rolle: Im Gegenzug wurde die Türkei von den internationalen Finanzinstitutionen, insbesondere Weltbank und IWF, besonders berücksichtigt. In den Jahren 1990–91 und 2002–2003 wiederholte sich dieses Muster, als Krisen im Irak die Türkei zu einem wichtigen strategischen Partner machten. Die Türkei folgte der Strategie der Spanier und Portugiesen und ersuchte um Aufnahme in die EG. Das erste formelle Beitrittsgesuch wurde 1987 eingereicht und 1989 abgelehnt, vor allem wegen des heftigen Widerstands der Griechen. 1997 wurde ein neuer Beitrittsantrag abermals zurückgewiesen. Die Türkei versuchte es ein drittes Mal, in der Hoffnung, ihr Bestreben, sich Europa anzuschließen, werde (wie bei Großbritannien) beim dritten Mal von Erfolg gekrönt sein.

Die Kehrseite dieser Strategie – die mit dazu beitrug, dass sich das Militär immer wieder in die Politik einmischte – bestand darin, dass die Auslandshilfe und die ausländischen Kapitalzuflüsse Erwartungen weckten, die weit über die tatsächliche wirtschaftliche Leistungsfähigkeit des Landes hinausgingen. Die türkische Wirtschaft wuchs schnell, aber um den Preis einer hohen Inflation und sehr schwankungsanfälliger Zuflüsse von ausländischem Privatkapital, das Investoren, die plötzlich kalte Füße bekamen, dann ebenso schnell wieder abzogen.

Im Jahr 1995 erhielt die islamische Wohlfahrtspartei, die sich aus ihren Vorläuferparteien, der Nationalen Ordnungspartei der frühen siebziger Jahre und der Nationalen Heilspartei entwickelt hatte, bei den Parlamentswahlen 21 Prozent der Stimmen. Aus ihr ging später die Tugendpartei hervor. Sie wurde verboten, weil sie angeblich eine Gefahr für die säkulare Staatsordnung darstellte. Im Jahr 2001 spaltete sie sich. Der gemäßigte Flügel benannte sich um in «Partei für Gerechtigkeit und Entwicklung» (AKP), die bei den Parlamentswahlen im November 2002 mit einem Programm, das die Korruption und die Ineffizienz des bislang stark zersplitterten und zerstrittenen politischen Establishments anprangerte, einen unerwartet hohen Sieg einfuhr. Mit 34 Prozent der Stimmen erhielt sie die Mehrheit der Sitze im Parlament. Die AKP befleißigte sich jedoch einer Rhetorik, die sie als gemäßigt konservativ und proeuropäisch erscheinen ließ: Sie sah sich als islamisches Gegenstück zu den deutschen Christdemokraten und als Stimme eines gemäßigten Islam. Sie lehnte den Fundamentalismus ab, der weite Teile der muslimischen Welt paralysierte. Europa – die alte kemalistische Idee der Übernahme westlicher Werte und Institutionen – lieferte wieder einmal einen Schlüssel zur politischen Entwicklung in der Türkei.

Der keynesianische Aufschwung und seine Schattenseiten

Die allgemeine politische Lage in den mitteleuropäischen Industriestaaten und in Nordeuropa stabilisierte sich nach 1968 deshalb relativ schnell, weil die Regierungen die wirtschaftspolitischen Instrumente des «goldenen Zeitalters» einsetzten, um die Nachfrage zu beleben. Der Keynesianismus war das wichtigste Steuerungsinstrument, um stetiges Wachstum und die

Rückkehr zur Stabilität zu gewährleisten. Keynes selbst hatte sich in den zwanziger Jahren – und erneut während des Zweiten Weltkriegs – besorgt über die verheerenden sozialen Folgen einer hohen Inflation gezeigt; seine Schüler Ende der sechziger, Anfang der siebziger Jahre dagegen hielten eine maßvolle Inflation für wünschenswert. Sie erleichterte die Beilegung von Verteilungskämpfen, förderte die Investitionstätigkeit (in einem Zeitalter, das fest daran glaubte, dass die Investitionen von heute das Wachstum von Morgen seien) und hemmte die Bildung von Ersparnissen. Die Gewerkschaften konnten unterdessen durch (nominelle) Lohnerhöhungen ruhig gestellt werden, auch wenn die Zuwächse womöglich durch weitere Preissteigerungen rasch aufgezehrt wurden.

Die starke Zunahme der Arbeitskämpfe in den Jahren 1967–69 lässt sich vielleicht damit erklären, dass die Studentenproteste just nach einer leichten konjunkturellen Abkühlung in den großen europäischen Volkswirtschaften ausbrachen. Die ersten Anzeichen einer Erholung gaben dann den Gewerkschaften die Gelegenheit, die Muskeln spielen zu lassen, und die Zahl der Streikmaßnahmen stieg sprunghaft an. In Italien gingen 1965 aufgrund von Streiks 7 Millionen Arbeitstage verloren, 1966 14,5 Millionen, 1967 8,6 Millionen, 1968 9,2 Millionen und 1969 37,8 Millionen Tage. Deutschland, wo die Gewerkschaften von jeher weit weniger militant waren, verlor 1966 27000 Arbeitstage, 1967 aber schon 390000 und 1969 249000 Arbeitstage.

In den sechziger Jahren waren die Spielräume für fiskalpolitische Stimuli und den geldpolitischen Ausgleich der Folgen von Lohnerhöhungen durch die Bindung an feste Wechselkurse eingeschränkt. Vor 1969 bzw. 1967 litten die französische und die britische Wirtschaft darunter, dass beide Regierungen, vornehmlich aus Prestigegründen, ihre Währungen nicht abwerten wollten, was eine Lockerung der strengen Haushaltsdisziplin ermöglicht hätte. Doch Ende der sechziger Jahre schwand die disziplinierende Wirkung des internationalen Systems fester Wechselkurse zusehends dahin, weil der Hauptakteur der Weltwirtschaft, die USA, die Notenpresse in Gang setzten, um den Vietnamkrieg und das sozialpolitische «Great Society»-Reformprogramm finanzieren zu können. Im August 1971 gaben die USA ihr Goldeinlöseversprechen auf (die Zusage, Dollar in Gold einzulösen und zwar zu einem Kurs von 35 Dollar pro Feinunze), womit die nationale Wirtschaftspolitik praktisch keinen externen Beschränkungen mehr unterlag. Alle großen Industriestaaten gingen daraufhin zu einer sehr expansiven Geld- und Fiskalpolitik über, und die Weltwirtschaft erlebte einen inflatorisch bedingten Boom, von dem Mitte-Rechts- und Mitte-Links-Regierungen in gleicher Weise profitierten.

Das Bretton-Woods-System und sein Zusammenbruch

Die internationale Währungsordnung der Nachkriegszeit wurde auf einer Konferenz der Vereinten Nationen ausgehandelt, die im Juli 1944, unmittelbar nach der Landung der Alliierten in der Normandie, im Mount Washington Hotel, Bretton Woods, New Hampshire, stattfand. Die wichtigsten Eckpfeiler dieses neuen Systems, das hauptsächlich auf den Konzepten von John Maynard Keynes und Harry Dexter White, einem hohen Mitarbeiter des US-Finanzministeriums, gegründet war und den in Verruf geratenen Goldstandard ersetzen sollte, waren feste Wechselkurse zum US-Dollar (dessen Goldparität auf 35 Dollar je Feinunze Gold festgelegt wurde), die allerdings unter bestimmten Voraussetzungen angepasst werden konnten; die freie Konvertierbarkeit für die in der Leistungsbilanz, nicht aber in der Kapitalverkehrsbilanz erfassten Transaktionen (also der internationalen Zahlungsströme für Güter und Dienstleistungen, nicht aber für Kapitalbewegungen); und die Gründung einer Institution (des Internationalen Währungsfonds), die Ländern zur Überbrückung von Zahlungsbilanzschwierigkeiten vorübergehende Finanzhilfe leisten sollte. Zeitgenössische Kritiker der neuen Währungsordnung bezweifelten ihre Funktionsfähigkeit, da es aufgrund der hohen Produktivitätszuwächse der US-Wirtschaft während des Zweiten Weltkriegs zu einer dauerhaften Dollarknappheit kommen könne. Diese Fähigkeit des «Bretton-Woods-Systems» trat in der Praxis erst nach 1959 ein; damals waren die großen europäischen Volkswirtschaften (und wenig später auch Japan) endlich stark genug, um zur freien Konvertierbarkeit im Rahmen der Leistungsbilanz überzugehen.

Doch schon in den sechziger Jahren zeigte sich, dass die internationale Währungsordnung recht krisenanfällig war. Dies hing zum Teil mit der Zunahme des internationalen Kapitalverkehrs Ende der sechziger Jahre zusammen, als unkontrollierte Offshore-Finanzplätze entstanden (die so genannten Euromärkte, auf denen Finanzgeschäfte in Dollars abgewickelt wurden, die vor dem Zugriff der US-Währungsbehörden gesichert werden sollten). Zum Teil hing es aber auch mit der Politik der US-Regierung zusammen, zu der kostspielige Sozialprogramme im Innern und hohe Militärausgaben im Ausland – wegen des eskalierenden Vietnamkriegs – gehörten. Ein weiterer Faktor war schließlich die mangelnde Bereitschaft diverser Länder, ihre Wechselkursparitäten zu ändern: Länder mit Zahlungsbilanzüberschüssen (wie Deutschland und Japan) befürchteten, eine Aufwertung würde der Wettbewerbsfähigkeit ihrer Exportwirtschaft schaden, während Länder mit Zahlungsbilanzdefiziten (wie etwa Großbritannien) der Ansicht waren, dass ein Absenken des Wechselkurses (Abwertung) die Importpreise in die Höhe treiben, die Inflation anheizen und überdies eine politische Demütigung bedeuten würde. Das System wurde so zu einem immer rigideren Korsett – mit der Folge, dass die gleichen Probleme auftraten wie unter dem Goldstandard. Die Regierungen empfanden die Einengung ihres politischen Gestaltungsspielraums durch das Bretton-Woods-System zunehmend als ärgerliche Fessel: Eine zu hohe Kreditfinanzierung des Staatshaushalts führte regelmäßig zu Leistungsbilanzdefiziten und zur Mahnung des IWF, das Haushaltsdefizit zu mindern, denn nur unter dieser Bedingung könne er Finanzhilfe gewähren («Konditionalität des IWF»).

Das gravierendste Anpassungsproblem betraf die USA, die als einziges Land die Parität ihrer Währung nicht ändern konnten (da sämtliche Wechselkurse im Verhältnis zum US-Dollar festgelegt waren). Nach den hohen Kapitalzuflüssen nach Deutschland und Japan in den Jahren 1970 und 1971 drängten die USA beide Länder zu Abwertungen: Deutschland gab schließlich die feste Parität auf und den Wechselkurs der DM frei. Japan weigerte sich, worauf sich die USA über den unfairen Wettbewerb durch eine Flut japanischer Importe beklagten. Da die USA die Wechselkurse (des Dollars zu anderen Währungen) nicht anpassen konnten, kam es zu einer Krise des gesamten Systems. Am 15. August 1971 verkündete Präsident Nixon die Aufgabe der Goldkonvertibilität des US-Dollars und die Erhebung einer zehnprozentigen Importabgabe.

Eine Neufestsetzung der Paritäten auf einer in der Smithsonian Institution abgehaltenen Konferenz (Dezember 1971) hatte nur knapp über ein Jahr Bestand. Der erneute Zusammenbruch dürfte vor allem auf die expansive US-Geldpolitik zurückzuführen gewesen sein, die das US-Handelsdefizit weiter vergrößerte, so dass dieselben Probleme auftauchten, die im August 1971 zur ersten schweren Krise des Bretton-Woods-Systems geführt hatten. Den Zusammenbruch der internationalen Währungsordnung in Kauf zu nehmen, schien somit weithin als die einzige Alternative zu einer Spirale aus Protektionismus und Handelskriegen. Dennoch kam es in den siebziger Jahren zu einer dramatischen Ausweitung des «neuen Protektionismus» freiwilliger Exportbeschränkungen, fragwürdiger Verbraucherschutzbestimmungen und ähnlicher Tricks zur Umgehung der GATT-Regeln. Der Zusammenbruch befreite die Länder auch von den Fesseln, die man in Bretton Woods der Geld- und Fiskalpolitik angelegt hatte, und es kam zu einem Inflationsschub.

In Frankreich kam es im Gefolge der großen Studentenrevolte zu einem anhaltenden politischen Rechtsruck, wie die Parlamentswahlen von 1968, der Sieg Pompidous bei den Präsidentschaftswahlen und der Wahlerfolg Giscard d'Estaings nach dem Tod Pompidous (1974) zeigten. Giscard stand für einen modernen Stil, den er in symbolischen Gesten zum Ausdruck brachte, etwa indem er die französische Nationalhymne, die *Marseillaise,* schneller sang als bis dahin üblich.

In Großbritannien erzielten die Konservativen 1970 einen überraschenden Wahlerfolg (mit 46 Prozent der Stimmen gegen 43 Prozent für Labour, die Umfragen hatten das Gegenteil vorhergesagt). Der neue Premierminister, Edward Heath, besaß weder den Charme eines Macmillan noch die Respektlosigkeit eines Wilson. Er experimentierte zunächst mit einer Art wirtschaftlichem Liberalismus. Harold Wilson meinte spöttisch, dies sei die Wiederauflage des «Selsdon Man», da sich die strategische Planungsgruppe der Konservativen am Vorabend der Wahlen im Hotel Selsdon Park getroffen und dort gegen «*big government*» (den interventionistischen Staat) gewettert sowie Steuersenkungen und eine entschlossene Inflationsbekämpfung gefordert hatte.

Gab es große inhaltliche Unterschiede zwischen den Parteien – abgesehen vom unterschiedlichen Regierungsstil? Der führende britische Historiker für diese Epoche, Peter Clarke, schreibt über Heath und Wilson, sie hätten sich geglichen wie ein Ei dem anderen. Als die Konservativen an der Macht waren, betrieben sie eine ebenso korporatistische Politik wie zuvor Labour, und die Staatsausgaben und die Inflation stiegen. Wilson und Heath verstanden sich als Technokraten und Manager des Politikbetriebs. Beide Parteien hatten sich im Wahlkampf von 1970 für den EG-Beitritt Großbritanniens ausgesprochen, und die Regierung Heath´ löste dieses Versprechen ein. Die Europäisierung Großbritanniens war Teil einer viel umfassenderen Strategie, wonach Europa das verlorene Empire als eine Quelle ökonomischer Herausforderungen und Chancen ersetzen sollte. Und für die stagnierende britische Wirtschaft wäre es vielleicht ein heilsamer Schock, der europäischen Konkurrenz ausgesetzt zu sein. Schon in den sechziger Jahren hatte das Volumen des britischen Außenhandels mit den EG-Ländern zugenommen, und Heath wollte die Handelsbeziehungen ausbauen.

Wie Wilson war auch Heath ein Modernisierer. Seine Regierung führte 1971 das Dezimalsystem für die britische Währung ein (die bis dahin so gestückelt war, dass ein Shilling zwanzig Pennies und ein Pfund zwanzig Shilling gewesen war). Sie schnitt die Grafschaften England und Wales neu zu und ersetzte die Grafschaften Schottlands durch ein System der kommunalen Selbstverwaltung.

Stärker noch als Wilson, der durch die äußere Vorgabe einer festen Pfund-Dollar-Parität in seinem Handeln eingeschränkt war, drängte Heath auf möglichst rasches Wachstum. Sein Schatzkanzler (Finanzminister) Anthony Barber rechtfertigte den Haushalt für 1972, den expansivsten, den die Regierung Heath vorlegte, ausdrücklich mit den Worten: «Das starke Wachstum der Wirtschaftsleistung, das ich mit diesem Haushalt stützen möchte, erfordert eine, im Vergleich zu den vergangenen Jahren, starke Ausweitung der Geldmenge, damit ausreichende Mittel zur Finanzierung dieses zusätzlichen Wachstums zur Verfügung stehen.» Im Juni eskalierte die Spekulation gegen das Pfund, aber Großbritannien konnte sich nicht so ohne weiteres von dem Bemühen der übrigen europäischen Länder um stabile Wechselkurse abkoppeln. Barber kommentierte die neue Krise mit den Worten: «Es wäre falsch, die Ausweitung der Geldmenge in einer Weise zu beschränken, die das von uns angestrebte Wirtschaftswachstum beeinträchtigen würde.»

Der Aufschwung heizte die Inflation an, und die Politiker glaubten naiverweise, dass durch eine niedrig gehaltene Inflationsrate und damit eine zusätzliche Geldschöpfung die gesamtwirtschaftliche Produktion gesteigert würde. Heath, der die Einkommenspolitik bis dahin immer als ineffizient, gefährlich und inflationstreibend abgetan hatte, schlug Ende 1972, als sich ein neuer Inflationsschub abzeichnete, eine ziemlich drastische Einkommenspolitik ein. Nachdem die Löhne zunächst für 90 Tage eingefroren worden waren, wurde ein umfassendes System der Lohnkontrolle eingeführt, das Ausnahmen für Geringverdiener und im November 1973, in der «dritten Stufe», eine Begrenzung von Lohnerhöhungen auf 7 Prozent (abermals mit Ausnahmen) vorsah. Diese politische Kehrtwendung wurde prompt Heath´ «Wende um hundertachtzig Grad» genannt.

Andere Inflationserscheinungen sollten ebenfalls per Regierungsverfügung unter Kontrolle gehalten werden. Im Dezember 1972 wurde eine Erschließungsabgabe eingeführt, mit der sittenwidrige Gewinne belegt wurden, die Immobilienspekulanten bei einem unglaublichen Immobilienboom einstrichen (der Durchschnittspreis eines neuen Hauses stieg in England von Juni 1972 bis Juni 1973 um 50 Prozent).

Der Heath´sche Aufschwung und seine Politik während dieses Booms brachten den britischen Kapitalismus stärker in Verruf, als es je einem Labour-Politiker möglich gewesen wäre. Billiges Geld heizte den Immobilienboom und die gleichzeitige spekulative Blase am Aktienmarkt an. Die neuen Banken (so genannte «*fringe banks*» – Teilzahlungskreditinstitute, die nach dem britischen Gesetz über Kapitalgesellschaften von 1967 als Banken tätig werden durften), die zügig expandierten, drohten beim Platzen der Immobilien- und/oder Aktienblase in eine bedrohliche Schieflage zu geraten. Im Jahr 1973 und vor allem 1974 brachen die Immobilienpreise massiv ein. Der *Financial-Times*-30-Index stand im Januar 1975 bei 146 Punkten, ein Rückgang von 73 Prozent gegenüber seinem Höchststand von 1972. Viele der Teilzahlungskreditinstitute gingen im Jahr 1973 oder den folgenden Jahren pleite. Der Preissturz brachte die Regierung in Misskredit, die den Boom angefacht hatte und die zudem ein politisches System führte, das eng mit der plötzlich so dynamischen Welt der City-Spekulanten verbunden war. Die bekannteste der neuen Banken, Slater Walker Securities, war von Peter Walker gegründet worden, der 1970 Minister in der Regierung Heath wurde. Chef von Keyser Ullmann Holdings, einem weiteren Institut, das schließlich zusammenbrach, war Edward du Cann, der Vorsitzende des «1922er-Ausschusses» konservativer Hinterbänkler. Der Vollständigkeit halber sei hinzugefügt, dass der führende wirtschaftspolitische Berater der Labour Party, Harold Lever, eine große Beteiligung (und seine Familie eine noch größere) an Northern Commercial Trust besaß. Der Vorsitzende der Liberalen, Jeremy Thorpe, unterhielt Geschäftsbeziehungen zu Eagle Star. Unverständlicherweise beteiligte sich sogar das Liegenschaftsamt der Regierung, Crown Agents, an äußerst fragwürdigen, hochriskanten Kreditgeschäften und Investitionen. Mitte der siebziger Jahre dann war die Schlussfolgerung unabweisbar, dass die keynesianische Wachstumspolitik nicht nur unangenehme Nebenwirkungen (Inflation) hatte, sondern auch ein durch und durch korruptes System verschleierte und überhaupt erst ermöglichte.

Moral und Politik

Auch Deutschland ließ sich in der zweiten Hälfte der sechziger Jahre auf ein Experiment mit einer erweiterten Version des «gelenkten Kapitalismus» ein. Zur Zeit der Großen Koalition von Christ- und Sozialdemokraten bekannten sich die deutschen Wirtschaftspolitiker erstmals uneingeschränkt zum Instrumentarium der keynesianischen Globalsteuerung. Diese neue Konzeption schlug sich in dem 1967 verabschiedeten «Gesetz zur Förderung der Stabilität und des Wachstums der Wirtschaft» nieder, das vier Hauptziele der Wirtschaftspolitik benennt (so genanntes Magisches Viereck): außenwirtschaftliches Gleichgewicht, hoher Beschäftigungsstand, Stabilität des Preisniveaus und ein «stetiges und angemessenes Wachstum». Für diese Zielsetzungen setzte sich der Wirtschaftsminister der von 1966 bis 1969 amtierenden Koalitionsregierung, Karl Schiller, besonders nachdrücklich ein; er wollte sich von dem Bretton-Woods-System fester Wechselkurse lösen, das seines Erachtens die Inflation in Deutschland unnötigerweise anheizte. Die Aura der Verlässlichkeit und Vertrauenswürdigkeit, die Karl Schiller umgab, strahlte auch auf die SPD aus, die die Bundestagswahlen 1969 gewann. Die SPD stieg daraufhin aus der Großen Koalition aus und bildete eine Koalitionsregierung mit der kleinen FDP, in der sie weitgehend die Richtung bestimmte.

Der neue Bundeskanzler, Willy Brandt, hatte im Wahlkampf sogar im Schatten Schillers gestanden. Seine Prioritäten lagen nicht auf wirtschaftlichem Gebieten, und er selbst konnte wenig mit der Wirtschaftspolitik oder mit technokratischen Lösungen anfangen. Die Aufarbeitung der deutschen Vergangenheit und die Wiedergutmachung standen für ihn an oberster

Stelle, und er wollte, dass moralische Werte in der deutschen Politik größeres Gewicht erhielten.

Brandts neuer Moralismus schlug sich am unmittelbarsten in den Beziehungen zu den osteuropäischen Ländern nieder, die zwar Opfer der Nazi-Aggression gewesen waren, mit denen es aber während des Kalten Krieges keinen Aussöhnungsprozess gegeben hatte, der mit den deutsch-französischen Initiativen in den fünfziger Jahren vergleichbar gewesen wäre. Ihre größten Erfolge verbuchte die Regierung Brandt auf außenpolitischem Gebiet, wo Brandt die *Ostpolitik*, die er bereits als Außenminister der Großen Koalition eingeleitet hatte, konsequent fortführte. Im Jahr 1970 unterzeichnete Brandt einen Vertrag mit der Sowjetunion über Gewaltverzicht in den bilateralen Beziehungen (Moskauer Vertrag). Im Dezember desselben Jahres unterzeichnete er den Warschauer Vertrag mit Polen, der die zuvor heftig umstrittene Oder-Neiße-Grenze als westliche polnische Staatsgrenze anerkannte. Der Vertrag stellte die «Unverletzlichkeit bestehender Grenzen [Deutschlands und Polens] jetzt und in der Zukunft» fest. Im Jahr 1972 unterzeichnete Brandt den *Grundlagenvertrag* mit der Deutschen Demokratischen Republik, der «normale gutnachbarschaftliche Beziehungen» begründete und feststellte, dass die «Hoheitsgewalt jedes der beiden Staaten sich auf sein Staatsgebiet beschränkt». Zeitgleich mit der Vertragsunterzeichnung schickte der deutsche Außenminister einen Brief an seinen sowjetischen Amtskollegen, in dem er versicherte, die Verträge (Moskauer Vertrag, Warschauer Vertrag, Grundlagenvertrag) stünden «nicht im Widerspruch zur Politik der Bundesregierung, einen Zustand des Friedens in Europa herbeizuführen, in dem das deutsche Volk in freier Selbstbestimmung seine Einheit wiedererlangt». Diese Verträge stießen im Bundestag auf zum Teil heftige Ablehnung, und Brandts Parlamentsmehrheit schwand dahin. Als er an der Vertrauensfrage scheiterte, kam es zu vorzeitigen Neuwahlen (im November 1972).

Die Ablehnung seiner Ostpolitik war auf den ersten Blick unverständlich: Schließlich würde niemand ernsthaft behaupten, die Bundesrepublik solle bei Konflikten mit der Atommacht Sowjetunion auf nicht-friedliche Mittel beziehungsweise militärische Gewalt zurückgreifen; es gab keine realistische Möglichkeit, die Oder-Neiße-Grenze zu ändern; und es war völlig undenkbar, das von der sowjetischen Militärmacht geschützte DDR-Regime gewaltsam zu stürzen. Weshalb fand man sich daher nicht mit dem Unabänderlichen ab? Die konservative Opposition (CDU) machte geltend, die Verträge verstießen gegen das Grundgesetz von 1949, wonach nur das ganze deutsche Volk über die Grenzen Deutschlands entscheiden könne. Obgleich der Außenminister dies in seinem Schreiben unmissverständlich klargestellt hatte, wandte die Opposition ein, Briefe eines Außenministers seien völkerrechtlich nicht bindend. Doch kann kein Zweifel daran bestehen, dass der gemäßigte CDU-Vorsitzende, Rainer Barzel, in gewisser Weise erleichtert war, dass es ihm als Oppositionsführer im Bundestag nicht gelang, die Verträge zu Fall zu bringen. Nüchtern betrachtet, gab es keine Alternative; und die CDU akzeptierte schließlich einen Konsens über die *Ostpolitik*, so wie die SPD zehn Jahre zuvor einen Konsens über die Westintegration akzeptiert hatte.

Brandts originäre Leistung bestand darin, dass er seine Politik nicht pragmatisch erklärte, sondern konsequent aus der deutschen Vergangenheit ableitete. Die Anerkennung der Oder-Neiße-Grenze sei daher ein Opfer, das man nicht erst heute bringe, sondern das die notwendige Folge der Verbrechen Hitlers sei.

> «Ich habe nicht etwa Forderungen an irgend jemanden zu stellen. Das ist hinüber. Das hat der letzte Krieg aufgebraucht.»[5]

Sein spontanes Niederknien am Mahnmal des Warschauer Ghettos war eine Geste, die ihn als einen deutschen Staatsmann neuen Typus auswies, der die deutsche Außenpolitik moralisch erneuern wollte.

Moralische Prinzipien hochzuhalten ist jedoch sehr kräftezehrend, und letztlich ist fraglich, wie viel Moral die Politik verträgt. Das Amt des Regierungschefs hatte ihn offenkundig erschöpft. Er stürzte über einen Spionageskandal, der zufällig aufgedeckt wurde (ein DDR-Spion, Günter Guillaume, hatte es bis zum persönlichen Referenten Brandts gebracht). Aber auch ohne diese Affäre wäre er vermutlich nicht viel länger im Amt geblieben. Sein Nachfolger Helmut Schmidt verfolgte eine viel realistischere und pragmatischere Politik.

In Deutschland löste eine technokratische, gemäßigt reformistische Politik, die weitgehend mit der Politik im zeitgenössischen Frankreich und Großbritannien (wo die Konservativen, Giscard und Heath, die gleiche Position vertraten) übereinstimmte, Brandts Politik des moralischen Anspruchs ab. Schmidt hatte sich zunächst als proatlantischer Verteidigungsminister bewährt und war dann in der Regierung Brandt zum «Superminister» für Finanzen und Wirtschaft aufgestiegen. In dieser Funktion gewann er einen Machtkampf mit Schiller, in dem er das Bretton-Woods-System fester Wechselkurse verteidigt hatte. Schmidt wollte Kapitalverkehrskontrollen und feste Wechselkurse in einem europäischen Rahmen, und Schiller hatte sich erfolglos für die Liberalisierung des grenzüberschreitenden Kapitalverkehrs ausgesprochen. Die zentralen wirtschaftspolitischen Kontroversen wurden somit innerhalb der Regierungspartei und nicht zwischen den Parteien ausgetragen. Aber beide Positionen – sowohl die von Schmidt als auch die von Schiller – basierten auf der Prämisse einer technokratischen Wirtschaftspolitik.

Externe Schranken

Die politische Lage in Italien war in den siebziger Jahre chronisch instabil. Im Jahr 1975 reagierte die schwache christlich-demokratische Regierung sehr nervös auf die unverkennbaren Anzeichen einer Rezession und ihr schlechtes Abschneiden bei den Regionalwahlen. Als die Streikwelle einen Höhepunkt erreicht (in Italien gingen 1975 27 Millionen Arbeitstage durch Ausstände verloren), erhöhte die Regierung massiv die Staatsausgaben, um das Volk ruhig zu stellen. Der Generaldirektor im Finanzministerium forderte den Gouverneur der Bank von Italien angeblich auf, sein Fenster zur Via Milano zu öffnen und Bündel von 10 000-Lire-Scheinen hinauszuwerfen. Im Juni 1976 sollten Parlamentswahlen stattfinden, und sowohl die USA als auch Deutschland intervenierten massiv, um die Italiener vor den Gefahren des Kommunismus zu warnen, was jedoch vermutlich genau den gegenteiligen Effekt hatte. Der US-Botschafter in Italien hatte 1975 gesagt, die Beteiligung der Kommunisten an der Regierung eines NATO-Landes stünde in fundamentalem Widerspruch (zum Geiste der Allianz). US-Außenminister Henry Kissinger wies warnend darauf hin, wenn kommunistische Parteien an die Macht kämen, würden sich «die bewährten Leitlinien der amerikanischen Politik grundlegend verändern», und er fügte hinzu, dass «ein kommunistisches Westeuropa uns, aber auch den Russen erhebliche Kopfschmerzen bereiten würde».[6] Die kommunistische Partei erreichte daraufhin bei den Parlamentswahlen 1976 mit 34 Prozent der Stimmen ihr bestes Ergebnis überhaupt. Die Democrazia Cristiana (DC) war zwar noch immer die stärkste Partei (38,7 Prozent), aber sie hatte im Parlament keine Mehrheit mehr und musste daher kleineren Gruppierungen, etwa der Südtiroler Volkspartei, weitreichende Zugeständnisse machen.

Um Finanzhilfe vom IWF zu bekommen, versuchte Ministerpräsident Giulio Andreotti die USA mit dem Hinweis auf die Gefahr eines völligen Zusammenbruchs Italiens zu erpressen: «Sollten Staat und Wirtschaft in Italien zusammenbrechen, wäre Italien nicht der einzige Verlierer.»

Gleichzeitig drängten die italienischen Kommunisten unter Enrico Berlinguer auf einen «historischen Kompromiss», der es ihnen ermöglichen würde, ein reformistisches Bündnis mit dem linken Flügel der DC einzugehen. Im Jahr 1978 wurde der DC-Politiker, der sich am nachdrücklichsten für die Beteiligung der Kommunisten an der Regierung eingesetzt hatte,

Aldo Moro, in Rom auf offener Straßen von Angehörigen der Roten Brigaden entführt. Seine Entführer forderten die Freilassung inhaftierter Gesinnungsgenossen, was die Regierung (mit Unterstützung der Kommunistischen Partei) ablehnte. Moro wurde ermordet, und bald kamen Gerüchte auf, wonach seine Gegner innerhalb der DC hinter der Entführung und Ermordung steckten.

Mitte der siebziger Jahre war die traditionelle wirtschaftspolitische Strategie im Europa der Nachkriegszeit – die keynesianische Wachstumspolitik – scheinbar schachmatt gesetzt. Dies lässt sich am leichtesten als eine Reaktion auf den Ölpreisschock beschreiben. Der Preis für das wichtigste Importgut Europas war während des langen Booms in den sechziger Jahren mehr oder minder konstant geblieben. Leichtes Rohöl aus Saudi-Arabien kostete Anfang 1955 1,93 Dollar pro Barrel und im Januar 1971 2,18 Dollar. In der Zwischenzeit hatte der Dollar einen Großteil seiner Kaufkraft verloren, und als im August 1971 die Goldkonvertibilität des Dollars aufgehoben wurde, bezweifelten große Erdölproduzenten öffentlich, ob es klug sei, ihre Ware gegen eine nicht mehr goldgedeckte Papierwährung einzutauschen. Im Jahr 1973 wollten die Ölförderländer ihre Marktmacht dazu nutzen, ihrem «Petro-Nationalismus» Nachdruck zu verleihen. Nach dem Jom-Kippur-Krieg im Oktober 1973, in dem Ägypten und Syrien einen spektakulär scheiternden Überraschungsangriff auf Israel durchführten, schnellte der Preis für saudisches Leichtöl auf 11,65 Dollar pro Barrel im Dezember in die Höhe. Die Ölfrage wurde zu einem Politikum ersten Ranges: Die arabischen OPEC-Förderländer drohten Ländern, die sie einer allzu großen Nähe zu Israel verdächtigten, mit einem Ölboykott, während sie proarabische Staaten wie Frankreich bevorzugt belieferten.

Aber die Ölfrage war Teil eines allgemeineren Problems: das dramatische und synchrone Wachstum der großen Industriestaaten Anfang der siebziger Jahre, angeheizt durch die sorglose Haltung zur Inflation, trieb die meisten Rohstoffpreise in die Höhe. Gleichzeitig gab es Warnungen, gegründet auf der Fortschreibung der Trends einiger weniger Jahre, die industrielle Entwicklung stoße an ihre Grenzen – am eindringlichsten wurde diese Mahnung in dem 1972 erschienenen Bericht *Die Grenzen des Wachstums* des Club of Rome zum Ausdruck gebracht. Die Zunahme der Umweltverschmutzung und die Begrenztheit der Erdöl- und Nahrungsvorräte, so die Argumentation, werde (schon in den siebziger Jahren) zu ausgedehnten Hungersnöten führen. Selbst bei einer «perfekten Geburtenkontrolle», so der Bericht, könne die Nahrungsmittelkrise allenfalls um zehn Jahre hinausgeschoben werden.

Tabelle 1. Club of Rome: Vorhersagen für das BIP je Einwohner im Jahr 2000 und tatsächliche Zahlen (in US-Dollar von 1968)

	Prognostiziertes BIP pro Kopf in 2000	tatsächliches BIP pro Kopf in Dollar von 1968
USA	11000	7980
Sowjetunion	6330	580
Deutschland	5850	6570
China	100	200

Quelle: Club of Rome, The Limits of Growth, New York 1972, S. 43; Daten der Weltbank.

Die vom Club of Rome prognostizierten Wachstumszahlen (Tabelle 1) lagen nicht völlig daneben (sieht man einmal von der extrem optimistischen Zahl für die Sowjetunion ab), aber sie wurden ohne größeren Versorgungsengpass bei natürlichen Ressourcen erreicht.

Mitte der siebziger Jahre nahmen die Arbeitskämpfe in Europa wieder zu, und zwar weil steigende Arbeitslosigkeit und zunehmende Inflation («Stagflation») zusammen auftraten. Großbritannien verlor 1971 13,6 Millionen, 1972 23,9 Millionen und 1974 14,8 Millionen Arbeitstage wegen Streiks.

Die Regierung Heath hatte 1971 ein Betriebsverfassungs- und Arbeitskampfgesetz eingebracht, das den Grundsatz von Tarifverhandlungen verankerte, aber auch detaillierte Verfahrensregeln für diese Verhandlungen aufstellte. Ein Nationales Gericht für Streitigkeiten zwischen den Sozialpartnern (National Industrial Relations Court) konnte im Falle von Arbeitskämpfen eine Urabstimmung unter den Arbeitnehmern anordnen, rechtswidrig handelnde Arbeitgeber oder Gewerkschaften zu Schadensersatz verpflichten und so genannte «Abkühlungszeiten» bei Arbeitskämpfen anordnen. Das Gesetz von 1971 stieß bei den Gewerkschaften auf erbitterte Ablehnung, befürchteten sie doch, ihre Mitglieder nicht mehr so straff kontrollieren zu können wie in der Vergangenheit, und tatsächlich ging die Zahl der Arbeitskämpfe nicht zurück.

Nachdem der Ölschock die Energiepreise in die Höhe getrieben hatte, war die Nationale Bergarbeitergewerkschaft zweifellos die mächtigste britische Gewerkschaft. Schließlich stürzte die konservative Regierung über einen erbitterten Arbeitskampf in den Kohlezechen. Die erfolgreiche Blockade der Kraftwerke führte zu Stromabschaltungen, die Regierung wurde zur Einführung der Dreitagewoche gezwungen. Als Heath das Parlament auflöste und Neuwahlen ansetzte, damit die Wähler die Frage entschieden, «Wer regiert eigentlich Großbritannien?», gewann seine Partei im Unterhaus etwas weniger Sitze als die oppositionelle Labour-Party (297 gegen 301), obwohl ihr Stimmenanteil geringfügig höher lag (37,8 Prozent gegenüber 37,1 Prozent). Keine der beiden großen Parteien verfügte im Unterhaus über genügend Sitze, um eine neue Regierung zu bilden, worauf Heath mit der kleinen Liberal Party Koalitionsverhandlungen aufnahm; doch die Gespräche endeten ergebnislos. Die neue Minderheitsregierung, abermals mit Harold Wilson als Premierminister, hob sofort das Betriebsverfassungs- und Arbeitskampfgesetz auf, doch im Verlauf des Gesetzgebungsverfahrens, an dem die beiden Parlamentskammern, das Unter- und Oberhaus, beteiligt waren, setzte die Opposition aus Liberalen und Konservativen Abänderungsanträge durch, die das Recht der Arbeitnehmer gewährleisteten, sich anderen unabhängigen Gewerkschaften anzuschließen. Die Labour-Regierung, die sich im Parlament auf keine sichere Mehrheit stützen konnte, setzte schließlich im November 1974 Neuwahlen an, die sie mit deutlichem Vorsprung gewann, und im Jahr 1976 beseitigte ein neues Betriebsverfassungsgesetz jene Klauseln, welche die Liberalen und Konservativen 1974 eingefügt hatten.

Nach der Regierungsübernahme wollte Labour die Wirtschaft wieder auf Wachstumskurs bringen, sah sich jedoch bald mit einer schweren Zahlungskrise konfrontiert. Die Vereinbarung, die Großbritannien 1976 mit dem Internationalen Währungsfonds erzielt hatte, wurde zum Wendepunkt in der britischen Politik. Premierminister Callaghan zog einen Schlussstrich unter die wirtschaftspolitische Doktrin der letzten zwanzig Jahre, als er vor dem Kongress der Labour Party im September 1976 – einen Tag vor dem offiziellen Beistandsersuchen an den IWF – die berühmten, später vielzitierten Worte äußerte: «Wir glaubten, man könnte eine Rezession einfach durch Erhöhung der Staatsausgaben überwinden … Ich sage Ihnen heute in aller Offenheit, dass uns diese Option nicht mehr zu Gebote steht und dass sie, sofern sie es je tat, nur funktionierte … wenn gleichzeitig die Inflation angeheizt wurde, was wiederum die Arbeitslosigkeit in die Höhe trieb.»

Schatzkanzler Denis Healey, der die Bedingungen der Vereinbarung mit dem IWF aushandelte, schien ebenfalls eine neue Theorie übernommen zu haben – dass nämlich die Inflation in erster Linie von der Geldpolitik beeinflusst werde (und nicht von Geldgier, Gewerkschaftsforderungen oder Missmanagement in den Chefetagen, wie man es an den Stammtischen immer wieder hörte): «Ich bin davon überzeugt, dass die resultierende Entwicklung der Geldmenge M3 in Einklang mit der Rückführung der Inflation stehen wird.» Diese sehr sachliche Aussage, die bei weitem nicht so offen konfrontativ war wie die Ansprache Callaghans, deutete auf ein neues Denken hin, das einen völligen Bruch mit der alten Politik darstellte. Doch damals bemerkten die wichtigsten Akteure der britischen Politik, allen voran die Gewerkschaften, nicht, was geschehen war. Arbeitskämpfe, die in den Jahren 1975 und 1976 stark zurückgegangen waren, kehrten 1977 (10,1 Millionen verlorene Arbeitstage) und 1979 (12 Millionen verlorene Arbeitstage) auf breiter Front zurück. Damals zerstörte ein «Winter der Unzufriedenheit» in der Industrie die Glaubwürdigkeit der Labour-Regierung und ebnete einer völlig anderen Wirtschaftspolitik unter Margaret Thatcher den Weg.

Monetarismus

Der Monetarismus trat in den siebziger Jahren als Alternative zur keynesianischen Nachfragesteuerung hervor. Inspiriert von den Arbeiten der so genannten «Chicagoer Schule», insbesondere Frank Knights und vor allem Milton Friedmans, geht er von der recht theoretischen Grundannahme aus, dass Geldmenge und Preisniveau eng miteinander zusammenhängen. Die Ausweitung der Geldmenge soll danach zwar zu einer monetären – geldwerten – Erhöhung der gesamtwirtschaftlichen Produktion (Output) führen; aber diese würde sich allein dem Anstieg des Preisniveaus (bzw. der Inflation) verdanken, mit der unerwünschten Folge einer Verzerrung von Investitionsentscheidungen, ohne dass es zu einer tatsächlichen Erhöhung des Outputs käme.

Der Monetarismus wandte sich entschieden gegen die makroökonomische Nachfragesteuerung, die weitgehend die Form einer fiskalpolitischen «Feinabstimmung» angenommen hatte. Diese zielte darauf ab, konjunkturelle Schwankungen auszugleichen. Daraus folgte, dass der Staat das Wirtschaftswachstum eigentlich nur durch mikroökonomische Maßnahmen fördern konnte, anders gesagt dadurch, dass er für effiziente Produkt- und Arbeitsmärkte sorgte.

Der Monetarismus als makroökonomisches Steuerungsmodell hat sich in Europa nicht allgemein durchgesetzt. Dies hängt zum Teil mit den Schwierigkeiten zusammen, eine geeignete monetäre Zielgröße zu bestimmen, und zum Teil damit, dass die Europäer lange Zeit die außenwirtschaftlichen Aspekte und Folgen der monetaristischen Theorie, die mit der Währungspolitik zusammenhängen, vernachlässigt haben. Die anfänglichen Bemühungen der Deutschen Bundesbank und anderer Zentralbanken, Geldmengenziele zu definieren, waren nur zum Teil erfolgreich. Diese Experimente führten zur Formulierung des so genannten Goodhart-Gesetzes (nach dem britischen Volkswirt Charles Goodhart): Die tatsächliche Entwicklung der Geldmenge lässt sich nicht zuverlässig über Geldmengenziele steuern. Daher gingen die meisten Zentralbanken (mit Ausnahme der neuen Europäischen Zentralbank, die sich als Erbin der Bundesbank verstand) in den neunziger Jahren dazu über, ihre Geldpolitik an Inflationszielen statt an einer angestrebten Wachstumsrate der Geldmenge auszurichten.

Der Monetarismus hatte auch eine außenwirtschaftliche Implikation: Systeme fester Wechselkurse (siehe der Goldstandard) waren gefährlich, weil sie zu extern ausgelösten Veränderungen der Geldmenge führen und negative Auswirkungen haben konnten: man denke nur an die internationale Deflation der dreißiger Jahre und die internationale Inflation der sechziger und frühen siebziger Jahre. Milton Friedman befürwortete schon sehr frühzeitig das Prinzip flexibler beziehungsweise frei schwankender Wechselkurse, weil nur sie den Währungsbehörden erlaubten, eine dauerhaft stabile Währungspolitik zu betreiben. Aufgrund des Wechselspiels von Währungs- und Außenhandelspolitik wollten die europäischen Regierungen dem Friedmanschen Monetarismus nicht in letzter Konsequenz folgen, und sie führten statt dessen ein System fester Wechselkurse auf europäischer Ebene ein, das Europäische Währungssystem (1979–98). Nach dem Übergang zur Währungsunion im Jahr 1999 wurde die Debatte über flexible Wechselkurse durch die Frage nach dem angemessenen Kursverhältnis zwischen dem Euro und anderen bedeutenden internationalen Währungen abgelöst.

Lassen sich Ereignisse überhaupt kontrollieren?

Die Lage in Großbritannien, der Zusammenbruch der staatlichen Ordnung in Nordirland, die politische Instabilität in Italien und die Rezessionen in Frankreich und Deutschland wurden als das Ende der stabilen und sicheren politischen Verhältnisse der Nachkriegszeit interpretiert. Der schmähliche Abgang von US-Präsident Nixon schien die Demokratie in der größten Industrienation der Erde in Misskredit gebracht zu haben. Von allen westeuropäischen Politikern war Helmut Schmidt vermutlich der Einzige, dessen Sorgen sich am ehesten rational nachvollziehen ließen. Er befürchtete, die Bonner Republik könne das gleiche Schicksal ereilen wie die Weimarer Republik. Auch die Lage in Großbritannien war sehr düster. Die Gewerkschaften hatten gezeigt, dass sie das öffentliche Leben völlig zum Erliegen bringen und die Regierung stürzen konnten. In Nordirland gab die Regierung ihr Gewaltmonopol preis und wies so genannte «no-go areas» (staatsfreie Räume) aus, von denen sich Polizei und Armee fern halten sollten. Harold Wilson entwickelte einen regelrechten Verfolgungswahn; er glaubte, der Geheimdienst betreibe seinen Sturz und hinter dem Porträt Gladstones im Sitzungszimmer des Kabinetts sei eine Wanze versteckt. Bald darauf veröffentlichte der französische Politikwissenschaftler Jean-François Revel ein Buch über den Zusammenbruch der freiheitlichen Demokratie, *So enden die Demokratien*, das zu einem Bestseller wurde. In Deutschland und Italien wurde der Terrorismus zu einer ernsten Gefahr für die politische und wirtschaftliche Elite. Am Rande Europas, in der Türkei, schien sich das politische System unter dem Druck gewalttätiger Links- und Rechtsextremisten aufzulösen. Wenn Revolution und militärisches Abenteuerertum von Portugal auf Griechenland überspringen konnten, weshalb sollten sie dann nicht auch auf Nordeuropa übergreifen?

Im November 1975 trafen sich die Regierungschefs der größten Industriestaaten zum ersten Weltwirtschaftsgipfel in Rambouillet bei Paris; die Ausbeute dieser fortan regelmäßig stattfindenden Treffen war im Allgemeinen eher mager. Die Selbstzweifel waren damals größer denn je. New York City, die reichste Stadt der Welt, hatte gerade ihre Zahlungsunfähigkeit erklärt. Präsident Gerald Ford fehlte es an Glaubwürdigkeit, und die technokratischen Staats- beziehungsweise Regierungschefs Frankreichs und Deutschlands, Giscard d'Estaing und Schmidt, waren der Ansicht, die liberale Demokratie lasse sich nur durch eine neue Politik retten. Bei dem Gipfeltreffen sollten die Chefs in kleiner Runde und zwangloser Atmosphäre ihre Gedanken austauschen können. Selbst die Finanz- und Außenminister sollten nur an ausgewählten Gesprächsrunden teilnehmen und nicht in Schloss Rambouillet selbst übernachten. Der sehr einflussreiche US-Außenminister Henry Kissinger, der zusammen mit den Staats- und Regierungschefs untergebracht werden wollte, wurde mit dem Angebot eines Zimmers ohne Bad abgespeist; er lehnte dankend ab. Ford eröffnete das Treffen mit sehr eindringlichen Worten über die gegenwärtige Krise und ihre Auswirkungen: «Dieser Gipfel soll sich mit wirtschaftlichen Fragen befassen, doch in einer grundlegenderen Hinsicht ist er Ausdruck der sehr engen gegenseitigen Abhängigkeit unserer Länder und unseres gemeinsamen Wertekanons ... Wir müssen dafür sorgen, dass die gegenwärtige Lage der Weltwirtschaft nicht als eine Krise des demokratischen oder kapitalistischen Systems angesehen wird.»

Die europäischen Staats- und Regierungschefs waren äußerst besorgt darüber, dass die USA in Erwägung zogen, die Situation im Nahen Osten, die (in grob vereinfachender Sichtweise) als Ursache der Gefahr für die Weltwirtschaft angesehen werden konnte, militärisch zu bereinigen. Kissinger gab hier eine deutliche und – für die sich vor allem für wirtschaftliche Belange interessierenden Europäer – sehr beruhigende Antwort. Seine Strategie zielte darauf ab, das Kartell der Erdölförderländer, die OPEC, aufzubrechen. Er rechnete insbesondere damit, dass es sich der Iran (unter dem Schah) nicht leisten könne, seine Ölförderung stark zu drosseln. Wenn man den Iran und andere Ölförderländer dazu bringen könnte, ihre neuen zusätzlichen Einnahmen so schnell und so euphorisch wie möglich auszugeben, wären sie von ihren hohen Erdölexporten abhängig, und das könne langfristig zu einem Preisrückgang führen. Eine kurzfristige Reaktion sei erforderlich, um die unmittelbaren Folgen der Ölkrise zu bewältigen; langfristig würde eine Konsumorientierung nach westlichem Vorbild das Kartell untergraben. Vor allem der Schah, der den Iran in atemberaubendem Tempo modernisierte und eine neue Mittelschicht schaffen wollte, die eine Schwäche für Luxusgüter hätte, war ein ideales Ziel. Die Märkte würden dann die Macht der Kartelle untergraben: Konsumgütermärkte würden Kunden in neuen geografischen Regionen gewinnen und neue Nachfrage schaffen; und die Finanzmärkte würden Geldmittel zur Finanzierung dieser Käufe bereitstellen. Eine globale politische Krise würde so mit monetären und wirtschaftlichen Mitteln beigelegt, nicht mit Waffen.

Schmidt und Giscard waren der Meinung, die politischen Krisen in den USA nach dem Watergate-Skandal und das Chaos in der internationalen Währungspolitik nach dem Zusammenbruch des Bretton-Woods-System mehr oder minder fester Wechselkurse erforderten auch eine europäische Reaktion. Die globale Antwort, auf die man sich beim Gipfel in Rambouillet verständigt hatte und die es dem Internationalen Währungsfonds erlaubte, Systeme frei schwankender Wechselkurse ebenso zu akzeptieren wie Festkurssysteme, war nach Einschätzung von Schmidt und Giscard auf europäischer Ebene nicht ausreichend. Im Jahr 1978 verständigten sie sich über die Grundzüge eines Europäischen Währungssystems (EWS), dessen feste, aber assimilierbare Paritäten denen im Bretton-Woods-System nachgebildet waren (das sowohl Schmidt als auch Giscard tief bewunderten). Zunächst wurden auch die Briten in die Gespräche einbezogen, da das Britische Pfund eine wichtige (wenn auch schwächelnde) internationale Währung war. Nach dem Ausstieg Großbritanniens fiel eine Verständigung dann sehr viel leichter. Der Plan, auf den man sich schließlich einigte, stand der deutschen Konzeption sehr viel näher als der französischen. Das EWS war von Anfang an ein Währungssystem, das um die Deutsche Mark errichtet wurde. Im März 1979 trat das neue europäische Wechselkursregime in Kraft.

Die Währungspolitik wurde somit auf europäische und nicht auf einzelstaatliche Ebene verlagert. Die Krise in der Schwerindustrie im Gefolge des Ölschocks, der die Nachfrage nach schweren Kraftfahrzeugen und industriellen Großanlagen auf Stahlbasis einbrechen ließ, wurde ebenfalls auf europäischer Ebene angegangen. Im Jahr 1979 entwarf Etienne Davignon einen Stahlplan für die Europäische Kommission, auf den 1980 ein weiter gehender Vorschlag zur Verringerung der Stahlproduktion über einen Zeitraum von 5 Jahren folgte. Die Zahl der Beschäftigten in der deutschen Stahlindustrie sank von 213000 im Jahr 1975 auf 197000 im Jahr 1980 und

151000 im Jahr 1985. In Großbritannien kam es im gleichen Zeitraum zu einem viel drastischeren Rückgang: von 184000 auf 112000 auf 59000, was ein ausgezeichnetes Beispiel für die Deindustrialisierung der ersten Industrienation der Welt war. In Frankreich fiel die Zahl der Beschäftigten in der Stahlindustrie von 156000 auf 105000 und weiter auf 75000. Wütende Stahlarbeiter protestierten. In der besonders schwer betroffenen Stahlstadt Joeuf in Lothringen stürzten sie die Statue des Patriarchen der bedeutendsten Eisen- und Stahldynastie Frankreichs, François de Wendel. In Italien nahm die Zahl der Beschäftigten in der Stahlindustrie bis Ende der siebziger Jahre weiter zu, doch von 1980 bis 1985 sank sie ebenfalls von 100000 auf 67000.

Die sehr prekäre Stabilität Europas bedurfte einer Art institutioneller Verankerung: Daher das Drängen auf eine Institutionalisierung einer engeren geld- und währungspolitischen Kooperation und das Bemühen, Kapazitätsüberhänge in Grundstoffindustrien auf europäischer Ebene abzubauen. Könnte mit der gleichen Strategie der Multilateralisierung und Internationalisierung auch das sicherheitspolitische Dilemma Europas entschärft werden? Für Europa hatte Stahl seine Bedeutung als wichtigster Rohstoff der Rüstungsindustrie verloren; und die Debatten drehten sich fortan vornehmlich um Kernwaffen und deren Stationierung sowie um die sozialphilosophischen und politischen Grundanschauungen, die ihren Einsatz oder Nicht-Einsatz begründen könnten.

Die Verbesserung der internationalen und der geopolitischen Lage im Gefolge der *détente* bedeutete auch für Europa eine Stabilisierung. Insbesondere die Anfang der siebziger Jahre geschlossenen internationalen Verträge – der Moskauer Vertrag, der Warschauer Vertrag, der Grundlagenvertrag mit der DDR und das Viermächteabkommen über Berlin – erhöhten die Sicherheit der Bundesrepublik Deutschland. Welche Zugeständnisse konnte der Westen im Gegenzug anbieten?

Im Jahr 1975 wurde in Helsinki die Schlussakte der Konferenz über Sicherheit und Zusammenarbeit in Europa unterzeichnet. Sie schien die Ergebnisse der Potsdamer Konferenz noch einmal formell abzusegnen, indem sie die Unverletzlichkeit bestehender Grenzen und staatlicher Hoheitsrechte ausdrücklich anerkannte:

> Die Teilnehmerstaaten werden gegenseitig ihre souveräne Gleichheit und Individualität sowie alle ihrer Souveränität innewohnenden und von ihr umschlossenen Rechte achten, einschließlich insbesondere des Rechtes eines jeden Staates auf rechtliche Gleichheit, auf territoriale Integrität sowie auf Freiheit und politische Unabhängigkeit. Sie wer-

> den ebenfalls das Recht jedes anderen Teilnehmerstaates achten, sein politisches, soziales, wirtschaftliches und kulturelles System frei zu wählen und zu entwickeln sowie sein Recht, seine Gesetze und Verordnungen zu bestimmen … Die Teilnehmerstaaten werden sich ungeachtet ihrer gegenseitigen Beziehungen jeder direkten oder indirekten, individuellen oder kollektiven Einmischung in die inneren oder äußeren Angelegenheiten enthalten, die in die innerstaatliche Zuständigkeit eines anderen Teilnehmerstaates fallen.

Aber das war wohl kaum ein Entgegenkommen, da seit den vierziger Jahren im Westen niemand mehr ernsthaft in Erwägung gezogen hatte, die Grenzen zum Ostblock zu verschieben. Für die USA waren die Vereinbarungen von Helsinki daher weitgehend belanglos. Die *New York Times* zog das Fazit: «Der Berg kreißte und gebar eine Maus».[7] Die Nixon-Administration hatte in den langwierigen Gesprächen eine Möglichkeit gesehen, die Sowjets zu einem maßvollen Verhalten auf anderen Gebieten zu ermuntern, da die Garantie der Unverletzlichkeit der Grenzen der sowjetischen Führung etwas von ihren chronischen Ängsten nehmen sollte. Henry Kissinger zog später den Schluss, dass «dieser gewaltige diplomatische Prozess … aus Moskaus tief verwurzeltem Gefühl von Unsicherheit und seinem unstillbaren Bedürfnis nach Legitimität erwuchs». Kissingers Vordenker, der Berater des State Department, Helmut Sonnenfeldt, sagte damals in aller Offenheit: «Wir haben damit den deutsch-sowjetischen Vertrag erhandelt, das Berlin-Abkommen und die Eröffnung der MBFR [Mutual Balanced Force Reductions]-Verhandlungen.»[8]

Aus Sicht der Sowjets festigten die territorialen Bestimmungen ihre Deutung der Geschichte und garantierten vor allem die Dauerhaftigkeit der in Jalta und Potsdam beschlossenen Teilung Europas. Rückblickend betrachtet, bezogen sich die folgenreichsten Bestimmungen der Vereinbarung jedoch auf die Menschenrechte. In der Präambel der Schlussakte von Helsinki hieß es zudem: «Die Teilnehmerstaaten werden die Menschenrechte und die Grundfreiheiten, einschließlich der Gedanken-, Gewissens-, Religions- oder Überzeugungsfreiheit für alle ohne Unterschied der Rasse, des Geschlechts, der Sprache oder der Religion achten. Sie werden die wirksame Ausübung der zivilen, politischen, wirtschaftlichen, sozialen, kulturellen sowie der anderen Rechte und Freiheiten, die sich alle aus der dem Menschen innewohnenden Würde ergeben und für seine freie und volle Entfaltung wesentlich sind, fördern und ermutigen.» Die offenkundigen Diskrepanzen zwischen Wort und Wirklichkeit veranlassten Timothy Garton Ash zu der Schlussfolgerung:

> «Wenn Harmel die Bibel der westdeutschen Ost-West-Politik war, dann war die Schlussakte von Helsinki ihr Gebetsbuch und die Folgedokumente von Helsinki ihr Corpus Juris Canonici.
>
> Doch wie die Bibel, das Gebetbuch und selbst das kanonische Recht konnte auch ‹Helsinki› unterschiedlich interpretiert werden.»[9]

Aber diese Interpretationen waren nicht statisch: Dieser Teil des Abkommens wirkte in der Praxis als ein Hebel, der oppositionelle Gruppen und Andersdenkende dazu ermunterte, ihre Meinung frei zu äußern und sich zu organisieren, und mit dem die verkrusteten Sowjetsysteme schließlich aufgebrochen wurden. Der in der Schlussakte von Helsinki enthaltene Appell an die Einhaltung der Menschenrechte war somit letztlich stärker als die Verteidigung und Rechtfertigung der nationalen Souveränität, die der sowjetischen Führung am Helsinki-Mechanismus so viel bedeutet hatten.

Die siebziger Jahre waren deshalb so traumatisch, weil sie zeigten, dass starke Kräfte – die so elementar waren, dass sie selbst den Nationalstaat überwältigten – die Politik und die Entscheidungsfindung lähmen konnten. Den erfolgsverwöhnten Technokraten der sechziger Jahre, die fest an die Steuerbarkeit sozialer Prozesse geglaubt hatten, fiel es schwer, sich mit den Grenzen ihrer Macht abzufinden. Harold Lever, ein begabter Wirtschaftswissenschaftler, der die wirtschaftspolitische Strategie der Regierung Wilson maßgeblich mitbestimmte, brachte diesen Punkt sehr prägnant zum Ausdruck. In einer Rezension des Tagebuchs, das ein Kabinettskollege veröffentlicht hatte, warf er die Frage auf, wie eine Regierung aus so brillanten Köpfen so enttäuschende Ergebnisse hervorbringen könne:

> «Wie die meisten modernen Regierungen überschätzten auch diese Regierungen ihre Fähigkeit, das komplexe Räderwerk einer reifen Volkswirtschaft zu gestalten und zu lenken. Sie nahmen irrtümlicherweise an, dass ihnen alle Ursachen für deren Unzulänglichkeiten bekannt seien, und waren daher, wie nicht weiter verwunderlich, nur allzu bereit, oberflächliche Abhilfemaßnahmen zu ergreifen. Und sie gaben sich nicht einmal die Mühe, die ökonomischen Wechselbeziehungen in einer Welt, in der die Staaten immer stärker voneinander abhängig sind, zu verstehen. Es ist bezeichnend, dass die nationalen Pläne, die lediglich ein Destillat der Labour-Rhetorik waren, schließlich im Kabinett selbst nur noch Hohn und Spott ernteten.[10]

Die nächstliegende Antwort auf die in den siebziger Jahren immer deutlicher zu Tage tretende Unfähigkeit der Politiker, die sozioökonomischen Verhältnisse aktiv zu gestalten, war der Übergang zu einem technokratischen Politikstil, wie er von Schmidt, Heath und Giscard d'Estaing realisiert wurde und der schließlich das gesamte Unternehmen der europäischen Einigung kennzeichnete. Aber dieser neue Stil war unbefriedigend, solange er nicht auf einem stärkeren Fundament ruhte. Italien und Großbritannien verwiesen in entscheidenden Momenten der siebziger Jahre, in denen sich die Regierungen vom Glauben an die unbegrenzte Gestaltungskraft der Politik verabschiedeten und die Grenzen des politisch Machbaren erkannten, auf die externe Reglementierung durch den IWF, ein Schreckgespenst, das Politiker immer dann beschworen, wenn sie enttäuschten Wählern erklären wollten, warum sie ihre Versprechen nicht gehalten hatten.

Hinter den Kulissen dagegen wurde hart mit dem IWF gepokert. Sowohl Großbritannien als auch Italien bemühten sich, andere europäische Länder einzuspannen (Helmut Schmidt fungierte dabei als Vermittler) und deren Einfluss bei der US-Regierung zu nutzen, um günstigere Bedingungen herauszuholen. Doch im Augenblick der Demütigung waren die USA für solche Demarchen nicht zugänglich. Daher war es aussichtsreicher, die Frage auf europäischer Ebene anzugehen und Europa und die europäische Integration zur Grundlage einer technokratischen Politik zu machen. Die KSZE war ein Nebenprodukt dieser neuen Haltung, und sie war langfristig der überzeugendste Beleg dafür, dass internationale vertragliche Verpflichtungen die innenpolitischen Verhältnisse in einem Land grundlegend verändern konnten. Die nationalstaatliche Ordnung wurde von einem neuen Internationalismus abgelöst.

11 Rechtsruck: Die achtziger Jahre

In den achtziger Jahren kam es in den europäischen Ländern mehr oder minder gleichzeitig zu einem politischen Rechtsruck. Diese Wendung nahm verschiedene Formen an – sie reichte von Margaret Thatchers ideologisch motiviertem Reformeifer bis zum Verzicht des sozialistischen Staatspräsidenten François Mitterrand auf sein ursprüngliches Programm und seine zögerliche Bereitschaft nach 1983, sich mit den Realitäten abzufinden. Dabei wurde diese Entwicklung weitgehend durch äußere Umstände angestoßen: durch den starken Anstieg des Ölpreises – den zweiten Ölschock – nach der Revolution im Iran; die Neuausrichtung der US-Geldpolitik auf eine Antiinflationspolitik nach dem Oktober 1979; die schwere weltweite Rezession von 1980/81 – die erste wirkliche Weltwirtschaftkrise seit der Großen Depression in der Zwischenkriegszeit; die neue Bedrohungslage durch die Stationierung sowjetischer atomarer Mittelstreckenraketen (SS-20), die Reaktion der USA auf diese Bedrohung und Reagans Strategische Verteidigungsinitiative (SDI). Die meisten Menschen erklärten sich politische Entwicklungen damals vor allem mit nationalen Einflüssen: mit der Wechselwirkung zwischen Parteien und Politikern, mit der Berichterstattung der Presse über die Politik und vor allem mit dem Einfluss starker Persönlichkeiten wie Thatcher, Ronald Reagan und Helmut Kohl. Weit weniger Beachtung schenkten sie den globalen Gestaltungskräften, welche die nationalen Volkswirtschaften und die politischen Reaktionen auf Wirtschaftskrisen über den internationalen Handel und die Kapitalmärkte zunehmend miteinander verschränkten.

Im Jahr 1979 hob die Regierung Thatcher in einer ihrer ersten Amtshandlungen die Maßnahmen zur Devisenbewirtschaftung auf. Im Jahr 1981 erleichterte die deutsche Regierung den grenzüberschreitenden Kapitalverkehr erheblich, indem sie die Beschränkungen für den Erwerb inländischer Wertpapiere durch Gebietsfremde beseitigte. Im Jahr 1984 schafften die USA, Großbritannien, Frankreich und Deutschland die Quellensteuer auf Zins- und Dividendenerträge ab. Die Einheitliche Europäische Akte von 1986 beseitigte die noch vorhandenen Devisenbewirtschaftungsmaßnahmen in der Europäischen Gemeinschaft. All diese Schritte trieben die Globalisierung ökonomischer Prozesse voran, sodass es für die nationalen Behörden noch schwieriger wurde, sie zu kontrollieren.

Das Thatcher-Modell

Margaret Thatcher wurde Premierministerin, nachdem die Labour-Regierung unter James Callaghan, deren *raison d'être* die Bewahrung eines einträchtigen Miteinanders zwischen den Sozialpartnern gewesen war, über eine Streikwelle zur Jahreswende 1978–79 («Winter der Unzufriedenheit») gestürzt war. Britische Premierminister können den Zeitpunkt für Neuwahlen frei bestimmen, und sie lösen das Parlament oft vorzeitig auf. Callaghan wollte unter den ungünstigen Umständen im Herbst 1978 keine Neuwahlen riskieren, mit der Folge, dass ihm im Juni 1979 der Wind noch stärker ins Gesicht blies.

Margaret Thatcher hatte wenig Sympathie für die konstitutiven Merkmale («Prinzipien» kann man sie kaum nennen) der Politik nach 1945, die in Großbritannien unter dem Namen «Butskellismus» firmieren: das Streben nach der Mitte und das Buhlen um den Durchschnittswähler. Sie sah sich selbst als eine Kämpferin, die dazu berufen war, ein verkrustetes, zynisches und korruptes System aufzubrechen. Als junge Rechtsanwältin hatte sie erleben müssen, dass die von Männern dominierte Anwaltschaft ihrem Aufstieg schier unüberwindliche Hindernisse in den Weg legte. Als Oppositionsführerin und später als Premierministerin hatte sie wenig übrig für die Usancen des Establishments, etwa des Außenministeriums mit seinem Hang zum Ausgleich gegenüber den Interessen anderer Länder (eine Tendenz, die man ohne weiteres «appeasement» in Anlehnung an den Begriff der britischen Außenpolitik der 1930er Jahre nennen könnte), oder des Industrieministeriums, das die Gewerkschaften beschwichtigte, der akademischen Welt (vor allem der Geisteswissenschaftler), von der sie genauso verhöhnt wurde («die Tochter eines Lebensmittelhändlers, die Chemie studiert hat») wie von den feinen Tory-Pinkels. Kurz nach ihrer Wahl zur Oppositionsführerin im Jahr 1975 sah Harold Macmillan in ihr schlicht ein weiteres Symptom des endlosen britischen Niedergangs: «Selbst wenn wir eine Macht ersten Ranges wären, könnten wir uns keine Frau als Premierminister leisten.» Ein Tory-Politiker alten Schlages, Julian Critchley, schrieb, recht treffend, über sie: «Auf jede traditionelle Institution muss sie mit ihrer Handtasche eindreschen.»[1]

In Großbritannien waren die siebziger Jahre im Allgemeinen eine Zeit erbitterter Polarisierung, in der die einfallsreicheren Politiker den von den beiden großen Parteien getragenen «butskellitischen» Konsens der Wilson-Heath-Ära, an dem sich so viel Unmut entzündete, hinter sich lassen wollten. Auf der Linken vollzog sich die wundersame Wandlung von Anthony Wedgwood Benn, der unter Wilson ein sehr technologieorientierter

Minister gewesen war, verantwortlich für das britisch-französische Projekt eines Überschallflugzeugs («Concorde»), das die beherrschende Stellung der USA in der Zivilluftfahrt brechen sollte, zu Tony Benn, dem radikalen Kritiker von Kapitalismus, Hochtechnologie und europäischer Kooperation. Er beklagte, die herrschende Klasse in Großbritannien habe ihren Auftrag, die britischen Interessen zu verteidigen, verraten und sich «zur Geisel von Brüssel» gemacht. Dies werde die demokratische und parlamentarische Tradition zerstören, die das gemeinsame britische Erbe (für die Linke wie für die Rechte) sei, und er warnte: «Wenn man Nationalstaaten sagt, dass sie ohnehin machtlos sind, kommt es zu guter Letzt dahin, dass gewählten Regierungen die Zustimmung entzogen wird.»[2] Nach der Wahlniederlage von 1979 rückte die Labour Party deutlich nach links, wenn auch nicht ganz so weit wie Benn. Ihr neuer Vorsitzender Michael Foot, ein sozialistischer Intellektueller alten Stils und Befürworter einseitiger Abrüstungsschritte, polarisierte die Partei weiter, was schließlich zu ihrer Spaltung führte. Proeuropäische, modernisierungswillige Labour-Abgeordnete folgten der «Viererbande» (Roy Jenkins, David Owen, Bill Rodgers und Shirley Williams), wie sie von ihren Kritikern genannt wurde, und gründeten die Social Democratic Party (SDP) nach dem Vorbild der modernen deutschen SPD. Die Spaltung der Labour-Party und das britische Wahlsystem hatten erheblichen Anteil daran, dass sich Maggie Thatcher an der Macht halten konnte.

Thatcherismus

Margaret Thatcher war von 1975 bis 1990 Vorsitzende der britischen Conservative Party und von 1979 bis 1990 Premierministerin. Unter ihrer Führung brachen die Konservativen mit der traditionellen Konsenspolitik der Nachkriegszeit, und ihre politische Programmatik firmierte schon bald unter der Bezeichnung «Thatcherismus». Dazu gehörte auch der Abschied vom Keynesianismus und die Hinwendung zum Monetarismus.

Einige Beobachter sehen einen Widerspruch zwischen den stark wirtschaftsliberalen Tendenzen des Thatcherismus einerseits und seiner Betonung eines starken Staates mit rigoroser Bekämpfung von Kriminalität und Gewalt sowie der Verteidigung der traditionellen gesellschaftliche Moral- und Wertvorstellungen andererseits. Für diese Kritiker ist es erstens merkwürdig, wenn man zum einen das Versagen des Staates auf wirtschaftspolitischem Gebiet und zum anderen die Unverzichtbarkeit des Staates als Hüter der gesellschaftlichen Ordnung und Moral betont. Zweitens, so behaupten sie, entfessele der ungezügelte

Kapitalismus eine gesellschaftliche Dynamik, die Ausschweifungen – Drogen, Sex und Pornografie – begünstige, welche die Anhänger des Thatcherismus doch moralisch missbilligten. Der Wirtschaftsliberalismus bringe daher zwangsläufig einen sozialen Ultraliberalismus hervor, und tatsächlich haben einige Ultraliberale (Libertäre) weite Teile der Thatcherschen Agenda unterstützt.

Für die Verteidiger des Thatcherismus sind diese Widersprüche nicht problematisch. Sie sehen in der Stärkung des Staates ein wichtiges Ziel jeglicher Politik: Doch ein Staat könne nur dann stark sein, wenn er nicht versuche, sich dem natürlichen Lauf der Dinge entgegenzustemmen (so wie es König Knut der Große tat, als er dem Gezeitenstrom befahl, nicht weiter vorzudringen). Die Preisgabe des Keynesianismus und insbesondere der Verzicht auf eine Einkommenspolitik seien eine Möglichkeit gewesen, den Ballast untragbarer politischer Konzepte loszuwerden. Eine intellektuell ausgefeiltere Version der gleichen Einstellung besagt, die Aufgabe des Staates in einer modernen Demokratie bestehe darin, für alle in gleicher Weise geltende Regeln festzulegen. Im *ancien régime* habe es Vorrechte und eine Sonderjustiz gegeben. Daher sei es nicht Sache des Staates, darüber zu befinden, welche Gruppen von Arbeitnehmern Lohnerhöhungen verdienten und welche nicht. Die einzige legitime Aktivität des Staates besteht nach dieser Auffassung darin, ein System allgemein anwendbarer Regeln aufzustellen, also Gesetze zu erlassen.

Der ungezügelte Kapitalismus ist ein schwierigeres Problem, und sozialpolitische Errungenschaften im 20. Jahrhundert haben in der Tat eine neue Gesellschaft hervorgebracht. Aber es ist vermutlich realitätsfremd, von Politikern zu erwarten, sie *könnten* diese Unbändigkeit unterdrücken, und viele sind wohl der Ansicht, sie *sollten* es gar nicht erst versuchen.

In der Außenpolitik stützte sich der Thatcherismus, insbesondere was die Teilnahme Großbritanniens am europäischen Einigungsprozess anlangt, auf den Gaullismus und vor allem dessen Betonung eines starken Nationalstaates. Thatcher war eine überzeugte Atlantikerin, auch wenn sie nicht dem sozialdemokratischen Reformprogramm folgte, das den Atlantizismus der Nachkriegszeit kennzeichnete.

Thatcher war konfrontativ und oft polemisch. In Kontinentaleuropa, wo das Verhältniswahlrecht vorherrschte, wäre ihrem Politikstil wenig Erfolg beschieden gewesen, da er die übrigen Parteien in einer Koalition gegen sie zusammengeschweißt hätte. Sie wäre allenfalls ein Abklatsch de Gaulles gewesen, und sie hätte auf Abruf bereit gestanden, Regierungsverantwortung zu übernehmen – wie es einer der Vorläufer Thatchers unter den britischen Konservativen, Enoch Powell, tat, der ein großer Bewunderer des französischen Staatspräsidenten war und sich sogar in Nordirland ein zweites Colombey (Geburtsort de Gaulles) schuf. Aber Thatcher verdankte ihre Wahlsiege dem Mehrheitswahlrechtssystem (auf Wahlkreisebene); dieses erlaubte es den Konservativen, mit nur 43,9 Prozent der Stimmen nach 1979 339 der 634 Sitze zu erobern.

Die sicheren Mehrheiten, die das britische Wahlsystem hervorbrachte, stellten Thatchers Führungsanspruch jedoch vor eine andere Herausforderung: Der Widerstand gegen den Thatcherismus ging hauptsächlich von der Konservativen Partei selbst aus, von Personen, die der Ansicht waren, sie stelle den Konsens der Nachkriegszeit zu weitgehend in Frage, und nicht so sehr von den Parteien, die sich selbst als Opposition bezeichneten.

Ungeachtet ihres Konfrontationskurses besaß Thatcher ein sehr feines politisches Gespür konventionellerer Art. Sie wusste, dass sie sich die Unterstützung eines harten Kerns ihrer Wählerschaft nicht verscherzen durfte: Als etwa die Abschaffung der Steuervergünstigungen für Firmenwagen zur Debatte stand, blockierte sie den Vorschlag, als man ihr sagte, dass alle Geschäftsleute in England dann gegen sie stimmen würden. Aus ähnlichen Gründen verwarf sie den Vorschlag, die Steuervergünstigungen für Hypothekenkredite zu streichen, denn diese waren für die Mittelschicht, deren Lebensstil sich ganz um den Erwerb eines Eigenheims drehte, von größter Wichtigkeit. Dabei wären beide Maßnahmen ganz im Sinne ihrer politischen Grundüberzeugung gewesen.

Ihre umstrittensten, aber erfolgreichsten Reformen setzte sie zu Beginn ihrer langen Amtszeit als Premierministerin (die längste im Großbritannien des 20. Jahrhunderts) durch; gegen Ende ihrer Amtszeit packte sie ebenso umstrittene Reformen an, die jedoch unter einem ungünstigen Stern standen (die Reform der Gemeindefinanzordnung). Zu Beginn brach sie nicht nur entschlossen mit dem Vermächtnis der Labour-Regierungen der siebziger Jahre, sondern auch mit der keynesianischen Wirtschaftspolitik nach 1945. Ihr Schlüsselkonzept war dabei eine mehrjährige Haushaltsplanung, die so genannte Mittelfristige Finanzplanung, die sich grundlegend von der bis dahin üblichen «Feinabstimmung» der Haushaltspolitik auf die jeweilige konjunkturelle Phase unterschied. Am Anfang jedoch war nicht klar, ob unpopuläre Maßnahmen die Glaubwürdigkeit der Regierung letztlich wirklich steigern würden. Im Jahr 1981, inmitten einer weltweiten Rezession, die durch den Sturz des Schahs von Persien und einen zweiten Ölpreisschock ausgelöst wurde, erhöhte die Regierung Thatcher die Steuern. Aufgrund der Rezession fielen die Staatsausgaben höher und die Staatseinnahmen niedriger aus, als nach der mittelfristigen Finanzplanung vorgesehen. Schatzkanzler Geoffrey Howe schlug daraufhin Steuererhöhungen im Umfang von 2 Prozent des Bruttosozialprodukts vor. Der Haushalt des Jahres 1981 wurde von einem angesehenen Berufsstand heftig kritisiert – dem Verband britischer Wirtschaftswissenschaftler; 364 Volkswirte, darunter fünf ehemalige ökonomische Chefberater der Regierung, schrieben in einem offenen Brief an die *Times*: «Weder die Wirtschaftstheorie noch die Empirie stützen die Überzeugung der Regierung, durch Drosselung der Nachfrage ließe sich die Inflation dauerhaft unter Kontrolle bringen und so die Konjunktur nachhaltig beleben und die Arbeitslosigkeit verringern. Die aktuellen politischen Maßnahmen werden die Depression vertiefen, die industrielle Basis unserer Volkswirtschaft schwächen und ihre soziale und politische Stabilität gefährden.»[3]

Thatcher selbst zögerte. Sie wusste, dass jede Erhöhung des Eingangssteuersatzes als ein Verrat an ihrem Versprechen betrachtet würde, den Staat zurückzudrängen, und einen Großteil ihrer Stammwähler vor den Kopf stoßen würde. Stattdessen erklärte sie sich mit dem Vorschlag einverstanden, die Steuerstufen nicht zu indexieren, was faktisch auf eine Steuererhöhung hinauslief. Die Arbeitslosigkeit war nach wie vor sehr hoch. Im April 1981 kam es zu Krawallen in dem weitgehend von Schwarzen bewohnten Brixton (South London) und anschließend in sozialschwachen, ethnisch gemischten Innenstadtbezirken wie Southall und Toxteth.

Als der Haushalt 1981 in Kraft trat, erreichte die Rezession ihre Talsohle. Sie hätte Thatcher womöglich trotzdem um den nächsten Wahlsieg gebracht, hätte die oppositionelle Labour Party unter ihrem Vorsitzenden Michael Foot nicht so ungeschickt taktiert und sich weiter radikalisiert. Die Welle des Patriotismus, die ein anderes gewagtes politisches Unternehmen auslöste, nämlich der Entschluss, die Falkland-Inseln (Malvinas) von Argentinien zurückzuerobern, trug ebenfalls dazu bei, dass Thatcher im Juni 1983 mit 46 Prozent der Stimmen und 397 von 650 Unterhausmandaten einen überwältigenden Wahlsieg errang.

Die verkrusteten Beziehungen zwischen den Sozialpartnern waren maßgeblich an der ökonomischen Dauerkrise im Großbritannien der Nachkriegszeit beteiligt. Thatcher wollte ihnen ein Ende setzen, auch wenn sie wusste, dass die vorige konservative Regierung 1973 über einen Bergarbeiterstreik gestürzt war. Der Streik war mit landesweiten Blockaden von Industrieanlagen und Fabriken einhergegangen, die den Transport von Kohle unterbinden sollten (so genanntes Bestreiken von Drittbetrieben) und überdies das gesamte öffentliche Leben zum Erliegen brachten. Im Dezember 1980 hatte die Bergarbeitergewerkschaft das Angebot einer 20-prozentigen Lohnerhöhung angenommen, und der Regierung blieb vorläufig eine Konfrontation mit den Bergarbeitern erspart.

Doch im Jahr 1983 ernannte Thatcher Ian MacGregor, einen Amerikaner schottischer Herkunft, der zuvor British Steel restrukturiert und verkleinert hatte, zum Direktor der Staatlichen Kohlenbehörde. Er erarbeitete einen Sanierungsplan für den defizitären Kohlenbergbau, der spätestens 1988 wieder schwarze Zahlen schreiben sollte. Zu diesem Zweck sollte die Fördermenge um 25 Millionen Tonnen und die Zahl der Beschäftigten um 64000 Kumpel reduziert werden. Im März 1984 kündigte die Kohlenbehörde an, dass sie die Zechen in der Grafschaft Yorkshire schließen werde, und die Nationale Bergarbeitergewerkschaft ermunterte daraufhin einzelne Bergbaugebiete, in den Ausstand zu treten (womit sie das Erfordernis einer landesweiten Urabstimmung umging, die keine allgemeine Arbeitsniederlegung in den Zechen befürwortet hätte). Dort, wo Abstimmungen stattfanden, in Nottinghamshire, in den Midlands, im Nordosten und im Nordwesten, sprachen sich Mehrheiten gegen Streiks aus. In Anbetracht des anhaltenden Bergarbeiterstreiks und der massiven und gewalttätigen Streikpostenaktionen setzte die Regierung landesweit Polizei ein, um der Praxis, Drittbetriebe zu bestreiken, ein Ende zu setzen. Die Wahl des Zeitpunktes für den Streik von 1984, der im Frühjahr begann, unmittelbar nachdem die Nachfrage nach Kohle ihren winterlichen Höchststand erreicht hatte, schadete den Bergarbeitern genauso wie die erhebliche Zahl umgerüsteter Kraftwerke, die wahlweise mit Erdöl oder Kohle befeuert werden konnten. Als sich im Herbst noch immer kein klarer Sieg abzeichnete, gingen den Bergarbeitern allmählich die Gelder aus: Ein Gewerkschaftsfunktionär ersuchte auf einer Libyen-Reise sogar Oberst Ghaddafi um finanzielle Unterstützung; es gab Berichte, wonach sowjetische Bergarbeiter den Ausstand der Briten bezahlten; und die öffentliche Sympathie für die Bergarbeiter schwand rasch dahin. Anfang 1985 nahmen zahlreiche Bergarbeiter die Arbeit wieder auf, und im März sprach sich die Delegiertenkonferenz der Bergarbeitergewerkschaft mehrheitlich dafür aus, den Streik abzubrechen. Der lange Streik und sein Ausgang räumten endgültig mit der Vorstellung auf, militante Gewerkschaften könnten ökonomische und politische Entscheidungen erzwingen. Nach 1985 liefen den Gewerkschaften die Mitglieder scharenweise davon, teils weil sie den Gewerkschaften nach den Gesetzesänderungen nicht mehr zutrauten, die Interessen der Arbeiter wirkungsvoll zu vertreten, und teils weil die Zahl der Beschäftigten im Industriesektor mit seinem hohen gewerkschaftlichen Organisationsgrad rasant zurückging.

Doch ungeachtet ihres konfrontativen Auftretens hatte Thatcher ein feines politisches Gespür dafür, wie man sich eine breite Basis von Unterstützern aufbaut und über die traditionelle konservative Wählerschaft hinaus Anhänger wirbt. Sie hielt es für notwendig, sich die Loyalität einer Gruppe zu sichern, die den «Reaganschen Demokraten» (Angestellten, denen der bestimmende Einfluss einer liberalen Gegenkultur, die mit hohen Steuern verbunden war, ein Dorn im Auge war) entsprach. Insbesondere der Verkauf von gemeindeeigenen Sozialwohnungen, der sehr früh in der Ära Thatcher begann, stieß bei der Facharbeiterschaft auf breite Resonanz.

Auch die Rückführung des staatlichen Einflusses auf die Wirtschaft wurde zu einem populären politischen Projekt. Die Privatisierung der Staatsunternehmen – British Aerospace, Cable & Wireless, British Petroleum, British Airways, British Telecom, Rolls-Royce, British Gas, British Airports Authority – bescherte dem Fiskus hohe Einnahmen (so dass die Steuern gesenkt werden konnten), verbesserte die Produktivität und schuf, durch die neue Grenzziehung zwischen privatem und öffentlichem Sektor, eine breite Schicht von Aktionären. Die breite Streuung des Aktienbesitzes wurde insbesondere durch den Börsengang von British Telecom gefördert; damals kauften 2,3 Millionen Privatpersonen Aktien und machten den Kapitalismus in einer bis dahin ungekannten Weise populär. Im Jahr 1990 besaß ein Viertel der britischen Bevölkerung Aktien.

Die Privatisierung in dieser Größenordnung und insbesondere die breite Streuung von Aktien wie beim Börsengang der British Telecom sollten diesen Prozess praktisch unumkehrbar machen. Vorhergehende konservative Regierungen hatten sich an Privatisierungen im kleineren Rahmen versucht: Die Eisen- und Stahlindustrie war 1951 von der Labour-Regierung verstaatlicht worden, zwischen 1953 und 1963 wurde sie nach und nach wieder privatisiert, bevor sie 1967 von einer neuen Labour-Regierung abermals verstaatlicht wurde. Eine der vielen abschreckenden Aussagen im Wahlprogramm von Labour im Jahr 1983 war das Versprechen, «die öffentlichen Vermögenswerte und Beteiligungen, die von den Tories privatisiert wurden, wieder in öffentliches Eigentum zu überführen, wobei die Entschädigung nicht über dem ursprünglichen Privatisierungserlös liegen sollte». Das Wahlprogramm der Labour Party im Jahr 1987 war viel vager und enthielt lediglich die Aussage, dass Privataktien von British Telecom und British Gas in spezielle Wertpapiere mit garantierter Verzinsung beziehungsweise mit einem an das Wachstum des Unternehmens gekoppelten Zins umgewandelt werden sollten, die auf einem Sekundärmarkt gehandelt werden könnten. Im Jahr 1992 versprach das Labour-Wahlprogramm sogar ausdrücklich, dass die Privatisierungen nicht rückgängig gemacht werden sollten, und die gleiche Aussage fand sich im Wahlprogramm von 1997. Die Privatisierung wurde somit zu einem Mittel, um eine neue Politik festzumachen, die Labour dazu zwang, sich mit einer Entscheidung abzufinden, die eine per se konservative Wählerschaft hervorbrachte.[4]

Die Liberalisierung der Kapitalmärkte, die von den Thatcher-Regierungen ebenfalls tatkräftig vorangetrieben wurde, hatte eine ähnliche Wirkung: Sie schränkte die Handlungsfreiheit künftiger Regierungen ein, weil sie nicht nur Gefangene der Meinung ihrer eigenen Wähler, sondern auch der Börsenhändler auf der ganzen Welt waren. Das Bankgesetz von 1979 bildete den Auftakt zur Deregulierung der *City* – des britischen Wertpapiermarktes –, die in dem «Großen Knall» des Finanzdienstleistungsgesetzes von 1988 gipfelte. Am wichtigsten aber war die Aufhebung der Kapitalverkehrskontrollen im Jahr 1979, die ein wichtiges Instrument der britischen Währungspolitik nach dem Zweiten Weltkrieg gewesen waren. Diese Aufhebung ließ sich unmittelbar mit den steigenden Einnahmen aus dem Verkauf von Nordseeöl rechtfertigen, die andernfalls zu einer starken Aufwertung des Pfund geführt (und die Wettbewerbsposition des Verarbeitenden Gewerbes in Großbritannien verschlechtert) hätten. Der Kurs des Pfunds zog trotzdem an, aber diese Pfund-Stärke wurde zum Teil durch einen Kapitalabfluss ausgeglichen, der, so dachte man, Einnahmen bringen würde, wenn die Erdölvorkommen in der Nordsee erschöpft wären. Der Gedanke hatte etwas von einer nostalgischen Beschwörung des 19. Jahrhunderts, als britische Rentiers von den Erträgen ihrer Kapitalanlagen im Ausland lebten. Aber der Abbau von Kapitalverkehrsschranken in Großbritannien war ein entscheidender Schritt in einer allgemeinen, weltweiten Entwicklung hin zu einer deutlichen Erhöhung der Kapitalmobilität.

Nachdem Thatcher große Siege über Argentinien und die Bergarbeitergewerkschaft gefeiert und auch die Privatisierung erfolgreich auf den Weg gebracht hatte, wurde ihre Position Ende der achtziger Jahre zunehmend angefochten. Im Jahr 1985 schmiedete die Regierung erste unbedachte Pläne für eine pauschale Kopfsteuer, deren Aufkommen den Kommunen zustehen sollte (die Gemeindeabgabe); 1990 wurde diese Steuer, die den Teufelskreis von Armut und Verfall in den städtischen Ballungszentren durchbrechen sollte, dann erstmals erhoben. Da es für die Stadträte in finanzschwachen Gemeinden, die von überwiegend armen Wählern gewählt worden waren, sehr verlockend war, die Gewerbesteuer und die Grundsteuer noch weiter zu erhöhen (was freilich eine massive Abwanderung von Firmen und die zunehmende Verödung der Innenstädte zur Folge hatte), schien eine Steuer, die sicherstellt, dass jeder Ortsansässige einen Teil der Kosten für die kommunalen Leistungen trägt, eine naheliegende Lösung zu sein. Doch als die Gemeindeabgabe dann tatsächlich erhoben wurde und viel höher lag, als es ursprünglich geplant gewesen war, kam es zu Protesten und Zahlungsverweigerung. Konservative Kandidaten fielen bei Nachwahlen und Kommunalwahlen durch. Im März 1991 schaffte die Regierung die Gemeindeabgabe wieder ab, doch da war Margaret Thatcher schon nicht mehr Premierministerin.

Auch die sich verschärfende Kontroverse um die Beziehungen Großbritanniens zu Europa brachte Thatcher zunehmend in Bedrängnis. Anfang der achtziger Jahre hatte sie mit ihrer erfolgreichen Kampagne zur Senkung des britischen Beitrags zum EG-Haushalt (der weitgehend für Agrarsubventionen verwendet wurde, von denen vor allem die französischen Landwirte profitierten) einen großen innenpolitischen Triumph erzielt. Die Debatte drehte sich um die scheinbar recht theoretische Frage nach der optimalen geldpolitischen Strategie in einer mittelgroßen offenen Volkswirtschaft. Nach der Geldmengensteuerung, die in der ersten Hälfte der achtziger Jahre die Basis der Geldpolitik gewesen war, gab es auf internationaler Ebene einen starken Druck, mehr auf die Wechselkurse und ihre Stabilisierung zu achten. Die ökonomischen Folgen der Globalisierung machten sich bemerkbar. Auf globaler Ebene hatten die Finanzminister der «Fünfergruppe» bei Treffen im Plaza Hotel in New York (1985) und im Louvre (1987) versucht, angemessene Wechselkurse zwischen den großen Weltwährungen – dem Yen, der Deutschen Mark und dem US-Dollar – herauszuarbeiten. Im Jahr 1985 war Thatcher selbst besorgt über den Kursverfall des Pfunds und bat die großen Zentralbanken, die britische Währung gegenüber dem starken Dollar zu stützen.[5] Großbritannien orientierte sich verstärkt an der Deutschen Mark, und der Wechselkurs blieb relativ stabil bei drei DM je Pfund. Das britische Finanzministerium schürte die Erwartung, dass Großbritannien eines Tages dem Wechselkursmechanismus beitreten würde, der innerhalb des Europäischen Währungssystems etabliert worden war.

Auf globaler Ebene verlor indes die Idee, dass nationale Regierungen den richtigen Wechselkurs ermitteln und festsetzen sollten, die in den achtziger Jahren so breiten Anklang gefunden hatte, an Glaubwürdigkeit, und so gab es keine Neuauflage des Treffens der Finanzminister 1987 im Louvre. Im Jahr 1989 machte Thatcher einen der herausragendsten Kritiker des EWS und eines britischen EWS-Beitritts, Alan Walters, zu ihrem unabhängigen Wirtschaftsberater. Seine Einschätzung, Festkurssysteme seien notwendigerweise ein instabiler Kompromiss zwischen flexiblen Wechselkursen und einer echten Währungsunion (er verwendete den Ausdruck «*half-baked*» – unausgegoren), stand in diametralem Gegensatz zu der Politik von Schatzkanzler Nigel Lawson, die auf der Überzeugung basierte, ein fester Wechselkurs sei eine tragbare und überzeugende Alternative zu einer Währungsunion. Außenminister Geoffrey Howe drängte Thatcher nachdrücklich, auf der Tagung des Europarats in Madrid (Juni 1989) ein Datum für den Beitritt Großbritanniens zum Wechselkursmechanismus zu nennen.

Diese Fragen wurden nach dem Zusammenbruch des kommunistischen

Regimes in der DDR im November 1989 und Deutschlands Willen, die politische Wiedervereinigung zügig umzusetzen, noch strittiger. Die Forderung Deutschlands und Frankreichs, dies so weit als möglich in einem europäischen Rahmen zu tun, und Thatchers öffentlicher, aber vergeblicher Widerstand gegen die Vereinigung Deutschlands, sorgte für neue Spannungen in der Konservativen Partei. Sowohl der Schatzkanzler als auch der Außenminister traten zurück und übten öffentlich heftige Kritik an der «Eisernen Lady», und ein führender Ex-Minister, Michael Heseltine, trat bei der Wahl des Parteivorsitzenden der Konservativen Partei gegen Thatcher an. Im ersten Wahlgang erhielt sie zwar die Mehrheit der Stimmen der konservativen Unterhausabgeordneten, dennoch war (nach den Verfahrensregeln) ein zweiter Wahlgang erforderlich. Sie trat daraufhin als Premierministerin zurück, und die konservativen Unterhausabgeordneten wählten in einem neuen Wahlgang den Mann, den sie als ihren Nachfolger favorisiert hatte, John Major (1990).

Major gewann zur Überraschung seiner Anhänger die Unterhauswahlen im Jahr 1992, vielleicht weil der damalige Labour-Chef Neil Kinnock allzu siegesgewiss war (er hielt eine verfrühte Siegesfeier in Sheffield ab). Doch Majors sorgsam austarierter Mittelweg in Bezug auf Europa – einerseits das Bestreben, dem Europäischen Währungssystem beizutreten, andererseits die unverhohlene Ablehnung der Europäischen Währungsunion – wurde durch eine dramatische Währungskrise schon im September 1992 zu Makulatur. Die Macht der Märkte, die Margaret Thatcher durch die Aufhebung der Kapitalverkehrskontrollen im Jahr 1979 entfesselt hatte, manifestierte sich in brutaler Weise. Der Premierminister und sein Schatzkanzler Norman Lamont starrten am «Schwarzen Mittwoch» (16. September 1992) gespannt auf die Computerbildschirme, um zu sehen, ob eine Erhöhung der britischen Leitzinsen dem spekulativen Angriff auf das Pfund Sterling Einhalt gebieten würde. Als binnen Sekunden deutlich wurde, dass die Ankündigung wirkungslos verpufft war, ging den beiden Politikern auf, dass sie ziemlich hilflos mit ansehen müssten, wie Großbritannien aus dem Wechselkursmechanismus hinausgedrängt werden würde, da die Währungsreserven der Bank von England nicht ausreichten, um den Spekulanten Paroli zu bieten, die alles auf eine Karte – einen sinkenden Sterling-Kurs – setzten. Lamont, der die Verantwortung für die Politik des Premierministers übernehmen musste, trat verbittert zurück; und die Glaubwürdigkeit der Regierung hatte schwer gelitten, auch wenn es, nicht zuletzt wegen der Abwertung des Pfunds, zu einer deutlichen konjunkturellen Erholung kam.

Trotz dieser Schwierigkeiten war John Majors grundsätzlicher wirtschaftspolitischer Kurs unumstritten (außer bei einigen seiner Anhänger), zumal es keine ideologische Alternative zum Kapitalismus mehr gab. Seine Regierung führte eine weitere große Privatisierung durch, die des Schienenverkehrs; aber das Privatisierungskonzept für dieses staatliche Unternehmen (das unter anderem die Trennung von Schienennetz und Zügen vorsah) hatte erhebliche Mängel, und seine Umsetzung stieß auf breite Kritik.

Überfordert von dem Vermächtnis Margaret Thatchers (die als Hinterbänklerin die Regierung lautstark kritisierte) und unfähig, das ambivalente Verhältnis Großbritanniens zu Europa zu klären, flüchtete sich Major in einen verbalen und sentimentalen Konservatismus, indem er die Rückbesinnung auf Grundwerte forderte und sich nicht entblödete, ein idyllisches Großbritannien (in Wirklichkeit meinte er England) zu beschwören, das, «in seinem Wesen unwandelbar», noch in fünfzig Jahren «das Land der langen Schatten auf ländlichen Kricketplätzen, des warmen Biers, unbezwingbarer grüner Vorstädte und der Totospieler sein wird».[6]

Major scheiterte letztlich daran, dass Margaret Thatcher die alte Konsenspolitik der Nachkriegszeit mit erstaunlichem Erfolg durch eine neue Politik ersetzt hatte, die sich auf ökonomische Theorien (von Milton Friedman und Friedrich von Hayek) stützte. Andere Politiker in Europa taten zwar das Gleiche, aber sie wurden durch die Vorgaben der institutionalisierten politischen Ordnung in Europa dazu gedrängt. Als sich diese Ideen schließlich auf breiter Front durchsetzten, verlor Thatcher ihr unverwechselbares politisches Profil und damit ihre *raison d'être*. Ihr natürlicher Erbe war weniger der glücklose Major, als vielmehr Labour-Chef Tony Blair, der 1997 mit einem klaren Bekenntnis zur Marktwirtschaft die Wahlen mit deutlichem Vorsprung gewann. Wie in der Regierungszeit Thatchers kam der einzige glaubwürdige Widerstand gegen diese Politik nicht von der nominellen parlamentarischen Opposition, sondern aus den Reihen der regierenden Partei (in diesem Fall Labour) selbst. Thatcher stellte den Markt in den Mittelpunkt ihrer Politik, und Blair kündigte an, er wolle «aus der Mitte» regieren. Das war eine Umschreibung für den Markt, und es bedeutete in der Praxis eine große Dosis «Thatcherismus».

Frankreichs zweijähriges Experiment mit einer sozialistischen Politik

Valéry Giscard d'Estaing wurde 1974, nach dem Tod Georges Pompidous, mit einem klaren Bekenntnis zur Modernisierung zum französischen Staatspräsidenten gewählt. Die ersten Jahre seiner Präsidentschaft waren überschattet von den Problemen, die der Ölpreisschock verursacht hatte, und in den Jahren 1975/76 versuchte sein Premierminister, der Gaullisten-

Führer Jacques Chirac, der Krise mit einer keynesianischen Wachstumspolitik gegenzusteuern. Eine Abwertungskrise gab dann jedoch Anlass zu einer unerwarteten Regierungsumbildung, zum Abschied von dieser Politik und zu einer verstärkten Rechtsorientierung. Giscard ernannte den sehr orthodoxen Raymond Barre zum Premierminister, den er ausdrücklich als «den besten Wirtschaftswissenschaftler Frankreichs» lobte. Der neue «Barre-Plan» las sich wie ein klassisch liberales Stabilisierungsprogramm: Ein zentrales Ziel bestand darin, den Wechselkurs des Franc gegen die Deutsche Markt stabil zu halten, hinzu kamen Steuererhöhungen und eine restriktivere Geld- sowie eine Variante einer Einkommenspolitik, die Sanktionen gegen unzulässige Lohnerhöhungen vorsah.

Diese neue Politik wurde flankiert von Gesprächen über die Gründung eines Europäischen Währungssystems. Da Kapitalmobilität, feste Wechselkurse und eine autonome Geld- und Währungspolitik grundsätzlich miteinander unvereinbar sind (sie bilden eine so genannte «inkompatible Triade», wie die Volkswirte sagen), führte die Anbindung an ein europäisches Wechselkursregime zusammen mit der Liberalisierung des Kapitalmarktes dazu, dass die französischen Regierungen von nun an in ihrer wirtschaftspolitischen Handlungsfreiheit stark eingeengt waren. In diesem Sinne kann man mit Fug und Recht der Feststellung von Philip Gordon und Sophie Meunier zustimmen: «Der Barre-Plan war der Vorläufer jenes Wirtschaftsmodells, das nach 1983 das grundlegende Paradigma aller französischen Regierungen bildete und das die französische Volkswirtschaft für die Globalisierung fit machen sollte.»[7] Doch während die Regierung Thatcher dank ihrer sehr langen Amtszeit (in der sie Phasen überstand, in denen ihre Umfragewerte tief in den Keller fielen) eine dauerhafte politische Wende herbeiführte, blieben Giscard und Barre nicht lange genug im Amt, um ihre Revolution unumkehrbar zu machen.

Im Vorfeld der Präsidentschaftswahlen von 1981 ließ die Regierung den Barre-Plan fallen, worauf die Inflation anzog; aber dies genügte nicht, um den massiven Unmut in der Bevölkerung über die eiserne Sparpolitik der Regierung zu beschwichtigen. Giscards Bemühen um seine Wiederwahl als Präsident scheiterte im Mai 1981, als er relativ knapp (mit 51,8 gegen 48,2 Prozent) von dem sozialistischen Kandidaten, François Mitterrand, geschlagen wurde. Der neue Präsident setzte Neuwahlen zur Nationalversammlung an, bei denen sich der Linksruck bestätigte; die Sozialisten erreichten im ersten Wahlgang 37,5 Prozent der Stimmen und die Kommunisten 16,2 Prozent. Die Sozialisten verfügten zwar in der Nationalversammlung über eine absolute Mehrheit, aber diese verdankte sich einem Wahlbündnis mit den Kommunisten. Der neuen Regierung unter Pierre Mauroy gehörten vier kommunistische Minister an; die kommunistische Partei war zum ersten Mal seit 1947 wieder an einer Regierung beteiligt. Das US-Außenministerium gab daraufhin prompt eine Erklärung heraus, in der es hieß, die Zusammensetzung der neuen französischen Regierung beeinträchtige «das Klima und die Qualität unserer Beziehung als Verbündete».

Die Regierung verstieg sich gleich zu Beginn zu kühnen Erklärungen über den Abbau der Ungleichheit in Frankreich. Wichtige Industrieunternehmen und Banken wurden verstaatlicht, der Mindestlohn wurde heraufgesetzt, die Sozialleistungen wurden erweitert, die Wochenarbeitszeit wurde reduziert und ein gesetzlicher Anspruch auf eine fünfte Woche bezahlten Urlaub eingeführt. Doch die Arbeitslosigkeit nahm weiter zu, und die Finanzmärkte reagierten nervös. Die Regierung musste für die verstaatlichten Betriebe hohe Entschädigungszahlungen leisten. Aus Angst vor höheren Steuern und einer strengeren Steuerkontrolle kam es zu einer massiven Kapitalflucht, der die Regierung mit drakonischen Devisenbewirtschaftungsmaßnahmen Herr zu werden versuchte. Als das Handelsbilanzdefizit immer weiter anwuchs, wurde der Franc innerhalb des Europäischen Wechselkursmechanismus mehrfach – im Oktober 1981, im Juni 1982 und im März 1983 – abgewertet.

Die letztgenannte Krise war entscheidend. Zu diesem Zeitpunkt stand die Regierung vor der heiklen Entscheidung, entweder die Wachstumspolitik fortzusetzen und aus dem EWS bzw. dem Wechselkursmechanismus auszuscheiden oder einen Stabilisierungskurs einzuschlagen. Industrie- und Forschungsminister Jean-Pierre Chevènement wollte einen flexiblen Wechselkurs und ansonsten nichts von Europa wissen. Er präsentierte sich als ein linker Gaullist, der den nationalen Sonderweg Frankreichs und damit den Grundsatz der uneingeschränkten Souveränität des französischen Volkes verteidigte. Sein Gegenspieler, der «rechte» Wirtschafts- und Finanzminister Jacques Delors, wollte die französische Krise im europäischen Rahmen lösen. Mitterrand selbst schlug sich immer mehr auf die Seite Delors´, kritisierte den staatlichen Bürokratismus und Interventionismus und entließ Chevènement schließlich. Parallel zur dritten Franc-Abwertung, zu einem Bündel von Sparmaßnahmen der öffentlichen Hand samt Zwangsanleihe und zur Erhöhung der Alkohol- und Tabaksteuer handelte Delors nicht mit dem IWF, sondern mit der Europäischen Gemeinschaft ein substanzielles Stabilisierungspaket aus. Mitterrand sah in den Krisenwochen im März 1983 eine Chance, die politische Unsicherheit nach 1981 und seine Abhängigkeit von den Stimmen der Kommunisten im Parlament zu beenden. Er erklärte, was er «gerechte soziale Härte» nannte, mit folgenden Worten: «Wir können von all dem profitieren, um wieder zu Kräften zu kommen.

Manchmal muss man eine Krise fabrizieren, um mit einer Situation fertig zu werden: Man denke nur an de Gaulle in Baden-Baden.» «Unpopulär zu sein», so sein Fazit, «kann manchmal zu Popularität verhelfen.»[8] Bis 1984 hatte Mitterrand den politischen Teil seiner Strategie verwirklicht: die kommunistischen Minister verließen die Regierung, und die Kommunistische Partei sank schon bald in die Bedeutungslosigkeit ab.

Mitterrand glaubte, die enge Anbindung an Europa sei für Frankreich die Strategie, die den größten Erfolg verspreche, um mit den Herausforderungen der Globalisierung fertig zu werden. Die offensichtlichste Herausforderung betraf die Kultur: die Sprache, die Unterhaltungsmusik und das Kino. Von 1985 bis 1999 stieg der amerikanische Anteil am europäischen Markt für Kinokarten von 56 auf 70 Prozent. Im Jahr 1986 wurde auf französische Initiative die «Organisation Internationale de la Francophonie» gegründet, die den Gebrauch der französischen Sprache fördern und dem weiteren Vordringen des Englischen Einhalt gebieten sollte. Im Jahr 1994 verbot das Toubon-Gesetz (benannt nach dem damaligen Kulturminister Jacques Toubon) den Gebrauch einer Reihe englischer Wörter und setzte Quoten für Filme und Radiomusik fest: Vor der Verabschiedung des Gesetzes waren 80 Prozent der Unterhaltungsmusik im französischen Radio «angelsächsisch» gewesen. Um der Herausforderung durch die amerikanische Kultur durch außenhandelsrechtliche Maßnahmen Einhalt zu gebieten, bedurfte es gemeinsamer Schritte auf europäischer Ebene. Der Widerstand gegen die kulturelle Globalisierung wurde nicht nur von der französischen Linken, sondern auch von der gaullistischen Rechten mit Beifall aufgenommen.

Die Parlamentswahlen im März 1986 besiegelten den Rechtsruck in Frankreich. Die beiden größten konservativen Gruppierungen, die Gaullisten und die giscardistische Rechte, gewannen 55 Prozent der Stimmen und die absolute Mehrheit in der Nationalversammlung. Die verfassungsrechtlich ziemlich vage Abgrenzung der Befugnisse von Staatspräsident und Premierminister in der Fünften Republik ließ dieses Ergebnis problematisch erscheinen, denn Mitterrand musste einen Premierminister ernennen, der sich auf eine parlamentarische Mehrheit stützen konnte (er ernannte Gaullisten-Chef Jacques Chirac). Die «Kohabitation» gegensätzlicher politischer Tendenzen führte zwangsläufig zu Spannungen. Chirac war bestrebt, sich möglichst klar vom Präsidenten abzugrenzen, und griff «thatcheristische» Anliegen auf, etwa die Flexibilisierung des Arbeitsrechts, strengere Gesetze zur Verbrechensbekämpfung und die Privatisierung von Staatsbetrieben. Die Verstaatlichungen von 1981–83 und einige aus der unmittelbaren Nachkriegszeit wurden im Rahmen eines auf fünf Jahre angelegten, aber größtenteils in nur zwei Jahren abgewickelten Privatisierungsprogramms mit einem Volumen von 200 Milliarden Francs wieder rückgängig gemacht. Fünfundsechzig Unternehmen, an denen der Staat eine Mehrheitsbeteiligung hielt, sollten bis 1991 privatisiert werden. Zu den ersten Unternehmen, die an die Börse gebracht wurden, gehörten Saint Gobain (Baustoffhersteller), die Banken Paribas und Crédit National de France, die 1982 verstaatlicht worden waren, die Compagnie Générale d'Électricité und ein Fernsehsender. Diese Privatisierungen waren heftig umstritten: Der Führer der Sozialisten nannte sie einen «Skandal», während Raymond Barre behauptete, die Regierung schaffe eine «politisch-finanzielle Oligarchie».[9] Am Ende dieses Prozesses hatte sich die Zahl der Aktienbesitzer in Frankreich von 1,5 auf 6,5 Millionen erhöht.[10]

Als Mitterrand 1988 im zweiten Wahlgang erneut zum Präsidenten gewählt wurde, setzte er Parlamentswahlen an, aus denen die Linke mit ganz knappem Vorsprung als Sieger hervorging. Die neue Regierung unter dem sozialistischen Reformer Michel Rocard stoppte zwar das Privatisierungsprogramm, versprach aber auch, keine neuen Verstaatlichungen vorzunehmen.

Deutscher Konservatismus

Die sozialliberale Koalition in Deutschland, die seit 1974 von Helmut Schmidt geführt worden war, zerbrach in der weltweiten Rezession Anfang der achtziger Jahre, als auch Giscards und Barres politischer Einfluss schwand. Die durch den Sturz des Schahs ausgelöste Rezession prägte mithin nicht nur die ersten Jahre des Thatcherismus, sondern auch die entscheidenden politischen Umschwünge in Deutschland und Frankreich. Der größere Koalitionspartner in der deutschen Regierung, die Sozialdemokraten, war in wirtschafts- und sicherheitspolitischen Fragen gespalten; der kleinere Koalitionspartner, die liberale FDP, drängte auf weniger Keynesianismus und eine strengere Haushaltsdisziplin.

Die SPD war, wie gesagt, in der Sicherheitspolitik, gespalten. Schmidt war maßgeblich am Zustandekommen des so genannten «NATO-Doppelbeschlusses» beteiligt: Die Modernisierung des Raketensystems der NATO wurde mit dem Angebot an Moskau verknüpft, Verhandlungen über Rüstungsbegrenzung aufzunehmen. US-Präsident Carter hatte Ende der siebziger Jahre seine Sorge über den Umfang und die Dauer der amerikanischen Militärpräsenz in Europa zum Ausdruck gebracht, und er sah in der Stationierung modernisierter Raketen eine Möglichkeit, die USA langfristig an die europäischen Länder zu binden. Doch als die US-Marschflugkörper und Pershing-Raketen dann tatsächlich stationiert wurden, befürchteten viele

Deutsche, Raketen kürzerer Reichweite könnten die Sicherheitslage eher verschlechtern als verbessern. Am 10. Oktober 1981 kam es in Bonn zu Friedensdemonstrationen mit rund 250 000 Teilnehmern. Sie stellten die Glaubwürdigkeit der «sicheren gegenseitigen Vernichtung» in Frage, denn der Einsatz dieser Raketen würde einen begrenzten atomaren Schlagabtausch in Europa ermöglichen, von dem die Territorien der USA und der UdSSR nicht betroffen wären.

Für die gegenkulturelle Protestbewegung von '68 war der «deutsche Herbst» 1977 ein schwerer Schlag gewesen, der ihre Hoffnungen auf eine emanzipatorische Revolution zunichte machte. Die verschlafene Bonner Republik würde fortbestehen. Aber die Raketenfrage und die gleichzeitige Zunahme des Umweltbewusstseins im Gefolge der Ölkrisen – die zeigten, wie prekär die Abhängigkeit von begrenzten natürlichen Ressourcen ist – brachten eine neue politische Bewegung hervor. Eine Wurzel der Grünen war die Protestbewegung von '68. Sie gründeten im Januar 1980 bundesweit eine Partei und erreichten bei Landtags- und Kommunalwahlen beachtliche Wahlergebnisse. Anfangs waren Die Grünen radikal und eklektisch: Sie erlaubten die gleichzeitige Mitgliedschaft in anderen politischen Parteien, und zwar vor allem, weil sie Kommunisten nicht ausschließen wollten. Ein zentraler Punkt ihres Parteiprogramms war die Sicherheitspolitik; so forderten sie einen sofortigen Ausstieg aus der NATO.

Auch die Wirtschaftspolitik war heftig umstritten. Könnte Deutschland einen weiteren Ölpreisschock überstehen? Die Linke wollte die Arbeitslosigkeit durch Erhöhung der Staatsausgaben bekämpfen. Auf dem Bundesparteitag der SPD im April 1982 forderten die Delegierten eine Ausweitung der betrieblichen Mitbestimmung, mehr volkswirtschaftliche Planung, die Verkürzung der Arbeitszeit (um die vorhandene Arbeit gerechter zu verteilen) und eine Vermögenssteuer zur Finanzierung eines Beschäftigungsprogramms. Die FDP sah in einer hohen Steuerbelastung und hohen Staatsausgaben eine Gefahr für die internationale Wettbewerbsfähigkeit Deutschlands. Wirtschaftsminister Otto Graf Lambsdorff (FDP) verfasste auf Schmidts Drängen ein Positionspapier, in dem er die Grundzüge eines Konjunkturprogramms darlegte, das deutliche Einschnitte bei den Staatsausgaben vorsah. Die SPD kritisierte das Konzept als «Manchester-Liberalismus».

Schmidt forderte die FDP-Minister auf, die Regierungslinie zu unterstützen, und drohte ihnen mit Entlassung. Sie traten im September 1982 zurück. Daraufhin nahm die FDP Koalitionsgespräche mit den Christdemokraten auf. Am 28. September brachten die Fraktionen von FDP und CDU/CSU den Antrag ein, der Bundestag möge Bundeskanzler Helmut Schmidt das Misstrauen aussprechen und Helmut Kohl zu seinem Nachfolger wählen. Am 1. Oktober 1982 wurde der CDU-Vorsitzende Helmut Kohl zum Bundeskanzler gewählt. Am 17. Dezember stellte Helmut Kohl die Vertrauensfrage im Bundestag, die erwartungsgemäß keine Mehrheit erhielt. Damit war der Weg für Neuwahlen frei. Bundespräsident Carstens löste am 7. Januar 1983 den Bundestag auf.[11] Bei den Bundestagswahlen am 6. März 1983 erhielten CDU/CSU 48,8 Prozent der Stimmen, die SPD 38,2 Prozent, die FDP 7 Prozent, und die Grünen zogen mit 5,6 Prozent zum ersten Mal in den Bundestag ein. Die FDP blieb in der Regierung, und Hans-Dietrich Genscher bürgte als Vizekanzler und Außenminister für Kontinuität in der Außen- und Sicherheitspolitik.

Kohl sprach damals offen von einer «psychologischen Krise» in Deutschland, und er glaubte allen Ernstes, dass die Grünen und die Medien von den Sowjets für eine Kampagne genutzt würden, die das Ziel hätte, Deutschland aus der westlichen Staatengemeinschaft herauszulösen.[12] Er wollte die Erinnerung an die sechziger Jahre aus dem kollektiven Bewusstsein der Deutschen tilgen und beschwor eine «geistig-moralische Wende». Seines Erachtens befand sich Deutschland in einer ähnlichen Situation wie Anfang der fünfziger Jahre, als es starke Spannungen zwischen Ost und West gegeben und die SPD sich der Westintegration widersetzt hatte. Er sah sich selbstbewusst als der legitime Nachfolger Adenauers, den er als sein politisches Vorbild betrachtete. Und er empfand es als sehr schmeichelhaft, wenn er als «Enkel Adenauers» tituliert wurde.

Aber Kohls Führungsstärke wurde bis 1989 weithin verkannt: Er war der Ansicht, dass er seine Position am leichtesten behaupten könne, wenn ihn seine politischen Gegner, viele davon in seiner eigenen Partei, unterschätzten. Die erste Phase der später so genannten «Ära Kohl» war daher recht unspektakulär. Ihr auffälligstes Merkmal war eine Serie außenpolitischer Fauxpas, denn Kohl erkannte nur sehr allmählich, dass die internationalen Reaktionen auf die Bundesrepublik stark davon abhingen, wie die Regierung im Urteil des Auslandes mit der problematischen Vergangenheit Deutschlands umging. Die bemerkenswerteste Fehleinschätzung unterlief der CDU/FDP-Regierung, als sie Ronald Reagan zu einer Gedenkfeier für die Gefallenen des Zweiten Weltkriegs auf den Soldatenfriedhof Bitburg einlud, wo sowohl Angehörige der SS als auch der Wehrmacht begraben sind.

Auch gab es in den achtziger Jahren unter den Deutschen die Angst vor einer Veränderung des Status quo und eine bewusste Selbstbeschränkung, die der Logik der genscheristischen Außenpolitik folgte. Aus der deutschen Teilung nach 1945 erwuchs nach einhelliger Auffassung die Forderung nach der Unantastbarkeit der Grenzen des Kalten Krieges, da jede Veränderung die nationale Frage in unangenehmer Weise aufwerfen und die Konsenskultur des deutschen politischen Establishments zerstören würde. Kohl unterschätzte die Radikalität der neuen Außenpolitik in Moskau (und beleidigte Gorbatschow anfänglich sogar, indem er ihn mit dem Nazi-Propagandisten Joseph Goebbels verglich). Im Herbst 1989 wurde er dann von den sich überschlagenden Ereignissen in der DDR überrascht.

Zugleich beherrschte Kohl die Kunst des innenpolitischen Kompromisses, baute ein weitverzweigtes «System» auf und setzte recht erfolgreich seine «Durchschnittlichkeit» ein, um die konsensorientierte politische Ordnung Deutschlands zu bewahren. Schmidt hatte viele mit seinem schneidenden Intellekt vor den Kopf gestoßen. Kohl wickelte die Opposition wie eine Riesenschlange so fest ein, dass sie sich praktisch nicht mehr rühren konnte. Seine herausragendste politische Leistung war – vor der Wiedervereinigung – die Konsolidierung des Haushalts, die er mit dem genauen Gegenteil der Methoden Margaret Thatchers erreichte: der beharrlichen und nicht-konfrontativen Suche nach Kompromissen. Dadurch war Deutschland finanziell anfangs zwar recht gut für die Belastungen durch die deutsche Vereinigung gerüstet, aber diese Haltung vereitelte in den neunziger Jahren letztlich auch tiefgreifende Strukturreformen.

Im Jahr 1987 wurde die Koalitionsregierung wiedergewählt. Ende der achtziger Jahre war die Bundesrepublik Deutschland zu einer gefestigten Demokratie geworden. Als George Bush 1989 Präsident wurde, führte ihn seine erste Europareise nach Deutschland und nicht etwa nach Großbritannien, das noch immer sehr stolz war auf sein «Sonderverhältnis» zu den USA. Bush wies in seiner Mainzer Rede auf die sich wandelnde geopolitische Lage und das von Gorbatschow beschworene Bild des «gemeinsamen Hauses Europa» hin. Er sagte: «Ein gemeinsames europäisches Haus kann es erst geben, wenn sich alle frei zwischen den Zimmern bewegen können.» Erst dann wäre Europa «ganz und frei». Zu diesem Zeitpunkt erkannten viele Politiker in Washington, dass Veränderungen in der Sowjetunion weitreichende Folgen für die politische Situation in Europa hätten, während ihre Kollegen in Bonn nach wie vor unerschütterlich an den Fortbestand des Status quo glaubten.

Genscherismus

Der FDP-Politiker Hans Dietrich Genscher (geboren 1927) war von 1974 bis 1992 deutscher Außenminister. Er überwand die recht unfruchtbare Kontroverse in der deutschen Außenpolitik zwischen Vertretern *gaullistischer* und *atlantizistischer* Prinzipien. Er übernahm ein Schlüsselelement der deutschen Außenpolitik nach 1949, nämlich die Erkenntnis, dass Deutschland aufgrund seiner jüngsten Vergangenheit seine Macht nicht, wie es die Realisten gern gesehen hätten, in herkömmlicher Weise zur Geltung bringen konnte.

Stattdessen konnte und sollte Deutschland seinen Einfluss durch multilaterale Institutionen ausüben. Im Blick auf die Bedeutung der deutschen Volkswirtschaft eröffneten diese Institutionen besonders weit reichende Einflussmöglichkeiten. Das gilt vor allem für die Europäische Gemeinschaft, deren größter Nettozahler Deutschland wurde. Doch dies hieß auch, dass Deutschland keine eigenständigen Initiativen gegenüber Russland oder Osteuropa ergriff, sondern innerhalb des multilateralen Rahmens agierte, der vom Helsinki-Prozess und der Organisation für Sicherheit und Zusammenarbeit in Europa vorgegeben wurde. Deutschland nutzte auch andere Institutionen, um seine Ziele zu erreichen: So wollte Deutschland während der Wirtschaftskrise im Gefolge des zweiten Ölpreisschocks Ende der siebziger Jahre den Zustrom türkischer Gastarbeiter drosseln und die türkische Regierung stabilisieren. Die deutsche Regierung tat dies vor allem dadurch, dass sie über die in Paris ansässige OECD (Organisation für wirtschaftliche Zusammenarbeit und Entwicklung) und den Internationalen Währungsfonds starken Druck ausübte.

Die genscheristische Vision band Deutschland fest in Europa ein und hatte weit reichende Folgen für die Neuordnung der geopolitischen Landkarte in den Jahren 1989–90. Bundeskanzler Kohl bezweifelte gelegentlich, dass den genscheristischen Maßnahmen schnelle Erfolge beschieden wären und behielt sich einige Initiativen vor (insbesondere den «Zehn-Punkte-Plan zur Überwindung der Teilung Deutschlands und Europas» vom November 1989). Die Einschätzung, die Vereinigung Deutschlands solle möglichst in einem europäischen Rahmen erfolgen, der sich Kohl schließlich anschloss, gab den Ausschlag dafür, dass die Deutschen ihre geld- und währungspolitische Souveränität aufgaben und die Bundesbank der Europäischen Zentralbank unterordneten. Sie machte Deutschland in den neunziger Jahren auch zum entschiedensten Fürsprecher einer Osterweiterung der EU. Diese sollte vor allem eine stabile Pufferzone um Deutschland herum bilden und verhindern, dass Deutschland in die heikle Lage käme, die Grenzen eines reichen Westeuropas gegen ein armes Osteuropa sichern zu müssen. Die beiden entscheidenden Schritte in der Europapolitik nach dem Ende des Kalten Krieges – die Währungsunion und die Osterweiterung – sind somit das Ergebnis einer an genscheristischen Prinzipien ausgerichteten deutschen Außenpolitik.

Der europäische Rahmen

In der ersten Hälfte der achtziger Jahre schien es, als ginge dem Projekt der europäischen Einigung die Luft aus. Viele Kommentatoren sprachen von einer «Eurosklerose». Durch die Einheitliche Europäische Akte von 1985–86 wurde dem Integrationsprozess dann neues Leben eingehaucht.

Ein Weißbuch der Kommission von 1985, das weitgehend auf die Initiative von EU-Kommissar Lord Cockfield zurückging, listete 279 konkrete Vorschläge auf, die darauf abzielten, «einen Binnenraum ohne innere Grenzen zu schaffen, in dem der freie Waren-, Dienstleistungs- und Kapitalverkehr sowie die Freizügigkeit der Bürger gewährleistet ist». In institutioneller Hinsicht war dies der wichtigste Schritt zur Förderung eines allgemeinen Liberalisierungsprozesses. Er gründete auf der Einsicht, dass eine konsequente europaweite Vereinheitlichung Ressentiments und nationalistische Gegenreaktionen hervorrufen würde. In allen Mitgliedsländern stürzte sich die Presse nur allzu bereitwillig auf Auswüchse der Brüsseler Regelungswut, etwa das Bestreben, die Standardgröße von Äpfeln festzulegen, die Verwendung traditioneller Personennamen zu reglementieren und so weiter. Diese Auswüchse ließen sich durch die Anwendung des Grundsatzes der wechselseitigen Anerkennung von Normen weitgehend ausräumen. Die Einheitliche Europäische Akte zog letztlich die Konsequenzen aus einer Entscheidung des Europäischen Gerichtshofs von 1979, die sich auf den französischen Likör Cassis de Dijon bezog. Dieser Likör wurde nicht zum Vertrieb in Deutschland zugelassen, weil er aufgrund seines zu niedrigen Alkoholgehalts nicht die deutschen Anforderungen an einen Likör erfüllte. Der Gerichtshof behauptete, der Grundsatz einer Wirtschaftsgemeinschaft umfasse auch das Recht, ein Produkt, das den Güte- und Sicherheitsnormen seines Herstellungslandes entspreche, in die übrigen Gemeinschaftsländer auszuführen. So durfte Deutschland – in dem wohl bekanntesten und umstrittensten Fall – kein Einfuhrverbot gegen britisches beziehungsweise belgisches Bier verhängen, mit der Begründung, es genüge nicht dem bayerischen «Reinheitsgebot» von 1516, das die Verwendung von Zusatzstoffen untersagt. In ähnlicher Weise durfte Italien in Deutschland hergestellte Spaghetti nicht deshalb verbieten, weil sie Getreidesorten enthielten, die in Italien für die Spaghetti-Herstellung nicht zugelassen waren. Die Akte von 1986 verankerte somit den Grundsatz der wechselseitigen Anerkennung verschiedener Normsysteme. Nach 1986 kam es dann zu tiefgreifenden Veränderungen zahlreicher Verhaltensmuster: «Irische» Pubs wurden der letzte Schrei in Frankreich, Deutschland und Italien; die Briten begannen, Stella Artois und auch Nicht-EG-Biere wie das amerikanische Budweiser (das in Europa als Luxusartikel betrachtet wird) zu konsumieren. Dieses Verfahren reduzierte die Zahl der neuen Gesetze, die für die Liberalisierung des innergemeinschaftlichen Handels erforderlich waren, ganz erheblich.

Die Einheitliche Europäische Akte wurde auch von institutionellen Maßnahmen begleitet, die einen Teil der Kompetenzen von den Nationalstaaten auf die europäischen Institutionen verlagern sollten. Der Luxemburger Kompromiss räumte allen Teilnehmerstaaten das Recht ein, Anträge mit der Behauptung zu blockieren, sie gefährdeten bedeutende beziehungsweise grundlegende nationale Interessen, was letztlich dazu führte, dass es bei wichtigen Fragen zu regelrechten Erpressungsversuchen kam. Nach der Erweiterung der EG drohte ein solches Verfahren die europäische Gesetzgebung völlig zum Erliegen zu bringen. Tatsächlich wurde die Einheitliche Europäische Akte selbst durch Griechenland blockiert, das sich seine Zustimmung mit einem substanziellen Hilfspaket der Gemeinschaft teuer bezahlen ließ. Nach der Ratifizierung der Einheitlichen Europäischen Akte konnten Beschlüsse im Zusammenhang mit der Verwirklichung des Binnenmarktes (was eine sehr weite Interpretation zuließ) mit qualifizierter Mehrheit gefasst werden, gegen die kein Veto mehr zulässig war.

Den neuen einheitlichen Markt, für dessen Verwirklichung ein konkreter Zeitplan aufgestellt worden war, hat man weithin (nicht zuletzt die Kommission selbst) als das Ergebnis eines frischen Schwungs interpretiert, den Jacques Delors als Nachfolger des Luxemburgers Gaston Thorn als EG-Kommissionspräsident mitbrachte. Delors war in der Tat außerordentlich rührig und geschickt; aber, wie Andrew Moravcsik zeigte, entsprach der neue Integrationsschritt auch den nationalen Interessen der Hauptteilnehmerstaaten.[13] Thatcher und die britische Wirtschaft befürworteten die Liberalisierungsagenda und sie waren sogar bereit, Mehrheitsbeschlüsse als ein notwendiges Übel zu schlucken. Kohl übernahm die Strategie Adenauers, deutsche Probleme auf europäischer Ebene zu lösen, und zudem stand zu erwarten, dass die starke deutsche Exportwirtschaft in ganz besonderem Maße von einem erweiterten Markt profitieren würde. Und für Mitterrand kam Europa wie gerufen, um die offenkundige Preisgabe sozialistischer Prinzipien in der traumatischen Krise von 1983 zu verschleiern. Wirtschaftliche und politische Aspekte waren hier also eng miteinander verflochten.

Ein neues Europa der Hochtechnologie hatte – insbesondere für Mitterrand – den Reiz, dass es ein Gegengewicht zu den USA bilden konnte, die ihre technologische Vormachtstellung zu nutzen versucht hatten, um den Europäern eine bestimmte Außenpolitik zu oktroyieren. Europa schien sich als das Instrument anzubieten, mit dem man der kulturellen Globalisierung und Amerikanisierung Einhalt gebieten konnte: etwa durch handelspolitische Maßnahmen, wie die Verhängung von Einfuhrkontingenten für Musik, Filme oder andere kulturelle Produkte. Vor allem in Frankreich wurde die europäische Dynamik mit der Notwendigkeit erklärt, der Vorherrschaft der USA Paroli zu bieten. So wollten die USA beispielsweise nach der Verhängung des Kriegsrechts in Polen im Dezember 1981 Handelssanktionen gegen die Sowjetunion erlassen, und sie bedrängten die europäischen Staaten, keine zinsgünstigen Kredite für den Bau einer Gaspipeline in der Sowjetunion bereitzustellen, die in Form von Erdgas zurückgezahlt werden sollten. Nach Einschätzung Washingtons würde die Gaspipeline die europäische Energieversorgung von der Zulieferung aus der Sowjetunion abhängig machen: In einer Welt, in der Energie ein politisches Druckmittel war, könnte Moskau auf diese Weise die westeuropäische Politik dauerhaft kontrollieren. Andererseits sahen die Europäer in dem Deal einen verlockenden Ausweg aus der Rezession Anfang der achtziger Jahre; und außerdem schien das Geschäft das Problem der energiewirtschaftlichen Abhängigkeit vom Nahen Osten zu lösen. Mitte der achtziger Jahre begann Mitterrand, über sein politisches Vermächtnis nachzudenken. «Ich werde», so sagte er, «als der Staatspräsident in die Geschichtsbücher eingehen, der das Fundament legte, um Frankreich für den modernen Wettbewerb der Volkswirtschaften zu rüsten. Die Menschen werden meine sozialpolitischen Leistungen nicht antasten. Die Verdienste der Linken werden mich überleben. Ich werde grundlegende Gegebenheiten unseres gesellschaftlichen Zusammenlebens verändert haben. Frankreich wird maßgeblichen Anteil daran haben, Europa frischen Schwung zu geben, und es wird wieder als Sachwalter der Dritten Welt auftreten.»[14]

Europa und die europäische Integration wurden von der Entschlossenheit der europäischen Politiker vorangetrieben, eine neue weltpolitische Rolle zu spielen und sich von der kraftvollen Umklammerung durch amerikanische Interessen zu befreien. Diese neue Selbstbehauptung war Teil der «europäischen Idee», auf welche die Politiker besonders stolz waren. Aber das europäische Einigungsstreben wurde in gleichem Maße durch die wachsende Einsicht in die Ohnmacht der Politiker und der Politik gegenüber den starken globalen Kräfte (etwa der Ölkrisen und der durch einen Ölpreisschock ausgelösten Rezession Anfang der achtziger Jahre) vorangetrieben. Darauf waren die Politiker nicht so stolz, aber sie wussten genau, dass sich die europäische Dynamik dem Scheitern der altbewährten Politik der Nachkriegszeit verdankte. Dies war keine angenehme Erkenntnis.

12 Malta und der Kommunismus: 1989 und die Wiederherstellung Europas

Nachdem General Jaruzelski die Solidarność-Bewegung in den achtziger Jahren durch Verhängung des Kriegsrechts vorübergehend in die Knie gezwungen hatte, stand Polen im Mittelpunkt einer breit angelegten Debatte über die Stabilität des Kommunismus, aber auch der europäischen Geopolitik. War eine Spaltung zwischen Ost und West unvermeidlich? Polen, Tschechoslowaken und Ungarn wehrten sich nun entschieden dagegen, als «Osteuropäer» abgestempelt zu werden, und bestanden darauf, dass sie «Europäer» oder zumindest Mitteleuropäer seien. Seltsamerweise verknüpften nur wenige die Diskussion über Ideen mit der über die Geografie. Selbst viele Sympathisanten waren der Ansicht, dass die Situation in Mitteleuropa anders, dass Polen nicht das Epizentrum eines Bebens sei, von dem der ganze Osten erfasst werden konnte, und dass die Ereignisse in Polen sich nicht ohne weiteres auf die russische Politik übertragen ließen.

Das Sowjetsystem machte einen recht soliden Eindruck; es schien in einem Zeitalter, in welchem den Energievorräten und der Energiepolitik weltweit immer größere Beachtung geschenkt wurde, auf dem festen Fundament seiner riesigen Rohstoffvorkommen (besonders Erdöl und Erdgas) zu ruhen. In diesem Fall jedoch erschütterte das Beben im ostmitteleuropäischen Glacis noch das ferne sowjetische Kernland. Jene sowjetischen Führungsfiguren – insbesondere Andropow und Gorbatschow –, die die mitteleuropäische Debatte wenigstens teilweise aus eigener Erfahrung kannten (auch der jetzige russische Präsident, Wladimir Putin, verbrachte seine prägenden Jahre als KGB-Offizier in der DDR), spürten die Ausläufer des Bebens sehr genau. Das Bindeglied zwischen Russland und Mitteleuropa lag dabei in der intellektuellen Hinterfragung der Doktrin von der Unumkehrbarkeit der Geschichte, des Kommunismus und der sowjetischen Vormachtstellung (Breschnew-Doktrin) sowie in der Tatsache, dass jede Veränderung des Status der DDR die deutsche Frage und mit ihr das Problem der alten Teilung des Kontinents aufwerfen würde. Michail Gorbatschow wies mehrfach darauf hin, dass Ost und West in «unserem gemeinsamen Haus Europa» koexistierten.

Gorbatschow

Obgleich Solidarność immer größeren Zulauf hatte, befand sich die Sowjetunion augenscheinlich in einer relativ starken Position. Die großen Öl- und Gasvorkommen und die Verträge mit westeuropäischen Firmen über den Bau von Pipelines als Gegenleistung für den Zugang zu sowjetischen Erdgas- und Erdölreserven schienen im Gefolge der beiden Ölpreiserhöhungen der siebziger Jahre ein echter Trumpf zu sein. Die neue Macht des Erdöls, *der* entscheidende geopolitische Faktor der siebziger Jahre, schien die Sowjetunion eindeutig zu stärken. Sie konnte diese Macht auch in ihren Beziehungen zu den Satellitenstaaten ausspielen, da die Versorgung mit Energie unter Weltmarktpreis eine Abhängigkeit erzeugte. Aber der hohe Energieverbrauch – charakteristisch für die sowjetische Industrieproduktion, welche die Grundlage der ostmitteleuropäischen Abhängigkeit bildete – war kein wirtschaftlicher Vorteil. Selbst offizielle sowjetische Zahlen zeigen das Ausmaß der Stagnation der sowjetischen Volkswirtschaft. Während das Wachstum in der achten Fünfjahresplan-Periode (1966–70) eine Rekordhöhe von 7,5 Prozent erreicht hatte, fiel es in der neunten Periode (1971–75) auf 5,8 Prozent und Anfang der achtziger Jahre weiter auf 2,5 Prozent. Die bekannte sowjetische Soziologin Tatjana Saslawskaja vom Institut für Soziologie in Nowosibirsk stellte der sowjetischen Industriewirtschaft Anfang der achtziger Jahre ein vernichtendes Zeugnis aus: «Die Struktur der Volkswirtschaft ist schon seit langem so komplex, dass sie sich nicht mehr von einer Zentrale aus steuern lässt.» Es gab jede Menge Fehlanreize. «Es ergibt sich oft die paradoxe Situation, dass die Gelegenheit zu nützlicher Eigeninitiative der Werktätigen durch vielfältige administrative Beschränkungen im Keim erstickt wird, während das Spektrum asozialer Verhaltensweisen recht breit bleibt.»[1] Saslawskaja wurde Ende der achtziger Jahre zu einer Schlüsselfigur der Reformbewegung.

Die ganze Katastrophe der sowjetischen Gerontokratie zeigte sich in den achtziger Jahren. Breschnew starb im November 1982. Sein Nachfolger als Generalsekretär der KPdSU wurde Juri Andropow, ein reformistischer KGB-Vorsitzender vom Schlage eines Berija. Andropow begann den Machtapparat von Breschnews Protégés zu säubern; er entließ 19 von 84 Ministern und ein Fünftel der regionalen Parteichefs. Er war während des Ungarnaufstandes sowjetischer Botschafter in Budapest gewesen. Doch kaum hatte er die höchste Stufe in der sowjetischen Nomenklatura erklommen, erkrankte er schwer: Er musste sich regelmäßig einer Dialyse unterziehen, erlitt wenig später einen Herzinfarkt und starb 1984. Sein Nachfolger Konstantin Tschernenko war bei seiner Wahl bereits 73; er litt an einem schweren Lungenemphysem und schnaubte heftig beim Reden. Bei seinem Tod 1985 wählte das Politbüro Michail Gorbatschow, einen Protegé Andropows, den dieser als seinen direkten Nachfolger hatte durchsetzen wollen, zum Generalsekretär der KPdSU. Wie Andropow war er über Mitteleuropa im Bilde. Als Student an der Moskauer Universität hatte er sich eng mit dem engagierten tschechischen Kommunisten Zdeněk Mlynář angefreundet, der später zu einer der führenden Figuren des Prager Frühlings wurde. Im Jahr 1967 fuhr Mlynář erneut in die Sowjetunion und besuchte Gorbatschow. Im Jahr 1971 wurde Gorbatschow als jüngstes Mitglied ins Zentralkomitee berufen, wo er als Günstling des reformorientierten Geheimdienstchefs Andropow galt, und in den siebziger Jahren hatte er sein ZK-Büro mit modernen skandinavischen Möbeln eingerichtet. Im März 1985 erklärte Gorbatschow bei seiner Antrittsrede als Generalsekretär: «Eine der Hauptaufgaben der inneren Politik der Partei wird darin bestehen, die Demokratie weiterzuentwickeln und zu vervollkommnen.»[2] Aber es war unklar, was er damit meinte, da «Demokratie» im Sinne von Herrschaft der Arbeiterklasse von jeher im Zentrum der sowjetischen Staatsideologie gestanden hatte. In der Vergangenheit – besonders in den dreißiger Jahren – war «Demokratie» das Schlagwort, unter dem parteiinterne Säuberungen durchgeführt worden waren. Später behauptete Gorbatschow, er habe bereits 1988 einen Plan für ein demokratisches Mehrparteiensystem erarbeitet; aber auch hier blieb im Dunkeln, welche konkreten verfassungsrechtlichen Konsequenzen sich daraus ergeben hätten. In einigen ostmitteleuropäischen Staaten, insbesondere der DDR und Ungarn, gingen nicht-kommunistische so genannte Blockparteien regelmäßig ein nationales Bündnis mit der herrschenden Partei ein.[3]

Der erste Reformschritt war eine 1985 gestartete Antialkoholkampagne, die unter anderem Staatsbediensteten und Funktionären, die während der Dienstzeit Alkohol konsumierten, Disziplinarmaßnahmen androhte, und den Verkauf von Spirituosen auf die Zeit von 14 bis 19 Uhr beschränkte. Diese Kampagne sollte die immer deutlicher hervortretenden negativen Folgen des Alkoholismus bekämpfen: unentschuldigtes Fernbleiben vom Arbeitsplatz, verminderte Arbeitsleistung und Verschlechterung der öffentlichen Gesundheit. Dies führte, wie die Prohibition in den USA zwischen den Weltkriegen, jedoch nur zu einer Verlagerung in die Illegalität. Zucker (den man für das Selbstbrennen benötigte) und Frostschutzmittel wurden zur Mangelware.

Der unmittelbare Anstoß zu einer Innovationsoffensive ging von dem schweren Reaktorunglück im ukrainischen Tschernobyl im April 1986 aus, bei dem die Behörden schmählich versagten. Die ersten Informationen über die Katastrophe erhielten die Sowjetbürger von ausländischen Radiosendern – BBC und Radio Free Europe –, die ihre Programme in die UdSSR ausstrahlten. Die sowjetischen Medien informierten weder über das Ausmaß der radioaktiven Verseuchung noch über die Ausbreitung der radioaktiven Wolke. Der Krieg in Afghanistan, in dem 11 897 sowjetische Soldaten bei Kampfhandlungen ums Leben kamen (weitere 2556 Soldaten kamen aus anderen Gründen zu Tode), wurde ebenfalls in einen Schleier der Geheimniskrämerei gehüllt, und dies war die Ursache für den wachsenden Unmut russischer Wehrpflichtiger und ihrer Familien. Soldaten aus den asiatischen Sowjetrepubliken beziehungsweise muslimischen Glaubens wurden generell nicht in Afghanistan eingesetzt, da man offenbar Zweifel an ihrer Zuverlässigkeit hegte.

Im Juli 1986 versprach Gorbatschow «eine echte Revolution in allen gesellschaftlichen Beziehungen, in den Köpfen und Herzen der Menschen, in ihrem Seelenleben und ihrem Verständnis der Gegenwart sowie, vor allem, bei der Bewältigung all der Aufgaben, die uns der technisch-ökonomische Fortschritt auferlegt.»[4] Gorbatschow leitete ein radikales Reformprogramm ein, das auf zwei Prinzipien fußte: *Glasnost* (Transparenz) und *Perestrojka* (Umbau). Außerdem gestattete er dem Dissidenten Andrei Sacharow die Rückkehr aus der Verbannung in Gorkij.

Er wollte allem Anschein nach die Prinzipien seiner Reformpolitik auch in Ostmitteleuropa zur Geltung bringen, doch die alten Betonköpfe der dortigen Regime wollten nichts davon wissen. Ein Mitglied des DDR-Politbüros, Kurt Hager, sagte angeblich: «Wir müssen unser Haus nicht neu anstreichen, nur weil unser Nachbar seine Zimmer neu tapeziert.» Der Sicherheitsapparat der DDR verbot sowjetische Publikationen wie etwa die reformistische *Sputnik*. Anlässlich des 40. Jahrestags der Gründung der DDR im Oktober 1989 erteilte Gorbatschow in Ostberlin dem Führungskader der DDR coram publico eine unmissverständlich Rüge, als er erklärte: «Wer zu spät kommt, den bestraft das Leben.»

Jaruzelski

Von allen ostmitteleuropäischen Staatschefs stimmte General Wojciech Jaruzelski am meisten mit Gorbatschows Reformideen überein. Er war der Ansicht, dass sie den Freiraum schufen, in dem sich ein neuer gesellschaftlicher Konsens finden ließ. Das Kriegsrecht wurde nach und nach gelockert, und 1986 verabschiedete die polnische Regierung zwei Amnestiegesetze und ließ die letzten 225 politischen Gefangenen frei. Das ganze Jahr 1987 hindurch rang die Regierung mit dem Problem, wie sie der Bevölkerung die

Wirtschaftsreform schmackhaft machen könnte. Sie hielt Meinungsumfragen und sogar ein Referendum ab, die verdeutlichen sollten, dass Preiserhöhungen (das heißt wirtschaftliche Einschnitte) ein notwendiger Teil des Reformprozesses seien. Ende 1988 hob die Regierung einige Beschränkungen für Privatunternehmen auf. Aber die Preiserhöhungen lösten eine neue, massive Streikwelle aus, und im April 1989 machte die Regierung das Verbot von Solidarność wieder rückgängig. Ihre Vertreter beteiligten sich nun an einem «Runden Tisch», der bereits im Februar 1989 eingerichtet wurde, und Solidarność durfte bei den Parlamentswahlen eine begrenzte Zahl eigener Kandidaten ins Rennen schicken. Das wichtigste Wahlplakat von Solidarność zeigte ein verfremdetes Bild des amerikanischen Western-Schauspielers Gary Cooper mit dem Text: «4. Juni 1989, zwölf Uhr mittags»(der Wahltag). Bei den Wahlen verlor die Regierungspartei sämtliche Mandate, die freigegeben worden waren. Auf der Sitzung des Zentralkomitees der Kommunistischen Partei am nächsten Tag fragte der junge Vorsitzende des sozialpolitischen Ausschusses, Aleksander Kwaśniewksi: «Handelt es sich vielleicht um passiven Widerstand? Es ist bekannt, dass selbst Parteimitglieder unsere Kandidaten durchgestrichen haben.»[5] Die Partei musste die Macht abgeben. Eine von Solidarność geführte Regierung mit Tadeusz Mazowiecki als Ministerpräsidenten trat die Nachfolge an. Die kommunistische Herrschaft ging also weitgehend unblutig zu Ende, nachdem der wirtschaftliche Reformprozess in eine Sackgasse geraten war.

1989

Der Reformprozess in Ungarn verlief weitgehend parallel zu der politischen Entwicklung in Polen, und zwar aus ähnlichen Gründen. Ungarn hatte seine Wirtschaft seit den siebziger Jahren schrittweise liberalisiert, die Gründung von privaten Kleinfirmen erlaubt und den Zustrom von ausländischem Kapital gefördert; und wie Polen geriet auch Ungarn Anfang der achtziger Jahre in eine Schuldenkrise. Die ungarische Regierung versuchte diese Krise durch einen Beitritt zur IWF zu überwinden, doch sie befürchtete, die Sowjetunion könnte die Comecon-Länder wieder stärker an die ökonomische Kandare nehmen. Einer der postkommunistischen Ministerpräsidenten Ungarns, Péter Medgyessy, hatte als Mitarbeiter des ungarischen Geheimdienstes die Aufgabe, «ausländische Mächte» (im Klartext: die Sowjetunion) davon abzuhalten, das IWF-Beitrittsgesuch Ungarns zu hintertreiben. Aber wie in Polen gerieten die Reformen auch in Ungarn Ende der achtziger Jahre ins Stocken; der weitere wirtschaftliche Wandel erforderte grundlegende politische Zugeständnisse. Also verlegte sich die ungarische

Regierung auf symbolträchtige politische Akte: Anfang 1989 kündigte sie an, nicht mehr den Jahrestag der bolschewistischen Revolution zu feiern, stattdessen aber der nationalen Erhebung von 1848/49 zu gedenken; dazu kam die feierliche Überführung der sterblichen Überreste Imre Nagys zum Budapester Heldenplatz im Rahmen einer Feier, die der Architekt László Rajk gestaltete, der Sohn eines Kommunistenführers, der in einem stalinistischen Schauprozess 1949 zum Tode verurteilt worden war; weiterhin sollten die Grenzbefestigungen am «Eisernen Vorhang», der Grenze zu Österreich, abgebaut werden. Dies war vermutlich vor allem als eine humanitäre Geste gedacht und nicht als ein Akt, der die kommunistische Politik grundstürzend verändern sollte. Präsident George Bush bekam bei seinem Staatsbesuch im Juli 1989 ein Stück Grenzzaun als Souvenir überreicht.

Reformdiskussionen wurden von Moskau toleriert. Im März 1989 zeigte Gorbatschow bei Gesprächen in Moskau, dass es ihm mit der Aufgabe der Breschnew-Doktrin ernst war, als er dem Generalsekretär der Ungarischen Sozialistischen Arbeiterpartei, Károly Grósz, sagte, dass «wir heute die Möglichkeit wiederholter ausländischer Einmischungen in die inneren Angelegenheiten sozialistischer Staaten ausschließen müssen».[6] Im September und Oktober kam es zu weiteren wichtigen Reformschritten: Die kommunistische Partei löste sich auf; an ihre Stelle trat die «Ungarische Sozialistische Partei» (MSZP). Die Regierung versprach freie Wahlen unter Beteiligung mehrerer Parteien, sie entschädigte die Opfer des Aufstandes von 1956, löste die Arbeitergarde auf und legalisierte Streiks.

Die Wahlen fanden im März und April 1990 statt, und im Mai wählte die neue Nationalversammlung einen langjährigen Dissidenten zum Interimspräsidenten. Das Parlament stellte in seiner konstituierenden Sitzung die historische Legitimität des ungarischen Parlamentarismus und der ungarischen Nation heraus. Der Präsident des Parlaments von 1946/47 hielt eine Ansprache; und auch Otto Habsburg, der Sohn des letzten Königs von Ungarn, nahm daran teil. József Antall, der Führer der früheren Oppositionsbewegung «Ungarisches Demokratisches Forum», wurde zum Ministerpräsidenten einer Regierung unter Beteiligung der Christdemokratischen Volkspartei und der Bauernpartei ernannt.

Der Abbau der Grenzbefestigungen in Ungarn war zwar eine primär symbolische Geste, zog jedoch unabsichtlich weit reichende Folgen nach sich, da zunächst eine Hand voll und dann ganze Scharen von DDR-Touristen in Ungarn (ein beliebtes Ferienziel) ihre Trabis und sonstigen Habseligkeiten zurückließen und – unter Umgehung der Grenzschützer – über die «grüne Grenze» in den Westen flohen. Im August 1989 überschritten insgesamt etwa 5000 DDR-Bürger die Grenze nach Österreich. Diese Massenflucht erregte großes Aufsehen, und am 11. September öffnete die ungarische Regierung aus humanitären Gründen (und um leichter Kredite von der BRD zu erhalten) offiziell für DDR-Bürger die Grenze nach Österreich. In den ersten drei Tagen nach Aufhebung der Ausreisebeschränkungen gelangten 15 000 DDR-Bürger nach Österreich. Die DDR erteilte daraufhin ihren Bürgern keine Ausreisegenehmigungen mehr für Ungarn, aber die Menschen fanden rasch neue Fluchtmöglichkeiten und drängten in großer Zahl auf die Gelände der Botschaften der Bundesrepublik in Warschau und Prag.

Schon nach den DDR-Kommunalwahlen im Mai, bei denen nach dem amtlichen Endergebnis 98,95 Prozent der Stimmen – bei einer Wahlbeteiligung von 98,77 Prozent – auf die so genannte Nationale Front entfielen, regte sich Unmut in weiten Teilen der Bevölkerung. Denn unabhängige Bürgerrechtsgruppen, die größtenteils der protestantischen Kirche nahe standen, ermittelten einen weit höheren Prozentsatz von Nichtwählern in den größeren Städten. Nach der Massenflucht aus Ungarn gingen DDR-Bürger zunächst in relativ kleiner Zahl auf die Straßen. Am 2. Oktober nahmen 15 000 Menschen an der Montagsdemonstration in Leipzig teil, eine Woche später waren es schon 70 000, die für Reformen («Wir sind das Volk!») demonstrierten und ihre Sympathie für Gorbatschow und seine Rüge des Honecker-Regimes zum Ausdruck brachten. Honecker wurde bald darauf von Egon Krenz abgelöst, der früher einmal die Jugendorganisation der SED geleitet hatte. Am 4. November gingen in Ostberlin eine Million Menschen auf die Straßen und forderten freie Wahlen. Eine Zeit lang befürchteten einige, die ostdeutschen Sicherheitskräfte könnten gewaltsam gegen die Demonstranten vorgehen, so wie die chinesische Regierung im Juni auf dem Platz des Himmlischen Friedens mit brutaler Gewalt gegen die chinesische Demokratiebewegung vorgegangen war. Aber je mehr Menschen auf die Straße gingen, um so unwahrscheinlicher wurde eine solche Vorgehensweise (und um so entschiedener bestand das sowjetische Militär in Ostdeutschland auf einer nicht-gewaltsamen Lösung). Wie schon Anfang der fünfziger Jahre bemühten sich die ostdeutschen Sicherheitskräfte um eine innovative Lösung, und Geheimdienstchef Markus Wolf sprach am 4. November zu den versammelten Volksmassen und forderte – wie andere regimetreue Intellektuelle – einen reformierten Sozialismus als Mittelweg zwischen Kommunismus und Kapitalismus. Die Schriftstellerin Christa Wolf (nicht mit Markus Wolf verwandt) fragte in Abwandlung eines Antikriegsslogans: «Stell dir vor, es gäbe den Sozialismus und niemand würde davonlaufen.» Aber Markus Wolfs Ansprache wurde von der Menge mit Buhrufen und Pfiffen aufgenommen.

Am 9. November gab das Politbüromitglied Günter Schabowski auf einer Pressekonferenz die Aufhebung der Ausreisebeschränkungen bekannt; auf die Nachfrage eines britischen Journalisten, ab wann das gelte, antwortete er, ja, die Grenze zur BRD werde sofort geöffnet und die DDR-Bürger dürften in den Westen ausreisen. Die ahnungslosen DDR-Grenzer wurden daraufhin von dem spontanen Massenansturm auf die Grenzübergänge völlig überrascht. In den folgenden Tagen und Wochen reisten Millionen von Ostdeutschen in den Westen, überwiegend besuchsweise und um ein symbolisches «Empfangsgeld» entgegenzunehmen, das die Regierung der BRD zur Verfügung stellte. 340 000 siedelten dauerhaft in den Westen über. Obgleich Bundeskanzler Helmut Kohl zunächst den Aufbau konföderativer Strukturen zwischen den beiden deutschen Staaten vorgeschlagen hatte (in einem Zehn-Punkte-Plan zur Überwindung der deutschen Teilung) und das DDR-Regime bestrebt war, sich ein anderes Gesicht zu geben, sah es so aus, als würden der DDR ihre Bürger davonlaufen.

Diese (ost-)mitteleuropäischen Transformationen vollzogen sich nicht unabhängig voneinander, sondern waren eng miteinander verschränkt. Die Ereignisse in Deutschland, die ihrerseits ein Produkt des langsamen Wandels in Ungarn und des etwas schnelleren Veränderungsprozesses in Polen waren, lösten eine weitere friedliche Revolution aus, nämlich die so genannte «samtene Revolution» in Prag. Straßenproteste führten zunächst zum Rücktritt des Generalsekretärs der Kommunistischen Partei, Miloš Jakeš, der 1987 den altgedienten Gustáv Husák abgelöst hatte (Husák blieb jedoch Staatspräsident). Anfang 1989 kam es zu neuen Massendemonstrationen. Am 24. November 1989 sprach Alexander Dubček, die Symbolfigur des Prager Frühlings, vor 250 000 Menschen auf dem Wenzelsplatz in Prag. Am 27. November begannen die tschechoslowakischen Arbeiter einen Generalstreik. Anfang Dezember wurde eine reformorientierte kommunistische Regierung gebildet, aber die Oppositionsbewegung wollte sich nicht mit bloßen Reformen zufrieden geben: Nach weiteren Massenkundgebungen wurde am 10. Dezember eine Allparteienregierung mit einem mehrheitlich nichtkommunistischen Kabinett eingesetzt. Husák trat zurück und an seiner Statt wurde der regimekritische Dramatiker und bekannteste Oppositionsführer, Václav Havel, zum Staatspräsidenten gewählt. In seiner Neujahrsansprache verkündete er: «Der Staat, der sich selbst einen Staat der Werktätigen nennt, erniedrigt die Arbeiter und beutet sie aus.» Der neue Außenminister Jiří Dienstbier hatte sich nach der Niederschlagung des Prager Frühlings als Heizer verdingen müssen.

Die Zeit schien plötzlich schneller abzulaufen, als ein osteuropäisches Regime nach dem anderen zusammenbrach. Der Historiker Timothy Garton Ash brachte es in einer viel zitierten Zeile auf den Punkt: «In Polen dauerte es zehn Jahre, in Ungarn zehn Monate, in der DDR zehn Wochen; vielleicht wird es in der Tschechoslowakei nur zehn Tage dauern.»[7]

Einen Tag nach dem Fall der Berliner Mauer löste die Kommunistische Partei Bulgariens ihren altgedienten Chef Todor Schiwkow (er war seit 1954 am Ruder) ab, und einen Monat später gab das Zentralkomitee seinen Verzicht auf die automatische «Führungsrolle» der KP in Staat und Gesellschaft bekannt. Schiwkows Nachfolger kritisierte die «feudale Diktatur» von Vetternwirtschaft und Korruption. Schiwkow hatte während seiner Amtszeit seine tatkräftige und intelligente Tochter zur Kulturministerin ernannt, aber nachdem ihr früher Tod im Alter von 38 Jahren ihm das Herz gebrochen hatte, wollte er 1989 seinen unfähigen Sohn als seinen Nachfolger durchsetzen. Am 4. Dezember forderten 50 000 Demonstranten in Sofia sofortige Wahlen.

Schiwkow war das einzige osteuropäische Staatsoberhaupt, das sich nach dem Zusammenbruch des Kommunismus vor einem ordentlichen Gericht verantworten musste. Die Hauptanklagepunkte lauteten auf Korruption und Untreue. Der vierzehn Monate dauernde Prozess befasste sich nicht mit seiner Rolle während des stalinistischen Terrors oder bei der Verfolgung von ethnischen Türken in den achtziger Jahren. Schiwkow wurde zu einer siebenjährigen Freiheitsstrafe verurteilt, die er jedoch nicht antrat.

Nur in einem Land verlief die Revolution gewalttätig, und es ist in der Tat fraglich, ob man hier überhaupt von einer Revolution sprechen kann. In Budapest, Warschau, Leipzig, Berlin und Prag wurde der politische Wandel von gutmütigen, ausgelassenen Volksmassen vorangetrieben. In Bukarest erinnerten solche Szenen eher an eine melodramatische Oper (tatsächlich gibt es Parallelen zu Wagners *Rienzi*, wo der Volkstribun, der in seinem Palast von einer feindseligen Menge eingekreist ist, verkleidet zu entkommen versucht, aber das Volk erkennt ihn an den Juwelen an seinen Fingern). Wenn man Garton Ashs Bild von der sich beschleunigenden Zeit heranziehen möchte, könnte man sagen, dass das rumänische Regime in einem dramatischen Auftritt am 21. Dezember 1989 vor dem riesigen Volkspalast in nur zehn Minuten zusammenbrach.

Die rumänische Revolution begann mit ethnischen Spannungen in der westrumänischen Stadt Timişoara(Temeschburg), wo sich die große ungarische Bevölkerungsgruppe – unter dem Eindruck des politischen Wandels in Ungarn – zu organisieren begann. Die Geheimpolizei (Securitate) misshandelte und deportierte den ungarischen Pfarrer Lászlo Tokes, und bei den anschließenden Unruhen (16.–17. Dezember) erschoss sie zahlreiche Menschen. Letztlich belief sich die Zahl der Todesopfer auf 73, aber in den ersten

Pressemeldungen war von sehr viel mehr Opfern die Rede. Die ostdeutsche Nachrichtenagentur ADN meldete sofort, in Timişoara seien «bis zu 4000 Menschen» getötet worden. Diese gewaltigen Übertreibungen veranlassten später einige Kommentatoren (etwa den postmodernen französischen Philosophen Jean Baudrillard) zu der falschen Schlussfolgerung, es habe sich um ein rein «virtuelles», vom Fernsehen erfundenes Blutbad gehandelt, das nie wirklich stattgefunden habe. Nicolae Ceauşescu gab dem Staatsfernsehen am 20. Dezember ein beschwichtigendes Interview, in dem er sagte, die Securitate habe «die Heimat, das Volk und die sozialistischen Errungenschaften mit großer Umsicht und Zurückhaltung» verteidigt. Am nächsten Tag sprach er zu einer großen Menschenmenge, die in üblicher Weise zusammengetrommelt worden war (die Securitate schloss eine Fabrik und wies die Arbeiter an, für die Regierung zu demonstrieren) und die Plakate mit den üblichen Floskeln mitführte: «Ceauşescu und Rumänien, unser Stolz und unsere Zierde!» und «Lang lebe die Kommunistische Partei Rumäniens!». Während seiner Ansprache reichte man ihm einen Zettel mit der Mitteilung, Verteidigungsminister General Vasile Milea habe Selbstmord begangen. Teile der Menge begannen daraufhin, die Ceauşescus (neben ihm auf dem Balkon stand seine Ehefrau Elena, die zugleich stellvertretende Ministerpräsidentin war) auszubuhen. Sie machten einen verdutzten und ratlosen Eindruck. Elena wollte den Protest durch «ökonomische Zugeständnisse» – eine Lohnerhöhung von 100 Lei – eindämmen. Aber die Unruhen dauerten an, und die Ceauşescus flohen zunächst in einem Hubschrauber und anschließend in einem Auto, die jedoch beide mit Pannen liegen blieben. Auf einem Militärstützpunkt in Tîrgovişte wurden sie am 22. Dezember in einem absurden Schauprozess, der anschließend ausschnittsweise im Fernsehen gezeigt wurde, zum Tode verurteilt. Der Ankläger, General Gica Popa, der sich im März 1990 das Leben nahm (oder zum Selbstmord gezwungen wurde), verlas eine Liste von Anklagepunkten: «Taten, die mit der Menschenwürde und dem sozialen Denken unvereinbar sind … Völkermord … die Zerstörung von Gebäuden und staatlichen Institutionen, und das Zugrunderichten der Volkswirtschaft.» Der Prozess wirkte wie eine Neuauflage der stalinistischen Schauprozesse im Zeitalter des Fernsehens. Ceauşescu weigerte sich, Fragen zu beantworten, und sagte nur: «Ich werde euch Putschisten nicht antworten.» Als der Ankläger auf die 34 Toten auf dem Platz vor dem Volkspalast zu sprechen kam, sagte Elena Ceauşescu: «Hör dir das an, sie nennen das Völkermord.» Das Paar wurde unmittelbar nach der Urteilsverkündigung hingerichtet, und das Bild der beiden erschossenen Eheleute ging um die Welt. Gleich nach dem Drama vor dem Volkspalast traten Figuren des alten Regimes – Ion Iliescu,

Petre Roman, Dumitru Mazilu, Silviu Brucan und General Nicolae Militaru – im Staatsfernsehen auf und nannten sich nun plötzlich «Front zur nationalen Rettung».

Die Ereignisse in Rumänien rückten nun die Geheimpolizei in den Blickpunkt der europäischen Öffentlichkeit, und im Januar wurde die Stasi-Zentrale in der Ostberliner Normannenstraße, wo die letzten Offiziere noch immer damit beschäftigt waren, Dokumente zu vernichten, von aufgebrachten Berlinern gestürmt. Die Tatsache, dass sich die SED der Stasi-Vergangenheit nicht stellen wollte, raubte ihr den letzten Rest an Legitimität. Aber diese Frage belastete sogar noch die neue Politik in den letzten Tagen der DDR. Im Dezember trafen sich erstmals Vertreter aller Parteien und Bürgerbewegungen an einem «Runden Tisch» nach polnischem Vorbild und einigten sich auf freie Wahlen, die im März 1990 abgehalten wurden. Aus ihnen gingen jene Parteien als Sieger hervor, die eine schnelle Vereinigung mit der BRD befürworteten. Der erste Vorsitzende der SPD der DDR, Ibrahim Böhme, musste vor den Wahlen zurücktreten, nachdem er als Stasi-Spitzel enttarnt worden war. Die Ost-CDU, welche die Wahlen vor allem deshalb gewann, weil die Menschen davon überzeugt waren, dass sie die Vereinigung mit der BRD am entschlossensten vorantreiben würde, wurde von Lothar de Maizière geführt, der erster frei gewählter Ministerpräsident der DDR wurde, aber schon bald wegen Enthüllungen über seine Stasi-Kontakte in Misskredit geriet. Der spätere brandenburgische Ministerpräsident Manfred Stolpe sah sich (als IM «Sekretär») aus dem gleichen Grund ebenfalls schweren Vorwürfen ausgesetzt, blieb aber dennoch zehn Jahre lang in diesem Amt.

Bundeskanzler Helmut Kohl – «Zugpferd» im Wahlkampf der Ost-CDU – wollte die Vereinigung möglichst rasch durchziehen. Er versprach eine Währungsunion mit einem Umtauschkurs von 1:1 (1 DM für 1 Ostmark), wobei er sich über den Rat der Volkswirte der Bundesbank hinwegsetzte, die einen niedrigeren Umtauschkurs empfohlen hatten. Die Währungsunion trat am 1. Juli in Kraft. Zwar standen sich die Ostdeutschen danach finanziell deutlich besser, aber sie brachte langfristig auch viele Erwerbstätige um ihren Arbeitsplatz, weil die DDR-Wirtschaft bei dem gewählten Umtauschkurs nicht wettbewerbsfähig war.

Das Projekt der Vereinigung Deutschlands warf vielfältige Probleme auf internationaler Ebene auf. Eines von ihnen bestand darin, dass sich ein Mitgliedsstaat der Europäischen Gemeinschaft jetzt in einer Wirtschafts- und Währungsunion mit einem Nichtmitglied befand. Die beiden deutschen Staaten gehörten verschiedenen Bündnissystemen an, der NATO und dem Warschauer Pakt, die beide ursprünglich auch deshalb gegründet worden waren, um das deutsche Expansionsstreben einzudämmen. Aber es schälte sich immer deutlicher heraus, dass die Vereinigung Deutschlands von innerdeutschen Kräften angetrieben wurde – von den Demonstrationen, den Wahlergebnissen in der DDR und dem Massenexodus in den Westen. Die internationale Politik konnte auf diese Tatsachen nur reagieren.

Der Vereinigung Deutschlands war die bedeutendste geopolitische Veränderung nach dem Zusammenbruch des Kommunismus. Sie wurde im November 1989 zu einer Möglichkeit (beziehungsweise, wie einige glaubten, bereits zu einer Gewissheit) und weckte sowohl international als auch national große Befürchtungen. Sowohl der französische Staatschef als auch die britische Premierministerin bemühten sich aktiv, die Vereinigung Deutschlands zu hintertreiben. Margaret Thatcher lud bedeutende britische und amerikanische Historiker zu einem Seminar ein, auf dem ihr Berater sämtliche Gefahren protokollierte, die von den angeblichen Wesenszügen der Deutschen ausgingen: «Angst, Aggressivität, anmaßendes Auftreten, die Neigung, andere zu schikanieren, Egoismus, Minderwertigkeitskomplex, Sentimentalität». Es war nicht bloß eine Frage der Nazi-Vergangenheit: «Die Art, wie die Deutschen nach wie vor ihre Ellbogen gebrauchten und ihren Einfluß in der Europäischen Gemeinschaft zur Geltung brachten, deutete daraufhin, dass sich noch immer nicht viel geändert hatte.»

Eines der Argumente, das auf diesem Seminar vorgetragen wurde, lautete, Kohl habe bei der Behandlung der Polenfrage «falsche Signale» gesetzt. Er hatte mehrfach behauptet, der Warschauer Vertrag von 1970 (in dem Willy Brandt die Oder-Neiße-Grenze anerkannt hatte) sei aus verfassungsrechtlichen Gründen für das vereinigte Deutschland nicht bindend. Diese Haltung schürte zwangsläufig alte Ängste und feindselige Gefühle. Seinen Kritikern entgegnete er, er wolle nicht, dass das Thema einer Revision der Grenzen von den deutschen Rechtsradikalen instrumentalisiert werde; aber Kohls gezielte Zweideutigkeiten ließen Deutschland und den deutschen Standpunkt als potenzielle Bedrohung erscheinen.

Unter diesen Umständen erschien die Idee einer «doppelten Eindämmung» durch die NATO immer verlockender. Ein auf sich gestelltes, ungebundenes Deutschland wäre eine viel größere Bedrohung als ein Deutschland, das nach wie vor fest im westlichen Sicherheitsbündnis verankert war. Aber die Sowjetunion könnte dies als Demütigung empfinden, und lange Zeit sah es danach aus, als würde sie dies niemals akzeptieren. Der deutsche Außenminister ließ Pläne ausarbeiten, nach denen nur ein Teil Deutschlands der NATO angehören würde. Bei Gesprächen im Weißen Haus in Washington am 31. Mai 1990 pflichtete Gorbatschow – zur Bestürzung seiner Mitarbeiter, die Anweisung hatten, auf einen NATO-Austritt des vereinigten Deutschlands zu drängen, und auch zur Überraschung der amerikanischen Delegation – US-Präsident George Bush bei, als dieser sagte:

> «Ich freue mich, dass Sie offenbar mit mir darin übereinstimmen, dass jedes Land sein Bündnis frei wählen kann.»[8]

Viele Russen empfanden Gorbatschows Zugeständnis als eine nationale Demütigung.

Am 16. Juli suchte Kohl Gorbatschow auf und erwirkte das Einverständnis des sowjetischen Staatschefs mit dem Verbleib Deutschlands in der NATO. Im September 1990 verständigten sich die vier Siegermächte des Zweiten Weltkriegs – Frankreich, Großbritannien, die Sowjetunion und die USA – mit den beiden deutschen Staaten endgültig auf einen Vertrag, der die letzten Hürden für die Vereinigung Deutschlands aus dem Weg räumte (und der faktisch der Vertrag über die formelle Beendigung des Zweiten Weltkriegs war). Er wird im Allgemeinen «2+4-Vertrag» («Vertrag über die abschließende Regelung in Bezug auf Deutschland») – und nicht «4+2-Vertrag» – genannt, um zu zeigen, dass Deutschland seine uneingeschränkte staatliche Souveränität endgültig zurückerlangt hatte. Am 3. Oktober schließlich vereinigten sich die beiden deutschen Staaten: und zwar entsprechend der Rechtsposition der Bundesrepublik durch Beitritt der DDR zur BRD nach demselben Grundgesetzartikel (Art. 146), nach dem das Saarland am 1. Januar 1957 wieder in die Bundesrepublik eingegliedert wurde[9]. Der Beitritt der DDR zur BRD bedeutete, dass das neue Deutschland in verfassungsrechtlicher Hinsicht eine Erweiterung der früheren BRD und kein völlig neuer Staat war.

Der Zusammenbruch der Sowjetunion

Die gleiche geopolitische Logik, die Deutschland weiterhin fest in der NATO verankern wollte, nämlich die Sorge um die Stabilität, beeinflusste auch in entscheidender Weise die Haltung des Westens zum Zerfall der Bundesstaaten Jugoslawien und der Sowjetunion selbst. Das Interesse an stabilen Verhältnissen war jedoch im Westen weitaus größer als in jenen Ländern, deren Völker unter den Folgen einer mit repressiven Mitteln durchgesetzten stabilen Ordnung gelitten hatten. Die Jugoslawien-Frage, die in den neunziger Jahren zum Dreh- und Angelpunkt der europäischen Sicherheitspolitik wurde, wird uns im nächsten Kapitel beschäftigen. Der 9. November 1989 versetzte der sowjetischen Führung einen schweren Schock. Gorbatschows außenpolitischer Berater, Anatoli Tschernjajew, notierte am folgenden Tag: «Die Berliner Mauer ist gefallen. Diese Ära in der Geschichte des sozialistischen Systems ist damit endgültig vorüber. Nach der PZPR (der kommunistischen Polnischen Vereinigten Arbeiterpartei) und der USAP (Ungarischen Sozialistischen Arbeiterpartei) ist nun Honecker abgetreten. Heute erreichten uns Meldungen über den ‹Rückzug› von Deng Xiaoping und Schiwkow [dem bulgarischen Staatschef]. Nur unsere ‹besten Freunde› Castro, Ceauşescu [und] Kim Il-Sung halten sich noch – Leute, die uns hassen wie die Pest.»[10]

Am 2. Dezember 1989 trafen sich US-Präsident George Bush und Gorbatschow auf dem russischen Schiff *Maksim Gorki* in der aufgewühlten See vor der Küste Maltas. Dieses Treffen sollte nach dem Willen seiner Teilnehmer das Ende des Kalten Krieges besiegeln. Bush betonte, seine Regierung empfinde dies nicht als Sieg und strebe weitere Abrüstungsvereinbarungen mit der Sowjetunion an. Er versprach für 1990 ein Abkommen über die Reduzierung der konventionellen Streitkräfte in Europa. Gorbatschow rechtfertigte seinen Kurswechsel mit der mutigen Feststellung, die Methoden des Kalten Krieges und die Konfrontation der Supermächte seien gescheitert, und die bipolare Weltordnung der Vergangenheit werde durch eine multipolare abgelöst, in der die einstigen Supermächte der gewaltigen neuen Macht Europas gegenüberstünden.

Die Ansichten, die an Bord der *Maksim Gorki* vor Malta ausgebreitet wurden, flossen in die Erklärung eines KSZE-Treffens im November 1990 in Paris ein. Darin wird das Ende des Kalten Krieges als die logische Folge des Helsinki-Prozesses dargestellt; und weiter heißt es: «Europa befreit sich von der Last der Vergangenheit.» Die Signatarstaaten der Pariser Erklärung verpflichteten sich dazu, «die Demokratie als die einzige angemessene Regierungsform der Völker zu fördern, zu festigen und zu stärken».

Überraschend für alle war jedoch, wie schnell die von den Menschenrechtsbestimmungen in der Schlussakte von Helsinki entfesselte Dynamik die Herrschaft der Sowjetunion über ihre eigenen Republiken (im Gegensatz zu ihrem ostmitteleuropäischen Glacis) erschütterte. Schon 1988 hatte die Volksfront in Estland verfassungsrechtliche Fragen aufgeworfen, als sie erklärte, die in der sowjetischen Verfassung verbürgte «Souveränität» sei nur dann erfüllt, wenn der «Vorrang der Unionsrepublik vor der Union eindeutig gegeben sei».[11] Im März 1990 stimmte das lettische Parlament für die Abspaltung von der Sowjetunion, und die Parlamente in Estland und Litauen (die bis dahin bloße Alibi-Institutionen gewesen waren) verabschiedeten ebenfalls Unabhängigkeitserklärungen. Diese Schritte wurden zunächst außerhalb der Sowjetunion nicht sehr ernst genommen, aber der KGB befürchtete ein «DDR-Szenario». Die sowjetischen Truppen unter General Dschochar Dudajew (später der Führer der tschetschenischen Unabhängigkeitsbewegung) widersetzten sich Gorbatschows Befehl, mit Gewalt gegen die estländischen Separatisten vorzugehen. Ein Zwischenfall, bei dem im Januar 1991 in Litauen dreizehn Zivilisten ums Leben kamen, führte zu einer Zuspitzung der Lage in Litauen und verschärfte zugleich die allgemeine Krise in der Sowjetunion. Die Kaukasus-Republiken sahen nun ebenfalls ihre Stunde gekommen, und Armenien erklärte seine Unabhängigkeit.

Während dieser Zeit laborierte Gorbatschow an einer Reform des «Unionsvertrages» herum, mit dem die Sowjetunion im Jahr 1922 gegründet worden war. Dieses Experimentieren mit verfassungsrechtlichen Entwürfen, die sich immer unrealistischer ausnahmen, erinnerte an Kohls Vorschlag einer «konföderativen Struktur», den er im November 1989 in seinem Zehn-Punkte-Plan unterbreitet hatte, um eine anschwellende Volksbewegung einzudämmen. Gorbatschow begann offenbar Anfang 1990 ernsthaft über eine Verfassungsreform nachzudenken.

Am 18. August 1991, zwei Tage vor der geplanten Unterzeichnung eines neuen Unionsvertrags, der den Verzicht auf das Bekenntnis zum «Sozialismus» und den Grundsatz «freiwilliger» Mitgliedschaft festschreiben sollte, unternahmen konservative Führungskader, die den Zerfall der Sowjetunion aufhalten wollten, einen Putschversuch gegen Gorbatschow. Gorbatschow hielt sich wie seinerzeit Chruschtschow bei seiner Entmachtung auf der Halbinsel Krim auf. Doch anders als im Falle Chruschtschows nahmen die Verschwörer ihren Feind ernst. Zunächst forderten sie, er solle den Ausnahmezustand ausrufen; als er sich weigerte, drängten sie ihn, öffentlich zu erklären, er sei krank. Als er auch dies ablehnte, erklärten die Putschisten ihn kurzerhand für krank. Aber sie hatten kein schlüssiges Programm und diskreditierten sich selbst bei einem lächerlichen Fernsehauftritt, bei dem der neue starke Mann, Vizepräsident Genadi Janajew, offenkundig betrunken war. Verteidigungsminister General Dmitri Jasow, die Schlüsselfigur des militärischen Machtapparats, ließ sich gar nicht erst blicken. Es war eine Gruppe alter Männer, die offenkundig nicht daran glaubten, dass die Geschichte auf ihrer Seite stand. In einer solchen Situation waren die opportunistischen Führungskader im Staats- und Parteiapparat nicht bereit, auch nur das kleinste Risiko einzugehen. Wie in Polen brach auch in der Sowjetunion das kommunistische System deshalb zusammen, weil es jahrzehntelang von Opportunisten und nicht von überzeugten Anhängern geführt worden war und weil ein unerwartetes äußeres Ereignis (in diesem Fall die Umwälzungen in Ostmitteleuropa) plötzlich Möglichkeiten eröffnete, die bis dahin als undenkbar gegolten hatten.

Im Jahr 1964 hatten die Anhänger Breschnews die Telefonnummern im Kreml geändert, so dass sich die Getreuen Chruschtschows nicht abstimmen konnten. Im Jahr 1991 funktionierten die Telefone, die westlichen Medien berichteten über alles, und der charismatische Boris Jelzin, der auch wegen seines ausgesprochen Gorbatschow-kritischen Kurses zum russischen Präsidenten gewählt worden war, profilierte sich als Führer des Widerstandes gegen die Putschisten und als Verteidiger von Demokratie und russischer Autonomie. Er kletterte auf einen Panzer vor dem Weißen Haus, dem Sitz des russischen Präsidenten, in Moskau, umringt von jubelnden Massen und strahlte etwas von dem Nimbus aus, der Lenin (zumindest in den Filmen Eisensteins) auszeichnete. Am 20. und 21. August hätte das Militär den Befehl zur Erstürmung des Weißen Hauses geben können und müssen, um den Putsch zu einem erfolgreichen Ende zu führen. Aber der Befehlshaber der am 19. August nach Moskau beorderten Taman-Elitedivision, General Aleksandr Lebed, wartete vergeblich auf Befehle; statt dessen drängte er einerseits General Jasow, den Sturmangriff zu befehlen, und andererseits Präsident Jelzin, die Befehlsgewalt über die Truppen von der Sowjetunion auf Russland zu übertragen. Die Militärführung unter General Jasow, die offensichtlich zunächst den Staatsstreich gegen Gorbatschow entschlossen unterstützt hatte, war ziemlich ratlos; da sie jedoch ein größeres Blutbad vermeiden wollte, befahl sie den Soldaten, in die Kasernen zurückzukehren.

Anschließend übernahm Jelzin im Namen Russlands (und seiner Anhänger) die Verfügungsgewalt über die sowjetischen Aktiva auf russischem Territorium: die Soldaten und vor allem die Bodenschätze.

In der Ukraine proklamierte Präsident Leonid Krawtschuk am 24. August, unmittelbar nach dem Scheitern des Putsches, die Unabhängigkeit von Russland. Binnen eines Monats folgten sieben weitere Sowjetrepubliken dem Beispiel Russlands und der Ukraine: Weißrussland, Moldawien, Aserbaidschan, Kirgistan, Usbekistan, Tadschikistan und schließlich Armenien. Krawtschuk hat die Sezession der zentralasiatischen Sowjetrepubliken nach Kräften gefördert: Er hatte die Ausfuhr von Nahrungsmitteln nach Russland verboten und erklärt, er wolle Energie nicht mehr aus Russland, sondern aus den neuen zentralasiatischen Staaten beziehen. In einem Referendum am 1. Dezember 1991 billigten die Ukrainer mehrheitlich die Unabhängigkeit. Am 8. Dezember gelangten die Präsidenten Russlands und der Ukraine sowie der viel orthodoxere Staatschef Weißrusslands zu der Überzeugung, dass der Zerfall der Union nicht mehr aufgehalten werden könne. Sie lehnten neue Institutionen ab, die an die Stelle der alten Union treten sollten. Am 25. Dezember 1991, genau zwei Jahre nach der Hinrichtung Ceauşescus, wurde die sowjetische Fahne über dem Kreml eingeholt und die russische aufgezogen. Gorbatschow war damit endgültig entmachtet. Kommunismus und «Jalta», die beiden prägenden Einflüsse der Nachkriegsordnung in Mittel- und Osteuropa, waren damit gleichzeitig erledigt.

Das Zentrum des Systems wurde durch Erschütterungen zum Einsturz gebracht, die von der Peripherie des Ostblocks (Polen, Ungarn, Deutsche Demokratische Republik) ausgingen, zunächst die Peripherie der Sowjetunion (die baltischen Staaten, die Ukraine und die Kaukasus-Region) erreichten und schließlich Chaos im Zentrum selbst auslösten. Dieser Zusammenbruch vollzog sich gemäß einer bizarren, ironischen Version jenes Modells, das Lenin im Jahre 1916 formuliert hatte, um den Zusammenbruch des Kapitalismus zu erklären. Danach gründete der Kapitalismus ökonomisch und psychologisch auf dem Imperialismus, und der Aufstand der Untertanen der imperialistischen Mächte sollte das System in den großen Metropolen des Kapitalismus kollabieren lassen. Das sowjetische Imperium, das Stalin während und nach dem Zweiten Weltkrieg aufgebaut hatte, hatte auch ein eigenes Wirtschaftssystem hervorgebracht und das sowjetische Zentrum mit Stolz auf seine welthistorische Rolle erfüllt. Der Zusammenbruch dieses Imperiums besiegelte das Ende der sowjetischen Herrschaft.

13 Die Rückkehr nach Europa: Die neue Politik und das Ende des Kalten Krieges

Die großen Umwälzungen des Jahres 1989 waren von zwei Leitideen geprägt: Die ehedem kommunistischen Staaten kamen wieder nach «Europa» und kehrten in die «Zivilgesellschaft» zurück. Beides erwies sich in der Praxis als problematisch. Setzt man Toleranz, Gleichbehandlung, Zivilisiertheit, Rechtsstaatlichkeit, Eigentumsrechte und eine demokratische d. h. repräsentative Regierungsform als für Europa typische Werte, so waren die beiden Leitideen eng miteinander verknüpft. Waren sie aber nicht mehr als europäisch, waren sie nicht vielmehr universell? Zwischen 1914 und 1956 waren diese europäischen Werte alles andere als zivilisiert gewesen. Auf dem sowjetisch-amerikanischen Gipfel im Dezember 1989 vor der Küste Maltas, auf dem das Ende des Kalten Krieges besiegelt wurde, fragte der Generalsekretär der KPdSU, nachdem US-Außenminister James Baker über Deutschland und «westliche Werte» gesprochen hatte, wieso Demokratie und Marktwirtschaft eigentlich «westliche» Werte seien und ob sie nicht vielmehr der ganzen Menschheit gehörten?[1]

Die Zivilgesellschaft war ein schönes Ideal, das im Osten nur schwer, aber auch im Westen nicht leicht zu verwirklichen war. Doch ungeachtet all der Schwierigkeiten des so genannten «Transformationsprozesses» in den früheren kommunistischen Ländern, die wir in diesem Kapitel näher betrachten werden, näherten sich Osteuropa und der Westen einander erstaunlich schnell an: Die Probleme, denen sie sich in den neunziger Jahren gegenübersahen, und die Antworten, nach denen sie suchten, waren weitgehend deckungsgleich. Es handelte sich überwiegend um die Probleme von Staaten und Völkern, die vor den Herausforderungen der Globalisierung standen.

Aber es war nicht leicht, nach dem Ende des Kalten Krieges zur Normalität zurückzufinden. Am deutlichsten zeigten sich die Schwierigkeiten der Normalisierung wohl in dem größten Mitgliedstaat der Europäischen Gemeinschaft (nach 1992 Europäische Union): Deutschland. Viele deutsche Politiker, zumal in der Regierung, glaubten, der Vereinigungsprozess und die Verhandlungen im Rahmen des 2+4-Prozesses hätten die Sonderstellung Nachkriegsdeutschlands endgültig beseitigt. Sie sehnten sich nach Normalität. Tatsächlich wurde Deutschland durch den Beitritt der ehemaligen DDR – wie es der erste frei gewählte Ministerpräsident der DDR, Lothar de Maizière, schon 1990 prophezeit hatte – östlicher (im Sinne von sozialistisch und der Marktwirtschaft misstrauend) und protestantischer (in dem weitgehend säkularisierten Sinne von ethisch verantwortungsbewusster).[2] Viele Deutschen fürchteten sich vor potenziellen Veränderungen des Status quo, waren zutiefst pazifistisch und lehnten militärische Einsätze im Ausland ab (zumindest bis zu dem Moment, als die Probleme auf dem Balkan neue ethische Konflikte erzeugten. Auf internationaler Ebene bekannte sich das wiedervereinigte Deutschland ausdrücklich zu einigen der institutionellen Folgen des Zweiten Weltkriegs, insbesondere zum Verzicht auf territoriale Ansprüche, zum Verzicht auf Kernwaffen und zum (vorläufigen) Verzicht auf einen permanenten Sitz im UN-Sicherheitsrat. Deutschlands internationaler Einfluss war folglich sehr begrenzt. Entsprechend hob die deutsche Regierung immer wieder hervor, dass sie eine Normalisierung ausschließlich im europäischen Rahmen und durch multilaterale Organisationen und Institutionen anstrebe. Dies war in der Tat die übliche europäische Strategie der neunziger Jahre.

Nationalstaaten sind nicht unbedingt der optimale institutionelle Rahmen für die Lösung neuer Probleme und Streitfragen; manchmal ist es sinnvoller, sie mit Hilfe neuer Institutionen und Regelwerke auf übernationaler bzw. internationaler Ebene anzugehen, und manchmal überlässt man sie besser kommunalen oder regionalen politischen Prozessen. Für die meisten Länder Europas war die Europäische Gemeinschaft und später die Europäische Union die wichtigste und wirkmächtigste internationale Institution. Einmal abgesehen von ihrem direkten Einfluss auf ihre Mitgliedstaaten, übte sie kraft ihrer bloßen Existenz und der Ideen, die sie verkörperte, eine starke Anziehungskraft auf viele Ostblockstaaten aus, und sie war für diese ein Ansporn, an dem Kurs demokratischer und marktwirtschaftlicher Reformen festzuhalten. Für andere, weniger entwickelte Länder in Südosteuropa oder in der ehemaligen Sowjetunion spielten globale Institutionen, insbesondere die «Bretton-Woods-Zwillinge» IWF und Weltbank, eine wichtigere Rolle. Aber ihr Einfluss auf den Reformprozess polarisierte die innenpolitische Debatte oft weit stärker, als die europäischen Institutionen selbst. Beide reagierten indes auf die Herausforderungen eines Prozesses, der auf globaler und nicht bloß auf kontinentaler Ebene stattfand.

Normalisierte Demographie

Am Ende des 20. Jahrhunderts lebten West- und Mitteleuropäer im Allgemeinen deutlich länger als noch zu Anfang des Jahrhunderts. Die Lebenserwartung bei der Geburt, die für französische Männer 1950 noch bei 63,7

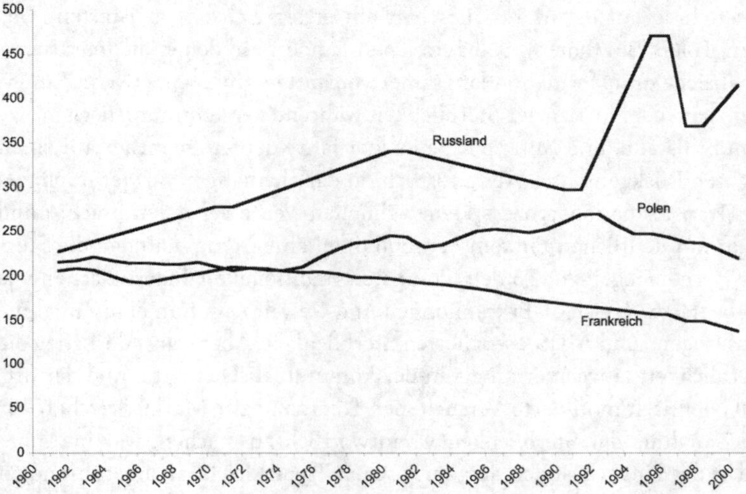

Schaubild 2: Sterblichkeit erwachsener Männer (15–60) je Tausend Einwohner, 1960–2000.
(*Quelle:* World Bank Online. Copyright von Weltbank 2000. Abgedruckt mit freundlicher Genehmigung der Weltbank)

Jahren gelegen hatte, nahm bis zum Ende des Jahrhunderts um über zehn Jahre zu (auf 74,6 im Jahr 1998). Die entsprechenden Ziffern für Frauen betrugen 69,4 und 82,6 Jahre. In Großbritannien stieg die Lebenserwartung der Männer im gleichen Zeitraum von 66,2 auf 74,8 Jahre, und die der Frauen von 71,1 auf 80,1 Jahre. Die altersspezifische Sterblichkeit, die in vielerlei Hinsicht ein getreulicheres Bild für die Erwachsenenpopulation vermittelt (weil die häufiger zitierten Ziffern der Lebenserwartung sehr empfindlich auf Veränderungen der Säuglingssterblichkeit reagieren), zeigte den gleichen Trend: Europäer lebten länger, und die Erwachsenensterblichkeit ging stark zurück (vgl. Schaubild 2). Sie aßen mehr, wurden größer und schwerer.

Diese Erfolgsgeschichte muss freilich im Hinblick auf Mittel- und Osteuropa relativiert werden. Nach der Vereinigung Deutschlands stellte sich heraus, dass ostdeutsche Rekruten, die in die neue gesamtdeutsche Bundeswehr eingezogen wurden, im Schnitt 1,2 cm kleiner waren als ihre Kameraden aus dem Westen.[3] Im kommunistischen Ostmitteleuropa nahm, wie bereits erwähnt, die Sterblichkeit erwachsener Frauen und insbesondere der Männer seit den sechziger Jahren zu; im Verlauf des Transformationsprozesses sank sie wieder, und zwar recht deutlich in den Ländern, welche die

Umstellung auf die Marktwirtschaft am erfolgreichsten meisterten (Ungarn, Polen, Slowenien). Selbst in jenen Ländern, in denen die marktwirtschaftliche Transformation langsamer vonstatten ging, wie etwa in Rumänien, kam der Anstieg der Sterblichkeit während der kommunistischen Ära zum Stillstand, und Mitte der neunziger Jahre deutete manches auf einen leichten Rückgang hin. Weiter östlich, in der ehemaligen Sowjetunion, wo der Transformationsprozess keine schnellen Verbesserungen brachte und sogar mit deutlichen Einkommenseinbußen einherging, nahmen die Sterbeziffern dagegen zu. Zu den häufigsten traditionellen Todesursachen wie Krebs, Herz-Kreislauf-Erkrankungen und Gewalt kam nun eine Zunahme der Drogen- und AIDS-assoziierten Sterblichkeit. Aber selbst dort stieg die Sterblichkeit langsamer an als in der kommunistischen Ära, und der oftmals politisch motivierte Versuch, den Übergang zur Marktwirtschaft für die Zunahme der Sterblichkeit verantwortlich zu machen, war in Anbetracht des längerfristigen demografischen Trends leicht als irreführend zu durchschauen.

Ein anderes weit verbreitetes transkontinentales Phänomen gab dagegen Anlass zur Sorge: das Sinken der Geburtenziffer. Zusammen mit der Abnahme der Sterblichkeit führte dieses Phänomen zu einer zunehmenden Überalterung der Gesellschaft. Dies war ein allgemeiner Prozess in den Industriestaaten, von dem Japan allerdings am stärksten betroffen war. Die sinkenden Geburtenziffern lassen sich weitgehend mit den sich wandelnden ökonomischen Aspekten des Familienlebens in reichen Industriestaaten erklären. Kinder wurden zu einer stärkeren finanziellen Belastung, da die Bildungs- bzw. Ausbildungszeiten immer länger wurden (selbst wenn die Ausbildung die Eltern nichts kostete, stellte sie doch einen Verlust potenziellen Einkommens von berufstätigen Kindern dar). Noch wichtiger aber war die Tatsache, dass die zunehmende Verfügbarkeit interessanter und prestigeträchtiger Stellen für Frauen der mit dem Ausstieg aus dem Arbeitsleben verbundenen Mutterschaft viel von ihrem Reiz nahm und sie zudem mit hohen so genannten Opportunitätskosten (Kosten, die durch die entgangene Nutzung von Ressourcen für andere Zwecke entstehen) belastete. Schließlich sorgten steigende Einkommen und soziale Sicherungssysteme dafür, dass man keine eigenen Kinder mehr brauchte, um seinen Lebensstandard im Alter zu halten.

Der allgemeine Rückgang der Geburtenziffern weist jedoch deutliche nationale Unterschiede auf (vgl. Schaubild 3). Die niedrigsten Quoten verzeichneten in Westeuropa ausgerechnet die Länder – ob Zufall oder nicht –, die in den dreißiger und vierziger Jahren die schwersten Traumata und nationalen Demütigungen erlitten hatten: Deutschland, Italien und Spanien. Die Geburtenziffer sank in Deutschland von 17,3 je tausend Einwohner im Jahr 1960 auf 11,0 in 1980 und 9,2 in 2000; in Italien im gleichen Zeitraum von 18,1 auf 11,3 und schließlich 9,1 und in Spanien von 21,7 auf 15,2 auf 9,9. In Schweden war die Geburtenziffer von jeher niedrig, dafür gab es keinen so drastischen Rückgang: Sie lag im Jahr 2000 immer noch bei 10,2, während sie in Großbritannien bei 11,5 und in Frankreich bei 13,2 lag. Wie lassen sich diese nationalen Besonderheiten erklären? Vor allem ab den sechziger Jahren wurde der Verzicht auf eigene Kinder mit ideologischen und weltanschaulichen, aber auch mit ökonomischen und sozialen Motiven begründet. Viele Deutsche führten die Gefahr eines Atomkrieges und die zunehmende Umweltzerstörung als Argumente dafür an, dass es herzlos und unfair wäre, unter diesen Umständen Kinder in die Welt zu setzen. Derartige Argumente verdeutlichen besonders eindringlich den Zusammenhang zwischen einem nationalen Trauma in den vierziger Jahren und dem Fortpflanzungsverhalten der Generation, die mit diesem Trauma aufwuchs.

In den letzten Jahrzehnten des 20. Jahrhunderts glichen sich auch die demografischen Trends in Ost- und Westeuropa einander an. Selbst in dem noch immer stark katholisch geprägten Polen sank die Geburtenrate von 22,6 im Jahr 1960 auf 19,5 in 1980, und in den achtziger und neunziger Jahren fiel sie dann drastisch ab, und zwar auf 10,2 im Jahr 2000. (Der deutliche Rückgang in den neunziger Jahren ist womöglich teilweise auf einen Einmaleffekt zurückzuführen, da Frauen später heirateten und erst in den Dreißigern Kinder bekamen.) In der ehemaligen Sowjetunion sanken die Geburtenziffern noch deutlicher: in Russland von 15,9 in 1980 auf 8,8 in 2000 und in der Ukraine im gleichen Zeitraum von 14,7 auf 8,7. Auch hier besteht offenbar ein enger Zusammenhang zwischen demografischen Problemen und nationalen Traumata.

Niedrige Geburtenziffern führten zu einer Überalterung der Bevölkerung, die sich in Zukunft noch erheblich verstärken und die staatliche Alterssicherung vor gravierende Probleme stellen dürfte. Die gesetzliche Rentenversicherung bildete, historisch gesehen, den Kern des sozialen Sicherungssystems, und alles deutet darauf hin, dass die gesetzlichen Rentenanwartschaften in Zukunft kontinuierlich abgesenkt werden müssen. Im Jahr 2000 lebten in der Europäischen Union 61 Millionen Menschen über 65 Jahre, gegenüber 34 Millionen in den gleichen Ländern im Jahr 1960. Die Größe dieser Bevölkerungsgruppe im Verhältnis zur erwerbsfähigen Bevölkerung (15–64) belief sich im EU-Durchschnitt auf 24 Prozent, mit einigen nationalen Abweichungen, die in der Zukunft noch zunehmen werden: in Großbritannien, Frankreich und Deutschland lag diese Ziffer bei 24 Prozent, in Italien bei 27 Prozent und in Irland bei nur 17 Prozent. Für 2010 wird für die EU insgesamt eine Quote von 27 Prozent erwartet, wobei für Deutschland 30, für Italien 31 und für Spanien 28 Prozent vorhergesagt werden. Die einzige kurzfristige Lösung für dieses Problem liegt in einer massiven Erhöhung der Zuwanderung, um so den Anteil der Bevölkerung im erwerbsfähigen Alter zu erhöhen, aber diese «Lösung» ist ihrerseits mit erheblichen politischen und gesellschaftlichen Problemen behaftet. Im Jahr 1990 machte der Zuwanderungsüberschuss drei Viertel des Bevölkerungswachstums in der EU aus, und ohne Zuwanderung hätten Deutschland, Griechenland, Italien und Schweden Bevölkerungsrückgänge verzeichnet.

Manchmal nahmen westliche Politiker den Rückgang der Sterblichkeit als ihr Verdienst in Anspruch, während sie die Verantwortung für die niedrigen Geburtenziffern weit von sich wiesen. In scherzhafter Anspielung auf die demografischen Daten, die zeigten, dass die Lebenserwartung der Franzosen deutlich zugenommen hatte, sagte Jacques Chirac seinen Zuhörern im Präsidentschaftswahlkampf 1995 (aus dem er als Sieger hervorging), dass sie, wenn sie ihm nur eine Stunde lang zuhörten, fünfzehn Minuten länger leben würden. Aber diese Veränderungen haben wenig mit Politik zu tun, und Politiker können sie kaum beeinflussen (außer Katastrophenszenarien zu beschwören).

Normalisierte Politik

Timothy Garton Ash schrieb über die «samtene Revolution» in der Tschechoslowakei: «Man nehme eine mehr oder minder repräsentative Gruppe politisch interessierter Personen und setze sie zwei Tage lang unter Druck. Was kommt dabei heraus? Das westliche, europäische Grundmodell: parlamentarische Demokratie, Rechtsstaatlichkeit, Marktwirtschaft. Und ich wette, dass das gleiche Ergebnis herauskäme, wenn man dieses Experiment in Warschau oder Budapest durchführte. Dies ist nicht der Dritte Weg. Es ist kein ‹Sozialismus mit menschlichem Antlitz›. Es ist die Idee der ‹Normalität›, die sich triumphierend über die ganze Welt ausbreitet.»[4]

Diese Vorstellung von einer liberalen Normalität dürfte trügerisch gewesen sein. Denn schon bald senkte sich eine posttotalitäre Katerstimmung über die Reformländer. Mit der Normalität schien es nicht mehr weit her zu sein, und man sah sich einmal mehr als Sonderfall. Aber dieser Eindruck der Anormalität trog noch stärker als die Wahrnehmung der Normalität, denn nach dem Ende des Kalten Krieges rangen alle («postmodernen», wie manche sagen würden) Gesellschaften, nicht nur die postkommunistischen, mit den gleichen Problemen.

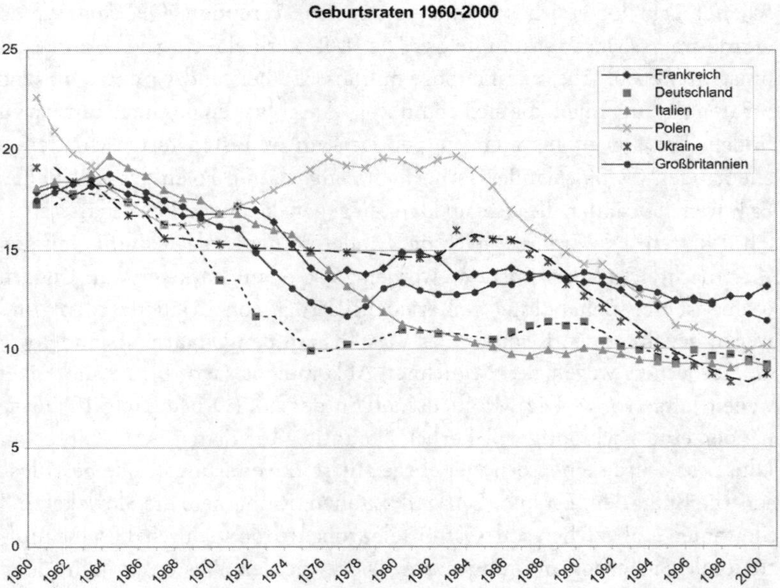

Schaubild 3: Geburtenziffern, 1960–2000
(*Quelle:* World Bank Online. Copyright von Weltbank 2000.
Abdruck mit freundlicher Genehmigung der Weltbank.)

Während des Kalten Krieges hatten mehrere Faktoren zur Stabilisierung der europäischen Politik beigetragen:

- die äußeren ideologischen Beschränkungen des Kalten Krieges;
- der umfassende Sicherheitsschirm durch Kernwaffen auf beiden Seiten des Eisernen Vorhangs;
- eine parteipolitische Dynamik (im Westen), in der sich die Links- und die Rechtsparteien um mehr (die Linke) oder weniger (die Rechte) Umverteilung stritten, und zwar im Rahmen der keynesianischen Nachfragesteuerung. Dieser Rahmen zwang jede Seite dazu, ihre Forderungen zu mäßigen und die politische Mitte anzusprechen, um Wahlsiege zu erringen. Wenn die Linke sich offen zu einer radikalen Umverteilungspolitik bekannt hätte, dann hätte sie viele bürgerliche Wähler verschreckt, und das Gleiche hätte für eine Rechte gegolten, die jegliche Umverteilung oder die vielen sozialen Leistungen, von denen vor allem die Mittelschicht profitierte, abgelehnt hätte.

Doch in den neunziger Jahren wandelten sich die Rahmenbedingungen. Die großen ideologischen Kontroversen gehörten der Vergangenheit an. Die Sicherheitsbündnisse hatten ihre früheren Funktionen verloren. Der Warschauer Pakt löste sich schlichtweg auf. Das vereinigte Oberkommando wurde am 31. März 1991 aufgelöst: Die NATO erhielte eine neue, zunächst umstrittene Aufgabe, nämlich ihre militärische Beistandsgarantie auf jene Staaten auszudehnen, die sich bemühten, Anschluss an das neue Europa zu finden. Im Jahr 1999 traten die politisch am weitesten fortgeschrittenen ehemaligen Ostblockländer Tschechien, Ungarn und Polen der NATO bei. Es waren die Länder, die sich am klarsten gegen die Sowjetherrschaft aufgelehnt hatten. Es waren zugleich die Länder, in denen das Gefühl, von den Westmächten politisch verraten worden zu sein, am stärksten war: Ungarn wegen seiner Behandlung im Friedensvertrag von Trianon (1920) und wegen der dürftigen Reaktion des Westens auf den Ungarnaufstand 1956; die Tschechen wegen des Münchner Abkommens (1938), und die Polen wegen Jalta (1945). Die Mitgliedschaft in der NATO bedeutete für diese Länder eine nachhaltige Sicherheitsgarantie. Auf dem NATO-Gipfel im Jahr 2002 wurde eine noch viel ehrgeizigere Erweiterungsrunde beschlossen, die Bulgarien, Estland, Lettland, Litauen, Rumänien, die Slowakei und Slowenien einbeziehen soll. Ostmitteleuropa wurde so durch dieselbe multilaterale Sicherheitsordnung normalisiert, die den Westen 50 Jahre lang stabilisiert hatte.

Auch die innenpolitischen Gestaltungsräume in den europäischen Ländern veränderten sich, da die Einbindung in eine globalisierte Wirtschaft mit ihren hoch mobilen Produktionsfaktoren die Möglichkeiten direkter Umverteilung einschränkte. Da zudem die Staatsquote (Anteil der Staatsausgaben am Bruttosozialprodukt) in fast allen europäischen Ländern zwischen 40 und 50 Prozent lag, gab es praktisch keinen Spielraum für eine weitere Erhöhung dieser Quote. Die alten politischen Spielregeln waren damit außer Kraft gesetzt. Die sozialdemokratischen Parteien wollten zwar nach wie vor die politische Mitte ansprechen, aber sie waren jetzt gezwungen, dem Versprechen einer Einkommens- beziehungsweise Vermögensumverteilung einen niedrigeren Stellenwert einzuräumen. Damit erfreute sich die Marktwirtschaft einer breiteren Zustimmung als je zuvor im 20. Jahrhundert. In einem gemeinsamen Papier mit dem Titel «Der Weg nach vorn für Europas Sozialdemokraten» legten Bundeskanzler Gerhard Schröder und der britische Premierminister Tony Blair die politischen Leitlinien der von ihnen so genannten «neuen Mitte» dar.[5] Sie bekannten sich darin eindeutig zur Marktwirtschaft: «Man hat die Schwächen der Märkte überschätzt und ihre Stärken unterschätzt.» Sie forderten eine Deregulierung und Liberalisierung der Wirtschaft, die in Großbritannien, nicht aber in Deutschland, bereits weit gediehen war: «Wir brauchen flexible Güter-, Kapital- und Arbeitsmärkte.» Und sie räumten ein, dass die alte Dichotomie von links und rechts historisch überholt sei. «Die meisten Menschen haben sich schon lange von dem Weltbild verabschiedet, das durch die dogmatischen Lehren von links und rechts repräsentiert wird. Die Sozialdemokraten müssen diese Menschen erreichen.»

Und das taten sie denn auch. Bei den britischen Unterhauswahlen von 1997 stimmten 36 Prozent der Fach- und Führungskräfte für Labour (1992 waren es nur 16 Prozent gewesen) und 37 Prozent stimmten für die Konservativen (1992: 59 Prozent).[6]

Dies führte unter anderem dazu, dass radikale Parteien an den Rändern des politischen Spektrums entstanden beziehungsweise erstarkten; sie sammelten Proteststimmen gegen das «System». Sowohl die Rechte als auch die Linke machte Front gegen Internationalisierung und Globalisierung und deren bürokratische Institutionen, den IWF und die EU. Auf der Rechten versuchten mächtige Stimmen nationale Fragen und nationale Mythen, die sich gegen die Globalisierung richteten und die auf grenzüberschreitende Resonanz (und meist auf Ablehnung) stießen, zu instrumentalisieren: Jean-Marie Le Pen, Jörg Haider, Christoph Blocher, die deutschen «Republikaner», die Lega Nord in Italien. Den linken Systemkritikern fiel es schwer, sich hinter charismatischen Führungsfiguren zu scharen, und sie neigten zur Bildung von sektiererischen Splittergruppen. Ein vorläufiger Höhepunkt beider Tendenzen (der Suche der Rechten nach systemkritischen charismatischen Führungsfiguren und der Flucht der Linken in eine aggressive Systemkritik) waren die französischen Präsidentschaftswahlen von 2002, bei denen das System von zwei Wahlgängen (mit einer abschließenden Stichwahl) diese Tendenzen verstärkte. Die Kandidaten mit den meisten Stimmen im ersten Wahlgang, der amtierende Präsident Jacques Chirac und Jean-Marie Le Pen, kamen in den zweiten Wahlgang, in dem Chirac 82,1 Prozent und Le Pen 17,9 Prozent der Stimmen erhielt. Auf der Linken präsentierten sich mehrere Kandidaten, die der Meinung waren, der führende Präsidentschaftskandidat der Linken, der amtierende Premierminister Lionel Jospin, habe zu viele Zugeständnisse ans System gemacht.

Diese Trends – die Konvergenz zur Mitte und die Radikalisierung an den Rändern des politischen Spektrums – erfassten auch die ehemaligen kommunistischen Länder. In den meisten dieser Länder wandelten sich ehemalige kommunistische Parteien rasch zu gemäßigten, sozialdemokratischen Reformparteien, die das Privateigentum anerkannten. Einige aus der alten *Nomenklatura* profitierten von der Privatisierung der Staatsbetriebe und befürworteten eine Politik, die einerseits die Beibehaltung sozialer Leistungen versprach und andererseits privates Gewinnstreben förderte. In Polen kehrte die ehemalige kommunistische Partei, die SLD, nach einer anfänglichen reformistischen «Schocktherapie» von 1995 bis 1997 und dann nach 2001 wieder an die Regierung zurück. Auch in Ungarn kehrte die Linke zwischen 1994 und 1998 und nach 2002 in die Regierungsverantwortung zurück. In beiden Fällen hielten die links stehenden Regierungen jedoch an einem strikt marktwirtschaftlichen Kurs fest. Alle verantwortlichen Parteien befürworteten einen möglichst raschen EU-Beitritt, in dem sie eine Garantie für stabile politische Verhältnisse sahen.

Unterdessen wandten sich die Unzufriedenen und Armen den extremen Parteien zu, in einigen Fällen, besonders in Russland, kommunistischen Bewegungen alter Schule, die von der wehmütigen Erinnerung an ihre Vergangenheit profitierten. Aber sie suchten ihr Heil auch bei nationalistischen, fremdenfeindlichen und antieuropäischen Parteien.

In den Gesellschaften des Ostens und Westens standen nicht mehr, wie nach der Weltwirtschaftskrise und dem Zweiten Weltkrieg, Umverteilungsfragen, sondern neue Themen im Zentrum der politischen Auseinandersetzungen. Dies hing zum Teil damit zusammen, dass viele Menschen zu der Überzeugung gelangten, die Politik alten Stils biete keine wirklichen Alternativen mehr an und könne keine durchgreifenden Veränderungen mehr bewirken. Es hing auch damit zusammen, dass die herkömmliche Politik offen Fragen der Verteilungsgerechtigkeit thematisierte, während die neue Politik Umverteilungsaspekte sorgfältig zu kaschieren versuchte. Wenn grenzüberschreitende Kapitalbewegungen die Wirksamkeit einer nationalen Umverteilungspolitik unterminierten, machten Politiker alten Stils einen ziemlich hilflosen Eindruck.

Zu diesen neuen politischen Themen gehörten die Diskussion um die Gewährleistung von Eigentumsrechten – sie löste die Debatte über die Umverteilung von Vermögen ab; die Diskussion über eine «moralische» Außenpolitik – sie trat an die Stelle des traditionellen Realismus in weiten Politikbereichen; die Bekämpfung der Korruption und die Öko- und Umweltpolitik. Schließlich gibt es das sehr viel ältere Thema lokaler beziehungsweise regionaler Identitäten und Patriotismen, die in einem Antagonismus zur nationalen Politik standen (die zusehends an Bedeutung verlor), und die sich daraus ergebende Forderung nach Regionalisierung beziehungsweise Dezentralisierung. Wir werden uns im Folgenden mit diesen neuen Fragen befassen und sie systematisch über nationale Grenzen und die alte Spaltung zwischen Ost und West hinweg analysieren. Die bloße Tatsache, dass eine solche Analyse aufschlussreiche Ergebnisse liefert, deutet darauf hin, dass sich der Wandel sehr schnell vollzieht und dass sich die Mittel- und Osteuropäer zügig von ihrem Selbstbild als Sonderfälle außerhalb der europäischen Norm verabschieden.

Geschäfte ohne Grenzen

Eine Erscheinungsform des neuen Internationalismus und ein Grund für das wachsende Interesse an gesicherten Eigentumsrechten war eine neue Wirtschafts- und Geschäftslogik. Die Kapitalbildung in Europa und in den Industriestaaten im Allgemeinen beschleunigte sich. Die elektronische Nachrichtenübertragung wurde einfacher und schneller und erzeugte eine weltumspannende Kultur, die zu einem weitgehenden Gleichlauf der Entwicklung in den Einzelstaaten führte. Tatsächlich ging der ökonomische Strukturwandel mit der Umstellung von den älteren Wirtschaftszweigen der industriellen Revolution, die im Dienste der Festigung und Ausweitung nationaler Souveränität (Eisenbahnen und Stahl) gestanden hatten, zu einer weltumspannenden Kommunikations- und Informationsökonomie einher, auf welche die Einzelstaaten weit weniger Einfluss hatten. Die Verknüpfung von Information und Profitstreben erzeugte eine Art Starkultur, die von Kritikerinnen wie Naomi Klein als «Herrschaft der Marke» beschrieben wurde.[7]

In den achtziger und vor allem in den neunziger Jahren wandelte sich die europäische Firmenlandschaft von Grund auf. Anfang der achtziger Jahre waren die größten Konzerne noch immer die Giganten der klassischen Produktionsgüterzweige der industriellen Revolution und der Erdölwirtschaft: gemessen am Umsatz war Exxon (USA) das größte Unternehmen der Welt, gefolgt von der britisch-niederländischen Royal Dutch Shell und der US-amerikanischen Mobil Oil. Große Automobilhersteller dominierten die Rangliste: General Motors und Ford (beide USA) standen auf Platz vier und acht; Fiat (Italien) auf Platz 13, Renault (Frankreich) auf Platz 19 und VW (Deutschland) auf Platz 24. Thyssen Stahl (Deutschland) stand auf Platz 32, US Steel auf Platz 46. Die traditionsreichen deutschen Chemiefirmen Hoechst, Bayer und BASF standen auf den Rängen 29, 30 und 31. All diese Unternehmen stellten recht anonyme Produkte her, die keine ausgeklügelte Markenpolitik erforderten: Stahlplatten verschiedener Hersteller, das Erdölprodukte verschiedener Mineralölkonzerne und PKWs diverser Autohersteller waren äußerlich kaum voneinander zu unterscheiden.

Die meisten europäischen und amerikanischen Großunternehmen der achtziger Jahre waren bereits vor dem Ersten Weltkrieg gegründet worden, und bis etwa 1990 behaupteten sie ihre Position weitgehend unangefochten. Aber ein paar Jahre später hatte sich die Firmenlandschaft grundlegend gewandelt. Die neuen Firmen mussten, anders als die alten, raffinierte Markenbilder kreieren, um die Verbraucher zum Kauf ihrer Produkte zu animieren. Im Jahr 2002 standen die großen (gerade erst privatisierten) Telekommunikationsgesellschaften an vorderen Plätzen auf den Listen der (nach Umsatz) größten Unternehmen: Es waren die Erfolgsgeschichten der neunziger Jahre, wie Deutsche Telekom und France Télécom. Auch Hightech-Unternehmen, darunter Neugründungen wie SAP, erlebten einen rasanten Aufschwung. Einzelhandelskonzerne arbeiteten sich ebenfalls nach oben: Wal-Mart (USA) war das ertragsstärkste Unternehmen der Welt, Carrefour (Frankreich) nahm unter den größten europäischen Unternehmen den 13. Platz ein (und Rang 35 weltweit), und die deutsche Metro stand in Europa an 27. und in der Welt an 72. Stelle. Sie stellten die Relikte der *Old Economy* in den Schatten: der größte Stahlproduzent, Thyssen-Krupp, (aus der Fusion der beiden berühmtesten Namen der deutschen Industriegeschichte hervorgegangen) rangierte in Europa nur noch auf Platz 43 und weltweit sogar nur noch auf Platz 116.[8] Die neuen Unternehmen waren bestrebt, sich zu individualisieren und sich ein markantes Unternehmensimage zuzulegen, das sich den Konsumenten nachhaltig einprägen sollte.

Dazu brauchten sie eine gewisse Größe. Der weltweite Boom bei Fusionen und Akquisitionen in der zweiten Hälfte der neunziger Jahre führte zusammen mit der Integration des europäischen Kapitalmarktes nach der Einführung einer einheitlichen Währung zu einer beispiellosen grenzüberschreitenden Fusionswelle. Unternehmen kannten keine nationalen Grenzen mehr. Der deutsche Autohersteller Daimler-Benz übernahm 1998 den drittgrößten US-Autohersteller Chrysler. Im Jahr 2000 übernahm die französische Vivendi den US-kanadischen Getränke- und Unterhaltungskonzern Seagram. Im Jahr 1996 fusionierten die schweizerischen Chemie- und Pharmaunternehmen Sandoz und Ciba-Geigy zu Novartis; zwei Jahre später schlossen sich die Schweizerische Bankgesellschaft und der Schweizerische Bankverein zur UBS zusammen. Der britische Mobilfunkbetreiber Vodafone übernahm Mannesmann, den bis dahin führenden deutschen Maschinenbauer.

Englisch wurde zur Sprache der Unternehmenskommunikation und der Corporate Identity. (Die Mode wurde von Politikern nachgeahmt. So wollte Gregor Gysi das verstaubte Image der alten kommunistischen Einheitspartei der DDR, der SED, mit dem englischen Slogan «Take it easy, vote for Gysi» aufpolieren.) Nachdem sich die deutsche Hoechst und die französische Rhône-Poulenc zu Aventis zusammengeschlossen hatten, wurde Englisch zur Firmensprache. Das Gleiche taten Firmen, die zwar noch immer national verankert waren, aber ihren Internationalismus unterstreichen wollten: SAP, Deutsche Telekom oder Deutsche Bank. In den niederländischen Multis Philips und Unilever war Englisch schon lange Firmensprache.

Der Aufstieg der neuen, wirklich transnationalen Megakonzerne, die durch Fusion entstanden (und nicht wie die US-Multis der fünfziger und sechziger Jahre durch Gründung von Tochtergesellschaften), erzeugte manchmal kulturelle Probleme, die weit über die Notwendigkeit hinausgingen, eine gemeinsame Sprache zu übernehmen. Früher waren Unternehmen sehr stabile Gebilde gewesen, jetzt waren sie einem fortwährenden Prozess der Umstrukturierung, Rationalisierung und Verschlankung (Euphemismen für die Entlassung von Mitarbeitern) unterworfen.

Die neue Generation von Unternehmenschefs, deren Bezüge astronomische Steigerungsraten verzeichneten, vermarkteten sich gern als globale Führungspersönlichkeiten, traten häufig in der Öffentlichkeit auf, warben für sich selbst in Büchern als «Marken» und machten keinen Hehl aus ihrer Verehrung der amerikanischen Kultur. Thomas Middelhoff, der Chef des deutschen Medienriesen Bertelsmann (der Random House in New York aufkaufte), erklärte, er fühle sich eher als Amerikaner denn als Deutscher. Und Vivendi-Chef Jean-Marie Messier legte sich das unbescheidene Image eines neuen «Herrschers der Welt» zu und sprach über das Ende der kulturellen Sonderstellung Frankreichs.

Die neuen Ikonen einer globalen Kultur des Kapitalismus spiegelten offensichtlich eine Ordnung wider, in der die Bekanntesten und Größten kräftig abkassierten, und daher gingen viele Unternehmen bis an die Grenzen ihrer finanziellen Belastbarkeit, um zu expandieren und andere Firmen zu schlucken. Finanzdienstleister, allen voran Investmentbanken, Wirtschaftsanwälte und Unternehmensberater beschleunigten diesen Prozess. Manche Europäer sahen McKinsey (Unternehmensberatung) und McDonald´s (Hamburger, die zum Symbol einer globalen Kultur wurden) als teuflische schottische beziehungsweise angelsächsische Zwillinge, die nach der kulturellen Weltherrschaft griffen.

Wie weit diese «The-winner-takes-it-all»-Mentalität reichte, verdeutlichte die Welt des Wettkampfsports, in der Markennamen wie Michael Schumacher (Rennsport) und Boris Becker (Tennis) wiederholte Erfolge feierten und in die Liga der internationalen Megastars aufstiegen. Europas bekannteste Sportart, Fußball, wurde von ein paar gefeierten Teams bestimmt, welche die nationalen Meisterschaften dominierten. Bayern München wurde in den sechziger Jahren nur einmal deutscher Meister, aber in den siebziger Jahren viermal, in den achtziger Jahren sechsmal und in den neunziger Jahren wiederum viermal. Der AC Mailand gewann die italienische Meisterschaft in den sechziger Jahren zweimal, in den siebziger und achtziger Jahren je einmal, aber fünfmal in den neunziger Jahren. In England holte Manchester United in den sechziger Jahren zweimal den Meistertitel, aber in den neunziger Jahren siebenmal, während Liverpool in den siebziger Jahren fünfmal und in den achtziger Jahren sechsmal Meister wurde.

Die Geschäftswelt, die Popkultur und der Sport brachten vermarktbare «Stars» mit hohem Wiedererkennungswert hervor, die mühelos das schwache Licht der zunehmend erschöpften politischen Elite Europas überstrahlten. Die Cleveren – wie Italiens Silvio Berlusconi – nutzten ihre Position als Eigentümer von Medienunternehmen und Fußballklubs (natürlich des AC Mailand), um sich als politische Marke zu profilieren.

Die TINA-Formel oder die Selbstentmächtigung der Politik

In dem Maße, wie in den achtziger Jahren die grenzüberschreitende wirtschaftliche Verflechtung («Globalisierung») zunahm, verringerte sich der Gestaltungsspielraum der Politik, aber auch die Politiker selbst wollten ihn verringern. Margaret Thatcher schloss sich Geoffrey Howe an, als sie den von den Konservativen eingebrachten ungewöhnlichen und unpopulären Staatshaushalt von 1981 mit den Worten kommentierte: «*There Is No Alternative*» (TINA) – es gibt keine Alternative. Europäische Politiker versteckten sich immer wieder hinter dem europäischen Einigungsprozess, um unter Verzicht auf ihre politische Verantwortung nicht-nationale Lösungen für ein Problem zu finden. Jacques Delors´ genialer Schachzug als französischer Wirtschafts- und Finanzminister im Jahr 1983 bestand darin, die Sackgasse der französischen Innenpolitik hinter sich zu lassen. Als Präsident der EG-Kommission (nach 1985) befand er sich in einer guten Position, um das politische Gewicht «Europas» als Instrument zur «Entmächtigung» einzelstaatlicher Politik einzusetzen.

Das eindeutigste Beispiel für diese Strategie war der am 11. Dezember 1991 unterzeichnete Vertrag von Maastricht, der die Römischen Verträge ergänzte und mit Vertrag vom 7. Februar 1992 die Europäische Union begründete; er erlegte der Geld- und Finanzpolitik der Einzelstaaten weitreichende Beschränkungen auf. Der Vertrag von Maastricht bekannte sich zum Prinzip der Subsidiarität, wonach Entscheidungen auf der politischen Ebene getroffen werden sollten, die dem jeweils zu regelnden Sachverhalt am nächsten steht. Es sollte außerdem eine gemeinsame europäische Staatsbürgerschaft eingeführt werden, so dass EU-Bürger an Kommunal- und Europawahlen in anderen Mitgliedstaaten, in denen sie ihren Wohnsitz hatten, teilnehmen konnten. Der Vertrag schuf überdies einen «Rat der Regionen» und enthielt einen Plan zur Ausarbeitung einer gemeinsamen Außen- und Sicherheitspolitik. Dies war der am wenigsten befriedigende Aspekt des europäischen Einigungsprozesses in den neunziger Jahren, weil die Länder ihre außenpolitischen Prioritäten nach wie vor weitgehend an ihren nationalen Interessen ausrichteten.

Die offenkundigste und umstrittenste Neuerung im Maastricht-Vertrag war der Zeitplan zur Europäischen Währungsunion. Die neue Währung (die schließlich «Euro» genannt wurde) sollte spätestens im Jahr 1999 eingeführt werden. Dieser Zeitplan wurde eingehalten, und zu diesem Zeitpunkt wurde die neue Währung als Rechnungseinheit eingeführt und löste in zwölf Mitgliedstaaten der EU die nationalen Währungen ab. Die Einführung der neuen Münzen und Geldscheine fand drei Jahre später, am 1. Januar 2002, statt.

Zeitgenössische Kommentatoren sahen im Maastricht-Vertrag vielfach das Produkt eines politischen Kompromisses: ein Zugeständnis Deutschlands an Frankreich, das – im Gegenzug für seine Zustimmung zur politischen Vereinigung Deutschlands – einen institutionalisierten Einfluss auf die Geld- und Währungspolitik in Europa forderte, die im Rahmen des Europäischen Währungssystems weitgehend von der Deutschen Bundesbank in Frankfurt bestimmt worden war. Deutschland versicherte während des Vereinigungsprozesses immer wieder, es wolle sein nationales Trauma im Rahmen seiner europäischen Einbindung überwinden. Aber das Fundament für die Währungsunion war bereits Ende der achtziger Jahre gelegt worden, bevor irgendjemand an die deutsche Frage gedacht hatte, und es entsprang Zweifeln an der langfristigen Tragfähigkeit eines einfachen Systems fester Wechselkurse (das anfällig für Angriffe durch Spekulanten war).

Maastricht lieferte im Wesentlichen eine Antwort auf eine einfache, nahe liegende Frage: Wie konnten nationale Regierungen von einer unverantwortlichen Finanzpolitik abgehalten werden, davon, Schulden anzuhäufen, die die Europäische Zentralbank finanzieren müsste? Der Maastricht-Vertrag legte die Kriterien für einen Stabilitätspakt fest, wonach das öffentliche Haushaltsdefizit maximal 3 Prozent des BSP betragen und die Gesamtverschuldung der öffentlichen Hände 60 Prozent des BSP nicht überschreiten darf. Eine Klausel untersagt der neuen Europäischen Zentralbank, Haushaltsdefizite der Mitgliedstaaten zu finanzieren. Inflationsraten und Leitzinsen mussten konvergieren, bevor Ländern die Teilnahme an der Währungsunion gestattet wurde, und Wechselkursschwankungen sollten die 2-prozentige Bandbreite, die im Europäischen Währungssystem erlaubt war, nicht überschreiten.

Doch in der Praxis wurde das Europäische Währungssystem durch die öffentliche Kontroverse um den Maastricht-Vertrag und dessen Folgen für die einzelstaatliche Haushaltspolitik erschüttert. Die Dänen sprachen sich in einem Referendum mit knapper Mehrheit gegen die Teilnahme an der Europäischen Währungsunion aus; das Ergebnis eines ähnlichen Referendums in Frankreich war ungewiss, und zugleich erhöhte Deutschland aufgrund des Nachfrageschubs im Gefolge der Wiedervereinigung seine Leitzinsen. Im September 1992 mussten Italien, Spanien und Großbritannien wegen spekulativer Attacken die engen Bandbreiten zulässiger Wechselkursschwankungen im EWS aufgeben. Großbritannien stieg gleich ganz aus dem System aus, während Italien und Spanien mit neuen Paritäten und größeren Bandbreiten arbeiteten. Der französische Franc war 1993 einem ähnlichen spekulativen Angriff ausgesetzt, der jedoch abgewehrt werden konnte, weil die Bundesbank auf den Devisenmärkten massiv zugunsten des französischen Franc intervenierte.

Die neuen Risiken einer immer stärker verflochtenen Weltwirtschaft zeigten sich auf spektakuläre Weise Anfang der neunziger Jahre. Währungskrisen brachten die britische Regierung ins Wanken. Die starken Wechselkursschwankungen lösten auch Befürchtungen aus, die von der Einheitlichen Europäischen Akte verfügte Marktöffnung könnte wieder rückgängig gemacht werden, da die Abwertungen der italienischen Lira und der spanischen Peseta die Produkte dieser Länder (insbesondere ihre Agrarerzeugnisse, aber auch wichtige Industriegüter wie Autos) in den übrigen EU-Mitgliedstaaten verbilligten. Vor allem in Frankreich wurde ernsthaft erwogen, einen Einfuhrzoll zu verhängen, der die wettbewerbsverzerrenden Folgen der Abwertungen ausgleichen sollte: Eine solche Maßnahme hätte dem Prozess der Handelsliberalisierung, der die *raison d'être* des europäischen Einigungsprozesses seit 1958 darstellte, endgültig den Todesstoß versetzt. Zugleich führte der Abbau von Schranken gegen die Freizügigkeit nach dem Ende des Kalten Krieges und das starke Anschwellen der Einwanderungsströme zu einer populistischen Gegenreaktion der Rechten.

Insbesondere in Italien dienten die vom Stabilitätspakt auferlegten externen Beschränkungen als Basis eines Stabilisierungsprogramms, das Mitte der neunziger Jahre sogar von Mitte-Links-Regierungen tatkräftig unterstützt wurde. Letzten Endes führte dies zu einer drastische Senkung der Inflation und der Leitzinsen in Italien (und aufgrund der Zinssenkung musste der italienische Staat deutlich weniger für die Schuldentilgung aufwenden). Für Italien lag die wichtigste Rolle der EU darin, dass sie den innenpolitischen Entscheidungsprozess gleichsam in ein objektives «Zwangskorsett» einschnürte. Diese Rolle gefiel nicht nur den Mitgliedsländern, sondern auch den vielen ehemals kommunistischen EU-Beitrittskandidaten. Auf diese Weise sorgte der Stabilitätspakt in der Tat für Stabilität. Er wirkte auch disziplinierend auf die EU-Beitrittskandidaten, die sich bereits vor dem Beitritt den Stabilitätskriterien unterwarfen. Auf dem Kopenhagener EU-Gipfel (2002) beschlossen die EU-Regierungschefs, Zypern, die Tschechische Republik, Polen, Estland, Lettland, Litauen, Ungarn, Malta, die Slowakei und Slowenien im Jahr 2004 und Bulgarien und Rumänien im Jahr 2007 in die EU aufzunehmen. Sie erklärten sich auch bereit, im Dezember 2004 Beitrittsverhandlungen mit der Türkei aufzunehmen.

Aber die von außen auferlegte Stabilität hatte ihren Preis. So war die EU oft darum bemüht, den Eindruck zu erwecken, eine Maßnahme sei absolut notwendig. Ein altgedienter EU-Politiker, der luxemburgische Premierminister Jean-Claude Juncker, brachte dies prägnant auf den Punkt: «Wir entscheiden in einer Sache und warten dann ab, was passiert. Wenn niemand einen großen Wirbel darum macht, weil die meisten Leute gar nicht wissen, was beschlossen wurde, machen wir Schritt für Schritt weiter, bis es kein Zurück mehr gibt.»[9] Diese etwas schlitzohrige Strategie steht eindeutig im Widerspruch zum herkömmlichen Verständnis des politischen Willensbildungsprozesses: Debatte und sachgerechte Entscheidung. Wenn es in der Politik nicht mehr um diese Form von Entscheidungen geht, worum dann? Im Jahr 1991 schrieb Nigel Lawson: «Ich glaube, Pierre Mendès-France sagte einmal, regieren bestehe darin, fundierte Entscheidungen zu treffen. Wer offenkundig entscheidungsunfähig ist, der ist auch regierungsunfähig.»[10] Der neue Politikstil löste eine Diskussion über das «Demokratiedefizit» im Zentrum der modernen europäischen Politik und die Forderung nach einer Instanz aus, welche die europäische Dynamik steuern und politisch begründete Alternativen bieten sollte. Der EU-Kommissionspräsident Romano Prodi erklärte 2002 öffentlich, er halte den Stabilitätspakt für eine «Dummheit».

Wir wollen uns in den folgenden Abschnitten mit einzelnen Aspekten der neuen Politik der neunziger Jahre befassen, in denen sich grundlegende Fragen nach der politischen Moral stellten, die kaum noch etwas mit den alten Diskussionen des Kalten Krieges zu tun hatten.

Die neue Politik 1: Eigentum

Ein wesentliches Element der Bemühung, in den ehemaligen sozialistischen Staaten wieder eine demokratische Gesellschaft aufzubauen, war die Wiedereinführung des Privateigentums und der Marktwirtschaft: das hatte politische Priorität und wurde in den westlichen Ländern sehr ernst genommen. So gehörte sie auch zum Konsens, der die politische Neuausrichtung Europas in den neunziger Jahren bestimmte.

Das radikalste und erfolgreichste postkommunistische Reformprogramm wurde in Polen durchgeführt. Man nannte es eine»Schocktherapie», weil der Finanzminister in der ersten nichtkommunistischen Regierung, Leszek Balcerowicz, die Preise freigab und überdies eine strenge Budgetdisziplin verordnete. Er hatte die Grundzüge des Programms schon lange vor 1989 ausgearbeitet und stützte sich ausdrücklich auf ältere westliche Reformmodelle, vor allem auf Ludwig Erhards deutsche Währungsreform von 1948 und auf die Stabilisierungsprogramme in Südkorea Anfang der sechziger Jahre. Balcerowicz hatte diese beiden historischen Episoden eingehend analysiert. Er griff deshalb zu dieser «Therapie», weil er der Ansicht war, die Beseitigung der am wenigsten effizienten Bereiche der sozialistischen Planwirtschaft hätte schmerzhafte soziale Folgen, sie könne daher nur von einer Regierung in Angriff genommen werden, die eine ausgeprägt demokratische Legitimation besaß, die im Verlauf des Reformprozesses jedoch rasch erodieren würde. Daher musste das Programm sehr zügig umgesetzt werden. Denn ein langwieriger Umstrukturierungsprozess konnte die unvermeidlichen Verlierer erbittern und zugleich nur wenige Gewinner hervorbringen. Polen hatte wie Ungarn in den siebziger und achtziger Jahren umfassend mit Teilreformen experimentiert; die Ergebnisse waren jedoch enttäuschend. Die Lage in Polen war außergewöhnlich günstig, und Umfragen zeigten Anfang der neunziger Jahre eine 90-prozentige Zustimmung für die Regierung und eine mehr als 50-prozentige Zustimmung zur Schocktherapie.

Wie in anderen ostmitteleuropäischen Ländern ging der ökonomische Strukturwandel auch in Polen mit einem deutlichen Einbruch der Wirtschaftsleistung einher, der sich nach den amtlichen Zahlen auf etwa ein Fünftel des BIP belief (diese Zahlen überzeichneten jedoch höchstwahrscheinlich das Ausmaß des Produktionsrückgangs, da sie die Wirtschaftsleistung an den geschönten Produktionsstatistiken aus der kommunistischen Ära maßen). Andere Elemente der Reform – die Umschuldung der hohen Staatsschulden im Ausland aus der kommunistischen Ära und die Privatisierung der Staatsbetriebe – zogen sich viel länger hin. Die (sozioökonomische) Ungleichheit nahm zu. Die Unzufriedenheit mit den Reformen und die Enttäuschung darüber, dass nicht über Nacht ein kapitalistisches Schlaraffenland entstanden war, ließ die Popularität der Regierung zwangsläufig schwinden.

In Polen erhielt die ehemalige kommunistische Partei, die jetzt im neuen Gewand einer sozialdemokratischen Partei auftrat, bei den Wahlen im September 1993 21 Prozent der Stimmen (bei einem insgesamt stark zersplitterten Abstimmungsergebnis) und wurde zur stärksten Partei im Parlament. Die Wahlen führten zwar zu einem Regierungswechsel, aber zu keiner grundlegenden Änderung des wirtschaftspolitischen Kurses. Wie in den anderen erfolgreichen Transformationsländern (Ungarn, Tschechien, Slowenien) bekannte sich auch in Polen die vormalige kommunistische Partei uneingeschränkt und eindeutig zur Marktwirtschaft.

Die Reformen in Tschechien, die maßgeblich von Vaclav Klaus vorangetrieben wurden, einem ebenso eloquenten wie radikalen marktwirtschaftlichen Reformer und Bewunderer Margaret Thatchers, der jedoch nicht der Dissidentenbewegung angehört hatte, schienen von Anfang an weiter zu gehen als die Reformen in Polen. Dies hing damit zusammen, dass gleich zu Beginn – und nicht erst mehrere Jahre nach dem Einsetzen des Reformprozesses – vormaliges Staatseigentum durch Ausgabe handelsfähiger Bezugsscheine («Voucher») privatisiert wurde. Fast die Hälfte der Privatisierungen erfolgte durch Ausgabe von Bezugsscheinen. Aber die Regierung erschwerte die Restrukturierung von Unternehmen und die Entlassung von Mitarbeitern, da sie befürchtete, der Reformkurs untergrabe ihren Rückhalt in der Bevölkerung. Aus diesem Grund verhielten sich die formell privatisierten tschechischen Unternehmen weiterhin wie Staatsbetriebe alten Stils. Sie nahmen Kredite bei Banken auf, die Kontakte zu Politikern pflegten, um ihre Investitionen abzusichern. Dies führte in den Jahren 1997–98 zu einer schweren Bankenkrise und einer Verlangsamung des Wachstums.

Die rumänische Regierung nach 1989, die aus den besonderen Umständen des Putschs gegen Ceauşescu hervorging, stand am anderen Ende des Erfolgsspektrums der Reformen; sie hatte sehr wenig Rückhalt im Volk und schreckte davor zurück, schon zu Beginn ein umfassendes Reformprogramm in Angriff zu nehmen. Das Privatisierungsgesetz, Gesetz 51 von 1990, sollte theoretisch 30 Prozent des Vermögens rumänischer Staatsbetriebe in Privathand überführen, aber es sorgte in der Praxis nur für Verwirrung und Unsicherheit. Der neuen Regierung ging es vor allem darum, die für Mai 1990 angesetzten Wahlen zu gewinnen, und sie versuchte, die Bevölkerung durch starke Lohn- und Gehaltserhöhungen, die sie über Inflation finanzierte, für sich zu gewinnen. Der Wechselkurs wurde künstlich auf einem hohen Niveau gehalten, was den Abfluss von Kapital förderte, der durch unzureichende Kapitalverkehrskontrollen noch erleichtert wurde. Dieser schlechte Start führte im Verlauf der neunziger Jahre zu mehreren schweren Wirtschafts- und Finanzkrisen, die Interventionen des IWF notwendig machten. Im Jahr 1994 wertete die Regierung die Währung ab und versuchte den Export anzukurbeln; aber die Inflation kehrte zurück, und 1997 musste ein neues Reformpaket geschnürt werden.

So führten die meisten ehemals kommunistischen Länder ein marktwirtschaftliches System ein und schwenkten ganz auf die Politik Westeuropas ein, wobei Mitte-Links- und Mitte-Rechts-Parteien in den meisten wirtschaftspolitischen Fragen übereinstimmten, während sie in wichtigen gesellschaftspolitischen Fragen (Scheidung, Schwangerschaftsabbruch) unterschiedliche Standpunkte vertraten. Viel schwerer hatten es allerdings jene Länder, die den anfänglichen Reformschwung verpassten.

Russland schien zunächst eines der dynamischsten Reformländer zu sein; eine Hand voll äußerst tatkräftiger Demokraten im Umfeld von Präsident Boris Jelzin und radikale junge Wirtschaftsreformer wie Jegor Gaidar und Anatoli Tschubais, die sogar der Regierung angehörten, trieben diese Entwicklung voran. Die Grundlagen dafür waren bereits in der Ära Gorbatschow durch eine umfassende Debatte über Wirtschaftsreformen und die richtige Abfolge von Preisfreigaben und Privatisierungen gelegt worden.

Gaidar wurde im November 1991, in den letzten Tagen der Sowjetunion, Präsident Jelzins wirtschaftlicher Chefberater und gab die meisten Preise Anfang 1992 erstaunlich schnell frei (wie bei den Reformen Erhards 1948 in Deutschland wurden einige Preise, besonders im Energie- und Verkehrsbereich, weiterhin staatlich festgesetzt). Die Regierung brachte zügig ein Privatisierungsprogramm auf der Basis von «Vouchern» – Bezugsscheinen – auf den Weg, und zwischen 1992 und 1996 wurden 122 000 Betriebe privatisiert – das umfassendste Privatisierungsprogramm weltweit. In der Praxis indes waren viele der Unternehmen bereits auf Initiative ihrer Führungskader («rote Kapitalisten») informell privatisiert worden. In der neuen russischen Verfassung von 1993 war die Ausweitung des Privateigentums auf Landbesitz vorgesehen, aber diese Bestimmung wurde bis Juni 2002 von der Opposition im Parlament blockiert.

Die Privatisierung geriet in Russland schon bald schwer in Verruf. Ihre Befürworter gerieten in die Defensive. Gaidar sagte später, die *Nomenklatura* habe «Macht gegen Eigentum getauscht».[11] Er identifizierte einen «*Nomenklatura*-Sektor ..., der von maßgeblichen Vertretern der alten Wirtschaftselite geleitet wird. Diese Unternehmen zeichnen sich dadurch aus, dass sie auch nach dem Zusammenbruch des Sozialismus den Staat noch immer als ihr Eigentum betrachten und ihre Probleme für Probleme des Staates halten.»[12] Aber dieses Problem war bereits seit der Endzeit des Sowjetimperiums tief im politischen und ökonomischen System Russlands verankert. Jelzin selbst hatte dies in seiner programmatischen Rede im Oktober 1991 unmissverständlich klar gemacht: «Wir haben unvertretbar lange über die Frage diskutiert, ob wir überhaupt Privateigentum brauchen. In der Zwischenzeit hat die Partei- und Staatselite aktiv ihre eigene Privatisierung betrieben. Das Ausmaß dieser Privatisierung, die dabei an den Tag gelegte Geschäftstüchtigkeit und Heuchelei sind unglaublich. Die Privatisierung Russlands ist bereits [seit längerer Zeit] im Gange und oftmals auf einer kriminellen Basis.»[13]

Die Maßnahmen von 1992 stellten eine Revolution von oben dar: Ein Reformpaket, das ausnahmslos von der Regierung und von den jungen Leuten um Gaidar ausging. Das im März 1990 gewählte Parlament, der Kongress der Volksdeputierten, der noch ganz von der Mentalität der *Apparatschiks* aus der Sowjetära geprägt war, leistete entschlossenen Widerstand. Selbst 1992 war das Tempo der Reformen daher noch immer sehr ungleich. Im April 1992 wurde Gaidar als Finanzminister entlassen, aber schon im Juni wurde er stellvertretender Ministerpräsident, ein Amt, von dem er im Dezember 1992 zurücktrat. Das Gros der Beamten – eine beträchtliche Zahl, gab es doch allein 1,5 Millionen Bundesbeamte – war noch zu Sowjetzeiten ernannt worden und hatte sehr konservative Ansichten. Das Gleiche galt für die Richterschaft und das KGB, die einfach vom neuen russischen Staat übernommen wurden.

Eines der Hindernisse für durchgreifende Reformen im Jahr 1992 war eine starke Kreditausweitung, die teils darauf zurückzuführen war, dass Unternehmen sich wechselseitig immer höhere Kredite einräumten und darauf vertrauten, dass die Zentralbank sie finanzieren würde, und sich teils demselben Prozess auf Regierungsebene verdankte, da sich verschiedene Bereiche des öffentlichen Sektors jeglicher Haushaltskontrolle zu entziehen suchten. Nicht zuletzt aufgrund internationalen Drucks hielt Russland an der Währungsunion mit anderen ehemaligen Sowjetrepubliken fest, die jetzt das Geld mit beiden Händen ausgaben, so wie vierzehn Ex-Ehefrauen, die mit der Kreditkarte ihres einstigen Ehemanns auf Einkaufstour gehen (wie es in einem bissigen Kommentar hieß).

Bei diesem Reformprozess, mit dem das Volk durch eine großzügige Ausgabenpolitik ruhig gestellt werden sollte, lag Jelzin im Dauerstreit mit einem Parlament, das noch höhere Haushaltsdefizite forderte. Aber dies hätte das Scheitern des IWF-Programms und das Ende ausländischer Finanzhilfe bedeutet. Im Juli 1993 versuchte es die Regierung mit einer sehr eigenwilligen Antiinflationspolitik und kündigte eine abrupte Währungsreform an (alle Rubelnoten aus der Sowjetzeit sollten im Verlauf eines Wochenendes umgetauscht werden). Dann versuchte sie, die Aufnahme neuer Kredite zu blockieren. Das Parlament war empört, weil es sich in seinem Recht beschnitten fühlte, neue Mittel und neue Projekte zu bewilligen. Anfang September 1993 entließ Jelzin Vizepräsident Aleksandr Ruzkoi, der als Führer der parlamentarischen (ex-sowjetischen) Opposition hervorgetreten war, doch das Parlament erklärte die Amtsenthebung für illegal. Gaidar wurde wieder zum Stellvertretenden Ministerpräsidenten ernannt, und Jelzin löste das Parlament auf. Als sich das Parlament dagegen auflehnte und Ruzkoi zum amtierenden Präsidenten ernannte, ließ Jelzin das von Ruzkoi und den Parlamentsabgeordneten besetzte Weiße Haus belagern und später stürmen. Bei den Kämpfen in Moskau kamen mindestens 187 Menschen ums Leben.

Die Duma-(Parlaments)-Wahlen im Dezember 1993, bei denen zugleich ein Referendum über Jelzins neue Verfassung abgehalten – und angenommen wurde –, erwiesen sich als ein herber Rückschlag für die Demokratisierung. Mit Abstand stärkste Partei wurden die Liberaldemokraten (eine ziemlich irreführende Bezeichnung) unter dem skurrilen Nationalisten Wladimir Schirinowski, der einer breiteren Öffentlichkeit bekannt geworden war, als er bei den russischen Präsidentschaftswahlen von 1991 unerwartet gut abgeschnitten hatte. Im Jahr 1993 erhielt seine Partei 22,8 Prozent der Stimmen und gewann 59 der 225 Sitze in der neuen Duma. Das regierungstragende Wahlbündnis, «Russlands Wahl», errang 15,4 Prozent der Stimmen und 40 Sitze, während die erzkonservativen Kommunisten mit 12,4 Prozent der Stimmen 32 Sitze bekamen. Die kleine Reformpartei Jabloko erhielt 20 Sitze. Die Mehrheit im neuen Parlament, in dessen Zusammensetzung sich die weit verbreitete Unzufriedenheit der Russen widerspiegelte, lehnte nicht nur Marktwirtschaft und Demokratie ab, sondern stand auch dem Jelzin-Regime, das sie für die Zerstörung der Sowjetunion und der Großmachtstellung Russlands verantwortlich machte, ablehnend gegenüber. Die breite Unterstützung für die extreme Linke (Kommunisten) und die Rechte (Schirinowski) weckte Erinnerungen an den wachsenden Zulauf extremer Parteien in den zerfallenden europäischen Demokratien zwischen den beiden Weltkriegen, insbesondere an die Weimarer Republik (die ebenfalls auf den Trümmern eines zusammengebrochenen Reiches errichtet worden war). Kommentatoren innerhalb und außerhalb Russlands begannen vom «Weimarer Russland» zu sprechen.

Jelzin und seine engsten Mitarbeiter gelangten zu der Überzeugung, die wirtschaftlichen Reformen könnten unter demokratischen Verhältnissen nicht zu einem erfolgreichen Abschluss gebracht werden; dazu bedürfe es vielmehr eines aufgeklärten Autoritarismus, der schließlich echte demokratische Verhältnisse hervorbringen sollte: entsprechend dem Vorbild Singapurs oder (in einer unfreundlicheren Interpretation) nach dem Beispiel des autoritären, repressiven Regimes von General Pinochet in Chile. Doch die eigentümliche Verfassung Russlands nach 1993 ließ keine Autokratie zu. Sie war noch am ehesten mit dem Regime General de Gaulles in den Anfangsjahren der Fünften Republik vergleichbar, in denen die Machtbefugnisse des Präsidenten nicht exakt definiert waren und ziemlich weit ausgelegt wurden. Kommentatoren aus dem Westen strichen gern heraus, Russland habe keine demokratische Tradition und keine echten Demokraten: Diesen Standpunkt vertraten einige unverbesserliche Kalte Krieger, die behaupteten, Russlands Eigenart verdanke sich sowohl dem russischen Volkscharakter wie der Prägung durch den Marxismus; noch offener wurde diese Ansicht von linken Kritikern aus dem Westen vorgetragen, die die Schocktherapie und ihre Befürworter als naiv und irregeleitet verspotteten. Aber ebenso gut könnte man behaupten, Frankreich habe vor 1958 an chronischer Instabilität gelitten und ein Demokratiedefizit gehabt: Dennoch bildeten sich im Verlauf von 15 Jahren bemerkenswert stabile Verhältnisse heraus. Ungefähr ebenso lange dauerte die Transformation in Russland.

Aber anders als de Gaulle, der sich auf eine ziemlich willfährige gaullistische Mehrheit in der Abgeordnetenkammer stützen konnte, verfügte Jelzin aufgrund der schweren, anhaltenden Wirtschaftskrise nie über einen sicheren Rückhalt im russischen Parlament. Die Industrieproduktion brach zusammen, als die Fabriken aus der Sowjetära dichtmachten. Der Lebensstandard sank, und alle Sterblichkeitsindizes stiegen an.

Eigentlich ist es erstaunlich, dass der Transformationsprozess in Russland relativ friedlich verlief und nur in den Randgebieten, insbesondere im Nordkaukasus, gewalttätige Konflikte ausbrachen. Der erste tschetschenische Präsident, Dschochar Dudajew, sagte, er brauche Kriege «dringender als Russland … ich habe 300 000 Mann, die obdachlos, arbeitslos und verbittert sind und nichts zu tun haben. Das einzige, was sie können, ist kämpfen. Ich brauche ein bisschen Krieg und einen Feind, gegen den ich sie in die Schlacht schicken kann.»[14] Verwunderlich ist, dass dieser Einstellung, die in Russland weit verbreitet war, keine Taten folgten, sieht man einmal von den beiden Tschetschenien-Kriegen ab (die von der reformbereiten liberal-demokratischen Elite Russlands abgelehnt wurden).

Dies lässt sich zum Teil damit erklären, dass die russischen Eliten weitgehend durch Geldgeschenke ruhig gestellt wurden. Die Regierung erhielt im März 1994 einen Beistandskredit des IWF (über 1,5 Milliarden Dollar), und sie trieb die Privatisierung «für die kleinen Leute» energisch voran, um sich einen gewissen Rückhalt in der Bevölkerung zu sichern. Aber der «Volkskapitalismus» erwies sich in der Praxis als pure Farce. Es kam zu zahlreichen Gaunereien und Betrügereien: Bei dem schlimmsten Betrugsfall verloren etwa eine Million Menschen ihre Ersparnisse, als die nach dem Schneeballsystem arbeitende Kapitalanlagegesellschaft MMM 1994 faillierte.

Eine neue Serie von Parlamentswahlen im Dezember 1995 änderte nicht viel und brachte wenig Unterstützung für den Präsidenten. Bereits bei der ersten Direktwahl des Chefs einer Regionalregierung im August 1995 wurde ein Separatist, der 1993 seine eigene «Uralrepublik» ausgerufen hatte, zum Verwaltungschef von Jelzins einstiger Machtbasis, dem *oblast* Swerdlowsk, gewählt. Bei den Duma-Wahlen wurden die Kommunisten mit 22,3 Prozent der Stimmen und 157 von 450 Sitzen stärkste Partei, und die Liberaldemokraten (Schirinowski) mit 11,2 Prozent und 51 Sitzen zur zweitstärksten. (Der Anteil der Mandate war deshalb so viel höher als der Anteil der Stimmen, weil fast die Hälfte der Wähler Parteien wählten, die nicht über die 5-Prozent-Hürde kamen.)

Alles deutete darauf hin, dass der Chef der kommunistischen Partei, Genadi Sjuganow, die für Juni anberaumten Präsidentschaftswahlen gewinnen würde. Diese Aussicht erschreckte die russischen Wirtschaftsmagnaten, besonders als sich Sjuganow auf dem Davoser Weltwirtschaftsforum im Jahr 1996 westlichen Politikern und Geschäftsleuten als ein sympathischer und vertrauenswürdiger Mann verkaufte. Am Rande des Treffens der globalen Führungselite schlossen sie den «Pakt von Davos» über die Finanzierung der Wiederwahl Jelzins zum russischen Präsidenten. Später behaupteten sie, die Wahl Jelzins habe sie 3 Milliarden Dollar gekostet, obwohl Jelzin seinen Wahlkampf mit Staatsgeldern finanzierte und die sechs oder sieben (die Angaben gehen auseinander) Geschäftsleute der *semibankiwschtschina* diese Gelder Staats- oder Firmenkassen entnahmen.[15] Die Bekanntesten der sechs, Wladimir Potanin und Boris Beresowski, traten nach den Präsidentschaftswahlen, aus denen Jelzin im zweiten Wahlgang als Sieger gegen Sjuganow hervorging (53,8 Prozent gegen 40,3 Prozent; die restlichen Stimmen waren Proteststimmen), in die Regierung ein.

Der neue politische Kompromiss beinhaltete zwei Neuerungen für Jelzin: Die Beförderung der Finanzinteressen der Oligarchen und eine populistischere Strategie. Das wichtigste Instrument, um Geld für den «Zaren» aufzutreiben, war eine neue Variante der Privatisierung, das so genannte Programm «Kredite gegen Unternehmensbeteiligungen». Es war 1994 und 1995 als eine Methode zur Steigerung der Staatseinnahmen ersonnen worden: Unternehmen gewährten der öffentlichen Hand Kredite, die mit Beteiligungen an großen Staatsfirmen gesichert wurden, welche die Verfügungsgewalt über die riesigen Rohstoffvorkommen Russlands hatten. Mit dieser Methode gelang es Potanins Holdinggesellschaft, sich für einen Kredit über 1,8 Milliarden Dollar die Kontrolle über Norilsk Nikkel zu sichern, und Beresowski brachte auf diese Weise Aeroflot (und deren Deviseneinnahmen) unter seine Kontrolle. Tatsächlich besaß Jelzin die Stimmrechtsvollmacht für Beresowskis Anteilsscheine, und im März 1997 wurde Jelzins Schwiegersohn Chef der ehemaligen staatlichen Fluggesellschaft Aeroflot. Dies entsprach nun allerdings eher dem indonesischen (Suhartoschen) als dem singapurischen Modell des Kapitalismus.

Die Regierung erkannte auch, dass sie tatkräftiger und populistischer auftreten musste. Da Jelzin jedoch ständig unpässlich war, im Juli 1995 einen Herzinfarkt erlitten hatte und selbst bei einem kurzen Fernsehauftritt zum Abschluss des Präsidentschaftswahlkampfs 1996 einen sichtlich erschöpften Eindruck machte, war dies recht schwierig. Am ehesten ließ sich dieses Ziel noch durch die Wiederbelebung der Großmachtrhetorik aus der Sowjetära erreichen. Anfang 1996 trat der erfahrene und umsichtige russische Außenminister Andrei Kosyrew zurück (er hatte dieses Amt sein 1990 versehen), sein Nachfolge wurde Jewgeni Primakow, der vormalige Chef des russischen Auslandsnachrichtendienstes. Er begann sogleich mit einer Kampagne gegen die US-amerikanische Bosnien-Politik und gegen die NATO-Erweiterung und schließlich (1999) auch gegen den Krieg der NATO gegen Serbien.

Jelzin selbst bedeuteten Gedenkobjekte aus der zaristischen Epoche mehr als Reliquien aus der Zeit der kommunistischen Diktatur. Im September 1997 schlug er vor, Lenins einbalsamierten Leichnam aus dem Mausoleum an der Kreml-Mauer zu entfernen (um «ihm ein christliches Begräbnis zukommen zu lassen», wie Jelzin sich seltsamerweise ausdrückte) und die sterblichen Überreste des von russischen Kommunisten ermordeten Zar Nikolais' II. dorthin zu überführen.

Er sorgte auch dafür, dass sich die Finanziers seiner Wiederwahl von 1996 untereinander zerstritten. Gelegenheit dazu bot die Privatisierung eines weiteren Staatsunternehmens, Swjasinvest, dem eine Schlüsselrolle zukam, da es die Frequenz-Nutzungsrechte für Fernsehen, Computer und Mobiltelefone vergab. Es stellte nicht nur ein ungemein lukratives Investitionsobjekt dar (Handys boomten in Russland und waren zu einem Statussymbol der neuen Russen geworden); es konnte zudem die Medien und deren Manipulation der öffentlichen Meinung kontrollieren. Als Potanins Oneksimbank, unterstützt von dem amerikanischen Finanzier George Soros, den Zuschlag bekam, griffen andere «Oligarchen» – insbesondere Wladimir Gusinski (der ein Medienimperium kontrollierte) und Beresowski – die Regierung scharf an. Jelzins entlassener Sicherheitschef, Aleksandr Korschakow, brachte wilde Gerüchte über Jelzin in Umlauf und drohte mit weiteren Enthüllungen. Er behauptete insbesondere, Beresowski erpresse Jelzin mit der Drohung, die finanziellen (und vielleicht auch sexuellen) Affären seiner Familie und insbesondere von Jelzins Tochter, Tatjana Daschtschenko, zu enthüllen, die als wichtigste Kontaktperson Jelzins zur Außenwelt zusehends eine Schlüsselrolle spielte.

Unterdessen erhob der Präsident der russischen Zentralbank, Sergei Dubinin, den Vorwurf, Staatsgelder in Höhe von 500 Millionen Dollar seien widerrechtlich verwendet worden, um öffentliche Bedienstete in Moskau zu bezahlen und den Kauf von MiG-Kampfflugzeugen von einem begünstigten Unternehmen zu finanzieren. Das Geld sei über Potanins Firmenimperium transferiert worden. Daraufhin erlassene Antikorruptionsvorschriften verpflichteten Regierungsmitglieder dazu, ihr Einkommen und ihr Vermögen offenzulegen, was jedoch zu lächerlichen Ergebnissen führte. So bezifferte Beresowski sein Vermögen auf ganze 39 000 Dollar.

Doch trotz der Skandale, die nicht abreißen wollten, brach in Moskau ein regelrechtes Goldfieber aus, während der Zustrom ausländischen Kapitals anhielt. Dieser erreichte im zweiten und dritten Quartal 1997 mit 8 Milliarden Dollar seinen Höhepunkt. Die Regierung deckte ihren Finanzmittelbedarf durch Ausgabe kurzfristiger Schatzschuldbriefe (GKOs), die zunächst direkt und dann indirekt an ausländische Investoren verkauft wurden. Im März 1998 entließ Jelzin den langjährigen Ministerpräsidenten Wiktor Tschernomyrdin. Sein Nachfolger wurde der junge Sergei Kirijenko, der keine Bedrohung für Jelzin beziehungsweise dessen Clique («Familie») darstellte. Der mit GKOs finanzierte Boom hätte vielleicht länger gedauert, aber er wäre mit Sicherheit nicht endlos weitergegangen. Doch die Weltfinanzmärkte wurden im Sommer 1997 von einer Panik erschüttert, die von Asien ausging. Die Probleme der asiatischen Länder rührten zum Teil von der Nervosität der ausländischen Investoren her, aber zum Teil auch von chronischer Korruption und Nepotismus. Besonders im Falle Indonesiens lösten die Finanz- und sonstigen Geschäfte der Familie Suharto zahlreiche selbstgerechte Schmähungen aus den USA aus. Inmitten der Asienkrise wies der Geschäftsführende Direktor des IWF öffentlich darauf hin, dass derartige Probleme nicht auf Asien beschränkt seien, und er erwähnte ausdrücklich die russische «Amigowirtschaft».

Die Märkte sahen der weiteren Entwicklung in Russland mit wachsender Nervosität entgegen, und es kam zu hohen Kapitalabflüssen (für die vor allem russische Bürger verantwortlich waren). Der IWF stellte daraufhin im Juli 1998, wie schon bei der Asienkrise, ein großes Rettungspaket zusammen. Dieses hatte in Russland ein Volumen von 17,1 Milliarden Dollar, von denen der IWF 11,6 Milliarden Dollar beisteuerte. Am 17. August brach der Rubel-Kurs massiv ein, worauf Russland den Rubel abwertete und gleichzeitig seinen Schuldendienst einstellte. Dieser Schritt verschreckte die ausländischen Investoren in Russland, die ziemlich naiv mit einer dauerhaften Absicherung ihrer Kredite durch den IWF gerechnet hatten, in der Annahme, die internationale Staatengemeinschaft könne es sich nicht leisten, die Atommacht Russland in einer schweren Wirtschaftskrise sich selbst zu überlassen.

Der gründlich diskreditierte Kirijenko trat zurück, und Jelzin wollte wieder den erfahrenen Tschernomyrdin berufen, der immer ein gutes Verhältnis zum IWF gehabt hatte. Aber die russische Duma verweigerte zweimal ihre Zustimmung zu dieser Ernennung, worauf Jelzin das Parlament nicht etwa auflöste, sondern den bekanntermaßen antiwestlichen Primakow zum Regierungschef ernannte, weil er der einzige Politiker war, der über einen ausreichenden Rückhalt im Parlament verfügte.

Nur ein paar Wochen nachdem Russland seinen Schuldendienst eingestellt und den Rubel abgewertet hatte, sagte Tschubais: «Auch wenn wir die internationalen Finanzinstitutionen ordentlich hinters Licht geführt haben – schließlich erschwindelten wir 20 Milliarden Dollar von ihnen –, so sehen diese heute doch ein, dass wir keine andere Wahl hatten.»[16] Merkwürdigerweise hatte er Recht, und nach der schweren Krise von 1998 begann die russische Wirtschaft tatsächlich wieder zu wachsen. Durch die Abwertung wurden russische Produkte wettbewerbsfähiger, und Läden, die zuvor nur Importwaren geführt hatten, offerierten jetzt auch inländische Erzeugnisse.

Im Jahr 1999 machte die Duma noch entschiedener Front gegen Jelzin und leitete ein Amtsenthebungsverfahren ein wegen «illegaler Verschwörung zur Zerstörung der Sowjetunion im Jahr 1991; gewaltsamer, verfassungswidriger Auflösung des gewählten Parlaments im Jahr 1993; Beginn des Krieges in Tschetschenien; Unterhöhlung der nationalen Verteidigungsfähigkeit durch Zerschlagung der Streitkräfte und ‹Völkermord› am russischen Volk durch Wirtschaftsreformen, die die Geburtenziffer und die Lebenserwartung senkten». Jelzin ging es nun vor allem darum, einen gefügigen Nachfolger als Präsidenten zu finden. Er entließ Primakow als Ministerpräsident und berief Stepaschin zu dessen Nachfolger. Doch auch Stepaschin wurde schon bald wieder abberufen, als er allzu selbstbewusst auftrat. Im August 1999 ernannte Jelzin dann einen weiteren relativ jungen Mann, Wladimir Putin, zum Regierungschef. Vor den Duma-Wahlen wurden neue Korruptions- und Bestechungsvorwürfe laut: Das schweizerische Unternehmen Mabetex hatte angeblich die Kreditkartenrechnungen Jelzins und seiner Tochter bezahlt, und Männer aus dem Umfeld des Präsidenten sollten Kandidaten der Opposition durch Schmiergelder dazu veranlasst haben, ihre Kandidatur zurückzuziehen. Putin seinerseits hatte vor den Wahlen massiv für einen neuen Tschetschenienfeldzug geworben, indem er an die nationalistischen Gefühle seiner Landsleute appellierte. Aufgrund nachhaltiger «Wahlhilfe» durch die Medien konnte sich die russische Regierung zum ersten Mal seit der Auflösung der Sowjetunion auf eine solide parlamentarische Mehrheit stützen, und das Schreckgespenst von «Weimarer Verhältnissen» in Russland war damit gebannt. Die Kommunistische Partei errang zwar erneut einen hohen Stimmenanteil (24,3 Prozent), aber Schirinowskis Bewegung fiel auf unter 6 Prozent ab, und regierungs- und reformnahe Abgeordnete bildeten eine klare Mehrheit. In der Gewissheit, dass die großen Auseinandersetzungen mit der Duma der Vergangenheit angehörten, gab Jelzin (der damit seine «historische Mission» als Präsident erfüllt hatte) am letzten Tag des 20. Jahrhunderts bekannt, dass er das Präsidentenamt mit sofortiger Wirkung niederlege. Putin wurde zum Interimspräsidenten ernannt und gewann die Präsidentschaftswahlen im März im ersten Wahlgang mit absoluter Mehrheit. Der Kandidat der Kommunisten, Sjuganow, erreichte 29,2 Prozent, während Schirinowski mit nur 2,7 Prozent der Stimmen zur historischen Bedeutungslosigkeit herabsank.

Putin griff unmittelbar nach seiner Wahl hart durch. Das Präsidialamt erließ Haftbefehle gegen zwei der großen Medien- und Immobilienmagnaten der neunziger Jahre, Boris Beresowski und Wladimir Gusinski. Die Wiederherstellung des Privateigentums wurde mit der Privatisierung von Agrarland abgeschlossen. Putin ließ die russische Nationalhymne wieder mit der früheren sowjetischen Musik spielen, und verzichtete auf die Melodie aus Glinkas Oper *Ein Leben für den Zaren*, die Jelzin 1993 ausgewählt hatte. Putin musste sein Leben nicht mehr dem Schutz des «Zaren» widmen. Er verkörperte die Politik der Normalisierung und der technokratischen Modernisierung. Wollte man einen Vergleich zum Frankreich der Fünften Republik ziehen, der uns hilft, zu verstehen, wie sich die politischen Verhältnisse in einem posttraumatischen Erholungsprozess stabilisieren, dann könnte man sagen, dass der Technokrat Putin ein Wiedergänger Giscard d'Estaings ist, während Jelzin das russische Gegenstück zu Charles de Gaulle war.

Privatisierung und die Wiederherstellung von Eigentumsrechten durch ehemalige Linkspolitiker waren jedoch nicht auf vormals kommunistische Länder beschränkt. Keine Regierung im Westen privatisierte Staatsunternehmen so zügig wie die Mitte-Links-Regierung von Lionel Jospin, die entsprechende Initiativen der vorangehenden Mitte-Rechts-Regierung unter Alain Juppé sogar noch erweiterte. Juppé war mit der Privatisierung von France Télécom gescheitert, Jospin zog sie erfolgreich durch; Jospin privatisierte auch den größten französischen Stahlhersteller, Usinor, den Aluminiumkonzern Pechiney und einen Großteil des verstaatlichten Bankensektors, unter anderem CIC und Crédit Lyonnais. Der Börsengang der Deutschen Telekom, bei dem sich Millionen von Kleinaktionären die Anteilsscheine aus den Händen rissen, erzeugte eine Aktienkultur, die bis dahin in

Deutschland unbekannt gewesen war. Aber diese Privatisierungen gingen auch mit potenziellen Problemen einher, besonders wenn die Aktienkurse massiv einbrachen, während gleichzeitig bekannt wurde, dass erfolglose Manager üppigste Gratifikationen kassierten. Im September 2002 war die Aktie von France Télécom auf die Hälfte ihres Ausgabekurses gesunken, und die Aktie der Deutschen Telekom hatte 40 Prozent ihres Wertes verloren.

Die «Rückkehr des Privateigentums» in den neunziger Jahren manifestierte sich in besonders auffälliger Weise in dem völlig neuen, intensiven Interesse an Eigentumsrechten, die im Zweiten Weltkrieg von den Nazis und ihren Verbündeten verletzt worden waren. Die Diskussion, die die größte öffentliche Aufmerksamkeit erregte, betraf die Guthaben von Verfolgten des Nazi-Regimes bei schweizerischen Banken. Ein Großteil dieser Guthaben konnte nach dem Krieg nicht von ihren unmittelbaren Eigentümern oder deren Erben beansprucht werden, weil die Eigentümer nicht mehr am Leben waren und ihre Erben nicht über ausreichende Informationen verfügten. Die Banken übermittelten auch keine Informationen an ihre Kunden oder deren Erben, zumal wenn diese auf der anderen Seite des Eisernen Vorhangs lebten (aus verständlichen Gründen, denn den Kunden wären solche Mitteilungen nicht besonders angenehm gewesen). Mit dem Ende des Kommunismus verschwanden diese Beschränkungen, und man konnte sich nunmehr den berechtigten Ansprüchen derer zuwenden, die «doppelte Opfer» des Nazismus und des Kommunismus geworden waren. Außerdem enthüllten die nunmehr öffentlich zugänglichen Archive in Osteuropa bis dahin unbekannte Einzelheiten über die widerrechtliche Einziehung von Privatvermögen durch die Nazis. Schließlich verdeutlichte die Revolution gegen den Kommunismus, dass Stabilität und Legitimität eines jeden Regimes maßgeblich von der Anerkennung der engen Wechselbeziehung zwischen Eigentumssicherung und Menschenwürde abhängig waren. Banken, die das Bankgeheimnis über alle sonstigen Ansprüche stellten, standen einer politischen und moralischen Ordnung im Wege, die auf der Gewährleistung von Eigentumsrechten beruhte. Die gegen schweizerische Banken erhobenen Ansprüche wurde zum Teil in Gerichtsverfahren in den USA geklärt, die 1999 in einen Vergleich zwischen den schweizerischen Banken und den überwiegend jüdischen Opfern des Nazismus mündeten. Zum Teil wurden die Streitfragen auch von Buchprüfungskommissionen und einer unabhängigen Historikerkommission gelöst. Aber das große öffentliche Aufsehen, das die Diskussion um die schweizerischen Banken auslöste, warf weiter reichende Fragen im Zusammenhang mit dem ökonomischen Vermächtnis des Zweiten Weltkrieges auf; diese betrafen das so genannte «Raubgold» und das Verhalten von Banken und Unternehmen in anderen besetzten Ländern, anderen neutralen Staaten, aber auch in Großbritannien und den USA sowie natürlich in Deutschland; und die angemessene Entschädigung für ehemalige Zwangs- und Sklavenarbeiter im Dritten Reich, die, wenn sie in Osteuropa lebten, größtenteils nicht für die ihnen zugefügten Misshandlungen entschädigt worden waren.

Deutschland und die deutsche Regierung standen diesen Forderungen auch deshalb mit einer gewissen Reserviertheit gegenüber, weil die Bundesregierung bereits Anfang der neunziger Jahre erhebliche Zahlungen geleistet hatte, um die Lage in den osteuropäischen Ländern unmittelbar nach dem Zusammenbruch des Kommunismus zu stabilisieren (und auch um sich die Zustimmung zur deutschen Vereinigung zu «erkaufen»). Deutsche Politiker waren stillschweigend davon ausgegangen, dass mit diesen Zahlungen mögliche finanzielle Forderungen wegen der Ausbeutung und brutalen Misshandlung durch die Nazis im Zweiten Weltkrieg abgegolten seien, aber sie hatten diesen Zusammenhang in ihren öffentlichen Verlautbarungen niemals unmissverständlich hergestellt.

Da die Wiederherstellung von Eigentumsrechten Teil einer viel umfassenderen Erneuerung der zwischenstaatlichen Beziehungen auf der Grundlage von Moral und Legalität war, kam es ganz wesentlich darauf an, die Gründe für derartige Zahlungen möglichst offen und eindeutig darzutun. Dies war eine der Ursachen für die Einsetzung zahlreicher Historikerkommissionen in der zweiten Hälfte der neunziger Jahre (damals waren solche Kommissionen in 24 Ländern aktiv). Die neue politische Weltordnung und ihre Legitimität basierten in viel stärkerem Maße auf Moral und Legalität und viel weniger auf dem Ausgleich von Machtbeziehungen als das Europa zwischen 1949 und 1989. «Jalta» (das auch eine weitreichende Verletzung von Eigentumsrechten bedeutet hatte) gehörte endgültig der Vergangenheit an. Auf globaler Ebene zeichnete sich ein Konsens darüber ab, dass politische und wirtschaftliche Reformen Hand in Hand gehen müssen, dass der Schutz der Eigentumsrechte und gute Regierungspolitik einander bedingen. Moralische Maßstäbe spielten in der Politik ausdrücklich eine größere Rolle als in den zurückliegenden Jahrzehnten.

Die neue Politik 2: Moral und Außenpolitik

Der wachsende Stellenwert moralischer Maßstäbe in der Politik nach dem Zusammenbruch des Kommunismus zeigte sich besonders deutlich bei den Entwicklungen in einer Region: im ehemaligen Jugoslawien. Wenn Polen das Land war, an dem sich in den achtziger Jahren eine breite internationale

Debatte über das Verhältnis von Gesellschaft und Politik entzündete, so übernahmen in den neunziger Jahren die Nachfolgestaaten Jugoslawiens diese Rolle. Jugoslawien stellte Europa vor eine ethische Bewährungsprobe. Es ließ eine Diskussion über die Menschenrechte in der internationalen Politik wiederaufleben, die bereits in den siebziger Jahren, insbesondere von US-Präsident Jimmy Carter, angestoßen worden war und die bei der Einleitung des Helsinki-Prozesses eine wichtige Rolle gespielt hatte. Doch den größten Teil der achtziger Jahre hindurch war diese Diskussion durch die Konzentration auf den militärischen und ökonomischen Wettstreit der Supermächte in den Schatten gestellt worden.

Vor den neunziger Jahren war Jugoslawien aufgrund seiner geopolitischen Lage ein Sonderfall gewesen. Die staatliche Einheit Jugoslawiens war in den siebziger und achtziger Jahren weitgehend durch den Konflikt der Supermächte aufrechterhalten worden: in ideologischer Hinsicht durch den Gegensatz zur Sowjetunion und das Bestreben der jugoslawischen Staatsführung, einen nicht-sowjetischen Marxismus zu praktizieren; und in wirtschaftlicher Hinsicht durch die USA, die bereit waren, «abtrünnige» Ostblockstaaten finanziell zu unterstützen (entweder direkt oder über internationale Finanzinstitutionen oder über befreundete Staaten). Die gleiche Logik veranlasste die USA dazu, dem Regime des immer unberechenbareren Nicolae Ceauşescu in Rumänien finanziell unter die Arme zu greifen.

Das Tauwetter der ausgehenden achtziger Jahre und die Nachwehen der internationalen Schuldenkrise, die Ländern mit mittlerem Einkommen die Kreditbeschaffung erheblich erschwerte, fielen in Jugoslawien mit dem problematischen Vermächtnis eines einzelnen charismatischen Staatsführers zusammen. Das Jugoslawien der Nachkriegszeit war ein künstliches Geschöpf Titos, das nach dessen Tod 1980 immer instabiler wurde.

In den achtziger Jahren nahmen die Fliehkräfte dann weiter zu. Eine verfehlte Wirtschaftsreform, die Fabriken und staatlich kontrollierte Finanzinstitute von jeglicher Aufsicht befreite, heizte die Inflation an, die schließlich in eine Hyperinflation überging, da das Staatsdefizit einfach von der Notenbank finanziert wurde. Im Jahr 1987 stiegen die Preise um 120 Prozent, im Jahr 1988 um 195 Prozent und im Jahr 1999 um 1240 Prozent. Ab 1990 legten die Teilrepubliken ihre Politik nach eigenem Ermessen fest, was das geldpolitische Chaos noch verschärfte. In dem auseinanderbrechenden Bundesstaat Jugoslawien begründeten die Teilrepubliken ihre politischen Ziele jetzt nationalistisch und nicht mehr kommunistisch.

Zwei zentrale politische Führungsfiguren trieben diese nationalistische Radikalisierung an: Slobodan Milošević in Serbien und Franjo Tudjman in Kroatien. Im April 1987 sagte Milošević, der damals Sekretär der kommunistischen Partei Serbiens war, den Serben im Kosovo: «Niemand darf die Hand gegen euch erheben.» Er brachte Radio und Fernsehen in Belgrad unter seine Kontrolle und wurde, getragen von der Woge nationalistischer Begeisterung (die Menge skandierte «Slobo, Slobo»), zum Präsidenten Serbiens (1989) und zum starken Mann der jugoslawischen Politik. Am 28. Juni 1989 sagte Milošević bei einer Ansprache auf dem Amselfeld vor etwa einer Million Kosovo-Serben: «Nach sechs Jahrhunderten sind wir abermals in Kämpfe und Streitigkeiten verwickelt. Es sind zwar noch keine bewaffneten Auseinandersetzungen, aber diese lassen sich zum gegenwärtigen Zeitpunkt auch nicht ausschließen.»[17]

Nach den Umwälzungen in Osteuropa im Jahr 1989 erklärte sich die jugoslawische Staatsführung bereit, das Machtmonopol der kommunistischen Partei, des BdKJ – Bundes der Kommunisten Jugoslawiens –, (nicht aber den Grundsatz des demokratischen Zentralismus innerhalb der kommunistischen Partei) aufzugeben und im April 1990 Mehrparteienwahlen abzuhalten. Zu diesem Zeitpunkt existierte noch ein prekäres politisches Gleichgewicht zwischen den sechs Teilrepubliken des Bundesstaates Jugoslawien: Bosnien-Herzegowina, Kroatien, Mazedonien, Montenegro, Serbien und Slowenien. (Die Verfassung von 1974 errichtete überdies zwei «autonome sozialistische Provinzen» innerhalb Serbiens, die Vojvodina und das Kosovo.) Die neue Führung Montenegros nach 1989 unterstützte Milošević, ebenso Mazedonien, so dass er die Hälfte der sechs Stimmen in der Bundesregierung auf seiner Seite hatte, allerdings gab es auch starke Kräfte, die seiner Vormachtstellung entgegenwirkten.

Anfang 1989 hatte eine Oppositionsgruppe, die Slowenische Liga der Sozialdemokraten, begonnen, den Machtanspruch der slowenischen Kommunisten offen in Frage zu stellen. Unter dem Druck dieser neuen Herausforderung ihrer Legitimität spaltete sich die KP Sloweniens Anfang Januar 1990 vom Bund der Kommunisten Jugoslawiens ab. Bei den Wahlen im April erlitten sie jedoch eine empfindliche Niederlage, und eine nichtkommunistische Regierung unter Ministerpräsident Lojze Peterle verabschiedete eine «Deklaration über die Souveränität des Staates Slowenien». Der neu gewählte Präsident, Milan Kučan, war ein ehemaliger Kommunist, der jetzt jedoch für die Unabhängigkeit eintrat. Bei einer Volksabstimmung im Dezember 1990 sprachen sich 88,5 Prozent der Wähler für die Unabhängigkeit aus.

Im März 1991 reagierten Milošević und der kroatische Präsident Franjo Tudjman auf die slowenische Herausforderung, indem sie die Möglichkeit einer Aufteilung Jugoslawiens zwischen Serbien und Kroatien erörterten. Bei einer Volksabstimmung im Mai in Kroatien sprachen sich 94 Prozent der stimmberechtigten Bürger für die Errichtung eines unabhängigen und souveränen Staates aus, mit der Option, einem künftigen jugoslawischen Staatenbund (im Gegensatz zum bestehenden Bundesstaat Jugoslawien) beizutreten. Eine derartige Wahl wurde zum heiklen Problem für jene, die der Ansicht waren, die Konferenz über Sicherheit und Zusammenarbeit in Europa (KSZE) sei der Schlüssel für die künftige Entwicklung Europas, da die Vereinbarungen von Helsinki den Grundsatz der territorialen Integrität der Staaten sehr nachdrücklich betonten. Einen Monat nach dem Referendum in Slowenien warnte US-Außenminister James Baker Kroatien und Slowenien vor «einseitigen Unabhängigkeitsschritten». Die gleiche Warnung kam von der Europäischen Gemeinschaft, und Kommissionspräsident Jacques Delors besuchte Jugoslawien zusammen mit dem Präsidenten des Europarats, ein Amt, das damals zufälligerweise vom Ministerpräsidenten des kleinsten EG-Landes, Luxemburg, versehen wurde. Sie boten Jugoslawien ein Hilfspaket im Umfang von 4 Milliarden Dollar an, wenn der Konflikt auf friedliche Weise beigelegt würde, und sie erklärten, die EG werde «abgefallene Teilrepubliken nicht anerkennen und ihnen keine Hilfe gewähren». Und es entbehrte nicht einer gewissen Ironie – wie Timothy Garton Ash bissig anmerkte –, als ausgerechnet der luxemburgische Außenminister, der stolz erklärt hatte, dies sei die «Stunde Europas», die jugoslawischen Republiken belehrte, sie seien zu klein, um das Recht auf Selbstbestimmung für sich zu beanspruchen. Slowenien und Kroatien taten daraufhin prompt das, wovor sie alle gewarnt hatten (doch dann setzten sie die Unabhängigkeit bis zu den Gesprächen mit der EG aus). Am 23. Dezember 1991 erkannte Deutschland beide Staaten an, und unter dem starken Druck der deutschen Regierung erkannte schließlich auch die EG am 15. Januar 1992 Slowenien und Kroatien völkerrechtlich an.

In der Anerkennungsdiskussion traten heftige Gegensätze zwischen den großen europäischen Staaten hervor. Frankreich und Großbritannien standen dem deutschen Drängen auf rasche Anerkennung ablehnend gegenüber. Ihres Erachtens lagen dieser Eile zum Teil praktische Erwägungen zugrunde, da die meisten jugoslawischen Gastarbeiter in Deutschland Kroaten waren; sie vermuteten aber auch eine historisch bedingte Solidarisierung Deutschlands mit den Kroaten, die besorgniserregende Erinnerungen an ein unschönes Kapitel des Zweiten Weltkrieges weckte. In Paris und London war man überzeugt davon, dass die historische Argumentation Deutschlands auf einer Sicht Europas beruhte, welche die Kluft zwischen Ost und West nach 1989 neu definierte, nämlich als eine Spaltung zwischen dem orthodoxen (serbischen) Christentum und dem Katholizismus (der Kroaten). François Mitterrand wetterte in einer frühen Phase der Diskussion: «Was für ein Schlamassel! In diesem Land kann man allein den Serben trauen. Kohl wird versuchen, mir etwas über seine Freunde, die Kroaten, weiszumachen!»[18]

Die jugoslawische Bundesarmee marschierte im Juni 1991 in Slowenien ein, zog sich dann jedoch rasch wieder zurück. Sloweniens Wirtschaft trat daraufhin in eine bis heute anhaltende dynamische Wachstumsphase ein und Slowenien wurde in den neunziger Jahren, in fast jeder Hinsicht, zum wirtschaftlich erfolgreichsten aller ehemaligen kommunistischen Staaten Osteuropas. In Kroatien dagegen zog sich der Krieg länger hin und konzentrierte sich auf Gebiete mit überwiegend serbischer Bevölkerung. Im November 1991 wurde die Stadt Vukovar durch serbischen Artilleriebeschuss völlig zerstört, nachdem zuvor die Altstadt von Dubrovnik schwer beschädigt wurde.

Durch die völkerrechtliche Anerkennung Sloweniens und Kroatiens spitzte sich die Lage in Bosnien immer stärker zu (wie es die US-Regierung und viele Kommentatoren vorausgesagt hatten). Nach der Abspaltung der beiden Teilrepubliken, die damit kein Gegengewicht mehr auf Bundesebene bildeten, kam es zu einem deutlichen Machtzuwachs der Serben und Miloševićs im Bundesstaat Jugoslawien. Schon im September 1991 hatten die Serben «autonome Gebiete» in Bosnien-Herzegowina errichtet. Bosnien forderte daraufhin umgehend die völkerrechtliche Anerkennung durch die EG, doch eine EG-Schiedskommission stellte fest: «Der Wille des Volkes nach staatlicher Unabhängigkeit ist nicht zweifelsfrei erwiesen worden.» Doch bei einer Volksabstimmung über die Unabhängigkeit Bosniens, die von den bosnischen Serben boykottiert wurde, sprachen sich im März 1992 99 Prozent für die Unabhängigkeit aus. Als bei einer Hochzeitsfeier ein Serbe getötet wurde, flammten erneut Kämpfe zwischen den verfeindeten Volksgruppen auf. Zu diesem Zeitpunkt begannen die Serben mit der «ethnischen Säuberung» Ost- und Nordbosniens, während die Kroaten die Serben aus der westlichen Herzegowina vertrieben. Die Palette der Gewaltakte reichte dabei von Einschüchterungen über gezielte Tötungen bis hin zu systematischen Vergewaltigungen.

Die EG erkannte zwar die beiden neuen unabhängigen Staaten Ex-Jugoslawiens an, legte dann aber mehr oder minder die Hände in den Schoß. Im Jahr 1991 verhängte die UN ein Waffenembargo gegen Jugoslawien, das in der Praxis jedoch die Serben begünstigte, die den größten Teil der Waffenbestände der ehemaligen jugoslawischen Bundesarmee kontrollierten. Im Februar 1992 wurde eine UN-Schutztruppe (UNPROFOR) aufgestellt, die die Einhaltung der Waffenstillstandsvereinbarung in Kroatien überwachen sollte, jedoch seltsamerweise ihr Hauptquartier im bosnischen Sarajewo aufschlug, der mit 500 000 Einwohnern zweitgrößten Stadt des ehemaligen Jugoslawien. Sarajewo wurde jedoch bald von serbischen Verbänden mit schwerer Artillerie umstellt und lag dann, mit nur kurzen Unterbrechungen, bis 1995 unter ständigem Beschuss. Die Einwohner hungerten, flohen oder wurden von Heckenschützen und Granaten getötet. Selbst aufsehenerregende Gräuel, wie etwa der Beschuss des Marktes von Sarajewo mit Mörsergranaten, bei dem 68 Menschen ums Leben kamen, veranlassten weder die EU noch die UN zu einem entschlosseneren Vorgehen.

Während des langen Todeskampfes von Sarajewo beharrte die internationale Staatengemeinschaft auf ihrem Standpunkt, das Problem könne nur durch Verhandlungen gelöst werden, während die Armeen der Serben und Kroaten an Ort und Stelle neue Tatsachen schufen, indem sie die Angehörigen anderer Volksgruppen vertrieben oder umbrachten. UN-Generalsekretär Boutros Boutros Ghali erklärte: «Die Vereinten Nationen können einen Frieden nicht erzwingen; es ist die Aufgabe der Vereinten Nationen, den Frieden zu überwachen.»[19] Im Januar 1993 legten der ehemalige US-Außenminister Cyrus Vance und der ehemalige britische Außenminister David Owen einen Plan vor, wonach Bosnien in zehn weitgehend autonome Provinzen aufgeteilt werden solle. Im März 1993 stimmte die bosnische Regierung dem Plan zu, im Mai auch der bosnische Serbenführer Radovan Karadžić, nicht aber das selbsternannte Parlament der bosnischen Serben. Der UN-Sicherheitsrat beschloss in einer Resolution die Einrichtung von sechs «Schutzzonen» unter anderem um Goražde und Srebrenica, und der Befehlshaber der UN-Truppen verbürgte sich persönlich für die Sicherheit Srebrenicas, der «verwundbarsten» muslimischen Enklave auf dem von Serben kontrollierten Territorium.

Die Kroaten errichteten um Mostar eine Reihe von Konzentrationslagern. Im Lager bei Dretelj, dem größten und berüchtigtsten, wurden 2000 bis 2500 Menschen interniert. Gefangene sagten später aus, sie seien gefoltert, geschlagen und zum Singen faschistischer Lieder gezwungen worden. Einige seien mitten in Kampfgebieten ausgesetzt worden und unter Beschuss geraten. In den serbischen Konzentrationslagern bei Keraterm, Omarska, Manjaca und Trnopolje wurden ähnliche oder noch schlimmere Gräueltaten begangen.

Während die Großmächte in den Jahren 1992–93 verzweifelt mit den Folgen ihrer Tatenlosigkeit rangen, plädierten Menschenrechtsgruppen für die Einsetzung eines Kriegsverbrechertribunals nach Nürnberger Vorbild. Im amerikanischen Präsidentschaftswahlkampf 1992 warf Bill Clinton Präsident Bush vor, gegenüber Tyrannen zu nachgiebig zu sein, und er verlangte «Maßnahmen, um [die Täter] für diese Verbrechen gegen die Menschlichkeit gerichtlich zur Verantwortung zu ziehen».[20] Schließlich verabschiedete der UN-Sicherheitsrat eine Resolution über die Einsetzung eines Internationalen Gerichtshof «zu dem ausschließlichen Zweck, die Personen zu verfolgen, die für die zwischen dem 1.1. 1991 und einem vom Sicherheitsrat festzusetzenden Zeitpunkt im Hoheitsgebiet des ehemaligen Jugoslawien begangenen schweren Verstöße gegen das humanitäre Völkerrecht verantwortlich sind».

Im Jahr 1995 zeichnete sich ab, dass Kroatien den langwierigen Krieg gegen Serbien gewinnen würde, und sehr viele Serben flohen aus Kroatien nach Bosnien. Im August war die Vertreibung der Serben aus der Krajina abgeschlossen. In Bosnien nahmen die gewalttätigen Auseinandersetzungen dramatisch zu. Im Juli begannen die serbischen Truppen mit einer Offensive gegen Srebrenica, das von einer kleinen niederländischen Truppeneinheit gesichert wurde. Einige Angehörige der niederländischen Friedenstruppe wurden von den Serben als Geiseln genommen; aber die Niederländer entwickelten eine zunehmende Antipathie gegen die muslimischen Einwohner Srebrenicas, für deren Sicherheit sie verantwortlich waren. Opfer demütigender, brutaler Misshandlungen lösen manchmal Gefühle der Ablehnung aus und werden mitunter sogar nicht mehr als vollwertige Menschen betrachtet – sie tragen abgerissene Kleidung, sie riechen schlecht und jammern. So muss es wohl auch bei den niederländischen Soldaten gewesen sein, die die Muslime von Srebrenica offensichtlich immer verächtlicher behandelten. Ihre serbischen Unterdrücker dagegen trugen schicke Uniformen, verhielten sich gegenüber Ausländern oftmals höflich und verbrüderten sich mit ihnen. Der Kommandeur der niederländischen Soldaten bewunderte den Schneid und den Charme des brutalen Serbengenerals Mladić und empfand die muslimische Bevölkerung als renitent, weinerlich und faul. Er nannte Mladić auf einer Pressekonferenz nach dem Fall Srebrenicas noch immer einen «guten Kerl». Die proserbische Haltung der niederländischen Truppen («Dutchbat» im UN-Jargon) wuchs noch, als bosnische Soldaten die aus Srebrenica abziehenden Niederländer beschossen und dabei einen Angehörigen der Schutztruppe töteten. Zwischen 7500 und 8000 Muslime wurden nach der Einnahme Srebrenicas niedergemetzelt; diese Gräueltaten geschahen zum Teil unter den Augen der niederländischen Soldaten (die sie zum Teil sogar fotografierten), die tatenlos zusahen.

Der psychologische Mechanismus, Menschen zunächst auszugrenzen und ihnen die Menschlichkeit abzusprechen, bevor man sie dann verfolgt und tötet, spielte auch beim Völkermord im Zweiten Weltkrieg eine entscheidende Rolle. Die Niederländer sahen mit an, wie muslimische Männer von Frauen und Kindern getrennt und anschließend misshandelt wurden.

Das skandalöse Verhalten der UN-Friedenstruppe, die nicht gegen den Genozid einschritt, und die offizielle niederländische Untersuchung über das Massaker von Srebrenica führten schließlich – sieben Jahre später – zum Rückritt der niederländischen Regierung.

Das Massaker von Srebrenica und die anhaltenden, gezielten «ethnischen Säuberungen» warfen Fragen hinsichtlich des Schutzes der Menschenrechte auf, die seit dem Zweiten Weltkrieg nicht mehr ernsthaft erörtert worden waren. Die Europäer hatten viel zu lange diskutiert, statt entschlossen zu handeln. Nach Srebrenica hatten viele einflussreiche europäische Politiker das Gefühl, ihre Soldaten hätten tatenlos einem neuen Holocaust beigewohnt.

Um ihre Untätigkeit zu rechtfertigen, instrumentalisierten führende Politiker Jugoslawiens und anderer Staaten in empörender Weise die Historie. Milošević sagte seinen Gesprächspartnern wiederholt, die Geschichte des Zweiten Weltkriegs zeige, dass die Kroaten Nazis seien. Präsident Mitterrand sagte einmal einem deutschen Journalisten, die Geschichte beweise, dass die Serben keine Konzentrationslager haben könnten. Einig war man sich allenfalls darin, dass jeden eine Mitschuld treffe und dass das Problem durch «tief verwurzelten Hass zwischen den Volksgruppen» ausgelöst worden sei – eine Sichtweise, die kein ernstzunehmender Historiker teilte. Selbst wenn es zutreffen sollte, dass Hass manchmal über lange Zeiträume fortbesteht, müsste eine ernsthafte Analyse die Mechanismen erklären, durch die diese Einstellung an nachwachsende Generationen weitergegeben wird, was keineswegs selbstverständlich ist oder keiner weiteren Erklärung bedürfte. Präsident Clinton meinte Anfang 1994, dass Bosnien-Herzegowina «im Grunde genommen wieder in den Konflikt zurückgefallen ist, der schon seit Jahrhunderten dort schwelt. Und das ist immer möglich, denn es gibt bekanntlich keine perfekte Lösung für die Probleme des Zusammenlebens. Aber in diesem Fall bringen sich die Menschen weiterhin gegenseitig um.» John Major sagte in einer Rede vor dem Unterhaus im Jahr 1993: «Die Ereignisse in Bosnien lassen sich hauptsächlich auf den Zusammenbruch der Sowjetunion und darauf zurückführen, dass der tief verwurzelte gegenseitige Hass [der Volksgruppen] im ehemaligen Jugoslawien daher nicht länger in Schach gehalten wurde. Sobald der disziplinierende Einfluss verschwand, tauchte der alte Hass wieder auf.» Einige der sachkundigsten Bücher über die Bosnienkrise beginnen mit einer kritischen Hinterfragung dieser ebenso populistischen wie oberflächlichen so genannten «historischen Analysen». Noel Malcolm wies zu Recht darauf hin, dass die Sowjetunion seit dem Ausschluss Jugoslawiens aus dem Kominform im Jahr 1948 keine disziplinierenden Einfluss mehr ausübte.[21]

Erst im August 1995 begannen NATO-Streitkräfte mit größeren Luftangriffen auf die serbischen Truppen in Bosnien. Es war eine vergleichsweise kleine Operation: Insgesamt wurden 3515 Lufteinsätze geflogen, was den Einsätzen eines einzigen Kampftags im ersten Golfkrieg entsprach. Die kroatischen Verbände griffen die wichtigste Verteidigungsstellung der Serben in der Krajina, Knin, an, und eine weitere Welle von 150 000 serbischen Flüchtlingen ergoss sich nach Bosnien. Während all dieser Kämpfe hatte Milošević in Belgrad konsequent beteuert, er habe keinerlei Befehlsgewalt über diese «irregulären» serbischen Truppen und auch keine anderweitigen Einflussmöglichkeiten. In Wahrheit aber wurden diese Verbände von Belgrad finanziert.

Nach dem erneuten Waffengang versammelten die USA die Staatschefs Kroatiens, Bosniens und Serbiens – Tudjman, Milošević und Alija Izetbegović – auf dem Luftwaffenstützpunkt Dayton in Ohio. Dort handelten sie ein (am 14. Dezember 1995 unterzeichnetes) Friedensabkommen aus, das die Gründung zweier «Entitäten» (Gebietseinheiten) innerhalb der Republik Bosnien-Herzegowina vorsah, der Bosniakisch-kroatischen Föderation (mit 51 Prozent des Territoriums) und eine serbische Republika Srpska (mit 49 Prozent des Territoriums). Jede der drei größten Volksgruppen sollte ihre eigene Armee unterhalten. Und eine 60 000 Mann starke internationale Friedenstruppe (IFOR) sollte die Einhaltung des Abkommens überwachen.

Insgesamt forderten die Kriege im ehemaligen Jugoslawien in ihrer ersten Phase 200 000 Menschenleben.

Im Mai 1996 wurde Duško Tadić, ein eher rangniederer Offizier, der beschuldigt wurde, muslimische Insassen der serbischen Konzentrationslager Omarska und Keraterm misshandelt und getötet zu haben, als erster mutmaßlicher Kriegsverbrecher an das Internationale Kriegsverbrechertribunal in Den Haag überstellt. Die ersten Anklagen betrafen rangniedere Chargen, vergleichbar den DDR-Grenzschützern, die in Deutschland verurteilt wurden, weil sie an der innerdeutschen Grenze auf «Republikflüchtlinge» geschossen hatten. Bei den Verhandlungen in Dayton hatten die Westmächte die Sorge gehabt, die Verhaftung von bosnischen Serbenführern – Mladić beziehungsweise Radovan Karadžić, der zum ersten Präsidenten der Republika Srpska werden sollte – würde die Friedensverhandlungen erschweren. Später befürchteten die NATO-Befehlshaber, Versuche, der Kriegsverbrecher habhaft zu werden, könnten zu gewaltsamen Konflikten mit hohen Verlusten führen. Dennoch war die Einsetzung des Tribunals ein Signal.

In den Jahren 1996–97 wurden ethische Gesichtspunkte zu einem zentralen Element der internationalen Politik gegenüber den ehemaligen jugoslawischen Teilrepubliken. Dies hing auch mit einer Umbildung der US-

Regierung zusammen: In Clintons zweiter Amtszeit wurde Madeleine Albright neue Außenministerin, und sie setzte sich auch in diesem Amt, wie schon zuvor als US-Botschafterin bei den Vereinten Nationen, entschlossen für die Menschenrechte ein. Albright, die Tochter eines Tschechen, der vor den Nazis und den Sowjets geflohen war, begründete ihr Plädoyer für eine aktivere Außenpolitik gern mit historischen Vergleichen und meinte, ihre politische Grundeinstellung sei «von München [dem Münchner Abkommen]» geprägt. Sie erklärte: «Gewalttätigkeit ist ein Verstoß gegen die universellen Menschenrechte, die zu wahren unsere Pflicht ist.» Im Jahr 1994 hatte sie gesagt: «Wir glauben, dass die Aufklärung der Wahrheit über die Vorgänge in Bosnien eine wesentliche Voraussetzung – und kein Hindernis – für die nationale Aussöhnung ist.»[22]

Die neue Labour-Regierung in Großbritannien nach 1997 mit Tony Blair als Premierminister und Robin Cook als Außenminister vertrat einen ganz ähnlichen Standpunkt und nahm für sich in Anspruch, die Außenpolitik moralisch zu erneuern (aus demselben Grund übernahm Blair auch eine führende Rolle in der Debatte über die «Nazi-Gold»-Frage). Blair erklärte in einem Zeitungsinterview, er glaube an eine naturrechtliche Weltordnung und halte die übliche utilitaristische Einstellung der Politiker für gefährlich. «Es gibt die Vorstellung, dass man nur seine nationale Interessen verfolgen sollte und natürlich stimmt es, dass man seine nationalen Interessen verfolgen sollte. Aber ich glaube auch, dass Politik eine ethische Dimension hat.» Diese ethische Dimension trug maßgeblich dazu bei, dass Deutschland zum ersten Mal in seiner Nachkriegsgeschichte die Notwendigkeit einer militärischen Intervention bejahte. Sie wurde ausgerechnet von Politikern, die aus dem Umfeld der studentischen Protestbewegung der sechziger Jahre stammten, Bundeskanzler Schröder und Außenminister Joschka Fischer, mit der Verantwortung begründet, die aus dem Vermächtnis und der Last der deutschen Geschichte erwachse. In den Jahren 1998 und 1999 begannen NATO-Soldaten, mutmaßliche Kriegsverbrecher zu verhaften, und die meisten der unmittelbaren Untergebenen des serbischen Militärführers Mladićs wurden festgenommen und nach Den Haag überstellt. Im Jahr 1999 wurde Milošević selbst angeklagt.

Die Aufmerksamkeit der Weltöffentlichkeit richtete sich auch schon vor der durch das Dayton-Abkommen von 1995 eingeleiteten neuen Phase vor allem auf Bosnien-Herzegowina, was zur Folge hatte, dass ein weiterer jugoslawischer Krisenherd damals kaum beachtet wurde. Das Kosovo war von Anfang an der Eckpfeiler in Miloševićs Konzeption des serbischen Nationalismus. Im März 1989 hatte er die Autonomie des Kosovo widerrufen (die Tito 1963 gewährt hatte und die durch die Verfassung von 1976 gefestigt worden war), anschließend löste er die überwiegend albanische Polizeitruppe auf und ersetzte sie durch serbische Sicherheitskräfte. Der Albanerführer Ibrahim Rugova versuchte es mit einer Taktik des gewaltlosen Widerstandes im Stil von Solidarność: Aufbau einer Organisation im Ausland, friedlicher Protest und die Gründung von Schulen und Universitäten im Untergrund: Nach Dayton gründete eine andere, extrem gewalttätige Albanergruppe die Kosovo-Befreiungsarmee (KBA), die im Februar 1998 vier serbische Polizisten in einen Hinterhalt lockte und tötete.

Im Jahr 1998 griffen Serben im Kosovo – sowohl Einheimische als auch Armee- und Polizeieinheiten, die von Belgrad entsandt worden waren – Albaner an und vertrieben sie aus ihren Häusern. Über tausend OSZE (die Nachfolgeorganisation der KSZE)-Beobachter vor Ort mussten die Übergriffe der Serben ohnmächtig mit ansehen. Die Albaner flohen in die Berge, wo sie unter menschenunwürdigen Bedingungen lebten, aber auch nach Mazedonien, Albanien und Montenegro. Im Februar 1999 organisierte die NATO Friedensgespräche zwischen Serben- und Albanerführern aus dem Kosovo in Rambouillet bei Paris und schlug vor, die Unabhängigkeit des Kosovo zu verschieben und NATO-Truppen vor Ort zu stationieren. Die Albaner akzeptierten schließlich die vorgeschlagene Vereinbarung, doch die Serben lehnten ab. Als die NATO nicht nur Belgrad und die Industrieanlagen und Infrastruktur Serbiens bombardierte, sondern auch serbische Stellungen und Dörfer im Kosovo (24. März 1999), kam es zu einer erneuten Flüchtlingswelle unter den Kosovo-Albanern. Milošević und seine Anhänger behaupteten später, die Massenflucht sei durch die Luftangriffe der NATO und nicht durch serbischen Terror ausgelöst worden, und die Toten seien Opfer der Bomben, die aus großer Höhe von Flugzeugen abgeworfen worden seien (die NATO-Kampfpiloten hatten Befehl, zum Schutz vor der gegnerischen Flugabwehr in einer Höhe von mindestens 4500 Metern zu fliegen). Zunächst hatte es den Anschein, als würde Russland Milošević unterstützen, und der Krieg fand zu einem Zeitpunkt statt, als sich der Machtkampf zwischen Präsident Jelzin und der Duma zuspitzte, aber die russische Regierung gab ihre anfänglichen Vorbehalte auf und beteiligte sich sogar an einer militärischen Operation.

Schätzungen über die Zahl der Toten des Kosovo-Krieges gehen noch immer weit auseinander. Im Dezember 1999 behauptete das US-Außenministerium, zwischen März und Juni 1999 seien 10 000 Volksalbaner getötet worden. Nach einer aktuelleren deutschen Schätzung wurden 30 000 Albaner getötet, während die Ermittler des Tribunals in Den Haag bis Ende 1999 die Überreste von knapp über 2000 Ermordeten fanden.[23]

Bald nach der Niederlage der Serben schwand Miloševićs Macht dahin.

Im August 1999 versammelten sich über 100 000 Milošević-Gegner zu einer Protestkundgebung in Belgrad. Im September 2000 fanden in der Bundesrepublik Jugoslawien (der verbliebenen Föderation von Montenegro und Serbien) Präsidentschafts- und Parlamentswahlen statt, bei denen Miloševićs Sicherheitsapparat Wähler und Opponenten einschüchterte. Miloševićs Hauptgegner, Vojislav Kostunica von der Demokratischen Partei Serbiens, erklärte sich zum Wahlsieger und weigerte sich, in eine Stichwahl zu gehen. Das regimetreue jugoslawische Verfassungsgericht erklärte das Wahlergebnis zunächst für ungültig und verfügte, dass Milošević seine Amtszeit beenden könne, die im Juni 2001 ablief. Anfang Oktober traten die Bergarbeiter und andere in den Ausstand und forderten den Rücktritt Miloševićs. Am 5. Oktober stürmten Demonstranten das Parlament in Belgrad (dabei spielten sich Szenen ab, die an 1989 erinnerten), und das staatliche Fernsehen gab bekannt, Kostunica habe die Wahlen im September gewonnen. Milošević beglückwünschte Kostunica zu seinem Wahlsieg und erklärte (nach Art diskreditierter westlicher Vorstandschefs), er werde zurücktreten, um «mehr Zeit für seine Familie zu haben». Die EU hob daraufhin sofort die Sanktionen gegen Jugoslawien auf, während die USA ein Hilfspaket in Höhe von 100 Millionen Dollar ankündigten, falls die neue jugoslawische Regierung mutmaßliche Kriegsverbrecher (einschließlich Miloševićs) an das Internationale Kriegsverbrechertribunal in Den Haag überstelle. Tatsächlich lieferte die neue Regierung Milošević im Juni 2001 an Den Haag aus.

Im Jahr 2001 griffen die Kämpfe vom Kosovo auf Mazedonien über, wo paramilitärische Einheiten der albanischen Nationalen Befreiungsarmee (UÇK) gegen Regierungstruppen kämpften, was wiederum zu einem Massenexodus von Flüchtlingen führte. Im August 2001 trat auf Druck der EU und der USA ein Waffenstillstand in Kraft. Die UÇK erklärte sich mit ihrer Entwaffnung durch die NATO-Truppen einverstanden, und die Regierung machte den Albanern Zugeständnisse: Der in der Verfassung enthaltene Hinweis auf die mazedonischen Slawen als das einzige «verfassungsgemäße Volk» wurde getilgt. Der Albanisch-Unterricht sollte gefördert werden, und Albanisch sollte in Gebieten, in denen Albaner mehr als 20 Prozent der Bevölkerung stellten, als zweite Amtssprache eingeführt werden.

In den neunziger Jahren warfen Konflikte in anderen Regionen der Welt ebenfalls Menschenrechtsfragen auf: im Nahen Osten, in Osttimor, das lange für die Unabhängigkeit von Indonesien kämpfte, und vor allem in Ruanda, wo ein mörderischer Bürgerkrieg tobte (und wo die Vereinten Nationen ebenfalls bemerkenswert tatenlos zusahen). Doch anders als diese Konflikte spielte sich das Drama in Jugoslawien sozusagen vor der Haustür einiger der reichsten Industriestaaten der Erde ab. Während der Kriege im ehemaligen Jugoslawien beförderten Züge mit kyrillischer Beschriftung Passagiere vom Wiener Südbahnhof in die serbische Hauptstadt Belgrad. Viele Westeuropäer kannten die jugoslawischen Küstengebiete von Ferienaufenthalten. Viele Jugoslawen arbeiteten als «Gastarbeiter» in Deutschland und anderen EU-Ländern. Daher suchten die Flüchtlinge aus den Konfliktregionen auch Zuflucht in der EU und in der Schweiz. Den Menschen in diesen Ländern wurden so die humanitären Dimensionen der Tragödie direkt vor Augen geführt, während Europas politische Elite, unbeeindruckt von den Massenmorden, mit «business as usual» weitermachte. Die europäischen Regierungen rafften sich erst auf Druck der USA zu einem entschlosseneren Vorgehen auf; und es dauerte lange, bis in der Außenpolitik moralische Maßstäbe zur Geltung gebracht wurden.

Die neue Politik 3: Korruption

Eine Politik auf moralischer Grundlage und der Kampf gegen politische Korruption standen am Anfang des modernen politischen Lebens. Die Französische Revolution war ein Protest gegen Vorrechte («Privilegien»), die bestimmte Personengruppen in unbilliger Weise begünstigten. Im England des frühen 19. Jahrhunderts agitierten die Modernisierer gegen das, was sie die «alte Korruption» nannten. Derartige Auseinandersetzungen prägten die europäische Politik auch in der unmittelbaren Nachkriegszeit. In den fünfziger Jahren gab es in Italien und Frankreich zahllose couragierte Proteste gegen Korruption.

Der Wechsel der Parteien, die die Regierung stellten, begrenzte das Ausmaß der Korruption, weil sich gut funktionierende private Beziehungsnetze nicht über Nacht aufbauen lassen und weil die neue Regierung nach einem Regierungswechsel einen starken Anreiz hat, die kleinen Sünden und Missbräuche ihrer Vorgänger aufzudecken. Dort, wo es nur wenige Regierungswechsel gab, wie etwa in Italien unter der langen Herrschaft der Christdemokraten, in Österreich unter dem *Proporzsystem* oder in den langlebigen kommunistischen Regimen Mittel- und Osteuropas, konnte sich die Korruption ungehinderter entfalten.

In den neunziger Jahren tauchte die Korruption als ein neues, sehr weitreichendes politisches Problem wieder auf. Dies hing vor allem damit zusammen, dass sich die Ein- oder Mehrparteiensysteme, die durch den Kalten Krieg stabilisiert worden waren, nun auflösten. Das neuerwachte Interesse an politischer Moral spielte ebenfalls eine Rolle. Schließlich schuf der rasche ökonomische Wandel neue Möglichkeiten zur Selbstbereicherung.

Der größte Umbruch in der politischen Landschaft ereignete sich in der neunziger Jahren in Italien. Mit der Enthüllung des Lockheed-Bestechungsskandals in den frühen siebziger Jahren hatte es bereits einen Präzedenzfall gegeben. Der neue Skandal kam ins Rollen, als ein Funktionär der sozialistischen Partei, Mario Chiesa, in dem von ihm geführten Altersheim in Mailand, der Pio Albergo Trivulzo, wegen des Vorwurfs der Annahme von Schmiergeldern festgenommen wurde. Er war von seiner früheren Ehefrau, Laura Sala, angezeigt worden. Dieser relativ gewöhnliche Skandal weitete sich aus, als bekannt wurde, dass Chiesa große Geldsummen für den Sozialistenchef Bettino Craxi verwaltete. Daraufhin begann ein Team von Staatsanwälten unter Leitung von Antonio de Pietro mit der Aktion «*Mani pulite*» (saubere Hände), die ursprünglich den Korruptionssumpf in Mailand («tangentopoli») trockenlegen sollte. Die meisten der unerschrocken ermittelnden Staatsanwälte stammten aus Süditalien und waren geprägt von der aktivistischen politischen Kultur der späten sechziger Jahre. Sie pflegten enge Kontakte zu den Medien. Als sich die Affäre ausweitete, gerieten auch führende christdemokratische Politiker (Arnaldo Forlani und der langjährige Ministerpräsident Giulio Andreotti) und der Vorsitzende der rechtspopulistischen Lega Nord, Umberto Bossi, ins Visier der Staatsanwälte. Craxi wurde schließlich zu einer Freiheitsstrafe von neuneinhalb Jahren verurteilt, setzte sich aber nach Tunesien ab, wo er später starb. Andreotti, dem Kontakte zur Mafia und die Verwicklung in einen Mordfall vorgeworfen wurden, wurde angeklagt, aber in erster Instanz freigesprochen. Er wurde später zu einer Freiheitsstrafe verurteilt. Die Ermittlungsverfahren führten zu insgesamt 3165 Anklageerhebungen und 582 Verurteilungen. Am Vorabend der Parlamentswahlen von 1994 liefen Ermittlungsverfahren gegen 6000 italienische Geschäftsleute, Beamte und Politiker, darunter gegen 438 von insgesamt 945 Abgeordneten und Senatoren.

Bei den Wahlen von 1994, bei denen «Außenseiter» gegen die «*partitocrazia*» zu Felde zogen, erlitt die Democrazia Cristiana eine vernichtende Niederlage. Das rechtsgerichtete Wahlbündnis aus Lega Nord, Forza Italia und Nationaler Allianz gewann die vorgezogenen Parlamentswahlen. Der neue Ministerpräsident Silvio Berlusconi, der in den achtziger Jahren Craxis mittlerweile diskreditiertem Parteiapparat nahe gestanden hatte, erfuhr, just als er an einer UN-Konferenz über Kriminalität in Neapel teilnahm, dass die Staatsanwaltschaft ein Ermittlungsverfahren wegen des Verdachts auf Bestechung gegen ihn eingeleitet hatte. Der Zeitpunkt für die Eröffnung des Verfahrens war sorgfältig gewählt, um größtmögliches Aufsehen zu erregen, und Berlusconi schimpfte, das Justizsystem inszeniere einen «marxistischen Staatsstreich». Er trat zurück und wurde von einer eher technokratischen Mitte-Links-Regierung abgelöst, die die Korruptionsbekämpfung und die Vollendung der Europäischen Währungsunion auf ihre Fahnen geschrieben hatte. Im Jahr 1996 wurde das Parlament aufgelöst, und die Linksparteien gewannen die Neuwahlen mit hauchdünnem Vorsprung. Romano Prodi (parteilos) bildete die Regierung. Der neue Justizminister, Giovanni Maria Flick, schlug 1996 eine «politische Lösung» vor, um den Prozess des politischen Zerfalls aufzuhalten. Die Rechtsparteien hatten sich bitterlich darüber beklagt, dass die Mailänder Staatsanwälte politisch voreingenommen seien, gegen keinen einzigen kommunistischen Funktionär ermittelten, und sie nannten die «*Mani pulite*»-Teams «rote Roben» (*toghe rossi*). Nach der Reform des Gerichtsverfassungsgesetzes prüften Ausschüsse aus Richtern und Rechtsanwälten die geschätzten 1,5 bis 2,5 Millionen unerledigten Zivilsachen; Friedensrichter mit erweiterten Befugnissen wurden ernannt, und die örtlichen Zuständigkeiten der Staatsanwälte neu festgelegt.

Die Mitte-Links-Regierungen waren relativ erfolgreich bei der politischen Stabilisierung Italiens, vor allem, weil sie die europäische Einbindung und die Vorgaben aus dem Zeitplan für die Währungsunion sehr geschickt einsetzten. Viele der führenden Figuren waren eigentlich keine Politiker, sondern Beamte der italienischen Notenbank: Carlo Azeglio Ciampi, der bis 1993 Gouverneur der Notenbank war, wurde später Staatspräsident; und Lamberto Dini, der Generaldirektor der Bank, wurde später Finanzminister, Ministerpräsident und schließlich Außenminister. Einige der Staatsanwälte, die sich einen Namen als Korruptionsbekämpfer gemacht hatten, gingen in die Politik. De Pietro gründete die Partei «Italien der Werte» und wurde kurzzeitig Minister für öffentliche Bauten (ein Ministerium, das besonders stark in korrupte Vergabepraktiken verwickelt gewesen war). Doch während die Linksparteien wieder Ordnung ins politische Leben brachten, verloren sie fast alles, was typisch links gewesen war: Sie wurden jetzt mit solider Staatsverwaltung, ausgeglichenen Budgets und der europäischen Technokratie identifiziert.

Bei den Parlamentswahlen im Mai 2001 errang das Mitte-Rechts-Bündnis «Casa della libertà» (Haus der Freiheit) unter Silvio Berlusconi einen überzeugenden Wahlsieg. Berlusconi kontrollierte über sein Unternehmen Mediainvest das italienische Privatfernsehen (und als Regierungschef hatte er überdies die Aufsicht über das öffentlich-rechtliche Fernsehen). Er hatte ein besseres Gespür für die italienische Massenkultur als die frühere Regierung: Als Eigentümer des AC Mailand, Italiens stärkstem Fußballklub, stand er «der Mentalität des kleinen Mann» näher als das technokratische Mitte-Links-Bündnis, das er ablöste. Für ihn hatte Politik mindestens ebenso viel mit Entertainment und reißerischer Reklame zu tun wie mit politischer Macht im traditionellen Verständnis.

In Spanien verlor die langjährige sozialistische Regierung von Felipe González die Macht. González war 1993 für eine vierte Amtszeit wiedergewählt worden, doch 1995 erschütterte eine Serie von Skandalen die Glaubwürdigkeit der Regierung; diese betrafen zum Teil die Bekämpfung baskischer Terroristen, überwiegend aber fragwürdige Finanzgeschäfte. Der Direktor der Guardia Civil, Luis Rolda, setzte sich nach Vorwürfen, er habe Schmiergelder angenommen und Mittel aus einem Hilfsfonds für die Opfer des Terrorismus veruntreut, ins Ausland ab. Die Übernahme der großen spanischen Privatbank Banesto mit ihrem hohen Bestand an faulen Krediten durch die Bank von Spanien wurde heftig kritisiert. González räumte selbst ein: «Nach so vielen Jahren an der Regierung habe ich an Glaubwürdigkeit verloren.»[24] Bei den Parlamentswahlen im März 1996 unterlag seine Partei der konservativen Volkspartei unter José María Aznar. Der engagierteste spanische Untersuchungsrichter, Baltasar Garzon, versuchte, der rechtsprechenden Gewalt international mehr Geltung zu verschaffen, indem er einen Haftbefehl wegen Menschenrechtsverletzungen und Mord gegen den chilenischen Ex-Diktator Pinochet erließ.

Zur gleichen Zeit kündigte die Regierung von John Major in Großbritannien eine Kampagne unter dem Motto «*Back to Basics*» («Zurück zum Wesentlichen») an, und zwei Abgeordnete gaben zu, von Unternehmen Geld dafür angenommen zu haben, dass sie im Unterhaus bestimmte Fragen stellten. Jonathan Aitken, der Chief Secretary of Treasury (ein Regierungsmitglied mit Ministerrang), nächtigte 1993 auf Kosten eines saudiarabischen Geschäftsmanns im Pariser Hotel Ritz und machte vor Gericht vorsätzlich falsche Angaben darüber, wer die Rechnung bezahlt hatte. Er wurde schließlich wegen Meineids zu einer Gefängnisstrafe verurteilt. Auch der Vorsitzende der Konservativen Partei, Lord Archer, ein erfolgreicher Trivialschriftsteller und Spendenbeschaffer, wanderte wegen Meineids hinter Gitter. Majors Vorgängerin, Margaret Thatcher, klagte: «Es ist eine schreckliche Zeit in der politischen Geschichte des Westens, denn die meisten Leute in führenden Positionen sind Gauner.»[25] Auch die «*Back to Basics*»-Kampagne mit ihrer Betonung der traditionellen Moral wirkte angesichts der Enthüllungen über das Sexualverhalten konservativer Minister heuchlerisch und verlogen.

Im Jahr 1997 erlitt John Majors Konservative Partei trotz einer beeindruckenden ökonomischen Erfolgsbilanz eine schwere Wahlschlappe. Ihr haftete das Image wirtschaftspolitischer Inkompetenz (seit das Pfund im Jahr 1992 aus dem Europäischen Wechselkursmechanismus ausgeschieden war), aber vor allem des «Verlotterten» an. Die «New Labour»-Regierung von Tony Blair distanzierte sich schleunigst vom gestrengen Sozialismus von «Old Labour». Sie nahm überdies eine politische und Verwaltungsreform in Angriff, in deren Rahmen Schottland und Wales eigene Regionalparlamente mit weit reichenden Kompetenzen erhielten (Stichwort: «Dezentralisierung»).

Aber «New Labour» hatte schon bald mit eigenen «Verlotterungsproblemen» zu kämpfen. Der Lordkanzler, Lord Irvine, bat Anwälte, deren Karriere er beeinflussen konnte, um Spenden für die Labour Party. Und Peter Mandelson, einer der engsten Vertrauten des Premierministers, brachte erfolgreiche indische Geschäftsleute, die Gebrüder Hinduja, mit der Zusicherung, ihnen britische Pässe zu besorgen, dazu, der Partei 1 Million Pfund zu spenden.

In Frankreich wurden sowohl die Gaullisten als auch die Sozialisten von schweren Skandalen erschüttert. Im Mittelpunkt der Affären Mitterrands und der Linksparteien stand der staatseigene Mineralölkonzern Elf-Aquitaine, den der ehemalige sozialistische Außenminister Roland Dumas als «Milchkuh der Republik» bezeichnete: «Elf-Aquitaine erleichterte die Pflege guter Beziehungen zu gewissen afrikanischen Staatschefs, die ihrerseits gute Beziehungen zu gewissen französischen Politikern pflegten, und all dies erlaubte es, gewisse Kontaktnetze florieren zu lassen und gewisse Personen zu finanzieren. Das ist wohl bekannt. Das System funktionierte lange Zeit reibungslos.»[26] Elf-Aquitaine bediente sich Dumas´ Geliebter, um besseren Zugang zu Aufträgen in Frankreich und im Ausland (insbesondere einen taiwanesischen Großauftrag über sechs Fregatten) zu erhalten, und spendierte ihr dafür eine Luxuswohnung im Wert von 17 Millionen Francs im schicken 7. Arrondissement von Paris. Sie kaufte ihrem Geliebten zahlreiche Geschenke, darunter antike Statuen und Schuhe von Berluti für 11 000 Francs, die sie mit ihrer Firmenkreditkarte bezahlte. Später schilderte sie ihre Verdienste um den französischen Staat in dem autobiographischen Werk «*Die Hure der Republik*».

Im Jahr 1992 bat Präsident Mitterrand den Vorstandschef von Elf-Aquitaine und Chefmanager des «*système Elf*», Loik Le Floch-Prigent, Helmut Kohl einen Dienst zu erweisen und das ostdeutsche Chemiekombinat Leuna zu kaufen. Le Floch-Prigent sagte später aus, sämtliche Schmiergelder, die er ausgezahlt habe, seien direkt von Mitterrand genehmigt worden.[27] Elf sollte die Minol-Tankstellenkette in Ostdeutschland übernehmen und sich verpflichten, in der Nähe der Leuna-Werke eine moderne Raffinerie zu errichten. Ein solches Geschäft war an sich natürlich nicht verwerflich, das Problem lag jedoch in den 100 Millionen DM, die auf die Parteikonten der

CDU fließen sollten, und in dem unverhältnismäßig hohen Preis, den Elf für die Übernahme bezahlte. An hohe deutsche Politiker wie etwa Wirtschaftsminister Hans Friedrichs wurden direkte Schmiergeldzahlungen geleistet.

Die staatseigene französische Großbank Crédit Lyonnais, die eine Werbekampagne unter dem Slogan «Die Kraft, ja zu sagen» durchgeführt hatte, wurde als «die Bank, die nicht nein sagen konnte» verspottet. Sie vergab ebenfalls in großem Rahmen politisch motivierte Kredite: Darlehen von über 1 Milliarde Francs an Unternehmen des britischen Verlegers Robert Maxwell, der den Sozialisten nahe stand, und Darlehen von über 1 Milliarde Francs an den französischen Geschäftsmann und Präsidenten des Fußballklubs Olympique Marseille, Bernard Tapie, der mit Präsident Mitterrand befreundet war. Im Jahr 1991 kam heraus, dass die Bank notleidende Kredite von insgesamt 9,6 Milliarden Francs in ihren Büchern stehen hatte; und im Jahr darauf musste sie erneut Verlustrückstellungen in Höhe von 14,4 Milliarden Francs bilden. Ihr Vorstandschef wurde 1993 von der Mitte-Rechts-Regierung entlassen, aber sein Nachfolger stand der neuen Regierung nahe, und es besteht kein Grund zu der Annahme, dass die politische Günstlingswirtschaft damit aufhörte.

Zum Nachfolger Mitterrands wurde 1995 der Gaullistenführer Jacques Chirac gewählt. Die im Maastricht-Vertrag verankerten Stabilitätskriterien zwangen die konservative Regierung (unter Alain Juppé) zu Sparmaßnahmen, die massive Proteste in der Bevölkerung hervorriefen. Angesichts der instabilen parlamentarischen Mehrheit verfügte Chirac 1997 die Auflösung der Nationalversammlung und Neuwahlen. Dabei verzeichnete die gemäßigte Rechte massive Stimmenverluste (die Gaullisten kamen nur noch auf 15,7 Prozent der Stimmen und die unabhängigen Rechtsparteien auf 14,2 Prozent), während die rechtsextreme (politisch isolierte) Front National hohe Gewinne erzielte (und auf 14,9 Prozent kam). Das überraschend gute Abschneiden der Linksparteien zwang Chirac zu einer erneuten «Kohabitation» mit einem sozialistischen Regierungschef, dem sittenstrengen, integeren ehemaligen Hochschullehrer Lionel Jospin.

Chirac selbst geriet wegen Bargeldzahlungen über 2,4 Millionen Francs, mit denen zwischen 1992 und 1995, als Chirac Bürgermeister von Paris gewesen war, Flugtickets und Hotelaufenthalte Chiracs finanziert worden waren (die Gelder stammten jedoch aus einem Fonds, über den Chirac als Premierminister in den Jahren 1986–88 verfügen konnte), ins Visier der Justiz. Im Jahr 2001 verabschiedete die Nationalversammlung einen Gesetzesentwurf, der die Immunität des Staatsoberhauptes ab der nächsten Amtszeit des Präsidenten einschränkte.

Auch Deutschland wurde von schweren Skandalen erschüttert. Im Zusammenhang mit der dünnen Parlamentsmehrheit der Regierung Brandt Anfang der siebziger Jahre und den Abstimmungen im Bundestag über die Ostverträge waren (wie sich herausstellen sollte: begründete) Vorwürfe laut geworden, Abgeordnete seien gekauft worden. In den achtziger Jahren hatte sich der große Stahl- und Maschinenbaukonzern Thyssen durch Parteispenden steuerliche Vorteile erkauft. In Wirtschaftskreisen betrieb man emsig «politische Landschaftspflege», die Dumas´ «florierenden Kontaktnetzen» entsprach. Ende der neunziger Jahre wurden zahlreiche Details früherer Skandale bekannt, und eine Zeit lang sah es so aus, als würde sich die CDU wie die italienische DC ihr eigenes Grab schaufeln. Alt-Bundeskanzler Helmut Kohl weigerte sich, die Namen der Spender zu nennen, die der CDU insgesamt 2,2 Millionen DM hatten zukommen lassen. Die Partei musste zugeben, dass sie insgesamt 50 Millionen DM an illegalen Parteispenden erhalten hatte. Einer der (mutmaßlichen) Spender hatte unmittelbar nach seiner Geldzuwendung den Zuschlag für den Kauf der bundeseigenen Eisenbahnerwohnungen unter Marktpreis erhalten.

So wie die SPD politisch von den Enthüllungen über die CDU profitierte, kam auch ihre schmutzige Wäsche an die Öffentlichkeit. In Nordrhein-Westfalen, seit langer Zeit eine Bastion der SPD, hatten SPD-Kommunalpolitiker bei der Vergabe örtlicher Bauaufträge Schmiergelder kassiert.

Die Korruptionsbekämpfung war auch lange Zeit eine der besten Trümpfe des türkischen Militärs gegen die zersplitterten Mitte-Rechts-Parteien gewesen, deren Privatisierungs- und Liberalisierungsprogramm der persönlichen Bereicherung Tür und Tor zu öffnen schien. Im Jahr 1998 zerbrach die Koalitionsregierung von Mesut Yilmaz, als dem Ministerpräsidenten im Zusammenhang mit dem Verkauf einer staatseigenen Bank (im Wert von 800 Millionen Dollar) an einen Immobilientycoon mit Mafia-Verbindungen persönliche Vorteilsnahme vorgeworfen wurde. Gleichzeitig wurde die Ex-Ministerpräsidentin Tansu Çiller, die wegen Korruptionsvorwürfen aus dem Amt gejagt worden war, von einem parlamentarischen Untersuchungsausschuss umfassend rehabilitiert.

Auf europäischer Ebene musste die zwanzigköpfige Europäische Kommission im März 1999 geschlossen zurücktreten, nachdem ihr eine unabhängige Untersuchungskommission in einem Bericht Korruption, Inkompetenz und Vetternwirtschaft bescheinigt hatte. Der Bericht stellte unter anderem fest: «Die Beteuerungen der Kommissare, nichts von den Problemen gewusst zu haben, die in ihren Dienstbereichen oft allgemein bekannt waren – sogar bis in die höchsten Führungsebenen hinein –, sind gleichbedeutend mit dem Eingeständnis der politischen Amtsträger, die Kontrolle über den Verwaltungsapparat verloren zu haben, zu dessen Leitung sie berufen wurden.» Forschungskommissarin Edith Cresson, eine ehemalige französische Premierministerin, hatte einen befreundeten Zahnarzt mit der Erstellung einer wissenschaftlichen Studie beauftragt – eine Aufgabe, für die er nicht qualifiziert war und der er nicht nachkam, für die er aber trotzdem 5,5 Millionen Belgische Francs kassierte. Eine neue Kommission unter Romano Prodi verabschiedete schließlich eine «Verordnung zum Schutz von Bediensteten, die Missstände anzeigen», in der Hoffnung, dadurch weitere Korruptionsaffären zu verhindern.

Die meisten Beobachter schätzten das Ausmaß der Korruption in den ehemaligen kommunistischen Ländern viel größer ein als in Westeuropa. In der Rangordnung, welche die Nichtregierungsorganisation Transparency International jedes Jahr veröffentlicht, erhielten die skandinavischen Länder im Jahr 2002 die höchsten (das heißt «saubersten») Punktzahlen (Finnland und Dänemark wurden mit jeweils 9,7 und 9,5 Punkten als die beiden am wenigsten korrupten Länder eingestuft); die westeuropäischen Länder schnitten etwas schlechter ab (die Niederlande mit 9,0, Großbritannien mit 8,7 und Deutschland mit 7,3), gefolgt von den Mittelmeerländern (Spanien 7,1; Frankreich 6,3; Italien 5,2 und Griechenland 4,2) und den ehemaligen kommunistischen Ländern (Slowenien erhielt 6,0 Punkte; Estland 5,6; Polen 4,0; die Tschechische Republik und die Slowakische Republik je 3,7; Russland 2,7 und Rumänien 2,6).[28]

Die kommunistischen Staatsführer waren anfangs – zumindest beim breiten Volk – vor allem wegen ihrer moralischen Verkommenheit und nicht so sehr wegen ihres Despotismus verhasst. Das Volk verabscheute Schiwkows und Ceauşescus Nepotismus, die hermetisch abgeriegelte Enklave der DDR-Elite in Wandlitz, Giereks riesige Filmothek. Gorbatschows Ansehen unter den Russen litt gewaltig, als seine Gegner Einzelheiten über angebliche Einkaufsbummel seiner Frau Raissa, bei denen sie mit einer Kreditkarte von American Express bezahlte, in die Öffentlichkeit lancierten. Westliche Beobachter, die an viel größere Einkommens- und Vermögensunterschiede (und an weit höhere Luxusausgaben) gewöhnt waren, empfanden diesen «verschwenderischen Lebensstil» lediglich als seltsam. Die öffentliche Meinung im Osten dagegen sah darin ein Zeichen abgrundtiefer Verkommenheit.

Später wandte sich die Diskussion den viel gravierenderen Missständen zu, die bei der Zerschlagung des Staatseigentums und der Privatisierung zu Gunsten der *Nomenklatura* sichtbar wurden. Die erste Privatisierung größeren Stils erfolgte über die Ausgabe von Vouchern in der Tschechischen Republik. Der Verantwortliche für diese Privatisierungsaktion, Jaroslav Lizner, wurde 1994 verhaftet, weil er einem Privatinvestor eine Mehrheitsbeteiligung an einem Molkereibetrieb zugeschanzt und dafür Schmiergelder von etwa 300 000 Dollar angenommen hatte. Er wurde zu einer Freiheitsstrafe von sieben Jahren verurteilt. In Russland wurden unter Präsident Jelzin Korruptions- und Kriminalitätsvorwürfe zur Waffe in der alltäglichen politischen Auseinandersetzung.

Korruption war nicht unbedingt gleichbedeutend mit finanzieller Bestechung. In einigen Ländern führten auch Enthüllungen über frühere Aktivitäten führender Politiker zu Skandalen. In der ehemaligen DDR und der Tschechischen Republik wurden systematische Überprüfungsverfahren eingeführt, um Personen, die früher für den Staatssicherheitsapparat gearbeitet hatten, aus dem politischen Leben zu entfernen. In Deutschland verwaltete eine Behörde, die von dem ehemaligen regimekritischen Pastor Joachim Gauck geleitet wurde, die Stasi-Akten; Opfer der Staatssicherheit durften diese Akten einsehen und konnten so in Erfahrung bringen, wer sie früher bespitzelt hatte.

Korruption und ihre Beseitigung gewannen in dem Maße an Bedeutung, wie sich die politischen Systeme nicht mehr auf eine klassenorientierte Umverteilungspolitik konzentrierten. Die Politik war im Osten zwar expliziter auf die Überwindung der Klassengegensätze ausgerichtet gewesen, aber diese bildete auch die Grundlage der Kalküle westlicher Parteistrategen. Der gleiche Sachverhalt lässt sich noch auf andere Weise ausdrücken: Der politische Kampf gegen die Korruption füllte nunmehr gleichsam die Lücke, die das Ende der ideologischen Auseinandersetzungen hinterlassen hatte. Die Korruption lieferte dabei das Material, durch das sich der Klassenkampf und eine ideologische Politik durch die Hintertür wieder einschleichen konnten.

Die neue Politik 4: Die bedrohte Umwelt

Das Streben nach einer gesünderen und umweltschonenderen Lebensweise wurde mit zunehmendem Wohlstand stärker (Umweltschutz ist Luxus); und wie die Korruption ließ sich auch das neue Umweltbewusstsein für eine verschleierte Umverteilungspolitik instrumentalisieren. Wie das Schreckgespenst Korruption manifestierte sich auch die Angst vor der Umweltzerstörung in regelmäßigen «Panikattacken», die durch konkrete Umweltkatastrophen ausgelöst wurden. Die ersten derartigen Ausbrüche ereigneten sich kurz vor dem Ende des Kalten Krieges: die BSE-Krise in Großbritannien und die radioaktive Strahlenbelastung durch das Reaktorunglück im sowjetischen Tschernobyl. Tschernobyl trug nachhaltig dazu bei, den sowjetischen Machtapparat in den Augen der Bevölkerung zu diskreditieren, und auch der «Rinderwahnsinn» trug (wenn auch in eher bescheidenerem Umfang) zu dem Popularitätsverlust der britischen Konservativen bei.

Im Jahr 1980 verhängte Italien Einfuhrbeschränkungen für Kalbfleisch aus anderen Ländern, darunter auch Mitgliedstaaten der EG, in denen Viehfutter mit Wachstumshormonen angereichert worden war, und die EG verbot daraufhin die Verwendung dieser Hormone. Im Jahr 1987 legten die USA beim GATT (Allgemeines Zoll- und Handelsabkommen) Beschwerde gegen dieses Verbot ein, und als sich die EG weigerte, einen gemeinsamen Sachverständigenausschuss einzusetzen, ergriffen die USA handelspolitische Vergeltungsmaßnahmen. Im Jahr 1998 entschied die Nachfolgeorganisation des GATT, die Welthandelsorganisation WTO, das EU-Verbot sei wissenschaftlich nicht gerechtfertigt und politisch motiviert. Mittlerweile waren die europäischen Verbraucher indes aus anderen Gründen höchst besorgt.

Im Jahr 1986 trat in Großbritannien zum ersten Mal BSE («Rinderwahnsinn») auf, und bis Mai 1990 wurden 13849 Fälle nachgewiesen. Die Krankheit wurde durch den Verzehr von Tiermehl, dem BSE-infizierte Schlachtabfälle (vor allem hoch infektiöses Hirngewebe) beigesetzt worden war, übertragen, und im Jahr 1988 ergriff Großbritannien eine erste, wenn auch unzureichende Gegenmaßnahme, als es die Weiterverarbeitung von Schafskadavern zu Tierfutter verbot. Fragen nach der Übertragbarkeit der Krankheit auf den Menschen wurden von den Behörden kurz und bündig verneint. Doch es kam heraus, daß eine ähnliche Erkrankung beim Menschen, eine variante Form der Creutzfeld-Jakob-Krankheit, gehäuft auftrat und dass sie offenbar mit dem Verzehr von Rindfleisch in Zusammenhang stand, wobei die Inkubationszeit jedoch so lang ist, dass sich der Infektionsweg oftmals nicht rekonstruieren lässt. Bis zum Jahr 2002 starben mehrere Hundert Briten, überwiegend junge Erwachsene, an dieser Krankheit, und die Zahl der Erkrankungen nahm weiterhin zu. Frankreich, Deutschland und Italien verhängten 1990 ein Einfuhrverbot für britisches Rindfleisch. Die britische Regierung reagierte mit einer nationalistischen Kampagne, in der sie es als unpatriotisch darstellte, kein britisches Rindfleisch mehr zu essen, und mit einer Klage gegen die EG (die sie verlor). Der britische Landwirtschaftsminister, der für Lebensmittelsicherheit zuständig war und zugleich den britischen Viehzüchtern in der Krise beistehen sollte (zwei miteinander unvereinbare Aufgaben), ließ sich auf einer Landwirtschaftsmesse dabei fotografieren, wie er seiner Tochter von einem Hamburger zu essen gab.

Durch verseuchtes Tierfutter breitete sich die Krankheit auf andere europäische Länder aus, insbesondere auf Frankreich, die Schweiz und

Deutschland. Sie gaben Großbritannien die Schuld. Im Jahr 2000 wurde eine tatkräftige Umweltschützerin, Renate Künast von den Grünen, deutsche Landwirtschaftsministerin, und sie setzte es sich zum Ziel, die traditionell engen Verbindungen zwischen dem Landwirtschaftsministerium und der Bauernlobby aufzubrechen und dem Verbraucherschutz einen höheren Stellenwert einzuräumen. Im Jahr 1997 verbot die neue britische Regierung den Verkauf von nicht-entbeintem Rindfleisch; die Landwirte reagierten mit einer Blockade von importiertem (besonders irischem) Rindfleisch. Im Jahr 1998 hob die EU ihr Einfuhrverbot gegen britisches Rindfleisch auf, obwohl Landwirte und Verbraucher in anderen EU-Ländern protestierten.

Andere Länder nutzten Fragen der Lebensmittelsicherheit ebenfalls zu nationalistischer Abgrenzung. Polnische Landwirte, denen die Folgen eines EU-Beitritts Polens Magenschmerzen bereiteten, brachten die polnische Regierung 1997 dazu, die Rindfleischeinfuhren aus der EU einzuschränken. Im Jahr 1999 kam heraus, dass belgisches Tiermehl mit Dioxin belastet war. Coca-Cola-Dosen wurden aus den Regalen der Supermärkte in Belgien, Frankreich, Deutschland, Italien und den Niederlanden genommen, weil einige Personen nach dem Genuß des Getränks Vergiftungssymptome gezeigt hatten. Im Jahr 2001 brach in Großbritannien die Maul- und Klauenseuche aus, verursacht durch die Verfütterung unbehandelter Küchenabfälle aus einem China-Restaurant an Zuchtvieh.

Die Nahrungsmittelskandale gingen mit geradezu hysterischen Manifestationen eines «Ökonationalismus» einher. Auf gesundheitliche Bedenken stießen immer Lebensmittel aus anderen Ländern: Kontinentaleuropa gab britischem und (mit Hormonen behandeltem) amerikanischem Rindfleisch die Schuld; England gab chinesischen Exporten die Schuld und Osteuropa gab der EU die Schuld. Die Europäer wollten die Einfuhr genetisch veränderter Nutzpflanzen aus den USA verhindern. Einzelne europäische Länder (unter anderem Österreich, Frankreich, Deutschland, Griechenland und Italien) verabschiedeten Gesetze, die genetisch veränderte Nutzpflanzen von ihren nationalen Märkten fernhalten sollten. Lebensmittel wurden zu einem der wichtigsten Indikatoren für die schädlichen Folgen der Globalisierung. Im August 1999 erregte ein französischer Landwirt, José Bové, internationales Aufsehen, als er eine im Bau befindliche französische Filiale der Hamburgerkette McDonald´s zerstörte. Im Jahr darauf war er einer der Stars bei den Protestkundgebungen der Globalisierungsgegner anlässlich der Konferenz der Welthandelsorganisation in Seattle.

Umweltschützer und Globalisierungsgegner kritisierten, die Globalisierung erleichtere die Ausbreitung von Krankheiten. Dabei ist es doch wohl eher so, dass die Krise das Ergebnis einer allzu intensiven Landwirtschaft ist, die in Europa aus politischen Gründen geschützt und gefördert wird und die die Bauern durch Fehlanreize (Subventionen) dazu gedrängt hat, gesundheitlich bedenkliches Viehfutter zu verwenden. Der Import von Nahrungsmitteln aus anderen Ländern mit einer deutlich größeren landwirtschaftlichen Nutzfläche und geringerem Ertragsdruck pro Flächeneinheit wäre eine bessere Möglichkeit gewesen, um Europas Nahrungsmittelneurose zu kurieren. Aber in den Protesten gegen die negativen Folgen der Globalisierung für die Qualität der Nahrungsmittel schwang eine gehörige Portion Nationalismus und Lokalpatriotismus mit. Wie ein Großteil der neuen Angst in den neunziger Jahre waren auch sie auf die zunehmende Verunsicherung, die der Wandel mit sich brachte, zurückzuführen.

Die neue Politik 5: Regionaler Nationalismus

Der Nationalismus war das Schreckgespenst, das über den europäischen Revolutionen von 1989–91 schwebte: Furcht einflößend, aber im Allgemeinen weitgehend harmlos. Viele Aktivisten der osteuropäischen Reformbewegungen waren von einem starken Nationalbewusstsein durchdrungen, das durch die lange sowjetische beziehungsweise russische Vorherrschaft unterdrückt worden war. Die Nation gab dem gesellschaftlichen Dasein ein Bezugssystem und einen Sinn, und sie lieferte einen Rahmen, in dem eine demokratische Gesellschaft entstehen konnte. Unter den außergewöhnlichen Umständen des Zusammenbruchs des Kommunismus konnte die Volksgemeinschaft die schweren Opfer rechtfertigen, die zwangsläufig mit der Umstellung von der Plan- zur Marktwirtschaft einhergingen.

Die Wiederentdeckung der Nation gehörte zu den Besonderheiten des Jahres 1989. Im November 1989 skandierten die DDR-Bürger zum ersten Mal «Wir sind ein Volk» und nicht mehr «Wir sind das Volk» (in dessen Namen die SED angeblich herrschte). Bereits am 4. November 1988 schrieb der westdeutsche Schriftsteller Martin Walser: «Die Nation ist im Menschenmaß das mächtigste geschichtliche Vorkommen, bis jetzt. *Mächtig* im geologischen, nicht im politischen Sinn.»[29]

Obgleich die neue Solidarität der Staatsbürger von ihren Bewunderern leicht als «positiver Patriotismus» interpretiert werden konnte, gab es auch Manifestationen eines spaltenden, fremdenfeindlichen Nationalismus, der sich aus den gefährlichsten Bewegungen des 20. Jahrhunderts speiste. Daher sehnten sich manche Intellektuelle nach der scheinbaren Stabilität der Weltordnung vor 1989. Diese Sehnsucht beschrieb auf beredte Weise Eric Hobsbawm. Für ihn

> «war es mithin die große Leistung der kommunistischen Regimes in Vielvölkerstaaten, die verheerenden Auswirkungen des Nationalismus in deren Innerem zu begrenzen.»[30]

Der schnelle gesellschaftliche und politische Wandel erhöhte die Gefahr einer aggressiven Fremdenfeindlichkeit: In sehr instabilen Verhältnissen neigen viele Menschen aus nachvollziehbaren psychologischen Gründen dazu, an Traditionen festzuhalten, die ihnen das Gefühl der Beständigkeit vermitteln, und das Neue und Unbekannte zu verteufeln. So vermissten Bürger der früheren DDR triviale Dinge ihres Alltagslebens, etwa die kleinen harten Brötchen, die in den Bäckerstuben schon bald durch die großen weichen Brötchen westdeutscher Machart ersetzt wurden. Eine viel unmittelbarere Ursache für den neuen Nationalismus und die neue Fremdenfeindlichkeit war der (erstmalige) direkte Kontakt mit fremden Menschen und ungewohnten Ereignissen. Eine weitere Folge der Moderne, die durch die politischen Veränderungen zwischen 1989 und 1991 erheblich an Bedeutung gewann, war die Mobilität. In dem Maße, wie Mauern und Stacheldrahtzäune abgebaut wurden, schwollen die Wanderungsströme an. Die Zuwanderung in die Staaten der Europäischen Gemeinschaft, die seit Anfang der sechziger Jahre aus wirtschaftlichen Gründen langsam zunahm (und in Zeiten der Rezession, wie Ende der sechziger Jahre und Anfang der achtziger Jahre, zurückging), stieg nach 1989 abrupt an. Insbesondere die Zahl der Asylbewerber schnellte in die Höhe: von 397000 in den fünfzehn Mitgliedstaaten der EG im Jahr 1990 auf 511000 in 1991 und 672000 im Jahr 1992. Danach sanken die Zahlen wieder bis Ende der neunziger Jahre. Im Jahr 1999 lebten in der EU 13 Millionen Staatsangehörige von Nicht-EU-Staaten (was 3,4 Prozent der EU-Bevölkerung entsprach), doppelt so viele wie noch 1985; noch höhere Prozentsätze gab es in Deutschland (6,7 Prozent), Österreich (9,3 Prozent) und in der Schweiz (kein Mitgliedstaat der EU). Am Ende des 20. Jahrhunderts wanderten jedes Jahr (netto) etwa eine Million Menschen in die EU ein.

Besonders nach schweren Katastrophen nahmen die Wanderungsbewegungen zu. Die Kriege im ehemaligen Jugoslawien führten dazu, dass Obdachlose und Vertriebene in großer Zahl aus den Kriegsgebieten flohen. Auch eine schwere Wirtschaftskrise konnte eine Flüchtlingswelle auslösen. Als Anfang 1997 mehrere Kapitalsammelstellen auf der Basis betrügerischer Schneeballsysteme in Albanien zusammenbrachen, kam es zu Massenkrawallen, die Regierung trat zurück, und viele Albaner flohen über die Adria nach Italien (von wo sie in ihre Heimat zurückgeführt wurden).

Noch viel mehr Menschen hatten den Wunsch auszuwandern, und sie hätten dies auch getan, wenn es leichter gewesen wäre. Die Regierungen der Einwanderungsländer ergriffen daher Maßnahmen, um potenzielle Zuwanderer abzuschrecken. So hat die zwangsweise Rückführung illegaler Einwanderer in den neunziger Jahren zugenommen, und bei den Abschiebungen an Bord von Zivilflugzeugen kam es immer wieder zu hässlichen Zwischenfällen (mit manchmal tödlichem Ausgang).

Nationalistische Reaktionen, Ängste im Zusammenhang mit den Migrationsströmen und eine erhöhte Mobilität waren Phänomene, die zur Jahrhundertwende eng miteinander verflochten waren. Manchmal ging dieses Muster der Reaktion auf Phänomene des modernen Lebens mit Gewalttätigkeit einher. Dies war keine völlig neue Entwicklung der neunziger Jahre, sondern ein Trend, der sich in dieser Zeit gefährlich zuspitzte. In dem sehr milden Abschwung Ende der sechziger Jahre schickten Deutschland und die Schweiz Gastarbeiter, die sie zunächst in großer Zahl angeworben hatten, wieder nach Hause. Dort, wo die Einwanderer blieben, ging man hart mit ihnen ins Gericht. Im April 1968 hielt der konservative britische Politiker Enoch Powell in Birmingham eine Hetzrede, in der er schilderte, was ihm ein «gewöhnlicher Arbeiter» gesagt habe: «Wenn ich das nötige Geld hätte, würde ich nicht in diesem Land bleiben … In fünfzehn bis zwanzig Jahren wird der Schwarze in diesem Land die Oberhand über den Weißen gewinnen.» Powell selbst gelangte zu dem Schluss: «Wenn ich in die Zukunft blicke, habe ich düstere Vorahnungen. Wie die cumaeische Sibylle [in Vergils *Aeneis*] sehe ich ‹den Thybris schäumen von vielem Blut›.» Londoner Dockarbeiter, die traditionell dem linken Labourflügel nahe standen, demonstrierten, um ihre Unterstützung für Powells Anliegen zu bekunden.

Powell mag zum Teil durch einen stark nationalistischen Antiamerikanismus – die Angst, der amerikanische Lebensstil könne auf Großbritannien übergreifen – zu seinen Äußerungen verleitet worden sein, und er sah in den Rassenunruhen, die Ende der sechziger Jahre in Newark und andernorts ausbrachen, das Symptom einer tiefen Krise der amerikanischen Gesellschaft. Doch markierte Newark weder den Anfang vom Ende der USA, noch entwickelten sich die Beziehungen zwischen den Rassen in Großbritannien genau so wie in den USA. Obgleich es 1981 in Brixton (London) und 2001 in mehreren nördlichen Städten zu Unruhen kam, bei denen ethnische und rassische Spannungen eine große Rolle spielten, waren dies weitgehend isolierte Episoden auf dem Weg zur Schaffung eines multiethnischen und multirassischen Großbritannien.

In den neunziger Jahren manifestierte sich der «neue Nationalismus», wie er manchmal genannt wurde, gelegentlich auch in gewaltsamen Übergriffen auf Einwanderer und Angehörige ethnischer Minderheiten. Auf die Vereinigung Deutschlands folgte eine Welle rechtsextremer Gewalt gegen Einwanderer – nicht nur in der vormaligen DDR, wo Wohnheime von Asylbewerbern angegriffen wurden, sondern auch in Westdeutschland. Der schrecklichste Vorfall ereignete sich 1992 im schleswig-holsteinischen Mölln, wo eine ganze türkische Familie bei einem Brandanschlag ausgelöscht wurde.

Roma und Sinti waren in vielen Ländern Opfer fremdenfeindlicher Übergriffe. Wenn sie sich der Verfolgung durch Flucht in großer Zahl entzogen, schränkten andere Länder ihre Freizügigkeit ein. Als es etwa 1999 zu einer starken Zunahme der Gewalt in der Slowakei kam, führten viele EU-Staaten umgehend eine Visumspflicht für slowakische Staatsbürger ein, um die Zuwanderung von Roma zu verhindern.

In einigen europäischen Ländern verhalf ein unverhohlen fremdenfeindliches Programm manchen Parteien zu erstaunlich guten Wahlergebnissen und sogar zur Regierungsbeteiligung. Jean-Marie Le Pens *Front National* stieß in den achtziger Jahren auf immer größere Resonanz und überstand in den neunziger Jahren eine Reihe von Spaltungen und persönlichen Zerwürfnissen. Auch dies war ein recht altes Phänomen. Le Pen hatte seine politische Karriere in den fünfziger Jahren begonnen, als er der jüngste Abgeordnete in der französischen Nationalversammlung war (1956); schon damals vertrat er weitgehend die gleichen Positionen wie die nationalistische Rechte in den achtziger und neunziger Jahren, die im Zeichen der Globalisierung standen: die Ablehnung des Internationalismus und aller Ausländer. Im Jahr 1988 erhielt Le Pen im ersten Wahlgang der Präsidentschaftswahlen 14,4 Prozent der Stimmen, und 2002 erzielte er sogar 16,9 Prozent, genügend, um gegen Jacques Chirac in die Stichwahl zu gehen.

Das erstaunlichste Beispiel für die Regierungsbeteiligung einer rechtsextremen Partei war die Freiheitliche Partei Österreichs (FPÖ), deren Vorläuferorganisation in den unmittelbaren Nachkriegsjahren ein Sammelbecken ehemaliger Nationalsozialisten gewesen war, dann jedoch unter Jörg Haider zum Instrument eines demagogischen Populismus wurde. Sie errang bei den Parlamentswahlen von 1999 26,9 Prozent der Stimmen und landete damit auf dem zweiten Platz vor der ÖVP (Österreichische Volkspartei), mit der sie eine Koalitionsregierung bildete (ohne Haider). Die Koalition zerbrach jedoch schon bald wieder, und bei Neuwahlen im Jahr 2002 erlitten die Freiheitlichen deutliche Stimmeneinbußen.

In diesem allgemeinen Klima eines zunehmend fremdenfeindlichen Nationalismus kam es in ehemaligen kommunistischen Staaten zu den nachhaltigsten Bemühungen, Menschen anderer Volkszugehörigkeit zu vertreiben, und diese standen im Zusammenhang mit dem Bestreben, Grenzen zu verschieben und Hoheitsgebiete neu zuzuschneiden.

Der neue Staat Kroatien, an dessen Spitze zunächst der tatkräftige Nationalist Franjo Tudjman stand, der im Zweiten Weltkrieg als Partisan gegen die Nazis gekämpft hatte, schockierte viele Ausländer, als er Symbole des deutschen Marionettenstaates unter Ante Pavelić und der «Ustaši» (Ustascha) während des Zweiten Weltkriegs rehabilitierte. Die Währung des unabhängigen Staates wurde, wie die Kriegswährung, «Kuna» genannt. Unter Tudjman förderte der Staat die Vertreibung von Serben.

Der Nationalismus führte in den neunziger Jahren auch zum Zerfall bestehender Staaten. Dabei ging das Auseinanderbrechen Jugoslawiens und der Sowjetunion mit den stärksten Ausbrüchen von Gewalt einher. Aber auch in diesen beiden Fällen kam es nicht immer und überall zu gewaltsamen Konflikten. In Jugoslawien verlief die Abspaltung Sloweniens weitgehend friedlich (weitgehend, denn die jugoslawische Armee führte einen kurzen, erfolglosen Krieg, um diese Abspaltung zu verhindern); und auch der Zerfall der Sowjetunion verlief trotz ihrer mächtigen Militärmaschinerie und der großen Zahl von Waffen (einschließlich Atomwaffen), die den Nachfolgestaaten zur Verfügung standen, größtenteils friedlich.

In den Baltenrepubliken mit ihren hohen russischen Bevölkerungsanteilen (der Anteil der Russen an der Gesamtbevölkerung betrug 1989 in Estland 30 Prozent, in Lettland 34 Prozent und in Litauen nur 9 Prozent) war die Situation potenziell hoch brisant. Aber selbst ein Drittel der russischen Estländer stimmte für die Unabhängigkeit. Nach der Unabhängigkeit waren zwar viele baltische Russen besorgt wegen des neuen Nationalismus der Bevölkerungsmehrheit, aber in ihrer Mehrzahl wollten sie nicht, dass ihre Länder unter russische Herrschaft zurückkehrten. Im Jahr 1994 verabschiedete Lettland ein Einbürgerungsgesetz, dem zufolge nur solche Personen die lettische Staatsbürgerschaft beantragen konnten, die seit mindestens 5 Jahren ihren Wohnsitz in Lettland hatten und gute Lettisch-Kenntnisse nachwiesen. Das estländische Gesetz von 1995 war noch restriktiver, und im Verlauf von sieben Jahren erfüllten nur 150 000 von 4 745 000 Russen die estländischen Einbürgerungsvoraussetzungen. Aber die Proteste der Russen hielten sich erstaunlicherweise in Grenzen.

In der Ukraine, insbesondere in den Industriezonen der Ostukraine, lebte eine sehr große russische Minderheit, die immer wieder energisch dagegen protestierte, dass das Ukrainische zur Amtssprache erklärte worden war. Im Jahr 1992 wurde der Volksrusse Leonid Kutschma, der sich für eine engere Anbindung an Russland aussprach, Regierungschef und 1994 Staatspräsident. Doch als Präsident lehnte er Gespräche über eine Wiedervereinigung mit Russland ab und begann bei öffentlichen Anlässen Ukrainisch zu sprechen.

In Zentralasien gab es viele kleinere ethnische Konflikte; so kam es 1989 in Nowousensk zu Zusammenstößen zwischen Kasachen und Lesgiern und zwischen Usbeken und Turkmenen im Ferghana-Tal. Im Jahr 1990 kam es in Kirgisien zu bewaffneten Auseinandersetzungen zwischen Tadschiken und Kirgisen, und in Tadschikistan entwickelte sich ein erbitterter und lang anhaltender Bürgerkrieg. Doch abgesehen von dem Krieg in Tadschikistan, vollzog sich der politische Wandel hier im Allgemeinen erstaunlich friedlich. Die Volksrussen zogen einfach weg; die Nachfahren der so genannten «Wolga-Deutschen», die in den dreißiger Jahren von Stalin deportiert worden waren, profitierten von dem eigentümlichen deutschen Staatsbürgerschaftsrecht, das den Abkömmlingen von Volksdeutschen die Einwanderung nach Deutschland erlaubt. Erstaunlicherweise war Ostmoldawien (Transnistrien) der einzige nicht-russische Nachfolgestaat der Sowjetunion, in dem sich Volksrussen offen gegen die neue Regierung auflehnten; die Russen boykottierten die im neuen Sprachengesetz von 1989 vorgenommene Erhebung des Moldawischen zur Staatssprache und befürchteten, die Moldawier könnten den Anschluss an Rumänien betreiben. Als nach dem gescheiterten Staatsstreich vom August 1991 klar wurde, dass sich der Zerfall der Sowjetunion nicht aufhalten ließ, hielten die moldawischen Russen ein Referendum über die Unabhängigkeit (von Moldawien) ab, das mit großer Mehrheit angenommen wurde. Die Moldawische Republik Transnistrien der russischen Minderheit wurde von der 14. Russischen Armee unter dem Befehl von Aleksandr Lebed, einem der charismatischsten Ex-Generäle der sowjetischen Armee, beschützt. In dieser Region lebte die Sehnsucht nach der Sowjetunion in ihrer reinsten Form fort. Im Jahr 1997 kamen die Regierungen der beiden Teilrepubliken überein, «ihre Beziehungen innerhalb eines einheitlichen Staates zu entwickeln».

Auch die beiden Teilrepubliken der Tschechoslowakei trennten sich in einer «samtenen Scheidung» auf friedlichem Wege. Im Jahr 1990 erhielt das Land einen neue Namen: Tschechische und Slowakische Föderative Republik. Die historisch weitaus rückständigere Slowakei, die in der Sowjetära im Zentrum der Industrialisierungsbestrebungen gestanden hatte (mit den Regionen Banská Bystrica, Žilina und Kosiče), erhielt weitreichende Kompetenzen. Auch hier gab es ein großes Konfliktpotenzial. Der führende Politiker der postkommunistischen Ära, Vladimír Mečiar, wollte die planwirtschaftliche Lenkung der Volkswirtschaft so weit als möglich beibehalten und sah im slowakischen Nationalismus ein Pfund, mit dem sich in der neuen politischen Ära tüchtig wuchern ließ. Mečiar gehörte zunächst zur Spitze der Reformbewegung, die nach dem Zusammenbruch des Kommunismus die Regierungsgewalt übernahm, der «Öffentlichkeit gegen Gewalt». Aber schon 1991 verließ er diese Bewegung wieder, weil ihr Programm seines Erachtens den Interessen der Slowakei schadete. Er gründete eine neue Partei, die «Bewegung für eine demokratische Slowakei», die sich wohl am besten als ein Sammelbecken von ehemaligen Kommunisten der *Nomenklatura* beschreiben lässt. Sein Streit mit dem tschechischen Ministerpräsidenten und überzeugten Marktwirtschaftler Václav Klaus drehte sich vor allem um marktwirtschaftliche Reformen (die Mečiar ablehnte). Als Klaus der Slowakei keine völlig eigenständige Wirtschaftspolitik gestatten wollte, setzte Mečiar die nationale Unabhängigkeit der Slowakei durch.

Von 1994 bis 1998 stand Mečiar an der Spitze einer Koalitionsregierung, die von seiner eigenen linksgerichteten Partei, der ZRS (Arbeitervereinigung) und der nationalistischen SUS (Slowakische Nationale Partei) getragen wurde. Sie betrieb eine aggressiv-nationalistische Politik, erklärte den Slowakisch-Unterricht für die große ungarische Minderheit zur Pflicht und leistete gewalttätigen Übergriffen auf Sinti und Roma Vorschub, die sie zum Sündenbock für die postkommunistische Kriminalitätswelle machte. In dieser Zeit rückte ein möglicher EU-Beitritt der Slowakei in immer weitere Ferne, und die Rückkehr zur Normalität begann erst 1998, als die Partei Mečiars eine schwere Wahlschlappe erlitt.

Es kam in Europa also durchaus zu regional begrenzten Feindseligkeiten, großangelegte staatlich organisierte Gewalt dagegen war weitgehend auf die Kriege in Jugoslawien und in den Kaukasusrepubliken der ehemaligen Sowjetunion beschränkt.

Die Armenier in Nagorno Karabach forderten Ende der achtziger Jahre eine weitergehende Autonomie für ihre Enklave in Aserbaidschan. Dort kam es daraufhin zu Massenprotesten gegen die Drohungen Armeniens, und im November 1988 gingen in Baku Millionen auf die Straße. Die Proteste führten zur Bildung der Volksfront Aserbaidschans. Im November 1989 versuchte Gorbatschow die Lage zu beruhigen, indem er Nagorno Karabach wieder in das Territorium Aserbaidschans eingliederte, aber die Demonstrationen hielten an. Sowjetische Truppen besetzten im Januar 1990 Baku und töteten mindestens 62 Menschen. Ein offener Krieg zwischen Armenien und Aserbaidschan von 1992 bis 1994 endete mit der Niederlage Aserbaidschans, aber der Konflikt um Nagorno Karabach blieb weiterhin ungelöst.

Russland wurde auch in Kriege zwischen Abchasien und Georgien hineingezogen. In den Jahren 1991–92 unterstützten russische Truppen die Abchasier gegen die nationalistische georgische Regierung unter Swiad Gamsachurdia. Nach seinem Sturz und der Wahl des früheren sowjetischen Außenministers Eduard Schewardnadse zu seinem Nachfolger gelang es den Georgiern schließlich (1994–95), Boris Jelzin für eine Friedensregelung zu gewinnen, welche die «territoriale Integrität» Georgiens wiederherstellte. Die Abchasier erkannten diese ihnen aufgezwungene Regelung jedoch nicht an, ebenso wenig wie die Bevölkerung Südossetiens, wo die Kämpfe anhielten.

Im Nordkaukasus hatte die Russische Föderation ihr eigenes Problem: Ein Aufstand der Tschetschenen, die im November 1991 die Unabhängigkeit ihres Landes verkündeten, führte 1994–96 zum ersten (mit großer Brutalität ausgetragenen) Tschetschenien-Krieg, auf den 1999 ein erneuter Waffengang folgte. Die Wurzeln dieses Problems reichen weit zurück: Die Tschetschenen waren in den dreißiger Jahren zusammen mit den Balkaren, den Inguschen und den Karatschaiern nach Zentralasien deportiert worden, und sie durften erst in den fünfziger Jahren wieder in ihre angestammte Heimat zurückkehren. Von 1994 bis 1996 bereiteten tschetschenische Verbände den zahlenmäßig überlegenen, aber demoralisierten russischen Streitkräften demütigende Niederlagen, und im August 1996 zogen russische Truppen im Rahmen der Bemühungen um eine friedliche Beilegung des Konfliktes aus der Hauptstadt Grosny ab. Russland nahm den Krieg im Jahr 1999 wieder auf, nachdem es im August im benachbarten Dagestan zu einer Erhebung radikaler Muslime gekommen war, die von russischen Truppen niedergeschlagen wurde, und nach einer Reihe von Bombenanschlägen in Moskau, für die tschetschenische Banden verantwortlich gemacht wurden. Die neue, harte politische Gangart, die Wladimir Putin zunächst als Regierungschef und dann als Staatspräsident einschlug, zeigte sich unter anderem in der entschlossenen Fortführung des Tschetschenien-Kriegs; 200 000 Menschen flohen, und die etwa 45 000 Zivilisten, die blieben, saßen in Groznyi in der Falle, das von russischer Artillerie in Schutt und Asche gelegt wurde. Im Februar 2000 konnte Putin die Einnahme der dem Erdboden gleichgemachten Stadt bekannt geben, aber der Krieg ging weiter.

Das Bestreben, neue Formen der Autonomie unterhalb der Schwelle der Eigenstaatlichkeit zu finden, etwa die autonomen Gebiete (Gagausien, Dnjestr-Republik) innerhalb Moldawiens, die «Autonomie» von Nagorno Karabach oder die zwei «Entitäten» (Gebietseinheiten), in die Bosnien-Herzegowina aufgeteilt wurde, brachte nicht nur unschöne Worte zur Bezeichnung dieser neuen Gebilde hervor, sondern auch eine äußerst unschöne Politik. Aber dies stand völlig im Einklang mit den neuen Spaltungstendenzen und den zentripetalen politischen Kräften der neunziger Jahre, die dafür sorgten, dass sich Entwicklungen, die in Westeuropa sehr langsam abgelaufen waren, im ehemaligen Ostblock wie in Zeitraffer wiederholten. So gesehen, holte der alte Osten lediglich einen Rückstand auf und schloss sich einer allgemeinen europäischen Strömung an.

Wie im Osten verlief auch im Westen das Streben nach Partikularismus und Regionalismus meistens recht friedlich, aber in einigen wenigen Fällen ging es mit extremer Gewalttätigkeit einher. Die größte und radikalste regionalistische Bewegung war die des baskischen Nationalismus. Das Baskenland war in der Zwischenkriegszeit und in der Ära Franco ein Zentrum der industriellen Entwicklung Spaniens gewesen, woran die großen Stahlwerke in Extebarri und Olaberria noch heute erinnern. Doch wie überall in Europa war die Schwerindustrie mittlerweile auch hier im Niedergang begriffen. Während der Republik war das Baskenland eine der Hochburgen der Linken gewesen, und die Niederschlagung einer Streikbewegung im benachbarten Asturias war eine der ersten Handlungen, mit denen sich Franco einen Namen machte. Bei Ausbruch des Bürgerkrieges umwarb die republikanische Regierung die Basken, indem sie ihnen ein Autonomiestatut gewährte. Aber Francos Truppen, die im benachbarten Navarra stationiert waren, nahmen das Baskenland im Handstreich. Ein großer Streik im Jahr 1947 wurde ebenfalls gewaltsam unterdrückt. Im Jahr 1959 traten einige Mitglieder aus der Baskischen Nationalpartei (PNV – Patrido Nacional Vasco) aus, weil diese ihres Erachtens den Franquismus nicht entschlossen genug bekämpfte, und gründeten die Euzkadi ta Azkatasuna (ETA). Im Verlauf der sechziger Jahre eignete sich die ETA eine marxistische Sprache an und befürwortete revolutionäre Gewaltaktionen, die sie nach 1968 in die Praxis umsetzte. Sie rechtfertigte die Anwendung von Gewalt in der gleichen Weise wie die nordafrikanischen «Befreiungsbewegungen» (und andere in der Dritten Welt). Ende der sechziger Jahre eskalierte die Gewalt, und 1970 wurden sechzehn ETA-Mitglieder vor ein Militärgericht in Burgos gestellt. Neun wurden zum Tode verurteilt, aber Franco wandelte die Todesurteile in Haftstrafen um.

Nach der Demokratisierung forderte die Baskische Nationalpartei die sofortige Autonomie und die völlige Unabhängigkeit als Fernziel. Im Jahr 1978 führte die neue spanische Verfassung ein halb-föderales Regionalsystem ein und verbriefte das Recht aller «Volksgruppen und Regionen» Spaniens auf Autonomie. Ein Autonomiestatut gewährte den Basken ein eigenes Parlament, eine Regionalregierung, die Kontrolle über Justiz und Polizei, wirtschaftspolitische Kompetenzen und die Anerkennung des Baskischen als Amtssprache. Die PNV als die (zumindest bei den Regionalwahlen) stärkste baskische Partei distanzierte sich von der ETA und verständigte sich 1988 mit Madrid auf einen Pakt zur «Normalisierung und Befriedung von Euzkadi (Baskenland)». Gleichzeitig verschärfte die ETA ihre Terroraktionen, die 1976 17 Menschenleben forderten, 1978 67 und 1980 88. Die meisten Opfer waren im Baskenland zu beklagen. Doch die spektakulärsten Terroranschläge waren Bombenattentate in Madrid.

Auch Katalonien, wo während der Übergangsphase zur Demokratie Hunderttausende auf die Straßen gingen, erhielt ein Autonomiestatut, und 1980 trat das katalonische Regionalparlament zum ersten Mal zusammen. Die in der neuen Verfassung verankerte Übertragung von Kompetenzen auf die Region nach dem Ende des Franco-Regimes führte hier jedoch zu einer Befriedung und einer Rückkehr zur Stabilität sowie zu einem kräftigen wirtschaftlichen Aufschwung. Historisch betrachtet, könnte man sagen, dass das neue Spanien, das mit der Zentralisierung während der spanischen Republik und unter dem Franco-Regime brach, die Tradition der «gemischten Monarchie» wieder aufgriff, die das goldene Zeitalter der Habsburger-Herrscher gekennzeichnet hatte.

Eine ähnliche Radikalisierung wie im Baskenland vollzog sich in Nordirland (bestehend aus sechs der ursprünglich neun Grafschaften der Provinz Ulster, die bei der Teilung 1922 bei Großbritannien blieben; die übrigen drei wurden dem Irischen Freistaat – dem «Süden» – zugeschlagen). Seit dem Bürgerkrieg der 1920er Jahre (in dem Nordirland nur eine untergeordnete Rolle gespielt hatte) war die Lage in Nordirland weitgehend friedlich gewesen; das änderte sich jedoch 1967. Wie im Baskenland speiste sich der gewalttätige Nationalismus nicht zuletzt aus den schweren sozialen Verwerfungen, die der Niedergang der alten Industriezweige mit sich brachte. Seit den sechziger Jahren befanden sich die Branchen, die das Fundament des früheren Wohlstands in Ulster gebildet hatten, Leinen und Schiffbau, in einer Dauerkrise. Der Abbau von Arbeitsplätzen steigerte die Arbeitslosigkeit, die durchweg höher war als im übrigen Großbritannien, und einige der Wirtschaftszweige, die sich behaupteten, diskriminierten Katholiken bei der Stellenvergabe. Die (protestantische) Regierung von Ulster versuchte der wachsenden Spannungen dadurch Herr zu werden, dass sie mit der Republik Irland Verhandlungen über eine wirtschaftliche Kooperation aufnahm. Sie leistete dadurch jedoch der Radikalisierung eines erheblichen Teils der protestantischen Bewegung in Ulster Vorschub, die einen «Ausverkauf» befürchtete. Der radikale Presbyterianerpfarrer Ian Paisley organisierte Protestmärsche. Auf katholischer Seite übernahm eine 1967 gegründete Bürgerrechtsbewegung etwas von der Militanz der Studentenbewegungen in anderen europäischen Ländern, aber auch der Schwarzenbewegung in den USA. Paisley wurde 1968 verhaftet und wegen Blockade einer Demonstration von Bürgerrechtlern zu einer Gefängnisstrafe verurteilt.

Die Kundgebungen der Protestanten wurden immer gewalttätiger. Im Januar 1969 kam es zu Übergriffen der Anhänger Paisleys, und im August (auf dem Höhepunkt der traditionellen Marschsaison der protestantischen Orden) griffen sie mit Unterstützung von Teilen der Ulster-Polizeikräfte einschließlich der gefürchteten «B-Sondereinheiten» erneut katholische Wohngebiete in der Belfaster «Bogside» an. London versuchte das protestantische Sektierertum der Ulster-Polizei durch Verlegung britischer Truppen nach Nordirland einzudämmen, gab dadurch jedoch den Anstoß zur Bildung einer reorganisierten «Provisorischen» IRA (Irisch-Republikanischen Armee). Im Jahr 1971 wurde eine große Zahl mutmaßlicher IRA-Mitglieder interniert, und am 30. Januar 1972 wurden bei einer verbotenen Bürgerrechtsdemonstration in Londonderry dreizehn Zivilisten von britischen Soldaten erschossen. Daraufhin setzte die britische Regierung die nordirische Selbstverwaltung außer Kraft und unterstellte Nordirland ihrer direkten Herrschaftsgewalt. Im Verlauf des Jahres 1972 forderten gewalttätige Auseinandersetzungen zwischen den Konfessionen in Nordirland 474 Menschenleben. Die Glaubensgemeinschaften kapselten sich auch im Alltagsleben zusehends voneinander ab: Die Volkszählung von 1991 zeigte, dass die Hälfte der Bevölkerung Nordirlands in «religiös homogenen» Gebieten lebte, die entweder zu über 90 Prozent protestantisch oder zu über 95 Prozent katholisch waren.

Die Wiedereinsetzung einer nordirischen Regierung mit Garantien für die Beteiligung der Katholiken und die Bewahrung des Friedens erwies sich als schier unmögliches Unterfangen. Man hätte meinen sollen, dass der Beitritt Großbritanniens und der Republik Irland zur Europäischen Gemeinschaft im Jahr 1972 die Suche nach einer Lösung erleichtern würde, aber den EG-Institutionen war die Nordirland-Frage schlicht ein zu heißes Eisen. Die erfolgreichsten Friedensinitiativen von außen gingen von den USA und nicht von Europa aus.

Der Nationalismus der Schotten dagegen war vollkommen friedlich. Auch er war zum Teil das Produkt des Niedergangs traditioneller Industriezweige und leerer Schiffswerften entlang des Clyde. Er war in der (teilweise katholischen) Arbeiterstadt Glasgow von jeher stärker als in dem eher bürgerlichen und anglophilen Umfeld Edinburghs. 1928 war die Schottische Nationalpartei gegründet worden. Das Wiederaufleben des Nationalismus in den siebziger Jahren wurde durch zwei Umstände nachhaltig gefördert. Erstens, die Erschließung britischer Erdöl- und Erdgasvorkommen in der Nordsee in den siebziger Jahren, als der Ölpreis in die Höhe schoss, bescherte Teilen Ost- und Nordschottlands Wohlstand (Aberdeen war die Operationsbasis der Erschließungsunternehmen), doch wurde zugleich die Forderung laut, Schottland stärker an den Einnahmen aus dem Nordseeöl zu beteiligen. Der Kommentator Tom Nairn wies darauf hin, dass «schon ein Teil der Erdöleinnahmen ausreichen würde, um aus diesem kleinen Land ein zweites Norwegen zu machen».[31] Zweitens liefen der Konservativen Partei in Schottland die Wähler davon. Sie wandten sich einer Partei zu, die sozialpolitisch ein breites Spektrum von Interessen abdeckte, der Schottischen Nationalpartei: Wie die Baskische Nationalpartei konnte man sie in programmatischer Hinsicht als sozialdemokratisch bezeichnen. Die Labour Party, die in Schottland relativ stark blieb und die ihre Hinwendung zur politischen Mitte unter einem schottischen Parteichef, dem gebürtigen Edinburgher John Smith, begann, versprach den Schotten schließlich eine weitgehende Autonomie. Die Labour-Regierung von Tony Blair löste dieses Versprechen in den Jahren 1997–1998 ein und gestand auch Wales eine – wenngleich nicht ganz so weit gehende – Selbstverwaltung zu.

Eine andere Dezentralisierung, die direkt vor den Augen der Europäischen Gemeinschaft vonstatten ging, eröffnete eine Lösung für den Antagonismus zwischen Flamen und Wallonen in Belgien, der während und nach den beiden Weltkriegen zu einer offenen Konfrontation geführt hatte. Im Jahr 1970 wurde Belgien in drei Regionen (Flandern, Wallonien und Brüssel als eine «geteilte Stadt») aufgeteilt, außerdem wurden zwei getrennte «Kulturräte» errichtet. Das Gesetz über die provisorische Regionalisierung des Landes von 1974 gab den neu gebildeten Wirtschaftsräten eine beratende Kompetenz «in Angelegenheiten, in denen eine politische Beschlussfassung auf regionaler Ebene völlig oder teilweise sachlich angeraten ist». Die Befugnisse der Räte wurden 1980 abermals erweitert.

In der Schweiz spalteten sich die überwiegend französischsprachigen Bewohner des Jura nach einer langen und gelegentlich gewalttätigen Kampagne im Jahr 1978 von dem überwiegend deutschsprachigen Kanton Bern ab, nachdem bei einer landweiten Volksabstimmung die Schaffung eines neuen Kantons Jura gebilligt worden war.

Die neuen partikularistischen Nationalismen in Westeuropa hatten eine Gemeinsamkeit. Sie entstanden in klassischen Industriegebieten, in denen der Strukturwandel mit erheblichen sozialen Verwerfungen einherging. Krisen in der Eisen- und Stahlindustrie in Katalonien, in Schiffbau und Textilwirtschaft in Nordirland, in der Montanindustrie in Schottland, der Stahlindustrie in der Slowakei und der Ukraine und im Uhrmacherhandwerk im Jura schärften das Bewusstsein der regionalen Eigenart.

Die Abspaltung unter mehr oder minder friedlichen Umständen war somit keineswegs ein Phänomen, das auf die ehemalige sowjetische Einflusssphäre beschränkt war. In sehr vielen Fällen wurden ethnische und nationale Differenzen auf friedliche Weise beigelegt. Wo dies nicht geschah, hing die Unlösbarkeit des Konfliktes eher mit eigentümlichen, fest verankerten verfassungsrechtlichen Bestimmungen zusammen, die sich nicht leicht verändern ließen (die Aufteilung der UdSSR in Republiken; der Sonderstatus Nordirlands innerhalb der britischen Union), als mit irgendeinem tatsächlichen Unterschied zwischen verschiedenen Volksgruppen.

Politische Leitideen früher und heute

Das 20. Jahrhundert wurde in hohem Maße von den «Ismen» – ideologisch-weltanschaulichen Doktrinen – geprägt, deren wesentliche Kennzeichen wir in diversen Exkursen dieses Buches zusammengefasst haben. Am Ende des Jahrhunderts bestand weitgehende Einigkeit darüber, dass utopische Ideologien, die antimodernen politischen Leitbilder der Moderne, und ideologische Spaltungen zu den europäischen Katastrophen um die Mitte des Jahrhunderts beigetragen haben. In den sechziger Jahren verkündete Daniel Bell in seinem wirkmächtigen Buch The End of Ideology: On the Exhaustion of Political Ideas in the Fifties (1960) zwar etwas verfrüht, aber letztlich zutreffend das Ende der Ideologien.

Die neuen politischen Leitkonzepte im Europa des ausgehenden 20. Jahrhunderts waren konkreter als die «Ismen»: Demokratische Gesellschaftsformen, *governance* (verantwortliche Regierungs- bzw. Unternehmensführung) und Subsidiarität. Der Begriff *Zivilgesellschaft* leitete sich von Hegels und Marx´ Konzept der *bürgerlichen Gesellschaft* her, die eine Sphäre der gesellschaftlichen und institutionellen (Selbst)organisation bezeichnete, die weder zentral gesteuert oder politisch überformt, noch von Recht und Gesetz detailliert geregelt war. Nach Hegel war diese Sphäre ohne den Staat jedoch unvollständig. Auch Marx hielt die bürgerliche Gesellschaft für defizitär. Für Oppositionelle in Ostmitteleuropa vor 1989 beinhaltete die Forderung nach Errichtung einer «Zivilgesellschaft» vor allem die Forderung nach Vereins- und Versammlungsfreiheit. Gleichzeitig basierte die Forderung nach einer verstärkten Entfaltung der Zivilgesellschaft in den fortgeschrittenen Industriestaaten auf der Annahme, dass der Einzelne in der modernen Gesellschaft zusehends aus allen Bindungen herausgelöst wird. Nach dem Ende des Kommunismus verstand man unter dem Begriff «Zivilgesellschaft» dann ein Netz von Interessengruppen beziehungsweise Nichtregierungsorganisationen (Amnesty International, Greenpeace, Oxfam, Médecins sans Frontières, um nur einige der einflussreichsten und produktivsten zu nennen), die klare politische Ziele verfolgten. Diese Organisationen haben in den letzten Jahren des 20. Jahrhunderts deutlich an Einfluss gewonnen.

Governance ist ein eindeutigerer Begriff und wurde in den neunziger Jahren zum Schlagwort, unter dem das Ende der Korruption in der Politik gefordert wurde. Gute, verantwortungsvolle Regierungs- bzw. Unternehmensführung erfordert einen Kodex von Verhaltensregeln für das politische und wirtschaftliche Leben, von denen viele sehr konkret sind (etwa hinsichtlich der Anwendung von Rechnungsprüfungsgrundsätzen). Strittig war, wer für die Verbesserung der ***governance*** verantwortlich sein sollte: Sollte die Zivilgesellschaft aktiv werden und mit Vorschlägen aufwarten, oder sollten internationale oder supranationale Institutionen wie die Europäische Union oder der Internationale Währungsfonds entsprechende Regeln vorschreiben?

Die Doktrin der ***Subsidiarität*** schließlich entstammte der katholischen Soziallehre, und Pius XI. hatte damit 1931 den Aufbau der kirchlichen Hierarchie erklärt. Der Subsidiaritätsgrundsatz besagt, dass Entscheidungen auf der Verwaltungsebene getroffen werden sollten, die der zu entscheidenden Sache am nächsten steht, und dass die Entscheidungen mit den allgemeinen Grundsätzen verantwortungsvoller Regierungsführung in Einklang stehen sollten. Für die Europäische Union bedeutete Subsidiarität, dass die Brüsseler Zentrale nur solche Aufgaben wahrnehmen sollte, die von einer nachgeordneten Ebene nicht sachgerechter wahrgenommen werden konnten. Befugnisse und Entscheidungen – etwa hinsichtlich Normen und Warenbezeichnungen – sollten den nationalen Behörden überlassen bleiben, so weit dies mit dem Binnenmarkt vereinbar war. Auf der nächsten Ebene bedeutete Subsidiarität, dass Bundesstaaten wie etwa Deutschland ihren Gliedstaaten weit reichende Kompetenzen überlassen sollten; die Subsidiarität sollte folglich zu einer Aufwertung der Regionen führen. So gesehen, trägt sie maßgeblich dazu bei, dass die Hoheitsrechte des Nationalstaats zusehends ausgehöhlt werden – entweder durch Übertragung an eine übernationale Instanz oder durch Delegation an die Regionen. Da der Nationalstaat der Rahmen war, in dem sich die meisten «Ismen» des 20. Jahrhunderts entfalteten, wird der Bedeutungsverlust der Ideologien auch dadurch gefördert.

Die Europäische Gemeinschaft/Europäische Union sollte ein idealer institutioneller Mechanismus sein, um derartige Probleme zu lösen, da sie einerseits mit einer umfassenden wirtschaftlichen Kooperation auf übergeordneter Ebene einhergeht und andererseits dem Subsidiaritätsprinzip verpflichtet ist (das in den neunziger Jahren als eine Richtschnur guten Regierungshandelns wiederentdeckt wurde): möglichst viele Entscheidungen sollten der administrativen und politischen Einheit überlassen werden, die der zu regelnden Frage am nächsten steht. Ein «Europa der Regionen» könnte so durchaus ein «Europa der Nationen» ergänzen. Doch paradoxerweise finden sich einige der hervorragendsten Beispiele für eine grenzüberschreitende regionale Kooperation und Identitätsbildung an den Außengrenzen der Europäischen Union (wo ärmere Regionen stärkere Anreize zur Kooperation haben): Die Entwicklung des Wirtschaftsraums «Elsaß-Baden-Basel» im Dreiländereck um die Stadt Basel; die grenzüberschreitende Kooperation zwischen Slowenien und Italien in der Region Triest; und eine neue Region im Dreiländereck zwischen Deutschland, Polen und Tschechien. Dagegen liegen einige der Regionen, die bestehende Kooperationsmöglichkeiten kaum nutzen, zur Gänze innerhalb der Europäischen Union: am spektakulärsten im Fall von Nordirland und Irland, aber auch im Alto Adige, der italienischen Grenzregion zu Österreich.

In der Praxis setzt die Europäische Union radikalen nationalistischen oder separatistischen Bestrebungen auf einzelstaatlicher Ebene sehr enge Grenzen, während sie zugleich einen Rahmen für die friedliche Entfaltung regionaler Identitäten bildet. Die EU schränkt die politische Handlungsfreiheit ihrer Mitgliedstaaten ein, aber sie begrenzt auch den Spielraum für antidemokratische Auswüchse, für politische Demagogie und Agitation. Der Leser mag sich an dieser Stelle noch einmal das Gedankenexperiment vergegenwärtigen, mit dem das Kapitel über die Krise der Weimarer Republik eingeleitet wurde. Wenn Hitler 1932 in einem politischen Umfeld, das noch von strengen internationalen Auflagen geprägt war (also bevor auf der Konferenz von Lausanne die Ablösung der im Versailler Vertrag festgelegten deutschen Reparationsschuld beschlossen wurde), an einer Koalitionsregierung beteiligt worden wäre, dann wäre sein politisches Unvermögen sehr deutlich sichtbar geworden, und die Nazi-Bewegung wäre in sich zusammengebrochen. Die Bändigung des Radikalismus in Spanien und Portugal in den siebziger Jahren ist ein eindringliches Beispiel dafür, welchen Einfluss die EU auf ihre Mitgliedstaaten besitzt. In der EU, so wie sie heute funktioniert, ist es für radikale Populisten, selbst wenn sie von einer breiten Welle der Zustimmung getragen werden, praktisch unmöglich, sich längere Zeit an der Regierung zu halten.

Die verfassungsrechtlichen Herausforderungen und Ungewissheiten, denen sich Europa zu Beginn des 21. Jahrhunderts gegenübersieht, deuten auf eine neue Entwicklung hin. Innerhalb der EU tut sich eine wachsende Kluft auf zwischen Ländern wie Großbritannien, Frankreich und Spanien, die weiterhin in der Regierungszusammenarbeit den Motor der EU sehen, und jenen Mitgliedstaaten (vor allem Deutschland und einige der kleineren Länder), welche die Kompetenzen der EU-Kommission stärken möchten. Die europäischen Staats- und Regierungschef waren sich auch nicht sicher, ob sie in der EU ein rein rationelles Konstrukt sehen sollten, das sich schrittweise aus der ökonomischen Logik des gemeinsamen Marktes entwickelte oder ob sie die EU auf einer gemeinsamen kulturellen Identität errichten sollten. Viele waren der Ansicht, Europa sei ganz wesentlich von der christlichen Überlieferung geprägt, aber sie wollten dies nicht öffentlich aussprechen, und zwar aus zwei Gründen. Erstens war Europa Ende des 20. Jahrhunderts weitgehend entchristianisiert, und die meisten Wähler waren säkular. Zweitens, jede Definition Europas auf der Basis des jüdisch-christlichen Traditionsbestandes widersprach dem ökonomischen und demografischen Erfordernis einer Ausweitung der Zuwanderung und lief Gefahr, die bereits ansässigen großen muslimischen Gemeinschaften noch weiter auszugrenzen: die der Türken in Deutschland, die der Maghrebiner in Frankreich, Italien und Spanien und die der Inder und Pakistani in Großbritannien. Diese Probleme wurden durch die Diskussion über die Bedrohung durch den fundamentalistischen Terrorismus im Gefolge der Anschläge vom 11. September 2001 noch verstärkt.

Europa und insbesondere seine politische Führungselite wollten daher die neue politische Ordnung Europas nicht auf einem exakt umrissenen kulturellen Fundament errichten. Der Verzicht auf einen europäischen Kulturbegriff schlug sich auch in der künstlerischen Gestaltung der neuen europäischen Banknoten nieder, die 2002 ausgegeben wurden: Man verzichtete bewusst auf Porträts bedeutender Künstler wie Goethe, Michelangelo, Molière, Rembrandt oder Shakespeare, weil sie weitgehend mit einer bestimmten nationalen Kultur identifiziert wurden, sowie großer politischer Führungsfiguren wie Karl V. oder Napoleon. Statt dessen waren auf den Banknoten abstrakte Abbildungen von Gebäuden und Brücken sowie eine Landkarte zu sehen, auf der Nordafrika und der asiatische (aber nicht der europäische, also westlich des Bosporus gelegene) Teil der Türkei farblich markant von Europa abgesetzt waren. Im Jahr 2002 nahm ein Konvent unter Vorsitz des ehemaligen französischen Staatspräsidenten Valéry Giscard d'Estaing Beratungen über den Entwurf einer europäischen Verfassung auf. Giscard lehnte öffentlich einen EU-Beitritt der Türkei mit der Begründung ab, dies gefährde die europäische Mission; die französische Regierung verhinderte jedoch seinen Versuch, Europa auf das jüdisch-christliche Erbe festzulegen.

Die politische Landkarte und der kulturelle Zuschnitt Europas sind deshalb so komplizierte Fragen, weil die EU wie die vormalige Sowjetunion, die Russische Föderation und die übrigen Nachfolgestaaten der UdSSR zunehmend einem Flickenteppich gleicht, in dem es verschiedene Grade substaatlicher Existenz und regionaler Autonomie gibt. Der Status des Kosovo und der «Entitäten» in Bosnien-Herzegowina, die im Dayton-Friedensabkommen geschaffen wurden, ist unklar. Dem deutschen Staatsphilosophen Samuel von Pufendorf, der wie Thomas Hobbes Souveränität als unumschränkte Entscheidungsgewalt des Staates auf seinem Hoheitsgebiet definierte, erschien die Souveränität in seinem eigenen Heimatland so zersplittert, dass er das Heilige Römische Reich mit seinen Schichten aus mittelbaren und unmittelbaren Fürstentümern, Bistümern, Abteien, Städten und Kleinstaaten als ein «Monstrum» beschrieb, das sich nicht wissenschaftlich exakt einordnen lasse. Manche Aspekte der «abgestuften Staatlichkeit» zu Beginn des 21. Jahrhunderts wären ihm vermutlich recht vertraut vorgekommen. Tatsächlich ist die «neue Politik» abgestufter Staatlichkeit in Wirklichkeit sehr alt.

Auch für die Ersetzung des Politischen durch Ethik gibt es, wie der Oxforder Philosoph Isaiah Berlin 1959 in einem bemerkenswerten Essay über die «Europäische Einheit und ihre Wechselfälle» darlegte, einen historischen Präzedenzfall. Isaiah Berlin sah einen Rückfall in ein Europa, das universal war, insofern es mit der Romantik des späten 18. und frühen 19. Jahrhunderts und ihrer Verherrlichung des Besonderen und Andersartigen brach. Vor dieser Epoche sei die Welt «ein einheitliches, intelligibles Ganzes gewesen. Sie setzte sich aus gewissen stabilen – materiellen und spirituellen – Bestandteilen zusammen; was nicht beständig war, das war auch nicht wirklich». Nach den Katastrophen um die Mitte des 20. Jahrhunderts, die sich politisch und psychologisch nicht so leicht bewältigen ließen wie materiell (im Zeitalter des Marshallplans), bedurfte es einer neuen Vision: «Man greift wieder auf das alte Naturrecht zurück, das jedoch gelegentlich im empiristischen Gewande daherkommt – und nicht mehr unbedingt auf einem theologischen oder metaphysischen Fundament ruht.»[32]

Ende des 20. Jahrhunderts zeichnet sich ein Prozess der Rückkehr institutioneller und politischer Formen der Vergangenheit ab, der sich in der von Berlin vorhergesagten Weise vollzieht. Am Ende des 20. Jahrhunderts entwirren sich die Fäden dessen, was ältere Analytiker einst als «irreversible» Modernisierung im Sinne des Aufbaus einer starken Staatsgewalt betrachtet hatten. 1989 brachte die unmittelbare und offenkundige «Aufhebung» von 1917 und des Vermächtnisses der bolschewistischen Revolution, aber der Prozess der Aufhebung historisch entstandener Ideen und Institutionen machte hier nicht Halt. Schon 1928 hatte der von Stalin nach Alma Ata deportierte Leo Trotzki bemerkt: «Der Film der Revolution läuft rückwärts».[33] In den neunziger Jahren machte Europa einen Schritt zurück in die Zeit vor 1789, also vor die Epoche der ideologischen Politik. Im Jahr 2003 fiel Europa zurück in die Zeit vor 1648, als der Westfälische Frieden, der den Dreißigjährigen Krieg beendete, das Konzept einer internationalen Ordnung auf der Grundlage einer Gemeinschaft souveräner Staaten einführte. Spaltungstendenzen zerstörten die politischen Institutionen des Nationalstaates, von deren ewigem Fortbestand die meisten Europäer während des größten Teils des 20. Jahrhunderts überzeugt gewesen waren, auch wenn sie zu Problemen und Katastrophen führten.

Zwar schienen die sozialen Sicherungssysteme in Europa gefestigter zu sein als zu Beginn des in diesem Buch betrachteten Zeitraumes. Aber wenn die Menschen den weiteren Horizont in den Blick nahmen, gewannen sie andere Eindrücke, die ihnen wenig Sicherheit verhießen. Die Politik hatte keine Gewalt mehr über die ökonomischen, gesellschaftlichen und kulturellen Kräfte. Das Problem rührte zum Teil von dem Wunsch her, Verhaltensorientierung auf der Basis eines erneuerten Naturrechts zu finden, das jedoch nicht mehr, wie früher, auf theologischer oder metaphysischer Grundlage fußen sollte. Die Orientierungslosigkeit zu Beginn des 21. Jahrhunderts rührte zum Teil von dem Eindruck her, dass die Zeit nicht mehr notwendigerweise vorwärts lief.

In den achtziger Jahren sprach Michail Gorbatschow sehr oft von «unserem gemeinsamen Haus Europa», das sowohl den Osten wie den Westen umfassen sollte. Dieses Bild bezeichnete einen Zustand, in dem die Spaltung Europas, der Wettstreit der Systeme, die Bedrohung der Sicherheit und der Kalte Krieg zwischen den Supermächten überwunden ist. Gorbatschow benutzte die Idee Europa oft, um zum Ausdruck zu bringen, dass die von den Supermächten beherrschte bipolare Welt am Ende war. Viele Kommentatoren im Osten wie im Westen wiesen in den achtziger Jahren jedoch darauf hin, dass der Ausdruck «unser gemeinsames Haus Europa» letztlich sehr vage sei. In seiner Rede vor dem Europarat am 6. Juli 1989 räumte Gorbatschow ein, dass nach wie vor ungeklärt sei, «wie der Plan für unser gemeinsames Haus Europa aussieht, wie das Haus gebaut und wie es eingerichtet werden soll». US-Präsident George H. W. Bush spöttelte, die Menschen in einem gemeinsamen europäischen Haus sollten sich frei zwischen den Zimmern bewegen dürfen.

Ein Jahrzehnt nach dem Zusammenbruch des Kommunismus zeigt sich, dass es ein erhebliches Maß an Konvergenz gibt: in der demokratischen Form der Politik, in dem Aufkommen neuer politischer Fragen, der Redundanz von «links» und «rechts» im traditionellen Verständnis, aber auch im Streben nach wirtschaftlichen Reformen, in der Akzeptanz des Marktes und des Grundsatzes des Privateigentums und in den sinkenden Sterblichkeitsziffern. Aber die Unsicherheit hinsichtlich der Architektur hat seit der Zeit, als Gorbatschow den Topos Europa in der Politik des zu Ende gehenden Kalten Krieges einführte, nicht nachgelassen. Die Europäische Union steht vor der größten Erweiterung ihrer Geschichte, die sie grundlegend verändern wird, in welcher Weise genau ist allerdings unklar. Franzosen und Deutschen wollen den bemerkenswerten Akt der Aussöhnung zwischen ihren Völkern in den fünfziger Jahren (unter ihrer Führung) auf den gesamten Kontinent ausdehnen. Diejenigen Amerikaner, die wenig Sympathie für die Europäische Union hegen, sprechen von dem «neuen Europa» unter Führung der jüngeren Mitgliedstaaten – Großbritannien, der Mittelmeerländer und vor allem der ostmitteleuropäischen Staaten –, welches das «alte Europa» um Frankreich und Deutschland ablösen soll. Und noch immer können viele Europäer nicht alle Zimmer des gemeinsamen europäischen Hauses betreten.

ANHANG

Anmerkungen

Einleitung

1 *Manchester Guardian*, 26. Januar 1937.
2 Eric Hobsbawm, *Das Zeitalter der Extreme: Weltgeschichte des 20. Jahrhunderts*, München 1995.
3 David Cannadine, *G. M. Trevelyan: A Life in History*, New York 1993, S. 199.
4 *Das Schwarzbuch des Kommunismus: Unterdrückung, Verbrechen, Terror*, hg. v. Stéphane Courtois, München 1998.

1 Das 20. Jahrhundert im «stahlharten Gehäuse»: Modernisierung und Rationalisierung

1 A. James Gregor, *Italian Fascism and Developmental Dictatureship*, Princeton, NJ, 1979; David Schoenbaum, *Die braune Revolution. Eine Sozialgeschichte des Dritten Reiches*, Köln und Berlin [2]1980; Ralf Dahrendorf, *Gesellschaft und Demokratie in Deutschland*, München 1965; Rainer Zitelmann, *Hitler: Selbstverständnis eines Revolutionärs*, Stuttgart [2]1989; Isaac Deutscher, *Stalin: eine politische Biographie*, Stuttgart 1951; Alec Nove, *Economic Rationality and Soviet Politics; or, Was Stalin Really Necessary?* New York 1964.
2 Jörg Baten und Andrea Wagner, «Autarchy, Market Disintegration, and Health: the Mortality and Nutritional Crisis in Nazi Germany, 1933–1937», in: *Economics & Human Biology*, I, 1, (Januar 2003), S. 1–28.
3 Vgl. Bradford Delong, *The Economic History of the Twentieth Century: Slouching Towards Utopia?* University of California (Berkeley), Text einsehbar unter http://www.j-bradford-delong.net/TCEH/Slouch_title.html.
4 Atina Grossman, *Reforming Sex: The German Movement for Birth Control and Abortion Reform 1920–1950*, New York 1995, S. 4.
5 Eurostat-Zahlen für 1999.
6 Thomas Piketty, *Les Haut Revenues en France au XXe Siècle: Inégalités et Rédistributions 1901–1998*, Paris 2001.
7 Lawrence Stone, *Road to Divorce: England 1530–1987*, Oxford 1990, S. 395.
8 Robert Rhodes James, *Anthony Eden*, London 1986, S. 30.
9 Robert Graves, *Goodbye to All That* [1929], Harmondsworth 1960, S. 221.
10 Joseph Kardinal Ratzinger, *Salz der Erde: Christentum und katholische Kirche an der Jahrtausendwende. Ein Gespräch mit Peter Seewald*, Stuttgart 1996, S. 236.

11 Ratzinger, *Salz der Erde*, S. 238.
12 Le Corbusier, *1922: Ausblick auf eine Architektur*, Gütersloh 1969, S. 88, 215.
13 Kjell Nordström und Jonas Riderdale, *Funky Business: Talent Makes Capital Dance*, Harlow 2000, S. 158.
14 Max Weber, *Die protestantische Ethik. Eine Aufsatzsammlung*, hg. v. Johannes Winckelmann, Gütersloh 2000, Bd. 1, S. 188.

2 Krieg und Frieden: Lenin und Wilson

1 Aus dem Telegramm des deutschen Botschafters Graf Pourtalès an Reichskanzler Bethmann-Hollweg vom 25. Juli 1914, in: *Julikrise und Kriegsausbruch 1914*, hg. v. Immanuel Geiss, Hannover 1963, Bd. I, S. 412.
2 Vladimir Dedijer, *Die Zeitbombe: Sarajewo 1914*, Wien, Frankfurt a. M., Zürich 1967, S. 654.
3 Siehe dazu John Horne und Alan Kramer, *Deutsche Kriegsgreuel 1914. Die umstrittene Wahrheit*, Hamburg 2004 (im Erscheinen).
4 Norman Stone, *The Eastern Front 1914–1917*, London 1975, S. 237.
5 George G. Bruntz, *Allied Propaganda and the Collapse of the German Empire in 1918*, Stanford, CA 1938, S. 3.
6 Marc Ferro, *The Russian Revolution of February 1917*, London 1972, S. 172 (nach dem russischen Kalender der 27. März 1917).
7 Ferro, *The Russian Revolution*, S. 255.
8 Leo Trotzki, *Verratene Revolution: Was ist die Sowjetunion und wohin treibt sie?*, Essen 1990, S. 251 f.
9 E. H. Carr, *The Bolshevik Revolution*, Harmondsworth 1966, Bd. I, S. 166, 176.
10 Adam Ulam, *Die Bolschewiki: Vorgeschichte und Verlauf der kommunistischen Revolution in Rußland*, Köln und Berlin 1967, S. 639 f.
11 Roy Foster, *Modern Ireland 1600–1972*, Harmondsworth 1988, S. 477.
12 Margaret Macmillan, *Paris 1919: Six Months that Changed the World*, New York 2002, S. 67.
13 Dokumente der Deutschen Politik und Geschichte von 1848 bis zur Gegenwart, II: Das Zeitalter Wilhelms II. 1890–1915, hg. v. Johannes Hohlfeld, Berlin o. J. [1951], S. 393–395.

3 Die zwanziger Jahre: Unsichere Demokratie

1 A. J. Grant und Harold Temperley, *Europe in the Nineteenth Century (1789–1914)*, London 1931.
2 Vgl. dazu Eberhard Kolb, *Die Weimarer Republik*, München ^{5}2000, S. 172 ff.
3 Vgl. Kolb, *Republik*, S. 53.

4 Maurice Cowling, *The Impact of Labour 1920–1924*, Cambridge 1971, S. 210.
5 Benito Mussolini, *Die Lehre des Faschismus*, Rom o. J. [1940], S. 14, 19, 34.
6 Christopher Seton-Watson, *Italy from Liberalism to Fascism*, London 1967, S. 647.
7 Cowling, *Impact of Labour*, S. 413.
8 Charles S. Maier, *Recasting Bourgeois Europe: Stabilization in France, Germany, and Italy in the Decade after World War I*, Princeton, NJ 1975, S. 342.
9 Kurt Tucholsky, «Feldfrüchte», *Gesammelte Werke 4: 1925–1926*, Reinbek 1975, S. 507.
10 Thomas Mann, «Von deutscher Republik», *Gesammelte Werke, XI*, Frankfurt am Main 1960, S. 819.
11 ders., *Der Zauberberg, Gesammelte Werke, III*, Frankfurt am Main 1960, S. 554 f.
12 Sigmund Freud, *Gesammelte Werke, XIV*, Frankfurt am Main 1968, S. 477–78.
13 Carl Schmitt, *Der Begriff des Politischen*, Berlin 1991, S. 30.
14 Adrian Lyttelton, *The Seizure of Power: Fascism in Italy 1919–1929*, London 1973, S. 100, 367.
15 Grant und Temperley, *Europe in the Nineteenth Century*, S. 517.

4 Europa und die Welt der Großen Depression

1 Klaus Hildebrand, *Das vergangene Reich: deutsche Außenpolitik von Bismarck bis Hitler 1871–1945*, Stuttgart 1995, S. 505.
2 José Ortega y Gasset, *Der Aufstand der Massen*, Übers. H. Weyl, Stuttgart/Berlin 1929, S. 8 und 134.
3 Knut Borchardt, *Die «Krise vor der Krise»*, München 1989.
4 Marie Jahoda, Paul Lazarsfeld und Hans Zeisel, *Die Arbeitslosen von Marienthal. Ein soziographischer Versuch über die Auswirkungen langdauernder Arbeitslosigkeit*, Frankfurt/M. 1978 (1933). Heinrich August Winkler, *Der Weg in die Katastrophe: Arbeiter und Arbeiterbewegung in der Weimarer Republik*, Berlin/Bonn 1987, S. 21. Dick Geary, «Unemployment and working-class solidarity: the German experience 1929–1933», in: Richard J. Evans und Dick Geary (Hg.), *The German Unemployed*, London 1987, S. 261.
5 Viscount d'Abernon, *An Ambassador of Peace: Lord d'Abernon's Diary*, Bd. 2, *The Years of Crisis, June 1922–December 1923*, London 1929, S. 51 f.
6 Vgl. Heinrich August Winkler, *Der lange Weg nach Westen*, Bd. I, S. 513.
7 Vgl. Hans-Ulrich Wehler, *Deutsche Gesellschaftsgeschichte*, Bd. 4, München 2003, S. 530 f.
8 Saul Friedländer, *Kitsch und Tod. Der Widerschein des Nazismus*, Übers. M. Grendacher, München 1984, S. 58.
9 Peter Loewenberg, *Decoding the Past: The Psychological Approach*, Berkeley 1984, S. 86.
10 Arnold Brecht, *Mit der Kraft des Geistes: Lebenserinnerungen Zweite Hälfte 1927–1967*, Stuttgart 1967, S. 272.

11 David Marquard, *Ramsay MacDonald*, London 1977, S. 537.
12 Brief an Mrs. Dudley Ward, zit. in *Daily Telegraph*, 6. Juni 2001.
13 Philip J. Larmour, *The French Radical Party in the 1930s*, Stanford 1964, S. 225.
14 *Keesings Archiv der Gegenwart* 3061 (29. April 1938).
15 Zit. in Roy Foster, *Modern Ireland 1600–1972*, London 1988, S. 533.
16 Norman Davies, *Im Herzen Europas. Geschichte Polens*, Übers. F. Griese, München 2000, S. 109 f. S. a. Norman Davies, *God's Playground: A History of Poland*, Bd. 2, Oxford 1981, S. 402.
17 John Maynard Keynes, *Die wirtschaftlichen Folgen des Friedensvertrags*, München/Stuttgart 1920, S. 238.
18 Benito Mussolini, *Schriften und Reden*, Zürich/Leipzig/Stuttgart 1935 Bd. 7, S. 237.
19 Ebd., Bd. 8, S. 127.
20 MacGregor Knox, *Common Destiny: Dictatorship, Foreign Policy, and War in Fascist Italy and Nazi Germany*, Cambridge 2000, S. 120.
21 Knox, *Common Destiny*, S. 116 und 129 f. Zitat in: Mussolini, *Schriften und Reden*, Bd. 7, S. 209 (17. Mai 1930).
22 D. A. Binchy, *Church and State in Fascist Italy*, London 1941, S. 676 und 679.
23 George Orwell, *Mein Katalonien*. Übers. W. Rieger, Zürich 1975 S. 246.
24 Zit. in Hugh Thomas, *Der Spanische Bürgerkrieg*, Übers. Walter Theimer, Frankfurt/M./Berlin 1964, S. 42 f.
25 Siehe John F. Coverdale, *Italian Intervention in the Spanish Civil War*, Princeton 1975, S. 396.
26 Ronald Randosh, Mary R. Habeck und Grigory Sevostianov, *Spain Betrayed: The Soviet Union in the Spanish Civil War*, New Haven 2001, S. 225.
27 Ebd., S. 241.
28 George Orwell, *Mein Katalonien*, S. 10.
29 José Maria Pemán, zit. in Raymond Carr, *The Civil War in Spain*, London 1986, S. 210.
30 Paul Preston: *Franco: a Biography*, London 1993, S. 622.
31 A.F. Utz und B. v. Galen (Hg.), *Die katholische Sozialdoktrin in ihrer geschichtlichen Entfaltung*, Aachen 1976, S. 167–219.

5 Frieden und Krieg: Das Versagen der internationalen Ordnung in den Jahren 1930–1940

1 Tom Harrison, *Living Through the Blitz*, London 1976, S. 23 f. und 39.
2 Keith Feiling, *The Life of Neville Chamberlain*, London 1946, S. 372.
3 C. Northcote Parkinson, *Parkinsons Gesetz und andere Untersuchungen über die Verwaltung*, Düsseldorf/Stuttgart 1958, S. 86.
4 E.H. Carr, *The Twenty Years Crisis 1919–1939*, London 1939, S. 133; Joachim Fest, *Hitler: eine Biographie*, Berlin 1973, S. 939.
5 Carl J. Friedrich und Zbigniew Brzezinski, *Totalitäre Diktatur*, Stuttgart 1957.

6 Zit. in Klaus Hildebrand, *Das vergangene Reich: deutsche Außenpolitik von Bismarck bis Hitler 1871–1945*, Stuttgart 1995, S. 585.
7 Ebd., S. 583.
8 Max Domarus (Hg.), *Adolf Hitler. Reden und Proklamationen 1932–1945*, 2 Bde., Würzburg 1962/63, S. 433, zit. in Fest, *Hitler*, S. 652.
9 Ian Kershaw, *Hitler 1889–1936*, Übers. P.-J. Krause und J. W. Rademacher, Stuttgart 1998, S. 721. Domarus, Hitler, S. 545 (Rede vom 8. Okt. 1935).
10 Kershaw, *Hitler*, S. 670.
11 Hermann Rauschning, *Gespräche mit Hitler* , Zürich/Wien/New York 1940, S. 218 f., zit. in Fest, *Hitler*, S. 939 f.
12 Elke Fröhlich (Hg.), *Die Tagebücher von Joseph Goebbels*, Bd. I.7, *Juli 1939–März 1940*, München 1998, S. 298 (Eintragung vom 6. Feb. 1940).
13 Domarus, *Hitler*, S. 472 (Rede vom 15. Januar 1935), zit. in Kershaw, *Hitler*, S. 688.
14 Zit. in Kershaw, *Hitler*, S. 693.
15 Alan Bullock, *Hitler und Stalin: parallele Leben*, Berlin 1991, S. 763, unter Berufung auf David Irving, *Hitlers Weg zum Krieg*, München/Berlin 1979, S. 240.
16 Vgl. Avraham Barkai, *Das Wirtschaftssystem des Nationalsozialismus. Ideologie, Theorie, Politik 1933–1936*, Frankfurt/Main 1988, S. 167 f.
17 Niedersächsisches Staatsarchiv, Best. 131 Nr. 303, fol. 13IV, zit. in Kershaw, *Hitler*, S. 663 und 665.
18 Harold James, *Die Deutsche Bank und die «Arisierung»*, München 2001, S. 53.
19 RGBl. I, S. 627
20 RGBl. I, S. 414.
21 RGBl. I, S. 404.
22 RGBl. I, S. 1580.
23 In der «Verordnung über eine Sühneleistung ...», RGBl. I, S. 1579, heißt es: «Den Juden deutscher Staatsangehörigkeit in ihrer Gesamtheit wird die Zahlung einer Kontribution von 1 000 000 000 Reichsmark an das Deutsche Reich auferlegt.» Eingetrieben wurde sie dann zunächst in Form einer 20-prozentigen Vermögensabgabe, die im Oktober 1939 auf 25 Prozent erhöht wurde, weil die 1 Milliarde Kontribution angeblich nicht erreicht worden war. S. hierzu A. Barkai, «Schicksalsjahr 1938», in: W. Pehle, Von der «Reichskristallnacht» zum Völkermord, S. 94–117, hier S. 115.
24 Zit. in A.J. van der Leew, «Der Griff des Reiches nach dem Judenvermögen», *Rechtsprechung und Restitutionsrecht*, 21 (1970), S. 386.
25 Die Zahl der Tschechen ist umstritten. Die Berechnungen schwanken zwischen 291 000 und 726 000. Vgl. dazu Volker Zimmermann, *Die Sudetendeutschen im NS-Staat. Politik und Stimmung der Bevölkerung im Reichsgau Sudetenland (1938–1945)*, Essen 1999, S. 279 f.
26 *Chruschtschow erinnert sich*, Übers. M. Carroux, Reinbek 1971, S. 64.
27 Catherine Karolyi, *A Life Together*, London 1961, S. 2.
28 Die beste Kurzdarstellung findet sich in Leszek Kołakowski, *Die Hauptströmungen des Marxismus: Entstehung – Entwicklung – Zerfall*, Übers. F. Griese, Bd. 3, München/Zürich 1979, S. 112 f.

29 Leonard Shapiro, *Die Geschichte der Kommunistischen Partei der Sowjetunion*, Übers. G. Danehl, Berlin 1961, S. 496.
30 E.H. Carr und R.W. Davies, *Foundations of the Planned Economy*, Bd. 1, *1928–1929*, Harmondsworth 1974, S. 943 und 947.
31 R.W. Davies, in *Cambridge Economic History of Europe*, Bd. 8, Cambridge 1989, S. 1029–1032.
32 Moshe Lewin, *Russian Peasants and Soviet Power: a Study of Collectivization*, London 1968, S. 27.
33 Peter der Große verlangte vom Adel, dass er sich nach westlichem Vorbild glatt rasierte, wogegen die Traditionalisten protestierten. Ursprünglich sollte sich das Bartverbot auch auf die Bauern erstrecken, doch stieß dies auf religiöse Widerstände.
34 N.P. Dubinin, *Perpetual Motion*, Moskau 1973, zit. in: Zhores A. Medwedew, *Soviet Science*, New York 1978, S. 227.
35 Siehe Victoria Bonnell, *Iconography of Power: Soviet Political Posters under Lenin and Stalin*, Berkeley, CA 1997.
36 Lewin, *Russian Peasants*, S. 77. Auf den vorhergehenden Seiten erörtert Lewin die Schwierigkeit, eine auch nur in Maßen sinnvolle Definition für den Kulaken zu finden.
37 Siehe Manfred Hildermeier, *Geschichte der Sowjetunion 1917–1991*, München 1991, S. 407.
38 Nicholas Werth, «A state against its people», in: Stéphane Courtois (Hg.), *Das Schwarzbuch des Kommunismus: Unterdrückung, Verbrechen und Terror*, München 1998, S. 191.
39 Aus Chruschtschows Geheimrede; Abdr. in *Chruschtschow erinnert sich*, hier S. 543 f.
40 Ebd., S. 213, 230 und 237.
41 Kołakowski, *Hauptströmungen*, Bd. 3, S. 96; Robert Conquest, *Der Rote Terror, Sowjetunion 1934–1938*, Übers. A. Model, München 1992, S. 449.
42 Hildermeier, *Geschichte der Sowjetunion*, S. 475.
43 Conquest, *Der große Terror*, S. 380 f.; John N. Hazard, *Recollections of a Pioneering Sovietologist*, New York 1984, S. 67; Stephen Kotkin, *Magnetic Mountain: Stalinism as a Civilization*, Berkeley, CA 1995, S. 123.
44 Richard Overy, *Die Wurzeln des Sieges. Warum die Alliierten den Zweiten Weltkrieg gewannen*, Übers. J. Charnitzky, Stuttgart/München 2000, S. 241 ff.
45 Bonnell, *Iconography*, S. 257.
46 Zit. in Ernest Haas, *Nationalism, Liberalism and Progress*, Bd. 2, Ithaca, NY 2000, S. 361.

6 Der Zweite Weltkrieg

1 Zit. in Gustave M. Gilbert, *The Psychology of Dictatorship*, New York 1950, S. 117.
2 Walther Funk, *Die wirtschaftliche Zukunft Europas*, Berlin 1940, S. 20.

3 Halders Kriegstagebuch zit. in Max Domarus, *Hitler. Reden und Proklamationen*, S. 1565.
4 Ebd., S. 1569.
5 Lucy Dawidowicz, *The war against the Jews, 1933–1945*, New York 1986.
6 Domarus, *Hitler*, S. 1316.
7 Hans Mommsen, *Auschwitz, 17. Juli 1942: der Weg zur europäischen «Endlösung der Judenfrage»*, München 2002, S. 98.
8 Zit. n Hans Safrian, *Die Eichmann-Männer*, Wien 1993, S. 36.
9 Nürnberger Dok. PS-630, zit. in Henry Friedlander, *Der Weg zum NS-Genozid: von der Euthanasie zur Endlösung*, Übers. J. Friedmann et al., Berlin 1997, S. 125.
10 Mommsen, *Auschwitz*, S. 119.
11 Jan T. Gross, *Nachbarn. Der Mord an den Juden von Jedwabne*, München 2001. Gross gibt die Zahl der Getöteten mit 1600 an, was aufgrund der detaillierten Befunde einer – durch die Kontroverse um dieses Buch angeregten – polnischen Untersuchung in Zweifel gezogen werden muss. Siehe hierzu Paweł Machcewicz und Krzysztof Persak (Hg.), *Wokól Jedwabnego, Bd. 1: Studia*, Warschau 2002, bes. S. 102 ff.
12 Im März 1943 wurden in Bulgarien die aus den ehemals griechischen und jugoslawischen Gebieten zusammengetriebenen Juden an den neuen Grenzen den Deutschen zur Deportation nach Treblinka übergeben.
13 Christian Gerlach, *Krieg, Ernährung, Völkermord: Forschungen zur deutschen Vernichtungspolitik im Zweiten Weltkrieg*, Hamburg 1998.
14 Yehuda Bauer, *Jews for Sale? Nazi-Jewish Negotiations, 1933–1945*, New Haven 1994.
15 Siehe Sybille Steinbacher, *Auschwitz. Geschichte und Nachgeschichte*, München 2004, S. 71 (im Erscheinen).
16 Wolfgang Benz, *Der Holocaust*, München 1999, 4. Aufl. S. 116.
17 Text des Riegner-Telegramms in Israel Gutmann (Hg.), *Enzyklopädie des Holocaust. Die Verfolgung und Ermordung der europäischen Juden*, 4 Bde., München o.J. (1990), Bd. 3, S. 1228. Goldmann zit. in Peter Novick, *The Holocaust in American Life*, New York 1999, S. 44. Vgl. Gerhart M. Riegner, *Niemals verzweifeln. 60 Jahre für das jüdische Volk und die Menschenrechte*, Gerlingen 2001, S. 59 ff.
18 Michael Burleigh, *Die Zeit des Nationalsozialismus. Eine Gesamtdarstellung*, Übers. Udo Rennert und Karlheinz Siber, Frankfurt a.M. 2000, S. 612.
19 Zit. nach *Dokumentation zur Deutschlandfrage. Von der Atlantik-Charta 1941 bis zur Berlin-Sperre 1961*, Bonn/Wien/Zürich 1961, S. 2 f.
20 Klaus Hildebrand, *Das vergangene Reich: deutsche Außenpolitik von Bismarck bis Hitler 1871–1945*, Stuttgart 1995, S. 747.
21 Vgl. Horst Boog u.a., *Der Angriff auf die Sowjetunion*, Frankfurt a.M. 1991, 1996, S. 1204 Anm. 401 (S. 1225).
22 Zahlen in Ulrich Herbert, *Fremdarbeiter. Politik und Praxis des «Ausländer-Einsatzes» in der Kriegswirtschaft des Dritten Reiches*, Bonn 1985, S. 270 f.
23 3 000 Todesopfer ist die Zahl, die Radio Berlin zu Beginn der Meldung nannte; in

der selben Meldung wurde eine Gesamtzahl an Opfern von etwa 10 000 Toten geschätzt; die verbürgten Zahlen liegen zwischen 4000 und 5000.

24 www.lexi-tv.de/lexikon – Geschichte, Kapitulation S. 7

25 Zit. in John Erickson, *The Road to Berlin: Continuing the History of Stalin's War with Germany*, Boulder, CO 1983, S. 135.

26 Ebd., S. 283.

27 Zit. in Harold James, «Die Deutsche Bank und die Diktatur 1933–1945», in: Lothar Gall et al., *Die Deutsche Bank 1870–1995*, München 1995, S. 315–408, hier S. 401.

28 Robert O. Paxton, *Vichy France: Old Guard and New Order 1940–1944*, London 1972, S. 3.

29 Ebd., S. 177.

30 Die Novelle erschien 1948 in einer deutschen Übersetzung von K. Stern, *Das Schweigen des Meeres*.

31 Independent Commission of Experts, *Switzerland, National Socialism and the Second World War*, Zürich 2002, S. 79.

32 Robert Skidelsky, *John Maynard Keynes*, Bd. 3: *Fighting for Britain 1937–1946*, London 2001, S. 93.

33 Das erste Rundschreiben des Heiligen Vaters Papst Pius XII. – *Summa Pontifactus – Über die Not und die Irrtümer unserer Zeit und deren Überwindung in Christus*, Luzern 1944, 2. Auflage, ursprünglich 11. November 1939.

34 Owen Chadwick, *Britain and the Vatican during the Second World War*, Cambridge 1986, S. 92. Siehe auch John Cornwell, *Pius XII: Der Papst, der geschwiegen hat*, Übers. K. Kochmann, München 1999, S. 323 f.

35 José M. Sánchez, *Pius XII und der Holocaust: Anatomie einer Debatte*, Übersetzung K. Nicolai, Paderborn/München/Wien/Zürich 2003, S. 134.

36 Zit. in Susan Zuccotti, *Under His Very Windows: The Vatican and the Holocaust in Italy*, New Haven 2000, S. 161.

37 Chadwick, *Britain*, S. 71.

38 Sánchez, *Pius XII.*, S. 52.

39 Cornwell, *Pius XII.*, S. 316.

40 Brief von Francis d'Arcy Osborne an Bridget McEwan, zit. in Cornwell, *Pius XII.*, S. 387.

41 Chadwick, *Britain*, S. 307.

42 Ebd., S. 199.

43 Zit. in Warren Kimball, *The Juggler: Franklin Roosevelt as Wartime Statesman*, Princeton 1991, S. 6

44 Keesings, S. 6468.

45 W. Averell Harriman und Elie Abel, *Special Envoy to Churchill and Stalin 1941–1946*, New York 1975, S. 277.

7 Der Wiederaufbau Europas nach transatlantischem Muster: Die fünfziger Jahre

1 A.J.P. Taylor, *Europe: Grandeur and Decline*, Harmondsworth 1967, S. 357.

2 Richard Overy, *Verhöre. Die NS-Elite in den Händen der Alliierten 1945*, Übersetzung H.-U. Seebohm und U. Rennert, Berlin 2002, S. 142.

3 Robert H. Jackson, Hauptanklagevertreter der USA beim Internationalen Militärgerichtshof zu Nürnberg, *Grundlegende Rede vorgetragen im Namen der Vereinigten Staaten von Amerika*, Übersetzung H. Küsel, Frankfurt a. M. 1946, S. 7.

4 Raphael Lemkin, *Axis Rule in Occupied Europe: Laws of Occupation, Analysis of Government, Proposals for Reform*, Washington, DC 1944, S. 7 und 93.

5 Max Domarus (Hg.), *Hitler. Reden und Proklamationen*, Würzburg 1963, B. I. 2, S. 510. zit. in E.H. Carr, *The Twenty Years Crisis 1919–1939*, London 1939, S. 196.

6 Siehe dazu Norman M. Naimark, *Flammender Haß. Ethnische Säuberung im 20. Jahrhundert*, München 2004, S. 29 ff.

7 *Princeton Alumni Weekly*, 28. Februar 1947, S. 13.

8 Lucrezia Reichlin, «The Marshall Plan», in: Barry Eichengreen (Hg.), *Europe's Postwar Recovery*, Cambridge 1995. S. 41.

9 Alan S. Milward, *The Reconstruction of Western Europe 1945–1951*, London 1984, S. 418.

10 Jean Monnet, *Erinnerungen eines Europäers*, Übers. W. Vetter, München 1978, S. 428.

11 Marc Trachtenberg, *A Constructed Peace: the Making of the European Settlement. 1945–1963*, Princeton, NJ 1999, S. 339.

12 Monnet, *Erinnerungen*, S. 428.

13 Trachtenberg, *A Constructed Peace*, S. 110.

14 Michael Charlton, *The Price of Victory*, London 1983, S. 163.

15 Text in *Europa-Archiv*, 5. April 1952, S. 4832 f.

16 F.H. Hinsley, *Power and the Pursuit of Peace: Theory and Practice in the History of Relations between States*, Cambridge 1963, S. 348.

17 Monnet, *Erinnerungen*, S. 363.

18 Jeffrey M. Dieffendorf, *In the Wake of War: The Reconstruction of German Cities after World War II*, New York 1993, S. 106.

19 Jean-Paul Sartre, *Das Sein und das Nichts*, Übers. Justus Streller et al., Hamburg 1962, S. 665 und 697 f.

20 Maurice Merleau-Ponty, *Humanismus und Terror*, Übers. Eva Moldenhauer, Frankfurt a. M., Bd. 2, S. 35 f. und S. 90.

21 Jean-Paul Sartre, zit. in Tony Judt, *Past Imperfect: French Intellectuals 1944–1956*, Berkeley 1992, S. 1

22 Annie Cohen-Solal, *Sartre 1905–1980*, Übersetzung E. Groepler, Reinbek 1988, S. 471.

23 Charles de Gaulle, *Memoiren. Der Ruf 1940–1942*, Übers. H.G. Preconi und O. F. Best, Frankfurt a.M. 1955, S. 7.

24 *Le fil d'épée. Staatsmacht und Persönlichkeit,* Übers. L. Schmidl, Frankfurt a.M./Bonn 1961, S. 6.
25 Monnet, *Erinnerungen,* S. 330 f.
26 Alastair Horne, *A Savage War of Peace: Algeria 1954–1962,* Harmondsworth 1979, S. 99.
27 Cohen-Solal, *Sartre,* S. 567.
28 Horne, *Savage War,* S. 298.
29 Robert Skidelski, *John Maynard Keynes* , Bd. 3, *Fighting for Britain 1937–1946,* London 2001, S. 461.
30 Ebd., S. 414.
31 Zit. in Alan Bullock, *Ernest Bevin: Foreign Secretary 1945–1951,* New York 1983, S. 352.
32 Andrew Roberts, *Eminent Churchillians,* London 1994, S. 82.
33 Milovan Djilas, *Gespräche mit Stalin,* Frankfurt a.M. 1962, S. 145.: «Ja, der Sozialismus ist sogar unter einem englischen König möglich.» C.A.R. Crosland, *The Future of Socialism,* New York 1963 (1956), S. 29.
34 Alastair Horne, *Harold Macmillan II: 1957–1986,* London 1989, S. 189 und 192.
35 Peter Hennessy, *The Prime Minister: the Office and its Holders since 1945,* London 2000, S. 250.
36 Horne, *Macmillan,* S. 270 und 481.
37 Crosland, *Future,* S. 214 und 330.
38 Ebd., S. 210.
39 Denis Mac Smith, *Modern Italy,* Ann Arbor 1997, S. 442.
40 Zit. in Marcello de Cecco, «Keynes and Italian economics», in: Peter A. Hall (Hg.), *The Political Power of Economic Ideas: Keynesianism across Nations,* Princeton 1989, S. 210.
41 Zit. in Juan Carlos Martinez Oliva, «Italy and the Political Economy of International Cooperation», Banca d'Italia Working Paper, 2002.
42 A.M. Carr-Saunders, *World Population: Past Groth and Future Trends,* Oxford 1936, Abb. 26 (gegenüber S. 129).
43 Vito Tanzi und Ludger Schuknecht, *Public Spending in the 20th Century: a Global Perspective,* Cambridge 2000, S. 28. Diese Quotienten waren in den achtziger Jahren ähnlich hoch, nur dass Frankreich seinen Anteil der Militärausgaben in jenem Jahrzehnt auf eine nichtkoloniale europäische Norm (3,3 Prozent) senkte.
44 Charlton, *Victory,* S. 226.
45 Alain Peyrefitte, *C'était de Gaulle,* Paris 2002, S. 77.
46 Andrew Moravcsik, *The Choice for Europe: Social Purpose and State Power from Messina to Maastricht,* Ithaca, NY 1998, S. 149.
47 Charlton, *Victory,* S. 195 f. Siehe auch Moravcsik, S. 129.
48 Erin E. Jacobsson, *A Life for Sound Money: Per Jacobsson His Biography,* Oxford 1979, S. 296.
49 Andrew Moravcsik, «De Gaulle: between grain and grandeur: the political economy of French EC policy 1958–1970», *Journal of Cold War Studies,* 2 (2000), H. 2, S. 11.

50 Ebd. S. 18 f.
51 Horne, *Macmillan*, S. 431.
52 Beide Zitate in Horne, *Macmillan*, S. 431.
53 Peyrefitte, *De Gaulle*, S. 643.
54 Willy Brandt, *Erinnerungen*, Frankfurt a.M. 1989, S. 58 f.
55 Antonio Gramsci, *Gefängnishefte*, Hg. Wolfgang F. Haug, Hamburg/Berlin 1991, Bd. 2, S. 340.

8 Jalta und der Kommunismus: Der Sozialismus in Osteuropa vom Ende der vierziger bis in die siebziger Jahre

1 Alexander Fischer (Hg.), *Teheran Jalta Potsdam. Die sowjetischen Protokolle von den Kriegskonferenzen der «Großen Drei»*, Köln 1973 (1968); S. 186.
2 Heinrich Siegler (Hg.), *Dokumente zur Deutschlandfrage. Von der Atlantik-Charta 1941 bis zur Aufkündigung des Berlin-Status durch die UdSSR 1958*, Bonn/Wien/Zürich 1961, S. 24
3 Herbert Feis, *Churchill-Roosevelt-Stalin: The War They Waged and the Peace they Sought*, Princeton, NJ 1957, S. 523.
4 Fischer, *Teheran*, S. 187
5 Stanisław Mikołajczyk, *The Rape of Poland: Pattern of Soviet Aggression*, New York 1948, S. 104 f.
6 Milovan Djilas, *Tito. Eine kritische Biographie*, Übersetzung Peter Walcker, Wien/München/Zürich 1980, S. 125.
7 Ceszław Miłos, *Das verführte Denken*, Übersetzung Alfred Loepfe, Köln/Berlin 1953, S. 25.
8 Ebd., S. 31.
9 Fuhrmann, Rainer W., *Polen. Geschichte, Politik, Wirtschaft*, Hannover 1981, S. 111
10 *Keesings Archiv der Gegenwart*, engl. Ausgabe (1947), S. 8761.
11 Christopher J. Zablocki, *Report of the Special Study Mission to Poland*, House Report 712, Washington, DC 1961; Arthur Bliss Lane, *I saw Poland Betrayed: an Ambassador Reports to the American People*, New York 1948.
12 *Keesings Archiv der Gegenwart*, 18/19 (1948/49), S. 1546.
13 Djilas, *Tito*, S. 127.
14 Amy Knight, *Beria, Stalin's First Lieutenant*, Princeton 1993, S. 1.
15 Ebd., S. 191.
16 Nikita S. Chruschtschow, *Die Geheimrede Chruschtschows. Über den Personenkult und seine Folgen*, Berlin 1990, S. 14 f.
17 *Keesings Archiv der Gegenwart*, S. 26 (1956), S. 6053.
18 *Keesing's Contemporary Archives*, (1956), S. 15163.
20 *Cold War International History Project Bulletin*, (1996/97), H. 8–9, S. 365.
21 Ebd., S. 376.
22 Zit. in Ferenc Féher und Agnes Heller, *Hungary 1956 revisited: The Message of a Revolution – a Quarter of a Century After*, London 1983, S. 5.

23 John Bushnell, «The new Soviet man turns pessimist», in: Stephen F. Cohen, Alexander Rabinovitch und Robert Sharlet (Hg.), *The Soviet Union since Stalin*, Bloomington 1980, S. 183.
24 Richard Reeves, *President Kennedy*, New York 1993, S. 54.
25 Seweryn Bialer, *Stalin's Successors: Leadership, Stability, and Change in the Soviet Union*, Cambridge 1980, S. 55.
26 Ebd., S. 83.
27 Alexander Sinowjew, *Homo sovieticus*, Zürich 1984, S. 14.
28 Bialer, *Stalin's Successors*, S. 152.
29 Marek Okolski und Beate Pukaska, «Recent Mortality Patterns and Trends in Poland», vervielfältigtes Manuskript, Universität Warschau 1982, Tabelle 3.
30 George Weigel, *Witness to Hope: the Biography of Pope John Paul II*, New York 1999, S. 161.
31 *Keesings Archiv der Gegenwart*, 38 (1968), S. 1407.
32 Neues Deutschland, 13.11.1967, S. 4
33 *Keesing's Contemporary Archives* 22887.
34 Michael Kaser, *The Economic History of Eastern Europe*, Oxford o.J., S. 221.
35 Stephen Kotkin, *Armaggedon Averted: the Soviet Collapse 1970–2000*, New York 2001, S. 64.
36 Charles S. Maier, *Das Verschwinden der DDR und der Untergang des Kommunismus*, Frankfurt a. M. 1999, S. 184.
37 Jerzy Kloczowski, *A History of Polish Christianity*, Cambridge 2000, S. 328.
38 Weigel, *Witness to Hope*, S. 286.
39 Zit. in Timothy Garton Ash, *The Polish Revolution: Solidarity 1980–1982*, London 1983, S. 223.
34 Ebd., S. 225 f.
41 Malcolm Byrne behauptet, Jaruzelski habe von Anfang an und konsequent auf eine Intervention der Sowjets in Polen gedrängt, womit er den Sachverhalt zweifellos übertreibt: «New evidence on the Polish crisis 1980–1981», Cold War International History Project Bulletin, 11 (1998), S. 7.
42 Garton Ash, *Polish Revolution*, S. 269.
43 Ebd., S. 268.

9 Ein goldenes Zeitalter: Die sechziger Jahre

1 Roy Harrod, *The Life of John Maynard Keynes*, Harmondsworth 1972 (Erstveröffentlichung 1951), S. 764.
2 Zitiert in Arnulf Baring, *Machtwechsel: die Ära Brandt-Schmidt*, Stuttgart 1982, S. 77.
3 Antonio Negri, *Marx beyond Marx*, South Hadley, MA 1984 (ursprünglich als Seminar in Paris gehalten), S. 18–19.

4 Gabriel und Daniel Cohn-Bendit, *Linksradikalismus – Gewaltkur gegen die Alterskrankheit des Kommunismus*, Reinbek bei Hamburg 1968, S. 265.
5 A. D. G. Gunn, *Oral Contraception in Perspective*, Carnforth 1987, S. 40.
6 *The Times*, 1. Juli 1967.
7 Richard Crossman, *The Crossman Diaries 1964–1970*, London 1979, S. 254–55.
8 Heinrich August Winkler, *Der lange Weg nach Westen*, S. 250.
9 Zitat aus seiner Rede im Bundestag am 30. April 1968, abgedruckt in der *FAZ* vom 1./2. Mai 1968, S. 1
10 Negri, *Marx*, S. 173.
11 Antonio Negri und Michael Hardt, *Empire*, Cambridge, MA 2000.
12 Cohn-Bendit und Cohn-Bendit, *Linksradikalismus*, S. 34
13 Zitiert in Jean Lacouture, *De Gaulle: the Ruler, 1945–1970*, New York 1992, S. 549.
14 Zum Beispiel Ingrid Gilcher-Holtey, «May 1968 in France: the rise and fall of a new social movement», in Carole Fink, Philipp Gassert und Detlef Junker (Hg.), *1968: The World Transformed*, Cambridge 1998, S. 253–76.
15 *The Life of Women and Men in Europe: a Statistical Portrait*, Luxembourg 2002, S. 23.
16 Patrick Higgins, *Heterosexual Dictatorship: Male Homosexuality in Postwar Britain*, London 1996, S. 153.

10 Die Grenzen des Wachstums Die siebziger Jahre

1 *Keesing's Contemporary Archives*, 27156.
2 *Keesing's Contemporary Archives*, 27157.
3 *Keesing's Contemporary Archives*, 27179.
4 Zahlen des IWF, gerundet.
5 Arnulf Baring, *Machtwechsel der Ära Brandt-Scheel*. Stuttgart 1982, 2. Auflage, S. 249
6 *Keesing's Contemporary Archives* 22796, 22797.
7 «European security», *New York Times*, 21. Juli 1975.
8 Beide Zitate aus Henry A. Kissinger, *Die Vernunft der Nationen – Über das Wesen der Außenpolitik*, München 1996, S. 838 und 840.
9 Timothy Garton Ash, *Im Namen Europas – Deutschland und der geteilte Kontinent*, München 1993, S. 382.
10 Zitiert in Peter Hennessy, *The Prime Minister: the Office and its Holders since 1945*, London: 2000, S. 361.

11 Rechtsruck: Die achtziger Jahre

1 Peter Hennessy, *The Prime Minister: the Office and its Holders since 1945*, London 2000, S. 252, 401.
2 Zitiert in Peter Jenkins, *Mrs. Thatcher's Revolution: the Ending of the Socialist Era*, London 1987, S. 57.
3 *The Times*, 30. März 1981.
4 Zum Beispiel Oliver Letwin, mit einem Vorwort von John Redwood, *Privatising the World: a Study of International Privatisation in Theory and Practice*, London 1988, S. 14.
5 Jacques Attali, *Verbatim, Vol. 1, Chronique des Années 1981–1986*, Paris 1993, S. 763.
6 *The Independent*, 25. April 1993, S. 24.
7 Philip H. Gordon und Sophie Meunier, *The French Challenge: Adapting to Globalization*, Washington, D.C. 2001, S. 18.
8 Attali, *Verbatim*, S. 413, 416.
9 Letwin, *Privatising*, S. 62.
10 Gordon und Meunier, *French Challenge*, S. 23.
11 Winkler, Bd. II, s. 399 ff.
12 Siehe zum Beispiel Attali, *Verbatim*, S. 720.
13 Siehe Andrew Moravcsik, *The Choice for Europe: Social Purpose and State Power from Messina to Maastricht*, Ithaca, NY 1998, S. 317.
14 Attali, *Verbatim*, S. 771 (Eintrag vom 21. Februar 1985).

12 Malta und der Kommunismus: 1989 und die Wiederherstellung Europas

1 «The Novosibirsk Report», *Survey*, 28/1, 1984, S. 91, 95.
2 Zitiert in Jerry F. Hough, *Democratization and Revolution in the USSR, 1985–1991*, Washington, DC 1997, S. 148.
3 Hough, *Democratization*, S. 150.
4 Hough, *Democratization*, S. 109.
5 http://www.gwu.edu/~nsarchiv/news/19991105/Doc-57.htm: Protokoll Nr. 64 einer erweiterten Sitzung des PZPR CC-Sekretariats am 5. Juni 1989.
6 http://www.gwu.edu/~nsarchiv/news/19991105/29mar89.htm: Aktenvermerk über das Gespräch zwischen M. S. Gorbatschow und Károly Grósz, Generalsekretär der Ungarischen Sozialistischen Arbeiterpartei, Moskau 23. – 24. März 1989.
7 Timothy Garton Ash, *The Magic Lantern: the Revolution of '89 Witnessed in Warsaw, Budapest, Berlin and Prague*, New York 1990, S. 78.
8 Philip Zelikow und Condoleeza Rice, *Sternstunde der Diplomatie – Die deutsche Einheit und das Ende der Spaltung Europas*, Berlin 1997, S. 384.

9 Die Abstimmung fand am 23. Oktober 1955 statt, am 1. Januar 1957 wurde das Saargebiet Bundesland der Bundesrepublik Deutschland.
10 http://www.gwu.edu/~nsarchive/news/19991105/891110.htm: Tagebuch von Anatoli Tschernajew (Archiv der Gorbatschow-Stiftung), 10. November 1989.
11 Hough, *Democratization*, S. 386.

13 Die Rückkehr nach Europa: Die neue Politik und das Ende des Kalten Krieges

1 Michail Gorbatschow, *Gipfelgespräche: Geheime Protokolle aus meiner Amtszeit*, Berlin 1993, S. 128 f.
2 Julian Bullard, «Time to feed the country´s western roots», *Financial Times*, 29. Oktober 1990.
3 *Ebd.*, S. 198.
4 Timothy Garton Ash, *The Magic Lantern: the Revolution of '89 Witnessed in Warsaw, Budapest, Berlin, and Prague*, New York 1990, S. 105.
5 Das Papier wurde eigentlich von Bodo Hombach und Peter Mandelson ausgearbeitet.
6 Hywel Williams, *Guilty Men: Conservative Decline and Fall*, London 1998, S. 183.
7 Naomi Klein, *No Logo– Der Kampf des Global Players um Marktmacht; ein Spiel mmit Verlierern und wenigen Gewinnern*, München 2001.
8 *Fortune World Business Directory 1980*, Trenton 1980; www.fortune.com/fortune/global500.
9 Zitiert in *Economist*, 14. September 2002, S. 55.
10 Nigel Lawson, *The View from No. 11: Memoirs of e Tory Radical*, London 1992, S. 1005.
11 Peter Reddaway und Dmitri Glinski, *The Tragedy of Russia´s Reforms: Market Bolshevism against Democracy*, Washington, DC 2001, S. 254.
12 Yegor Gaidar, «The legacy of the Socialist economy: the macro- and microeconomic consequences of soft budget constraints» in: Mario I. Bléjer and Marko Škreb (Hg.), *Transition: the first Decade*, Cambridge, MA 2001, S. 311.
13 Zitiert in Christopher Granville, «The political and societal environment of economic policy», in: Brigitte Granville und Peter Oppenheimer (Hg.), *Russia´s Post-Communist Economy*, Oxford 2001, S. 33.
14 Zitiert von Stephen Kotkin, «Trashcanistan: a tour through the wreckage of the Soviet empire», *New Republic*, 15. April 2002, S. 26.
15 David E. Hoffman, *The Oligarchs: Wealth and Power in the New Russia*, New York 2002, S. 348–49.
16 Reddaway und Glinski, *Tragedy*, S. 600.
17 Noel Malcolm, *Bosnia: a Short History*, London 1994, S. 213.
18 Jacques Attali, *Verbatim, Vol. III, Chronique des Années 1988–1991*, Paris 1995, S. 401.

19 Zitiert in Richard H. Ullman (Hg.), *The World and Yugoslavia´s Wars*, New York 1996, S. 81.
20 Gary Jonathan Bass, *Stay the Hand of Vengeance: the Politics of War Crimes Tribunals*, Princeton, NJ 2000, S. 214.
21 Malcolm, *Bosnia*, S. xx. Roger Cohen, *Hearts Grown Brutal: Sagas of Sarajevo*,
22 Philip E. Auerswald und David P. Auerswald, *The Kosovo Conflict: a Diplomatic History through Documents*, Den Haag 2000, S. 104. Bass, *Stay the Hand*, S. 262 f.
23 Keesings Dezember 1999, Jugoslawien-Bericht; Norman M. Naimark, *Flammender Haß. Ethnische Säuberungen im 20. Jahrhundert*, München 2004, S. 175 ff.
24 Zitiert in *Los Angeles Times*, 18. April 1995.
25 Williams, *Guilty Men*, S. 9.
26 *Le Figaro*, 18. Juni 2001, Interview mit Roland Dumas, «L´affaire des Frégates».
27 *Le Monde*, 20. September 2000: «Un ex-ministre allemand au bout de la piste des commissions d´Elf».
28 Von www.transparency.org,
29 Martin Walser, «Über Deutschland reden», in: *Die Zeit*, 4. 11. 1988.
30 Eric Hobsbawm, *Nationen und Nationalismus. Mythos und Realität seit 1780*, Frankfurt a. M./New York ²1992, S. 207
31 Tom Nairn, *The Break-Up of Britain: Crisis and Neo-Nationalism*, London 1977, S. 192.
32 Isaiah Berlin, «European Unity and its Vicissitudes», in: *The Crooked Timber of Humanity: Chapters in the History of Ideas*, London 1990, S. 175, 204.
33 Isaac Deutscher, *The Prophet Unarmed: Trotsky 1921–1929*, London 1959, S. 460.

Anhang 1: Bevölkerkungszahlen der großen europäischen Staaten

	1900/01	1930/35	1950/54	2000
Frankreich	38.451	41.228	42.741	58.892
Deutschland[1]	56.347	66.030	50.747	82.150
Italien	32.475	41.177	47.516	57.690
Polen		32.107	25.008	38.650
Russland[2]	155.433	165.000	193.200	145.555
Spanien	18.594	23.564	27.977	39.465
Türkei[3]	24.814	17.821	20.947	65.293
Großbritannien[4]	41.977	46.216	50.320	59.738
Jugoslawien[5]	2.493	13.934	16.937	10.637

1 Deutsches Reich 1900, 1933; Bundesrepublik Deutschland 1950, 2000.
2 Russisches Reich, UdSSR 1930; Russische Föderation 2000.
3 Osmanisches Reich (ohne arabische Provinzen), 1900; danach Republik Türkei.
4 Großbritannien und Irland 1901, danach Großbritannien und Nordirland.
5 Königreich Serbien 1900; Jugoslawien; Föderative Volksrepublik Jugoslawien 1950; Bundesrepublik Jugoslawien (Serbien und Montenegro) 2000.

Quellen:
B. R. Mitchell, *European Historical Statistics 1750–1970*, London 1975.
Statesman's Yearbook, verschiedene Ausgaben, World Bank database (2000).

Anhang 2: Kurzbiographien

Adenauer, Konrad (1876–1967). 1917–33 Bürgermeister von Köln; CDU-Vorsitzender, 1949–63 Bundeskanzler.

Albright, Madeleine (1937–). 1993–97 UN-Botschafterin der USA, 1997–2001 Außenministerin.

Andreotti, Giulio (1919–). Italienischer Christdemokrat, 1972–72, 1976–79 und 1989–92 Ministerpräsident.

Andropow, Juri (1914–1984). 1967–82 Chef des KGB; 1982–84 Generalsekretär des ZK der KPdSU.

Anouilh, Jean (1910–1987). Französischer Dramatiker.

Antonescu, Ion (1882–1946). Rumänischer General und Diktator. nach seiner Ernennung zum Premierminister durch König Karol zwang er diesen zur Abdankung und verbündete sich mit Deutschland. Karols Sohn Michael stürzte ihn 1944 durch einen Putsch. Er wurde wegen Kriegsverbrechen hingerichtet.

Atatürk, geb. Mustafa Kemal (1881–1938). Türkischer General und Politiker. 1915–16 gewann er die Schlacht von Gallipoli, als 1919 Generalinspekteur der Truppen in Anatolien. Er lehnte den Vertrag von Sèvres ab, wurde 1920 zum Präsidenten der Großen Nationalversammlung gewählt und führte den Feldzug gegen die Griechen. 1923 gründete er die Republikanische Volkspartei, schaffte 1924 das Kalifat ab und machte die Türkei zur Republik.

Attlee, Clement (1883–1967). 1935–55 Vorsitzender der Labour Party, 1942–45 stellvertretender Premierminister in Churchills Kriegskabinett, 1945–51 Premierminister.

Azaña y Diaz, Manuel (1880–1940). 1931–33 und 1936 spanischer Ministerpräsident, 1936–39 Präsident. Kurz vor der Niederlage der Republikaner trat er zurück und floh aus dem Land.

Baader, Andreas (1947–1977). Terrorist der Rote Armee Fraktion. Er wurde 1972 festgenommen und beging im Gefängnis Selbstmord. Linke Aktivisten behaupten, er sei vom Staat ermordet worden.

Baldwin, Stanley (1867–1947). Britischer Konservativer. 1923–24, 1924–29 und 1935–37 Premierminister.

Barber, Anthony (1920–2005). Britischer Konservativer, 1970–74 Finanzminister.

Barre, Raymond (1924–2007). Französischer Ökonom und Mitte-Rechts-Politiker. 1976–81 Premierminister.

Barzel, Rainer (1924–2006). 1971–73 Vorsitzender der CDU.

Beneš, Edvard (1884–1948). 1935–38, 1940–45 (Exilregierung) und 1946–48 Präsident der Tschechoslowakei. Trat nach dem Staatsstreich von 1948 zurück.

Berija, Lawrenti (1899–1953). Seit November 1938 Chef des NKWD. Beim Machtkampf nach Stalins Tod ohne Prozess hingerichtet.

Berlinguer, Enrico (1922–1984). 1972–84 Generalsekretär der italienischen KP.

Berlusconi, Silvio (1936–). Italienischer Medienmagnat, Besitzer des AC Mailand seit 1986, Gründer der Mitte-Rechts-Partei Forza Italia. 1994 und 2001– Ministerpräsident.

Bierut, Bolesław (1892–1956). Kommunistischer (stalinistischer) polnischer Politiker, während des Zweiten Weltkriegs im sowjetischen Exil. 1945–52 Präsident. Er übernahm Gomulkas Posten als Parteichef. 1952–54 auch Ministerpräsident.

Blair, Tony (1953–). Chef der Labour Party, 1997– britischer Premierminister.

Blum, Léon (1872–1950). 1936–37, 1938 und 1946–47 französischer Premierminister. Architekt der Volksfrontkoalition aus Sozialisten, Kommunisten und Radikalen. Blum lehnte das Münchner Abkommen ab und wurde unter der Vichy-Regierung angeklagt und eingesperrt.

Bonomi, Ivanoe (1873–1952). Italienischer Mitte-Links-Politiker, 1912 aus der sozialistischen Partei ausgeschlossen. 1921–22 Ministerpräsident und 1944–45 nach der Befreiung Interims-Ministerpräsident. Bonomi führte die Widerstandsbewegung während des Zweiten Weltkriegs.

Brandt, Willy, geb. Herbert Frahm (1913–1992). 1957–66 Regierender Bürgermeister von Berlin, 1966–69 Außenminister und Vizekanzler, 1969–74 Bundeskanzler. Er floh vor den Nazis nach Norwegen, dann nach Schweden und wurde der erste sozialdemokratische Kanzler nach dem Krieg, trat aber zurück, als ein DDR-Spion in seinem Büro enttarnt wurde.

Brasillach, Robert (1909–1945). Antisemitischer französischer Schriftsteller und Kollaborateur. Herausgeber der Zeitschrift *Je Suis Partout*. 1945 hingerichtet.

Breschnew, Leonid (1906–1982). 1960–64 Ministerpräsident der UdSSR, 1964–82 Generalsekretär des ZK der KPdSU, 1977–82 Präsident der UdSSR.

Briand, Aristide (1862–1932). Elfmal französischer Premierminister, 1925–32 Außenminister. Er schloss 1925 den Vertrag von Locarno und 1928 den Kellogg-Briand-Pakt ab und teilte sich den Friedensnobelpreis mit Stresemann. Er war ein leidenschaftlicher Verfechter der europäischen Integration und war der nationalistischen Rechten verhasst.

Brüning, Heinrich (1885–1970). Katholischer Politiker und 1930–32 deutscher Reichskanzler. In seinen Memoiren enthüllte er, er hätte gern die Monarchie wiederhergestellt.

Bucharin, Nikolai (1988–1938). Russischer Revolutionsführer und Hauptanreger der Neuen Ökonomischen Politik in den zwanziger Jahren. 1926–29 Vorsitzender der Komintern. Er wurde von Stalin angegriffen, gewann seine Position Mitte der dreißiger Jahre teilweise zurück, wurde aber erneut attackiert und nach einem Schauprozess hingerichtet.

Bush, George H. W. (1924–). Präsident der USA 1989–93.

Butler, Richard Austen (1902–1982). Britischer Konservativer, der wichtige Posten unter MacDonald, Baldwin, Chamberlain und Churchill innehatte, aber nie selbst Premierminister wurde.

Callaghan, James (1912–2005). Labour-Politiker, 1964–67 Finanzminister, 1974–76 Außenminister, 1976–79 Premierminister.

Ceauceşcu, Nicolae (1918–1989). 1965–89 Erster Sekretär der rumänischen KP, 1967–89 Präsident. Im Dezember 1989 abgesetzt und mit einer Frau hingerichtet.

Chamberlain, Austen (1863–1937). Konservativer Politiker, Sohn des Zollreformers Joseph Chamberlain. 1924–29 britischer Außenminister und einer der Hauptarchitekten des Vertrags von Locarno 1925.

Chamberlain, Neville (1869–1940). Konservativer Politiker, jüngerer Halbbruder von Austen. 1923–24 und 1931–37 britischer Finanzminister, 1937–40 Premierminister und Architekt der «Appeasement»-Politik

Chirac, Jacques (1932–). Gaullistischer Politiker. 1974–76 und 1986–88 französischer Premierminister, 1995–2007 Präsident. Er reduzierte das französische Defizit im Hinblick auf den Euro und hat eine größere militärische Unabhängigkeit Europas von den USA befürwortet.

Chruschtschow, Nikita (1894–1971). 1953–64 Generalsekretär des ZK der KPdSU, 1958–84 Ministerpräsident. Er wurde abgesetzt, starb aber eines natürlichen Todes.

Churchill, Winston (1874–1965). Britischer Konservativer. 1911–15 und 1939–40 Marineminister, 1924–29 Finanzminister, 1940–45 und 1951–55 Premierminister.

Ciano, Galeazzo Graf (1903–1944). Mussolinis Schwiegersohn, 1936–43 Außenminister. Von der faschistischen Partei festgenommen, abgeurteilt und hingerichtet.

Clemenceau, Georges (1841–1929). 1906–09 und 1917–20 französischer Premierminister. Er war zunächst Sozialist, wurde später aber heftiger Antisozialist.

Clinton, Bill (1946–). 1993–2001 Präsident der Vereinigten Staaten.

Codreanu, Corneliu Zelea (1899–1938). Gründer und Führer der rumänischen Eisernen Garde, einer faschistischen, antisemitischen und nationalistischen Terrororganisation. Angeblich bei der Flucht aus dem Gefängnis getötet.

Craxi, Bettino (1934–1999). 1983–87 italienischer Ministerpräsident, 1976–93 Chef der Sozialisten (PSI). Nach einer Korruptionsanklage floh er nach Libyen und lebte dort bis zu seinem Tod.

Daladier, Édouard (1884–1970). 1933, 1934 und 1938–40 französischer Premierminister. Daladier unterzeichnete 1938 das Münchner Abkommen.

Darlan, Jean François (1881–1942). Kommandeur der französischen Marine 1935–42. Während Lavals vorübergehendem Machtverlust war er Vizepremier, wurde aber auf deutsches Betreiben entlassen. Er starb in Algier bei einem Attentat der Résistance.

de Gasperi, Alcide (1881–1954). 1911 Abgeordneter des Trentino im österreichischen Parlament. Nach dem Ersten Weltkrieg Mitbegründer der Partito Popolare Italiano, im Zweiten Weltkrieg Mitglied des Widerstands, danach Gründer der Democrazia Cristiana. 1945–54 italienischer Ministerpräsident und erfolgreicher Befürworter der italienischen Teilnahme an der europäischen Integration.

de Gaulle, Charles (1890–1970). 1940 Kriegsminister. Führer des «Freien Frankreich», 1944 - Januar 1946 Chef der provisorischen Regierung, 1959–69 Präsident.

de Valera, Eamon (1882–1975). 1932–1948, 1951–54 und 1957–59 irischer Präsident. Der in den USA geborene de Valera führte vor und während der Gründung des Freistaats Irland die irische Widerstandbewegung gegen England.

Delors, Jacques (1925–). Französischer Politiker, 1981–84 Wirtschafts- und Finanzminister, 1985–94 Präsident der EU-Kommission.

Demirel, Süleyman (1924–). Türkischer Mitte-Rechts-Politiker. 1965–71, 1977–78, 1979–70 (durch Putsch gestürzt), 1991–93 türkischer Ministerpräsident, 1993–2000 Präsident.

Djilas, Milovan (1911–1995). Kritiker der Sowjetmacht in Osteuropa. Tito baute ihn als politischen Erben auf, entließ ihn aber 1954.

Dollfuß, Engelbert (1892–1934). 1932–34 österreichischer Kanzler, Er war Austro-Faschist (Korporatist) wurde aber von österreichischen Nazis ermordet.

Dubček, Alexander (1921–1992). 1968–69 Erster Sekretär der tschechischen KP. Nachdem er Novotný ablöste, führte Dubček zahlreiche Reformen durch («Prager Frühling»), die zum sowjetischen Einmarsch 1968 führten.

Dzierzynski, Felix (1877–1926). Sohn eines polnischen Adligen, 1917 Gründer und erster Chef der leninistischen Geheimpolizei (Tscheka).

Ebert, Friedrich (1871–1925). Deutscher Reichspräsident 1919–25. Als SPD-Vorsitzender rief er am 9. November 1919 die Republik aus, wurde Mitglied des Rats der Volkskommissare und danach erster Präsident des republikanischen Deutschland.

Ecevit, Bülent (1925–). Türkischer Mitte-Links-Politiker, 1966 Generalsekretär der Republikanischen Volkspartei, 1974, 1977, 1978–79 und 1999–2002 Ministerpräsident.

Eden, Anthony (1897–1977). Britischer Konservativer. 1935–38, 1940–45 und 1951–55 Außenminister, 1955–57 Premierminister. Eden trat aus Protest gegen Chamberlains Appeasement-Politik zurück, wurde aber von Churchill zurückgeholt. Er folgte diesem als Premier, trat aber nach der Suez-Krise zurück.

Eisenstein, Sergei Michailowitsch (1898–1948). Russischer Filmregisseur.

Erhard, Ludwig (1897–1977). 1949–63 Wirtschaftsminister der Bundesrepublik Deutschland, 1957–63 Vizekanzler, 1963–66 Bundeskanzler. Er war 1945 wirtschaftlicher Berater der US-Besatzungsbehörden in Nürnberg und eine zentrale Figur der Währungsreform 1948. Als Wirtschaftsminister schuf er die Grundlagen des deutschen «Wirtschaftswunders», war als Kanzler aber weniger erfolgreich.

Facta, Luigi (1861–1930). Februar-Oktober 1922 italienischer Ministerpräsident. Er trat wegen der Bedrohung durch die Faschisten zurück.

Fischer, Joschka (1948–). Grüner Politiker. 1998–2005 deutscher Außenminister.

Franco, Francisco (1892–1975). Spanischer General, 1936 Führer der Armeerevolte gegen die Republik und 1939–75 Diktator.

Funk, Walther (1890–1960). 1933–37 Staatssekretär im deutschen Propagandaministerium, 1937–45 Wirtschaftsminister. Funk war zunächst Journalist und entwickelte während des Krieges Pläne zur wirtschaftlichen und monetären Integration Europas. Er wurde in Nürnberg zu lebenslanger Haft verurteilt, 1957 aber aus Alters- und Gesundheitsgründen freigelassen.

Gaidar, Jegor (1956–). 1991–92 russischer Vizeministerpräsident, 1992 kommissarischer Vizepräsident, 1993–94 unter Jelzin Wirtschaftsminister und in den neunziger Jahren lange informeller Berater des Präsidenten

Genscher, Hans-Dietrich (1927–). FDP-Politiker, 1974–92 Außenminister der Bundesrepublik Deutschland.

Gheorgiu-Dej, Gheorge (1901–1965). 1944–54 und 1955–65 Generalsekretär der rumänischen KP, 1952–55 Ministerpräsident, 1961–65 Präsident.

Gierek, Edward (1913–2001). 1970–80 Generalsekretär der Vereinigten Arbeiterpartei Polens.

Giolitti, Giovanni (1842–1928). Großer italienischer Liberaler, zwischen 1892 und 1921 fünfmal Ministerpräsident. Während seiner letzten Amtszeit Juni 1920 bis Juni 1921 unterstützte er Mussolinis Faschisten.

Giscard d'Estaing, Valéry (1926–). Französischer Mitte-Rechts-Politiker, 1962–64 und 1969–74 Finanzminister, 1974–81 Präsident. 2002 Vorsitzender der EU-Verfassungskonvents

Goebbels, Joseph (1897–1945). NS-Politiker, 1933–45 Minister für Propaganda und Volksaufklärung. Nach Hitlers Tod beging er am 1. Mai 1945 mit seiner Familie in einem Berliner Bunker Selbstmord.

Gömbös, Gyula (1886–1936). Führer der faschistischen Pfeilkreuzler, 1932–36 ungarischer Ministerpräsident. Er starb 1936 ganz plötzlich.

Gomułka, Władisław (1905–1982). Polnischer Kommunistenführer, kämpfte im Zweiten Weltkrieg gegen die deutschen Besatzer und war bei moskautreuen Kommunisten wie Bierut unbeliebt. Er war 1947 gegen die Gründung der Kominform und wurde durch Bierut entmachtet, kehrte nach der Entstalinisierung aber zurück. 1943–47 und 1956–70 Generalsekretär der Polnischen Vereinigten Arbeiterpartei.

Gonzalez, Felipe Márquez (1942–). Vorsitzender der spanischen Sozialisten, seit 1977 Abgeordneter für Madrid, 1982–96 Ministerpräsident.

Gorbatschow, Michail (1931–). 1970–78 Erster Sekretär des KP-Bezirks Stawropol, 1985–91 Generalsekretär des ZK der KPdSU, 1989–91 Präsident der UdSSR.

Göring, Hermann (1893–1946). Flieger im Ersten Weltkrieg, 1933 Reichskommissar für die Luftfahrt und preußischer Ministerpräsident, 1936 Kommissar für den Vierjahresplan, der die deutsche Aufrüstung ermöglichte. 1940 ernannte Hitler ihn zum Reichsmarschall. Er wurde in Nürnberg zum Tode verurteilt, beging aber vor der Hinrichtung Selbstmord.

Gorki, Maksim, Pseudonym von Alexei Maximowitsch Pjeschkow (1868–1936). Russischer Schriftsteller.

Gottwald, Klement (1896–1953). Tschechischer Kommunist und Architekt des Staatsstreichs 1948. 1946–48 Ministerpräsident, 1948–53 Präsident.

Gramsci, Antonio (1891–1937). Haupttheoretiker der italienischen KP, von Mussolini seit 1926 inhaftiert.

Grósz, Károly (1930–1996). 1987–88 ungarischer Ministerpräsident, 1988–89 Erster Sekretär der Sozialistischen Arbeiterpartei.

Guisan, Henri (1874–1960). Oberkommandierender der schweizerischen Armee im Zweiten Weltkrieg.

Havel, Václav (1936–). Tschechischer Dramatiker und Dissident, Gründer der Gruppe Charta 77, 1979–83 inhaftiert. 1989–92 Präsident der Tschechoslowakei und 1993–2002 der Tschechischen Republik.

Heath, Edward (1916–2005). Britischer Konservativer, 1970–74 Premierminister.

Herriot, Edouard (1872–1957). Französischer Radikaler (Mitte-Links-Politiker). 1924–25, 1926 und 1932 Premierminister. Seine erste Regierung räumte das Ruhrgebiet und verhandelte über den Dawes-Plan.

Heydrich, Reinhard (1904–1942). 1939 Chef des Reichssicherheitshauptamts, 1941 bereitete er die Judenvernichtung vor und wurde zum Reichsprotektor von Böhmen und Mähren ernannt. Er wurde von tschechischen Widerstandskämpfern ermordet.

Himmler, Heinrich (1900–1945). 1929–45 Reichsführer der SS. Hauptarchitekt der Judenvernichtung.

Hindenburg, Paul von (1847–1934). 1916–18 Chef des deutschen Generalstabs, 1925–34 Reichspräsident. 1911 schied er aus dem Dienst aus, wurde 1914 aber Befehlshaber in Ostpreußen und «Sieger von Tannenberg», dieses Prestige trug ihn nach Eberts Tod zur Präsidentschaft. Er litt an Alzheimer und ernannte 1933 auf Drängen seiner Berater Hitler zum Reichskanzler.

Hitler, Adolf (1889–1945). 1920–45 Vorsitzender der NSDAP, 1933–45 Reichskanzler und «Führer».

Hoover, Herbert (1874–1964). 1929–33 Präsident der Vereinigten Staaten.

Horthy de Nagybanya, Miklós (1868–1957). Admiral der österreichisch-ungarischen Flotte im Erste Weltkrieg, 1920–44 Regent und Staatsoberhaupt. Nach der Kapitulation des von Deutschland besetzten Ungarn vor sowjetischen Truppen zwang Hitler ihn 1944 zum Rücktritt.

Howe, Geoffrey (1926–). Britischer Konservativer, 1979–83 Finanzminister, 1983–89 Außenminister, 1989–90 Vizepremier. Er entwarf die Grundlinien von Margaret Thatchers Wirtschaftspolitik, wandte sich aber gegen ihre immer feindseligere Europapolitik.

Hull, Cordell (1871–1955). 1933–44 Außenminister der USA.

Husák, Gustáv (1913–1991). Slowakischer Kommunist, der 1944 den Aufstand gegen das Tiso-Regime und die Deutschen führte. Er wurde 1951 kaltgestellt und war 1954–60 inhaftiert, dann aber rehabilitiert und während der Liberalisierung im April 1968 Vizepremier. Nach der sowjetischen Invasion wurde er eine sowjetische Marionette: 1969–87 Erster Sekretär der KP, 1975–89 Präsident der CSSR.

Inönü, Ismet (1884–1973). 1922–23 Außenminister der Großen Nationalversammlung der Türkei, Beteiligung am Vertrag von Lausanne. 1923–37 Ministerpräsident, 1938–50 Präsident und nach dem Staatsstreich von 1960 1961–65 erneut Ministerpräsident.

Izetbegovič, Alija (1925–2003). 1990–96 Präsident von Bosnien-Herzegowina, 1996–2000 Mitglied der kollektiven Präsidentschaft.

Jaruzelski, Wojciech (1923–). 1981–85 Erster Sekretär der Vereinigten Arbeiterpartei Polens, 1985–90 Präsident. Er verhängte 1981–83 das Kriegsrecht.

Jelzin, Boris (1931–2007). 1985–87 Generalsekretär des Moskauer KP-Bezirks, 1991–99 Präsident Russlands.

Jenkins, Roy (1920–2003). 1965–67 und 1974–76 britischer Innenminister, 1967–70 Finanzminister, 1977–81 Präsident der EU-Kommission, 1981 Mitbegründer der British Social Democratic Party.

Jeschow, Nikolai (1895–1939). Direktor der sowjetischen Geheimpolizei (NKWD) während des stalinistischen Terrors von September 1936–November 1938, der auch als «Jeschowtschina» bezeichnet wurde.

Johannes XXIII. (Angelo Roncalli) (1881–1963). 1944 Nuntius in Frankreich, 1958–63 Papst und Architekt des zweiten Vatikanischen Konzils.

Johannes Paul II. (Karol Wojtyła) (1920–2005). 1963 Erzbischof von Krakau, 1967 Kardinal, 1978–2005 Papst.

Jospin, Lionel (1937–). Absolvent der ENA und französischer Sozialist, zuvor Mitglied der Internationalen Kommunistischen Organisation (Trotzkisten). 1997–2002 Premierminister.

Kaas, Ludwig (1881–1952). 1928–33 Vorsitzender der katholischen Zentrumspartei, trat 1933 für Hitlers Ermächtigungsgesetz ein.

Kádár, János (1912–1989). 1956–58 und 1961–65 ungarischer Ministerpräsident, 1956–88 Erster Sekretär der Sozialistische Arbeiterpartei. Kádár unterstützte 1956 die Niederschlagung des Aufstands, erlaubte später aber eine vorsichtige wirschaftliche und eine noch vorsichtigere politische Liberalisierung.

Kamenjew, geb. Rosenfeld, Lew Borisowitsch (1883–1936). Russischer Revolutionsführer, eng mit Sinowjew verbunden. Nach Lenins Tod 1924 bildete er mit Stalin und Sinowjew ein Triumvirat. 1927 wurde er von Stalin aus der Partei ausgeschlossen und nach dem ersten Schauprozess 1936 hingerichtet.

Kania, Stanisław (1927–). 1980–81 Erster Sekretär der Polnischen Vereinigten Arbeiterpartei.

Kerenski, Aleksandr Feodorowitsch (1881–1970). Russischer Revolutionär, löste im Juli 1917 Fürst Lwow als Chef der provisorischen Regierung ab. Er wurde von der Bolschewiki in der Oktoberrevolution gestürzt und floh nach Paris.

Keynes, John Maynard (1883–1946). Britischer Wirtschaftstheoretiker. Er kritisierte den Versailler Vertrags und die Deflationspolitik der dreißiger Jahre und war 1944 (mit Harry Dexter White) Hauptarchitekt der Konferenz von Bretton Woods.

Kiesinger, Kurt Georg (1904–1988). 1958–66 CDU-Ministerpräsident von Baden-Württemberg, 1966–69 Bundeskanzler. Kiesinger trat 1933 in die NSDAP ein und arbeitete 1933–45 in der Rundfunkabteilung des Außenministeriums. Nach dem Krieg schloss er sich der CDU an und wurde schließlich Kanzler einer großen Koalition

Kirow, Sergei Mironowitsch (1888–1934). Seit 1930 KP-Chef von Leningrad, 1934 unter mysteriösen Umständen ermordet.

Kissinger, Henry (1923–). Historiker und Politologe, 1973–77 Außenminister der USA.

Kohl, Helmut (1930–). CDU-Politiker, 1969–76 Ministerpräsident von Rheinland-Pfalz, 1982–98 Bundeskanzler und 1990 ein Hauptarchitekt der deutschen Vereinigung.

Kolakowski, Leszek (1927–2009). Polnischer Philosoph, 1968 aus der Vereinigten Arbeiterpartei ausgeschlossen.

Kwaśniewski, Aleksander (1954–). Polnischer Kommunist, später Gründer der Sozialdemokratischen Partei, 1995–2005 Präsident.

Lambsdorff, Otto Graf (1926–2009). FDP-Politiker, 1977–84 Wirtschaftsminister.

Largo Caballero, Francisco (1869–1946). Spanischer Sozialistenführer, 1936–37 Ministerpräsident, auf Druck der Kommunisten aus dem Amt entfernt.

Laval, Pierre (1883–1945). 1931–32 und 1935–36 französischer Premierminister, 1934–35 Außenminister und Architekt des französisch-sowjetischen Pakts und des Hoare-Laval-Pakts, der Italien afrikanische Territorien versprach. Unter dem

Vichy-Regime war Laval zunächst Vizepremier, wurde im Dezember 1940 von Pétain entlassen und 1942 von Hitler als Premierminister mit diktatorischen Vollmachten wieder eingesetzt. Er wurde nach der Befreiung des Hochverrats angeklagt und hingerichtet.

Le Pen, Jean-Marie (1928–). Gründer des französischen Front National.

Lemkin, Raphael (1901–1959). Polnischer Rechtsanwalt und Widerstandskämpfer. Nachdem er sich sechs Monate im besetzten Polen versteckt hatte, floh Lemkin nach Schweden und ging dann in die USA. Er erfand den Begriff «Genozid».

Lenin, geb. Uljanow, Wladimir Iljitsch (1870–1924). Russischer Revolutionär, Führer der Bolschewiki.

Lipinski, Edward (1888–1986). Polnischer Ökonom und Mitglied des Komitees zur Verteidigung der Arbeiter, einer Gruppe von Intellektuellen, die 1976 die Freilassung inhaftierter Streikender forderte.

Litwinow, Maksim Maksimowitsch (1876–1951). 1930–39 Sowjetischer Kommissar für Äußeres, 1941–43 Botschafter in den USA.

Lloyd George, David (1863–1945). Britischer Liberaler. 1908–15 Finanzminister, 1916–22 Premierminister.

Ludendorff, Erich (1865–1937). 1914 Chef des Generalstabs in Ostpreußen, 1916–18 Generalquartiermeister der Obersten Heeresleitung. Im November 1923 unternahm er mit Hitler einen Putschversuch in München.

Lwow, Fürst Georgi Jewgenjewitsch (1861–1925). März-Juli 1917 Chef der provisorischen Regierung Russlands.

Lysenko, Trofim Denisowitsch (1898–1976). Russischer Agronom, der die Mendelsche Genetik ablehnte.

MacDonald, Ramsay (1866–1937). Britischer Labourpolitiker, 1924 (erste Labour-Regierung) und 1929–35 Premierminister.

Macmillan, Harold (1894–1986). Britischer Konservativer, 1957–63 Premierminister.

Major, John (1943–). Britischer Konservativer, 1989 Außenminister, 1989–90 Finanzminister. 1990–97 Premierminister. Er löste Margaret Thatcher ab, spielte eine einflussreiche Rolle bei den Maastricht-Verhandlungen und handelte einen Waffenstillstand für Nordirland aus.

Malenkow, Georgi (1902–1988), 1953–55 Ministerpräsident der UdSSR als Nachfolger Stalins. Im Februar 1955 musste er zurücktreten und wurde 1961 aus der Partei ausgeschlossen.

Marshall, George (1880–1959). 1939–49 Stabschef der US-Armee, 1947–49 Außenminister. Er entwarf das europäische Wiederaufbauprogramm («Marshallplan») zur Erneuerung der europäischen Wirtschaft nach dem Zweiten Weltkrieg.

Masaryk, Jan (1886–1948). 1940–45 (Exilregierung) und 1945–48 Außenminister der Tschechoslowakei. Er starb beim Sturz aus einem Fenster des Palais Czernin (Außenministerium). Sohn des ersten tschechischen Präsidenten Tomáš Masaryk.

Masaryk, Tomáš (1850–1937). Philosophieprofessor und Vorkämpfer für die tschechische Unabhängigkeit. 1918–35 erster Präsident der Tschechoslowakei.

Maurras, Charles (1868–1952). Französischer Schriftsteller, politischer Theoretiker und Monarchist, der Pétain unterstützte und Mussolini und Franco bewunderte.

Mazowiecki, Tadeusz (1927–). Katholischer Politiker, 1989–90 polnischer Ministerpräsident.

Meinhof, Ulrike (1934–1976). Journalistin, die sich 1968 der Terrororganisation RAF anschloss. Sie wurde 1974 festgenommen und starb im Gefängnis, wahrscheinlich durch Selbstmord.

Mendès-France, Pierre (1907–1982). 1954–55 französischer Premier- und Außenminister.

Metaxas, Ioannis (1871–1941). Griechischer General, 1935 zum Ministerpräsidenten ernannt, 1936–41 mit diktatorischen Vollmachten ausgestattet.

Mikołajczyk, Stanisław (1901–1966). 1941–43 Vizeministerpräsident, 1943–44 Ministerpräsident der polnischen Exilregierung. Nach der Konferenz von Jalta wurde er Stellvertretender Ministerpräsident in einer kommunistisch dominierten Koalition, floh nach den gefälschten Wahl 1947 aber in die USA.

Milošević, Slobodan (1941–2006). 1989–97 Präsident Serbiens, 1997–2000 Präsident Jugoslawiens.

Miłosz, Czesław (1911–2004). Polnischer Lyriker, verließ 1951 den diplomatischen Dienst und ging nach Frankreich, dann in die USA. 1980 Nobelpreis für Literatur.

Mitterand, François (1916–1996). Französischer Sozialist, 1940 Kriegsgefangener in Deutschland, nach der Flucht 1941–43 Beamter im Vichy-Frankreich, schloss sich 1943 der Résistance an. Er war in der IV. Republik unabhängiger Sozialist und Mitglied in 11 Regierungen, darunter 1954–55 Innen- und 1956–57 Justizminister. 1981–95 Präsident für zwei Amtszeiten.

Molotow, Wjatscheslaw (1890–1986). 1930–41 Ministerpräsident der UdSSR, 1939–49 und 1953–56 Kommissar für Äußeres (später Außenminister). 1957 wurde er wegen Opposition gegen Chruschtschow aus dem ZK ausgeschlossen.

Monnet, Jean (1888–1979). Französischer Ökonom, 1919–23 Vizegeneralsekretär des Völkerbunds, 1952–55 Präsident der Montanunion.

Moro, Aldo (1916–1978). Italienischer Christdemokrat, 1963–68 und 1974–76 Ministerpräsident. Architekt des «historischen Kompromisses» mit der KPI. Von den Roten Brigaden ermordet.

Mosley, Sir Oswald (1896–1980). Britischer Politiker, verließ die Labour Party baute ab 1932 die British Union of Fascists auf.

Mountbatten, Lord Louis (1900–1979). 1947 letzter irischer Vizekönig, 1959–65 Chef des britischen Verteidigungsstabs. Von der IRA ermordet.

Müller, Hermann (1876–1931). SPD-Politiker, 1920 nach dem Kapp-Putsch und 1928–30 deutscher Reichskanzler.

Mussolini, Benito (1883–1945). Sozialistischer Politiker und Journalist, Herausgeber der Parteizeitung Avanti bis zum Ausschluss wegen Unterstützung für den Kriegseintritt Italiens. Er gründete dann die Zeitung *Il Popolo d'Italia* und die faschistische Partei. 1922–43 Ministerpräsident, dann Führer eines deutschen Marionettenstaats in der Republik Salò. Am 28. April 1945 mit seiner Geliebten Clara Petacci bei Como von Partisanen erschossen.

Nagy, Imre (1896–1958). 1953–55 und 1956 ungarischer Ministerpräsident. Zunächst wegen Reformismus entlassen, kam er 1956 beim Ungarnaufstand ins Amt zurück. Nach der Niederschlagung durch die Sowjets hingerichtet.

Negri, Antonio (1936–). Italienischer politischer Philosoph und in den siebziger Jahren Theoretiker der gewaltsamen Revolution. In den neunziger Jahren Antiglobalisierungsdenker.

Negrín, Juan (1891–1953). 1937–39 spanischer Ministerpräsident.

Nitti, Francesco (1868–1953). Italienischer Mitte-Links-Politiker, Juni 1919 bis Juni 1920 Ministerpräsident.

Novotný, Antonín (1904–1975). 1953–68 Erster Sekretär der tschechischen KP, 1957–68 Präsident der CSSR.

Orwell, George, Pseudonym für Eric Arthur Blair (1903–50). Britischer Schriftsteller, Autor von *Die Farm der Tiere* und *1984*.

Özal, Turgut (1927–1993). Türkischer Ökonom und liberaler (Mitte-Rechts) Politiker. Nach Militärputsch 1980–82 stellvertretender Ministerpräsident, gründete 1983 die Mutterlandspartei (ANP), 1983–89 Ministerpräsident, 1989–93 Präsident.

Papandreou, Andreas (1919–1998). Führender Gegner der griechischen Obristen und Günder der Panhellenischen Sozialistischen Bewegung (PASOK). 1981–89 und 1993–96 Ministerpräsident.

Papandreou, Georgios (1888–1968). 1944 Chef einer Koalitionsregierung und später Gründer des Vereinigten Zentrums. 1963–65 Ministerpräsident, dann vom König entlassen, sein wahrscheinlicher Wahlsieg 1967 löste den Obristenputsch aus.

Papen, Franz von (1879–1969). 1914–15 deutscher Militärattaché in Washington, wo er Sabotageakte plante. 1932 Reichskanzler. Als Politiker der katholischen Zentrumspartei verhandelte von Papen im Januar 1933 über eine Regierungsbildung, durch die er Vizekanzler wurde. Im April 1933 trat er zurück und entging im Juni 1934 knapp einem Mordversuch. Danach war er Botschafter in Wien und in der Türkei. Beim Nürnberger Prozess wurde er angeklagt, aber freigesprochen.

Pétain, Philippe (1856–1951). Französischer General, 1940–45 Ministerpräsident der Vichy-Regierung. Flüchtete 1945, kehrte aber freiwillig nach Frankreich zurück, um sich der Hochverratsanklage zu stellen. Das Todesurteil wurde von de Gaulle in lebenslängliche Haft umgewandelt.

Piaf, Edith, geb. Edith Gasson (1915–1963). Französische Chansonsängerin.

Pilet-Golaz, Marcel (1889–1958). 1940–45 schweizerischer Außenminister.

Piłsudski, Józef (1867–1935). Polnischer Sozialist, der im Ersten Weltkrieg eine Armee gegen Russland organisierte. Nach der Zustimmung Deutschlands und Österreichs zur polnischen Unabhängigkeit wurde er 1916 Militärchef im polnischen Staatsrat. 1918–22 Staatschef des unabhängigen Polen. Im Mai 1926 ergriff er durch eine Staatsstreich die Macht, obwohl er formal nur Verteidigungsminister war.

Pius XI., Achille Ratti (1857–1939). Präfekt der vatikanischen Bibliothek, 1919–21 päpstlicher Nuntius in Warschau, 1921–22 Erzbischof von Mailand, 1922–39 Papst. 1929 schloss er den Lateranvertrag mit Mussolini ab, der die Unabhängigkeit und Neutralität des Vatikan-Staats, aber auch die Legalität des Königreichs Italien anerkannte.

Pius XII., Eugenio Pacelli (1876–1958). 1917–25 päpstlicher Nuntius in Bayern, 1925–29 in Berlin, 1929–39 Kardinalstaatssekretär, 1939–58 Papst.

Pleven, René (1901–1993). 1949–50 und 1952–54 französischer Verteidigungsminister, 1950–51 und 1951–52 Premierminister.

Pompidou, Georges (1911–1974). Gaullistischer Politiker, 1962–68 französischer Premierminister, 1969–74 Präsident.

Powell, Enoch (1912–1998). Britischer Konservativer, 1960–63 Gesundheitsminister, 1964–68 verteidigungspolitischer Sprecher. 1968 hielt er eine aufhetzende Rede über die farbige Einwanderung nach England und sah sich zunehmend als britischer Gaullist.

Primo de Rivera, José Antonio (1903–1936). Sohn von Miguel Primo de Rivera. Er organisierte die spanische Falange-Parte, die einen Staat nach dem Vorbild von Mussolinis Italien anstrebte. Seine Hinrichtung durch Loyalisten im Bürgerkrieg machte ihn zu einem Märtyrer der Rechten. Er ist neben Franco in der grotesken Basilika im Tal der Gefallenen bestattet.

Primo de Rivera, Miguel (1870–1930). 1923–30 spanischer Diktator. Setzte die Verfassung außer Kraft und verhängte das Kriegsrecht, trat aber nach dem Verlust der öffentlichen Unterstützung zurück.

Prodi, Romano (1939–). Italienischer Wirtschaftsprofessor, 1996–98 Ministerpräsident, 1999– Präsident der EU-Kommission.

Putin, Wladimir (1952–). Nach Jelzins Rücktritt im Dezember 1999 kommissarischer Präsident Russlands, März 2000–2008 Präsident, 2008– Ministerpräsident.

Rajk, László (1909–1949). 1941–49 Erster Sekretär der ungarischen KP. Er wurde von Rákosi des Titoismus bezichtigt und hingerichtet.

Rákosi, Mátyás (1892–1971). 1944–48 Erster Sekretär der ungarischen KP, 1948–53 der Vereinigten Arbeiterpartei, 1952–53 und 1955–56 Ministerpräsident. Als überzeugter Stalinist floh er 1956 in die UdSSR.

Rathenau, Walther (1867–1922). 1922 deutscher Außenminister. Rathenau war Sohn des Gründers der AEG, ein visionärer Intellektueller und leitete im Krieg die Kriegs-Rohstoff-Abteilung. 1922 verhandelte er in Rapallo mit der Sowjetunion. Am 24. Juni 1922 von nationalistischen Terroristen ermordet.

Reynaud, Paul (1878–1966). 1940 französischer Ministerpräsident. Anti-Appeasement- und Anti-Deflations-Politiker der gemäßigten Rechten.

Roosevelt, Franklin Delano (1882–1945). 1933–45 Präsident der Vereinigten Staaten.

Salazar de Oliveira, Antonio (1889–1970). 1932–68 portugiesischer Ministerpräsident.

Sartre, Jean-Paul (1905–1980). Französischer Schriftsteller und existenzialistischer Philosoph.

Sauckel, Fritz (1894–1946). 1927–45 NS-Gauleiter von Thüringen, 1932–45 auch Ministerpräsident. 1942–45 Generalbevollmächtigter für den Arbeitseinsatz. Im Zweiten Weltkrieg leitete er das Zwangsarbeitsprogramm. Er wurde in Nürnberg zum Tode verurteilt und hingerichtet.

Schacht, Hjalmar (1877–1970). 1923–30 und 1933–39 Präsident der deutschen Reichsbank, 1934–37 auch kommissarischer Wirtschaftsminister und bis 1943 als Minister ohne Geschäftsbereich in der Regierung. Er wurde in Nürnberg freigesprochen.

Schdanow, Andrei Aleksandrowitsch (1896–1948). Theoretiker des Sowjetkommunismus und loyaler Anhänger Stalins.

Schiller, Karl (1911–1994). 1966–72 Wirtschaftsminister der Bundesrepublik Deutschland. Schiller trat für den freien Kapitalfluss ein.

Schily, Otto (1932–). 1998–2005 deutscher Innenminister. In den siebziger Jahren war Schily Anwalt von RAF-Mitgliedern. Mitbegründer der Grünen, trat später aber in die SPD ein.

Schiwkow, Todor (1911–1998). 1954–89 Erster Sekretär der bulgarischen KP, 1962–71 Ministerpräsident, 1971–89 Präsident.

Schleicher, Kurt von (1882–1934). Dezember 1932 bis Januar 1933 Reichskanzler. 1929 leitete er das Ministeramt im Reichswehrministerium. Nachdem seine Intrigen zum Sturz Brüning und von Papens beigetragen hatten, wurde er Reichskanzler für 57 Tage. Am 30. Juni 1934 wurde er in der «Nacht der langen Messer» von der SS ermordet.

Schmidt, Helmut (1918–). SPD-Politiker, 1969–72 Verteidigungsminister, 1972–74 Wirtschafts- und Finanzminister, 1974–82 Bundeskanzler.

Schmitt, Carl (1888–1985). Jurist und politischer Theoretiker. 1947 wegen Kriegsverbrechen angeklagt, aber freigesprochen.

Schröder, Gerhard (1944–). SPD-Politiker, 1978–80 Vorsitzender der Jungsozialisten, 1990–98 Ministerpräsident von Niedersachsen, 1998–2005 Bundeskanzler.

Schumacher, Kurt (1895–1952). 1946–52 SPD-Vorsitzender. Nach zehn Jahren Inhaftierung im KZ Dachau wurde er der erste Nachkriegsvorsitzende der SPD.

Schuman, Robert (1886–1963). 1947–48 französischer Premierminister, 1948–53 Außenminister. Architekt der Montanunion.

Sinowjew, geb. Radomyslsky, Grigori Jewsejewitsch (1883–1936). Russischer Revolutionsführer, der sich im Oktober 1917 gegen die Machtergreifung wandte. 1920–26 Vorsitzender der Komintern. Nach Lenins Tod bildete er ein Triumvirat mit Kamenjew und Stalin, wurde aber 1927 von Stalin aus der Partei ausgeschlossen und 1936 nach dem ersten Schauprozess hingerichtet.

Sjuganow, Genadi (1944–). Vorsitzender der russischen Kommunisten, unterlag bei der Präsidentenwahl 1996 gegen Jelzin, 2000 gegen Putin.

Snowden, Philip (1864–1937). Labour-Politiker. 1924 und 1929–31 britischer Finanzminister.

Soares, Mario (1924–). Portugiesischer Sozialist, unter der Diktatur erst inhaftiert, dann im Exil. Zwischen 1976 und 1985 dreimal Ministerpräsident.

Speer, Albert (1905–1981). Nach dem Eintritt in die NSDAP 1931 wurde er Hitlers persönlicher Architekt. Als Rüstungsminister mobilisierte er 1942–45 die deutsche Kriegswirtschaft. Er wurde in Nürnberg zu 20 Jahren Haft verurteilt und starb in London am Morgen nach einem Interview mit dem britischen Historiker Norman Stone.

Stalin, Josef, geb. Dschugaschwili (1879–1953). Russischer Revolutionsführer und Diktator, 1922–53 Generalsekretär des ZK der KPdSU, 1941–53 Ministerpräsident der UdSSR.

Stambuliski, Aleksandar (1879–1923). 1919–23 bulgarischer Ministerpräsident und Diktator. Er setzte eine große Bodenreform in Gang und wurde bei einem faschistisch-nationalistischen Putsch getötet.

Stresemann, Gustav (1878–1929). 1923 deutscher Reichskanzler, 1924–29 Außenminister. Er wurde 1907 in den Reichstag gewählt und 1918 Gründer und Vorsitzender der DVP. Als Außenminister war er der Architekt der Aussöhnung mit Frankreich.

Suárez Adolfo, González (1932–). Gründer der Unión del Centro Democrático. 1976–81 spanischer Ministerpräsident.

Szalási, Ferenc (1897–1946). Ungarischer Faschist und prodeutscher Politiker. 1944–45 Ministerpräsident

Thatcher, Margaret (1925–). Britische Konservative, 1970–74 Staatssekretärin für Erziehung, 1979–90 Premierministerin.

Tiso, Pater Jozef, geb. Velká Bytča (1887–1947). 1939–45 slowakischer Präsident und Diktator. 1947 wegen Hochverrats und Kriegsverbrechen hingerichtet.

Tito, Josip Broz (1892–1980). 1939–80 Generalsekretär der jugoslawischen KP, 1941–45 Führer der Partisanen, 1945–53 Ministerpräsident, 1953–80 Präsident.

Todt, Fritz (1891–1942). Ingenieur, der zunächst den Autobahnbau unter Hitler organisierte. Er schuf die «Organisation Todt» zum Einsatz von Fremd- und Sklavenarbeitern bei gewaltigen Bauprojekten. 1940 Rüstungsminister. Er starb bei einem Flugzeugabsturz.

Trotzki, Leo, geb. Ljew Dawidowitsch Bronstein (1879–1940). Russischer Revolutionsführer, zunächst Menschewik. Nach der Oktoberrevolution zunächst Außen-, dann Kriegskommissar. Ab 1925 von Stalin entmachtet, seit 1929 im Exil, 1940 in Mexiko ermordet.

Tschernenko, Konstantin (1911–1985). Nach Andropows Tod 1984 wurde er zum Generalsekretär der KPdSU gewählt, war aber bereits sehr krank.

Tschernomyrdin, Wiktor (1938–). 1992–98 russischer Ministerpräsident.

Tudjman, Franjo (1922–1999). 1990–99 Präsident Kroatiens, 1991–92 Führer der kroatischen Armee im jugoslawischen Bürgerkrieg.

Wajda, Andrzej (1926–). Polnischer Filmregisseur.

Wałęsa, Lech (1943–). Elektriker auf der Lenin-Werft in Gdansk, als Vorsitzender der Bewegung Solidarność nach der Verhängung des Kriegsrechts durch General Jaruzelski 1981 inhaftiert, 1982 aber freigelassen. 1990–95 der erste frei gewählte Präsident Polens.

Weber, Max (1864–1920). Deutscher Soziologe.

Wilson, Harold (1916–1995). Labour-Vorsitzender, 1964–70 und 1974–76 britischer Premierminister.

Wilson, Woodrow (1856–1924). Politologe und Universitätspräsident. 1913–21 Präsident der Vereinigten Staaten.

Wyschinski, Andrei Januarjewitsch (1883–1954). Sowjetischer Diplomat und Rechtsanwalt. 1936–38 Chefankläger bei den Moskauer Schauprozessen.

Zogu, Ahmed (König Zogu I.) (1895–1961). 1922–24 albanischer Ministerpräsident, 1925–28 Präsident, 1928–39 König.

Anhang 3: Bibliographie

Einen sehr detaillierten und nützlichen Überblick bietet C.E. Black und E. C. Helmreich, *Twentieth Century Europe: a History* (New York ^{4}1972), obwohl es leider seit längerem nicht aktualisiert wurde; C. E. Black u. a., *Rebirth: a History of Europe since World War II* (Boulder, CO 1992) enthält einen Überblick sowie Kapitel zu einzelnen Staaten. Eric Hobsbawm, *Das Zeitalter der Extreme: Weltgeschichte des 20. Jahrhunderts* (München 1995) ist hochinteressant, allerdings etwas nostalgisch in Hinsicht auf das Erbe der Oktoberrevolution. Mark Mazower, *Der dunkle Kontinent: Europa im 20. Jahrhundert* (Berlin 2000) vermittelt hervorragende Einsichten, vor allem zur Geschichte von Rassismus und ethnischen Konflikten. Richard Vinen, *A History in Fragments: Europe in the Twentieth Century* (London 2000) ist scharfsinnig und eigenwillig.

Gute historische Atlanten sind George Duby, *Atlas historique mondial* (Paris 2000), Michael L. Dockrill, *Collins Atlas of Twentieth Century World History* (Glasgow 1991) und *Westermanns Großer Atlas zur Weltgeschichte* (Braunschweig 1997). Martin Gilbert, *Endlösung. Die Vertreibung und Vernichtung der Juden. Ein Atlas* (Reinbek 1982 u. ö.) ist sehr nützlich.

Der Erste Weltkrieg

Zu den Ursprüngen des Ersten Weltkriegs siehe die Studien zu einzelnen Ländern und ihrer Außenpolitik: Volker R. Berghahn, *Germany and the Approach of War in 1914* (New York 1973), Fritz Fischer, *Krieg der Illusionen: Die deutsche Politik von 1911 bis 1914* (Düsseldorf 1969), D. C. B. Lieven, *Russia and the Origins of the First World War* (New York 1983), sowie Zara Steiner, *Britain and the Origins of the First World War* (New York 1977). Über den Kriegsverlauf gibt es mehrere ausgezeichnete Darstellungen: Hew Strachan, *The First World War* (Oxford 2001), John Keegan, *Der Erste Weltkrieg* (Reinbek 2000), und Niall Ferguson, *The Pity of War* (New York 1999). Die kurze Darstellung von Marc Ferro, *Der große Krieg 1914–1918* (Frankfurt am Main 1988) betont die Sozialgeschichte. Zu diesem Thema auch Gerald D. Feldman, *Armee, Industrie und Arbeiterschaft in Deutschland 1914 bis 1918* (Berlin 1985) und Jürgen Kocka, *Klassengesellschaft im Krieg: deutsche Sozialgeschichte 1914–1918* (Göttingen ^{2}1978). Zur wichtigen Frage des Krieges im Osten siehe Norman Stone, *The Eastern Front, 1914–1917* (London 1975) und Vejas Gabriel Liulevicius, *War Land on the Eastern Front: Culture, National Identity and German Occupation in World War I* (Cambridge 2000). Über die Erinnerung: J. M. Winter, *The Ex-*

perience of World War I (London 1988), Jay Winter und Emmanuel Sivan (Hg.), *War and Remembrance in the Twentieth Century* (Cambridge 1999) und Stéphane Audoin-Rouzeau und Annette Becker, *14–18, retrouver la guerre* (Paris 2003).

Über den Friedensschluss siehe vor allem zwei Bücher von Arno J. Mayer, *Political Origins of the New Diplomacy, 1917–1918* (New Haven, CT 1959) und *Politics and Diplomacy of Peacemaking: Containment and Counterrevolution at Versailles, 1918–1919* (New York 1967).

Die Russische Revolution

Ein Standardwerk aus dem Blickwinkel des Kreml ist E. H. Carr, *The Bolshevik Revolution, 1917–1925* (London 1951–53). Marc Ferro bietet eine brillante Sicht von unten: *The Russian Revolution of February 1917* (London 1972) und *October 1917: a Social History of the Russian Revolution* (London 1980). Es gibt sehr gute neuere Gesamtdarstellungen von Richard Pipes, *Die Russische Revolution, I–III* (Berlin 1992–93) und Orlando Figes, *Die Tragödie eines Volkes: Die Epoche der russischen Revolution 1891–1924* (Berlin 1998). Figes hat auch eine erhellende Studie über die Bauernfrage geschrieben: *Peasant Russia: the Volga Countryside in Revolution, 1917–1921* (Oxford 1989).

Die radikale Rechte zwischen den Kriegen

Zur allgemeinen Geschichte des Faschismus ist die beste Einführung Stanley Payne, *Geschichte des Faschismus: Aufstieg und Fall einer europäischen Bewegung* (Berlin 2001); Walter Laqueur (Hg.), *Fascism: a Reader's Guide: Analyses, Interpretations* (Berkeley 1976) ist nützlich, ebenso Richard Bessel (Hg.), *Fascist Italy and Nazi Germany: Comparisons and Contrasts* (Cambridge 1996), das einige hervorragende Aufsätze enthält. Siehe auch Renzo de Felice, *Die Deutungen des Faschismus* (Göttingen 1980). Die Ideen von Faschisten und Nationalsozialisten behandelt Pierre Aycoberry, *La question nazie: Essai sur les interprétations du national-socialisme, 1922–1975* (Paris 1979). Eine der interessantesten zeitgenössischen Darstellungen findet sich in einer von Michael Oakeshott herausgegebenen Textsammlung mit Auszügen aus politischen Schriften: *The Social and Political Doctrines of Contemporary Europe* (Cambridge 1940). Da Oakeshott keine Copyright-Erlaubnis zum Abdruck von Passagen aus Hitlers *Mein Kampf* erhielt, paraphrasierte er sie mit dem bemerkenswerten Ergebnis, dass ein hoch entwickelter philosophischer Geist mit der Banalität und wirren Logik von Hitlers Denken ringt.

Ian Kershaws Hitler-Biographie ist bereits ein Klassiker, eine glänzende Studie, die Sozialgeschichte mit der Psychologie der Diktatur verbindet: *Hitler, 1889–1936* und *Hitler, 1936–1945* (Stuttgart 1998–2000). Karl Dietrich Bracher, *Die deutsche Diktatur: Entstehung, Struktur, Folgen des Nationalsozialismus* (Köln und Berlin 1969 u. ö.) ist ein breit angelegter Überblick. Eine nützliche Einführung in die Debatte über die Probleme der Weimarer Republik ist Ian Kershaw (Hg.), *Weimar: Why Did German Democracy Fail?* (London 1990). Einen guten Überblick bietet Hans Mommsen, *Die verspielte Freiheit: der Weg der Republik von Weimar in den Untergang 1918 bis 1933* (Berlin 1989). Über den Aufstieg der NSDAP zur Macht gibt es die Fallstudie einer Kleinstadt von William Sheridan Allen, *Das haben wir nicht gewollt: Die nationalsozialistische Machtergreifung in einer Kleinstadt 1930–35* (Gütersloh 1966), außerdem Thomas Childers, *The Nazi Voter: the Social Foundations of Fascism in Germany, 1919–1933* (Chapel Hill 1983) und Richard Hamilton, *Who Voted for Hitler?* (Princeton, NJ 1982). Die modernste und umfassendste Studie ist Jürgen Falter, *Hitlers Wähler* (München 1991).

David Welch, *Propaganda and the German Cinema, 1933–1945* (Oxford 1983) ist eine scharfsinnige Studie über die NS-Propaganda; Klaus Kreimeier, *Die Ufa-Story: Geschichte eines Filmkonzerns* (München 1992) stellt die größte deutsche Filmfirma dar. Die beste Biographie des Propagandaministers ist Ralf Georg Reuth, *Goebbels* (München 1990).

Tim Mason, *Social Policy in the Third Reich* (Oxford 1993) ist ein Klassiker. Peter Hayes, *Industry and Ideology: IG Farben in the Nazi Era* (Cambridge 1987) und Gerald D. Feldman, *Die Allianz und die deutsche Versicherungswirtschaft 1933–1945* (München 2001) sind Modellstudien über die Komplexität des deutschen Wirtschaftslebens. Neil Gregor findet eine Kontinuität der Geschäftsziele vom Krieg zur Nachkriegszeit in *Daimler-Benz in the Third Reich* (New Haven, CT 1998).

Es gibt mehrere gute Biographien Mussolinis, vor allem Dennis Mack Smith, *Mussolini* (München 1983) und R. J. B. Bosworth, *Mussolini* (New York 2002). Das italienische Kulturleben behandeln Victoria de Grazia, *The Culture of Consent: Leisure in Fascist Italy* (Cambridge 1981) und Marla Stone, *The Patron State: Culture and Politics in Fascist Italy* (Princeton, NJ 1998).

Zum spanischen Bürgerkrieg ist Hugh Thomas, *Der spanische Bürgerkrieg* (Gütersloh 1961 u. ö.) der geeignete Ausgangspunkt. Paul Preston hat eine meisterhafte Biographie über Franco geschrieben: *Franco* (London 1993). Siehe auch sein Buch *The Coming of the Spanish Civil War: Reform, Reaction, and Revolution in the Second Republic* (London 1994). Shlomo Ben-Ami, *The Origins of the Second Republic in Spain* (Oxford 1978) stellt die Geschichte der Republik dar.

Die Demokratien zwischen den Kriegen

Über das Frankreich der Dritten Republik stehen einige klassische Aufsätze in Stanley Hoffman, *Decline or Renewal? France since the 1930s* (New York 1974). Siehe auch das sehr interessante Buch von Julian Jackson, *The Popular Front in France: Defending Democracy, 1934–1938* (Cambridge 1987).

England wird sehr gut analysiert in A. J. P. Taylors Klassiker *English History: 1914–1945* (Oxford 1965 u. ö.) und in zwei wundervollen Biographien: David Marquand, *Ramsay Macdonald* (London 1977) und Philip Williamson, *Stanley Baldwin: Conservative Leadership and National Values* (Cambridge 1999). Die Verbindungen von Innen- und Außenpolitik behandelt Maurice Cowling, *The Impact of Hitler: British Politics and British Policy, 1933–1940* (Cambridge 1975).

Sheri Berman, *The Social Democratic Moment: Ideas and Politics in the Making of Interwar Europe* (Cambridge, MA 1998) gibt erhellende Einsichten über Schweden und den Wohlfahrtsstaat und die Gründe, warum ähnliche deutsche Initiativen scheiterten.

Osteuropa

Über Osteuropa zwischen den Kriegen siehe Antony Polonsky, *The Little Dictators: the History of Eastern Europe since 1918* (London 1975). Die Minderheitenfrage behandelte damals C. A. Macartney, *National States and National Minorities* (London 1934) mit wenig Sympathie. Siehe auch Carol Fink, «Defender of minorities: Germany in the League of Nations 1926–1930», *Central European History*, 5 (1972), S. 330–357, und Inis L. Claude Jr., *National Minorities: an International Problem* (Cambridge, MA 1955). Über die UdSSR stammt das wichtigste Werk von Hélène Carrère d'Encausse, *Le grand défi: Bolcheviks et nations, 1917–1930* (Paris 1987)

Stalinismus

Von den vielen Stalin-Biographien ist Isaac Deutscher, *Stalin: eine politische Biographie* (Berlin1989) die zugänglichste, Robert Tucker, *Stalin in Power: the Revolution from Above, 1928–1941* (New York 1990) die ausgewogendste, Adam Ulam, *Stalin: Koloß der Macht* (Esslingen 1977) die klarste, Roy Medwedew, *Das Urteil der Geschichte: Stalin und Stalinismus, I–III* (Berlin 1992) die leidenschaftlichste und Dimitri Wolkogonow, *Stalin: Triumph und Tragödie* (Düsseldorf 1989) bietet die neuesten Archivfunde. Die Partei lässt sich am besten durch Leonard Shapiro, *The Communist Party of the Soviet Union* (London ²1979) verstehen. Das Werk von Moshe Lewin war überaus wichtig für das Verständnis der Sozialgeschichte der dreißiger Jahre: *The Making of the Soviet System: Essays in the Social History of Interwar Russia* (New York 1985). Siehe auch die klassische Regionalstudie von Merle Fainsod, *Smolensk under Soviet Rule* (Cambridge, MA 1958) und Olga A. Narkiewicz, *The Making of the Soviet State Apparatus* (Manchester 1970). Ein eigenwilliger und weitgehend gescheiterter Versuch, zu zeigen, dass der Antrieb für die Säuberungen von unten kam, ist J. Arch Getty, *Origins of the Great Purges: the Soviet Communist Party Reconsidered, 1933–1938* (Cambridge 1985). Sheila Fitzpatrick bietet eine nuanciertere Version derselben These: *Everyday Stalinism: Ordinary Life in Extraordinary Times: Soviet Russia in the 1930s* (New York 1999). Stephen Kotkin, *Magnetic Mountain: Stalinism as a Civilization* (Berkeley 1995) ist ein herausragendes Beispiel angewandter Sozialgeschichte. Robert Conquest, *Am Anfang starb Genosse Kirow: Säuberungen unter Stalin* (Düsseldorf 1970) ist noch immer die beste Darstellung des Abstiegs der stalinistischen Herrschaft in den Terror der dreißiger Jahre, obwohl er die Zahl der Opfer zu hoch ansetzt; vgl. dazu den Aufsatz von Nicholas Werth in Stéphane Courtois (Hg.), *Das Schwarzbuch des Kommunismus: Unterdrückung, Verbrechen, Terror* (München 1998). Victoria Bonnell, *Iconography of Power: Soviet Political Posters under Lenin and Stalin* (Berkeley 1997) ist eine ausgezeichnete Studie über die Propaganda.

Die Wirtschaft der Zwischenkriegszeit

Über die Wirtschaftskrise gibt es zwei klassische Studien: W. Arthur Lewis, *Economic Survey 1919–1939* (London 1949) und Charles P. Kindleberger, *The World in Depression* (Berkeley ^{2}1986). Die These des letzteren ist in der ersten Auflage 1973 sogar noch klarer. Neuere Bücher sind das Standardwerk von Barry Eichengreen, *Golden Fetters: the Gold Standard and the Great Depression* (New York 1992); Harold James, *Der Rückfall: die neue Weltwirtschaftskrise* (München 2003) und Patricia Clavin, *The Great Depression in Europe, 1929–1939* (New York 2000). Nationale Studien bieten Knut Borchardt, *Wachstum, Krisen, Handlungsspielräume der Wirtschaftspolitik: Studien zur Wirtschaftsgeschichte des 19. und 20. Jahrhunderts* (Göttingen 1982), Harold James, *Deutschland in der Weltwirtschaftskrise 1924–1936* (Darmstadt 1988), Julian Jackson, *The Politics of Depression in France, 1932–1936* (Cambridge 1985) und Gianni Toniolo, *L'economia dell'Italia fascista* (Rom 1980). Eine ausgezeichnete Methode, sich den Problemen der Wirtschaftspolitik zu nähern, ist die dreibändige Biographie des führenden ökonomischen Denkers der Zwischenkriegszeit: Robert Skidelsky, *John Maynard Keynes* (London 1983–2000).

Internationale Beziehungen zwischen den Kriegen

Die beste ältere, aber umstrittene Darstellung der internationalen Beziehungen ist immer noch E. H. Carr, *International Relations between the Two World Wars, 1919–1939* (London 1948). Das realistische Denken drückt sich auch in Carr, *The Twenty Years Crisis 1919–1939* (London 1939) und Hans Morgenthau, *Macht und Frieden* (Gütersloh 1963) aus. Henry Kissinger, *Die Vernunft der Nationen* (Berlin 1994) ist meisterhaft und anregend. A. J. P. Taylor, *Die Ursprünge des Zweiten Weltkrieges* (Gütersloh 1962) wurde von Hugh Trevor-Roper heftig angegriffen, zunächst in der Zeitschrift *Encounter*. Die Debatte zwischen den beiden ist eine der anregendsten wissenschaftlichen Polemiken über diesen Zeitraum und in Esmonde M. Robertson (Hg.), *The Origins of the Second World War: Historical Interpretations* (London 1971) nachzulesen. Über Taylor gibt es eine interessante Biographie von Kathleen Burk, *Troublemaker: the Life and History of A. J. P. Taylor* (New Haven, CT 2000), die zeigt, dass Taylor sich nicht die Mühe machte, *Mein Kampf* zu lesen, bevor er über die deutsche Außenpolitik der dreißiger Jahre schrieb. Das neuere Buch von Donald Cameron Watt, *How War Came: the Immediate Origins of the Second World War* (London 1989) ist interessant, leidet aber als detaillierte Geschichte der Diplomatie unter einigen peinlichen Fehlern. Um die Blindheit der damaligen britischen Diplomatie zu verstehen, lohnt sich die Lektüre von Neville Henderson, *Failure of a Mission* (New York 1940). Hitlers Dolmetscher bietet einen faszinierenden Einblick in die Art und Weise, wie der Diktator Außenpolitik betrieb: Paul Schmidt, *Statist auf diplomatischer Bühne 1923–45* (Bonn 1949).

Der Zweite Weltkrieg

Die beste allgemeine Darstellung ist Gerhard L. Weinberg, *Eine Welt in Waffen: die globale Geschichte des Zweiten Weltkriegs* (Stuttgart 1995). Nützliche kommentierte Karten bietet Richard Overy, *The Penguin Historical Atlas of the Third Reich* (London 1996).

Über die Wirtschaft während des Zweiten Weltkriegs siehe Alan S. Milward, *German Economy at War* (London 1965) und *War, Economy and Society 1939–1945* (London 1977). Neuer sind Mark Harrison, *Economics of World War II: Six Great Powers in International Comparison* (Cambridge 1998) und Richard Overy, *Why the Allies Won* (London 1995), der die Wirtschaft in einen größeren Rahmen stellt. In jüngerer Zeit hat es viele historische Kommissionen gegeben, die den Beitrag neutraler Staaten zur Kriegführung untersuchen. Diese Diskussion ist dokumentiert in Stuart E. Eizenstat, *U.S. and Allied Effort to Recover and Restore Gold and Other Assets Stolen or Hidden by Germany in World War II* (Washington, DC 1997) und Unabhängige Expertenkommission, *Die Schweiz, der Nationalsozialismus und der Zweite Weltkrieg* (Zürich 2002). Zur Frage der Wiedergutmachung historischen Unrechts siehe Elazar Barkan, *The Guilt of Nations: Restitution and Negotiating Historical Injustices* (New York 2000).

Zur umstrittenen Haltung von Papst Pius XII. siehe die klassischen Studien von Saul Friedländer, *Pius XII. und das Dritte Reich: Eine Dokumentation* (Reinbek 1965) und Owen Chadwick, *Britain and the Vatican during the Second World War* (Cambridge 1986). John Conway hat eine nüchterne Einschätzung gegeben: «The Vatican, Germany and the Holocaust», in: P. Kent und J. F. Pollard (Hg.), *Papal Diplomacy in the Modern Age* (Westport, CT 1994). John Cornwell, *Pius XII.: Der Papst, der geschwiegen hat* (München 1999) verspricht viel, ist aber weit weniger revolutionär als sein Originaltitel *Hitler's Pope*. Siehe auch Susan Zuccotti, *Under His Very Windows: the Vatican and the Holocaust in Italy* (New Haven, CT 2000), Giovanni Miccoli, *I Dilemmi e i Silenzi di Pio XII* (Mailand 2000), Alessandro Duce, *Pio XII e la Polonia: 1939–1945* (Rom 1997) und Carol Rittner und John K. Roth, *Pope Pius XII and the Holocaust* (Leicester 2002).

Der Geschichte des Holocaust nährt man sich am besten über Raoul Hilberg, *Die Vernichtung der europäischen Juden* (Berlin 1982 u. ö.) und Saul Friedländer, *Das Dritte Reich und die Juden, I: Die Jahre der Verfolgung 1933–1939* (München 1998). Das provozierende und umstrittene Buch von Arno Mayer, *Why Did the Heavens Not Darken?* (New York 1989) wurde bei seinem Erscheinen von Daniel Jonah Goldhagen verrissen, der seinerseits mit *Hitlers willige Vollstrecker: Ganz gewöhnliche*

Deutsche (Berlin 1996 u. ö.) eine stark simplifizierende Darstellung vorlegte. Christopher Browning, *Der Weg zur «Endlösung»: Entscheidungen und Täter* (Bonn 1998) ist luzide und ausgewogen. Henry Friedlander, *Der Weg zum NS-Genozid. Von der Euthanasie zur Endlösung* (Berlin 1997) zeigt die Verbindungen zwischen der Ermordung der Behinderten und dem Holocaust.

Dem besetzten Frankreich und dem Vichy-Regime sind einige ausgezeichnete historische Analysen gewidmet worden, angefangen mit dem Klassiker Robert Paxton, *Vichy France: Old Guard and New Order, 1940–1944* (New York 1972) und Michael Marrus und Robert Paxton, *Vichy France and the Jews* (New York 1981). In jüngster Zeit hat es drei hervorragende Gesamtdarstellungen gegeben: Philippe Burrin, *La France à l'heure allemande: 1940–1944* (Paris 1995), Robert Gildea, *Marianne in Chains: In Search of the German Occupation* (London 2002) und Julian Jackson, *France: the Dark Years, 1940–1944* (Oxford 2001). Edward Spears, *Two Men who Saved France* (London 1966) kontrastiert Pétain und de Gaulle. Über andere Länder siehe Jan Gross, *Polish Society under German Occupation: the Generalgouvernement 1939–1944* (Princeton, NJ 1979) und *Nachbarn: der Mord an den Juden von Jedwabne* (München 2001), Jan M. Ciechanowski, *The Warsaw Rising of 1944* (Cambridge 1974), Christopher Browning, «Serbia», in *Fateful Months. Essays on the Emergence of the Final Solution* (New York 1985) und Alexander Dallin, *Deutsche Herrschaft in Russland, 1941–1945* (Düsseldorf 1958) . Als Kontrast siehe Mark Harrison und John Barber, *The Soviet Home Front 1941–45* (London 1991).

Nachkriegswelt und europäische Integration

Zu Nachkriegsplanung und Marshall-Plan siehe Barry Eichengreen (Hg.), *Europe's Post-War Recovery* (Cambridge 1995), Charles Maier und Günter Bischof, *The Marshall Plan and Germany* (Providence, RI 1991) und Michael Hogan, *The Marshall Plan: America. Britain, and the Reconstruction of Western Europe, 1947–1952* (Cambridge 1987). Charles Maier schrieb die wichtige Interpretation «The two postwar eras and the conditions for stability in twentieth-century western Europe», *American Historical Review*, 86 (1981). Alec Cairncross, *The Price of War* (Oxford 1986) ist eine gute Darstellung britischer Dilemmata.

Zur allgemeinen Wirtschaftsgeschichte siehe Bart van Ark und Nicholas Crafts (Hg.), *Quantitative Aspects of Post-War European Economic Growth* (Cambridge 1996) und Angus Maddison, *Phases of Capitalist Development* (Oxford 1982).

Die Entwicklung der europäischen Idee und Integration liest man am besten bei dem hagiographischen Walter Lipgens, *Die Anfänge der europäischen Einigungspolitik,1945–1950, I: 1945–1947* (Stuttgart 1977) und dem skeptischen Alan Milward, *The Reconstruction of Western Europe, 1945–1951* (Berkeley 1984), siehe auch Alan Milward (mit George Brennan und Federico Romero), *The European Rescue of the Nation State* (London 1992). Timothy Garton-Ash, *Im Namen Europas: Deutschland und der geteilte Kontinent* (München 1993) ist ein interessanter Bericht, wie Westeuropa funktionierte und wie es den Ostblock beeinflusste. Andrew Moravcsik,

The Choice for Europe: Social Purpose and State Power from Messina to Maastricht (Ithaca, NY 1998) ist eine höchst anregende neuere Studie über das Verhältnis von Innenpolitik und europäischer Integration. Aktuelle Interpretationen bietet auch Larry Siedentop, *Democracy in Europe* (New York 2001).

Der Kontext des Kalten Kriegs wird am besten dargestellt bei John Lewis Gaddis, *The United States and the Origins of the Cold War, 1941–1947* (New York 1972) und *We Now Know: Rethinking Cold War History* (Oxford 1997). Einige ältere Bücher wie Herbert Feis, *Churchill, Roosevelt, Stalin: the War They Waged and the Peace They Sought* (Princeton, NJ 1957) und *From Trust to Terror: the Onset of the Cold War, 1945–1950* (New York 1970) sind immer noch nützlich. David Reynolds (Hg.), *The Origins of the Cold War in Europe: International Perspectives* (New Haven, CT 1994) enthält wichtige Aufsätze über die unterschiedlichen nationalen Bedingungen des Kalten Kriegs.

Einzelne Staaten in der Nachkriegszeit

Das Frankreich der IV. Republik behandelt Philip M. Williams, *Crisis and Compromise: Politics in the Fourth Republic* (London 1964). Siehe auch Ronald Tiersky, *French Communism, 1920–1972* (New York 1974) und Miles Kahler, *Decolonization in Britain and France: the Domestic Consequences of International Relations* (Princeton, NJ 1984). Zur Frage der Amerikanisierung und der Konsumkultur Richard Kuisel, *Seducing the French* (Cambridge 1993). Den Krieg in Algerien schildert Alastair Horne, *A Savage War of Peace, Algeria, 1954–1962* (London 1977). Über de Gaulle gibt es eine wundervolle Biographie von Jean Lacouture, *Charles de Gaulle*, I–III (Paris 1984–86) Siehe auch Alain Peyrefitte, *C'ètait de Gaulle*, I–III (Paris 1994–2000). De Gaulles Memoiren sind ein literarisches Meisterwerk: *Der Ruf, 1940–1942* (Frankfurt am Main 1955) und *Die Einheit/Das Heil, 1942–46* (Düsseldorf 1961). Eine gute Einführung in die V. Republik bieten William G. Andrews und Stanley Hoffmann, *The Fifth Republic at Twenty* (Albany, NY 1981). Es gibt verschiedene Studien des Gaullismus, darunter Anthony Hartley, *Gaullism: the Rise and Fall of a Political Movement* (London 1972). Jean-Jacques Servan-Schreiber, *Die amerikanische Herausforderung* (Hamburg 1968) ist unverzichtbar, um zu verstehen, wie Frankreich Europa und die USA sah. Ronald Tiersky, *François Mitterand: the Last French President* (New York 2000) ist hilfreich, aber die besten Quellen über die Ära Mitterand sind die faszinierenden Tagebücher und Notizen von Jacques Attali, *Verbatim*, I–III (Paris 1993–95). Siehe auch Philip Gordon und Sophie Meunier, *The French Challenge: Adapting to Globalization* (Washington, DC 2001).

Über Italien siehe vor allem Paul Ginsborg, *A History of Contemporary Italy: Society and Politics. 1943–1988* (London 1990) und *Italy and its Discontents: Family, Civil Society, State, 1980–2001* (London 2001).

Zwei wichtige Werke über die Demokratisierung der iberischen Halbinsel in den siebziger Jahren sind Paul Preston, *The Triumph of Democracy in Spain* (London

1996) und Nancy Bermeo, *The Revolution Within the Revolution: Worker's Control in Rural Portugal* (Princeton, NJ 1986).

Es gibt mehrere gute Überblickswerke zur britischen Politik, vor allem Peter Clarke, *Hope and Glory: Britain 1900–1990* (London 1996) und Peter Hennessy, *The Prime Ministers: the Office and its Holders since 1945* (New York 2001), Andrew Roberts, *Eminent Churchillians* (London 1994) und einige ausgezeichnete politische Biographien. Dieses Genre wurde zum besten Instrument für das Studium der britischen Politik, vor allem Alan Bullock, *Ernest Bevin, Foreign Secretary, 1945–1951* (New York 1983), Alaister Horne, *Macmillan*, I–II (London 1988–89), Ben Pimlott, *Harold Wilson* (London 1992), Philip Ziegler, *Wilson: the Authorised Life of Lord Wilson of Riveaulx* (London 1993) und John Campbell, *Edward Heath: a Biography* (London 1993). Wilson nähert man sich jedoch am besten aus der Sicht der Tagebücher seiner Kabinettsmitglieder. Am interessantesten ist Richard Crossman (hg. v. Anthony Howard), *The Crossman Diaries: Selections from the Diaries of a Cabinet Minister, 1964–1970* (London 1979), siehe auch Barbara Castle, *The Castle Diaries, 1964–70* (London 1984) sowie Tony Benn, *Out of the Wilderness: Diaries 1963–67* und *Office without Power: Diaries 1968–72* (London 1987–88). John Major wurde von seinem Bruder eher unvorteilhaft dargestellt: Terry Major-Ball, *Major Major: Memories of an Older Brother* (London 1994).

Margaret Thatcher wurde in vielen Büchern heftig attackiert, von denen die meisten stark gealtert sind. Am interessantesten ist Iris Murdochs Roman *The Book and the Brotherhood* (London 1987), der viel über die Intellektuellen aussagt, die Thatcher verabscheuten. Siehe auch die sehr guten Studien von Hugo Young, *One of Us: a Biography of Margaret Thatcher* (London 1989) und Peter Jenkins, *Mrs. Thatcher's Revolution: the Ending of the Socialist Era* (London 1987), der informativ und kritisch ist, ebenso wie William Keegan, *Mrs. Thatcher's Economic Experiment* (London 1984) und Philip Stephens, *Politics and the Pound: the Conservative Struggles with Sterling* (London 1996). Nigel Lawson, *The View from No. 11: Memoirs of a Tory Radical* (London 1992) ist der hervorragende Bericht einer Schlüsselfigur der Wirtschaftspolitik. Patrick Higgins, *Heterosexual Dictatorship: Male Homosexuality in Postwar Britain* (London 1996) fügte dem Verständnis der britischen Entwicklung eine neue Dimension hinzu.

Den besten Überblick über Deutschland bieten Mary Fulbrook (Hg.), *Twentieth-Century Germany: Politics, Culture and Society 1918–1990* (London 2001) und Dennis L. Bark und David R. Gress, *A History of West Germany* (Oxford ²1993). Zwei gute Bücher über das Erbe der Vergangenheit nach dem Krieg sind Jeffrey Herf, *Zweierlei Erinnerung: Die NS-Vergangenheit im geteilten Deutschland* (Berlin 1998) und Norbert Frei, *Vergangenheitspolitik: Die Anfänge der Bundesrepublik und die NS-Vergangenheit* (München 1996). Über Adenauer siehe die große Biographie von Hans Peter Schwarz, *Die Ära Adenauer: Gründerjahre der Republik, 1949–1957* und *Die Ära Adenauer: Epochenwechsel, 1957–1963* (Stuttgart 1981–83). Über die Brandt-Jahre ist die beste Quelle Arnulf Baring, *Machtwechsel: die Ära Brandt-Scheel* (Stuttgart 1982). Über die DDR siehe Mary Fulbrook, *Anatomy of a Dictatorship: Inside the GDR, 1949–1989* (New York 1995). Die wirtschaftliche Abschwächung und das Ende des Wirtschaftswunders analysieren Herbert Giersch, Karl-Heinz Pacqué und Holger Schmieding, *The Fading Miracle: Four Decades of Market Economy in Germany* (Cambridge 1992).

1968

Über das Phänomen 1968 siehe Carole Fink, Philip Gassert und Detlef Junker (Hg.), *1968: the World Transformed* (Cambridge 1998), außerdem Diane Kunz (Hg.), *The Diplomacy of the Crucial Decade: American Foreign Relations during the 1960s* (New York 1994) und als Bericht eines Beteiligten Tariq Ali, *1968 and After: Inside the Revolution* (London 1978). Siehe auch Ronald Fraser, *1968: a Student Generation in Revolt* (London 1988). Jillian Becker bietet eine beängstigend genaue Schilderung des deutschen Terrorismus: *Hitler's Children: the Story of the Baader-Meinhof Terrorist Gang* (Philadelphia, PA 1977). Ein interessanter Text im Geist von 1968, der sich weigert, Selbstmord als Todesursache der RAF-Führung zu akzeptieren, ist Geoff Eley, *Forging Democracy: the History of the Left in Europe, 1850–2000* (New York 2002).

Wohlfahrtsstaat und Innenpolitik

Als Einführung in den Wohlfahrtsstaat siehe Gösta Esping-Andersen, *Three Worlds of Welfare Capitalism* (Princeton, NJ 1990) und *Politics Against Markets: the Social Democratic Road to Power* (Princeton, NJ 1985). Edmund Dell, *A Strange Eventful History: Democratic Socialism in England* (London 2000) beschreibt hervorragend die englische Variante. Siehe auch David Marquand und Anthony Selden, *Ideas that Shaped Post-War Britain* (London 1996). Die internationale Dimension entfaltet Peter Hall (Hg.), *The Political Power of Economic Ideas: Keynesianism Across Nations* (Princeton, NJ 1989). Eine allgemeine Darstellung auch bei Herman van der Wee, *Prosperity and Upheaval: the World Economy 1945–1980* (Berkeley 1986).

Eine gute Einführung zum Problem der Korruption ist Stephen Kotkin und András Sajó (Hg.), *Political Corruption in Transition: a Sceptic's Handbook* (Budapest 2000).

Osteuropa

Über den Kommunismus und Osteuropa ist Czeslaw Milosz, *Verführtes Denken* (Köln und Berlin 1953) sehr aufschlussreich, ebenso Arthur Koestlers Abrechnung in *Der Gott, der keiner war* (Köln 1952). Die beste Darstellung des marxistischen Denkens ist Leszek Kolakowski, *Die Hauptströmungen des Marxismus: Entstehung, Entwicklung, Zerfall* (München ^{2}1981). Über Osteuropa allgemein: Hugh Seton-Watson, *The East European Revolution* (New York 1956) und Olga A. Narkiewicz, *Petrification and Progress: Communist Leaders in Eastern Europe 1956–1988* (London 1990). Der jugoslawische Dissident Milovan Djilas bot einige wichtige Einsichten, vor allem in *Die neue Klasse* (München 1958) und in *Gespräche mit Stalin* (Frankfurt am Main 1962). Zu Jugoslawien siehe Djilas, *Tito: Eine kritische Biographie* (Wien 1980) und Ivo Banac, *With Stalin against Tito: Conformist Splits in Yugoslav Communism* (Ithaca, NY 1988).

In der sowjetischen Politik nach dem Zweiten Weltkrieg beleuchtet Amy Knight, *Beria: Stalin's First Lieutenant* (Princeton, NJ 1993) alternative Wege zum Poststalinismus. Siehe auch Giuseppe Boffa, *Inside the Krushchev Era* (New York 1959), Robert Tucker, *Political Culture and Leadership in Soviet Russia* (New York 1987) und Stephen F. Cohen (Hg.), *The Soviet Union since Stalin* (Bloomington 1980). Die Motivation der stalinistischen Elite interpretiert Teresa Toranska, *Oni: Stalin's Polish Puppets* (London 1987). Den wichtigen Aufstand in Ungarn analysieren Ferenc Féher und Agnes Heller, *Ungarn '56: Geschichte einer antistalinistischen Revolution* (Hamburg 1982). Über den Prager Frühling: H. Gordon Skilling, *Czechoslovakia's Interrupted Revolution* (Princeton, NJ 1976). Über Polen nach 1980 gibt es den Augenzeugenbericht von Timothy Garton-Ash, *The Polish Revolution: Solidarity* (London 1991) und eine komplexe und erhellende Schilderung der Soziologin Jadwiga Stanizkis, die an den Kämpfen der Solidarność beteiligt war: *Poland's Self-Limiting Revolution* (Hg. Jan T. Gross) (Princeton, NJ 1984),. Die Rolle der Stasi beim Zusammenbruch der DDR beleuchten David Childs und Richard Popplewell, *The Stasi: the East German Intelligence and Security Service* (Basingstoke 1996).

Timothy Garton-Ash, *Ein Jahrhundert wird abgewählt: Aus den Zentren Mitteleuropas 1980–1990* (München 1990) ist eine hervorragende Schilderung der letzten Phase der Aufstände gegen den Kommunismus.

Über die Kriege in Jugoslawien gibt es ausgezeichnete Augenzeugenberichte, den besten von Roger Cohen, *Hearts Grown Brutal: Sagas of Sarajevo* (New York 1998). Den historischen Hintergrund zeichnet Noel Malcolm, *Geschichte Bosniens* (Frankfurt am Main 1996) und *Kosovo: a Short History* (New York 1998). Mehrere Bücher stellen Jugoslawien in den Kontext größerer Entwicklungen des 20. Jahrhunderts, darunter Michael Ignatieff, *Reisen in den neuen Nationalismus* (Frankfurt am Main 1994), Gary Jonathan Bass, *Stay the Hand of Vengeance: the Politics of War Crimes Tribunals* (Princeton, NJ 2000) und Norman M. Naimark, *Flammender Haß: Ethnische Säuberung im 20. Jahrhundert* (München 2004). Zu den internationalen Aspekten der Kriege siehe Richard Ullman (Hg.), *The World and Yugoslavia's Wars* (New York 1996).

Über Russland in den neunziger Jahren gibt es mehrere gute Darstellungen. Die besten sind sehr polemisch. Jerry F. Hough, *Democratization and Revolution in the U.S.S.R. 1985–1991* (Washington, DC 1997) sieht Gorbatschows Reformen kritisch. Einen Überblick bietet Stephen Kotkin, *Armageddon Averted: the Soviet Collapse, 1970–2000* (Oxford 2001). Chrystia Freeland, *Sale of the Century: Russia's Wild Ride from Communism to Capitalism* (New York 2000) zeigt, wie sich der Freibeuterkapitalismus etablierte. Janine Wedel, *Collision and Collusion: the Strange Case of Western Aid to Eastern Europe, 1989–1998* (New York 1998) zeigt, was bei der westlichen Hilfe an Russland schiefging. Peter Reddaway und Dmitri Glinski, *The Tragedy of Russia's Reforms: Market Bolshevism against Democracy* (Washington,

DC 2001) greifen den IWF an. Die nüchternste Einschätzung der russischen Reformen geben Brigitte Granville und Peter Oppenheimer (Hg.), *Russia's Post-Communist Economy* (Oxford 2001) und Anders Åslund, *Building Capitalism: the Transformation of the Former Soviet Bloc* (Cambridge 2002). Hélène Carrère d'Encausse, *La gloire des nations ou la fin de l'empire soviétique* (Paris 1991) betrachtet die Nationalitätenkonflikte. Über die Tschetschenien-Kriege siehe John B. Dunlop, *Russia Confronts Chechnya: Roots of a Separatist Conflict* (Cambridge 1998) und Anatol Lieven, *Chechnya: Tombstone of Russian Power* (New Haven, CT 1998). Von Lieven gibt es auch eine gute Studie über die Wiedergeburt der baltischen Republiken: *The Baltic Revolution: Estonia, Latvia, Lithuania, and the Path to Independence* (New Haven, CT 1993).

Es gibt mehrere Biographien über die beherrschende und gewichtigste Persönlichkeit im Europa des späten 20. Jahrhunderts. Die besten sind Tad Szulc, *Pope John Paul II* (New York 1995) und George Weigel, *Zeuge der Hoffnung: Johannes Paul II.* (Paderborn 2002), der detaillierter auf theologische Fragen eingeht.

Anhang 4: Zeittafel

1914
28. Juni: Ermordung des Thronfolgers Franz Ferdinand in Sarajewo
23. Juli: Österreichisches Ultimatum an Serbien
28. Juli: Österreichische Kriegserklärung an Serbien
1. August: Deutsche Kriegserklärung an Russland
3. August: Deutsche Kriegserklärung an Frankreich**
4. August: Deutsche Invasion Belgiens und britische Kriegserklärung an Deutschland
26.–28. August: Schlacht von Tannenberg
6.–10. September: Schlacht an der Marne
14. Oktober: Beginn der ersten Schlacht bei Ypern

1915
Friedrich Naumann, *Mitteleuropa*
April: Türkische Deportationen und Völkermord an den Armeniern beginnen
23. April: (Geheim-)Vertrag von London zwischen Frankreich, England und Italien
23. Mai: Italienische Kriegserklärung an Österreich-Ungarn

1916
W. I. Lenin, *Der Imperialismus als höchste Stufe des Kapitalismus*
21. Februar: Beginn der deutschen Offensive gegen Verdun
24. April: Osteraufstand in Dublin
9. Mai: (Geheimes) Sykes-Picot-Abkommen über die Aufteilung des Osmanischen Reichs
1. Juni: Russischer Angriff in Galizien (Brussilow-Offensive)
1. Juli: Britische Offensive an der Somme
27. August: Rumänische Kriegserklärung an Österreich-Ungarn

1917

1. Februar: Deutschland beginnt den uneingeschränkten U-Boot-Krieg
14. März: Bildung der provisorischen Regierung in Russland unter Fürst Lwow
15. März: Abdankung des Zaren Nikolai II.
6. April: Kriegserklärung der Vereinigten Staaten an Deutschland
16. April: Rückkehr Lenins nach Russland
19. Juli: Friedensresolution des deutschen Reichstags
20. Juli: Kerenski wird russischer Premierminister
6. November: Bolschewiken besetzen die öffentlichen Gebäude in Petrograd
8. November: Rat der Volkskommissare in Russland gebildet (Oktoberrevolution)
16. November: Georges Clemenceau wird französischer Premierminister
20. Dezember: Gründung der Tscheka (sowjetische Geheimpolizei)

1918

8. Januar: Woodrow Wilson präsentiert den 14 Punkte-Plan
3. März: Friede von Brest-Litowsk zwischen Deutschland und Russland
21. März: «Ludendorff-Offensive» an der Westfront
16. Juli: Ermordung des Zaren Nikolai II. und seiner Familie
8. August: «Schwarzer Tag» der deutschen Armee
27. August: Zusatzvertrag von Brest-Litowsk
29. September: Bulgarien schließt einen Waffenstillstand
4. Oktober: Abdankung König Ferdinands von Bulgarien
30. Oktober: Türkei schließt einen Waffenstillstand
3. November: Österreich-Ungarn schließt einen Waffenstillstand
9. November: Ausrufung der deutschen Republik und Abdankung Kaiser Wilhelms II.; Stinnes-Legien-Pakt zwischen Arbeitgebern und Gewerkschaften in Deutschland
11. November: Deutschland schließt einen Waffenstillstand
14. Dezember «Khaki»- bzw. «Coupon»-Wahlen in England

1919

John Maynard Keynes, *The Economic Consequences of the Peace*
18. Januar: Eröffnung der Pariser Friedenskonferenz
19. Januar: Wahlen zum deutschen Reichstag
2. März: Bildung der Dritten (Kommunistischen) Internationale
22. März: Béla Kuns Revolution in Ungarn
24. April: Italiens Premierminister Orlando verlässt die Pariser Konferenz
28. Juni: Unterzeichnung des Vertrags von Versailles (Deutschland)
10. September: Unterzeichnung des Vertrags von Saint Germain (Österreich)
27. November: Unterzeichnung des Vertrags von Neuilly (Bulgarien)

1920

10. Januar: Beginn des Völkerbunds
13.-17. März: Kapp-Putsch
4. Juni: Unterzeichnung des Vertrags von Trianon (Ungarn)

11. Juni: Britischer Vorschlag der Curzon-Linie als Ostgrenze Polens
19. Juli–7. August: Zweite Konferenz der Kommunistischen Internationale; am 6. August Aufstellung der 21 Bedingungen
10. August: Unterzeichnung des Vertrags von Sèvres (Türkei)
23. Dezember: Gesetz zur Teilung Irlands

1921

Jaroslav Hašek, *Die Abenteuer des braven Soldaten Schwejk*
15. April: Scheitern des britischen Bergarbeiterstreiks
27. April: Reparationskommission setzt deutsche Reparationen auf 132 Milliarden Goldmark fest
15. Mai: Italienische Wahlen; erster Erfolg für Mussolinis faschistische Partei
26. August: Ermordung des deutschen Politikers Matthias Erzberger
Dezember: Abkommen über die Errichtung des Irischen Freistaats

1922

Oswald Spengler, *Der Untergang des Abendlandes*
16. April: Deutschland und Russland schließen Vertrag von Rapallo, nehmen diplomatische Beziehungen auf und verzichten auf finanzielle Ansprüche
24. Juni: Ermordung des deutschen Außenministers Walther Rathenau
22. September: Türkische Truppen erobern Smyrna
30. Oktober: Mussolini wird italienischer Ministerpräsident

1923

11. Januar: Belgische und französische Truppen besetzen das Ruhrgebiet
14. Juni: Ermordung des bulgarischen Politikers Stambuliski
24. Juni: Unterzeichnung des Vertrags von Lausanne, der die türkischen Grenzen festlegt
13. September: General Primo de Rivera übernimmt die Macht in Spanien
26. September: Ende des passiven Widerstands im Ruhrgebiet
8.–9. November: Hitler-Ludendorff-Putsch in München
November: Stabilisierung der deutschen Währung nach Hyperinflation
6. Dezember: Wahlen in England führen zur ersten Labour-Regierung unter Ramsay MacDonald

1924

Thomas Mann, *Der Zauberberg*
21. Januar: Tod Lenins
6. April: Wahlen in Italien mit faschistisch dominierter Regierungsliste
9. April: Vorlage des Dawes-Plans über Reparationen
11. Mai: Wahlsieg des «Linkskartells» in Frankreich
10. Juni: Ermordung des italienischen Sozialistenführers Matteotti
29. Oktober: Wahlsieg Stanley Baldwins in England

1925

Adolf Hitler, *Mein Kampf*
26. April: Hindenburg wird zum Reichspräsidenten gewählt
5. Mai: England kehrt bei einem Kurs von 4,86 Dollar für das Pfund zum Goldstandard zurück
2. Oktober: Pakt im Palazzo Vidoni zwischen Arbeit und Kapital in Italien
5.–16. Oktober: Konferenz von Locarno; Deutschland akzeptiert die Westgrenze

1926

3.–12. Mai: Generalstreik in England
12.-14. Mai: Staatsstreich General Piłsudskis in Polen
23. Juli: Bildung der Regierung Poincaré in Frankreich
8. September: Deutschland wird in den Völkerbund aufgenommen

1928

27. August: Briand-Kellogg-Pakt zur Ächtung des Krieges als politisches Mittel in Paris unterzeichnet

1929

Erich Maria Remarque, *Im Westen nichts Neues*
11. Februar: Lateranverträge zwischen Italien und dem Vatikan
25. April: Beschluss des ersten sowjetischen Fünfjahresplans beim XVI. Parteitag der KPdSU
7. Juni: Vorlage des Youngplans über Reparationen
3. Oktober Tod des deutschen Außenministers Stresemann
24. Oktober: Börsenkrach in New York («schwarzer Donnerstag»)
22. Dezember: Volksentscheid über den Youngplan in Deutschland

1930

Sigmund Freud, *Das Unbehagen in der Kultur*
José Ortega y Gasset, *Der Aufstand der Massen*
2. März: Stalins Rede «Schwindlig vor Erfolg» stoppt vorübergehend die Kollektivierung und Kulakenverfolgung
17. Juni: US-Kongress beschließt Schutzzölle (Smoot-Hawley Act)
30. Juni: Belgische und französische Truppen verlassen das Rheinland
17. August: Pakt von San Sebastian führt zur Abdankung König Alonso XIII. von Spanien und zur Demokratisierung
14. September: Reichstagswahlen mit hohen Gewinnen der NSDAP

1931

11. Mai: Bankrott der Österreichischen Credit-Anstalt
20. Juni: Hoover-Moratorium über einjährige Reparations- und Kriegsschuldenzahlungen
13. Juli: Bankrott der Darmstädter und Nationalbank (Danat)

18. September: Zwischenfall von Mukden und Beginn der japanischen Besetzung der Mandschurei
21. September: England gibt den Goldstandard auf
27. Oktober: Wahlen in England bringen «Nationale Regierung» unter MacDonald

1932
Charles de Gaulle, *Le Fil de l'Épée*
10. März: De Valera wird Präsident des irischen Exekutivrats
30. Mai: Reichskanzler Brüning tritt zurück und wird durch von Papen abgelöst
16. Juni–21. August: Imperial Conference in Ottawa beschließt Präferenzzölle im britischen Empire
4. August: Gömbös bildet Regierung in Ungarn
2. Dezember: Kurt von Schleicher wird Reichskanzler

1933
30. Januar: Hitler wird Reichskanzler
27. Februar: Reichstagsbrand
5. März: Reichstagswahl
23. März: Ermächtigungsgesetz
20. April: USA geben die Goldparität des Dollar auf
12. Juni–27. Juli: Weltwirtschaftskonferenz in London

1934
26. Januar: Deutsch-polnischer Nichtangriffspakt
6. Februar: Demonstration faschistischer Ligen in Paris
1.–16. Februar: Bürgerkrieg in Wien und Unterdrückung der Sozialisten
30. Juni: Säuberungsaktion der Nazis («Nacht der langen Messer»)
25. Juli: Ermordung des österreichischen Kanzlers Dollfuß durch österreichische Nationalsozialisten
9. Oktober: Ermordung König Aleksandrs von Jugoslawien und des französischen Außenministers Berthoud, darauf Regentschaft des Prinzen Paul
1. Dezember: Ermordung Kirows

1935
Beatrice und Sidney Webb, *The Soviet Union: A New Civilisation?*
5. Januar: Laval stimmt der Abtretung Abessiniens an Italien zu
13. Juni: Volksabstimmung im Saargebiet
16. März: Einführung der allgemeinen Wehrpflicht in Deutschland entgegen dem Versailler Vertrag
11.–14. April: Konferenz von Stresa zwischen Frankreich, England und Italien
2. Mai: Französisch-sowjetischer Pakt unterzeichnet
12. Mai: Tod Marschall Piłsudskis
15. September: Erlass der Nürnberger Rassengesetze
11. Oktober: Völkerbund belegt Italien mit Sanktionen

1936

John Maynard Keynes, *Allgemeine Theorie der Beschäftigung, des Zinses und des Geldes*
16. Februar: Wahlsieg der Volksfront in Spanien und Bildung der Regierung Quiroga
7. März: Deutsche Truppen marschieren im Rheinland ein
3. Mai: Wahlsieg der Volksfront in Frankreich
17. Juli: Beginn des spanischen Bürgerkriegs mit einer Armeerevolte in Marokko
5. August: Ausrufung des Kriegsrechts in Griechenland und Beginn der Diktatur von General Metaxas
26. September: Entlassung Jagodas und Einsetzung von Jeschow als Chef der sowjetischen Geheimpolizei; Beginn umfassender Säuberungen
1. Oktober: Abwertung des französischen Franc
6. Oktober Tod von Gyula Gömbös
11. Dezember: Abdankung König Edwards VIII. von Großbritannien nach Verfassungskrise

1937

6. November: Italien tritt dem japanisch-deutschen «Anti-Komintern-Pakt» bei

1938

Josef Stalin, *Geschichte der KPdSU (Bolschewiki), Kurzer Lehrgang*
12.–13. März: Anschluss Österreichs an das Deutsche Reich
26. April: Gesetz zur Registrierung jüdischen Eigentums in Deutschland
29. September: England, Frankreich, Deutschland und Italien schließen das Münchner Abkommen über die Tschechoslowakei
9.–11. November: Antisemitische Pogrome in Deutschland («Reichskristallnacht»)
12. November: Erlass zum Ausschluss von Juden aus dem Wirtschaftsleben

1939

15. März: Deutscher Angriff auf die Tschechoslowakei
28. März: Ende des spanischen Bürgerkriegs durch den Fall von Madrid
3. Mai: Molotow löst Litwinow als sowjetischer Außenminister ab
23. August: Hitler-Stalin-Pakt
1. September: Deutscher Angriff auf Polen
3. September: Frankreich und England erklären Deutschland den Krieg
17. September: Sowjetischer Angriff auf Polen
21. September: Heydrich befiehlt die annektierten polnischen Gebiete «judenfrei» zu machen
30. November: Sowjetischer Angriff auf Finnland
14. Dezember: Ausschluss der Sowjetunion aus dem Völkerbund

1940

9. April: Deutscher Angriff auf Dänemark und Norwegen
10. Mai: Deutscher Angriff auf Belgien, Luxemburg und die Niederlande; Churchill wird britischer Premierminister

14. Juni: Deutsche Truppen besetzen Paris
17. Juni: Pétain bittet um Waffenstillstand
18. Juni: de Gaulles erste Radioansprache aus London für das «Freie Frankreich»
22. Juni: Frankreich unterzeichnet Waffenstillstand mit Deutschland und Italien
10. Juli: Französisches Gesetz errichtet den *État francais* unter Pétain
3. September: Britisch-amerikanisches Abkommen über Zerstörer
14. Oktober: Treffen von Pétain und Hitler in Montoire
23. Oktober: Treffen von Franco und Hitler in Hendaye
28. Oktober: Italienischer Angriff auf Griechenland

1941
6. Januar: Rede Präsident Roosevelts über die Vier Freiheiten
25.–27. Januar: Putsch gegen den prodeutschen Regenten in Jugoslawien
6. April: Deutscher Angriff auf Jugoslawien und Griechenland
22. Juni: Deutscher Angriff auf die Sowjetunion («Unternehmen Barbarossa»)
3. Juli: Radioansprache Stalins
14. August: Anglo-amerikanische Atlantik-Charta
6. September: Deutsche Juden müssen den gelben Stern tragen
14.–16. Oktober: Beginn der systematischen Deportationen von Juden in die Konzentrationslager im Osten
3. Dezember: Führerbefehl zur Rationalisierung der deutschen Rüstungsproduktion
7. Dezember: Japanischer Angriff auf Pearl Harbor, Hawaii
11. Dezember: Deutschland und Italien erklären den USA den Krieg
13. Dezember: Bulgarien erklärt den USA den Krieg

1942
Social Insurance and Allied Services (Beveridge-Report in England)
18. Januar: Militärabkommen zwischen Deutschland, Italien und Japan in Berlin unterzeichnet
20. Januar: Wannsee-Konferenz zur detaillierten Planung der Judenvernichtung
1. Juli: Deutscher Vormarsch in Nordafrika wird bei El Alamein gestoppt
24. August: Erste Quebec-Konferenz zwischen Churchill und Roosevelt
8. August: Amerikanische Soldaten in Nordafrika
11. November: Deutschland marschiert in den noch nicht besetzten Teil Frankreichs ein
17. Dezember: Gemeinsame Erklärung der Alliierten über die deutsche Judenvernichtung

1943
Jean-Paul Sartre, *Das Sein und das Nichts*
24. Januar: Alliierte erklären in Casablanca die bedingungslose Kapitulation Deutschlands zum Kriegsziel
2. Februar: Kapitulation der deutschen Truppen in Stalingrad
10. Juli: Alliierte Invasion Siziliens

25. Juli: Marschall Badoglio löst Mussolini als Regierungschef ab
8. September: Italien erklärt den Waffenstillstand
10. September: Deutsche Truppen besetzen Rom
15. September: Deutsche Fallschirmjäger befreien Mussolini
28. November – 1. Dezember: Konferenz von Teheran zwischen Churchill, Roosevelt und Stalin

1944

Friedrich von Hayek, *Der Weg zur Knechtschaft*
Raphael Lemkin, *Axis Rule in Occupied Europe: Laws of Occupation, Analysis of Government, Proposals for Redress*
22. März: Deutschland übernimmt die Kontrolle über Ungarn; Deportation der ungarischen Juden beginnt
4. Juni: Amerikaner und Briten erobern Rom
6. Juni: Alliierte Landung in der Normandie
1.–15. Juli: Währungskonferenz der Vereinten Nationen in Bretton Woods, New Hampshire
20. Juli: Bombenanschlag auf Hitler im Hauptquartier Wolfschanze bei Rastenburg in Masuren
1. August: Beginn des Warschauer Aufstands (bis 2. Oktober)
23. August: König Michael von Rumänien entlässt Antonescu und nimmt alliierten Waffenstillstand an
5. September: Sowjetische Kriegserklärung an Bulgarien
9. Oktober: Churchill besucht Moskau und schließt Abkommen über den jeweiligen Einfluss in Griechenland und Osteuropa**
17. Oktober: Deutsche Soldaten nehmen Admiral Horthy fest

1945

11. Januar: Sowjetische Eroberung Warschaus
4.–11. Februar: Konferenz von Stalin, Roosevelt und Churchill (den «Großen Drei») in Jalta auf der Krim
16. April: Beginn des russischen Offensive auf Berlin
28. April: Hinrichtung Mussolinis durch italienische Partisanen
30. April: Selbstmord Hitlers
7. Mai: Admiral Dönitz erklärt die bedingungslose Kapitulation
8. Mai: Abschluss des Waffenstillstands in Europa
5. Juli: Wahlen in Großbritannien, der Wahlsieg von Labour wird am 26. Juli verkündet
17. Juli – 2. August: Potsdamer Konferenz der «Großen Drei»
6. August: USA werfen Atombombe auf Hiroshima ab
8. August: Sowjetische Kriegserklärung an Japan
9. August: USA werfen Atombombe auf Nagasaki ab
14. August: Japan erklärt die bedingungslose Kapitulation
20. November: Beginn des Nürnberger Kriegsverbrecherprozesses

1946

31. März: Wahlen in Griechenland unter dem Schutz der Alliierten
5. Mai: Französische Volksabstimmung lehnt Verfassungsentwurf ab
9. Mai: Abdankung König Vittorio Emanueles III. von Italien
2.–3. Juni: Wahlen zur verfassunggebenden Versammlung in Italien
16. Oktober: Frankreich nimmt neue Verfassung an

1947

Maurice Merleau-Ponty, *Humanismus und Terror*
7. Januar: Annahme des französischen Monnet-Plans
19. Januar: Bei Wahlen in Polen erzielt der Regierungsblock nach weitreichender Einschüchterung 78,9 Prozent
22. Februar: Rede von US-Außenminister Marschall in Princeton
4. Mai: Kommunisten werden aus der französischen Regierung ausgeschlossen
31. Mai: Rücktritt Ferenc Nagys in Ungarn
5. Juni: Marshall verkündet in Harvard den Plan für den Wiederaufbau Europas
15. August: Ende der britischen Herrschaft in England; Gründung Pakistans
31. August: Bei den ungarischen Wahlen wird die KP mit 22 Prozent stärkste Partei

1948

George Orwell, *1984*
25. Februar: Machtergreifung der Kommunisten in der Tschechoslowakei
10. März: Tod des früheren tschechischen Außenministers Jan Masaryk
18. Juni: Währungsreform in den deutschen Westzonen und West-Berlin
19. Juni: Beginn der sowjetischen Blockade Berlins
28. Juni: Kominform (Nachfolgeorganisation der Komintern) verurteilt jugoslawischen «Trotzkismus»
3. September: Der polnische KP-Chef Gomułka gesteht «Irrtümer»
9. Dezember: Vollversammlung der Vereinten Nationen nimmt Konvention über die Verhütung und Bestrafung des Völkermords an
9.–10. Dezember: Menschenrechtskonvention der Vereinten Nationen

1949

Simone de Beauvoir, *Das andere Geschlecht*
4. April: Gründung der NATO durch das Washingtoner Abkommen
23. April: Gründung der Bundesrepublik Deutschland
29. August: Erster sowjetischer Atombombentest, am 22. September durch die Geheimdienste der USA, Englands und Kanadas mitgeteilt
16. September: Prozess gegen Lászlo Rajk (am 15. Oktober gehenkt)

1951

18. April: Unterzeichnung des Pariser Vertrags zur Europäischen Gemeinschaft für Kohle und Stahl (Montanunion)
25. Oktober: Wahlsieg der englischen Konservativen und Rückkehr Churchills als Premierminister

1952
18. Januar: NATO-Beitritt Griechenlands und der Türkei
27. Mai: Vertrag zur Europäischen Verteidigungsgemeinschaft in Paris unterzeichnet
25. Juli: Vertrag über die Europäische Gemeinschaft für Kohle und Stahl tritt in Kraft (Verwirklichung des Schumanplans)
27. November: Slánsky-Prozess in Prag

1953
5. März: Tod Stalins
16.–17. Juni: Straßenproteste in Ost-Berlin
26. Juni: Festnahme Berijas
4. Juli: Imre Nagy wird ungarischer Ministerpräsident

1954
7. Mai: Französische Niederlage bei Dien Bien Phu, Vietnam
30. August: Französische Nationalversammlung lehnt den Vertrag zur Europäischen Verteidigungsgemeinschaft ab
1. November: Angriffe auf französische Polizisten und Soldaten in Algerien

1955
5. Mai: Bundesrepublik Deutschland wird entsprechend den Pariser Verträgen von 1954 souverän
9. Mai: NATO-Beitritt der Bundesrepublik Deutschland
11.–14. Mai: Warschauer Sicherheitskonferenz von acht mittel- und osteuropäischen Staaten schafft den Warschauer Pakt
1.–2. Juni: Diskussionen von sechs Mitgliedern der Montanunion in Messina, Sizilien
18.–23. Juli: Die Regierungschefs von Frankreich, England, UdSSR und USA treffen in Genf zusammen

1956
Anthony Crosland, *The Future of Socialism*
14. Februar: Chruschtschow rechnet auf dem XX. Parteitag der KPdSU mit Stalin ab
23. Juni: Nasser wird zum Präsidenten Ägyptens gewählt
28.–30. Juni: Unruhen in Poznan, Polen
26. Juli: Ägypten verstaatlicht den Suez-Kanal
23. Oktober: Studenten- und Arbeiterproteste in Budapest
30. Oktober: Ende des Einparteiensystems in Ungarn
4. November: Sowjetischer Panzerangriff auf Budapest
5. November: Frankreich und England besetzen Port Said, Ägypten

1957
Milovan Djilas, *Die neue Klasse*

25. März: Die Römischen Verträge begründen die Europäische Wirtschaftsgemeinschaft
4. Oktober: Die Sowjetunion startet Sputnik I

1958
1. Januar: Beginn der Europäischen Wirtschaftsgemeinschaft
13. Mai: Putsch französischer Armeeeinheiten und Siedler in Algerien
1. Juni: de Gaulle wird französischer Premierminister
28. Juni: Kardinal Roncalli wird zum Papst Johannes XXIII. gewählt

1959
Günter Grass, *Die Blechtrommel*
13.–15. November: Die SPD akzeptiert im Bad Godesberger Programm die Marktwirtschaft

1960
Daniel Bell, *The End of Ideology*
13. Februar: Französischer Atombombentest
27. Mai: Militärputsch in der Türkei, Regierungschef Menderes wird getötet

1961
Frantz Fanon, *Die Verdammten dieser Erde*
13. August. Bau der Berliner Mauer

1962
Rachel Carson, *Stummer Frühling*
Aleksandr Solschenizyn, *Ein Tag im Leben des Iwan Denissowitsch*
18. März: Waffenstillstand und Gründung des unabhängigen Algerien in Évian
11. Oktober: Eröffnung des zweiten Vatikanischen Konzils (bis 8. Dezember 1965)

1963
22. Januar: Französisch-deutscher Versöhnungsvertrag
22. Oktober: Kuba-Krise

1964
14.–15. Oktober: Ablösung Chruschtschows als Generalsekretär der KPdSU durch Breschnew, Kossygin wird Ministerpräsident
15. Oktober: Wahlsieg der Labour Party in England, Wilson wird Premierminister

1965
22. März: Ceauşescu wird Chef der rumänischen KP
11. November: Die weißen Rhodesier unter Ian Smith erklären sich einseitig für unabhängig

1966

März–Mai: Proteste in Barcelona (Caputxinada)
1. Dezember: Bildung einer Großen Koalition in der Deutschland unter Kiesinger

1967

21. April: Putsch der griechischen Armee («Obristen»)
2. Juni: Proteste in West-Berlin gegen den Schah von Persien
13. Dezember: Erfolgloser Gegenputsch des Königs von Griechenland

1968

5. Januar: Dubček wird Generalsekretär der tschechischen KP
4. April: Ermordung Martin Luther Kings
11. April: Attentat auf Rudi Dutschke
10.–11. Mai: Studenten bauen Barrikaden in Paris, es folgen Massenstreiks
19.–20. Mai: Wahlen in Italien
30. Juni: Wahlen in Frankreich bringen Sieg der Rechten
14.–15. Juli: Gipfeltreffen des Warschauer Pakts
29. Juli: Päpstliche Enzyklika *Humanae Vitae* über Geburtenkontrolle
21. August: Sowjetischer Einmarsch in die Tschechoslowakei
25. September: Breschnew-Doktrin über die Unumkehrbarkeit des Kommunismus in der *Prawda* veröffentlicht

1969

Kate Millett, *Sexus und Herrschaft*
17. April: Absetzung Dubčeks als Generalsekretär der tschechischen KP
16. Juni: Pompidou gewinnt französische Präsidentschaftswahlen
28. September: Bundestagswahlen führen zur sozialliberalen Koalition unter Willy Brandt

1970

18. Juni: Wahlsieg der britischen Konservativen, Heath wird Premierminister
12. August: Unterzeichnung des Moskauer Vertrags zwischen der BRD und der Sowjetunion
7. Dezember: Unterzeichnung des Warschauer Vertrags zwischen der BRD und Polen

1971

15. August: Ende der Goldkonvertibilität des US-Dollar bei 35 $ pro Unze und Zusammenbruch des Bretton Woods-Währungssystems

1972

Club of Rome, *Die Grenzen des Wachstums*
30. Januar: Britische Truppen erschießen 13 Zivilisten während eines Bürgerrechtsmarsches in Londonderry («Blutiger Sonntag»)
30. März: Direktverwaltung Nordirlands durch die englische Regierung

3. Juni: Viermächteabkommen über Berlin
19. November: Bundeskanzler Brandt wird wiedergewählt

1973
1. Januar: Dänemark, Irland und Großbritannien werden Teil der Europäischen Gemeinschaft

1974
28. Februar: Konservative Niederlage bei den britischen Unterhauswahlen, Wilson wird Premierminister
25. April: Sturz der Regierung Caetano und Bildung einer Junta der nationalen Rettung unter General de Spínola
6. Mai: Rücktritt von Bundeskanzler Brandt (Nachfolger Helmut Schmidt)
19. Mai: Giscard d'Estaing wird zum französischen Präsidenten gewählt

1975
30. Juli–1. August: Schlussakte der Konferenz über Sicherheit und Zusammenarbeit in Europa in Helsinki unterzeichnet
15.–17. November: Gipfeltreffen der Regierungschefs der sieben wichtigsten Industriestaaten in Rambouillet
20. November: Tod General Francos

1976
15. April: Callaghan wird Wilsons Nachfolger als britischer Premierminister
7. Juni: Vereinbarung Englands mit dem Internationalen Währungsfond
20.–21. Juni: Italienische Wahlen mit hohem Stimmenanteil der KPI

1977
13.–18. Oktober: Entführte Lufthansa-Maschine in Mogadischu, Somalia, gestürmt
18. Oktober: Selbstmord der Anführer der terroristischen Rote Armee Fraktion Baader, Ensslin und Raspe

1978
26. August: Kardinal Albino Luciani zum Papst Johannes Paul I. gewählt
16. Oktober: Kardinal Karol Wojtyła zum Papst Johannes Paul II. gewählt
6. Dezember: Neue spanische Verfassung mit größeren Rechten der Regionen durch Volksabstimmung angenommen

1979
16. Januar: Flucht des Schahs von Persien
3. Mai: Wahlsieg der britischen Konservativen unter Margaret Thatcher
2.–10. Juni: Erster Besuch des Papstes in Polen
6. Oktober: Zinserhöhung der US-Notenbank

1980

Willy Brandt (Hg.), *Das Überleben sichern: Gemeinsame Interessen der Industrie- und Entwicklungsländer. Bericht der Nord-Süd-Kommission*
12. Januar: Gründung der Grünen in Deutschland
4. Mai: Tod Titos
14.–31. Mai: Werftarbeiterstreik im polnischen Gdansk

1981

3. Januar: Beitritt Griechenlands zur EU
10. März: Der britische Finanzminister Howe erhöht in einer Rezession die Steuern
10. Mai: Wahl Mitterands zum französischen Präsidenten
13. Mai: Attentatsversuch auf Johannes Paul II.
13. Juli: Unruhen in Toxteth und Southall, England
13. Dezember: Verhängung des Kriegsrechts in Polen

1982

2. April: Argentinien besetzt die britisch verwalteten Falkland-Inseln (Islas Malvinas)
17. September: Bundeskanzler Schmidt verliert Vertrauensabstimmung, Helmut Kohl wird Kanzler einer CDU-FDP-Koalition
10. November: Tod Leonid Breschnews

1983

Jean-François Revel, *So enden die Demokratien*
25. März: Französischer Sparplan als Reaktion auf die Krise der Wechselkurse

1984

9. Februar: Tod von Juri Andropow
12. März: Beginn des inoffiziellen Bergarbeiterstreiks in England
19. Oktober: Entführung von Pater Popiełuszko, seine Leiche wird am 30. Oktober gefunden

1985

10. März: Tod von Konstantin Tschernenko, zu seinem Nachfolger als Generalsekretär der KPdSU wird Michail Gorbatschow gewählt
22. September: Konferenz der G5-Finanzminister in New York über die Wechselkurse

1986

1. Januar: EU-Beitritt Portugals und Spaniens
17. und 28. Februar: Die Einheitliche Europäische Akte schafft den europäischen Binnenmarkt
26. Februar: Mit dem Marshall-Urteil legt der europäische Gerichtshof die Gleichbehandlung von Frauen und Männern fest
16. März: Sieg der Rechten bei den französischen Parlamentswahlen

26. April: Unfall im ukrainischen Atomkraftwerk Tschernobyl
17. Dezember: Jakeš löst Husák als Erster Sekretär der tschechoslowakischen KP ab

1987

21.–22. Februar: Finanzminister beraten beim Louvre-Treffen in Paris über Wechselkurse

1989

25. Januar: Letzte Phase des Rückzugs der sowjetisches Truppen aus Afghanistan
5. April: Polnische Regierung legalisiert Solidarność
7. Mai: Kommunalwahlen in der DDR
3.–4. Juni: Niederschlagung der Demokratiebewegung auf dem Platz des Himmlischen Friedens in Peking
4. und 18. Juni: Freie Wahlen in Polen
11. September: Ungarn öffnet die Grenze zu Österreich
9. Oktober: Beginn der Montagsdemonstrationen in Leipzig
18. Oktober: Egon Krenz löst Honecker als SED-Chef ab
9. November: Verkündung der Reisefreiheit in der DDR, Öffnung der Berliner Mauer
10. November: Sturz des bulgarischen KP-Chefs Schiwkow
2.–3. Dezember Treffen von Bush und Gorbatschow auf Malta
10. Dezember: Nach dem Rücktritt Husáks nichtkommunistische Regierung in der Tschechoslowakei
21.–22. Dezember: Revolution gegen Ceaušescu in Rumänien
25. Dezember: Ceaušescu mit seiner Frau hingerichtet
29. Dezember: Tschechisches Parlament wählt Václav Havel zum Präsidenten

1990

18. März: Wahlsieg der einigungswilligen Parteien in der DDR
1. April: Britische Regierung führt Kopfsteuer ein
1. Juni: Währungsunion zwischen BRD und DDR
16. Juli: Kohl Besuch bei Gorbatschow sichert die sowjetische Zustimmung zur NATO-Mitgliedschaft des vereinigten Deutschland
2. August: Irakischer Angriff auf Kuwait
12. September: Zwei-plus-Vier-Vertrag (Vertrag über die endgültige Regelung in Bezug auf Deutschland) unterzeichnet
3. Oktober: Vereinigung der beiden deutschen Staaten
24. November: Margaret Thatcher erklärt ihren Rücktritt
28. November: John Major wird britischer Premierminister
2. Dezember Wahlsieg Helmut Kohls bei den gesamtdeutschen Wahlen
9. Dezember: Wałęsa zum polnischen Präsidenten gewählt
23. Dezember: Volksabstimmung für die Unabhängigkeit Sloweniens

1991

13. Januar: Sowjetische Truppen erschießen Demonstranten im litauischen Vilnius

31. März: Auflösung des militärischen Kommandos des Warschauer Pakts
12. Juni: Jelzin zum russischen Präsidenten gewählt
27. Juni: Jugoslawische Armee beginnt den Kampf gegen Slowenien
28. Juni: Auflösungserklärung des Rates für gegenseitige Wirtschaftshilfe (Comecon)
1. Juli: Ende des Warschauer Pakts
18.–21. August: Putschversuch gegen Gorbatschow
31. August: Kirgisistan erklärt die Unabhängigkeit von der UdSSR, nach Volksabstimmungen auch sechs andere Republiken und Tschetschenien
1. Dezember: Die Ukraine erklärt sich für unabhängig
11. Dezember: Der Vertrag von Maastricht schafft einen Zeitplan für die europäische Währungsunion
21. Dezember: Auflösung der Sowjetunion beim Treffen von 11 Präsidenten früherer Republiken in Alma Ata
23. Dezember: Deutschland erkennt die Unabhängigkeit Kroatiens und Sloweniens an
25. Dezember: Rücktritt Gorbatschows als Präsident der UdSSR

1992

Francis Fukuyama, *Das Ende der Geschichte*
15. Januar: EU erkennt Kroatien und Slowenien an
29. Februar: Bosnische Volksabstimmung für die Unabhängigkeit
16. September: Wechselkurskrise des Pfund beendet die britische Mitgliedschaft im europäischen Wechselkursmechanismus

1993

1. Januar: Teilung der Tschechoslowakei in Tschechische Republik und Slowakei («Samtene Scheidung»)
2. August: Übereinkunft zu größerer Schwankungsbreite im europäischen Währungssystem wegen spekulativer Angriffe auf den Franc
21. September: Jelzin lässt das russische Parlament belagern
12. Dezember: Russische Parlamentswahl bringt hohen Stimmenanteil nichtdemokratischer Parteien

1994

2. September bis 31. August 1996: Erster Tschetschenienkrieg

1995

1. Januar: Finnland, Österreich und Schweden treten der EU bei
26. März: Schengener Abkommen über Bewegungsfreiheit zwischen einigen EU-Staaten tritt in Kraft
11. Juni: Serbisches Massaker an bosnischen Moslems in Srebrenica
21. November: Dayton-Abkommen über bosnische «Teilstaaten»

1996

Samuel Huntington, *Kampf der Kulturen*

3. Juli: Wiederwahl Jelzins als russischer Präsident

1997

1. Mai: Bei den britischen Wahlen siegt Labour unter Tony Blair

17. August: Russische Finanzkrise führt zu Zahlungseinstellung und Abwertung des Rubel

1998

März: Serbien verschärft die Angriffe auf Kosovo-Albaner

1999

1. Januar: Gesetzliche Einführung des Euro als gemeinsame europäische Währung

8. März: Polen, die Tschechische Republik und Ungarn treten der NATO bei

24. März: NATO bombardiert serbische Stellungen

7. August: Erneuter Krieg in Tschetschenien beginnt

9. August: Ernennung Putins zum russischen Ministerpräsidenten

31. Dezember: Rücktritt Jelzins als Präsident

2000

26. März: Putin zum Präsidenten Russlands gewählt

24. September: Niederlage von Milošević bei den jugoslawischen Präsidentschaftswahlen

Anhang 5: Verzeichnis der Definitionskästen

Anhang 6: Verzeichnis der Grafiken und Tabellen

Anhang 7: Abbildungs- und Kartennachweis

Der Verlag dankt den Rechteinhabern für die Genehmigung zum Abdruck des folgenden Materials

Graphik 1 aus *The World Economy: A Millenial Perspective*, OECD Copyright 2001, Abdruck mit Genehmigung der OECD (Maddison, A. 2001), aktualisiert nach Universität Groningen und The Conference Board, GGDC Total Economy Database, http://www.eco.rug.nl/ggdc, mit Genehmigung der Universität Groningen; Graphiken 2 und 3 abgedruckt mit Genehmigung der Welt Bank, nach World Bank Online, World Bank Copyright 2000, Genehmigung durch Copyright Clearing Center, Inc.; Karten 1–3 nach: Black, C. E. und Helmreich, E. C., *Twentieth Century Europe: A History*, 4. Auflage, New York 1972. Karte 4 nach *Stay the Hand of Vengeance: The Politics of War Crime Tribunals*; Abdruck mit Genehmigung der Princeton University Press (Bass, G. J. 2000).

In einigen Fällen war es dem Verlag nicht möglich, die Inhaber des Copyrightmaterials ausfindig zu machen, und er dankt für jeden diesbezüglichen Hinweis.

Anhang 8: Landkarten

Osteuropa nach dem Friedensschluß des Ersten Weltkrieges

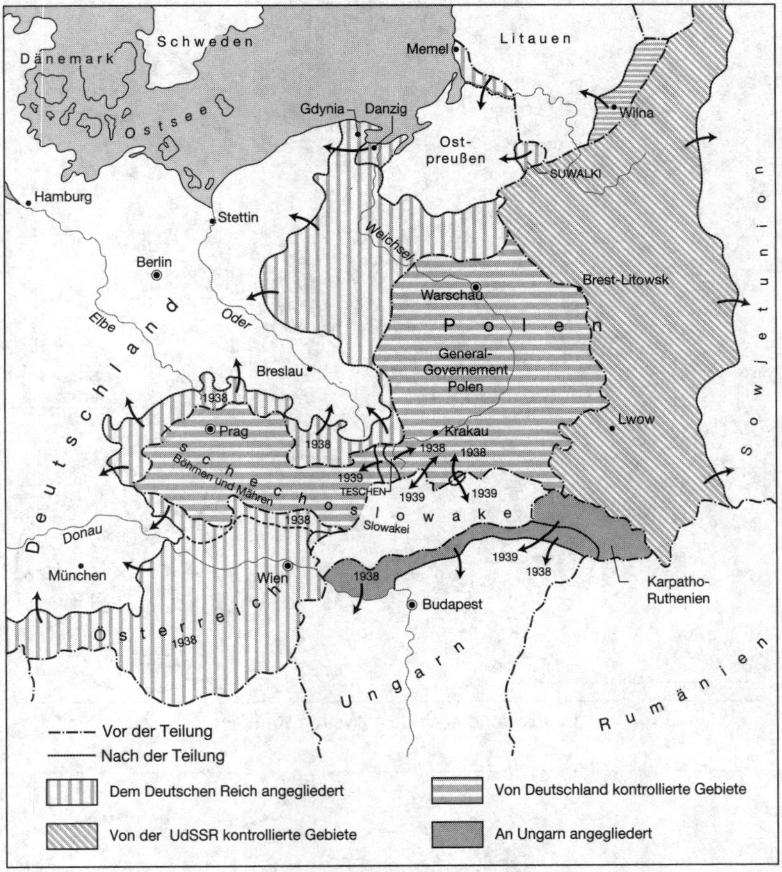

Die Teilung der Tschechoslowakei und Polens 1938–39

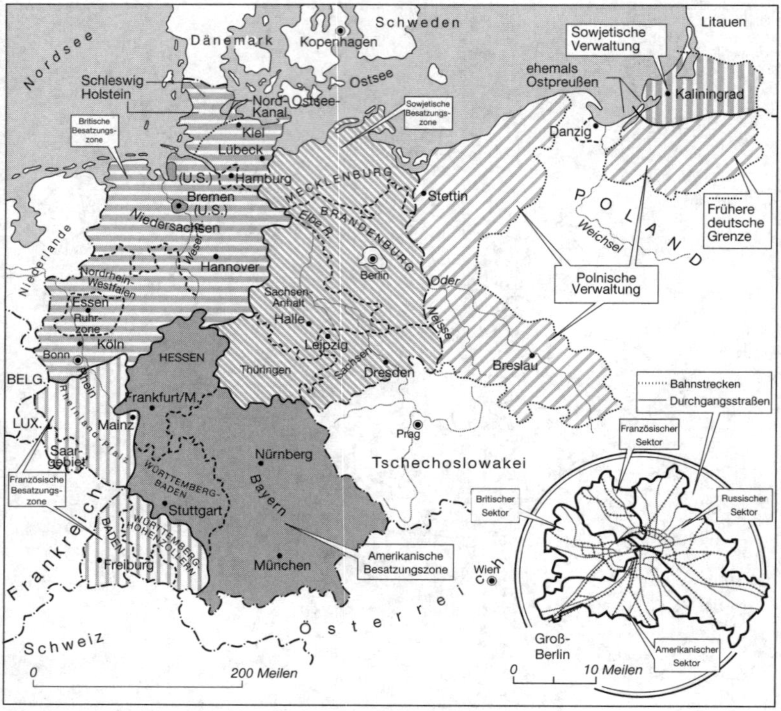

Deutschland nach dem Zweiten Weltkrieg

Bosnien – Herzegowina 1996

Register

C

I

J

N